Didier BOUQUET

Bourgeoises et bourgeois d'Arras

récréantages, curatelles etc…

Tome 3ème : 1660-1694

Bourgeoises et bourgeois d'Arras : récréantages, curatelles etc… Tome 3ème : 1660-1694

Didier BOUQUET 2025

Bourgeoises et bourgeois d'Arras : récréantages, curatelles etc… Tome 3ème : 1660-1694

Avant propos

J'ai continué la transcription des actes extraordinaires découverts dans les archives anciennes de la médiathèque d'Arras. L'un des registres est le plus gros de la série : 1001 folios !

Il s'agit de gros registres où les échevins semainiers notaient divers actes importants pour la communauté de la ville d'Arras. Les principaux concernent les biens hérités après le décès d'un bourgeois. On y cite sa veuve, ses enfants mais aussi la proche famille. En cas de vacance de bien, il est important de garantir la continuité des revenus de ceux-ci avant de désigner un héritier et aussi savoir qui paie les funérailles.

Toutefois, ces gros livres servent aussi de procès-verbaux pour les sergents : arrestations, empêchements pour se faire payer une dette. On y note aussi les appels en justice, les cautions etc…

Le présent ouvrage couvre une période où Arras est définitivement française. Il n'y a pas de fait historique particulier noté dans ces deux registres.

Comme dans les deux premiers tomes, on verra avec plaisir apparaître le nom des femmes et filles de bourgeois. On y découvre des dates de décès.

Vous ne trouverez pas la transcription complète de chaque registre, j'ai sélectionné ce qui nous intéresse principalement pour la généalogie des familles. La masse de papier est trop importante et les informations de police sont sans grand intérêt sauf pour celles que j'aurai ajoutées dans le texte.

Détail de l'inventaire (les lignes en gras sont concernées par le présent ouvrage).

Actes extraordinaires, puis judiciaires : « récréantages » avec engagement de payer dettes et funérailles, constitutions de caution, « arrêts et empêchements, appels, promesses de bâtir, empêchements, acceptations de curatelle etc.. ».

FF116 (389 folio papier) 1591-1596

FF117 (572 folios papier) 1596-1600

FF118 (402 folios papier) 1605-1610

FF119 (471 folios papier) 1610-1615

FF120 (527 folios papier) 1622-1625

FF121 (954 folios papier) 1626-1633

FF122 (629 folios papier) 1633-1636

FF123 (957 folios papier) 1636-1645

FF124 (727 folios papier) 1645-1660

FF125 (1001 folios papier) 1660-1676

FF126 (968 folios papier) 1676-1694

FF127 (708 folios papier) 1694-1711

FF128 (493 folios papier) 1711-1724

FF129 (496 folios papier) 1724-1733

FF130 (396 folios papier) 1733-1743

FF131 (393 folios papier) 1743-1753

FF132 (190 folios papier) 1753-1757

FF133 (217 folios papier) 1757-1762

FF134 (297 folios papier) 1762-1770

FF135 (296 folios papier) 1770-1777

FF136 (245 folios papier) 1777-1783

FF137 (193 folios papier) 1783-1788

FF138 (86 folios papier) 1788-1792

Didier BOUQUET - Talence, avril 2025.

didier.bouquet(a)orange.fr

Bourgeoises et bourgeois d'Arras : récréantages, curatelles etc… Tome 3ème : 1660-1694

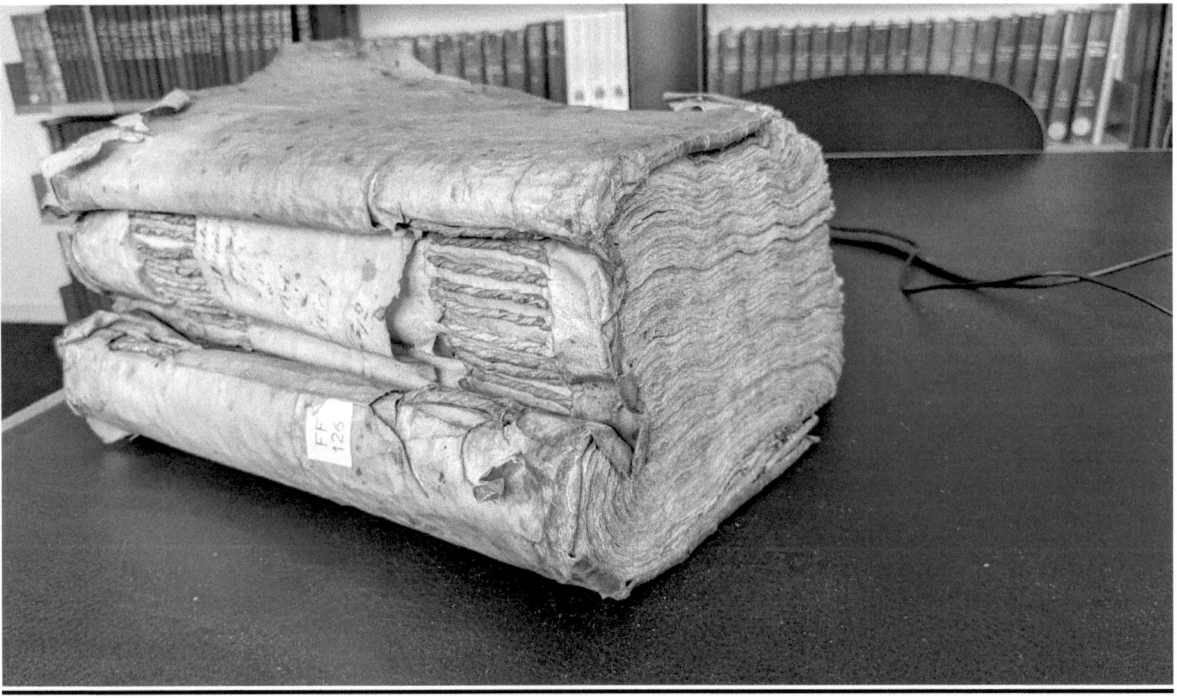

Table des noms cités dans cet ouvrage

La mention en face du nom correspond au numéro de la notice.

ACCART, 58, 609, 698, 735, 834, 1236, 1464, 1527, 1847, 1878, 1916
ACQUART, 2542
ALBON, 2424
ALEAUME, 2170
ALEXANDRE, 126, 1018, 1153, 1567, 1589, 1913, 2365
ALIX, 1454
ALLART, 125, 225, 293, 680, 811, 1595, 1617, 1623, 1957
ALLEAUME, 440, 1436, 1864
ALLERAN, ALLERAND, 525, 2204
ALLEXANDRE, 739
ALLIEMART, 753, 1521
ALOY, 372, 506, 2329, 2399
AMANT, 509
AMORY, 1535
ANDRON, 407
ANNE, 1713
ANSART, 512, 1183, 2462
ANSEL, 169
ANSELIN, 1084, 1308, 1309, 1403, 1410, 1615, 1791
ANSEMAN, 1194
ANSMAN, 1201, 1984
ANSSART, 426, 548
ANSSELIN, 61, 279, 641, 753
ANVIN, 340
APPRIS, 29
ATTAIGNANT, 85, 1417, 1975, 2149
AUCOUSTEL, 2199, 2464
AUGUET, 1902
AUTRICK, 1297
BACCON, 197, 266, 731
BACCOT, 1089
BACHELIER, 1558
BACON, 1467, 2164, 2181, 2182
BACOT, 1101
BACQUEVILLE, 22, 28, 197, 696, 888, 2099
BACUEZ, 633
BAIART, 519
BAILLET, 133, 297, 841, 867, 915, 1103, 1338, 1390, 1712, 2417, 2465, 2493, 2500
BAILLEUL, 1675
BAILLOEUL, 619
BAILLON, 100, 175, 176, 178, 199, 454, 601, 1378, 1524, 2015
BAILLY, 199
BAINET, 1441
BAL, 2513
BALANT, 2512
BAR, 339
BARAFFE, 1027
BARBAULT, 233, 1538, 2375
BARBET, 2491
BARBIER, 591, 1111, 1378, 1956, 2015, 2177, 2192, 2417
BARDET, 919
BARGE, BARGES, 1091, 1401
BARLY, 2058
BAROIS, 716, 812
BARON, 1365
BARRE, 822, 1191
BARREE, 1362

BARROIS, 221, 1680
BASSEE, 545, 1202
BASSEUX, 66
BASSOIS, 2186
BATAILLE, 392
BATTON, 2509
BAUCHART, 2402
BAUDERLICQ, 2524
BAUDET, 2448
BAUDINOT, 1867
BAUDRAIN, 891
BAUDRELICQUE, 87, 1021, 1153, 1256, 1296, 1564, 2443
BAUDRELIQUE, 2466
BAUDRY, 217, 1192, 2266
BAUDUIN, 133, 930, 1013, 1057, 1174, 1234, 1262, 1263, 1417, 1633, 1655, 1727, 1743, 2146, 2486
BAVET, 889
BAYART, 848, 1111, 1515, 1644, 1676, 1706, 1768, 1872, 2239
BEAUCHAMP, 1356
BEAUCHART, 352, 461
BEAUCOURT, 462, 1415, 1438, 1991
BEAUMONT, 354, 375, 519, 883, 1793, 2184, 2236
BEAUVIN, 539
BEAUVOIS, 14, 374, 589, 639, 1224, 1437, 1448, 1718, 1755, 2105, 2317, 2534
BECAN, 2178
BECART, 1817
BECOURT, 2197
BECQUART, 1441
BECQUET, 693, 1072, 1264
BEDOIT, 859
BEDOIX, 2072
BEDOUART, 2554
BEDU, 1329, 1332, 2055
BEHAL, 790
BEHORS, 1078
BEHORT, 1364
BEHOURRE, 1352, 1353
BEHOURT, 801
BELAMBERT, 1925, 1926
BELEMBERT, 2229
BELEVRE, 907
BELLENGER, 2290
BELLEVRE, 31, 1707, 2208
BELLIART, 303, 2050
BELVA, 443
BELVAL, 1360
BENOIT, 1149
BERENGER, 1630
BERLY, 342
BERNARD, 424, 1316, 1321, 1484, 1485, 2260
BERON, 2240
BERRANGER, 1233
BERTAULT, 37, 1342
BERTHE, 905, 1172, 2290, 2327
BERTHELOT, 2314
BERTOULT, 1568
BERTRAND, 1169
BETREMIEUX, 161, 298, 782, 969, 1664, 1716, 1897, 2066, 2205, 2302, 2303

BEUGNET, 551, 1268, 1366, 2197
BEVRAU, 1254
BIENFAIT, 679, 724, 857, 935, 1125, 1300, 1532, 2150, 2495
BIGORNE, 1778
BIGOT, 2472
BILLOT, 2526
BINET, 37, 868, 1757
BINOT, 1507
BISCO, 68
BISE, 1948
BISSE, 516
BIZE, 75, 180, 267, 438, 475, 1240
BLAIRE, 115, 234, 315, 770, 929, 1227, 1262, 1263, 1510, 1639, 1640, 1673, 2408
BLAISÉE, 1615
BLANCHART, 170, 1754, 1956, 2536
BLANCHET, 3, 98, 212, 557, 688, 716, 1092, 1134, 1357, 1381, 1420, 1477, 1577, 1671, 1703, 1874, 1900, 2171, 2187, 2297, 2499, 2511
BLANDECQ, 2252
BLANDECQUE, 2430
BLERET, 1045
BLERY, 1568
BLOCQUET, 595
BLONDEL, 233, 416, 417, 477, 495, 573, 840, 869, 907, 1382, 1627, 1710, 1719, 1797, 1801, 1835, 1850, 1916, 1966, 1980, 2002, 2077, 2078, 2119, 2177, 2396
BOCHET, 1774
BOCQUET, 44, 47, 51, 103, 149, 169, 205, 331, 439, 593, 706, 729, 806, 939, 1058, 1085, 1173, 1940, 2106, 2190
BOIDIN, 2113
BOIEL, 26, 112, 218, 1104, 1381, 1744, 2128
BOIEZ, 189, 214, 297, 351, 519, 810
BOISSEL, 2412
BOISSELLE, 2516
BOITEL, 2235
BONAVENTURE, 731, 918, 1864, 2202, 2224, 2511
BONIFACE, 276, 986, 2021, 2356
BONIN, 205
BONNAVENTURE, 1583
BONNEL, 640, 760, 994, 1335, 1340, 1651, 1653, 1654, 2345, 2346, 2495
BONNET, 1601
BONNIER, 1033, 1087
BONTEMPS, 1721
BOSQUET, 598, 1218, 1404, 1454, 1666, 1747, 2069, 2074, 2378
BOUBERS, 786, 1582
BOUBERT, 654, 2501
BOUCHE, 885, 1906
BOUCHER, 321, 711, 797, 849, 850, 851, 1126, 1628, 1721, 1858, 1905, 1908, 1958, 2532
BOUCQUEL, 1249
BOUCRY, 177, 948, 1787
BOUDIN, 590, 879
BOUDOU, 1100
BOUFFLERS, 1350
BOUFLERS, 1441
BOUGARD, 33, 2061
BOUIN, 488, 733, 1127, 1248, 1533, 1752, 1809, 1989, 2031, 2090, 2190
BOUJOIS, 1224
BOULANGER, 651, 1417
BOULAU, 1008, 1562
BOULENGER, 1253

BOULET, 472, 2433
BOULIN, 179, 252, 803, 970, 1520
BOULLAU, 1502
BOULLIN, 72
BOULOGNE, 1639
BOULONGNE, 770, 1640
BOUQUET, 2555
BOURDON, 154, 634, 1048, 1301, 1436, 2170, 2227
BOURGEOIS, 218, 425, 527, 666, 685, 762, 1105, 1180, 1357, 1454, 1818, 1963, 2337, 2397, 2462
BOURO, 67
BOURSE, 969
BOUTART, 996
BOUTEMY, 396, 1260
BOUTROUILLE, 1733
BOUTRY, 1397
BOYEL, 1577, 1629, 1650, 1733, 1803, 1829, 2202
BRACQUART, 458, 1196, 1294
BRACQUET, 745, 1046, 1403, 1461, 1855, 1860, 1915, 1930, 1937
BRAIE, 800, 2547
BRAINE, 408, 806, 818, 2293, 2328
BRAQUET, 191
BRAS, 262, 639, 1336, 2159
BRASSART, 14, 386, 906, 1049, 1090, 1120, 1375, 1563, 1717
BRAY, 996
BRAYE, 1618
BREBIERE, 1556
BREHON, 1232, 1386, 1940, 2387
BREMENT, 1818
BRETEL, 1967
BRICHET, 522, 1119
BRICOIGNE, 1616
BRIDE, 148, 662, 2155
BRIDEL, 1355, 1734
BRIETZ, 1789
BRIGOIGNE, 1821
BRIOIS, 72, 116, 147, 191, 298, 832, 1079, 1345, 1473, 1552, 1553, 1560, 1672, 2007, 2262, 2263, 2401, 2503
BRISLAN, 1350
BRISLANDE, 248
BRISSELANT, 10
BRISSONNET, 336
BROCHART, 1390, 1712
BROGNART, 2444
BROQUET, 2283
BROUSSE, 437
BROUTIN, 2229
BRUCHET, 655, 1215, 1899
BRUIANT, 46, 1354, 1934
BRUIER, 861
BRUNEL, 32, 96, 121, 636, 1014, 1215, 1417, 1715, 1760, 1966
BRUYANT, 990, 1022, 1262, 1657, 1788
BUCQUET, 25, 2076, 2219, 2241, 2252
BUGUET, 633
BUIRETTE, 1336, 1614
BUIRON, 1836
BULART, 1973
BULLART, 1499
BULLETTE, 1058, 1143, 1221, 1351
BULLOT, 307, 965, 1206, 2098, 2364
BULTEL, 1285, 1460, 2245
BURBURE, 1112, 2189, 2213, 2214
BURE, 629, 963, 1913
BURRE, 1913, 2290

BURY, 22, 260, 763, 899, 900
BUSQUET, 2546
CABOCHE, 716
CAGNEREL, 1384, 1611, 1711, 2152
CAIGNART, 399, 607, 1285, 1290, 2047, 2320
CAIGNEREL, 1400, 1679, 1879
CAIGNERET, 678, 1099
CAIGNY, 347
CAILLAU, 465
CAILLE, 168
CAILLERET, 519, 782, 1213, 1307, 1549, 1941, 2304, 2324, 2372, 2379, 2478
CAILLET, 1263, 1478, 2407
CAILLEVERT, 1198, 1833, 1841, 1946
CAISOEN, 2330
CALLEVERT, 1972
CALVAIRE, 852, 2107
CALVERT, 1764, 1831
CAMBIER, 275, 1048, 1052, 1249, 1301, 1723
CAMBRAY, 101, 1163, 1199, 1705, 1918, 2366
CAMIER, 874, 971, 2499
CAMIEZ, 112, 606, 1650, 2452
CAMP, 289, 694, 799, 886, 1189, 1190, 2392
CAMUS, 31, 206, 260, 672, 863, 1574, 1605, 1635, 1645, 1954
CANCAMP, 2504
CANLERS, 2394
CAPEAU, 374, 1023, 1718, 2108
CAPELAIN, 49, 1829
CAPELLE, 925
CAPLAIN, 362, 630, 1214, 1629, 1714
CAPPE, 426
CAPPEAU, 104, 1367
CAPPEL, 1746
CAPPON, 1313, 1566
CAPRON, 640, 1950
CARBON, 1002
CARBONNEL, 45, 217, 1549
CARBONNIER, 118
CARDEVACQUE, 612
CARDON, 1458
CARETTE, 1290
CARLIER, 101, 106, 161, 514, 609, 727, 753, 1525, 1536, 1548, 1750, 1780, 1806, 2013
CARNOY, 1375
CARON, 7, 17, 117, 132, 628, 736, 795, 1165, 1177, 1179, 1186, 1281, 1722, 1724, 1748, 1917, 2093, 2265, 2280, 2305, 2410
CARPENTIER, 803, 1417, 1566, 1619, 1654, 1838, 1949, 2000, 2187, 2529
CARRE, 32, 1215
CARRÉ, 150, 430, 1014, 1062, 2037, 2078, 2326, 2478
CARTON, 647, 719, 1222, 1796
CASIER, 377, 865, 1406, 1417
CASTELAIN, 526, 1542, 1820, 1854, 1856, 2138, 2185
CATOUILLART, 1611
CAUCHET, 1805
CAUCHY, 1237, 1877
CAUDRON, 223, 246, 355, 385, 652, 657, 674, 680, 758, 768, 817, 926, 1129, 1178, 1262, 1263, 1336, 1370, 1453, 1500, 1513, 1570, 1614, 1661, 1845, 1953, 2045, 2340, 2384
CAUET, 296
CAULIER, 294, 358, 603, 953, 1316, 1321, 1358, 1541
CAUPAIN, 105, 128, 614, 632, 828, 1161, 1404, 1454, 2378

CAUROIS, 220, 270, 288, 929, 1090, 1453, 1539, 1823, 1871, 1925, 1943, 2026, 2090, 2261, 2426
CAUVET, 503, 644, 735
CAUWET, 6, 78, 135, 365, 619, 646, 780, 833, 1184, 1276, 1278, 1736, 1759, 1832, 1888, 1920, 1935, 2001, 2083, 2295, 2311
CAVAILLER, 1663
CAVALIER, 846
CAVERELLE, 519
CAVEROIS, 1127, 2229
CAVILLION, 48
CAVILLON, 143, 149, 305, 413, 2126, 2132
CAVROIS, 1513, 1809
CAZIER, 254, 1243, 1565, 2380, 2388, 2536
CENSIER, 702, 1304, 1997, 2171
CENSSE, 677
CEUGNET, 2485
CHABOUILLET, 2005
CHAMBREDIEU, 439, 1800
CHANOINE, 1110
CHARITE, 621
CHARLES, 1998
CHARLET, 267
CHARPENTIER, 1262
CHASSE, 172, 1693
CHEMBAULT, 2251
CHEMET, 2151
CHENET, 1828
CHENY, 1923
CHERAINE, 149, 1145, 1501, 1504, 1940
CHEVALIER, 450, 773, 1167, 2064
CHEVET, 1734
CHIVOT, 1607
CHOCQUET, 560, 663, 1232, 1386, 1392, 1439, 1547, 1551, 1638, 2067
CHOISY, 960, 2198
CHOLLET, 448, 953, 954, 1704
CHOPIN, 2423
CHOPPAIN, 1900
CHRESTIEN, 119, 688, 716, 776, 1342, 1475, 1773, 1782, 1889, 1975, 2149
CHRISTAL, 2331
CLAIRET, 140, 1862
CLAIS, 83
CLEMENT, 1469
CLEUGNET, 2196
CLICQUENOIS, 1923
CLIQUET, 2505
CLOCQUETEUR, 620, 748, 749, 2227, 2481
CLOU, 398
COCHET, 313, 519, 883, 962, 997, 1313, 1774, 2031, 2099, 2141, 2339
COCHON, 28
COCLET, 2327
COCQUEL, 2233
COCQUEMPOT, 43
COCQUIDÉ, 81, 1751
COCREL, 342
COIFFET, 1502
COIFFIER, 351, 750, 866, 1744
COIGY, 631
COLART, 1642
COLLART, 192
COLLE, 513
COLLEDAR, 1090
COLLIN, 165, 2077
COMAND, 1922

COMELIN, 1931
COMET, 791
COMETTE, 1036
CONCHE, 2220
CONDE, 1473
CONDÉ, 2541
CONDETTE, 1839
CONEL, 1580
CONOSTET, 2395
CONVERSE, 1897, 2302, 2303, 2320
CORBERY, 1512, 1546
CORDIER, 162, 2257
CORDONNIER, 1230, 1295, 1557, 2504
CORIER, 453, 470, 1286, 1787
CORMONT, 1544
CORNAILLE, 20
CORNE, 1522
CORNET, 664
CORNETTE, 34
CORNIXLOIS, 889
CORNU, 2027
COROIER, 556, 1421, 1562
CORROIER, 565, 729, 792, 1008, 2023, 2069
CORROYER, 792
COSME, 2054
COSSE, 793
COTART, 2219
COTTART, 2241
COTTEL, 2125
COTTON, 809
COUCHE, 425, 1654, 2397
COUDET, 2242
COULLEMONT, 136, 293, 805, 1060, 1537
COUPE, 1053
COUPÉ, 1106
COUPPE, 612, 2223
COUPPÉ, 709, 853, 1153, 1337
COURCOL, 805, 972, 2406, 2501
COURONNEL, 911
COURTIER, 1674, 1683
COURTIN, 964, 1362
COURTOIS, 1212
COURTOISE, 2374
COUSIN, 251, 1813, 1892, 1926
COUSTEAU, 1277, 1298
COUSTELET, 1882, 2372
COUSTURIER, 942
COUVREUR, 1045
CRAMET, 836, 892, 893
CRAMPON, 175, 176, 178, 661, 1575
CREPSIN, 1418
CRESPEL, 102, 494
CRESPIEUL, 1893
CRESPIN, 1417, 1418, 2004
CRESPIOEUL, 444
CRESSEMAN, 1536
CRESSON, 89, 775
CRESTON, 2000
CRETEL, 1112
CRISSEMAN, 1536
CROMBECQUE, 94, 2022
CROMESKY, 1320
CROMISKI, 1363
CRON, 944
CRUCE, 386
CRUCHET, 1417
CRUGEOT, 356, 366, 1188
CRULE, 732
CRUNEL, 265, 1496
CRUNELLE, 1548
CUISINIER, 198, 648, 652, 1817
CULLIER, 2518
CUVELIER, 255, 322, 383, 420, 520, 575, 600, 605, 738, 929, 1276, 1417, 1446, 1468, 1678, 1705, 1792, 1794, 2081, 2152, 2262, 2395
CUVELLIER, 18, 19, 1437, 1784, 1904, 2062, 2260, 2269
CUVILLIER, 1028, 1121, 1687, 2308, 2312, 2321, 2520, 2521
D'ESSARS, 1692
D'HOOSTREL, 714
DAGNICOURT, 1279
DAILLET, 994
DAILLICOURT, 2031
DAIX, 221, 312, 624, 735, 921, 988, 1284, 1289, 1442, 1892, 2030, 2032
DAMANT, 2334
DAMBIZE, 1704, 1735
DAMBLAIN, 138, 1168
DAMBRINES, 93, 155, 500, 502, 1211, 1433, 1674, 1683, 1688, 1910, 2209, 2421, 2469, 2483
DAMBRON, 1540
DAMIENS, 278, 396, 438, 615, 1070, 1379, 1757, 1799, 1824, 1892, 2040, 2092, 2273, 2469
DAMOUR, 1974
DAMPTO, 2512
DAMTREIL, 1321
DAMTREUIL, 1316
DANCHER, 47
DANDRIN, 152
DANERY, 2228
DANIEL, 1863
DANISON, 652, 1428, 2045, 2140, 2367, 2476
DANNAY, 1763
DANNEL, 317, 634, 977, 1627, 2450
DANOIS, 2121
DANUS, 417, 2077, 2078
DARLEUX, 194
DARRAS, 310, 590, 686, 879, 1034, 1892, 2225, 2291
DARTU, 556
DARTUS, 177, 181, 183, 556, 790, 1013, 1197
DASCOT, 1210
DATOUR, 2212
DAUBREL, 1877
DAUBRET, 2519
DAUBRETZ, 1237
DAUCHET, 54, 331, 760, 1040, 2238
DAUCHEZ, 266
DAUCHY, 1598
DAULTRICOURT, 983, 2462
DAUMONT, 1263
DAURE, 542
DAUSSY, 301
DAUTRICOURT, 490, 519, 1531, 1791
DAVELINE, 2549
DAVESNE, 8
DAVID, 1374, 1760, 2477, 2535
DE BAILLOEUL, 437, 581, 1858, 1888
DE BAJEU, 74
DE BALESTRIER, 843, 1158
DE BARLY, 679, 724, 1858
DE BASSECOURT, 2158
DE BASSEUX, 2285
DEBASSEUX, 1147
DE BAUDRY, 237

DEBAULT, 533
DE BAYART DIT GANTAU, 1130
DE BEAUCOURT, 1909
DE BEAUFFORT, 1188
DE BEAUFORT, 2030
DE BEAULENCOURT, 1205
DE BEAUMONT, 37, 519, 904, 1023, 1514, 1694
DE BEAURAINS, 721, 783, 1142, 2102
DE BEAUSSART, 1246, 1682, 1894, 2022, 2207
DE BEAUVIN, 123, 539, 2021, 2286
DE BEAUVOIR, 102, 108, 494, 1267, 1814
DE BEAUVOIS, 18, 19, 39, 187, 222, 299, 574, 592, 951, 1220, 1224, 1490, 1500, 1977, 2038, 2108, 2277, 2389, 2395, 2449
DE BELVALET, 191, 377, 476, 973, 1310, 1779
DE BENNE, 448
DE BERLES, 1447, 1561
DE BILVAL, 2442, 2444
DE BLAS, 754
DE BLOCART, 2158
DE BLOTFIERE, 1762
DE BONNIERES, 917, 1141, 1216, 1247, 1251
DE BOUBERS, 1146
DE BOULONGNE, 42, 1689, 2119, 2310
DE BOURNEL, 2402
DE BRAIE, 219
DEBRAIE, 361, 529, 1315
DE BRAINE, 2363
DEBRAINE, 2275
DEBRAY, 543
DE BRENNE, 1992
DEBRETZ, 1981
DE BRIAS, 843
DE BRIMES, 2229
DE BROGNART, 2336
DE BROUAY, 1736
DEBUGNY, 105
DE BUIRE, 95, 231, 625, 769, 2390
DEBUIRE, 1858, 1891, 1989, 2247, 2483
DE BUIRES, 975, 1179
DEBUIRES, 1536, 1830
DEBURY, 28
DE CAIX, 174, 2046
DECAIX, 365, 1417, 1533, 1665, 1935, 1987, 2033
DE CAMBRAY, 300, 702, 794, 1163, 1687, 2010
DE CANLERS, 217, 2238
DE CARDEVACQUE, 325, 1039, 1053, 1054, 1106, 1153, 2147, 2294
DE CARNOY, 702
DE CAUCHIE, 2519
DE CAUCHY, 79, 125, 803, 1877, 2391
DE CAVEREL, 701
DECAY, 2139
DECAYE, 2259
DE CHELERS, 359, 458, 1196, 1568, 2030
DE CHERF, 1310, 1783
DE CITEY, 120, 1126
DE CLAIS, 192
DECLEFVE, 2349
DE CLERIS, 1459
DE CLEVES, 1509, 1651, 1654
DE COINTE, 1616
DE COMBLE, 1304, 2048
DE COMTE, 1164, 1170
DE CORBEHEM, 792
DE CORBEHEN, 436
DE COTTES, 1231

DE COULLEMONT, 13
DE COUPIGNY, 1556
DE CREQUY, 530, 531, 1247, 1251
DECROIX, 324, 2317
DE CROMBECQUE, 361, 461, 808, 876, 1894, 2127
DE CROY, 822
DE DIEVAL, 1654
DE DION, 249
DE DOUAY, 193, 580, 2207
DE FALSES, 704
DEFFOSSEZ, 274, 468, 1417
DE FIEF, 2375
DEFLANDRE, 431
DEFLANDRES, 371
DE FLERS, 525, 626, 1030, 1384, 1679, 1711, 1901, 2135, 2545, 2546, 2547, 2548
DE FLORAINVILLE, 2005
DEFONTAINE, 1394, 2344, 2403
DEFONTAINES, 743, 811, 1073, 1246, 1253, 1255, 1292, 1389, 1659, 1889, 1945
DE FORCHEVILLE, 1058
DE FREMICOURT, 219, 552, 611, 856, 958, 1027, 1089, 1126, 1166, 1173, 1418, 1492, 1503, 1695, 1729, 1747, 1933, 1959, 2034, 2074, 2106, 2131, 2137, 2226, 2378
DE FRESNEAU, 236, 881, 1779
DE FREVENS, 40
DE FROMENTEL, 2281
DE FROMENTIN, 1223
DE FROMONT, 1094, 1349, 1569, 2088
DE GAMANT, 206
DEGAND, 787, 791, 1258, 2241
DE GIRARD, 2427
DE GIVENCY, 1954
DE GOUVE, 109, 1185, 1194
DE GOUVES, 158, 215, 240, 262, 341, 723
DE GOUY, 15, 1127, 1147, 1424, 1440, 1444, 1846, 2285, 2502, 2543
DE GUELDRE, 327
DE GUELDRES, 23, 928
DE HAILLY, 1246
DE HAINAIN, 1856
DE HARDY, 273
DE HAURE, 442, 570, 571, 573, 575, 664
DEHAURE, 2049, 2332
DE HAURECH, 530
DEHAYE, 2160
DEHEE, 141, 898, 2311, 2313, 2510, 2525
DEHEES, 56, 945, 1056, 1098, 1125, 1187, 1749, 1750, 1912, 1914, 2154
DEHEEZ, 1536
DE HENIN, 1858
DEHENIN, 701, 1456, 1500
DE HERLIN, 835, 895, 924, 1218, 1401, 1709
DE HERLY, 460, 2207
DE HEROGUELLE, 173
DE HEROGUELLES, 451
DE HEUNE, 1205
DELABBY, 646, 1911
DELABRE, 547, 1557, 1727, 1985, 2485
DELABROYE, 50
DELABY, 188, 422, 534
DE LA CAMPAGNE, 2221
DELACHAMBRE, 659
DE LA CHARITE, 435
DE LA CHARITÉ, 210, 2017
DELACHARITE, 1200

DELACHARITÉ, 1554
DELACOCHE, 2237
DELACOUR, 1788, 1814
DELACOURT, 110, 113, 670, 808, 1231, 1869, 2289
DE LA CRESSONNIERE, 287
DELACROIX, 1866, 2395
DELADERIERE, 1148, 1150
DELADIENNEE, 236, 1158
DELAFONTAINE, 2089
DELAFORGE, 38, 356, 366, 1188, 2325, 2468
DELAGUIPIERRE, 2117
DELAHAIE, 222, 531, 2287
DELAHAYE, 2258, 2301
DELAIENS, 552, 1152, 1193, 1226, 1798
DELAIRE, 177, 790, 916, 1511, 1851, 1892, 2124, 2228
DELAIRES, 177, 183
DELALAUVE, 1072
DELALLÉ, 1057
DE LA MARTIGNY, 2462
DELAMBRE, 1359
DELAMOTTE, 954, 1589, 1951
DE LANDAS, 249
DELANDRE, 1486
DE LANGH, 325
DELANNOY, 571, 573, 2439, 2440
DELAPIERRE, 1348, 1885
DELAPORT, 2428
DELAPORTE, 2517
DELARIVIERE, 978
DELAROCHE, 753
DELARUE, 1723
DELARUELLE, 1570, 1642
DELASALLE, 1044
DE LASCOU, 489
DELATTRE, 97, 131, 148, 224, 501, 522, 875, 911, 1060, 1070, 1071, 1119, 1121, 1144, 1181, 1215, 1326, 1379, 1417, 1609, 1637, 1898, 1914, 2009, 2029, 2032, 2085, 2157, 2193, 2345, 2458, 2500, 2539
DE LAUNIS, 416
DE LA VACQUERIE, 1255
DELAVACQUERIE, 1292
DELAVALLE, 1139
DELAVALLEE, 714
DE LA VERDURE, 1599
DELAVERDURE, 1590
DE LA VERRIERE, 805
DELAVERRIERE, 1851
DE LAYENS, 1408, 2131
DELAYENS, 1408, 1460, 2190, 2308
DE LAZARO, 2147
DELEAU, 1320, 1346, 1363, 1394, 1454, 1985
DELEAUE, 423, 774, 1154, 2338
DELEBARRE, 378, 493, 537, 700, 896, 1752, 1768, 2023, 2098, 2305, 2364, 2496
DELEBECQUE, 767, 1118, 2480
DELEBOURSE, 712
DELECHAMBRE, 279, 570, 1149
DELECLOIE, 399, 400, 607
DELECOURT, 1598
DELECROIX, 212, 1026, 1929
DELEFORGE, 1815
DELEHAIE, 687
DELEHAYE, 1753
DELELES, 1588
DELEMAIRE, 1205
DELEMER, 1503
DELEMOTTE, 345, 839, 966, 1373, 2148, 2383, 2494

DELEPIERRE, 1383
DELEPLACE, 559
DELEPORTE, 66, 86, 146, 182, 264, 600, 657, 926, 1009, 1077, 1126, 1133, 1417, 1570, 2096, 2142, 2222, 2395, 2404, 2521
DE LERABLE, 2040
DELERUE, 1443
DELERUELLE, 192, 345
DELERY, 1777
DELESAULT, 561
DELESAULX, 2142, 2144
DELESCLUSE, 34, 126
DELESCLUZE, 355
DELESTRE, 2200
DELESTRÉ, 478, 481, 1931
DELETAILLE, 139, 722
DELEURY, 1688
DELEVAL, 88, 704, 1021, 1735, 2025, 2030
DELEVIGNE, 95, 231, 1029, 1830
DELEVILLE, 1573, 1778
DELHOMEL, 742, 2095, 2145
DE LIEGE, 1393
DELIEGE, 204, 216, 582, 1660
DELIGNE, 1454
DE LIGNY, 952
DELIGNY, 102, 108, 230, 494, 952, 999, 1001, 1267, 1988, 1990, 2284
DELILERS, 1031
DELIMAL, 131
DELOBEL, 37
DE LOHINEL, 180, 267, 438, 2196
DE LOISEL, 685
DELOMBRE, 583
DELOMEL, 896
DELOMMEL, 1082
DE MAILLY, 1333
DEMAILLY, 16, 156, 299, 389, 399, 400, 427, 607, 658, 887, 995, 1592, 2035, 2479, 2518
DE MAILLY COURONNEL, 1164, 1170
DEMAIRE, 2292
DE MARCONVILLE, 242, 469, 626, 1225
DE MARCOTTE, 1735
DEMARET, 2456
DE MARSY, 753
DEMARTHE, 1146, 1582
DEMERS, 2330
DE MEURDESOIF, 934
DE MISERIE, 946
DE MISSERY, 634
DE MOL, 1114
DE MONCHY, 314, 2113
DE MORY, 479, 1025
DEMORY, 401
DEMPLO, 2182
DEMPTO, 2052
DENAIN, 2223, 2368, 2471
DE NAMPT, 267, 438, 442
DENAMPT, 196
DE NAVIS, 706
DENBERT, 1641
DE NEBRAS, 236
DE NEUFCHASTEL, 2203
DE NEUTRE, 1081
DE NEUVILLE, 430, 1195, 1283, 1291, 1585, 1939, 2273
DENEUVILLE, 816, 1103, 1391, 1640, 1790, 2289, 2370
DENIMAL, 48

DENIS, 96, 142, 155, 163, 263, 377, 391, 865, 994, 1262, 1263, 1284, 1336, 1442, 1526, 1684, 1715, 1892, 2269, 2380, 2539
DE NIVAL, 143
DE NOEUTRE, 134
DENOEUTRE, 74, 669, 913
DE NOEUVILLE, 569
DENOEUVILLE, 150, 154
DE NOIELLE, 2442, 2444
DENOIELLE, 2336
DE NOIELLES, 858, 1050
DENTART, 285, 857
DE PARADIS, 122, 931
DE PARIS, 1394, 1595
DE PARMA, 4, 305, 329, 560, 1213
DE PENTEVILLE, 1702
DE PIERREMONT, 2394
DE POUCQUE, 1164
DE PRESSY, 2493
DEQUESNE, 765
DE RAISMES, 1212, 2103, 2109
DE RAISSE, 293, 805
DE RAMBUR, 1032
DE RAMBURES, 2025
DE RAN, 890
DE RANCOURT, 464, 1521, 1641
DE RANSART, 436, 618, 1204, 1274, 1406, 1418, 1565, 1663, 1772, 2168
DERANSART, 716, 2388
DE RANSSART, 115, 226, 234, 277, 336, 486, 620, 664, 856, 1767
DERART, 247
DE RAULIN, 1205
DERETZ, 1157
DE RICHEBOURG, 568
DE RICQUEBOURG, 864
DE RIMONT, 1352
DE RINCHEVAL, 111
DE RISBOURCQ, 747
DE ROCHEFORT, 2125
DE ROCOURT, 2011
DE ROCQUE, 729
DEROEU, 13
DE ROEUX, 1377, 2044
DE ROLLENCOURT, 2060
DE ROLLINGHUEN, 1851
DE ROUGEMONT, 1570
DERUE, 1713
DERUELLE, 985, 1312, 1446, 1529, 1929
DERUICT, 37, 410, 725, 775, 1178, 2490
DERUIT, 622, 1646, 1960, 2381
DE RUMAULT, 1884
DERUY, 2515
DERVILERS, 1214
DERVILLERS, 362, 380, 519, 678, 744, 803, 1099, 1400
DE SADO, 1039
DE SAILLY, 1669
DESAILLY, 472, 546, 596, 634, 787, 1128, 1320, 1363, 1845, 1902, 2063, 2072, 2522
DE SAINS, 313
DESAINS, 368
DE SAINTES, 869, 1892
DESAINTES, 1249, 1813
DE SAINT JEAN, 267
DE SAINT LEGER, 311, 314
DE SAINT MARTIN, 1783
DE SAINT SIMON, 1141, 1216
DE SAINT VAAST, 843, 1158, 1207
DE SARRAZIN, 431, 509
DESAULTY, 34, 2412
DESAUTEUX, 783
DESAUTY, 1003
DESBUISSONS, 2091
DESCAMP, 491
DESCAMPS, 583, 584, 1111, 1140, 1448, 1712, 1755, 2016, 2044, 2465
DESCOUCIL, 1192
DESCOULEURS, 469, 836, 1049, 1090
DESCOULT, 211, 1584
DESCRECHIN, 59, 978
DE SEMERPONT, 1779, 2527
DESFOSSEZ, 350, 740, 855, 987, 1110, 1148, 1626, 1781, 2361, 2445
DESGARDINS, 167, 464
DESGRUSELIERS, 2056
DESHAIE, 481, 563, 748
DESHAIES, 656, 933
DESHAY, 1193
DESHAYE, 2359
DESHAYES, 1152, 2024, 2431, 2488
DESHEE, 535, 748, 2120
DESJARDINS, 567
DESLAVIERE, 2153
DESLAVIERES, 64, 886
DESLAVIERS, 2007
DESLIONS, 90, 1892
DESMARET, 433, 2167
DESMARETS, 2537
DESMARETZ, 242, 624, 626, 707, 708, 824, 1244, 1276, 1278, 1298, 1445, 1482, 1508, 1591, 1594, 1682, 1844, 1870, 2207
DESMOLIN, 902
DESMOLINS, 180, 313, 517, 763, 821, 922, 1061, 1331, 1785, 2179
DESMONCEAUX, 595
DESMOULINS, 2077
DESMOURIER, 1637
DESOIGNIES, 13, 663, 1982
DE SOIGNY, 487, 906, 2446
DE SOMAIN, 1111
DESOMAIN, 1024
DESONGNIES, 1116
DESONGNIS, 1638
DESPLANCQUE, 2246
DESPLANCQUES, 1948
DESPRETZ, 1210
DESQUAILLON, 1273
DESSINGES, 1302, 1565, 1603, 1855, 1860, 1930, 2467
DESTRASELLE, 716
DESVAU, 190
DESVAULT, 1182
DE TERMONDE, 234, 1444
DE THIEULAINE, 2084, 2094, 2461
DE TILLOY, 14
DE TORCY, 108, 449, 510
DE TRONSURES, 2221
DE VALICOURT, 1981, 1986
DEVAULX, 213
DEVAUX, 532, 1882
DE VELLE, 2524
DE VENANT, 448, 476, 973
DE VERDEVOIE, 270
DE VERITÉ, 685
DE VICHERY, 2389

DE VIENNE, 2115, 2357
DEVIGNY, 2371
DEVILERS, 2333
DEVILLAL, 2336
DEVILLE, 328, 1367
DE VILLERS, 273, 2488
DEVILLERS, 111, 359, 1318, 2352, 2420
DEVRAUX, 2007
DEWAILLY, 261, 1161, 1257, 1545, 1666
DE WALLE, 232, 244, 968
DE WANCQUETIN, 396
DE WARLINCOURT, 349, 1517, 1925, 1976, 2060, 2174, 2229
DE WATRELET, 4
DE WAVRANS, 38
DE WERQUIGNOEUL, 2312
DEWETZ, 1819
DE WIDEBIEN, 1983, 2382, 2507
DE WIN, 1279
DE WISME, 204
DE ZUAZOU, 1445
DHAMELINCOURT, 1811
DHAURE, 1873
DHENIN, 847, 1858, 1888, 2042
DHERLY, 1172
DHINAULT, 2367
DHOUDAIN, 1095
DIDIER, 371, 616, 951, 1064, 1382, 2200, 2254
DIENNART, 1944
DIEU, 983
DIEVAL, 1564, 1654, 1877, 2163
DIGNAU, 652
DILBEC, 1891
DILBECQUE, 1879
DILLEBECQUE, 1549
DILLY, 2523
DINAN, 551
DIONET, 1139
DISSERIN, 2550
DISTINGUEM, 1187
DOBRE, 79
DOBY, 1568, 1715, 2132
DOCMAINIL, 786
DOCMAISNIL, 151, 209, 250, 454, 474, 725, 837, 1414, 1858
DOCQUEMAISNIL, 1402, 1600
DOCQUEMENIL, 2489
DODRIMONT, 1692
DOISY, 786
DOLLET, 1417
DOMINON, 814
DONZE, 1816
DOREAU, 11
DORESMIEUX, 4, 110, 119, 122, 133, 228, 297, 336, 457, 496, 673, 684, 807, 808, 841, 858, 867, 999, 1036, 1103, 1167, 1338, 1372, 1418, 1452, 1610, 1808, 1876, 1899, 1917, 1952, 2161, 2165, 2166, 2195, 2284, 2417, 2428, 2521
DORLET, 1423
DOSINEL, 1936
DOSTREL, 2008
DOUCHET, 64, 572, 1026, 1149, 1543, 1628, 1695, 1836, 2050
DOUEZ, 608, 1023, 2003
DOURLET, 1159
DOUVRIN, 1123, 1749
DOUZE, 544

DOUZINEL, 1741
DRANSSART, 2458, 2481
DRAPIER, 499, 1155, 1750
DRIENNE, 715
DUBAIL, 443, 1360
DU BOIS, 1126
DUBOIS, 2, 157, 160, 186, 317, 376, 585, 638, 795, 812, 944, 993, 1093, 1116, 1140, 1220, 1349, 1377, 1389, 1417, 1484, 1485, 1491, 1558, 1623, 1659, 1680, 1690, 1729, 1763, 1982, 2044, 2107, 2108, 2131, 2139, 2157, 2162, 2220, 2264, 2287, 2301, 2393, 2455, 2457, 2492
DU BOSQUEL, 1126, 1652
DUBOSQUEL, 670, 1249
DUBUISSON, 721, 783, 2138, 2185, 2342, 2377
DUBUS, 1532, 1695
DUCARIEUL, 448
DUCASTEL, 78, 199, 582, 603, 609, 792, 860, 930, 945, 1525, 2358
DUCHASTEAU, 2395
DUCHASTEL, 2008
DUCHASTELET, 1536, 1541
DUCHEMIN, 1065
DUCHESNE, 2201
DUCHOCQUET, 1866
DU CHUEZ, 950
DU CORNET, 119
DUCORNET, 91, 133, 208, 297, 336, 841, 867, 1917
DUCORROY, 576
DUCRÉ, 2350
DUCREZ, 76
DUCROCQ, 2253, 2510
DUFAUX, 1962
DUFAY, 735, 2291
DU FEZ, 901
DUFLO, 564
DUFLOS, 147, 409, 1552, 1553, 1731, 1802, 1890
DUFOREST, 172
DUFOUR, 60, 919, 1097, 1895, 2087, 2094, 2323, 2475
DUFRESNE, 129, 130, 360, 775, 1498, 1865, 1942, 2190, 2225
DUGARDIN, 392
DUGON, 629
DUGOND, 963
DU GROSPRÉ, 732
DUHAMEL, 2063
DUHAULT, 1667
DUHAUPAS, 268, 284, 411, 432, 492, 656, 753, 910, 1229, 1354, 1386, 1417, 1960, 2026, 2538
DUHAUTPAS, 2426
DU HERLIN, 1150
DUIRY, 2416
DULOR, 2150
DUMAIN, 504
DUMAINE, 2484
DUMBERCQ, 501
DUMET, 2462, 2533
DUMETZ, 271, 1123, 2376
DUMONT, 927, 1993, 2018
DU MONT SAINT ELOY, 741, 2070
DUMOULIN, 1475
DUPAIN, 1117
DU PARCQ, 1009
DUPARCQ, 216, 1077, 1123, 1417, 2259
DUPAS, 2530
DUPIRE, 235, 308, 320, 503, 668, 791, 1248, 1323, 1383, 1458, 1515, 1556, 1752, 1885

DUPONCHEL, 111, 743
DUPOND, 344, 352, 461, 974, 2127
DUPONT, 121
DU PRAIEL, 823
DUPRAIEL, 19
DUPRAIELLE, 1265
DUPRE, 6
DUPRÉ, 1096
DUPREEL, 421, 1213, 1245, 1417, 1545, 1646, 2143, 2172, 2381, 2434
DUPUICH, 6, 44, 72, 91, 123, 201, 223, 237, 383, 389, 420, 539, 644, 709, 735, 753, 908, 910, 1133, 1262, 1348, 1362, 1444, 1572, 1644, 1676, 1858, 1994, 2007, 2065, 2096, 2276, 2307, 2318, 2404, 2407
DUPUY, 1262, 1398
DUQUESNE, 46, 222, 588, 1524, 1657
DUQUESNOY, 286, 1066, 1620
DURAMET, 785
DU RAMETZ, 873
DURAMETZ, 519, 1457, 1776
DURAMEZ, 992
DURANEL, 415
DURIET, 2528
DURIETZ, 634, 1151, 1550, 2009
DURIEUX, 2386
DUSART, 1331
DUTERACHE, 385
DUTHERACE, 309
DUTHERAGE, 674
DUTIL, 1662
DUTILLIOEUL, 10
DUTILLOEUL, 10, 248
DUVAL, 1130, 1695, 2034
DUVERNAY, 2228
DU VIVIER, 1305
DUWETZ, 1970, 1971
DYNE, 249
EIRARD, 1730
ELION, 2532
ELOY, 825, 1423, 1576, 1785, 2039, 2323, 2348, 2351
EMONS, 1
ENLART, 670, 1126, 1652
ESCAILBERT, 623
ESTEVENART, 519
EVRARD, 2536
FABVRE, 880
FAILLE, 641, 1308, 1309
FALEMPIN, 131, 348, 462, 482, 579, 1928, 2037, 2373
FALLEMPIN, 17
FANIET, 1288
FARBU, 1868
FARDEAU, 2076
FARON, 1671
FATIEN, 421, 1545
FATOU, 41, 153, 170, 258, 282, 429, 490, 519, 775, 816, 1067, 1410, 1956, 2180, 2192, 2234, 2289
FATOUX, 281
FAUCHER, 1222
FAUCON, 330, 435, 1554, 2017
FAUCQUETTE, 483, 753, 797, 2438
FAUTREL, 1472
FAUVEL, 1766, 1776, 2282
FAVEAU, 1031
FEBVRE, 341
FEBVRIER, 215, 398, 772, 1417, 1536
FERAGUT, 2505
FERIER, 2300

FERMENTELLE, 1938
FEVRIER, 2554
FIERACIS, 518
FILLOEUL, 811
FINET, 300
FLAHAU, 630
FLAHAULT, 3, 918
FLAIRE, 1640
FLAMEN, 196, 222, 338, 487, 560, 594, 840, 1388, 2183, 2432
FLECHEL, 2412
FLESCHEL, 819, 1186, 2210
FLESCHELLE, 1177, 2080
FLEUR, 1947
FLIPES, 238, 413
FLIPOT, 1559, 1932
FLIPPE, 915, 2387
FLIPPES, 40, 228, 259, 283, 358, 406, 436, 858, 876, 974, 1050, 1113, 1417, 1510, 1542, 1689, 1820, 1968, 2127
FLIPPOT, 815, 1024, 1697, 1698
FOIRE, 1991
FOLIN, 2205
FOLLYE, 1561
FOLY, 467, 1156, 1447
FOLYE, 2309
FONTAINE, 403, 776
FORASTIER, 94
FORCHEVILLE, 507
FOSSIER, 909, 1852, 1853
FOUCQUIER, 1, 43, 145, 226, 313, 449, 510, 547, 738, 820, 1080, 1082, 1526, 1658, 1892, 2095, 2115, 2116, 2118, 2145, 2347, 2357, 2545
FOUCQUIN, 541
FOURCAULT, 2488
FOURDAIN, 2038
FOURDIN, 829, 1977, 2449
FOURDRINIER, 1223
FOURMAULT, 205, 353, 486, 757, 759, 906, 959, 1576, 1772, 1920, 2190, 2315, 2343, 2525
FOURMENT, 63, 1494
FOURMESTRAUX, 868
FOURMONT, 601
FOURNIER, 281, 282, 361, 664, 1095, 1205, 2522
FOURRÉ, 2409
FOURSY, 407, 1493
FOVEL, 1333, 1853, 1970, 1971, 2073
FRAGUT, 1507
FRAMBRY, 2456
FRANCOIS, 166, 195, 252, 286, 607, 676, 803, 970, 980, 1059, 1176, 1263, 1531, 1887, 1915, 1936, 2249, 2386, 2489
FRANCQUEVILLE, 2537
FREMICOURT, 77, 1165
FRENEAU, 2527
FRERE, 692, 1007
FRESIN, 1355
FRESNEAU, 236
FRESSIN, 1758, 1969
FREVIER, 2396
FRION, 837, 882, 1654, 1858
FROIDEAU, 977
FROMENT, 1471
FROMENTIN, 1188
FROMON, 2256
FROMONT, 227, 604
FRUICT, 823, 2384
FRUIT, 1608

GABDOLET, 417
GADOLET, 2077, 2487
GAFET, 519
GAFFET, 106, 243, 385, 1293, 1397, 2325, 2326
GAIANT, 340, 558
GAILLART, 9, 120, 172, 379, 767, 796, 813, 1118, 1258, 1505, 1904, 1999, 2075
GAILLOT, 21
GALBART, 2116
GALET, 683, 809
GALLET, 1753
GALLOT, 1097
GAMAND, 519, 1165, 1166, 1182, 1336, 1556, 1769, 2529, 2542
GAMANT, 230, 817
GAMBIER, 508, 1979
GAMELON, 1654
GANET, 650, 681
GARBÉ, 1314
GARBET, 1268
GARÇONNET, 1202
GARDIEN, 1124
GARDIER, 1506
GARGAN, 1473
GARGANT, 2172
GARIN, 521, 1057, 1516, 1586
GARSON, 692, 695, 1252, 2340, 2491
GASET, 519
GASTON, 337
GAUDEFROY, 2288
GAUEN, 2551
GAUREAU, 527, 2035
GAUSSART, 1417, 1465
GAUWIN, 1021
GAVREAU, 54, 1834, 1896, 2208, 2509
GAYANT, 579, 1755
GAZET, 1142, 1472, 1801, 2102
GEAUFFELET, 1821
GEETZ, 1931
GELE, 786, 879, 992
GELÉ, 372, 555, 654, 655, 761, 1414, 1480, 1708, 2255, 2353, 2489, 2501
GELLE, 250, 289, 2506
GELLÉ, 1402, 2054
GELLEE, 1919
GENEBAUD, 2221
GENEVIEFVE, 97
GENOTE, 2173
GENTIL, 737
GEORGE, 2123
GERARD, 1766, 2282
GERBE, 506
GERIN, 320, 1376, 1658
GERY, 1905, 1908, 2153, 2167
GIBERT, 1218
GILLES, 1131
GILLET, 1272, 2043
GILLOT, 1429
GLACON, 2235
GLAÇON, 1759
GLASSAN, 1849
GLASSON, 1736
GLORIAN, 594, 1308
GODART, 593, 966, 1193, 1272, 1373, 1767, 1890, 1989, 2187, 2514
GODEFROY, 2479
GODIN, 190

GOJON, 24
GOLLIER, 613, 884, 1195, 1241, 1400
GONFROY, 550, 594, 1417, 1678, 1697, 1883, 2408
GONGOU, 2201
GONNET, 423, 958, 2034
GONSE, 1590, 1599
GONSSE, 334, 441, 537, 643, 727, 776, 1000, 1980, 2002
GORLIER, 55
GOSSART, 121, 384, 570, 887, 1038, 2024, 2114, 2185, 2333, 2377, 2420, 2431
GOSSELIN, 1528, 2194
GOSSON, 90, 236, 881, 988, 1284, 1289
GOTTRAND, 2372
GOUBET, 11, 445, 2516
GOUDAILLY, 2538
GOUDEMAN, 283, 302, 310, 686, 968, 1202, 1262, 1417, 2065, 2450
GOUDEMETZ, 9, 1319
GOUDY, 1782
GOUILLART, 1242
GOULATRE, 649
GOULATTRE, 955
GOURDIN, 1799
GOURMANT, 201
GOUY, 1426, 1613
GRANDHOMME, 140, 529, 543
GRANTHOMME, 219, 361, 549
GRARD, 270, 282, 402, 444, 788, 1138, 1265, 1496, 1586, 1668
GRARDEL, 82, 405, 993, 1451
GRATIER, 1019, 1020
GREBERT, 1819
GREGOIRE, 651, 1443
GRENIER, 104, 418, 608, 718, 755, 1023, 1040, 1064, 1147, 1382, 1396, 1523, 1939, 2003, 2249, 2257
GRIBOVAL, 463
GRIEL, 1858
GROCOEUR, 726
GROGELLE, 995
GROUEL, 1737, 1738
GROUET, 1964
GROULON, 1757
GRUEL, 25, 71, 113, 127, 1135, 1534, 1622, 1788, 2416
GRUELLE, 1826
GRUMEL, 727
GRUSON, 924, 1513
GUENEBAUD, 2221
GUERARD, 28, 281, 316, 504, 782, 904, 999, 1023, 1102, 1493, 1511, 1535, 1586, 1618, 1664, 1773, 1837, 1887, 2068, 2316
GUERARDEL, 845, 2354, 2355
GUERART, 777
GUERBET, 1489
GUERIN, 1044
GUERIO, 1743, 2059, 2175
GUERIOT, 1319
GUFFROY, 842, 2243
GUIART, 635
GUILLEBERT, 234, 375, 418, 834, 1010, 1257, 1269, 1463, 1464, 1710, 1719, 1771, 1939, 2256, 2295
GUILLEMAN, 343, 823, 1124, 1506
GUILLUY, 508, 778, 1672
GUILUY, 137, 146, 1017, 1048, 1052
GUISLEBERT, 1734, 2544
GUISLUY, 1915
GULLEBECQ, 2372
HAIETTE, 432, 604, 906

HALLE, 193, 875
HALLETTE, 1478
HALLOT, 513, 588, 737, 920, 932, 949, 1043, 1270, 1394, 1522, 1595, 1624, 1878, 2071
HALLOY, 2054
HALOY, 873, 982, 992, 1268, 1480
HANART, 979, 2210
HANDRON, 753
HANESCAMP, 2360
HANESCAMPS, 2361
HANGIN, 602
HANICQ, 1417
HANICQUE, 645, 2079, 2433
HANNART, 819, 880, 1871, 2080, 2217
HANNEBICQUE, 852
HANNECHAMP, 631
HANNEQUIN, 319, 390, 523, 670
HANON, 1472, 2102
HANOT, 802
HANOTEL, 185, 379, 447, 548, 1880, 2060, 2188
HANS, 559
HANSE, 2289
HANSSEL, 149
HAPIOT, 511, 2070
HARBELIN, 1795
HARDUIN, 105, 213, 926
HASPIRE, 830
HATA, 2342
HATTA, 1405
HATTE, 224, 1462, 1495, 2262
HATTÉ, 1571, 1842, 2263
HATTEVIELLE, 1113
HAUDOUART, 1270, 1571, 1578, 1579
HAUTTE, 2532
HAUWEL, 30, 52, 1209, 1422, 1694, 1928, 2070, 2236
HAVERNAC, 1334
HAVRELAN, 536
HAY, 435, 1865, 2017, 2020
HAYETTE, 1120, 1538, 1810, 2028, 2341
HAZARD, 1642
HEAUVIN, 2181
HEBERT, 357, 1847
HEDUIN, 664
HEMART, 466
HEMERY, 1320, 1363
HENIART, 379
HENRY, 2302
HERBET, 610, 961, 1065
HERCHON, 396
HEREN, 2233
HERENG, 1819
HERIGUIER, 2347
HERLIN, 124, 838, 1441, 2278, 2279, 2400
HERMAN, 1368, 1417, 1540
HEROGUEL, 2112
HEROGUELLE, 1471, 1494, 2012
HEROGUER, 277
HERRE, 2553
HERTAULT, 1835
HIART, 412, 485, 554, 664, 737, 1159, 1734
HIBON, 126
HIVAIN, 127, 328
HOBRE, 2370
HOCCEDÉ, 2484
HOCHEDEZ, 2401
HOGUET, 207, 1117, 1432, 2362, 2441
HOLANDE, 713

HONNEINE, 1283, 1291
HONNORE, 623, 1078
HONNORÉ, 1198, 1245
HONORE, 1831, 1833, 1972
HONORÉ, 318
HORIN, 538, 1223, 1252, 2133, 2189, 2214, 2411
HOSTELET, 1415, 1991
HOUILLIER, 1631
HOULIER, 2495
HOURIER, 1450, 1962
HOURTREQUIN, 247
HOUSSOY, 620
HOUVIGNEUL, 1450
HOUVIGNOEUL, 490
HOYEZ, 1812
HUBERT, 991, 1137, 2437
HUCLIER, 2453
HUCQUET, 304, 390, 490, 728, 756, 1282, 1510, 1673, 1710, 1871, 1918, 2217, 2341, 2366
HUCQUIER, 259, 275, 976
HUDDEBAUT, 2550
HUDELOT, 1860
HUGEU, 2203
HUGOT, 2332
HUMET, 1580
HUQUIER, 979
HURTAULT, 1129, 1260
HURTAUX, 2172
HURTEAU, 1867
HURTREL, 388, 1306
HUSSON, 175, 1575, 1780
HYART, 1311
IVAIN, 2025
JACOBE, 159, 1393
JACQUART, 1945, 2019
JACQUEMONT, 461, 710, 1061, 1670, 1739, 1848, 2081
JACQUIANT, 2344
JEANNE, 514, 828
JESON, 2414
JOFFROY, 1999
JOHANEAU, 2005
JOLLET, 1479, 1662
JOLY, 851, 1764, 1765, 1843, 1946, 1972
JONCQUET, 2548
JONQUIER, 1401
JOSSIERE, 994
JOURDAIN, 1439
JOUY, 1181, 2157
JOVELET, 864, 1616
JULIEN, 2543
LABBE, 185, 526, 695, 1144, 1165, 1656, 1804, 2337
LABBÉ, 923, 1018, 1241, 1252, 1474, 1913, 2188, 2290
LABIT, 1041
LABITE, 824
LABOURE, 5, 1875
LABOURÉ, 57, 1055, 1083, 1271, 2129, 2240, 2360, 2405, 2422
LADERIERE, 953, 1401, 1417
LA FOLIE, 1256
LAGACE, 12, 144, 184, 665
LAGACHE, 1234, 1249, 1262, 1263, 1452, 1477, 1487, 1876, 2161, 2165, 2166, 2195, 2289, 2429, 2472
LAGNEAU, 872, 1647
LAGNEU, 2239
LAGRAVE, 1507
LAISNE, 1419
LAISNÉ, 2409

LALART, 1394
LALIS, 509
LALLART, 5, 517, 861, 1067, 1114, 1394, 1481, 1611
LALOUX, 1047
LAMBERT, 1249, 1263, 1741, 1936
LAMIO, 1376
LAMORY, 1353
LAMOURY, 613
LANCQUEBIEN, 736
LANCRY, 2480
LANGE, 139, 151, 209, 566, 1438, 2270
LANGO, 921
LANGUEBIEN, 348, 2004, 2534
LANQUIER, 1162
LANSART, 1853
LANSEAL, 1977
LANSEAR, 2091
LANSEART, 1409, 1412, 2229, 2346
LANSEL, 308, 343, 586, 894, 1665, 1987
LANSOY, 1724
LANSSART, 909, 1852
LANSSEAL, 829, 1925
LANSSEART, 316
LANSSEL, 505, 1107
LANTOINE, 1949
LARGILLON, 1103
LASSEUR, 1556, 1769, 2132
LAU, 1382, 1623
LAUDHUY, 1619
LAUDUICQUE, 1761
LAUMOSNIER, 768, 2027
LAUR, 232, 1563
LAZURE, 2216
LE BAILLY, 1067
LEBAILLY, 1481
LEBAS, 1411, 1416
LEBECQ, 519
LEBEE, 2508
LEBEL, 878, 1843
LEBLAN, 49, 491, 874, 1100, 1140, 1993, 2018
LEBLANC, 653, 2507
LEBLANCQ, 484, 2296
LEBLON, 488, 1805
LEBLOND, 1722
LEBON, 1883
LEBOUCQ, 235
LEBOURSE, 1886
LEBRAN, 26
LEBRUN, 1612
LE BUCQ, 1236
LEBUCQ, 699
LEBUCQUE, 698
LE CAMBIER, 145, 226, 313, 510, 2491
LECARDÉ, 2502
LE CARON, 1981, 2469
LECHON, 1235
LECLERC, 1849
LECLERCQ, 159, 177, 181, 183, 194, 285, 290, 367, 422, 454, 520, 534, 535, 549, 561, 597, 679, 705, 719, 764, 765, 766, 789, 790, 796, 898, 916, 1171, 1238, 1239, 1337, 1340, 1393, 1585, 1593, 1686, 1701, 1756, 1801, 1840, 1858, 2058, 2100, 2101, 2282, 2319, 2540
LECOCQ, 192, 364, 1427, 1620
LECOIFFET, 2517, 2521
LECOINCTE, 30, 1928
LECOMPTE, 519
LECOMTE, 64, 253, 697, 1075, 1281, 1381, 1808, 2092, 2187, 2273, 2418, 2479
LECOUSTRE, 305, 481, 560, 1213, 1474, 1656, 2290, 2459
LE CROIN, 656
LECRON, 404
LECTOICT, 2374
LEDEN, 1204
LEDIEU, 164, 407, 1278, 1693
LEDIN, 1274
LEDOUX, 1668
LEDRU, 667, 2191
LE DRUPE, 1074
LEDUC, 913
LEDUCQ, 1470, 2173
LEFEBVRE, 25, 41, 80, 131, 136, 153, 162, 255, 281, 282, 300, 332, 333, 351, 368, 382, 387, 395, 465, 473, 521, 567, 578, 581, 664, 690, 717, 750, 751, 769, 813, 866, 941, 975, 1068, 1069, 1072, 1073, 1219, 1224, 1225, 1246, 1250, 1253, 1255, 1262, 1292, 1317, 1322, 1425, 1434, 1436, 1455, 1483, 1485, 1516, 1592, 1613, 1642, 1770, 1773, 1846, 1856, 1903, 1957, 2029, 2135, 2183, 2237, 2260, 2419, 2430, 2451, 2535, 2543
LEFER, 1072, 1723
LEFERRE, 455, 538
LEFLON, 1093, 1094, 1349, 1784
LEFORT, 6, 103, 696, 1076, 1096, 1315, 1395, 1669, 2063, 2178, 2375
LE FRANCOIS, 2199, 2464
LEFRANCQ, 72, 136, 157, 206, 381, 812, 1007, 1089, 1345, 1371, 2198, 2263, 2501
LE FROID, 943
LEGARD, 114, 117, 132, 628, 751
LEGAU, 594
LEGAY, 64, 203, 984, 1369, 1798, 2272
LEGRAND, 37, 62, 168, 208, 215, 350, 439, 566, 587, 680, 730, 740, 780, 810, 854, 855, 856, 931, 952, 976, 999, 1052, 1056, 1224, 1269, 1280, 1322, 1396, 1417, 1505, 1507, 1510, 1532, 1587, 1736, 1742, 1759, 1768, 1781, 1794, 1800, 1827, 1979, 1997, 2010, 2065, 2108, 2171, 2219, 2241, 2283, 2284, 2300, 2346, 2423, 2462, 2513
LEGUET, 925, 1746, 2278
LEJEUSNE, 93, 1217
LE JOEUSNE, 662
LEJOING, 297
LEJOSNE, 1370, 1373, 1806, 2106, 2110, 2289
LELARGE, 1160
LELEU, 474, 524, 553, 871, 1051, 1856, 2129, 2422, 2554
LELIEVRE, 262
LE LOIR, 1109
LELOIR, 390, 1287, 2120
LELONG, 1238, 1239, 1242
LEMAIRE, 88, 229, 239, 257, 292, 339, 537, 597, 632, 897, 954, 1080, 1135, 1161, 1169, 1171, 1224, 1421, 1519, 1594, 1606, 1691, 1716, 1796, 1935, 1961, 2070, 2089, 2182, 2187, 2205, 2282, 2411
LE MARCHANT, 2073, 2125
LE MAYEUR, 842
LEMERCHER, 783
LEMERCHIER, 447, 1704, 1735
LEMERCIER, 1801
LEMOISNE, 757, 759, 798, 1380
LEMPEREUR, 1677, 2121, 2155, 2543
LE NAIN, 458, 863
LENAIN, 1325, 1922

LENECARD, 2186
LENFLE, 61, 119, 196, 279, 297, 304, 336, 359, 408, 545, 634, 884, 1202, 1273, 1381, 1462, 1550, 2303, 2363
LENGLET, 106, 291, 316, 576, 1122, 1123, 1405, 1551, 1806, 1969, 2359, 2443, 2447
LENTAILLEUR, 959, 967, 1524
LEPAGE, 2330
LEPAN, 498, 591
LE PETIT, 567
LEPIPRE, 1267
LEPLAT, 2369
LEPOIR, 1205
LEPOIVRE, 67, 524
LEPORT, 213
LEPRESTRE, 987, 1789
LE PREVOST, 118
LEQUENE, 1183
LEQUEU, 2462
LEQUIEN, 42, 142, 306, 470, 565, 712, 1009, 1275, 1326, 1417, 1530, 1604, 1711, 2216, 2222, 2310
LERAT, 23, 2013
LERICHE, 74, 560, 660, 669, 1081, 1232, 1320, 1338, 1347, 1386, 1536, 1636, 1696, 1880, 2173, 2188, 2268, 2393, 2436
LERICQUE, 1188, 1223
LERIS, 1205, 1536
LEROUGE, 198, 263, 648
LEROUX, 291, 394, 440, 500, 511, 568, 666, 705, 747, 796, 822, 1033, 1087, 1088, 1139, 1230, 1231, 1244, 1295, 1303, 1382, 1456, 1508, 1612, 1634, 1711, 1832, 1936, 2086, 2169, 2275, 2380, 2469, 2537
LEROY, 65, 68, 325, 333, 368, 468, 497, 564, 752, 1042, 1063, 1417, 1626, 1648, 1710, 1719, 1827, 1856, 1890, 1903, 1957, 1974, 2065, 2092, 2114, 2273, 2418, 2514
LESAGE, 82, 845, 2354, 2355
LESCAILLON, 1102, 1893
LESCALLE, 1184
LESCALLET, 135, 1276, 1278
LESCARDÉ, 1425, 1517, 1846, 1969
LESCARDEZ, 519
LESCHEVIN, 703, 869, 1024, 1488, 1758, 1822
LESCOURCEUIL, 826, 1097
LESCUIER, 519, 2006
LESECQ, 111
LE SELLIER, 272, 1692
LESELLIER, 434
LESENNE, 196, 821, 922, 936, 1061, 1090, 1262, 1263, 1401, 2452
LE SERGEANT, 433, 707
LE SERGENT, 1844, 1870, 2053, 2056
LESERT, 1486
LESOIN, 76, 165, 330, 1209, 2002, 2298, 2350, 2478
LESOING, 87, 1302, 1502, 1838, 1863, 1872, 1980
LESPILLET, 754
LESPINE, 1005
LESTOCQUART, 34, 290, 460, 2137, 2287, 2301, 2492
LESTOCQUET, 609
LESTOFFE, 815, 855, 1024
LESTOQUART, 2287
LESUR, 982, 1339, 1949
LE TAILLEUR, 822
LE TELLIER, 66, 182, 1126
LETOCART, 2457
LETOICT, 309, 2374
LETOIT, 1507
LEVACQUE, 1032
LE VASSEUR, 180
LEVEL, 519, 550, 675, 844, 1103, 1235, 1910
LE VICQ, 1246
LEVRAIE, 158
LEVRAY, 480, 1193, 1261, 1380, 1699, 1898, 2413
LHERBIER, 1868
LHOMME, 77, 326, 1027, 1756
LHOSTE, 323, 1047
LIBAULT, 2432
LIBERSAR, 1886
LIBERSART, 555, 893, 1266, 1328, 1858, 1906, 2057
LIBERT, 998, 1649
LIBESSART, 2270, 2409
LIEBE, 1430
LIEBERT, 92, 1299, 2339
LIENART, 2014
LIEPPE, 314, 778, 781, 860, 1274, 1630, 1632, 2093, 2371
LIEVRE, 1336, 1429, 2159
LIGNE, 1454
LIMELET, 1933
LIRONCOURT, 2435
LOBEGEOIS, 241, 320, 700
LOBEJOIS, 2305
LOCOCHE, 240
LOCOGE, 109, 723
LOCOZE, 1038
LOCQUET, 116, 281, 1079, 1560
LOGEOIS, 602, 1596
LOGER, 2358
LOHEN, 2003, 2215, 2246
LOHINEL, 13, 75, 349, 516, 657, 1240
LOIRE, 2438
LOMBARD, 1704
LOMBART, 370, 459, 1418, 1555, 1601, 1704
LONHEN, 475
LORETZ, 245, 260, 672, 862, 863
LOTTIN, 86, 146, 838, 924, 1218, 1433, 1709
LOUDIER, 2312
LOUEN, 1948
LOUIS, 454, 1037, 1606, 1802
LOURDEL, 902, 1041, 1875, 2222, 2530
LOUY, 1305
LUCAS, 335, 1708, 2088
MABILLE, 1072, 1502
MABRIET, 8
MACHELET, 940
MACHELOT, 1664, 1887
MACHON, 58, 614, 853, 1005, 2083
MACIN, 1698
MACONNEL, 315
MACQUET, 2361
MACREL, 86, 118, 146, 484, 489, 666, 742, 903, 1466, 1600, 1858, 1896, 2125, 2221, 2258, 2509
MAGNIEN, 2194
MAGNIER, 33, 44, 823, 1667, 1720, 1924, 1942, 2430
MAHU, 2430
MAIEUR, 55, 831
MAILLART, 441, 1429, 2322, 2329
MAILLE, 112, 471, 998, 1325, 1330, 1381, 1454, 1649, 1922
MAILLET, 210
MAILLIEN, 256
MAIOUL, 868
MALBAU, 1685
MALBRANCQUE, 281
MALBRANQUE, 282, 868
MALIN, 1699, 2413

MALLART, 1107, 1750
MALLIART, 1334
MAMBOURT, 643, 1000
MANESSIER, 268, 358, 404, 411, 584, 656, 984, 1111, 1402, 1430, 1449, 1686, 1697, 1698, 2016, 2028
MANESSON, 1807
MANIANT, 985
MANNESSON, 69
MANTEL, 2376
MARCHAND, 160, 931, 938, 1587, 1874, 2373
MARCHANDISE, 1647
MARCHANT, 12, 144, 278, 384, 388, 438, 482, 483, 519, 569, 678, 933, 1174, 1262, 1263, 1297, 1417, 1431, 1625, 1660, 1790, 1820, 1859, 2073, 2185, 2202
MARCHEL, 1628
MARCONVILLE, 1324
MARCOTTE, 1704
MARESCAILLE, 1160
MARESCHAL, 734, 1840, 1921
MARIE, 2554
MARISCOU, 2306
MARMUZE, 434
MARQUET, 927
MARQUISE, 777, 788
MARSEL, 73, 519, 753, 1358, 1435, 1500, 2447
MARSELLE, 2056
MARSILLE, 27, 357, 2156
MARSY, 234, 1010, 1771, 2003, 2215, 2246
MARTEL, 53, 294
MARTIN, 39, 280, 753, 907, 950, 951, 1243, 1318, 1323, 1369, 1417, 1707, 1795, 1798, 1996, 2497
MARY, 2126, 2366, 2482
MARYE, 2132
MASCLEF, 684, 807
MASCLET, 107
MASCREY, 1247, 1251
MASINGUE, 1417, 1491, 2362
MASQUELIER, 1541
MASSELOT, 2392
MASSON, 2302
MASURE, 1417
MATHIS, 220, 1814
MATHO, 699
MATHON, 428, 452, 456, 713, 805, 827, 1086, 1157, 1236
MATIN, 1030, 1559, 1932
MATIS, 313
MATTIS, 691
MAUCOMBLE, 351, 1132, 2062, 2067
MAUDHUY, 1192
MAUDUICT, 930
MAUPETIT, 265, 1075, 1496
MAURICE, 2477
MAYEUR, 1978
MAYOUL, 2398
MAZILLE, 2011
MAZINGUE, 1710, 1719, 2157, 2264, 2304, 2335, 2372
MAZURE, 1418
MELIER, 716
MELIN, 394
MEMBRET, 53
MENON, 2054
MERCHER, 100
MERCHIER, 2046
MESHAIE, 677
MESHAIES, 105
MESHAYES, 1455
MICHAULT, 315
MICHEL, 93, 334, 346, 519, 801, 1175, 1364, 1394, 1590, 1595, 1599, 1706, 1980, 2002
MIETTE, 211, 1584
MIGNON, 2162
MILHOMME, 2110, 2132, 2148, 2162
MILLESENS, 627
MILLEVAULT, 1811
MILLON, 703, 1488, 1822, 1966, 2059
MILON, 369, 869, 890, 937, 2175, 2218, 2554
MINAL, 238
MINART, 98, 186, 212, 369, 519, 711, 731, 748, 935, 1066, 1168, 1335, 1537, 1583, 1620, 2093, 2097, 2174, 2202, 2297, 2324, 2451, 2499
MIRVILLE, 1451
MISOU, 323
MOCOMBLE, 2260, 2299
MOEURDESOIF, 519
MOIETTE, 2498
MOINARD, 2467
MOINET, 320, 892, 1457, 1862
MOLINET, 459, 762, 1105
MOLINS, 2245
MOMPETIT, 519
MONDÉ, 920
MONEL, 1524
MONGY, 63
MONIER, 588
MONNEL, 651, 667, 967, 2191
MONVOISIN, 163, 461, 522, 581, 616, 752, 871, 930, 936, 1154, 1320, 1361, 1363, 1775, 2176, 2184, 2209
MORANT, 222, 728, 869, 1518, 1673, 1801, 1815
MOREAU, 1777
MOREL, 36, 295, 363, 458, 515, 540, 720, 953, 972, 1156, 1907, 1957, 1995, 2317, 2473, 2490, 2508
MORGUET, 1458, 2474
MORVAL, 21
MORY, 245, 260, 519, 672, 862, 863, 899, 900, 1574, 1635, 2503
MOUCQUET, 2123
MOULART, 370
MOURE, 2429
MOUSON, 398
MULET, 7
MULLET, 1253
MULOT, 2124
NACQUEFER, 626
NAS, 1961
NAVEL, 2498
NEPVEU, 181, 332, 481, 710, 1901, 2041, 2130, 2328, 2546
NEPVEUX, 353, 1228
NERON, 848, 1293
NEVEU, 556, 790, 999, 1312, 1431, 1580, 1675, 1690
NICAISE, 547, 647, 2348
NICOLLE, 2025
NIEPPE, 84, 2414
NIERE, 1991
NIVAL, 413
NOCQ, 1219
NOEL, 16, 29, 114, 156, 167, 292, 391, 419, 626, 808, 1024, 1061, 1262, 1263, 1682, 1684, 1715, 1825, 1955, 1961, 2019, 2274, 2455, 2531
NOIRET, 50, 166, 184, 415, 446, 454, 473, 746, 846, 1211, 1340, 1417, 1529, 1681, 1725, 1873, 2044, 2108, 2280, 2298, 2365, 2383
NOISEAU, 717

NONJAN, 715
NORMAN, 202
NOYELLE, 1949
OBERT, 488
OBREDAINE, 1145, 1501, 1504
OBRY, 347, 617, 2230
ODO, 1233
ODOIER, 2454
OLIVE, 1417
OLIVIER, 2315
OLLIVIER, 1266
ORAIN, 2552
ORANGER, 877
OUART, 173
OUDART, 173
OUTREBON, 2154
OUVRY, 2306
OZENNE, 1519
PAGE, 1051, 1263, 2221, 2554
PAIAGE, 97
PAIEN, 452, 1004
PALIEUS, 739
PALISOT, 1762
PALLETTE, 479, 2007, 2199
PALMA, 2424
PAMART, 318, 586, 894, 1826, 2494
PANNELIER, 1998
PANNEQUIN, 800, 1581, 1643
PANNIER, 332
PANTOUPHLE, 1857
PARADIS, 507, 683, 922, 989, 1058, 1399, 1632, 1881, 1927
PARENT, 1782
PARIS, 212, 336, 346, 515, 697, 737, 932, 949, 1043, 1175, 1394, 1413, 1624, 1907, 2479
PARMENTIER, 315
PARNAULT, 1857
PATE, 1730
PATENEL, 2441
PATINIER, 479, 2199
PAUCHET, 27
PAULVECHE, 2506
PAVIE, 814
PAYELLE, 466
PAYEN, 1063, 1483, 2250, 2267
PEAUTE, 1392
PEAUTÉ, 1439
PECAU, 562
PECHENA, 1343, 1495, 2470
PECQUEUR, 264, 1009, 1497, 1657
PELET, 428, 1004
PENANT, 1086, 1499, 1973, 2070
PENEL, 307, 1206, 1697
PENIN, 2471
PERIER, 1227
PERIN, 269, 397, 407, 463, 956, 991, 1320, 1363, 2104, 2111, 2223, 2225, 2368, 2403
PERNET, 897
PERNOIS, 1163
PERRO, 1275
PERSONNE, 1691
PESCHENA, 1621
PESÉ, 992, 1009, 1343, 1381, 1480, 2211, 2222, 2329
PETAIN, 1818
PETIT, 122, 126, 536, 563, 618, 622, 666, 705, 758, 803, 808, 831, 997, 1259, 1296, 1336, 1417, 1636, 1729, 1739, 1828, 1957, 1963, 1978, 2097, 2128, 2133, 2165, 2166, 2195, 2254, 2329, 2421, 2453, 2466, 2474, 2482, 2524, 2551
PEUVIER, 296
PEUVION, 367, 705, 758, 764, 1432, 1968, 1992, 2275, 2317
PEUVREL, 1205
PEZE, 2322
PHILIPPE, 953
PICART, 1593, 1597, 1728
PICCART, 671, 1941
PICQUART, 89
PICQUET, 2454
PIEDDOR, 637
PIERMONT, 1543, 2238
PIERON, 1528, 2042
PIERREMONT, 764, 765, 766
PIERREPONT, 1980
PIERRON, 599
PIFERMANT, 1819
PIGACE, 69, 1358
PIGACHE, 1807
PIGNEN, 540
PIGNIEN, 1700
PIGNON, 2540
PILLAURENS, 1801
PILLIERE, 1254
PINTE, 519
PIPPE, 708
PIPPRE, 804, 1298
PITEUX, 81, 948, 1191, 1219, 1712, 1736, 1751, 1759, 2343
PITON, 610, 961, 1065, 1645, 2426
PLAISANT, 70, 97, 1151, 1248, 1859, 2244
PLAT, 942, 1463
PLATEAU, 1700, 2066, 2205
PLATEL, 119, 981, 1581
PLISSON, 107
PODEVIN, 2478
POEUVION, 592
POGNIET, 872
POGNYET, 2082
POIGNET, 607
POIRIER, 1786
POISSON, 1356
POITART, 2060
POITAU, 1597
POITEVIN, 430, 1947
POL, 43
POLEVESCHE, 2193
POLLART, 146, 213, 574
POLLET, 1884
POLLEVECHE, 654
PONCE, 62, 302, 316, 493, 570, 571, 573, 575, 605, 1055
PONCHART, 1126
PONS, 1927, 2255, 2496
PONSE, 563, 659
PONSSE, 1271, 1340, 1465, 2025, 2047
PONTHUS, 585, 1573, 1976, 2220
PORTEBOIS, 34, 124, 1149
POSTEL, 870, 2156
POT, 428
POTAU, 542
POTEN, 359
POTEZ, 1469, 2271
POTIER, 222, 236, 315, 460, 798, 2469
POTTIER, 1444, 1516, 1518, 1740
POUCHIN, 1006

POULAIN, 2223
POULLE, 1856
POUSSAIN, 1556
POUTRAIN, 2110
PRANGER, 287, 2228
PRANGERES, 1006
PRECOURT, 753, 2041, 2111, 2223
PREEL, 1834
PREUDHOME, 2271
PREUDHOMME, 696
PREUDHOMME D'AILLY, 741
PREUVOST, 457
PREVOST, 80, 807, 981, 992, 1300, 1372, 1452, 1480, 1715, 1909, 2075, 2221
PRICOURT, 1869
PRIEUR, 1728
PROCED, 2231
PRONIER, 2030, 2033, 2120
PRONNIER, 222, 869, 1109, 1254, 1717, 2046
PROTEAU, 603, 818
PROYART, 1792
PRUVOST, 45, 152, 179, 599, 668, 673, 684, 860, 941, 1029, 1429, 1450, 1476, 1520, 1994, 2206, 2316, 2351, 2399
PUISEAU, 1280
PYE, 1837
QUAFFIER, 214
QUARRE, 1555
QUARRÉ, 1704
QUEVAL, 256
QUIGNON, 219, 361, 1277, 1828
RANSON, 2079
RANSSONE, 645
RAQUELLE, 2335
RASSE, 691
RAUBOUAN, 1162
RAVIGNAU, 1915
REDEL, 2462
REGNAU, 373, 572, 901, 1387
REGNAULT, 225, 410, 753, 778, 781, 1017, 1049, 1090, 1249, 1263, 1546, 1854, 2232, 2288, 2366
REGNIER, 1752
RENARD, 2221
RENAUD, 2299
RENVERSÉ, 1912
RESPONS, 694
REVERT, 129, 130, 393, 577, 1113, 2051
RICART, 825, 1532
RICHART, 689, 1888
RICHEBÉ, 2093
RICLOT, 251
RICOUART, 1018
RICOURT, 1913
RICQUET, 269
RICQUIER, 397, 407, 956, 1449, 1988, 1990, 2534
RIDRAY, 1702
RIGAL, 1103
RIGAULT, 2130, 2445
RIMBERT, 1312
RIMBOUR, 2110
RIMBOURG, 1232, 1386
RIMBOURT, 284, 1217, 1229
RIQUIER, 1427
ROBEQUIN, 2419
ROBERT, 1571
ROBICQUET, 5, 16, 68, 560, 620, 914, 930, 957, 1085, 1224, 1347, 1490, 1544, 2265

ROBILLART, 445, 2122
ROBLIN, 1417
ROBUTEL, 2298
ROCHE, 85, 324, 2145
ROCQUIN, 553
RODE, 82
ROGER, 1011, 1058, 1197, 2001, 2317, 2398, 2534
ROGIER, 92
ROHART, 2068
ROHAULT, 1021
ROLAND, 2307
ROLLANT, 241
ROLLINGHUEN, 1851
ROMAN, 1303
ROMBERT, 1534
ROSSE, 236
ROTTY, 1131
ROTY, 558, 2212
ROUSSEAU, 2314
ROUSSEL, 528, 772, 964, 1143, 1203, 1351, 1362, 1419, 1454, 1966, 2244
ROUTART, 544, 618, 820, 1113, 1578, 1605, 1816, 2116
ROUTIER, 1512, 1546
ROUVROY, 2406
ROZE, 2116, 2382, 2427
RUMAULT, 2526
SACLAU, 1417, 1530
SADOSKY, 2294
SAGUET, 1701
SAILLY, 859, 1320
SAINT JUDE, 665
SAISON, 1861
SALANT, 20, 324
SALLAN, 53
SALLANT, 255, 322, 580
SALLAUT, 255
SALMON, 48, 143, 413, 649, 672, 1059, 1090, 2143, 2439, 2440, 2528
SALOME, 1761
SALON, 951, 1991
SANTEL, 2270
SAQUET, 642, 768
SARRAZIN, 325
SAUDEMONT, 2251
SAUVAGE, 1387, 1549, 1658, 2117, 2544
SAUWAL, 52, 99, 396, 615, 1403
SCARIOTTE, 1498
SCOUTETTEN, 870
SEBILE, 246
SEGARD, 832, 1953
SELLIER, 103, 1046, 1083, 1403, 1855, 1860
SENECA, 1420
SENECHAL, 2191, 2277, 2475
SENESCHAL, 83, 1511
SENESCHALLE, 539
SENOT, 2555
SENSSIER, 1199
SENTIER, 219, 361, 611, 1729, 1959
SERRURIER, 1966
SERURIER, 703, 869, 937
SERVAIS, 51
SESGARD, 1881
SEVIN, 378, 908, 1584, 1775, 2318
SILMAN, 2014, 2104, 2425
SIMON, 1001
SOHIER, 203, 642, 768, 771, 784, 1093, 1094, 1349, 1569, 1661, 2088, 2226

SOIHIER, 2293
SOLOME, 2134
SOLON, 376, 1558
SOMME, 1226, 1318
SORETZ, 1740
SOUILLART, 239, 2154
SOULLIART, 2473
SOYHIER, 1701
SPICK, 1039
STERT, 1482, 1682
STEVENART, 682, 1314, 1330, 2274
STIEMBERT, 456
STURCQ, 802
SUIER, 897
SURANT, 1737, 1738
TABARY, 1320, 1507, 2085, 2415
TACQUET, 354, 412, 664, 847, 1177, 1186, 1208, 1341, 1394, 1595, 1748, 2169
TACQUIN, 467
TAFFIN, 229, 257, 664, 1012, 1035, 1407, 1565, 1860, 2168
TAILLANDIER, 206, 655, 761, 807, 1385, 1417, 1696, 1850, 2290, 2436, 2463
TAILLENDIER, 792
TAILLIANDIER, 2353, 2459, 2460
TAILLY, 779, 1185
TAINTURIER, 1951, 2051
TEINTURIER, 1417
TEMPLIER, 779, 1924, 2107, 2268
TEREMONDE, 550
TERLANDE, 2172
TERMONDE, 227, 1426, 1440, 2179
TERNA, 338
TERNAULT, 1745, 1966
TERRIER, 2213, 2520
TESTART, 13, 306, 384, 414, 1745, 2164, 2181, 2190, 2266, 2286, 2352
TESTELIN, 1965
TEUFFE, 2555
THELIER, 60
THELUS, 1287
THERACHE, 1468
THERET, 282, 638, 693, 1011, 1072, 1264, 1327, 1361, 1368
THERIER, 56, 1098, 2160
THERON, 934
THERY, 13, 56, 126, 188, 258, 373, 405, 413, 499, 541, 550, 678, 684, 807, 844, 860, 878, 879, 891, 1068, 1136, 1155, 1250, 1417, 1418, 1610, 1631, 1844, 1926, 1952, 2086, 2369, 2385, 2473
THIBAULT, 1180
THIEBAULT, 808, 2087
THIEULLIER, 337
THILLOEUL, 1895
THILLOY, 187, 2313
THOMAS, 450, 578, 2064
THOREL, 212, 381, 882, 946, 1371, 1935
THUILLER, 1062
THUILLIER, 337, 671, 1841
TINTELIER, 384, 414
TISSERANT, 1374
TOPART, 1617, 2356
TOPPART, 28
TOULET, 2415
TOUPLIER, 2221
TOURDIN, 424
TOURILLON, 943
TOURNY, 955
TOUROUDE, 793, 1015, 1016
TOURSEL, 1609
TOURSY, 402
TRAMERYE, 1365
TRIGAULT, 1670, 1848, 2081
TRINEL, 625
TRIPLET, 618
TROQUENET, 1002
TROTY, 1034
TROUILLET, 2470
TROULLIER, 512
TRUCHET, 830, 2435
TRUY, 550, 713
TURPIN, 1002, 1568
ULAIN, 24
VAAST, 407, 497, 637, 1648, 1673, 1732, 2497
VAGNIER, 766, 2100, 2101
VAHE, 755, 1201
VAHEE, 1417, 1984
VAILLANT, 327, 480, 523, 746, 1510, 1820, 1898, 2280
VAIRET, 62, 280
VALET, 980, 1288
VALIER, 195
VALLE, 682
VALLEE, 1363
VALLET, 877, 1370
VALLIERD, 676
VALLOIS, 2250
VALOIS, 653, 1714
VANBECK, 1262
VAN BERQUEM, 1249
VANDERTRICK, 1030
VANDESTRATE, 1441
VANHAUGUEM, 1208
VANIER, 753, 2319
VANLIER, 1810
VANLIERD, 417, 556, 906, 938, 970, 2077, 2078
VANLIERE, 416
VAREE, 1839
VAREL, 839
VARET, 716, 1115
VARLET, 452, 519, 827, 1147, 1804, 2043, 2049
VASSAL, 1200
VASSEUR, 35, 51, 112, 144, 297, 301, 380, 455, 485, 519, 554, 557, 596, 703, 744, 749, 811, 914, 947, 971, 990, 1022, 1074, 1117, 1214, 1262, 1311, 1329, 1332, 1344, 1359, 1381, 1388, 1391, 1408, 1454, 1476, 1510, 1514, 1544, 1612, 1694, 1754, 1793, 1803, 1812, 1861, 1878, 1911, 2068, 2093, 2136, 2180, 2184, 2224, 2242, 2248, 2257, 2267, 2309, 2500
VEILLART, 773
VEILLIART, 720
VENIN, 95
VERDEVOIE, 288, 1061
VERET, 47, 2232
VERMEL, 293, 1136, 1454, 1801
VERMELLE, 382, 1317, 1419, 2410
VERML, 1454
VERRONT, 202
VICHERY, 332
VICOIGNE, 458, 1995, 2144
VICTOR, 1225, 1324
VIENNART, 1602
VILLAIN, 1726
VILLETTE, 253, 1996
VINCENT, 1407, 2312

VION, 396, 556, 835, 924, 1218, 1262, 1263, 1459, 1633
VISCERY, 589, 1470
VISINO, 1677
VITASSE, 562
VITEL, 65, 68
VOGLET, 1621, 2486
VOIELLE, 1339
VOIER, 393
VOIEZ, 291, 577, 1088, 1128, 1634, 1654, 2533
VOIRY, 1221
VOITIER, 730
VOITURIER, 2036
VOLAGE, 1786
VOLANT, 1762, 2231
VORANGER, 2122
VOYEZ, 2020
WACHEUX, 171, 814, 1399
WACQUET, 243, 279, 1084, 1101, 2052, 2182, 2390, 2512
WAGON, 200, 303
WAINIEZ, 492
WALBIN, 826, 1097
WALLART, 1762
WALLÉ, 1320
WALLEMBERT, 1808
WALLET, 759, 1108, 1306, 1712, 1965, 2154, 2338
WALLON, 364, 1687
WALON, 794
WALTIER, 59
WAMBOUR, 1572
WANBERCK, 1263
WANDERMOEULLEN, 5
WANGON, 912
WANIER, 606
WARESMEL, 2461
WARIN, 1134
WASSON, 2048
WASTEAU, 1602, 1944
WATRELOT, 1365
WAULDE, 1921
WEDEUX, 2349
WEPPE, 1071
WERMEL, 268, 269
WIDEBIEN, 1720, 1942
WILLART, 261, 270, 635, 650, 652, 670, 681, 903, 1165, 1166, 1173, 1203, 1411, 1416, 1428, 1466, 1487, 1495, 1539, 1604, 1637, 1823, 1842, 1943, 1967, 2140, 2161, 2195, 2263, 2476
WILLEMAIRE, 912, 962, 1138, 2031
WILLEMAN, 36, 1019, 1020
WILLEMETZ, 1317, 1523, 1622, 1642
WILLEMIN, 172
WILMAR, 2141
WIMILLE, 660, 2425
ZACHARY, 2151

1 - Médiathèque Arras FF125 Folio 3R :
Damoiselle Barbe FOUCQUIER veuve de Arthus EMONS vivant bourgeois et maître de la monnaie en cette ville a déclaré et déclare qu'elle renonce aux biens et dettes dudit feu sieur EMONS son mari soy tenant à son droit de douaire conventionnel stipulé par son contrat de mariage fait pardevant monsieur Guérard échevin sepmanier le 9/7/1660.

2 - Médiathèque Arras FF125 Folio 3V :
Jacques DUBOIS bourgeois couturier demeurant à Arras fils de Louis vivant aussi bourgeois couturier demeurant en cette ville a déclaré et déclare qu'il récréante ledit feu Louis DUBOIS son père promettant payer ses dettes, obsèques et funérailles et en décharger la cour fait pardevant monsieur de Douay échevin sepmanier le 14/7/1660.

3 - Médiathèque Arras FF125 Folio 3V :
Anne FLAHAULT veuve de Charles BLANCHET bourgeois boucher demeurant à Arras a déclaré et déclare qu'elle récréante ledit BLANCHET son mari promettant payer ses dettes, obsèques et funérailles et en décharger la cour fait pardevant monsieur de Douay échevin sepmanier le 14/7/1660.

4 - Médiathèque Arras FF125 Folio 6R :
Damoiselle Antoinette DE PARMA veuve et demeurée es biens de maître François DORESMIEUX vivant procureur à ce siège a déclaré et déclare qu'elle se fonde héritière mobiliaire et immobiliaire de feu Jean DE WATRELET vivant ancien greffier civil de cette ville promettant payer ses dettes, obsèques et funérailles et en décharger la cour fait pardevant monsieur de Marconville échevin sepmanier le 6/8/1660.

5 - Médiathèque Arras FF125 Folio 6R :
Curatelle : Noël ROBICQUET bourgeois demeurant à Arras reçu et admis par ordonnance du 28ème de juillet dernier sur la requête présentée à ce siège par Jacques WANDERMOEULLEN tant en son nom qu'à présent défunt Gérard son frère vivant marchand demeurant en Allemagne à la curatelle in litem aux droits et actions de Raoult LABOURE aussi bourgeois de ladite ville retiré au pays d'Hollande et ce à la caution de Bon LALLART aussi bourgeois de ladite ville en faisant les devoirs, est comparu ledit ROBICQUET qui a emprins et accepté ladite curatelle et à ces fins prêté serment de soy bien comporter en icelle et de rendre bon et fidèle compte si besoin s'étant ledit Bon LALLART constitué sa caution qui a promis de payer le reliqua dudit compte de quoi ledit ROBICQUET l'a promis décharger ensemble de tous dépens, dommages et intérêts le tout sous l'obligation de leurs biens fait pardevant monsieur du Petit Praielle échevin sepmanier le 7/8/1660.

6 - Médiathèque Arras FF125 Folio 6V :
Curatelle : Jean CAUWET procureur au conseil d'Artois reçu et admis par ordonnance du jourd'hui sur la requête présentée à ce siège par Antoine DUPRE mari et bail de Marie LEFORT icelle paravant veuve de Philippe DUPUICH demeurant à Arras à la curatelle des biens délaissés vacants par ledit feu Philippe DUPUICH à la caution dudit DUPRE en faisant les devoirs et ce suivant les consentements donnés tant par Jeanne DUPUICH cousine germaine audit feu Philippe DUPUICH que celui du procureur général de cette ville, est comparu ledit CAUWET lequel a emprins et accepté ladite curatelle et promis par serment par lui prêté de soy bien et fidèlement conduire et comporter et d'en rendre bon et fidèle compte quand requis en sera s'étant suivant ce ledit DUPRE constitué sa caution qui a promis de payer ledit reliqua de compte de quoi iceluy CAUWET l'a promis décharger ensemble de tous dépens, dommages et intérêts le tout sous l'obligation de leurs biens fait pardevant monsieur de Marconville échevin sepmanier le 7/8/1660.

7 - Médiathèque Arras FF125 Folio 7R :
Jenne CARON veuve d'Antoine MULET vivant fauxboulier demeurant à Arras a déclaré et déclare qu'elle récréante ledit MULET son mari promettant payer ses dettes, obsèques et funérailles et en décharger al cour fait pardevant monsieur de Warnicamp échevin sepmanier le 13/8/1660.

8 - Médiathèque Arras FF125 Folio 7R :
Marguerite DAVESNE veuve de Hubert MABRIET vivant bourgeois maître d'hôtel demeurant à Arras a déclaré et déclare qu'elle récréante ledit feu MABRIET son mari promettant payer ses dettes, obsèques et funérailles et en décharger la cour fait pardevant monsieur Morguet échevin sepmanier le 20/8/1660.

9 - Médiathèque Arras FF125 Folio 9V :
Claire GAILLART veuve de Adrien GOUDEMETZ vivant bourgeois marchand vitrier demeurant à Arras a déclaré et déclare qu'elle récréante ledit feu Adrien GOUDEMETZ son mari promettant payer ses dettes,

obsèques et funérailles et en décharger la cour fait pardevant monsieur de Hourdequin échevin sepmanier le 7/9/1660.

10 - Médiathèque Arras FF125 Folio 9V :
Anne BRISSELANT veuve de Jean DUTILLIOEUL demeurant à Arras a déclaré et déclare qu'elle récréante Antoine DUTILLOEUL son fils vivant bourgeois marchand demeurant audit Arras promettant payer ses dettes, obsèques et funérailles et en décharger la cour fait pardevant monsieur du Petit Praielle échevin sepmanier le 10/9/1660.

11 - Médiathèque Arras FF125 Folio 10R :
Damoiselle Marie Marguerite GOUBET veuve de François DOREAU soy disant écuyer sieur de Vasmaret demeurant à Arras a déclaré et déclare qu'elle récréante ledit feu Vasmaret son mari promettant payer ses dettes, obsèques et funérailles et en décharger la cour fait pardevant monsieur du Petit Praielle échevin sepmanier le 11/9/1660.

12 - Médiathèque Arras FF125 Folio 10R :
Gervoise MARCHANT veuve de Jacques LAGACE vivant bourgeois boucher demeurant à Arras a déclaré et déclare qu'elle récréante ledit feu Jacques LAGACE son mari promettant payer ses dettes, obsèques et funérailles et en décharger la cour fait pardevant monsieur de Marconville échevin sepmanier le 13/9/1660.

13 - Médiathèque Arras FF125 Folio 10V :
Curatelle : Antoine THERY bourgeois demeurant à Arras reçu et admis par ordonnance du 12ème de mars dernier à la curatelle des biens délaissés vacants par le trépas de Marie TESTART veuve en premières noces de Jean DE COULLEMONT à la caution offerte en faisant les devoirs et suivant les consentements donnés tant par Nicolas Charles LOHINEL, Pierre DEROEU et Venant DESOIGNIES parents et créditeurs de ladite TESTART que celui du procureur général de cette ville, est comparu ledit maître Antoine THERY qui a emprins et accepté ladite curatelle et promis par serment par lui prêté de rendre bon et fidèle compte et de payer le reliqua quand requis en sera s'étant suivant ce Marie Marguerite DE COULLEMONT constituée sa caution de quoi iceluy THERY l'a promis décharger ensemble de tous dépens, dommages et intérêts le tout sous l'obligation de leurs biens fait pardevant monsieur du Petit Praielle échevin sepmanier le 15/9/1660.

14 - Médiathèque Arras FF125 Folio 11R :
François BEAUVOIS bourgeois demeurant à Arras et Marie Marguerite DE TILLOY icelle fille de Jean DE TILLOY et de Jeanne BRASSART et petite fille de feu Jean BRASSART vivant marchand linger demeurant en icelle ville a déclaré et déclare qu'il récréante ledit feu Jean BRASSART son père grand du côté maternel à sa femme promettant payer ses dettes, obsèques et funérailles et en décharger la cour fait pardevant monsieur du Petit Praiel échevin sepmanier le 15/9/1660.

15 - Médiathèque Arras FF125 Folio 12R :
Claire DE GOUY jeune fille à marier demeurant à Arras a déclaré et déclare qu'elle récréante Marie DE GOUY sa tante vivante fille franche demeurant audit Arras promettant payer ses dettes, obsèques et funérailles et en décharger la cour fait pardevant monsieur de Warnicamp échevin sepmanier le 20/9/1660.

16 - Médiathèque Arras FF125 Folio 13R :
Curatelle : Noël ROBICQUET bourgeois demeurant à Arras reçu et admis par ordonnance du 15ème de ce mois à la curatelle in litem et aux droits et actions de Joseph NOEL mineur neveu et héritier de maître Guislain DEMAILLY à la caution d'Alexandre NOEL son père en faisant les devoirs et ce suivant les consentements donnés tant par Jenne et Agnès DEMAILLY tantes audit Joseph NOEL que celui du procureur général de cette ville suivant quoi est comparu ledit Noël ROBICQUET qui a emprins et accepté ladite curatelle et promis par serment par lui prêté de soy fidèlement acquitter et d'en rendre bon et fidèle compte quand sommé et requis sera s'étant ledit Alexandre NOEL constitué sa caution de quoi ledit ROBICQUET l'a promis décharger ensemble de tous dépens, dommages et intérêts le tout sous l'obligation de leurs biens fait pardevant monsieur de Warnicamp échevin sepmanier le 22/9/1660.

17 - Médiathèque Arras FF125 Folio 14R :
Anne FALLEMPIN veuve de Nicolas CARON vivant bourgeois fauxboulier demeurant à Arras a déclaré et déclare qu'elle récréante ledit Nicolas CARON son mari promettant payer ses dettes, obsèques et funérailles et en décharger la cour fait pardevant monsieur du Petit Praielle échevin sepmanier le 28/9/1660.

18 - Médiathèque Arras FF125 Folio 14V :
Françoise Thérèse et Marie Anne CUVELLIER enfants de feue Anne DE BEAUVOIS veuve de Guislain CUVELLIER vivant huissier du conseil d'Artois ont déclaré et déclarent qu'elles récréantent ladite Anne DE BEAUVOIS leur mère promettant payer leurs dettes, obsèques et funérailles et en décharger la cour fait pardevant monsieur Guérard échevin sepmanier le 15/10/1660.

19 - Médiathèque Arras FF125 Folio 15R :
Michel DUPRAIEL mari et bail de Marie Madeleine CUVELLIER et Marie Barbe CUVELLIER icelles CUVELLIER enfants et héritières de feue Anne DE BEAUVOIS veuve de Guislain CUVELLIER leur mère promettent payer ses dettes, obsèques et funérailles et en décharger la cour fait pardevant monsieur Guérard échevin sepmanier le 16/10/1660.

20 - Médiathèque Arras FF125 Folio 19R :
Damoiselle Marie Jacinte CORNAILLE veuve de dernièrement défunt maître Jean SALANT vivant avocat au conseil d'Artois et à son tour échevin de cette ville d'Arras a déclaré et déclare à cause qu'elle croit que par son contrat anténuptial avec ledit feu SALANT en date du dernier d'août 1652 qu'elle ne peut jouir en toute propriété de tous les biens meubles, actions et effets mobiliaires et de ceux réputés tels délaissés par ledit feu en se trouvant dans sa maison mortuaire et de son hérédité comme étant iceux biens informés pour la plupart de la clause de cotte et ligne par ledit contrat et aussi pour éviter intrigues de procès, ensemble pour trouver son compte clair et liquide, qu'elle se tient à ses portement, droits et retours de son mariage comme aussi à son douaire conventionnel et chambre estoffe, laissant lesdits meubles, actions et effets mobiliaires et réputés tels et biens immeubles de ladite maison mortuaire aux plus prochains héritiers et habiles à y succéder les sommant ici tous de promptement satisfaire aux dettes, obsèques et funérailles dudit feu et décharger ladite Damoiselle des faits, obligations et contrats esquels elle se serait cooblogée avec lui le temps de leur conjonction, ensemble de restituer à icelle Damoiselle ce que se trouvera aliéné ou remboursé de son porte audit mariage à avoir cours du jour de la dissolution d'iceluy conformément audit contrat protestant à faute de ce de tous dépens, dommages et intérêts à l'avenant du denier à courir demi an après le décès dudit défunt arrivé le 2ème de ce mois de novembre de cet an 1660 en ce que touche ledit douaire conventionnel fait pardevant messieurs du Petit Praielle et Prévost échevins sepmaniers le 22/11/1660.

21 - Médiathèque Arras FF125 Folio 19V :
Marie MORVAL fille de feu Jenne GAILLOT vivant veuve de Noël MORVAL vivant bourgeois porteur au sacq demeurant à Arras a déclaré qu'elle récréante ladite Jenne GAILLOT sa mère promettant payer ses dettes, obsèques et funérailles et en décharger la cour fait pardevant monsieur du Petit Praielle échevin sepmanier le 24/11/1660.

22 - Médiathèque Arras FF125 Folio 20R :
Marguerite BURY veuve de François BACQUEVILLE vivant bourgeois boulanger demeurant à Arras a déclaré et déclare qu'elle récréante ledit feu BACQUEVILLE son mari promettant payer ses dettes, obsèques et funérailles et en décharger la cour fait pardevant monsieur du Petit Praielle échevin sepmanier le 27/11/1660.

23 - Médiathèque Arras FF125 Folio 21R :
Antoinette DE GUELDRES veuve de Noël LERAT vivant sergent de l'élection d'Artois a déclaré et déclare qu'elle renonce aux biens et dettes dudit LERAT son mari soy tenant à son droit et douaire conventionnel stipulé par son contrat de mariage fait pardevant monsieur Courcol échevin sepmanier le 7/12/1660.

24 - Médiathèque Arras FF125 Folio 21R :
Marguerite ULAIN veuve de Philippe GOJON bourgeois demeurant à Arras a récréanté par le trépas dudit GOJON son mari promettant payer ses dettes, obsèques et funérailles et en décharger la cour fait pardevant monsieur Courcol échevin sepmanier le 9/12/1660.

25 - Médiathèque Arras FF125 Folio 21V :
Marie GRUEL veuve de Jean BUCQUET bourgeois demeurant à Arras a déclaré et déclare qu'elle récréante ledit BUCQUET son mari promettant payer ses dettes, obsèques et funérailles et en décharger la cour fait pardevant monsieur LEFEBVRE échevin sepmanier le 11/12/1660.

26 - Médiathèque Arras FF125 Folio 23R :
Marie Madeleine BOIEL veuve de feu Jean LEBRAN vivant tavernier de la maison du Dragon en cette ville a déclaré et déclare qu'elle récréante ledit LEBRAN son mari promettant paye ses dettes, obsèques et funérailles et en décharger la cour fait pardevant monsieur Descouleurs échevin sepmanier le 30/12/1660.

27 - Médiathèque Arras FF125 Folio 24R :
Anne MARSILLE veuve de Jacques PAUCHET vivant bourgeois savetier demeurant à Arras a déclaré et déclare qu'elle récréante ledit feu Jacques PAUCHET son mari promettant payer ses dettes, obsèques et funérailles et en décharger la cour fait pardevant monsieur Prévost échevin sepmanier le 5/1/1661.

28 - Médiathèque Arras FF125 Folio 24V :
Curatelle : Michel BACQUEVILLE bourgeois marchand demeurant à Arras reçu et admis par ordonnance du jourd'hui à la tutelle et curatelle des personnes et biens de Marie Madeleine BACQUEVILLE fille mineure de feu François vivant bourgeois boulanger demeurant à Arras et de Jeanne COCHON sa deuxième femme et de Marie Marguerite GUERARD fille d'Antoine et Marie BACQUEVILLE nièce dudit feu François à la caution d'Antoine TOPPART bourgeois marchand tavernier demeurant audit Arras en faisant les devoirs et ce suivant les consentements donnés tant par Marguerite DEBURY veuve et demeurée es biens dudit feu François BACQUEVILLE que celui du procureur général de cette ville est comparu ledit Michel BACQUEVILLE lequel a emprins et accepté lesdites curatelles et promis par serment par lui prêté de soy y bien conduire et comporter et d'en rendre bon et fidèle compte quand requis en sera s'étant suivant ce ledit Antoine TOPPART constitué sa caution de quoi iceluy Michel BACQUEVILLE l'a promis décharger ensemble de tous dépens, dommages et intérêts le tout sous l'obligation de leurs biens fait pardevant monsieur du Petit Praielle échevin sepmanier le 8/1/1661.

29 - Médiathèque Arras FF125 Folio 29R :
François NOEL fils à marier de feu Christophe et d'Anne APPRIS a déclaré et déclare qu'il récréante ladite APPRIS sa mère promettant payer ses dettes, obsèques et funérailles et en décharger la cour fait pardevant monsieur de Hourdequin échevin sepmanier le 24/1/1661.

30 - Médiathèque Arras FF125 Folio 31R :
Marie LECOINCTE veuve de Adrien HAUWEL bourgeois porteur au sacq demeurant à Arras a déclaré et déclare qu'elle récréante ledit HAUWEL son mari promettant payer ses dettes, obsèques et funérailles et en décharger la cour fait pardevant monsieur Mulet échevin sepmanier le 11/2/1661.

31 - Médiathèque Arras FF125 Folio 33R :
Marguerite BELLEVRE veuve de Paul CAMUS vivant bourgeois boulanger demeurant à Arras a déclaré et déclare qu'elle récréante ledit CAMUS son mari promettant payer ses dettes, obsèques et funérailles et en décharger la cour fait pardevant monsieur Courcol échevin sepmanier le 3/3/1661.

32 - Médiathèque Arras FF125 Folio 33V :
Guislain CARRE bourgeois demeurant à Arras et Marthe BRUNEL sa femme ont déclaré et déclarent qu'ils n'entendent d'eux fonder héritiers de feu Josse BRUNEL vivant bourgeois et huissier du conseil d'Artois leur père fait pardevant monsieur Lefebvre échevin sepmanier le 4/3/1661.

33 - Médiathèque Arras FF125 Folio 33V :
Marguerite MAGNIER veuve de Maurice BOUGARD vivant bourgeois demeurant à Arras a déclaré et déclare qu'elle récréante ledit feu Maurice BOUGARD son mari promettant payer ses dettes, obsèques et funérailles et en décharger la cour fait pardevant monsieur de Douay échevin sepmanier le 9/3/1661.

34 - Médiathèque Arras FF125 Folio 34V :
Maître Philippe DESAULTY demeurant à Béthonsart procureur spécial de Robert DELESCLUSE fils de feu François confesse lui avoir été mis es mains par Adrien PORTEBOIS procureur au conseil d'Artois fils et héritier de feu Jean vivant procureur audit conseil pour et au nom de Damoiselle Anne LESTOCQUART sa veuve et demeurée es biens tous et chacunes les lettres de rente et titres que ledit feu Jean PORTEBOIS en était chargé par acte du 15/1/1633 à la caution d'aussi défunt Foursy LESTOCQUART vivant procureur en cedit conseil lesquels titres étaient sujets à fidéicommis audit Robert DELESCLUSE, savoir trois lettres de rentes portant ensemblement 1400 livres de deniers principaux créées par le sieur de Nobercourt et d'une autre portant 662 livres 10 sols de capital sur François CORNETTE demeurant à Saint Omer et ce pour satisfaire à l'ordonnance du 11ème de ce mois par laquelle est dit le tout vu messieurs en décrétant les consentements desdits PORTEBOIS, plus proche parent dudit Robert DELESCLUSE et du procureur général de cette ville ordonnant auxdits LESTOCQUART et PORTEBOIS rescribens de remettre es mains dudit DESAULTY les titres sus mentionnés en leur en laissant les procure et actes de consentement desdits parents à la suite de ce ledit DESAULTY audit nom a tenu quitte et décharge lesdits PORTEBOIS et LESTOCQUART vers tous qu'il appartiendra ensemble tous autres titres ce qu'iceluy Adrien PORTEBOIS en personne tant pour lui que ladite

LESTOCQUART sa mère a accepté sous l'obligation de leurs biens fait pardevant monsieur Descouleurs échevin sepmanier le 14/3/1661.

35 - Médiathèque Arras FF125 Folio 35R :
Madeleine VASSEUR fille de feu Philippe VASSEUR vivant sergent à cheval de la gouvernance d'Arras a déclaré et déclare qu'elle récréante ledit Philippe VASSEUR son père promettant payer ses dettes, obsèques et funérailles et en décharger la cour fait pardevant monsieur Descouleurs échevin sepmanier le 14/3/1661.

36 - Médiathèque Arras FF125 Folio 35V :
Hélaine WILLEMAN veuve de feu Jean MOREL vivant bourgeois peigneur de saiette demeurant à Arras a déclaré et déclare qu'elle renonce aux biens et dettes dudit feu MOREL soy tenant à son droit et douaire conventionnel stipulé par son contrat de mariage fait pardevant monsieur Mulet échevin sepmanier le 21/3/1661.

37 - Médiathèque Arras FF125 Folio 36V :
Wacheux et Willemaire sergents ont à la requête de Claude BERTAULT marchand demeurant à Arras, Anne LEGRAND sa femme et Guillaume LEGRAND son frère enfants et héritiers d'Isabeau DE BEAUMONT à son trépas veuve d'Etienne LEGRAND arrêté et empêché es mains de Romain DERUICT bourgeois marchand demeurant à Arras tous et chacuns les deniers qu'il a en sa possession comme appartenant à [ ] DELOBEL fils et héritier de feu Jean demeurant à [ ] pour avoir paiement de la somme de 188 livres 13 sols 4 deniers pour les causes à déclarer au jour servant ayant été faites les défenses requises audit Romain DERUICT en parlant à sa personne sur les neuf heures du matin et signifié audit DELOBEL en parlant à Jean BINET son procureur et ci devant curateur aux biens dudit feu Jean DELOBEL son père et jour assigné aux prochains plaids fait le 30/3/1661.

38 - Médiathèque Arras FF125 Folio 37R :
Dame Philippe Claude DELAFORGE veuve de messire Charles DE WAVRANS vivant chevalier seigneur de Janelle etc, capitaine au régiment Desongnies a déclaré et déclare qu'elle renonce aux bien et dettes dudit feu seigneur de Janelle son mari soy tenant à ses droits, retours et conventions stipulés par son contrat anténuptial de mariage et ce en vertu de requête à nous présentée le 23ème de février dernier tendant à prolongation de temps d'autres six semaines que lui avons accordé fait pardevant monsieur Prévost échevin sepmanier le 31/3/1661.

39 - Médiathèque Arras FF125 Folio 38V :
Marguerite MARTIN veuve de Henry DE BEAUVOIS bourgeois demeurant à Arras a déclaré et déclare qu'elle récréante ledit feu Henry DE BEAUVOIS son mari promettant payer ses dettes, obsèques et funérailles et en décharger la cour fait pardevant monsieur Hourdequin échevin sepmanier le 20/4/1661.

40 - Médiathèque Arras FF125 Folio 38V :
Jeanne DE FREVENS veuve de Hugues FLIPPES vivant bourgeois cordonnier demeurant à Arras a déclaré et déclare qu'elle récréante ledit feu Hugues FLIPPES son mari promettant payer ses dettes, obsèques et funérailles et en décharger la cour fait pardevant monsieur de Douay échevin sepmanier le 20/4/1661.

41 - Médiathèque Arras FF125 Folio 40V :
Madeleine FATOU veuve de Jérosme LEFEBVRE vivant maître tailleur d'habits demeurant à Arras a déclaré et déclare qu'elle récréante ledit LEFEBVRE son mari promettant payer ses dettes, obsèques et funérailles et en décharger la cour fait pardevant monsieur Descouleur échevin sepmanier le 5/5/1661.

42 - Médiathèque Arras FF125 Folio 41V :
Marie Madeleine DE BOULONGNE veuve de Philippe LEQUIEN vivant bourgeois marchand tanneur demeurant à Arras mère et tutrice légitime de ses enfants en bas âge qu'elle olt dudit feu a au nom d'iceux enfants et en ladite qualité récréanté ledit feu leur père et promis payer ses dettes, obsèques et funérailles et en décharger la cour fait pardevant monsieur Prévost échevin sepmanier le 14/5/1661.

43 - Médiathèque Arras FF125 Folio 44V :
Laurent POL et Chrestienne COCQUEMPOT demeurant à Arras mère et tutrice légitime des enfants qu'elle olt de Robert FOUCQUIER frère de maître Laurent FOUCQUIER vivant prêtre sieur de Damas son frère, ont déclaré et déclarent qu'ils récréantent ledit feu maître Laurent FOUCQUIER leur frère et promis en cette qualité de payer ses dettes, obsèques et funérailles et en décharger la cour fait pardevant monsieur de Hourdequin échevin sepmanier le 31/5/1661.

44 - Médiathèque Arras FF125 Folio 45R :
Luce DUPUICH fille à marier demeurant à Arras a déclaré et déclare qu'elle récréante Marie BOCQUET veuve de Denis MAGNIER sa mère grande du côté maternel promettant payer ses dettes, obsèques et funérailles et en décharger la cour fait pardevant monsieur de Douay échevin sepmanier le 1/6/1661.

45 - Médiathèque Arras FF125 Folio 45V :
Antoine et Marguerite PRUVOST enfants de feue Claire CARBONNEL à son trépas veuve de Toussaint PRUVOST vivant bourgeois drapier demeurant à Arras ont déclaré et déclarent qu'ils récréantent ladite Claire CARBONNEL leur mère promettant payer ses dettes, obsèques et funérailles et en décharger la cour fait pardevant monsieur de Sapigny échevin sepmanier le 8/6/1661.

46 - Médiathèque Arras FF125 Folio 45V :
Antoinette DUQUESNE veuve de Pierre BRUIANT vivant bourgeois tailleur d'habits demeurant à Arras a déclaré et déclare qu'elle récréante ledit feu BRUIANT son mari promettant payer ses dettes, obsèques et funérailles et en décharger la cour fait pardevant monsieur de Grincourt échevin sepmanier le 9/6/1661.

47 - Médiathèque Arras FF125 Folio 46R :
Antoinette BOCQUET veuve de Bonnaventure DANCHER vivant bourgeois marchand peigneur de laines demeurant à Arras a déclaré et déclare qu'elle récréante feu Pierre VERET vivant aussi bourgeois marchand peigneur demeurant audit Arras relict de Jeanne DANCHER son beau-fils promettant payer ses dettes, obsèques et funérailles et en décharger la cour fait pardevant monsieur Lefebvre échevin sepmanier le 5/7/1661.

48 - Médiathèque Arras FF125 Folio 46R :
Bonnaventure CAVILLION sergent à verge de cette ville s'est constitué caution de Marie DENIMAL veuve de Philippe SALMON sa belle-mère demeurant à Arras pour par elle profiter de l'ordonnance provisionnelle rendue à ce siège le dernier de juillet dernier au différend y mu contre elle et François SALMON son fils par laquelle est dit que les parties sont renvoyées comme contraires sur le rôle pour y vérifier plus amplement leurs intentions jusque en état de juger accordant main levée des meubles et argent en question à ladite DENIMAL sauf le non litigieux et 200 livres dudit argent qui demeureront audit SALMON en payant par ladite DENIMAL les dettes le tout par provision et à bonne et sûre caution qu'elle sera tenu bailler ladite ordonnance maintenue et confirme ensuite de l'appel fait par ledit SALMON par messieurs du conseil d'Artois par sentence définitive du 18ème de février dernier ladite caution reçue par autre ordonnance du premier de ce mois, promettant suivant ce ledit CAVILLION de rendre et rapporter ce que sera dit en définitif le tout sous l'obligation de ses biens fait pardevant monsieur Courcol échevin sepmanier le 6/7/1661.

49 - Médiathèque Arras FF125 Folio 49V :
Pierre Flourent LEBLAN bourgeois boucher demeurant à Arras a déclaré et déclare qu'il récréante Marie CAPELAIN veuve de Hubert LEBLAN vivant aussi bourgeois boucher demeurant audit Arras promettant payer ses dettes, obsèques et funérailles et en décharger la cour fait pardevant monsieur de Hourdequin échevin sepmanier le 14/7/1661.

50 - Médiathèque Arras FF125 Folio 50V :
Nicolle DELABROYE veuve d'Albert NOIRET vivant arquebusier demeurant à Arras a déclaré et déclare qu'elle récréante ledit feu Albert NOIRET son mari promettant payer ses dettes, obsèques et funérailles et en décharger la cour fait pardevant monsieur de Douay échevin sepmanier le 16/7/1661.

51 - Médiathèque Arras FF125 Folio 52V :
Jeanne BOCQUET veuve de Jean VASSEUR vivant mesureur de grains de cette ville d'Arras en conformité de l'accord fait pardevant notaires le pénultième de juillet dernier avec Claude, Antoinette et Françoise VASSEUR frère et sœurs dudit feu son mari, a promis payer Georges SERVAIS marchand demeurant en la cité d'Arras seulement avec les obsèques et funérailles dudit feu sous l'obligation de ses biens présents et futurs promettant à ces fins sortir juridiction à ce siège comme demeurant sur la juridiction de l'Arbret de Beaumetz sans préjudice à laquelle se fait ce présent acte fait pardevant monsieur du Petit Praiel échevin sepmanier le 3/8/1661.

52 - Médiathèque Arras FF125 Folio 56R :
Mathieu SAUWAL bourgeois demeurant à Arras a déclaré et déclare par ces présentes qu'il tient émancipée et hors de sa puissance Simone SAUWAL sa fille à marier d'âge de dix neuf ans ou environ qu'il olt d'Anne HAUWEL sa femme encore vivante, pour pouvoir par ladite Simone recevoir, régir et gouverner ses biens, droits et actions que lui compet et pourra compéter et appartenir tant en cette ville d'Arras, celle de Lille

qu'autres lieux indifféremment sans que ledit SAUWAL son père y puisse aucune chose réclamer à tel prétexte que ce soit ou puisse être et à quoi il a expressément renoncé et renonce par lesdites présentes sous l'obligation de ses biens fait pardevant monsieur de Sapigny échevin sepmanier le 3/9/1661.

53 - Médiathèque Arras FF125 Folio 57R :
Maître Jean MEMBRET licencié en médecine mari et bail de Damoiselle Marguerite MARTEL icelle fille de feus Hugues et de Damoiselle Marguerite SALLAN tante paternelle de feu maître Jean SALLAN vivant avocat au conseil d'Artois et à son tour échevin de cette ville a déclaré et déclare qu'il se fonde en ladite qualité de mari et bail de ladite Damoiselle Marguerite MARTEL sa femme héritier dudit feu sieur SALLAN son cousin tant mobiliaire qu'immobiliaire promettant suivant ce payer ses dettes, obsèques et funérailles et en décharger la cour fait pardevant monsieur Descouleurs échevin sepmanier le 6/9/1661.

54 - Médiathèque Arras FF125 Folio 57R :
Marguerite DAUCHET veuve de Charles GAVREAU vivant porteur au sacq demeurant à Arras a déclaré et déclare qu'elle récréante ledit GAVREAU son mari promettant payer ses dettes, obsèques et funérailles et en décharger la cour fait pardevant monsieur Descouleurs échevin sepmanier le 7/9/1661.

55 - Médiathèque Arras FF125 Folio 57R :
Antoine GORLIER bourgeois marchand demeurant en la cité d'Arras mari et bail de Marie MAIEUR icelle sœur d'Antoinette MAIEUR vivante fille franche demeurant à Arras a déclaré et déclare qu'il récréante ladite Antoinette MAIEUR sa belle-sœur promettant payer ses dettes, obsèques et funérailles et en décharger la cour fait pardevant monsieur Mulet échevin sepmanier le 7/9/1661.

56 - Médiathèque Arras FF125 Folio 57V :
Jean Baptiste THERIER bourgeois porteur au sacq demeurant à Arras mari et bail de Marie Madeleine DEHEES fille de feus Claude DEHEES et Jullienne THERY ses père et mère a déclaré et déclare qu'il récréante ladite Jullienne THERY sa belle-mère promettant payer ses dettes, obsèques et funérailles et en décharger la cour fait pardevant monsieur Mulet échevin sepmanier le 10/9/1661.

57 - Médiathèque Arras FF125 Folio 58R :
Nicolas LABOURÉ bourgeois demeurant à Arras a déclaré et déclare qu'il récréante et se fonde héritier de feu maître Guislain LABOURÉ vivant prêtre pasteur du village d'Ecurie décédé il y a dix à onze ans au pays de Brabant promettant payer ses dettes, obsèques et funérailles et en décharger la cour fait pardevant monsieur Prévost échevin sepmanier le 13/9/1661.

58 - Médiathèque Arras FF125 Folio 61R :
Elaine MACHON veuve de François ACCART vivant bourgeois de cette ville a déclaré et déclare qu'elle récréante ledit feu ACCART son mari promettant payer ses dettes, obsèques et funérailles et en décharger la cour fait pardevant monsieur Hourdequin échevin sepmanier le 4/10/1661.

59 - Médiathèque Arras FF125 Folio 61R :
Damoiselle Marie Catherine DESCRECHIN veuve de Jean Baptiste WALTIER dit Taillencourt bourgeois de cette ville a récréanté par le trépas de sondit feu mari promettant payer ses dettes, obsèques et funérailles et en décharger la cour fait pardevant monsieur de Douay échevin sepmanier le 5/10/1661.

60 - Médiathèque Arras FF125 Folio 61R :
Marie THELIER veuve de Guislain DUFOUR bourgeois de cette ville a récréanté par le trépas dudit feu DUFOUR son mari promettant payer ses dettes, obsèques et funérailles et en décharger la cour fait pardevant monsieur Hourdequin échevin sepmanier le 7/10/1661.

61 - Médiathèque Arras FF125 Folio 61V :
Marie LENFLE veuve de feu Antoine ANSSELIN vivant bourgeois de cette ville a déclaré et déclare qu'elle récréante par le trépas dudit feu ANSSELIN son mari promettant payer ses dettes, obsèques et funérailles et en décharger la cour fait pardevant monsieur de Sapigny échevin sepmanier le 13/10/1661.

62 - Médiathèque Arras FF125 Folio 61V :
Charles PONCE bourgeois marchand de laines, Catherine PONCE et Marguerite VAIRET fille à marier, lesdits PONCE frère et sœur et ladite VAIRET petite-fille et héritiers de feue Barbe LEGRAND veuve de Jean PONCE, ont récréanté par le trépas de ladite (sic : PONCE) leur mère promettant payer ses dettes, obsèques et funérailles et en décharger la cour fait pardevant monsieur de Sapigny échevin sepmanier le 15/10/1661.

63 - Médiathèque Arras FF125 Folio 61V :
Marie Marguerite FOURMENT veuve d'Antoine MONGY dit Lacosse demeurant à Arras a déclaré et déclare qu'elle renonce aux biens et dettes de la communion de sondit mari se tenant à son droit de douaire conventionnel porté par son mariage ainsi fait pardevant monsieur Mullet échevin sepmanier le 19/10/1661.

64 - Médiathèque Arras FF125 Folio 63V :
Nicolas DESLAVIERES bourgeois orfèvre demeurant en cette ville d'Arras a déclaré et déclare par ces présentes qu'il se fonde et rend héritier testamentaire de feu maître Nicolas DESLAVIERES à son trépas prêtre demeurant en ladite ville son fils qu'il a eu de feue Damoiselle Marie LECOMTE sa première femme promettant suivant ce de payer et acquitter ses dettes, obsèques et funérailles, dons et légats pieux, d'en décharger la cour ensemble maître Adrien DOUCHET prêtre licencié es droit et chapelain de l'église cathédrale de Notre Dame d'Arras et maître Ignace LEGAY aussi prêtre chapelain de ladite église que ledit feu DESLAVIERES aurait dénommé par son testament pour exécuteurs d'iceluy le 7ème d'octobre dernier, de sorte que pour ce il n'en recevront aucun intérêt fait pardevant monsieur Prévost échevin sepmanier le 9/11/1661.

65 - Médiathèque Arras FF125 Folio 64V :
Jeanne LEROY veuve d'Antoine VITEL bourgeois demeurant à Arras a déclaré et déclare qu'elle renonce aux biens et dettes dudit VITEL son mari soy tenant à son droit de douaire conventionnel stipulé par son contrat de mariage fait pardevant monsieur Mullet échevin sepmanier le 14/11/1661.

66 - Médiathèque Arras FF125 Folio 64V :
Pierre DELEPORTE bourgeois de cette ville et Hubert LE TELLIER aussi bourgeois receveur demeurant audit Arras mari et bail de Damoiselle Marie Agnès DELEPORTE lesdits DELEPORTE frère et sœur enfants de feus Jean et de Jacqueline BASSEUX décédée depuis peu, ont déclaré et déclarent que par le trépas d'icelle ils l'ont récréantée promettant payer ses dettes, obsèques et funérailles et en décharger la cour fait pardevant monsieur Mullet échevin sepmanier le 15/11/1661.

67 - Médiathèque Arras FF125 Folio 65R :
Antoine BOURO et Anne BOURO frère et sœur enfants de feus Pierre BOURO et Marguerite LEPOIVRE ont déclaré et déclarent qu'ils récréantent par le trépas de ladite LEPOIVRE leur mère promettant payer ses dettes, obsèques et funérailles et en décharger la cour fait pardevant monsieur Mullet échevin sepmanier le 16/11/1661.

68 - Médiathèque Arras FF125 Folio 65R :
Curatelle : Noël ROBICQUET bourgeois demeurant à Arras a sur requête présentée été reçu et admis à la curatelle des biens délaissés vacants par feus Antoinette BISCO et Antoine VITEL son fils vivants demeurant audit Arras et ce à la caution de Jeanne LEROY veuve dudit Antoine VITEL et créditrice d'iceluy et ce après avoir vu les consentements donnés par les plus proches parents et créditeurs desdits défunts et du procureur général de cette ville suivant quoi est comparu ledit Noël ROBICQUET lequel a empris et accepté ladite curatelle et promis par serment par lui prêté de soy bien et fidèlement conduire et comporter et d'en rendre bon et fidèle compte quand sommé et requis sera, s'étant ladite Jeanne LEROY pour ce aussi comparant constituée sa caution et fait pareilles promesses le tout sous l'obligation de leurs biens, terres et héritages présents et à venir renonçant à toutes choses contraires à ces présentes et par spécial ladite Jeanne au droit du senatus consult velleem et à l'authentique si qua mulier à elle donné à entendre de laquelle caution ladite LEROY a promis en décharger ledit ROBICQUET ensemble de tous dépens, dommages et intérêts fait pardevant monsieur Groulon échevin sepmanier le 16/11/1661.

69 - Médiathèque Arras FF125 Folio 65V :
Cécille MANNESSON veuve de Guillaume PIGACE vivant bourgeois et serviteur de messieurs du magistrat de cette ville a déclaré et déclare qu'elle récréante par le trépas dudit feu PIGACE son mari promettant payer ses dettes, obsèques et funérailles et en décharger la cour fait pardevant monsieur Mullet échevin sepmanier le 17/11/1661.

70 - Médiathèque Arras FF125 Folio 66V :
Michel PLAISANT fils de feu Jean bourgeois demeurant à Arras a déclaré et déclare qu'il renonce aux biens meubles délaissés par ledit feu Jean son père fait pardevant monsieur Mullet échevin sepmanier le 19/11/1661.

71 - Médiathèque Arras FF125 Folio 67R :
Pierre GRUEL bourgeois demeurant à Arras frère et héritier de feu Augustin GRUEL vivant bourgeois demeurant audit Arras a déclaré et déclare qu'il récréante par le trépas dudit Augustin GRUEL, promettant payer ses

dettes, obsèques et funérailles et en décharger la cour, fait pardevant monsieur Chivot échevin sepmanier le 21/11/1661.

72 - Médiathèque Arras FF125 Folio 67R :
Chrestien BRIOIS, Philippe François BRIOIS, Maximilien LEFRANCQ mari et bail de Damoiselle Madeleine BRIOIS et Pierre DUPUICH mari et bail de Damoiselle Isabeau BRIOIS, lesdits du surnom BRIOIS frères et sœurs enfants de défunts Jean BRIOIS et Damoiselle Isabeau BOULLIN, ont récréanté par le trépas de ladite BOULLIN leur mère décédée le 19ème de ce mois promettant payer ses dettes, obsèques et funérailles et en décharger la cour fait pardevant monsieur de Beaurains échevin sepmanier le 22/11/1661.

73 - Médiathèque Arras FF125 Folio 67R :
Antoine et Philippe MARSEL bourgeois frères enfants et héritiers de feu Gérard MARSEL vivant aussi bourgeois cuisinier demeurant audit Arras, ont déclaré et déclarent l'un pour l'autre et chacun d'eux seul pour le tout, qu'ils récréantent par le trépas dudit Gérard leur père, promettant payer ses dettes, obsèques et funérailles et en décharger la cour fait pardevant monsieur de Beaurains échevin sepmanier le 24/11/1661.

74 - Médiathèque Arras FF125 Folio 68R :
Adrien, Jean, Toussaint LERICHE et Nicolas DENOEUTRE mari et bail de Marguerite LERICHE lesdits LERICHE frères et sœur enfants et héritiers de Jeanne DE BAJEU veuve à son trépas de Laurent LERICHE, ont déclaré et déclarent qu'ils récréantent par le trépas de ladite Jeanne DE BAJEU leur mère promettant payer ses dettes, obsèques et funérailles et en décharger la cour fait pardevant monsieur Delahaie échevin sepmanier le 2/12/1661.

75 - Médiathèque Arras FF125 Folio 68V :
Damoiselle Marie Marguerite LOHINEL veuve de feu Charles François BIZE vivant Sieur de Hardecourt a déclaré et déclare qu'elle renonce aux biens meubles dudit feu BIZE son mari soy tenant à ses douaire, droits et retours conventionnels mentionnés en son contrat anténuptial déclarant néanmoins qu'au nom et en qualité de tutrice légitime de Marie Joseph BIZE sa fille qu'elle a retenue dudit feu son mari, elle appréhende la succession d'iceluy et promet audit nom payer ses dettes, obsèques et funérailles, requérant que pour le bien de ladite Marie Joseph sa fille mineure soit promptement procédé à l'inventaire de tous les effets de ladite succession fait le 12/12/1661 pardevant monsieur Grard échevin sepmanier.

76 - Médiathèque Arras FF125 Folio 69V :
François LESOIN mari et bail de Marie DUCREZ icelle fille de feu Guislain a déclaré et déclare qu'il récréante par le trépas dudit Guislain DUCREZ son père promettant payer ses dettes, obsèques et funérailles et en décharger la cour fait pardevant monsieur Grard échevin sepmanier le 17/12/1661.

77 - Médiathèque Arras FF125 Folio 75V :
Gabrielle LHOMME veuve et demeurée es biens de Jean FREMICOURT vivant bourgeois de cette ville a déclaré et déclare qu'elle récréante par le trépas dudit FREMICOURT son mari promettant payer ses dettes, obsèques et funérailles et en décharger la cour, fait pardevant monsieur de Sapigny échevin sepmanier le 19/1/1662.

78 - Médiathèque Arras FF125 Folio 77R :
Catherine DUCASTEL veuve de Pierre CAUWET a déclaré et déclare qu'elle récréante par le trépas dudit feu CAUWET son mari promettant payer ses dettes, obsèques et funérailles et en décharger la cour, fait pardevant monsieur Grard échevin sepmanier le 25/1/1662.

79 - Médiathèque Arras FF125 Folio 78R :
Jean DOBRE demeurant à Arras mari et bail de Barbe DE CAUCHY icelle fille de feu Michel a déclaré et déclare qu'il récréante qu'il récréante ledit feu Michel DE CAUCHY son beau-père promettant payer ses dettes, obsèques et funérailles et en décharger la cour fait pardevant monsieur Prévost échevin sepmanier le 31/1/1662.

80 - Médiathèque Arras FF125 Folio 78R :
Marguerite LEFEBVRE veuve de Jacques PREVOST vivant bourgeois demeurant à Arras a déclaré et déclare qu'elle récréante par le trépas dudit PREVOST son mari promettant payer ses dettes, obsèques et funérailles et en décharger la cour fait pardevant monsieur Mullet échevin sepmanier le 7/2/1662.

81 - Médiathèque Arras FF125 Folio 78V :
Marie COCQUIDÉ veuve de Philippe PITEUX vivant bourgeois demeurant à Arras a déclaré et déclare qu'elle récréante par le trépas dudit PITEUX son mari promettant payer ses dettes, obsèques et funérailles et en décharger la cour fait pardevant monsieur Mullet échevin sepmanier le 7/2/1662.

82 - Médiathèque Arras FF125 Folio 79R :
Tutelle : Marie LESAGE veuve de maître Jean GRARDEL a déclaré et déclare qu'elle emprend la tutelle légitime de Tours et Marie Jenne RODE frère et sœur enfants de feu Tours RODE et Damoiselle Jeanne GRARDEL sa femme leurs père et mère promettant soy y bien et fidèlement comporter et d'en rendre bon et léal compte toutes les fois qu'il appartiendra ou requise sera, fait pardevant monsieur Groullon échevin sepmanier le 11/2/1662.

83 - Médiathèque Arras FF125 Folio 80R :
Daniel CLAIS sergent de la gouvernance d'Arras, Louise SENESCHAL sa femme icelle fille et héritière de feu Mathias SENESCHAL vivant huissier du conseil d'Artois ont déclaré et déclarent qu'ils récréantent par le trépas de Mathias SENESCHAL père d'icelle Louise promettant payer ses dettes, obsèques et funérailles et en décharger la cour fait pardevant monsieur Mullet échevin sepmanier le 11/2/1662.
[erreur dans la numérotation : passe de la page 80 à 91].

84 - Médiathèque Arras FF125 Folio 91V :
Allard NIEPPE bourgeois demeurant à Arras frère et héritier de feue Marie NIEPPE vivante ville franche demeurant audit Arras a déclaré et déclare qu'il récréante par le trépas de ladite feue NIEPPE promettant payer ses dettes, obsèques et funérailles et en décharger la cour fait pardevant monsieur Chivot échevin sepmanier le 18/2/1662.

85 - Médiathèque Arras FF125 Folio 91V :
Jacques ATTAIGNANT bourgeois demeurant à Arras a déclaré et déclare qu'il récréante par le trépas de Izabeau ROCHE sa belle-sœur promettant payer ses dettes, obsèques et funérailles et en décharger la cour fait pardevant monsieur Delahaie échevin sepmanier le 23/2/1662.

86 - Médiathèque Arras FF125 Folio 92R :
Nicolas MACREL bourgeois chirurgien demeurant à Arras et Adrien LOTTIN mari et bail de Marie Marguerite MACREL, lesdits MACREL frère et sœur enfants et héritiers de feue Catherine DELEPORTE à son trépas veuve d'Antoine MACREL, ont déclaré et déclarent qu'ils récréantent par le trépas d'icelle DELEPORTE leur mère promettant payer ses dettes, obsèques et funérailles et en décharger la cour, fait pardevant monsieur Grégoire échevin sepmanier le 23/2/1662.

87 - Médiathèque Arras FF125 Folio 92V :
Pierre BAUDRELICQUE le josne hostelier brasseur demeurant à Bienvillers au Bois a déclaré et déclare qu'il récréante et se fonde héritier simple de feue Marie LESOING sa cousine et qu'en icelle qualité il promet payer les dettes, obsèques et funérailles de ladite feue LESOING et en décharger la cour fait pardevant monsieur de Sapigny échevin sepmanier le 27/2/1662.

88 - Médiathèque Arras FF125 Folio 93R :
Damoiselles Anne et Jeanne LEMAIRE sœurs filles de défunts maître Philippe LEMAIRE écuyer avocat au conseil d'Artois et Damoiselle Barbe DELEVAL sa femme ont récréanté par le trépas de ladite Damoiselle Barbe DELEVAL leur mère vivante veuve et demeurée es biens dudit sieur LEMAIRE son mari promettant payer ses dettes, obsèques et funérailles et en décharger la cour fait pardevant monsieur de Sapigny échevin sepmanier le 3/3/1662.

89 - Médiathèque Arras FF125 Folio 93R :
Jeanne CRESSON veuve de Claude PICQUART vivant bourgeois demeurant à Arras a récréanté par le trépas dudit PICQUART son mari décédé le jour d'hier promettant payer ses dettes, obsèques et funérailles et en décharger la cour fait pardevant monsieur Descouleurs échevin sepmanier le 4/3/1662.

90 - Médiathèque Arras FF125 Folio 93R :
Damoiselle Marie Agnès GOSSON veuve de maître Charles DESLIONS vivant avocat au conseil d'Artois décédé au village de Beaumont baillage de Lens a déclaré et déclare qu'elle renonce aux biens et dettes dudit sieur DESLIONS son mari soy tenant à son droit de douaire conventionnel stipulé par son contrat de mariage fait pardevant monsieur Descouleurs échevin sepmanier le 7/3/1662.

91 - Médiathèque Arras FF125 Folio 94R :
Anne DUCORNET veuve de Jean DUPUICH dit Douay vivant bourgeois demeurant à Arras a déclaré et déclare qu'elle récréante par le trépas de sondit mari promettant payer ses dettes, obsèques et funérailles et en décharger la cour fait pardevant monsieur Grard échevin sepmanier le 7/3/1662.

92 - Médiathèque Arras FF125 Folio 94V :
Marie LIEBERT veuve d'Angelin ROGIER vivant marchand de vaches demeurant à Arras a déclaré et déclare qu'elle récréante par le trépas dudit Angelin ROGIER son mari promettant payer ses dettes, obsèques et funérailles et en décharger la cour fait pardevant monsieur Grard échevin sepmanier le 8/3/1662.

93 - Médiathèque Arras FF125 Folio 95R :
Portebois procureur de Simon MICHEL bourgeois demeurant à Arras père et tuteur de Michel MICHEL et héritier apparent d'iceluy joint avec lui maître Baltazart MICHEL son frère consanguin en personnes iceluy Michel MICHEL expatrié fils et héritier de Catherine DAMBRINES qui fut fille de Augustin et de Marguerite LEJEUSNE instituée héritière contractuelle par son contrat de mariage avec ledit Simon MICHEL au tiers de la maison ci après touchée et ledit Michel MICHEL son fils expatrié par subrogé en sa place par la faveur de la clause de représentation accordée en sondit contrat de mariage et de plus héritier pour trois parts en l'autre tiers de la même maison à lui échue et à ses frères et sœur par le trépas de Nicolas DAMBRINES qui s'est aussi expatrié et a survécu ladite Marguerite LEJEUSNE qui était demeurée propriétaire bridde ? de la susdite maison située es faubourgs de Ronville dit Blan Bonnet, que de la sentence rendue à ce siège sur la curatelle desdits Marguerite LEJEUSNE et Mathieu DAMBRINES son fils au dépens des susnommés et à leur préjudice et intérêts comme contenant la totalité de ladite maison appartenir auxdits LEJEUSNE et Mathieu DAMBRINES qui n'y pouvaient tout au plus avoir qu'un tiers si avant qu'il ait survécu (que non) ladite Marguerite LEJEUSNE et de suite été adjugée par décret qu'ils s'en étaient portés sy qu'ils se portent pour appelants de ladite sentence et passement de décret aux fins de distraire tant le susdit tiers du chef de ladite Catherine DAMBRINES que des trois parts de cinq du chef dudit Nicolas DAMBRINES leur oncle protestant, fait pardevant monsieur Prévost échevin sepmanier le 17/3/1662.

94 - Médiathèque Arras FF125 Folio 96V :
Madeleine CROMBECQUE veuve d'Eloy FORASTIER demeurant à Arras a déclaré et déclare qu'elle récréante par le trépas dudit FORASTIER son mari promettant payer ses dettes, obsèques et funérailles et en décharger la cour fait pardevant monsieur Mullet échevin sepmanier le 20/3/1662.

95 - Médiathèque Arras FF125 Folio 98R :
Louis DE BUIRE porteur au sacq demeurant en cette ville mari et bail de Claudine DELEVIGNE icelle fille et héritière de Martine VENIN veuve de Jean DELEVIGNE a déclaré et déclare qu'il récréante ladite VENIN sa belle-mère promettant payer ses dettes, obsèques et funérailles et en décharger la cour, fait pardevant monsieur Chinot échevin sepmanier le 27/3/1662.

96 - Médiathèque Arras FF125 Folio 99R :
Françoise BRUNEL veuve de Martin DENIS vivant bourgeois marchand demeurant à Arras a déclaré et déclare qu'elle récréante par le trépas dudit Martin DENIS son mari promettant payer ses dettes, obsèques et funérailles et en décharger la cour fait pardevant monsieur Grégoire échevin sepmanier le 4/4/1662.

97 - Médiathèque Arras FF125 Folio 99V :
Bartolomé PLAISANT laboureur et Christophe DELATTRE hoste demeurant à Arleux en Gohelle mari et bail d'Isabeau PLAISANT, lesquels ont déclaré et déclarent respectivement qu'ils se fondent héritiers de feu Mathias PAIAGE et Madeleine GENEVIEFVE leurs oncle et tante vivants demeurant à Rouvroy promettant payer leurs dettes, obsèques et funérailles et en décharger la cour fait pardevant monsieur Grégoire échevin sepmanier le 4/4/1662.

98 - Médiathèque Arras FF125 Folio 101R :
Marie MINART veuve de Louis BLANCHET vivant bourgeois boucher demeurant à Arras a récréanté par le trépas dudit BLANCHET son mari promettant payer ses dettes, obsèques et funérailles et en décharger la cour fait pardevant monsieur de Sapigny échevin sepmanier le 12/4/1662.

99 - Médiathèque Arras FF125 Folio 101V :
Pierre et Jeanne SAUWAL frère et sœur enfants de feu Philippe vivant bourgeois demeurant à Arras ont récréanté par le trépas dudit feu Philippe SAUWAL leur père promettant payer ses dettes, obsèques et funérailles et en décharger la cour fait pardevant monsieur Descouleurs échevin sepmanier le 14/4/1662.

100 - Médiathèque Arras FF125 Folio 102V :
Marguerite MERCHER fille de feu Jean et de Louise BAILLON nièce et héritière de feu Gabriel BAILLON à son trépas bourgeois demeurant à Arras a déclaré et déclare qu'elle récréante par le trépas dudit Gabriel BAILLON son oncle promettant payer ses dettes, obsèques et funérailles et en décharger la cour fait pardevant monsieur Grard échevin sepmanier le 20/4/1662.

101 - Médiathèque Arras FF125 Folio 103V :
Marie CARLIER veuve de Louis CAMBRAY vivant bourgeois demeurant à Arras a déclaré et déclare qu'elle récréante par le trépas dudit de CAMBRAY son mari promettant payer ses dettes, obsèques et funérailles et en décharger la cour fait pardevant monsieur Prévost échevin sepmanier le 27/4/1662.

102 - Médiathèque Arras FF125 Folio 103V :
Curatelle : Damoiselle Jeanne Catherine DE BEAUVOIR veuve de Philippe DELIGNY écuyer sieur de Saint Germain demeurant en cette ville et maître Baltazart DE BEAUVOIR avocat au conseil d'Artois sieur de Baudricourt son frère ont été reçus et admis par ordonnance du jourd'hui savoir ladite Damoiselle Jeanne Catherine DE BEAUVOIR pour mère et tutrice des deux enfants mineurs qu'elle a retenus dudit feu sieur de Saint Germain et ledit sieur de Baudricourt pour curateur aux causes et actions desdits enfants et ce suivant les accords et consentements donnés tant par les plus proches parents desdits mineurs du côté de leur père que ceux du côté de leur mère informé du procureur général de cette ville à la caution de Damoiselle Anne CRESPEL leur mère en faisant les devoirs suivant quoi comparant ledit sieur de Baudricourt soy faisant et portant fort de ladite Damoiselle de Saint Germain sa sœur a en son nom et pour son absence emprins la tutelle desdits enfants mineurs qu'elle a retenus dudit feu sieur son mari et lui en son particulier la curatelle aux causes et actions d'iceux mineurs de quoi il a promis tant en son nom que soy faisant et portant fort de ladite Damoiselle de Saint Germain sa sœur d'en rendre bon et fidèle compte quand sommé et requis en seront s'étant ladite Damoiselle Anne CRESPEL leur mère pour ce aussi comparant constituée leur caution et fait pareilles promesses sous l'obligation solidaire de leurs biens présents et à venir renonçant à toutes choses contraires à ces présentes fait et passé pardevant monsieur Groulon échevin sepmanier le 4/5/1662.

103 - Médiathèque Arras FF125 Folio 104R :
Louis SELLIER bourgeois demeurant à Arras mari et bail de Damoiselle Anne LEFORT et Damoiselle Marie LEFORT lesdites LEFORT sœurs et enfants de feue Damoiselle Jeanne BOCQUET à son trépas veuve et demeurée es biens de Allart LEFORT vivant greffier civil de cette ville, ont récréanté par le trépas de ladite Damoiselle Jeanne BOCQUET leur mère promettant payer ses dettes, obsèques et funérailles et en décharger la cour fait pardevant monsieur Mullet échevin sepmanier le 5/5/1662.

104 - Médiathèque Arras FF125 Folio 107V :
Marguerite GRENIER veuve de François CAPPEAU vivant bourgeois demeurant à Arras a déclaré et déclare qu'elle récréante par le trépas dudit feu CAPPEAU son mari promettant payer ses dettes, obsèques et funérailles et en décharger la cour fait pardevant monsieur Descouleurs échevin sepmanier le 27/5/1662.

105 - Médiathèque Arras FF125 Folio 108R :
Antoine MESHAIES meunier demeurant à Bapaume et Catherine DEBUGNY sa femme et Jacqueline CAUPAIN veuve et demeurée es biens de Charles DEBUGNY meunier demeurant à Gouy en Artois lesdits du surnom DEBUGNY frère et sœur enfants et héritiers d'Antoine et de [ ] HARDUIN ont déclaré et déclarent qu'ils récréantent par le trépas desdits défunts DEBUGNY et HARDUIN promettant payer leurs dettes, obsèques et funérailles et en décharger la cour fait pardevant monsieur Mullet échevin sepmanier le 4/5/1662.

106 - Médiathèque Arras FF125 Folio 109R :
Marie CARLIER veuve de Jean LENGLET et Claire CARLIER veuve de Jean GAFFET, lesdites CARLIER sœurs enfants de feu Jérosme vivant bourgeois fauxboulier demeurant en cette ville ont déclaré et déclarent qu'elles récréantent par le trépas dudit feu Jérosme leur père promettant payer ses dettes, obsèques et funérailles et en décharger la cour fait pardevant monsieur Prévost échevin sepmanier le 9/6/1662.

107 - Médiathèque Arras FF125 Folio 109R :
Barbe MASCLET veuve de Louis PLISSON a déclaré et déclare qu'elle récréante par le trépas dudit PLISSON son mari promettant payer ses dettes, obsèques et funérailles et en décharger la cour fait le 9/6/1662 pardevant que dessus.

108 - Médiathèque Arras FF125 Folio 110R :
Damoiselle Jeanne Catherine DE BEAUVOIR mère et tutrice légitime de René et François Joseph Alexandre DELIGNY ses deux enfants qu'elle a retenus de Philippe DELIGNY vivant écuyer sieur de Saint Germain, a déclaré et déclare qu'elle récréante par le trépas dudit feu sieur de Saint Germain son mari au nom desdits enfants promettant audit nom payer ses dettes, obsèques et funérailles et en décharger la cour fait pardevant monsieur de Beaurains échevin sepmanier le 19/6/1662. Déclarant en outre que sesdits enfants ne sont héritiers de feu Philippe DELIGNY leur père grand aussi écuyer sieur de Saint Germain à quoi ladite Damoiselle au nom desdits enfants a renoncé et renonce par ce présent acte qu'au jour du trépas de Damoiselle Madeleine DE TORCY femme audit sieur de Saint Germain père grand auxdits enfants, il y avait vivant quatre de ses enfants savoir Philippe, Charles, Louis et Marie DELIGNY et qu'au jour du trépas dudit sieur de Saint Germain leur père n'étaient restés vivants que Charles religieux présentement au couvent des chartreux et ladite Damoiselle Marie religieuse au couvent de Sainte Elizabeth à Paris et lesdits deux enfants restants Philippe DELIGNY leurdit père marie de ladite Jeanne Catherine DE BEAUVOIR et que ledit sieur DELIGNY père grand est mort aux environs du 20ème février dernier, ainsi fait ledit jour et an et pardevant que dessus.

109 - Médiathèque Arras FF125 Folio 110V :
Marguerite DE GOUVE veuve de Robert LOCOGE vivant chartier demeurant en cette ville a déclaré et déclare qu'elle récréante par le trépas dudit LOCOGE son mari promettant payer ses dettes, obsèques et funérailles et en décharger la cour fait pardevant monsieur de Beaurains échevin sepmanier le 20/6/1662.

110 - Médiathèque Arras FF125 Folio 110V :
Damoiselle Léonore DORESMIEUX veuve de feu maître Oudart DELACOURT a déclaré et déclare qu'elle récréante par le trépas dudit feu DELACOURT son mari promettant payer ses dettes, obsèques et funérailles et en décharger la cour fait pardevant monsieur Chivot échevin sepmanier le 21/6/1662.

111 - Médiathèque Arras FF125 Folio 111R :
Isabeau DUPONCHEL femme à Philippe LESECQ cordonnier demeurant en la ville de Lille suffisamment autorisée d'iceluy par procure spéciale à elle donnée, cousine issue de germaine à présent défunte Marie DE RINCHEVAL veuve de Pierre DEVILLERS décédée passés huit à neuf ans, a déclaré et déclare qu'elle récréante par le trépas de ladite Marie DE RINCHEVAL sa cousine promettant payer ses dettes, obsèques et funérailles et en décharger la cour et tous autres qu'il appartiendra fait pardevant monsieur Grégoire échevin sepmanier le 28/6/1662.

112 - Médiathèque Arras FF125 Folio 111V :
Charles VASSEUR et Guislain MAILLE bourgeois boucher demeurant en cette ville ont déclaré et déclarent qu'ils récréantent par le trépas de Jennette BOIEL à son trépas veuve d'Antoine CAMIEZ leur tante promettant payer ses dettes, obsèques et funérailles et en décharger la cour fait pardevant monsieur Descouleurs échevin sepmanier le 3/7/1662.

113 - Médiathèque Arras FF125 Folio 112R :
Barbe DELACOURT veuve de Charles GRUEL vivant bourgeois demeurant en cette ville a déclaré et déclare qu'elle récréante par le trépas dudit GRUEL son mari promettant payer ses dettes, obsèques et funérailles et en décharger la cour fait pardevant monsieur Descouleurs échevin sepmanier le 8/7/1662.

114 - Médiathèque Arras FF125 Folio 113R :
Marie NOEL veuve d'Antoine LEGARD vivant bourgeois taillandier demeurant en cette ville a déclaré et déclare qu'elle récréante par le trépas dudit LEGARD son mari promettant payer ses dettes, obsèques et funérailles et en décharger la cour fait pardevant monsieur Guérard échevin sepmanier le 14/7/1662.

115 - Médiathèque Arras FF125 Folio 113V :
Jacques et Marie Madeleine BLAIRE frère et sœur enfants de feus Nicolas et de Marguerite DE RANSSART ont déclaré et déclarent qu'ils récréantent par le trépas de ladite Marguerite DE RANSSART leur mère promettant payer ses dettes, obsèques et funérailles et en décharger la cour fait pardevant monsieur Grégoire échevin sepmanier le 15/7/1662.

116 - Médiathèque Arras FF125 Folio 116R :
Adrienne LOCQUET veuve de Pierre BRIOIS vivant bourgeois charbonnier demeurant à Arras a déclaré et déclare qu'elle récréante par le trépas dudit BRIOIS son mari promettant payer ses dettes, obsèques et funérailles et en décharger la cour fait pardevant monsieur Guérard échevin sepmanier le 12/8/1662.

117 - Médiathèque Arras FF125 Folio 116R :
Florent CARON bourgeois serrurier demeurant en cette ville mari et bail de Catherine LEGARD icelle tante à Antoine LEGARD vivant bourgeois taillandier demeurant en cette ville a déclaré et déclare qu'il récréante par le trépas dudit LEGARD son neveu promettant payer ses dettes, obsèques et funérailles et en décharger la cour fait pardevant monsieur Grégoire échevin sepmanier le 12/8/1662.

118 - Médiathèque Arras FF125 Folio 116R :
Pierre LE PREVOST écuyer sieur de Villers Plouich, Damoiselles Marie et Anne MACREL, cousin et cousines germains de feue Damoiselle Marguerite CARBONNIER vivante fille franche de feus Guillaume CARBONNIER et Damoiselle Marguerite MACREL, ont déclaré et déclarent qu'ils récréantent par le trépas de ladite feue Damoiselle Marguerite CARBONNIER leur cousine, promettant in solidum payer ses dettes, obsèques et funérailles et en décharger la cour fait pardevant monsieur de Sapigny échevin sepmanier le 17/8/1662.

119 - Médiathèque Arras FF125 Folio 116V :
Faucquette sergent a à la requête de Adrien DU CORNET mari et bail de Jeanne DORESMIEUX paravant veuve de Daniel LENFLE et demeurée es biens d'iceluy arrêté au corps Charles CHRESTIEN demeurant à Lille de présent en cette ville pour avoir paiement de douze livres dix sols restant de plus grande somme pour les causes etc auquel arrêt ledit CHRESTIEN s'est opposé et pour avoir main levée de sa personne a baillé caution de Adrien PLATEL notaire royal et procureur au conseil d'Artois qui a promis payer ce que sera dit ce après en définitif au cas que ledit CHRESTIEN y soit condamné, de quoi il en a promis décharger ledit PLATEL ensemble de tous dépens, dommages et intérêts et jour assigné aux prochains plaids fait pardevant monsieur Descouleurs échevin sepmanier le 18/8/1662.

120 - Médiathèque Arras FF125 Folio 119V :
Maître Maximilien DE CITEY prêtre demeurant à Arras a déclaré et déclare qu'il récréante par le trépas de feue Damoiselle Claire GAILLART sa mère à son trépas veuve de défunt Maximilien DE CITEY vivant écuyer avocat au conseil d'Artois promettant payer ses dettes, obsèques et funérailles et en décharger la cour fait le 7/9/1662 pardevant monsieur Mullet échevin sepmanier.

121 - Médiathèque Arras FF125 Folio 120R :
Adrien DUPONT bourgeois marchand demeurant à Arras s'est constitué caution de Michel BRUNEL lieutenant de cavalerie pour le service de sa majesté catholique pour par lui avoir main levée de quarante livres conformément à l'ordonnance rendue ce jour'hui sur la requête présentée par ledit BRUNEL et ce du consentement de Pierre, Nicolas, Marie et Isabelle GOSSART neveux et nièces de feu Pierre GOSSART leur père grand qui en auraient leur part et contingent du consentement dudit Michel BRUNEL en qualité de mari et bail de Damoiselle Catherine GOSSART icelle fille dudit feu Pierre, promettant suivant ce ledit DUPONT rendre, payer et rapporter ce que sera dit ci après en définitif au cas que lesdits BRUNEL et GOSSART y soient condamnés de quoi ils en ont promis décharger ledit DUPONT ensemble de tous dépens, dommages et intérêts fait pardevant monsieur Mullet échevin sepmanier le 7/9/1662.

122 - Médiathèque Arras FF125 Folio 121R :
De Flers et Willemaire sergents ont à la requête de Jean PETIT bourgeois marchand l'un des quatre commis aux ouvrages de cette ville fils et héritier de feu Bon vivant aussi bourgeois marchand y demeurant arrêté et empêché es mains de Toussaint DE PARADIS receveur de la Dame de Carency tous et chacuns les deniers, grains, or, argent et autres choses quelconques qu'il peut avoir en sa possession doit et devra à l'avenir à Damoiselle Anne DORESMIEUX fille et héritière de Nicolas demeurant à Douai pour avoir paiement de deux cent dix sept livres cinq sols pour les causes ayant été faites les défenses et requises audit DE PARADIS en parlant à sa personne le trouvant en cette ville et jour assigné aux seconds plaids fait le 16/9/1662.

123 - Médiathèque Arras FF125 Folio 122R :
Marie DUPUICH veuve de Nicolas DE BEAUVIN vivant bourgeois marchand peigneur demeurant à Arras a récréanté par le trépas dudit DE BEAUVIN son mari promettant payer ses dettes, obsèques et funérailles et en décharger la cour fait pardevant monsieur Delahaie échevin sepmanier le 23/9/1662.

124 - Médiathèque Arras FF125 Folio 123R :
Damoiselle Marie Claude HERLIN veuve de maître Luc PORTEBOIS vivant licencié es loix avocat au conseil d'Artois a déclaré et déclare qu'elle récréante par le trépas dudit feu PORTEBOIS son mari promettant payer ses dettes, obsèques et funérailles et en décharger la cour fait pardevant monsieur Descouleurs échevin sepmanier le 28/9/1662.

125 - Médiathèque Arras FF125 Folio 123R :
Françoise ALLART veuve de Jean DE CAUCHY vivant bourgeois chartier demeurant en cette ville a déclaré et déclare qu'elle récréante par le trépas dudit feu DE CAUCHY son mari promettant payer ses dettes, obsèques et funérailles et en décharger la cour fait pardevan116t monsieur Grégoire échevin sepmanier le 6/10/1662.

126 - Médiathèque Arras FF125 Folio 124R :
Curatelle : maître Antoine THERY sergent de la gouvernance d'Arras a sur requête présentée par Damoiselle Madeleine DELESCLUSE veuve de Pierre HIBON été reçu à la curatelle des biens délaissés vacants par le trépas de Damoiselle Antoinette ALEXANDRE vivante fille franche demeurant à Arras suivant les consentements donnés du procureur général de cette ville et de Jean PETIT neveu de ladite Damoiselle ALEXANDRE à la caution de ladite Damoiselle Madeleine DELESCLUSE en faisant les devoirs, est comparu ledit THERY qui a emprins et accepté ladite curatelle et promis par serment de soy y bien et fidèlement conduire et comporter et d'en rendre bon et fidèle compte quand sommé et d'en rendre bon et fidèle compte quand sommé et requis sera, s'étant ladite Damoiselle Madeleine DELESCLUSE pour ce aussi comparante constituée sa caution de quoi ledit THERY l'a promis décharger ensemble de tous dépens, dommages et intérêts sous l'obligation solidaire de tous leurs biens fait pardevant monsieur de Grincourt échevin sepmanier le 14/10/1662.

127 - Médiathèque Arras FF125 Folio 125V :
Maître Jean François HIVAIN fils de feus Georges vivant bourgeois marchand de cette ville et de Marie GRUEL icelle décédée le jour d'hier a déclaré et déclare qu'il récréante par le trépas de ladite GRUEL sa mère tant en son nom que de ses frères et sœurs promettant payer ses dettes, obsèques et funérailles et en décharger la cour fait pardevant monsieur Delahaie échevin sepmanier le 30/10/1662.

128 - Médiathèque Arras FF125 Folio 125V :
Jeanne CAUPAIN fille de feu Jean a déclaré et déclare qu'elle récréante par le trépas dudit Jean CAUPAIN son père promettant payer ses dettes, obsèques et funérailles et en décharger la cour fait pardevant monsieur Delahaie échevin sepmanier le 30/10/1662.

129 - Médiathèque Arras FF125 Folio 128V :
Charles DUFRESNE fils de Hubert et de feue Catherine REVERT ses père et mère a déclaré et déclare qu'il récréante par le trépas de ladite Catherine REVERT sa mère promettant payer ses dettes, obsèques et funérailles et en décharger la cour fait pardevant monsieur Grégoire échevin sepmanier le 9/11/1662.

130 - Médiathèque Arras FF125 Folio 128V :
Marguerite et Fleuris DUFRESNE toutes deux filles de Hubert et de feue Catherine REVERT leurs père et mère ont déclaré et déclarent qu'elles récréantent par le trépas de ladite Cathcrine REVERT leur mère promettant payer ses dettes, obsèques et funérailles et en décharger la cour fait pardevant monsieur Grégoire échevin sepmanier le 9/11/1662.

131 - Médiathèque Arras FF125 Folio 129R :
De Flers et Letoict sergents ont à la requête de Jacques LEFEBVRE bourgeois marchand demeurant à Arras arrêté et empêché es mains de Maurice DELATTRE aussi bourgeois marchand y demeurant tous et chacuns les biens meubles, grains, or et argent qu'il peut devoir et avoir en sa possession comme appartenant à Marie DELIMAL veuve de Michel FALEMPIN, François et Adrien FALEMPIN ses enfants demeurant au village de Thélus et Jacques FALEMPIN présentement prisonnier en cette ville pour avoir paiement de la somme de 207 livres pour les causes à déclarer au jour servant ayant été faites les défenses requises audit Maurice DELATTRE en parlant à sa personne et jour assigné aux seconds plaids fait le 13/11/1662.

132 - Médiathèque Arras FF125 Folio 129V :
Catherine LEGARD veuve de Florent CARON vivant bourgeois ferronnier demeurant à Arras a déclaré qu'elle récréante par le trépas dudit CARON son mari promettant payer ses dettes, obsèques et funérailles et en décharger la cour fait pardevant monsieur Guérard échevin sepmanier le 14/11/1662.

133 - Médiathèque Arras FF125 Folio 129V :
Faucquette et Docmaisnil sergents ont à la requête d'Adrien DUCORNET bourgeois demeurant à Arras mari et bail de Damoiselle Jeanne DORESMIEUX veuve et demeurée es biens de feu maître Jean BAILLET icelle mère et tutrice légitime des enfants en bas âge qu'elle a retenus dudit feu, arrêté au corps Robert BAUDUIN laboureur demeurant au village du Forest pour avoir compte avec lui de toutes et chacune les parties qu'il peut devoir audit DUCORNET en ladite qualité, pour en après percevoir par icelu DUCORNET ce à quoi icelu BAUDUIN sera demeuré redevable, à quoi icelu BAUDUIN s'est opposé et n'ayant pu trouvé caution pour avoir main levée de sa personne a été ordonné de tenir prison, fait pardevant monsieur Mariette échevin sepmanier le 14/11/1662 et jour assigné aux prochains plaids.

134 - Médiathèque Arras FF125 Folio 131V :
Marguerite DE NOEUTRE fille à marier demeurant à Arras sœur de Barbe DE NOEUTRE vivant aussi fille à marier y demeurant a déclaré et déclare qu'elle récréante par le trépas de ladite feue Barbe DE NOEUTRE sa sœur promettant payer ses dettes, obsèques et funérailles et en décharger la cour fait pardevant monsieur Groullon échevin sepmanier le 27/11/1662.

135 - Médiathèque Arras FF125 Folio 133R :
Damoiselle Marguerite CAUWET veuve de Gabriel LESCALLET écuyer ci devant brigadier tenant garnison en cette ville, a déclaré et déclare qu'elle renonce aux biens et dettes dudit feu son mari soy tenant à son douaire conventionnel stipulé par son contrat de mariage fait pardevant monsieur Chivot échevin sepmanier le 9/12/1662.

136 - Médiathèque Arras FF125 Folio 136V :
Catherine LEFEBVRE jeune fille à marier demeurant à Arras nièce de à présent défunte Jeanne LEFRANCQ à son trépas veuve de maître Pierre COULLEMONT vivant maître d'école demeurant à Arras a déclaré et déclare qu'elle récréante par le trépas de ladite LEFRANCQ sa tante promettant payer ses dettes, obsèques et funérailles et en décharger la cour fait pardevant monsieur Grégoire échevin sepmanier le 19/12/1662.

137 - Médiathèque Arras FF125 Folio 137R :
Curatelle : Nicolas GUILUY bourgeois molnier du Rivage demeurant en cette ville d'Arras a sur requête présentée par Paul GUILUY aussi molnier du moulin de Saint Fiacre demeurant en la cité dudit Arras été reçu à la curatelle des biens délaissés vacants par feu Abraham GUILUY aussi bourgeois de cette ville en faisant les devoirs suivant les consentements donnés du procureur général de cette ville lequel en personne a emprins et accepté ladite curatelle et promis par serment de soy y bien et fidèlement conduire et comporter et d'en rendre bon et fidèle compte quand sommé et requis sera s'étant ledit Paul constitué sa caution de quoi ledit Nicolas l'a promis décharger ensemble de tous dépens, dommages et intérêts après que ledit Paul a promis et promet sortir juridiction à ce siège le tout sous l'obligation solidaire de leurs biens, fait pardevant monsieur Grégoire échevin sepmanier le 22/12/1662.

138 - Médiathèque Arras FF125 Folio 137R :
Laurent DAMBLAIN bourgeois cuisinier demeurant à Arras a déclaré et déclare qu'il récréante par le trépas de feu François DAMBLAIN son père décédé passées plusieurs années à son trépas aussi bourgeois maître cuisinier y demeurant promettant payer ses dettes, obsèques et funérailles et en décharger la cour fait pardevant monsieur Chivot échevin sepmanier le 23/12/1662.

139 - Médiathèque Arras FF125 Folio 138R :
Jeanne DELETAILLE veuve de Florent LANGE vivant bourgeois demeurant à Arras a déclaré et déclare qu'elle renonce aux biens et dettes dudit feu LANGE son mari se tenant à son douaire stipulé par son contrat de mariage fait pardevant monsieur Le Carlier échevin sepmanier le 29/12/1662.

140 - Médiathèque Arras FF125 Folio 139V :
Marie GRANDHOMME veuve de Jean CLAIRET vivant molnier demeurant à Arras et paravant à Souastre a déclaré et déclare qu'elle renonce aux droits et actions des biens meubles délaissés par ledit feu, soy tenant à son droit de douaire conventionnel stipulé par son contrat de mariage fait pardevant messieurs Guérard et Grégoire échevins sepmaniers le 5/1/1663.

141 - Médiathèque Arras FF125 Folio 140R :
Nicolas et Adrien DEHEE enfants de feu Adrien vivant bourgeois demeurant à Arras ont déclaré et déclarent qu'ils récréantent par le trépas dudit feu DEHEE leur père promettant payer ses dettes, obsèques et funérailles et en décharger la cour fait pardevant monsieur Courcol échevin sepmanier le 8/1/1663.

142 - Médiathèque Arras FF125 Folio 140V :
Anne DENIS veuve de Simon LEQUIEN à son trépas bourgeois marchand tanneur en cette ville a déclaré et déclare qu'elle récréante ledit feu son mari et qu'elle se tient à son droit douaire coutumier et promis suivant ce payer les dettes, obsèques et funérailles dudit feu fait le 9/1/1663 pardevant monsieur Lefebvre échevin sepmanier.

143 - Médiathèque Arras FF125 Folio 140V :
Bonaventure CAVILLON et Catherine SALMON sa femme, François et Françoise Philippe SALMON, lesdits du surnom SALMON frère et sœurs enfants et héritiers de feus Philippe SALMON et Marie DE NIVAL, ont déclaré et déclarent qu'ils récréantent par le trépas de ladite Marie DE NIVAL leur mère décédée passés trois à quatre mois promettant suivant ce payer ses dettes, obsèques et funérailles et en décharger la cour fait pardevant monsieur Lefebvre échevin sepmanier le 9/1/1663.

144 - Médiathèque Arras FF125 Folio 141V :
Augustin, Jean Baptiste LAGACE et Antoine VASSEUR mari et bail de Marie Barbe LAGACE lesdits du surnom LAGACE frères et sœur enfants de feus Jacques LAGACE et Gervoise MARCHANT ont déclaré et déclarent qu'ils récréantent par le trépas de ladite feue Gervoise MARCHANT leur mère promettant payer ses dettes, obsèques et funérailles et en décharger la cour fait pardevant monsieur Courcol échevin sepmanier le 9/1/1663.

145 - Médiathèque Arras FF125 Folio 142R :
Damoiselle Anne FOUCQUIER veuve de Pierre LE CAMBIER sieur de Haulteville en Haucourt et à son tour échevin de cette ville a déclaré et déclare qu'elle renonce à la communauté des biens et effets qui ont été entre eux, soy tenant à tous ses droits conventionnels stipulés et accordés par leur contrat de mariage pour l'accomplissement duquel et pour tout ce qui en dépend elle prétend de pourvoir selon qu'en justice il appartiendra, fait pardevant monsieur Courcol échevin sepmanier le 10/1/1663.

146 - Médiathèque Arras FF125 Folio 142R :
Letoict sergent a à la requête de maître Nicolas MACREL et Adrien LOTTIN mari et bail de Marie Marguerite MACREL, lesdits MACREL frère et sœur enfants de feus Antoine MACREL et Catherine DELEPORTE arrêté au corps Paul GUILUY molnier de Saint Fiacre pour avoir paiement et livraison de trois razières et demi boisseau de blé pour les causes etc, auquel arrêt ledit GUILUY s'est opposé et pour avoir main levée qui lui s'est opposé et pour avoir main levée de son corps a baillé caution de Jean POLLART bourgeois lingier demeurant audit Arras qui a promis payer ce que sera dit ci après en définitif au cas que ledit GUILUY y soit condamné de quoi il en a promis décharger ledit POLLART ensemble de tous dépens, dommages et intérêts et jour assigné aux prochains plaids fait le 11/1/1663.

147 - Médiathèque Arras FF125 Folio 143R :
Damoiselle Marguerite DUFLOS veuve de Chrestien BRIOIS vivant bourgeois marchand demeurant à Arras a déclaré et déclare qu'elle récréante par le trépas dudit feu BRIOIS son mari promettant payer ses dettes, obsèques et funérailles et en décharger la cour, fait pardevant monsieur de Beaurains échevin sepmanier le 16/1/1663.

148 - Médiathèque Arras FF125 Folio 143R :
Guislaine BRIDE veuve de feu Charles DELATTRE vivant bourgeois chartier demeurant à Arras a déclaré et déclare qu'elle récréante par le trépas dudit feu DELATTRE son mari promettant payer ses dettes, obsèques et funérailles et en décharger la cour fait pardevant monsieur de Beaurains échevin sepmanier le 19/1/1663.

149 - Médiathèque Arras FF125 Folio 143R :
Philippe CHERAINE mari et bail d'Anne BOCQUET fille de Marguerite HANSSEL à son trépas veuve de maître Robert BOCQUET vivant maître peintre demeurant à Arras et Bonaventure CAVILLON sergent à verge de ce siège procureur spécial de Charles BOCQUET aussi peintre y demeurant frère de ladite Anne BOCQUET lequel n'a pu venir pour son indisposition, ont déclaré et déclarent qu'ils récréantent audit nom par le trépas de ladite Marguerite HANSSEL promettant payer ses dettes, obsèques et funérailles et en décharger la cour fait pardevant monsieur de Douay échevin sepmanier le 22/1/1663.

150 - Médiathèque Arras FF125 Folio 146V :
Guislaine DENOEUVILLE veuve d'Angelin CARRÉ vivant bourgeois demeurant à Arras a déclaré et déclare qu'elle récréante par le trépas dudit feu son mari promettant payer ses dettes, obsèques et funérailles et en décharger la cour fait pardevant monsieur Delahaie échevin sepmanier le 8/2/1663.

151 - Médiathèque Arras FF125 Folio 147V :
Catherine DOCMAISNIL veuve d'Allard LANGE vivant bourgeois menuisier demeurant à Arras mère ayant l'administration de Gabriel et Anne LANGE ses enfants qu'elle a retenus dudit feu, a déclaré et déclare qu'elle récréante audit nom par le trépas de feu Florent LANGE vivant maître tailleur d'habits y demeurant oncle paternel auxdits Gabriel et Anne LANGE promettant payer ses dettes, obsèques et funérailles et en décharger la cour fait pardevant monsieur Guérard échevin sepmanier le 14/2/1663.

152 - Médiathèque Arras FF125 Folio 148V :
Marie PRUVOST veuve d'Antoine DANDRIN vivant bourgeois demeurant à Arras a déclaré et déclare qu'elle récréante par le trépas dudit DANDRIN son mari promettant payer ses dettes, obsèques et funérailles et en décharger la cour fait pardevant monsieur Grégoire échevin sepmanier le 15/2/1663.

153 - Médiathèque Arras FF125 Folio 149R :
Philippe LEFEBVRE maître tailleur d'habits, Anne et Marguerite LEFEBVRE frère et sœur enfants légitimes de feus maître Jérosme et de Madeleine FATOU, ont déclaré et déclarent qu'ils récréantent par le trépas de ladite Madeleine FATOU leur mère promettant respectivement payer ses dettes, obsèques et funérailles et en décharger la cour, ledit Philippe LEFEBVRE tant en son propre et privé nom que comme exécuteur testamentaire de ladite feue FATOU leur mère et curateur et ayant l'administration de Anne, Claire et Antoine LEFEBVRE leurs frère et sœurs mineurs du consentement du procureur général de cette ville et ce la caution desdites Anne et Marguerite LEFEBVRE susnommées de quoi ledit Philippe les a promis décharger et indemner sous l'obligation etc, fait pardevant monsieur Grégoire échevin sepmanier le 15/2/1663.

154 - Médiathèque Arras FF125 Folio 150V :
Susanne DENOEUVILLE veuve de Jacques BOURDON vivant bourgeois cordonnier demeurant à Arras a déclaré et déclare qu'elle récréante par le trépas dudit BOURDON son mari promettant payer ses dettes, obsèques et funérailles et en décharger la cour fait pardevant monsieur de Beaurains échevin sepmanier le 28/2/1663.

155 - Médiathèque Arras FF125 Folio 152R :
Jeanne DENIS veuve de Maurice DAMBRINES vivant bourgeois demeurant à Arras a déclaré et déclare qu'elle récréante par le trépas dudit feu promettant payer ses dettes, obsèques et funérailles et en décharger la cour fait pardevant monsieur de Douay échevin sepmanier le 6/3/1663.

156 - Médiathèque Arras FF125 Folio 152R :
Marie DEMAILLY veuve d'Alexandre NOEL vivant bourgeois demeurant à Arras a déclaré et déclare qu'elle récréante par le trépas dudit feu son mari promettant payer ses dettes, obsèques et funérailles et en décharger la cour fait pardevant monsieur du Rousoy échevin sepmanier le 8/3/1663.

157 - Médiathèque Arras FF125 Folio 153V :
Barbe LEFRANCQ veuve de Jean DUBOIS vivant bourgeois mercier demeurant à Arras a déclaré et déclare qu'elle récréante par le trépas dudit DUBOIS promettant payer ses dettes, obsèques et funérailles et en décharger la cour fait pardevant monsieur Grégoire échevin sepmanier le 12/3/1663.

158 - Médiathèque Arras FF125 Folio 153V :
Marie LEVRAIE veuve de Robert DE GOUVES vivant bourgeois mesureur de grains demeurant à Arras a déclaré et déclare qu'elle récréante par le trépas d'iceluy DE GOUVES son mari promettant payer ses dettes, obsèques et funérailles et en décharger la cour fait pardevant monsieur Chivot échevin sepmanier le 13/3/1663.

159 - Médiathèque Arras FF125 Folio 155V :
Guislaine LECLERCQ veuve de Guillaume JACOBE vivant bourgeois fauxboulier demeurant à Arras a déclaré et déclare qu'elle récréante par le trépas dudit JACOBE son mari promettant payer ses dettes, obsèques et funérailles et en décharger la cour fait pardevant monsieur Grégoire échevin sepmanier le 15/3/1663.

160 - Médiathèque Arras FF125 Folio 156V :
Noël MARCHAND bourgeois demeurant à Arras fils de feus maître Philippe et de Catherine DUBOIS, a déclaré et déclare qu'il récréante par le trépas de ladite Catherine DUBOIS sa mère promettant payer ses dettes, obsèques et funérailles et en décharger la cour fait pardevant monsieur Delahaie échevin sepmanier le 20/3/1663.

161 - Médiathèque Arras FF125 Folio 157V :
Péronne CARLIER veuve d'Etienne BETREMIEUX vivant bourgeois demeurant à Arras a déclaré et déclare qu'elle récréante par le trépas dudit feu son mari promettant payer ses dettes, obsèques et funérailles et en décharger la cour, fait pardevant monsieur Lefebvre échevin sepmanier le 3/4/1663.

162 - Médiathèque Arras FF125 Folio 158R :
Philippe LEFEBVRE bourgeois demeurant à Arras a déclaré et déclare qu'il récréante par le trépas de Marguerite LEFEBVRE sa sœur vivante veuve de Bon CORDIER promettant payer ses dettes, obsèques et funérailles et en décharger la cour fait le 6/4/1663 pardevant monsieur Lefebvre échevin sepmanier.

163 - Médiathèque Arras FF125 Folio 158V :
Jean MONVOISIN bourgeois demeurant à Arras fils de feus Guislain et de Madeleine DENIS a déclaré et déclare qu'il récréante par le trépas de ladite feu DENIS sa mère promettant payer ses dettes, obsèques et funérailles et en décharger la cour fait pardevant monsieur Courcol échevin sepmanier le 7/4/1663.

164 - Médiathèque Arras FF125 Folio 159V :
Claude LEDIEU bourgeois demeurant à Arras fils de Denis a déclaré et déclare qu'il récréante par le trépas dudit Denis LEDIEU son père promettant payer ses dettes, obsèques et funérailles et en décharger la cour fait pardevant monsieur Chivot échevin sepmanier le 14/4/1663.

165 - Médiathèque Arras FF125 Folio 160R :
Catherine LESOIN veuve de Baltazart COLLIN vivant bourgeois demeurant à Arras a déclaré et déclare qu'elle récréante par le trépas dudit feu COLLIN son mari promettant payer ses dettes, obsèques et funérailles et en décharger la cour fait pardevant monsieur de Beaurains échevin sepmanier le 14/4/1663.

166 - Médiathèque Arras FF125 Folio 160V :
Françoise FRANCOIS veuve de Jean NOIRET vivant bourgeois maître maçon demeurant à Arras a récréanté par le trépas dudit NOIRET son mari promettant payer ses dettes, obsèques et funérailles et en décharger la cour fait pardevant monsieur Chivot échevin sepmanier le 24/4/1663.

167 - Médiathèque Arras FF125 Folio 161R :
Philippe NOEL demeurant à Lille de présent en cette ville a déclaré et déclare qu'il récréante par le trépas de Marie DESGARDINS sa mère décédée passées longues années promettant payer ses dettes, obsèques et funérailles et en décharger la cour fait le 26/4/1663 pardevant monsieur Chivot échevin sepmanier.

168 - Médiathèque Arras FF125 Folio 162R :
Jeanne CAILLE veuve de Guillaume LEGRAND vivant bourgeois porteur au sacq demeurant à Arras a déclaré et déclare qu'elle récréante par le trépas dudit LEGRAND son mari promettant payer ses dettes, obsèques et funérailles et en décharger la cour fait pardevant monsieur Delahaie échevin sepmanier le 2/5/1663.

169 - Médiathèque Arras FF125 Folio 162R :
Adrien et Marie BOCQUET frère et sœur enfants et héritiers de feue Marguerite ANSEL vivant veuve de maître Robert BOCQUET demeurant à Arras ont déclaré et déclarent qu'ils récréantent par le trépas de ladite feue ANSEL leur mère promettant payer ses dettes, obsèques et funérailles et en décharger la cour fait pardevant monsieur Delahaie échevin sepmanier le 4/5/1663.

170 - Médiathèque Arras FF125 Folio 162V :
Jeanne BLANCHART veuve de Jean FATOU vivant bourgeois demeurant à Arras a déclaré et déclare qu'elle récréante par le trépas dudit FATOU son mari promettant payer ses dettes, obsèques et funérailles et en décharger la cour fait pardevant monsieur Guérard échevin sepmanier le 11/5/1663.

171 - Médiathèque Arras FF125 Folio 162V :
Antoine WACHEUX bourgeois de cette ville fils aîné d'Antoine vivant sergent à verge d'icelle a déclaré et déclare qu'il récréante par le trépas dudit WACHEUX son père promettant payer ses dettes, obsèques et funérailles et en décharger la cour fait pardevant monsieur Lefebvre échevin sepmanier le 17/5/1663.

172 - Médiathèque Arras FF125 Folio 163R :
Maître Pierre GAILLART licencié es loix avocat au conseil d'Artois mari et bail de Damoiselle Françoise CHASSE demeurant à Arras icelle fille et héritière d'Antoine vivant marchand de draps de soie y demeurant a déclaré et déclare que de la sentence rendue à ce siège le 2ème janvier dernier à son préjudice et au profit de

Gilles WILLEMIN marchand demeurant en la ville de Lille mari et bail de Damoiselle Madeleine DUFOREST et consorts, il s'en est porté et porte par cettes pour appelant protestant etc fait pardevant [ ] échevin sepmanier le 22/5/1663.

173 - Médiathèque Arras FF125 Folio 166R :
Maître Robert DE HEROGUELLE prêtre curé de l'église paroissiale de Sainte Marie Madeleine, docteur en la sacrée théologie et au droit canon, notaire et protonotaire du Saint Siège apostolique, exécuteur testamentaire de feu maître Pierre OUDART vivant prêtre habitué en ladite église de la Madeleine a déclaré et déclare qu'il récréante par le trépas dudit maître Pierre OUART promettant en ladite qualité payer ses dettes, obsèques et funérailles et en décharger la cour, fait pardevant monsieur Delahaie échevin sepmanier le 14/6/1663.

174 - Médiathèque Arras FF125 Folio 166V :
Jacques DE CAIX bourgeois demeurant à Arras a déclaré et déclare qu'il récréante par le trépas de feu Adrien son père vivant aussi bourgeois cloutier demeurant audit Arras promettant payer ses dettes, obsèques et funérailles et en décharger la cour fait le 15/6/1663 pardevant monsieur Delahaie échevin sepmanier.

175 - Médiathèque Arras FF125 Folio 166V :
Maître Henry HUSSON bourgeois chirurgien demeurant à Arras mari et bail de Catherine CRAMPON nièce du côté paternel à défunte Marguerite CRAMPON à son trépas veuve et demeurée es biens de Gabriel BAILLON vivant bourgeois maître pâtissier demeurant à Arras a récréanté par le trépas de ladite Marguerite CRAMPON sa tante et soy fonde héritier d'icelle promettant suivant ce payer ses dettes, obsèques et funérailles et en décharger la cour fait pardevant monsieur Guérard échevin sepmanier le 19/6/1663.

176 - Médiathèque Arras FF125 Folio 167R :
Simon CRAMPON bourgeois linger demeurant à Arras neveu de feue Marguerite CRAMPON veuve de Gabriel BAILLON vivant bourgeois pâtissier demeurant à Arras a récréanté par le trépas de ladite Marguerite CRAMPON sa tante et soy fonde héritier d'icelle promettant suivant ce payer ses dettes, obsèques et funérailles et en décharger la cour fait pardevant monsieur Guérard échevin sepmanier le 21/6/1663.

177 - Médiathèque Arras FF125 Folio 168R :
Charles DELAIRES huissier du conseil d'Artois, maître Jean DELAIRES apothicaire et Adrien BOUCRY orfèvre mari et bail de Damoiselle Jeanne DELAIRES iceux DELAIRE frères et sœur enfants de feu Claude et héritiers de feue Damoiselle Marie LECLERCQ à son trépas veuve et demeurée es biens de maître Nicolas DARTUS et au précédent dudit feu Claude DELAIRES ont respectivement récréanté ladite Damoiselle Marie LECLERCQ leur mère et ensuite ont promis et promettent payer ses dettes, obsèques et funérailles et en décharger la cour fait pardevant monsieur Lefebvre échevin sepmanier le 30/6/1663.

178 - Médiathèque Arras FF125 Folio 168R :
Adrien CRAMPON bourgeois valet de chambre à monsieur le grand prieur de Saint Vaast d'Arras neveu de feue Marguerite CRAMPON veuve de Gabriel BAILLON vivant bourgeois pâtissier demeurant à Arras a récréanté par le trépas de ladite Marguerite CRAMPON sa tante et soy fonde héritier d'icelle promettant suivant ce payer ses dettes, obsèques et funérailles et en décharger la cour fait pardevant monsieur Courcol échevin sepmanier le 30/6/1663.

179 - Médiathèque Arras FF125 Folio 168V :
Marie PRUVOST veuve de feu Philippe BOULIN vivant bourgeois demeurant à Arras a déclaré et déclare qu'elle récréante par le trépas dudit BOULIN son mari promettant payer ses dettes, obsèques et funérailles et en décharger la cour fait pardevant monsieur Groullon échevin sepmanier le 4/7/1663.

180 - Médiathèque Arras FF125 Folio 169V :
Anselme LE VASSEUR procureur de Damoiselle Marie Madeleine DE LOHINEL veuve de feu Charles François BIZE garni de sa procure en date du jourd'hui a déclaré et déclare que de l'ordonnance rendue à ce siège le 6ème de ce mois au différend sur requête qu'elle et maître Jean DE LOHINEL son frère prêtre pasteur de Lestrem enfants de feu Jean à son trépas marchand en cette ville ont en défense à ce siège à l'encontre de Pierre DESMOLINS aussi marchand drapier en icelle ville ensemble de tout ce qui s'en est ensuivi et pourrait ensuivre ci après il s'en est porté et porte par ces présentes pour appelant tant au nom de ladite Damoiselle que dudit sieur pasteur protestant etc, fait pardevant monsieur de Douay échevin sepmanier le 10/7/1663.

181 - Médiathèque Arras FF125 Folio 170V :
Nicolas DARTUS bourgeois marchand drapier et Pierre NEPVEU mari et bail de Marie Thérèse DARTUS lesdits DARTUS frère et sœur enfants de maître Nicolas et Damoiselle Marie LECLERCQ demeurant à Arras ont déclaré et déclarent qu'ils renoncent aux biens procédant de la succession délaissée par le trépas de ladite LECLERCQ leur mère se tenant à ceux de leur père tout conformément à son traité de mariage avec ladite LECLERCQ fait pardevant monsieur du Rousoy échevin sepmanier le 14/7/1663.

182 - Médiathèque Arras FF125 Folio 171R :
Damoiselle Agnès DELEPORTE veuve de Hubert LE TELLIER vivant bourgeois demeurant à Arras a déclaré et déclare qu'elle récréante par le trépas dudit LE TELLIER son mari promettant payer ses dettes, obsèques et funérailles et en décharger la cour fait le 23/7/1663.

183 - Médiathèque Arras FF125 Folio 172V :
François DELAIRES fils de feus Claude et de Damoiselle Marie LECLERCQ veuve en dernières noces de feu maître Nicolas DARTUS et auparavant dudit Claude DELAIRES a déclaré et déclare qu'il récréante par le trépas de ladite feue LECLERCQ sa mère promettant payer ses dettes, obsèques et funérailles et en décharger la cour fait pardevant monsieur Guérard échevin sepmanier le 2/8/1663.

184 - Médiathèque Arras FF125 Folio 172V :
Françoise NOIRET veuve et demeurée es biens de feu François LAGACE demeurant es faubourgs de cette ville dit de Meaulens a déclaré et déclare qu'elle récréante par le trépas dudit LAGACE son mari promettant payer ses dettes, obsèques et funérailles et en décharger la cour fait pardevant monsieur Guérard échevin sepmanier le 3/8/1663.

185 - Médiathèque Arras FF125 Folio 173R :
Curatelle : Gilles HANOTEL bourgeois fils à marier de feu Jacques vivant procureur au conseil d'Artois et d'encore vivante Damoiselle Agnès LABBE, a été reçu par ordonnance de ce jourd'hui à la curatelle des biens délaissés vacants par ledit feu Jacques son père à la caution d'icelle LABBE sa mère, est comparu ledit HANOTEL lequel a emprins et accepté ladite curatelle et promis par serment de soy bien conduire et gouverner en l'administration d'icelle et d'en rendre compte quand sommé et requis sera, s'étant à ces fins ladite Damoiselle Agnès LABBE pour ce aussi comparante constituée sa caution pour le fait d'icelle administration, de quoi iceluy Gilles en ladite qualité de curateur l'a promis décharger ensemble de tous dépens, dommages et intérêts sous l'obligation respective de tous leurs biens fait pardevant monsieur Courcol échevin sepmanier le 7/8/1663.

186- Médiathèque Arras FF125 Folio 175R :
Anne MINART veuve de Michel DUBOIS vivant bourgeois demeurant à Arras a déclaré et déclaré qu'elle récréante par le trépas dudit DUBOIS son mari promettant payer ses dettes, obsèques et funérailles et en décharger la cour fait pardevant monsieur de Douay échevin sepmanier le 21/8/1663.

187 - Médiathèque Arras FF125 Folio 176R :
Marie Marguerite THILLOY veuve de François DE BEAUVOIS a déclaré et déclare qu'elle récréante par le trépas dudit feu DE BEAUVOIS son mari promettant payer ses dettes, obsèques et funérailles et en décharger la cour fait le 29/8/1663 pardevant monsieur Grégoire échevin sepmanier.

188 - Médiathèque Arras FF125 Folio 178R :
Isabeau THERY veuve de Jacques DELABY vivant bourgeois tonnelier demeurant à Arras a déclaré et déclare qu'elle récréante par le trépas dudit DELABY son mari promettant payer ses dettes, obsèques et funérailles et en décharger la cour fait pardevant monsieur Courcol échevin sepmanier le 19/9/1663.

189 - Médiathèque Arras FF125 Folio 178R :
Isabeau BOIEZ demeurant à Arras a déclaré et déclare qu'elle récréante par le trépas de Nicolas BOIEZ son frère promettant payer ses dettes, obsèques et funérailles et en décharger la cour fait pardevant monsieur Lefebvre échevin sepmanier le 19/9/1663.

190 - Médiathèque Arras FF125 Folio 179V :
Jeanne DESVAU veuve de Julien GODIN vivant bourgeois chirurgien demeurant à Arras a déclaré et déclare qu'elle récréante par le trépas dudit GODIN son mari promettant payer ses dettes, obsèques et funérailles et en décharger la cour fait pardevant monsieur de Beaurains échevin sepmanier le 26/9/1663.

191 - Médiathèque Arras FF125 Folio 180R :
Deruict et Faucquette sergents ont à la requête de Anne et Barbe BRAQUET filles et héritières de feu Guillaume vivant bourgeois marchand de bois demeurant à Arras arrêté et empêché es mains de Damoiselle Jenne Isabelle DE BELVALET veuve et demeurée es biens de Philippe BRIOIS vivant écuyer sieur de Poix et échevin à son tour de cette ville tous et chacuns les deniers et autres choses quelconques tant pour louage de sa maison qu'elle occupe comme autrement ce qu'elle peut devoir et devra à l'avenir à Damoiselle Aléonore DE BELVALET veuve et demeurée es biens de monsieur de Bellacourt demeurant à Cambrai pour avoir paiement de la somme de 147 livres Artois pour les causes à déclarer au jour servant ayant été faites les défenses requises en parlant à sa personne et jour assigné aux prochains plaids fait le 27/9/1663.

192 - Médiathèque Arras FF125 Folio 182R :
Curatelle : Daniel DE CLAIS sergent de la gouvernance d'Arras a sur requête présentée par maître Nicolas COLLART mari et bail de Damoiselle Marie DELERUELLE fille de feus Jean et de Damoiselle Madeleine LECOCQ été reçu et admis par ordonnance du jourd'hui à la curatelle des biens délaissés vacants par ladite feue Damoiselle Madeleine LECOCQ en suite du consentement donné tant des plus proches parents d'icelle défunte que du procureur général de cette ville, est comparu ledit DE CLAIS qui a emprins et accepté ladite curatelle et promis par serment de soy y bien et fidèlement conduire et comporter en l'administration d'icelle et d'en rendre compte quand sommé et requis en sera s'étant ledit maître Nicolas COLLART constitué caution dudit DE CLAIS de quoi iceluy l'a promis décharger ensemble de tous dépens, dommages et intérêts sous l'obligation de leurs biens fait pardevant monsieur du Rousoy échevin sepmanier le 5/10/1663.

193 - Médiathèque Arras FF125 Folio 182R :
Catherine DE DOUAY veuve de Jacques HALLE demeurant es faubourgs de Ronville dit des Alouettes a déclaré et déclare qu'elle récréante par le trépas dudit HALLE son mari promettant payer ses dettes, obsèques et funérailles et en décharger la cour fait pardevant monsieur Chivot échevin sepmanier le 12/10/1663.

194 - Médiathèque Arras FF125 Folio 182V :
Damien LECLERCQ bourgeois demeurant à Arras a déclaré et déclare qu'il récréante par le trépas d'Adrienne DARLEUX femme en premières noces de François LECLERCQ sa mère promettant payer ses dettes, obsèques et funérailles et en décharger la cour fait pardevant monsieur Delahaie échevin sepmanier le 19/10/1663.

195 - Médiathèque Arras FF125 Folio 183R :
Pierre FRANCOIS bourgeois demeurant à Arras mari et bail de Jacques VALIER icelle sœur à Marie VALIER vivant fille dévote demeurant à Arras a déclaré et déclare qu'il récréante en ladite qualité par le trépas d'icelle Marie VALIER sa sœur, promettant payer ses dettes, obsèques et funérailles et en décharger la cour, fait pardevant monsieur Delahaie échevin sepmanier le 20/10/1663.

196 - Médiathèque Arras FF125 Folio 183R :
Curatelle : Pierre DENAMPT bourgeois demeurant à Arras a sur requête présentée à ce siège par Nicolas Géry LESENNE bourgeois marchand drapier y demeurant fils et héritier de feus Alexandre et Damoiselle Barbe LENFLE, été reçu et admis à la curatelle des biens délaissés vacants par feu Bon FLAMEN par ordonnance du jourd'hui en suite des consentements donnés tant des plus proches parents dudit feu Bon FLAMEN que du procureur général de cette ville, est comparu ledit DENAMPT qui a emprins et accepté ladite curatelle et promis par serment de soy bien et fidèlement conduire et comporter en l'administration d'icelle et d'en rendre bon et fidèle compte quand sommé et requis en sera, s'étant ledit Nicolas Géry LESENNE pour ce présent et comparant constitué sa caution de quoi ledit DENAMPT l'a promis décharger ensemble de tous dépens, dommages et intérêts sous l'obligation de tous leurs biens, fait pardevant monsieur Chivot échevin sepmanier le 20/10/1663.

197 - Médiathèque Arras FF125 Folio 183V :
Marie BACQUEVILLE veuve de Claude BACCON demeurant à Arras a déclaré et déclare qu'elle récréante par le trépas dudit BACCON son mari promettant payer ses dettes, obsèques et funérailles et en décharger la cour fait pardevant monsieur Guérard échevin sepmanier le 24/10/1663.

198 - Médiathèque Arras FF125 Folio 184V :
Anne LEROUGE veuve de feu Louis CUISINIER vivant bourgeois mesureur de grains demeurant à Arras a déclaré et déclare qu'elle récréante par le trépas dudit feu son mari promettant payer ses dettes, obsèques et funérailles et en décharger la cour fait pardevant monsieur Lefebvre échevin sepmanier le 31/10/1663.

199 - Médiathèque Arras FF125 Folio 188R :
Damoiselle Isabeau DUCASTEL veuve de Nicolas BAILLY vivant bourgeois demeurant en cette ville a déclaré et déclare qu'elle récréante par le trépas dudit BAILLON son mari promettant payer ses dettes, obsèques et funérailles et en décharger la cour fait pardevant monsieur de Douay échevin sepmanier le 14/11/1663.

200 - Médiathèque Arras FF125 Folio 189R :
Marie WAGON fille de Jean vivant bourgeois soieur d'aix a déclaré et déclare qu'elle récréante par le trépas dudit Jean WAGON son père promettant payer ses dettes, obsèques et funérailles et en décharger la cour fait pardevant monsieur Grégoire échevin sepmanier le 19/11/1663.

201 - Médiathèque Arras FF125 Folio 192R :
Anne GOURMANT veuve d'Antoine DUPUICH vivant teinturier demeurant à Arras a déclaré et déclare qu'elle récréante par le trépas dudit DUPUICH son mari promettant payer ses dettes, obsèques et funérailles et en décharger la cour fait pardevant monsieur Guérard échevin sepmanier le 3/12/1663.

202 - Médiathèque Arras FF125 Folio 192V :
Marie NORMAN veuve de Martin VERRONT vivant bourgeois jardinier et serviteur de brasseur demeurant à Arras a déclaré et déclare qu'elle récréante ledit VERRONT sondit feu mari promettant payer ses dettes, obsèques et funérailles et en décharger la cour fait pardevant monsieur Courcol échevin sepmanier le 11/12/1663.

203 - Médiathèque Arras FF125 Folio 192V :
Damoiselle Louise SOHIER veuve et demeurée es biens de Jacques LEGAY vivant bourgeois marchand grossier et l'un des quatre commis aux ouvrages de cette ville a déclaré et déclare qu'elle récréante par le trépas dudit LEGAY son mari promettant payer ses dettes, obsèques et funérailles et en décharger la cour, fait pardevant monsieur Courcol échevin sepmanier le 12/12/1663.

204 - Médiathèque Arras FF125 Folio 194V :
Jean DELIEGE le josne bourgeois jardinier demeurant à Arras tant en son nom que se portant fort d'Antoine DE WISME mari et bail de Guislaine DELIEGE lesdits DELIEGE frère et sœur enfants de feu Jean DELIEGE décédé le jour d'hier a récréanté par le trépas dudit DELIEGE son père promettant payer ses dettes, obsèques et funérailles et en décharger la cour fait pardevant monsieur Groulon échevin sepmanier le 17/12/1663.

205 - Médiathèque Arras FF125 Folio 196R :
Antoine FOURMAULT bourgeois demeurant à Arras mari et bail de Roze BOCQUET, Marie, Marie Françoise, Marie Catherine et Marie Thérèse BOCQUET lesdits du surnom BOCQUET sœurs, filles et héritières de Catherine BONIN à son trépas veuve de François BOCQUET vivant bourgeois mulquinier demeurant audit Arras ont déclaré et déclarent qu'ils récréantent par le trépas de ladite feue Catherine BONIN leur mère promettant payer ses dettes, obsèques et funérailles et en décharger la cour fait pardevant monsieur Douay échevin sepmanier le 24/12/1663.

206 - Médiathèque Arras FF125 Folio 197R :
Charles DE GAMANT bourgeois poissonnier, Marguerite LEFRANCQ veuve de Jean TAILLANDIER et Catherine LEFRANCQ fille franche demeurant à Arras cousin et cousines germains de feue Marguerite CAMUS vivante ville à marier de feu Jean CAMUS vivant procureur au conseil d'Artois, ont déclaré et déclarent qu'ils récréantent par le trépas de ladite feu Marguerite CAMUS et soy fondent héritiers d'icelle promettant suivant ce payer ses dettes, obsèques et funérailles et en décharger la cour fait pardevant monsieur de Douay échevin sepmanier le 5/1/1664.

207 - Médiathèque Arras FF125 Folio 198R :
Jean HOGUET bourgeois passementier demeurant à Arras cousin germain à Claude HOGUET vivant bourgeois savetier y demeurant a déclaré et déclare qu'il récréante par le trépas dudit feu Claude HOGUET promettant payer ses dettes, obsèques et funérailles et en décharger la cour fait pardevant monsieur Cornaille échevin sepmanier le 9/1/1664.

208 - Médiathèque Arras FF125 Folio 201R :
Anne DUCORNET veuve de Jean LEGRAND vivant bourgeois et serviteur des poissonniers et Catherine LEGRAND fille dudit Jean demeurant à Arras ont déclaré et déclarent qu'elles récréantent par le trépas dudit LEGRAND son mari promettant de payer ses dettes, obsèques et funérailles et en décharger la cour fait pardevant monsieur Delarue échevin sepmanier le 15/1/1664.

209 - Médiathèque Arras FF125 Folio 202R :
Gabriel et Anne LANGE frère et sœur enfants de feus Allard vivant bourgeois menuisier et Catherine DOCMAISNIL leurs père et mère demeurant à Arras ont déclaré et déclarent qu'ils récréantent par le trépas de ladite feue Catherine DOCMAISNIL leur mère promettant payer ses dettes, obsèques et funérailles et en décharger la cour fait pardevant monsieur Deladiennée échevin sepmanier le 21/1/1664.

210 - Médiathèque Arras FF125 Folio 204V :
Jean DE LA CHARITÉ bourgeois marchand demeurant à Arras exécuteur testamentaire de feue Madeleine MAILLET vivant ancienne fille à marier demeurant à Arras a déclaré et déclare qu'il récréante par le trépas de ladite feue MAILLET promettant en ladite qualité payer ses dettes, obsèques et funérailles et en décharger la cour, fait pardevant monsieur Prévost échevin sepmanier le 30/1/1664.

211 - Médiathèque Arras FF125 Folio 206R :
Pasquette MIETTE veuve de Michel DESCOULT vivant bourgeois demeurant à Arras a déclaré et déclare qu'elle récréante par le trépas dudit DESCOULT son mari promettant payer ses dettes, obsèques et funérailles et en décharger la cour fait pardevant monsieur de Warnicamp échevin sepmanier le 4/2/1664.

212 - Médiathèque Arras FF125 Folio 207R :
Philippe DELECROIX bourgeois peaussier mari et bail de Louise MINART, Louis BLANCHET mari et bail de Marie BLANCHET nièce de feu Louis BLANCHET, Pierre MINART bourgeois boucher fils d'Antoine, neveux de ladite Louise MINART sœur à feue Marie MINART veuve dudit feu Louis BLANCHET, Antoine PARIS fils de feue Anne MINART vivante sœur à ladite feue Marie MINART et Victor THOREL fils de Philippe et de feue Anne MINART neveu à icelle défunte Marie MINART ont déclaré et déclarent qu'ils récréantent par le trépas d'icelle promettant payer ses dettes, obsèques et funérailles et en décharger la cour fait pardevant monsieur de Douay échevin sepmanier le 13/2/1664.

213 - Médiathèque Arras FF125 Folio 208R :
Bonaventure Canillion et Isidore Docmaisnil sergents ont à la requête de Marie HARDUIN veuve et demeurée es biens de Venant LEPORT vivant bourgeois marchand demeurant à Arras arrêté et empêché es mains de Jean POLLART bourgeois marchand demeurant audit Arras tous et chacuns les deniers or et argent et autres choses quelconques comme appartenant à Pierre et Marie Anne DEVAULX frère et sœur enfants et héritiers des feus Julien et Eloy DEVAULX leurs père et grand-père pour avoir paiement de la somme de 384 livres 12 sols pour les causes à déclarer etc, ayant été faites les défenses requises audit POLLART en parlant à sa personne et jour assigné aux seconds plaids fait le 16/2/1664.

214 - Médiathèque Arras FF125 Folio 208R :
Catherine BOIEZ veuve de Pierre QUAFFIER vivant bourgeois boucher demeurant à Arras a déclaré et déclare qu'elle récréante ledit feu QUAFFIER son mari promettant payer ses dettes, obsèques et funérailles et en décharger la cour fait pardevant monsieur Cornaille échevin sepmanier le 18/2/1664.

215 - Médiathèque Arras FF125 Folio 209R :
Maximilien FEBVRIER et Jean DE GOUVES mari et bail de Marguerite FEBVRIER bourgeois marchands demeurant à Arras lesdits FEBVRIER frère et sœur enfants de feu Louis vivant aussi bourgeois et d'encore vivante Anne LEGRAND leurs père et mère ont déclaré et déclarent qu'ils récréantent par le trépas dudit feu Louis leur père promettant payer ses dettes, obsèques et funérailles et en décharger la cour fait pardevant monsieur Cornaille échevin sepmanier le 18/2/1664.

216 - Médiathèque Arras FF125 Folio 210V :
Marguerite DUPARCQ veuve de Jean DELIEGE vivant bourgeois fauxboulier demeurant es faubourgs de cette ville rue tu temple a déclaré et déclare qu'elle récréante par le trépas dudit DELIEGE son mari promettant payer ses dettes, obsèques et funérailles et en décharger la cour, fait pardevant monsieur Delarue échevin sepmanier le 29/2/1664.

217 - Médiathèque Arras FF125 Folio 211V :
Martin DE CANLERS laboureur demeurant au village de Maizières et Marie BAUDRY sa femme de lui suffisamment autorisée et non contrainte comme elle a déclaré et Pierre BAUDRY laboureur demeurant à Rebreuviette, lesdits BAUDRY frère et sœur neveu et nièce du côté maternel à Jacqueline CARBONNEL ancienne fille décédée en cette ville, se sont fondés héritiers de ladite CARBONNEL et la récréantent et suivant ce promis solidairement payer ses dettes, obsèques et funérailles et en décharger la cour, ensemble acquitter le

droit de quart forain échu à cette ville et au surplus ont juré et affirmé de n'avoir emporté ou fait emporter directement ou indirectement aucune chose de la maison mortuaire de ladite CARBONNEL pour frustrer les droits de ladite ville à cause dudit droit d'esquart forain, renonçant ladite femme au droit du senatus consult velleem et à l'authentique si qua mullier dont l'effet lui a été donné à entendre, fait pardevant messieurs de Fontaines et Delarue échevins sepmaniers le 4/3/1664.

218 - Médiathèque Arras FF125 Folio 213R :
Catherine BOURGEOIS veuve d'Antoine BOIEL vivant bourgeois boucher demeurant à Arras a déclaré et déclare qu'elle récréante par le trépas dudit BOIEL son mari promettant payer ses dettes, obsèques et funérailles et en décharger la cour fait pardevant monsieur Prévost échevin sepmanier le 10/3/1664.

219 - Médiathèque Arras FF125 Folio 213V :
Robert SENTIER bourgeois marchand demeurant à Arras et Damoiselle Elizabeth DE FREMICOURT sa femme demeurant à Arras de lui suffisamment autorisée et non contrainte comme elle a déclaré, se sont solidairement constitués caution de Damoiselle Anne QUIGNON veuve et demeurée es biens de Robert SENTIER vivant marchand demeurant en la ville d'Amiens pour par elle profiter de l'ordonnance rendue à ce siège au différend de requête y intenté d'entre elle contre Marie Marguerite DE BRAIE veuve et demeurée es biens de Daniel GRANTHOMME demeurant à Arras en date du jourd'hui par laquelle est dit widant ? duquel messieurs ordonnent aux parties de par instruire plus amplement et sommairement ce différend jusqu'en état de juger, accordant par provision à ladite Damoiselle Anne QUIGNON conformément à leur ordonnance du 2ème juin 1662 main levée de la somme de 132 livres namptis au greffe de ce siège à la caution offerte de Robert SENTIER et sa femme en faisant les devoirs requis, dépens réservés en définitif promettant suivant ce lesdits Robert SENTIER et sa femme et avec eux icelle Damoiselle Anne QUIGNON rendre, payer et rapporter solidairement ce que sera dit ci après en définitif au cas que ladite Damoiselle Anne QUIGNON y soit condamnée, fait pardevant monsieur du Rousoy échevin sepmanier le 13/3/1664.

220 - Médiathèque Arras FF125 Folio 214V :
Claire MATHIS veuve de Jean CAUROIS vivant bourgeois tavernier demeurant à Arras a déclaré et déclare qu'elle récréante par le trépas dudit CAUROIS son mari promettant payer ses dettes, obsèques et funérailles et en décharger la cour fait le 17/3/1664 pardevant monsieur de Warnicamp échevin sepmanier.

221 - Médiathèque Arras FF125 Folio 216R :
François DAIX écuyer sieur de Thiloy en partie demeurant à Arras a déclaré et déclare qu'il récréante par le trépas de Charles DAIX vivant aussi écuyer et de Damoiselle Jeanne BARROIS sa femme ses père et mère décédés passées quelques années promettant payer leurs dettes passives, obsèques et funérailles et en décharger la cour fait pardevant monsieur de Douay échevin sepmanier le 24/3/1664.

222 - Médiathèque Arras FF125 Folio 217V :
Curatelle : Luc FLAMEN bourgeois demeurant à Arras a en suite de la requête présentée à ce siège par Charles MORANT procureur du roi en son élection d'Artois mari et bail de Damoiselle Marie Madeleine POTIER icelle fille et héritière de feu Antoine vivant procureur au conseil d'Artois, Jean DE BEAUVOIS marchand de bois relict de Jeanne POTIER, lesdits feus POTIER frère et sœur cousins et héritiers de défunt Isaacq DUQUESNE, été reçu et admis par ordonnance du 27 mars dernier à la curatelle des biens délaissés vacants par le trépas de Hubert DELAHAIE vivant charron demeurant es faubourgs de cette ville dit Saint Vincent et Jeanne PRONNIER sa femme suivant les accord et consentement donné du procureur général de cette ville à la caution dudit MORANT en faisant les devoirs, est comparu ledit FLAMEN qui a emprins et accepté ladite curatelle et promis par serment de soy bien et fidèlement conduire et comporter en l'administration d'icelle et d'en rendre compte quand sommé et requis sera, s'étant à ces fins ledit MORANT constitué caution dudit FLAMEN de quoi iceluy l'a promis décharger ensemble de tous dépens, dommages et intérêts, fait pardevant monsieur Cornaille échevin sepmanier le 1/4/1664.

223 - Médiathèque Arras FF125 Folio 218R :
Marie DUPUICH veuve d'Adrien CAUDRON vivant bourgeois et serviteur de tanneur demeurant à Arras a déclaré et déclare qu'elle récréante par le trépas dudit CAUDRON son mari décédé le jour d'hier promettant de payer ses dettes, obsèques et funérailles et en décharger la cour fait pardevant monsieur Cornaille échevin sepmanier le 1/4/1664.

224 - Médiathèque Arras FF125 Folio 218V :
Marie Madeleine DELATTRE veuve de Jean François HATTE vivant bourgeois marchand demeurant à Arras a déclaré et déclare qu'elle récréante par le trépas dudit HATTE son mari promettant de payer ses dettes,

obsèques et funérailles et en décharger la cour fait pardevant monsieur Cornaille échevin sepmanier le 3/4/1664.

225 - Médiathèque Arras FF125 Folio 219V :
Isabelle ALLART veuve de Claude REGNAULT à son trépas bourgeois hostelain de la maison du lion d'or à Arras y demeurant a déclaré et déclare qu'elle récréante ledit REGNAULT son mari promettant de payer ses dettes, obsèques et funérailles et en décharger la cour fait pardevant monsieur de la Cressonnière échevin sepmanier le 4/4/1664.

226 - Médiathèque Arras FF125 Folio 220V :
Curatelle : maître Simon DE RANSSART bourgeois chirurgien demeurant à Arras a sur requête présentée par Damoiselle Anne FOUCQUIER veuve de feu Pierre LE CAMBIER vivant à son tour échevin de cette ville et Damoiselle Jeanne LE CAMBIER fille dévotaire cousine germain audit feu LE CAMBIER et principale créditrice d'iceluy, été reçu et admis par ordonnance du 4ème de ce mois à la curatelle des biens délaissés par le trépas dudit feu LE CAMBIER en suite du consentement donné tant des plus proches parents et créditeurs d'iceluy que du procureur général de cette ville, est comparu ledit DE RANSSART qui a emprins et accepté ladite curatelle et promis par serment de soy bien et fidèlement conduire et comporter en l'administration d'icelle et d'en rendre bon et fidèle compte quand sommé et requis sera s'étant Nicolas DE RANSSART son père pour ce présent et comparant constitué caution d'iceluy de quoi il l'a promis décharger ensemble de tous dépens, dommages et intérêts sous l'obligation de leurs biens fait pardevant monsieur Delarue échevin sepmanier le 8/4/1664.

227 - Médiathèque Arras FF125 Folio 221R :
Pierre TERMONDE bourgeois vitrier demeurant à Arras a récréanté par le trépas de Rose FROMONT sa mère veuve de Simon TERMONDE vivant aussi vitrier promettant payer ses dettes, obsèques et funérailles et en décharger la cour fait pardevant monsieur Géry échevin sepmanier le 16/4/1664.

228 - Médiathèque Arras FF125 Folio 221R :
Anne DORESMIEUX veuve de Charles FLIPPES vivant bourgeois ferronnier demeurant à Arras a déclaré et déclare qu'elle récréante par le trépas dudit FLIPPES son mari promettant payer ses dettes, obsèques et funérailles et en décharger la cour fait le 16/4/1664 pardevant que dessus.

229 - Médiathèque Arras FF125 Folio 221V :
Jean TAFFIN bourgeois mandelier demeurant à Arras a déclaré et déclare qu'il récréante par le trépas de Jenne LEMAIRE sa mère vivante veuve de Guy TAFFIN promettant de payer ses dettes, obsèques et funérailles et en décharger la cour fait pardevant monsieur Deladiennée échevin sepmanier le 17/4/1664.

230 - Médiathèque Arras FF125 Folio 221V :
Isabelle DELIGNY veuve de Baltazart GAMANT vivant bourgeois marchand demeurant à Arras a déclaré et déclare qu'elle récréante par le trépas dudit GAMANT son mari promettant payer ses dettes, obsèques et funérailles et en décharger la cour selon qu'elle est obligée par les coutumes particulières de cette ville au cas d'entravestissement de sang entretenu en son mariage, fait pardevant monsieur Géry échevin sepmanier le 18/4/1664.

231 - Médiathèque Arras FF125 Folio 222R :
Jean DE BUIRE bourgeois porteur au sacq demeurant à Thilloy lez Mofflaines et Marie DELEVIGNE fille non mariée demeurant en cette ville, ledit DE BUIRE frère à feu Louis DE BUIRE à son trépas aussi bourgeois porteur au sacq demeurant audit Arras et ladite DELEVIGNE sœur à feue Claudine DELEVIGNE vivante femme audit DE BUIRE, ont déclaré et déclarent qu'ils récréantent par le trépas dudit feu DE BUIRE leur frère tant en leur nom qu'au nom de Jean, Marie, Léonore et Marie Martine DE BUIRE leurs neveu et nièces enfants en bas âge d'iceluy DE BUIRE promettant suivant ce payer ses dettes, obsèques et funérailles et en décharger la cour fait pardevant monsieur Prévost échevin sepmanier le 21/4/1664.

232 - Médiathèque Arras FF125 Folio 222R :
Guislain LAUR bourgeois de cette ville d'Arras y demeurant tant en son nom propre et privé que comme mari et bail de Roze DE WALLE nièce de feu Adrien vivant bourgeois marchand demeurant audit Arras et aussi en qualité de procureur spécial de Charles DE WALLE frère d'icelle Roze fondé de procuration spéciale passée pardevant notaires royaux à Douai le 6ème avril 1663, a esdits noms et qualité récréanté ledit feu Adrien DE WALLE leur oncle décédé le 20ème décembre 1662 promettant suivant ce payer ses dettes, obsèques et

funérailles et en décharger la cour fait le 22/4/1664 pardevant monsieur Prévost échevin sepmanier le 22/4/1664.

233 - Médiathèque Arras FF125 Folio 225V :
Curatelle : Jean Baptiste BARBAULT bourgeois demeurant en cette ville fils de feu Pol a sur requête par lui présentée été reçu et admis par ordonnance du jourd'hui à la curatelle des biens délaissés vacants par ledit feu Pol BARBAULT son père vivant aussi bourgeois de cette ville suivant les consentements donnés tant des plus proches parents et créditeurs dudit feu que du procureur général de cette ville, est comparu ledit Jean Baptiste BARBAULT qui a emprins et accepté ladite curatelle et promis par serment de soy bien et fidèlement conduire et comporter en l'administration d'icelle et d'en rendre bon et fidèle compte quand sommé et requis sera s'étant à ces fins Jean BLONDEL bourgeois chaudronnier demeurant en cette ville pour ce présent et comparant constitué caution dudit BARBAULT de quoi il a promis décharger iceluy BLONDEL ensemble de tous dépens, dommages et intérêts sous l'obligation solidaire de tous leurs biens, fait pardevant monsieur de Grincourt échevin sepmanier le 2/5/1664.

234 - Médiathèque Arras FF125 Folio 229R :
Jacques BLAIRE bourgeois marchand demeurant à Arras fils de feus Nicolas et de Marguerite DE RANSSART et Robert GUILLEBERT aussi bourgeois demeurant audit Arras mari et bail d'Ursule MARSY fille de feus Antoine et de Jeanne DE RANSSART lesdits BLAIRE et MARSY neveu et nièce du côté maternel de feue Noëlle DE RANSSART à son trépas veuve de Gaudefroy DE TERMONDE vivant sergent à verge de cette ville décédée le jour d'hier ont déclaré et déclarent qu'ils récréantent ladite Noëlle DE RANSSART promettant suivant ce payer ses dettes, obsèques et funérailles et en décharger la cour fait pardevant monsieur Cornaille échevin sepmanier le 14/5/1664.

235 - Médiathèque Arras FF125 Folio 230R :
Marie LEBOUCQ veuve d'Ambroise DUPIRE vivant serviteur de messieurs du magistrat de cette ville a déclaré et déclare qu'elle renonce aux biens et dettes dudit feu, soy tenant à son douaire coutumier stipulé par son contrat de mariage, fait pardevant monsieur Delarue échevin sepmanier le 19/5/1664.

236 - Médiathèque Arras FF125 Folio 232R :
François POTIER fils de Philippe bourgeois de cette ville huissier d'armes de sa majesté catholique demeurant en la ville de Tournai étant présentement en cette ville d'âge de 50 ans ou environ, se trouvant arrêté à la requête de François GOSSON écuyer sieur du Petit Praiel échevin de cette ville pour dire et déposer sur les interrogatoires à lui proposés par ledit sieur du Petit Praiel, a dit et déposé par serment par lui prêté es mains de messieurs de Villeman et Marconville échevins sepmaniers ce que s'ensuit, premièrement qu'il a très bonne connaissance de la création de certaines rentes de 3200 florins en principal courant au denier seize, constituées par messire Maximilien DE NEBRAS chevalier sieur de Plachy au profit de Damoiselle DE FRESNEAU femme séparée et divorcée de Philippe ROSSE écuyer sieur de Lespinoy faites et passées pardevant tabellions royaux en la ville de Tournai aux environs des ans 1651 ou 1652 selon qu'il se peut souvenir, des deniers de laquelle constitution de rente auraient été mis es mains dudit déposant par ladite Damoiselle DE FRESNEAU sa mère de laquelle appelée Damoiselle Isabelle DELADIENNEE était encore vivante, chez laquelle Damoiselle DELADIENNEE ladite Damoiselle Catherine sa fille était demeurante ayant la maniance de tous les biens d'icelle Damoiselle sa mère et comme ledit déposant aurait interrogé ladite Damoiselle FRESNEAU d'où procédait ledit argent elle lui aurai répondu que ladite Damoiselle sa mère lui donnait et consentait que ladite création fut faite à son profit seule afin que ci après ses frère et sœur enfants d'icelle Damoiselle DELADIENNEE n'auraient connaissance de l'emploi desdits deniers, ce qu'il sait pour avoir passé ledit contrat en qualité de notaire pardevant lesdits tabellions, ainsi fait le 27/5/1664 pardevant que dessus.

237 - Médiathèque Arras FF125 Folio 233R :
Jeanne Françoise DE BAUDRY veuve de Pierre DUPUICH vivant bourgeois et maître blanchisseur demeurant à Arras a déclaré et déclare qu'elle récréante par le trépas dudit DUPUICH son mari décédé le samedi dernier 24ème de ce présent mois de mai promettant de payer ses dettes, obsèques et funérailles et en décharger la cour fait pardevant monsieur de Marconville échevin sepmanier le 29/5/1664.

238 - Médiathèque Arras FF125 Folio 234V :
Jeanne MINAL veuve de Jean FLIPES vivant maître coireur demeurant à Arras a déclaré et déclare qu'elle récréante par le trépas dudit FLIPES son mari promettant de payer ses dettes, obsèques et funérailles et en décharger la cour fait pardevant monsieur Lefebvre échevin sepmanier le 9/6/1664.

239 - Médiathèque Arras FF125 Folio 236V :
Guillaume LEMAIRE bourgeois menuisier, Marie et Madeleine LEMAIRE frère et sœurs enfants de feus Henry LEMAIRE et Marguerite SOUILLART ont déclaré et déclarent qu'ils récréantent par le trépas d'icelle Marguerite SOUILLART leur mère promettant payer ses dettes, obsèques et funérailles et en décharger la cour fait pardevant monsieur Courcol échevin sepmanier le 20/6/1664.

240 - Médiathèque Arras FF125 Folio 238R :
Curatelle : Jean DE GOUVES et Jean François LOCOCHE chartiers demeurant ledit DE GOUVES en cette ville et ledit LOCOCHE au village de Dainville, ont par ordonnance du jourd'hui rendue sur la requête par eux présentée été reçus et admis à la tutelle et curatelle des personnes et biens d'Andrieu, Etienne et Marguerite LOCOCHE frères et sœur enfants mineurs et héritiers de feu Marguerite DE GOUVES à son trépas veuve et demeurée es biens de Robert LOCOCHE vivant chartier demeurant en cette ville suivant les consentements donnés tant des plus proches parents et créanciers desdits DE GOUVES et LOCOCHE que du procureur général de cette ville, sont comparus lesdits Jean DE GOUVES et Jean François LOCOCHE lesquels ont emprins et accepté ladite tutelle et curatelle et promis par serment d'eux bien et fidèlement conduire et comporter en l'administration d'icelle et d'en rendre bon et fidèle compte quand sommés et requis seront, s'étant à ces fins lesdits DE GOUVES et LOCOCHE constitués cautions solidairement l'un de l'autre à quoi ils ont été reçus par icelle ordonnance, le tout sous l'obligation solidaire de tous leurs biens fait pardevant monsieur Hapiot échevin sepmanier le 27/6/1664.

241 - Médiathèque Arras FF125 Folio 238V :
Marie LOBEGEOIS veuve de Melsior ROLLANT vivant bourgeois pelautier demeurant à Arras a déclaré et déclare qu'elle récréante par le trépas dudit ROLLANT décédé ce jourd'hui promettant de payer ses dettes, obsèques et funérailles et en décharger la cour fait pardevant monsieur Hapiot échevin sepmanier le 2/7/1664.

242 - Médiathèque Arras FF125 Folio 238V :
Damoiselle Marguerite DE MARCONVILLE veuve de Sébastien DESMARETZ vivant marchand contrôleur des ouvrages de sa Majesté au pays d'Artois, a déclaré et déclare qu'elle récréante par le trépas dudit feu DESMARETZ son mari promettant payer ses dettes, obsèques et funérailles et en décharger la cour, fait pardevant monsieur Hapiot échevin sepmanier le 3/7/1664.

243 - Médiathèque Arras FF125 Folio 239V :
Jacques GAFFET bourgeois poissonnier demeurant à Arras s'est constitué caution de Jean GAFFET son fils à marier de présent prisonnier es prisons de la châtellenie de cette ville à la requête de Charles WACQUET aussi bourgeois quincaillier demeurant à Arras pour par lui avoir main levée de son corps promettant suivant ce iceluy Jacques GAFFET de payer les dommages et intérêts ensuivis à raison de la blesse inférée audit Charles WACQUET et de représenter sondit fils totier quotier, ladite caution reçue par ordonnance du 4ème de ce mois ensuivie au différend d'entre ledit Charles WACQUET contre iceluy Jean GAFFET par laquelle est dit le tout vu messieurs ordonnent que ledit GAFFET aura main levée de sa personne à la caution de son père qui promettra de payer les dommages et intérêts en question et de représenter sondit fils totier quotier en faisant les devoirs, fait pardevant monsieur de Marconville échevin sepmanier le 8/7/1664.

244 - Médiathèque Arras FF125 Folio 239V :
Charles DE WALLE bourgeois de cette ville fils de Philippe demeurant à Mildebourch en Zélande neveu et héritier du côté paternel à Adrien DE WALLE vivant bourgeois marchand demeurant en cette dite ville a récréanté ledit feu Adrien son oncle promettant de payer ses dettes, obsèques et funérailles et en décharger la cour pardevant messieurs de Willeman et de Marconville échevins sepmaniers le 10/7/1664.

245 - Médiathèque Arras FF125 Folio 241R :
Jeanne MORY veuve de Philippe LORETZ vivant bourgeois et maître cuisinier de l'abbaye de Saint Vaast demeurant à Arras a déclaré et déclare qu'elle récréante par le trépas dudit LORETZ son mari promettant de payer ses dettes, obsèques et funérailles et en décharger la cour fait pardevant monsieur du Rousoy échevin sepmanier le 15/7/1664.

246 - Médiathèque Arras FF125 Folio 242R :
Madeleine SEBILE veuve de Guillaume CAUDRON vivant bourgeois porteur au sacq demeurant à Arras a déclaré et déclare qu'elle récréante par le trépas dudit CAUDRON son mari promettant de payer ses dettes, obsèques et funérailles et en décharger la cour fait pardevant monsieur Lefebvre échevin sepmanier le 26/7/1664.

247 - Médiathèque Arras FF125 Folio 242V :
Sécille DERART veuve de Nicolas HOURTREQUIN vivant bourgeois marchand demeurant à Arras a déclaré et déclare qu'elle récréante par le trépas dudit HOURTREQUIN promettant de payer ses dettes, obsèques et funérailles et en décharger la cour fait pardevant monsieur Dhersin échevin sepmanier le 28/7/1664.

248 - Médiathèque Arras FF125 Folio 247R :
Jeanne BRISLANDE jeune fille à marier demeurant à Arras nièce et héritière d'Anne BRISLANDE à son trépas veuve de Jean DUTILLOEUL a déclaré et déclare qu'elle récréante par le trépas de ladite Anne BRISLANDE sa tante promettant payer ses dettes, obsèques et funérailles et en décharger la cour fait pardevant monsieur Hapiot échevin sepmanier le 7/8/1664.

249 - Médiathèque Arras FF125 Folio 249R :
Damoiselle Jacqueline DE LANDAS nièce à Dame Jacqueline DYNE veuve de messire Jean Baptiste DE DION vivant chevalier seigneur de Lannoy a déclaré et déclare qu'elle récréante par le trépas de ladite Damoiselle DYNE sa tante promettant payer ses dettes, obsèques et funérailles et en décharger la cour, fait pardevant monsieur de Marconville échevin sepmanier le 21/8/1664.

250 - Médiathèque Arras FF125 Folio 250R :
Anne GELLE veuve d'Antoine DOCMAISNIL vivant bourgeois demeurant à Arras a déclaré et déclare qu'elle récréante par le trépas dudit DOCMAISNIL son mari promettant payer ses dettes, obsèques et funérailles et en décharger la cour fait pardevant monsieur de Marconville échevin sepmanier le 22/8/1664.

251 - Médiathèque Arras FF125 Folio 251V :
Louis COUSIN bourgeois boulanger demeurant à Arras a déclaré et déclare qu'il récréante par le trépas de Jeanne COUSIN sa tante paternelle vivant veuve de Maximilien RICLOT demeurant audit Arras promettant payer ses dettes, obsèques et funérailles et en décharger la cour, fait pardevant monsieur du Petit Praiel échevin sepmanier le 27/8/1664.

252 - Médiathèque Arras FF125 Folio 252V :
Marie Françoise FRANCOIS veuve de François BOULIN vivant bourgeois marchand demeurant à Arras a déclaré et déclare qu'elle récréante par le trépas dudit feu BOULIN son mari promettant payer ses dettes, obsèques et funérailles et en décharger la cour fait pardevant monsieur de Sapigny échevin sepmanier le 1/9/1664.

253 - Médiathèque Arras FF125 Folio 254V :
Marguerite LECOMTE veuve de Jacques VILLETTE vivant bourgeois batteleur de Sainte Croix en cette ville a déclaré et déclare qu'elle récréante par le trépas dudit feu VILLETTE son mari décédé passées trois semaines promettant payer ses dettes, obsèques et funérailles et en décharger la cour fait pardevant monsieur Dhersin échevin sepmanier le 9/9/1664.

254 - Médiathèque Arras FF125 Folio 254V :
Marie CAZIER fille à marier demeurant à Arras a déclaré et déclare qu'elle récréante par le trépas de feu Jean CAZIER son père vivant bourgeois mercier demeurant audit Arras promettant payer ses dettes, obsèques et funérailles et en décharger la cour fait le 9/9/1664.

255 - Médiathèque Arras FF125 Folio 255V :
Marguerite CUVELIER veuve d'Anselme LEFEBVRE demeurant au village de Cordes lez la ville de Tournai cousine germaine du côté paternel à feu maître Jean SALLANT à son trépas licencié es loix et échevins à son tour de cette ville décédé depuis quatre ans et a déclaré et déclare qu'elle récréante par le trépas d'iceluy feu sieur SALLAUT promettant payer ses dettes, obsèques et funérailles et en décharger la cour fait pardevant monsieur Hapiot échevin sepmanier le 16/9/1664.

256 - Médiathèque Arras FF125 Folio 256V :
Antoinette MAILLIEN veuve de maître Jean QUEVAL vivant bourgeois huissier du conseil d'Artois demeurant à Arras a déclaré et déclare qu'elle récréante par le trépas dudit QUEVAL son mari promettant de payer ses dettes, obsèques et funérailles et en décharger la cour fait pardevant monsieur de Douay échevin sepmanier le 23/9/1664.

257 - Médiathèque Arras FF125 Folio 256V :
Guislain TAFFIN bourgeois de son stil cailler demeurant à Arras a déclaré et déclare qu'il récréante par le trépas de Jenne LEMAIRE sa mère décédée le 9 d'avril dernier vivante veuve de Guy TAFFIN vivant aussi bourgeois

saietteur son père promettant de payer ses dettes, obsèques et funérailles et en décharger la cour fait pardevant monsieur Hapiot échevin sepmanier le 23/9/1664.

258 - Médiathèque Arras FF125 Folio 258R :
Jeanne THERY veuve de Jean FATOU vivant bourgeois demeurant à Arras a déclaré et déclare qu'elle récréante par le trépas dudit feu FATOU son mari promettant payer ses dettes, obsèques et funérailles et en décharger la cour fait pardevant monsieur de Marconville échevin sepmanier le 30/9/1664.

259 - Médiathèque Arras FF125 Folio 258V :
Louise HUCQUIER veuve d'Antoine FLIPPES vivant bourgeois quincailler demeurant à Arras a récréanté par le trépas dudit FLIPPES son mari promettant payer ses dettes, obsèques et funérailles et en décharger la cour fait pardevant monsieur de Marconville échevin sepmanier le 30/9/1664.

260 - Médiathèque Arras FF125 Folio 259V :
Adrien MORY bourgeois marchand, Paul CAMUS mari et bail de Catherine MORY, Philippe BURY mari et bail de Marie Françoise MORY et Jeanne MORY veuve de Philippe LORETZ, lesdits du surnom MORY frère et sœurs enfants et héritiers de feu Nicolas vivant aussi bourgeois mercier demeurant en cette ville, ont déclaré et déclarent qu'ils récréantent par le trépas dudit feu Nicolas MORY leur père, promettant payer ses dettes, obsèques et funérailles et en décharger la cour, fait pardevant monsieur du Petit Praielle échevin sepmanier le 8/10/1664.

261 - Médiathèque Arras FF125 Folio 260R :
Claire DEWAILLY veuve de François WILLART vivant bourgeois boulanger demeurant à Arras a déclaré et déclare qu'elle récréante par le trépas dudit WILLART son mari promettant de payer ses dettes, obsèques et funérailles et en décharger la cour, fait pardevant monsieur Courcol échevin sepmanier le 20/10/1664.

262 - Médiathèque Arras FF125 Folio 261V :
Curatelle : Pierre LELIEVRE bourgeois maître tonnelier et Robert LELIEVRE aussi bourgeois porteur au sacq demeurant à Arras ont sur requête par eux présentée été reçus et admis par ordonnance du jourd'hui à la tutelle et curatelle d'Antoine et Michelle DE GOUVES enfants mineurs de feus Robert et Marie LELIEVRE suivant les consentements donnés tant de Guislain LELIEVRE cousin auxdits mineurs que du procureur général de cette ville à la caution d'Antoine BRAS aussi bourgeois marchand brasseur demeurant en cette dite ville à charge qu'ils seront tenus de compter les 600 florins mentionnés en ladite requête auxdits mineurs lorsqu'ils seront en âge ou bien s'ils viennent à décéder auparavant de bailler ledit argent à qui il appartiendra, sont comparus lesdits LELIEVRE qui ont emprins et accepté ladite tutelle et curatelle et promis par serment d'eux bien et fidèlement conduire et comporter en l'administration d'icelle et d'en rendre bon et fidèle compte quand sommé et requis seront, s'étant à ces fins ledit Antoine BRAS pour ce présent et comparant constitué leur caution de quoi ils l'ont promis décharger ensemble de tous dépens, dommages et intérêts, le tout sous l'obligation solidaire de tous leurs biens fait pardevant monsieur du Petit Praielle échevin sepmanier le 27/10/1664.

263 - Médiathèque Arras FF125 Folio 262R :
Bonne DENIS veuve de maître Antoine LEROUGE vivant bourgeois fermier du poids de cette ville y demeurant a déclaré et déclare qu'elle récréante par le trépas dudit feu LEROUGE son mari décédé le 26ème de ce mois promettant payer ses dettes, obsèques et funérailles et en décharger la cour fait pardevant monsieur du Petit Praielle échevin sepmanier le 29/10/1664.

264 - Médiathèque Arras FF125 Folio 262R :
Marie PECQUEUR veuve de Jean DELEPORTE vivant bourgeois mercier demeurant à Arras a déclaré et déclare qu'elle récréante par le trépas dudit DELEPORTE son mari promettant payer ses dettes, obsèques et funérailles et en décharger la cour fait pardevant monsieur du Petit Praiel échevin sepmanier le 29/10/1664.

265 - Médiathèque Arras FF125 Folio 262V :
Béatrice MAUPETIT veuve de Jean CRUNEL vivant bourgeois mercier demeurant en cette ville a déclaré et déclare qu'elle récréante par le trépas dudit CRUNEL son mari promettant payer ses dettes, obsèques et funérailles et d'en décharger la cour, fait pardevant monsieur Hapiot échevin sepmanier le 31/10/1664.

266 - Médiathèque Arras FF125 Folio 262V :
Catherine BACCON veuve de Charles DAUCHEZ vivant bourgeois et maître peigneur demeurant à Arras a déclaré et déclare qu'elle récréante par le trépas dudit DAUCHEZ son mari promettant de payer ses dettes, obsèques et funérailles et en décharger la cour fait pardevant monsieur Hapiot échevin sepmanier le 4/11/1664.

267 - Médiathèque Arras FF125 Folio 265V :
Curatelle : Pierre DE NAMPT bourgeois demeurant à Arras a sur requête présentée par Damoiselle Marie Madeleine DE LOHINEL veuve de Charles François BIZE vivant bourgeois marchand demeurant à Arras procuratrice spéciale de maître Jean DE LOHINEL prêtre curé de Lestrem fils et héritier bénéficiaire de feu Jean vivant aussi bourgeois marchand demeurant audit Arras, été reçu et admis par ordonnance du 13 de ce mois à la curatelle des biens délaissés vacants par feue Catherine DE SAINT JEAN vivante veuve d'Andrieu CHARLET demeurant audit Arras suivant les accord et consentement donnés tant des plus proches parents et créditeurs de ladite défunte que du procureur général de cette ville, est comparu ledit DE NAMPT qui a emprins et accepté ladite curatelle et promis par serment de soy bien conduire et comporter en l'administration d'icelle et d'en rendre bon et fidèle compte quand sommé et requis sera, s'étant ladite Damoiselle Marie Madeleine DE LOHINEL constituée caution dudit DE NAMPT de quoi il l'a promis décharger ensemble de tous dépens, dommages et intérêts le tout sous l'obligation solidaire de tous leurs biens, fait pardevant monsieur du Petit Praiel échevin sepmanier le 19/11/1664.

268 - Médiathèque Arras FF125 Folio 271V :
Nicolas MANESSIER et Arnoult DUHAUPAS mari et bail de Marguerite MANESSIER lesdits MANESSIER frère et sœur cousins germains du côté maternel à Noëlle WERMEL vivant ancienne fille à marier ont récréanté par le trépas d'icelle promettant payer ses dettes, obsèques et funérailles et en décharger la cour fait pardevant monsieur du Petit Praiel échevin sepmanier le 29/12/1664.

269 - Médiathèque Arras FF125 Folio 271V :
Alexandre PERIN bourgeois demeurant au village de Bailleul au nom de Marie RICQUET sa femme cousin germain du côté maternel de Noëlle WERMEL ont récréanté ladite WERMEL promettant de payer ses dettes, obsèques et funérailles et en décharger la cour fait le 29/12/1664 pardevant que dessus.

270 - Médiathèque Arras FF125 Folio 272V :
Jacques DE VERDEVOIE bourgeois marchand demeurant à Arras mari et bail de Marguerite CAUROIS et Philippe WILLART aussi bourgeois mesureur de grains y demeurant mari et bail de Madeleine CAUROIS lesdites CAUROIS sœurs de feue Françoise CAUROIS à son trépas veuve de maître Mathias GRARD vivant clerc des quatre commis aux ouvrages de cette ville, ont déclaré et déclarent qu'ils récréantent par le trépas de ladite feu Françoise CAUROIS leur sœur promettant payer ses dettes, obsèques et funérailles et en décharger la cour fait pardevant monsieur de Sapigny échevin sepmanier le 5/1/1665.

271 - Médiathèque Arras FF125 Folio 273V :
Louis DUMETZ bourgeois censier du village de Dainville y demeurant a déclaré et déclare qu'il récréante par le trépas de Melchior DUMETZ son père vivant fauxboulier demeurant en cette ville promettant payer ses dettes, obsèques et funérailles et en décharger la cour fait pardevant monsieur Courcol échevin sepmanier le 16/1/1665.

272 - Médiathèque Arras FF125 Folio 274V :
Maître Philippe LE SELLIER avocat au conseil d'Artois à son tour échevin de cette ville y demeurant a déclaré et déclare qu'il récréante par le trépas de Damoiselle Madeleine LE SELLIER sa sœur vivant fille franche demeurant en cette ville promettant payer ses dettes, obsèques et funérailles et en décharger la cour fait pardevant monsieur de Douay échevin sepmanier le 26/1/1665.

273 - Médiathèque Arras FF125 Folio 275R :
Damoiselle Claire Françoise DE VILLERS veuve de Jean DE HARDY écuyer sieur de la Cressonnière et à son tour échevin de cette ville demeurant à Arras a déclaré et déclare qu'elle récréante par le trépas dudit sieur de la Cressonnière son mari promettant de payer ses dettes, obsèques et funérailles et en décharger la cour fait pardevant monsieur de Douay échevin sepmanier le 27/1/1665.

274 - Médiathèque Arras FF125 Folio 277R :
Antoine DEFFOSSEZ bourgeois de cette ville demeurant en celle de Douai neveu de feu maître Antoine DEFFOSSEZ à son trépas prêtre habitué en l'église de Saint Jean en Ronville en cette dite ville a déclaré et

déclare qu'il récréante ledit feu maître Antoine DEFFOSSEZ son oncle promettant payer ses dettes, obsèques et funérailles et en décharger la cour, fait pardevant monsieur de Villeman échevin sepmanier le 7/2/1665.

275 - Médiathèque Arras FF125 Folio 277V :
Marie et Roze HUCQUIER sœurs filles et héritières de feue Marie CAMBIER vivant veuve de Hubert HUCQUIER tanneur demeurant à Arras, ont déclaré et déclarent qu'elles récréantent par le trépas de ladite feue CAMBIER leur mère promettant payer ses dettes, obsèques et funérailles et en décharger la cour, fait pardevant monsieur du Petit Praielle échevin sepmanier le 12/2/1665.

276 - Médiathèque Arras FF125 Folio 277V :
Ferry BONIFACE bourgeois demeurant à Arras a déclaré et déclare qu'il récréante par le trépas de maître Louis BONIFACE son frère vivant prêtre curé de l'église de Saint Nicolas en Meaulens promettant payer ses dettes, obsèques et funérailles et en décharger la cour, fait pardevant monsieur du Rousoy échevin sepmanier le 13/2/1665.

277 - Médiathèque Arras FF125 Folio 279R :
Jeanne HEROGUER veuve de Guillaume DE RANSSART vivant bourgeois fauxbourlier demeurant es faubourgs des Alouettes lez Arras a déclaré et déclare qu'elle récréante par le trépas dudit DE RANSSART son mari décédé le 15ème du courant promettant de payer ses dettes, obsèques et funérailles et en décharger la cour fait pardevant monsieur de Sapigny échevin sepmanier le 19/2/1665.

278 - Médiathèque Arras FF125 Folio 280R :
Guislaine DAMIENS veuve de Pierre MARCHANT vivant bourgeois cordier demeurant à Arras a déclaré et déclare qu'elle récréante par le trépas dudit MARCHANT son mari promettant payer ses dettes, obsèques et funérailles et en décharger la cour fait pardevant monsieur Courcol échevin sepmanier le 26/2/1665.

279 - Médiathèque Arras FF125 Folio 280V :
Jacques ANSSELIN jeune homme à marier demeurant à Arras, Jean DELECHAMBRE demeurant à Corbie mari et bail de Françoise ANSSELIN et Charles WACQUET bourgeois marchand demeurant audit Arras mari et bail d'Anne ANSSELIN, lesdits du surnom ANSSELIN frère et sœurs enfants et héritiers de feus Antoine ANSSELIN vivant aussi bourgeois cuisinier demeurant en ladite ville et de Marie LENFLE, ont déclaré et déclarent qu'ils récréantent par le trépas d'icelle feue LENFLE leur mère promettant payer ses dettes, obsèques et funérailles et en décharger la cour fait pardevant monsieur Courcol échevin sepmanier le 28/2/1665.

280 - Médiathèque Arras FF125 Folio 281R :
Robert VAIRET bourgeois lanternier demeurant à Arras a déclaré et déclare qu'il récréante par le trépas de feue Madeleine MARTIN sa mère vivant veuve de Michel VAIRET promettant payer ses dettes, obsèques et funérailles et en décharger la cour fait pardevant monsieur Hapiot échevin sepmanier le 3/3/1665.

281 - Médiathèque Arras FF125 Folio 281R :
De Flers et Tahon sergents ont à la requête des curé et marguilliers du village de Béthonsart arrêté et empêché es mains de Damien GUERARD bourgeois marchand demeurant à Arras tous et chacuns les deniers qu'il a en sa possession appartenant à Guislain et Jean LEFEBVRE, Jean FATOUX mari et bail de Barbe LEFEBVRE, Jérosme MALBRANCQUE mari et bail d'Antoinette LEFEBVRE, Fiacre FOURNIER mari et bail de Marie LEFEBVRE et Jean LEFEBVRE mari et bail de Jeanne LEFEBVRE, lesdits du surnom LEFEBVRE frères et sœurs enfants et héritiers de Pierre LEFEBVRE et Jeanne LOCQUET pour avoir paiement de 258 livres par une partie et par autre 27 livres pour les causes, ayant été faites les défenses requises en parlant audit GUERARD et jour assigné aux plaids du 16ème de ce mois fait le 4/3/1665.

282 - Médiathèque Arras FF125 Folio 282R :
Allart et Robicquet sergents savoir ledit Allart à verge de cet échevinage et iceluy Robicquet du pouvoir de Sechelle, ont à la requête de Jérosme THERET bourgeois marchand demeurant à Arras arrêté et empêché es mains de Damien GRARD aussi bourgeois marchand y demeurant tous et chacuns les deniers qu'il a en sa possession appartenant à Guislain et Jean LEFEBVRE, Jean FATOU mari et bail de Barbe LEFEBVRE, Jérosme MALBRANQUE mari et bail d'Antoinette LEFEBVRE, Fiacre FOURNIER mari et bail de Marie LEFEBVRE et Jean LEFEBVRE mari et bail de Jeanne LEFEBVRE, lesdits du surnom LEFEBVRE frères et sœurs pour sur iceux avoir paiement de 150 livres 15 sols à déclarer etc, ayant été faites les défenses requises en parlant à la femme dudit GRARD et jour assigné aux seconds plaids fait le 5/3/1665.

283 - Médiathèque Arras FF125 Folio 282R :
Jeanne FLIPPES veuve de Gilles GOUDEMAN vivant bourgeois boulanger demeurant à Arras a récréanté par le trépas dudit GOUDEMAN son mari promettant payer ses dettes, obsèques et funérailles et en décharger la cour fait pardevant monsieur Hapiot échevin sepmanier le 5/3/1665.

284 - Médiathèque Arras FF125 Folio 283R :
Roze DUHAUPAS jeune fille à marier demeurant à Arras a déclaré et déclare qu'elle récréante par le trépas de Jeanne RIMBOURT sa mère vivant veuve et demeurée es biens de Jean DUHAUPAS, promettant payer ses dettes, obsèques et funérailles et en décharger la cour fait pardevant monsieur Hapiot échevin sepmanier le 10/3/1665.

285 - Médiathèque Arras FF125 Folio 284R :
Gertrude DENTART demeurant es faubourgs de Meaulens a déclaré et déclare qu'elle récréante par le trépas de Gillette LECLERCQ sa mère à son trépas veuve de Philippe DENTART demeurant esdits faubourgs et ce tant en son nom qu'au nom de Philippe et Christophe DENTART ses frères enfants mineurs de ladite feue Gillette LECLERCQ, promettant tant en son nom qu'au nom desdits mineurs payer les dettes, obsèques et funérailles de ladite défunte et en décharger la cour, fait pardevant monsieur de Douay échevin sepmanier le 14/3/1665.

286 - Médiathèque Arras FF125 Folio 284R :
Jean DUQUESNOY bourgeois marchand demeurant à Arras mari et bail de Damoiselle Antoinette FRANCOIS sœur à feu Maximilien FRANCOIS vivant aussi bourgeois receveur du sieur baron de Warluzel a déclaré et déclare qu'il récréante par le trépas dudit feu Maximilien FRANCOIS promettant suivant ce payer ses dettes, obsèques et funérailles et en décharger la cour, fait pardevant monsieur de Marconville échevin sepmanier le 18/3/1665.

287 - Médiathèque Arras FF125 Folio 285R :
Marie DE LA CRESSONNIERE veuve d'Antoine PRANGER maréchal et bourgeois demeurant es faubourgs de Ronville de cette ville a déclaré et déclare qu'elle renonce aux biens et dettes dudit feu PRANGER son mari soy tenant à son douaire conventionnel stipulé par son contrat de mariage fait pardevant monsieur de Marconville échevin sepmanier le 20/3/1665.

288 - Médiathèque Arras FF125 Folio 288R :
Marguerite CAUROIS veuve de Jacques VERDEVOIE vivant bourgeois marchand demeurant à Arras a déclaré et déclare qu'elle récréante par le trépas dudit feu VERDEVOIE son mari décédé le 3ème de ce mois promettant payer ses dettes, obsèques et funérailles et en décharger la cour fait pardevant monsieur Hapiot échevin sepmanier le 15/4/1665.

289 - Médiathèque Arras FF125 Folio 288V :
Marguerite CAMP veuve de Robert GELLE vivant bourgeois peigneur demeurant à Arras a récréanté par le trépas dudit GELLE son mari promettant payer ses dettes, obsèques et funérailles et en décharger la cour fait pardevant monsieur Hapiot échevin sepmanier le 16/4/1665.

290 - Médiathèque Arras FF125 Folio 292R :
Isabelle LECLERCQ veuve de Gaudefroy LESTOCQUART vivant bourgeois demeurant à Arras a déclaré et déclare qu'elle récréante par le trépas dudit feu LESTOCQUART son mari décédé le 27ème de ce mois promettant payer ses dettes, obsèques et funérailles et en décharger la cour, fait pardevant monsieur de Marconville échevin sepmanier le 29/4/1665.

291 - Médiathèque Arras FF125 Folio 292V :
Philippe LENGLET bourgeois porteur au sacq mari et bail de Jeanne LEROUX et Blaise VOIEZ aussi bourgeois mari et bail de Michelle LEROUX, lesdites LEROUX sœurs enfants de feu Jean LEROUX vivant maître du Jeu d'armes demeurant en cette ville décédé le jour d'hier, ont déclaré et déclarent qu'ils récréantent par le trépas dudit feu LEROUX leur père promettant payer ses dettes, obsèques et funérailles et en décharger la cour fait pardevant monsieur du Petit Praielle échevin sepmanier le 4/5/1665.

292 - Médiathèque Arras FF125 Folio 293R :
Marguerite NOEL veuve de Jaspart LEMAIRE vivant bourgeois demeurant à Arras a déclaré et déclare qu'elle récréante par le trépas dudit feu Jaspart LEMAIRE son mari décédé il y a environ quinze jours promettant payer toutes ses dettes, obsèques et funérailles et en décharger la cour, fait pardevant monsieur du Petit Praielle échevin sepmanier le 8/5/1665.

293 - Médiathèque Arras FF125 Folio 293V :
Arnould DE RAISSE bourgeois maître chirurgien demeurant à Arras mari et bail de Damoiselle Marie Marguerite COULLEMONT a déclaré et déclare qu'il récréante par le trépas de Marie ALLART à son trépas veuve de maître François VERMEL demeurant audit Arras sa tante, promettant payer ses dettes, obsèques et funérailles et en décharger la cour fait pardevant monsieur de Sapigny échevin sepmanier le 15/5/1665.

294 - Médiathèque Arras FF125 Folio 294R :
Marie Jeanne MARTEL veuve de Jean Baptiste CAULIER vivant bourgeois cuisinier demeurant en cette ville a déclaré et déclare qu'elle récréante par le trépas dudit CAULIER son mari promettant payer ses dettes, obsèques et funérailles et en décharger la cour fait pardevant monsieur Dhersin échevin sepmanier le 18/5/1665.

295 - Médiathèque Arras FF125 Folio 295R :
Catherine MOREL fille franche demeurant à Arras a déclaré et déclare qu'elle récréante par le trépas de feu maître Louis MOREL son frère vivant prêtre curé de l'église paroissiale de Saint Aubert en cette ville, promettant payer ses dettes, obsèques et funérailles et en décharger la cour fait pardevant monsieur du Petit Praielle échevin sepmanier le 27/5/1665.

296 - Médiathèque Arras FF125 Folio 296R :
Catherine CAUET veuve de Jean PEUVIER a déclaré et déclare qu'elle récréante par le trépas dudit feu PEUVIER son mari décédé promettant payer toutes ses dettes, obsèques et funérailles et en décharger la cour fait pardevant monsieur Hapiot échevin sepmanier le 1/6/1665.

297 - Médiathèque Arras FF125 Folio 297R :
Adrien DUCORNET bourgeois marchand demeurant à Arras mari et bail de Damoiselle Jeanne DORESMIEUX paravant veuve demeurée es biens de maître Jean BAILLET et au précédent de Daniel LENFLE qui fut relict d'Adrienne BOIEZ icelle paravant veuve de Jean VASSEUR, a déclaré et déclare que des lettres de condamnations données de ce siège à son préjudice et au profit de Jeanne LEJOING fille franche demeurant en la cité de cette ville en date du [ ] de janvier dernier il s'en est porté et porte pour appelant ensemble de tout ce qui s'en est ensuivi protestant, fait pardevant monsieur Courcol échevin sepmanier le 12/6/1665.

298 - Médiathèque Arras FF125 Folio 298R :
Marie Jeanne BRIOIS veuve de Nicolas BETREMIEUX vivant bourgeois charbonnier demeurant à Arras a déclaré et déclare qu'elle récréante par le trépas dudit BETREMIEUX son mari promettant payer ses dettes, obsèques et funérailles et en décharger la cour, fait pardevant monsieur du Petit Praielle échevin sepmanier le 20/6/1665.

299 - Médiathèque Arras FF125 Folio 298V :
Jean DE BEAUVOIS bourgeois menuisier demeurant à Arras a déclaré et déclare qu'il se fonde héritier d'Anne DE BEAUVOIS veuve de Sébastien DEMAILLY sa sœur décédée le 14 mars 1658 promettant suivant ce payer ses dettes, obsèques et funérailles et en décharger la cour fait pardevant monsieur du Petit Praielle échevin sepmanier le 20/6/1665.

300 - Médiathèque Arras FF125 Folio 300R :
Pierre DE CAMBRAY lieutenant du village de Bailleulmont y demeurant mari et bail de Marie Anne FINET icelle sœur de feue Marie FINET vivante fille franche demeurant à Arras, a déclaré et déclare qu'il récréante par le trépas de ladite Marie FINET décédée passé un an ou environ promettant payer ses dettes, obsèques et funérailles et en décharger la cour fait pardevant Noël LEFEBVRE échevin sepmanier le 25/6/1665.

301 - Médiathèque Arras FF125 Folio 301R :
Jeanne VASSEUR fille franche demeurant à Arras a déclaré et déclare qu'elle récréante par le trépas de Marie DAUSSY sa mère à son trépas veuve de Claude VASSEUR vivant bourgeois demeurant audit Arras, promettant payer ses dettes, obsèques et funérailles et en décharger la cour fait pardevant monsieur Dhersin échevin sepmanier le 30/6/1665.

302 - Médiathèque Arras FF125 Folio 301R :
Jeanne GOUDEMAN veuve de Jean PONCE vivant bourgeois porteur au sacq demeurant à Arras a déclaré et déclare qu'elle récréante par le trépas dudit PONCE son mari promettant payer ses dettes, obsèques et funérailles et en décharger la cour, fait pardevant monsieur Courcol échevin sepmanier le 1/7/1665.

303 - Médiathèque Arras FF125 Folio 302V :
Jeanne WAGON veuve de Michel BELLIART vivant bourgeois savetier demeurant à Arras a déclaré et déclare qu'elle récréante par le trépas dudit feu BELLIART son mari promettant payer ses dettes, obsèques et funérailles et en décharger la cour fait pardevant monsieur Dhersin échevin sepmanier le 4/7/1665.

304 - Médiathèque Arras FF125 Folio 306V :
Antoine HUCQUET bourgeois demeurant au village de Monchy au Bois a déclaré et déclare qu'il récréante par le trépas de Bonne LENFLE sa mère vivant veuve de Jean HUCQUET demeurant en cette ville promettant payer ses dettes, obsèques et funérailles et en décharger la cour fait pardevant monsieur Hapiot échevin sepmanier le 16/7/1665.

305 - Médiathèque Arras FF125 Folio 307R :
Curatelle : Bonaventure CAVILLON sergent à verge de cette ville a par ordonnance du 15ème de ce mois rendue sur la requête présentée à ce siège par Damoiselle Isabelle DE PARMA veuve demeurée es biens de Jean LECOUSTRE demeurant à Arras été reçu et admis à la curatelle des biens délaissés vacants par feu Joseph DE PARMA vivant bourgeois et à son tour l'un des quatre commis aux ouvrages de cette ville à la caution offerte en faisant les devoirs et ce après avoir vu les consentements des plus proches parents, créditeurs et procureur général de cette ville, sont comparus ledit CAVILLON lequel a emprins ladite curatelle et promis par serment de soy bien et fidèlement conduire et comporter en ladite curatelle et ladite Damoiselle Isabelle DE PARMA qui a prêté ladite caution et promis avec ledit CAVILLON de rendre bon et fidèle compte de ladite curatelle à condition néanmoins que les deniers à recevoir d'icelle curatelle seront reçus par ladite DE PARMA du consentement dudit CAVILLON lequel ne pourra rien faire sans la participation et consentement d'icelle DE PARMA, depuis quoi elle l'a promis décharger et indemner ensemble de tous dépens, dommages et intérêts fait pardevant monsieur Chasse échevin sepmanier le 23/7/1665.

306 - Médiathèque Arras FF125 Folio 308R :
Pierre TESTART bourgeois cordonnier demeurant à Arras a déclaré et déclare qu'il récréante par le trépas de Catherine LEQUIEN sa tante vivant fille dévote demeurant en cette ville promettant payer ses dettes, obsèques et funérailles et en décharger la cour fait pardevant monsieur de Villeman échevin sepmanier le 27/7/1665.

307 - Médiathèque Arras FF125 Folio 308V :
Marie BULLOT veuve de Charles PENEL à son trépas bourgeois marchand demeurant à Arras a déclaré et déclare qu'elle récréante par le trépas dudit feu PENEL son mari promettant payer ses dettes, obsèques et funérailles et en décharger la cour, fait pardevant monsieur de Villeman échevin sepmanier le 31/7/1665.

308 - Médiathèque Arras FF125 Folio 309R :
Marie LANSEL veuve de Roland DUPIRE vivant bourgeois potier de terre demeurant à Arras a déclaré et déclare qu'elle renonce aux biens et dettes dudit Roland DUPIRE son mari et qu'elle se tient à son droit de douaire conventionnel stipulé par son contrat de mariage, fait pardevant monsieur Boucquel échevin sepmanier le 6/8/1665.

309 - Médiathèque Arras FF125 Folio 309R :
Catherine DUTHERACE veuve de Jacques LETOICT vivant sergent du châtelain de cette ville a déclaré et déclare qu'elle récréante par le trépas dudit feu LETOICT son mari promettant payer ses dettes, obsèques et funérailles et en décharger la cour, fait pardevant monsieur Camp échevin sepmanier le 6/8/1665.

310 - Médiathèque Arras FF125 Folio 309R :
Marguerite DARRAS veuve de Robert GOUDEMAN vivant bourgeois demeurant à Arras a récréanté par le trépas dudit GOUDEMAN son mari promettant payer ses dettes, obsèques et funérailles et en décharger la cour fait pardevant monsieur Boucquel échevin sepmanier le 6/8/1665.

311 - Médiathèque Arras FF125 Folio 309R :
Marie Catherine DE SAINT LEGER jeune fille à marier demeurant à Arras a déclaré et déclare qu'elle récréante par le trépas de feu Pasquier DE SAINT LEGER son père vivant hostelain de « la Belle Image » en cette ville promettant payer ses dettes, obsèques et funérailles et en décharger la cour fait pardevant monsieur Camp échevin sepmanier le 7/8/1665.

312 - Médiathèque Arras FF125 Folio 311R :
Adrien Albert DAIX et Damoiselle Marie Louise DAIX frère et sœur enfants et héritiers de feu Jean DAIX vivant bourgeois marchand linger demeurant à Arras ont déclaré et déclarent qu'ils récréantent par le trépas dudit feu

DAIX leur père décédé le jour d'hier promettant payer ses dettes, obsèques et funérailles et en décharger la cour fait pardevant monsieur Groullon échevin sepmanier le 20/8/1665.

313 - Médiathèque Arras FF125 Folio 311R :
Damoiselle Anne FOUCQUIER veuve de Pierre LE CAMBIER à son tour échevin de la ville d'Arras, Damoiselle Jeanne LE CAMBIER fille franche, Pierre DESMOLINS marchand et Claire MATIS veuve d'Henry DE SAINS, tous créanciers dudit feu sieur Pierre LE CAMBIER se sont constitués cautions l'un de l'autre et des autres créanciers à quoi ils sont admis par ordonnance du 13ème de ce mois pour par tous lesdits créanciers profiter de l'ordonnance provisionnelle rendue le 3ème de ce mois au différend qu'ils ont eu à la distribution du commence sur le bony du compte rendu par Antoine COCHET sergent de ce siège à l'encontre de Damoiselle Antoinette LE CAMBIER veuve de Jean FOUCQUIER à son tour échevin de ladite ville, promettant lesdites damoiselles FOUCQUIER, LE CAMBIER, DESMOLINS et MATIS de payer et rapporter ce que pourrait être dit ci après en définitif sous l'obligation de tous leurs biens, fait pardevant monsieur de Warnicamp échevin sepmanier le 21/8/1665.

314 - Médiathèque Arras FF125 Folio 312V :
Curatelle : Marie Catherine DE SAINT LEGER jeune fille à marier et héritière de feu Pasquier DE SAINT LEGER vivant bourgeois hostelain demeurant à Arras a sur requête par elle présentée été reçue et admise par ordonnance du jourd'hui à la tutelle et curatelle des personnes et biens de Pasquier et Nicolas DE SAINT LEGER ses frères enfants mineurs dudit feu suivant les consentements donnés tant de Barbe DE MONCHY veuve d'iceluy défunt que du procureur général de cette ville à la caution d'icelle DE MONCHY en faisant les devoirs, est comparue ladite DE SAINT LEGER laquelle a emprins et accepté ladite curatelle et promis par serment de soy bien et fidèlement conduire et comporter en l'administration d'icelle et d'en rendre bon et fidèle compte quand sommée et requises en sera, s'étant à ces fins ladite DE MONCHY pour ce présente et comparante constituée sa caution de quoi icelle DE SAINT LEGER l'a promis décharger ensemble de tous dépens, dommages et intérêts sous l'obligation solidaire de tous leurs biens, fait pardevant monsieur du Petit Praielle échevin sepmanier le 28/8/1665. [En marge : du 7/5/1666 pardevant monsieur Hapiot sont comparus Antoine et Benoist LIEPPE père et fils lesquels suivant l'ordonnance du jourd'hui se sont respectivement constitués caution de ladite Mari Catherine DE SAINT LEGER à présent femme audit Benoist LIEPPE touchant la curatelle en question au lieu et en place de ladite Barbe DE MONCHY promettant suivant ce lesdits LIEPPE solidairement avec ladite Marie Catherine DE SAINT LEGER de rendre bon et fidèle compte de l'administration de la curatelle sous l'obligation de tous leurs biens fait le jour an et pardevant que dessus].

315 - Médiathèque Arras FF125 Folio 313R :
Deruict et Faucquette sergents ont à la requête de Robert MICHAULT fils d'Antoine de son stil boucher demeurant en la ville de Lens arrêté et empêché sur les mectes de ce siège une vache de poil roux et blanc appartenant à Michel PARMENTIER naguère marchand de vache et Marie MACONNEL sa femme demeurant audit Lens pour avoir paiement de 13 patagons et demi argent du roi catholique à déclarer, ayant été faites les défenses requises en parlant à Claude BLAIRE bourgeois hostelain demeurant en cette ville chez lequel ladite vache a été menée à la fourrière et en parlant à la femme dudit Michel PARMENTIER la trouvant en cette ville et jour assigné aux prochains plaids, fait le 29/8/1665. [En marge : ledit MICHAULT en personne est comparu lequel a déclaré et déclare qu'il se déporte de l'empêchement mentionné au texte accordant main levée d'icelle vache audit PARMENTIER en payant par lui dépens jusqu'à la notification de l'oppignoration ? en parlant d'icelle vache au profit de Joseph François POTIER et pour eux depuis icelle il a accordé condamnation tel que de raison fait pardevant monsieur de Sapigny échevin sepmanier le 5/9/1665].

316 - Médiathèque Arras FF125 Folio 313V :
Pierre LANSSEART bourgeois tailleur de pierres blanches et Pierre PONCE aussi bourgeois marchand demeurant en cette ville relict en premières noces d'Isabeau LANSSEART lesdits du surnom LANSSEART neveu et nièce du côté maternel de feue Jeanne LENGLET à son trépas veuve de Noël GUERARD vivant aussi bourgeois meunier demeurant audit Arras, ont déclaré et déclarent qu'ils récréantent par le trépas de ladite feue LENGLET, promettant payer ses dettes, obsèques et funérailles et en décharger la cour, fait pardevant monsieur de Sapigny échevin sepmanier le 31/8/1665.

317 - Médiathèque Arras FF125 Folio 315V :
Isabeau DUBOIS veuve de Georges DANNEL vivant bourgeois demeurant à Arras a récréanté par le trépas dudit DANNEL son mari promettant payer ses dettes, obsèques et funérailles et en décharger la cour fait pardevant monsieur de Villeman échevin sepmanier le 7/9/1665.

318 - Médiathèque Arras FF125 Folio 316R :
Marie HONORÉ veuve de Charles PAMART vivant bourgeois joueur d'instrument demeurant en cette ville a déclaré et déclare qu'elle récréante par le trépas dudit feu PAMART son mari promettant payer ses dettes, obsèques et funérailles et en décharger la cour fait pardevant monsieur Delaire échevin sepmanier le 7/9/1665.

319 - Médiathèque Arras FF125 Folio 316V :
Jean François HANNEQUIN bourgeois demeurant à Arras a déclaré et déclare qu'il récréante par le trépas de Marie HANNEQUIN sa tante du côté paternel promettant payer ses dettes, obsèques et funérailles et en décharger la cour, fait pardevant monsieur de Villeman échevin sepmanier le 10/9/1665.

320 - Médiathèque Arras FF125 Folio 317V :
Curatelle : Nicolas MOINET bourgeois mandelier demeurant à Arras ont sur requête par lui présentée été reçu et admis à la tutelle et curatelle des personne et biens de Marie Catherine DUPIRE fille de feus Roland et de Catherine LOBEGEOIS ses père et mère et ce par ordonnance du 5ème de ce mois à la caution offerte en faisant les devoirs et après avoir vu les consentements tant des plus proches parents et créditeurs dudit feu DUPIRE que du procureur général de cette ville, est comparu ledit MOINET en personne qui a emprins et accepté ladite curatelle et promis par serment de soy bien conduire et comporter en l'administration d'icelle et d'en rendre bon et fidèle compte quand sommé et requis en sera s'étant à ces fins maître Jacques GERIN licencié es loix demeurant à Arras pour ce aussi présent et comparant constitué sa caution de quoi ledit MOINET l'a promis décharger ensemble de tous dépens, dommages et intérêts sous l'obligation solidaire de tous leurs biens, fait pardevant monsieur de Villeman échevin sepmanier le 11/9/1665.

321 - Médiathèque Arras FF125 Folio 318V :
Catherine BOUCHER jeune fille à marier demeurant à Arras a déclaré et déclare qu'elle récréante par le trépas de Mathieu BOUCHER son père vivant tailleur d'habits demeurant audit Arras promettant payer ses dettes, obsèques et funérailles et en décharger la cour, fait pardevant monsieur Boucquel échevin sepmanier le 17/9/1665.

322 - Médiathèque Arras FF125 Folio 318V :
Florence CUVELIER fille à marier de feus Laurent et de Madeleine SALLANT demeurant en cette ville cousine germaine du côté paternel à feu maître Jean SALLANT vivant licencié es loix et échevin à son tour de cette ville décédé depuis quatre ans ou environ, a déclaré et déclare qu'elle se fonde héritière tant mobiliaire qu'immobiliaire dudit feu sieur SALLANT, promettant suivant ce payer ses dettes, obsèques et funérailles et en décharger la cour, fait pardevant monsieur Boucquel échevin sepmanier le 18/9/1665.

323 - Médiathèque Arras FF125 Folio 318V :
Catherine MISOU veuve d'Antoine LHOSTE bourgeois plombier demeurant à Arras a déclaré et déclare qu'elle renonce aux biens et dettes dudit feu LHOSTE son mari soy tenant à son droit de douaire conventionnel stipulé par son contrat de mariage fait pardevant monsieur Boucquel échevin sepmanier le 19/9/1665.

324 - Médiathèque Arras FF125 Folio 318V :
Damoiselle Catherine ROCHE veuve de Jean DECROIX vivant greffier de l'élection d'Artois cousine germaine du côté maternel à feu maître Jean SALANT vivant avocat au conseil d'Artois décédé depuis environ quatre ans a déclaré qu'elle se fonde héritière mobiliaire et immobiliaire dudit feu sieur SALANT son cousin promettant payer ses dettes, obsèques et funérailles et en décharger la cour fait pardevant monsieur Boucquel échevin sepmanier le 19/9/1665.

325 - Médiathèque Arras FF125 Folio 320V :
Pierre André LEROY praticien demeurant à Arras procureur spécial de messire Charles François SARRAZIN chevalier seigneur de Lambersart, Villers, etc, et Damoiselle Marie Françoise SARRAZIN femme séparée de sieur Valentin Joseph DE LANGH écuyer sieur d'Hollande son mari de présent en cette ville frère et sœur enfants de Dame Ernestine Florence DE CARDEVACQUE veuve de messire Chrestien de SARRAZIN vivant chevalier seigneur dudit Lambersart, a déclaré et déclare qu'il renonce audit nom procuratoire et en vertu de ladite procure (laquelle nous est apparue) à la succession mobiliaire et des biens disponibles de ladite dame Ernestine Florence DE CARDEVACQUE mère desdits sieur et damoiselle de SARRAZIN, fait pardevant monsieur Hapiot échevin sepmanier le 6/10/1665.

326 - Médiathèque Arras FF125 Folio 321R :
Marc LHOMME bourgeois demeurant à Arras a déclaré et déclare qu'il se fonde héritier des biens meubles délaissés par le trépas de Catherine LHOMME sa sœur décédée ce jourd'hui promettant payer ses dettes,

obsèques et funérailles et en décharger la cour fait pardevant monsieur du Petit Praielle échevin sepmanier le 9/10/1665.

327 - Médiathèque Arras FF125 Folio 321R :
Françoise VAILLANT veuve de Jean DE GUELDRE vivant bourgeois tonnelier demeurant à Arras a récréanté par le trépas dudit DE GUELDRE son mari promettant payer ses dettes, obsèques et funérailles et en décharger la cour fait le 9/10/1665 pardevant monsieur du Petit Praielle échevin sepmanier.

328 - Médiathèque Arras FF125 Folio 321V :
Guislain DEVILLE bourgeois maître tailleur d'habits demeurant en cette ville, Martin DEVILLE cordonnier demeurant audit Arras et Louis HIVAIN aussi bourgeois maître vitrier y demeurant mari et bail de Marie Jeanne DEVILLE, lesdits du surnom DEVILLE frères et sœur enfants et héritiers de feu Jean DEVILLE décédé ce jourd'hui, ont déclaré et déclarent qu'ils récréantent par le trépas dudit feu DEVILLE leur père promettant payer ses dettes, obsèques et funérailles et en décharger la cour fait pardevant monsieur Chasse échevin sepmanier le 13/10/1665.

329 - Médiathèque Arras FF125 Folio 322R :
André Florent DE PARMA bourgeois demeurant en cette ville a déclaré et déclare qu'il se fonde héritier de feu Joseph DE PARMA son frère promettant suivant ce payer toutes ses dettes, obsèques et funérailles et en décharger la cour, fait pardevant monsieur de Villeman échevin sepmanier le 20/10/1665.

330 - Médiathèque Arras FF125 Folio 322R :
Jacques LESOIN laboureur demeurant à Averdoing frère et héritier de feue Cécile LESOIN à son trépas veuve de Gilles FAUCON demeurant en cette ville a déclaré et déclare qu'il récréante par le trépas d'icelle LESOIN sa sœur promettant payer ses dettes, obsèques et funérailles et en décharger la cour, fait pardevant monsieur de Villeman échevin sepmanier le 23/10/1665.

331 - Médiathèque Arras FF125 Folio 322V :
Charles BOCQUET procureur au conseil d'Artois et receveur des dames d'Etrun demeurant en la cite de cette ville et Damoiselle Jeanne BOCQUET sa sœur ont déclaré et déclarent qu'ils récréantent par le trépas de Damoiselle Antoinette BOCQUET veuve de Bonaventure DAUCHET leur sœur promettant payer les dettes, obsèques et funérailles et en décharger la cour fait pardevant monsieur Delaire échevin sepmanier le 24/10/1665.

332 - Médiathèque Arras FF125 Folio 326R :
Léon LEFEBVRE père procureur du collège des révérends pères de la compagnie de Jésus Arras a accordé main levée à pur et à plain au nom dudit collège à Jean PANNIER labourier demeurant au Grand Servins et Marie NEPVEU sa femme icelle seule fille et héritière de feu Pierre NEPVEU vivant labourier audit Servins de la somme de 130 livres namptie à ce siège par ledit Pierre NEPVEU le 1/7/1636 pour le refus et demeurent que les révérends père de ladite compagnie de Jésus ont fait de reconnaitre ledit NEPVEU aproesme et lignager de Pierre NEPVEU fils de Pierre demeurant au Maisnil et de lui référer le droit réel et personnel qu'ils ont acquis dudit Pierre du droit de quint et terrage qui se prend coeulle et lève au terroir dudit Maisnil et à l'environ sur plusieurs pièces de terres, consentant et accordant ledit révérend père Léon LEFEBVRE au nom dudit collège que lesdits PANNIER et sa femme puissent retirer ladite somme de 130 livres namptie à cedit siège et en donner décharger pertinente en payant par eux les droits de garde moyennant quoi iceux PANNIER et NEPVEU sa femme se sont déportés et déportent par cette de la cause sur retraite intentée à ce siège par ledit Pierre NEPVEU contre lesdits révérends père et qu'icelle prendra fin avec compensation de tous dépens après que Pierre VICHERY sergent de la terre et seigneurie du Petit et Grand Servins pour ce comparant a juré et affirme es mains des sieurs échevins sepmaniers soussignés d'avoir bonne connaissance desdits Jean PANNIER et Marie NEPVEU sa femme pour être icelle Marie NEPVEU sa nièce du côté maternel et qu'icelle est seule fille et héritière dudit Pierre NEPVEU dudit Servins, se constituant pour plus grande assurance du présent acte de main levée caution desdits PANNIER et sa femme promettant solidairement rapporter ladite somme si ainsi était dit et ordonné ci après au profit de ceux qu'il appartiendra sous l'obligation de leurs corps et biens renonçant à toutes choses contraires à ces présentes et par spécial ladite femme au droit du senatus consult velleem et à l'authentique si qua mulier dont l'esprit lui a été donné à entendre fait et pardevant messieurs de Varnicamp et Groulon échevins sepmaniers le 14/11/1665.

333 - Médiathèque Arras FF125 Folio 327V :
Barbe LEFEBVRE veuve de Guillaume LEROY vivant bourgeois marchand demeurant à Arras a déclaré et déclare qu'elle récréante par le trépas dudit feu LEROY son mari promettant payer ses dettes, obsèques et funérailles et en décharger la cour fait pardevant monsieur du Petit Praielle échevin sepmanier le 19/11/1665.

334 - Médiathèque Arras FF125 Folio 327V :
Marie Isabelle GONSSE veuve de Jean MICHEL vivant bourgeois marchand fripier demeurant à Arras a déclaré et déclare qu'elle récréante par le trépas dudit feu MICHEL son mari promettant payer ses dettes, obsèques et funérailles et en décharger la cour fait pardevant monsieur du Petit Praielle échevin sepmanier le 21/11/1665.

335 - Médiathèque Arras FF125 Folio 328R :
Madeleine LUCAS fille à marier demeurant à Arras a déclaré qu'elle récréante maître Louis LUCAS son frère prêtre promettant payer ses dettes, obsèques et funérailles et en décharger la cour fait pardevant monsieur de Sapigny échevin sepmanier le 23/11/1665.

336 - Médiathèque Arras FF125 Folio 328R :
Cochet et Nicaise ont à la requête d'Adrien DUCORNET bourgeois marchand demeurant à Arras mari et bail de Jeanne DORESMIEUX paravant veuve de Daniel LENFLE fille et héritière de feus Pierre DORESMIEUX vivant aussi bourgeois marchand de cette ville et Damoiselle Jeanne DE RANSSART ses père et mère arrêté et empêché es mains du sieur [ ) BRISSONNET demeurant en cette ville tous et chacuns les deniers qu'il peut devoir et devra à l'avenir au sieur PARIS demeurant à [ ] pour sur iceux avoir paiement de 27 livres 12 sols à déclarer, ayant été faites les défenses requises en parlant à la fille de chambre dudit sieur BRISSONNET et jour assigné aux seconds plaids, fait le 26/11/1665.

337 - Médiathèque Arras FF125 Folio 329R :
Géry THUILLIER bourgeois vitrier fils de feus maître Pierre THIEULLIER vivant bourgeois sculpteur et Marguerite GASTON a récréanté par le trépas de ladite GASTON sa mère décédée le 11ème de novembre dernier promettant payer ses dettes, obsèques et funérailles et en décharger la cour fait pardevant monsieur de Villeman échevin sepmanier le 3/12/1665.

338 - Médiathèque Arras FF125 Folio 329V :
Susanne FLAMEN veuve de Michel TERNA vivant bourgeois demeurant à Arras a déclaré et déclare qu'elle récréante par le trépas dudit TERNA son mari promettant payer ses dettes, obsèques et funérailles et en décharger la cour fait pardevant monsieur de Villeman échevin sepmanier le 4/12/1665.

339 - Médiathèque Arras FF125 Folio 330V :
Marie BAR veuve d'Eloy LEMAIRE vivant bourgeois saietteur demeurant à Arras a déclaré et déclare qu'elle récréante par le trépas dudit feu son mari promettant payer ses dettes, obsèques et funérailles et en décharger la cour fait pardevant monsieur Boucquel échevin sepmanier le 9/12/1665.

340 - Médiathèque Arras FF125 Folio 332R :
Roze GAIANT veuve de Augustin ANVIN demeurant à Arras a déclaré et déclare qu'elle récréante par le trépas dudit ANVIN son mari décédé le 15ème de ce présent mois promettant de payer ses dettes, obsèques et funérailles et en décharger la cour fait pardevant monsieur Chivot échevin sepmanier le 17/12/1665.

341 - Médiathèque Arras FF125 Folio 333V :
Marguerite FEBVRE veuve de Jean DE GOUVES laisné vivant bourgeois marchand demeurant à Arras a déclaré et déclare qu'elle récréante par le trépas dudit DE GOUVES son mari promettant payer ses dettes, obsèques et funérailles et en décharger la cour fait le 2/1/1666 pardevant monsieur Hapiot échevin sepmanier.

342 - Médiathèque Arras FF125 Folio 334R :
Anne Thérèse BERLY veuve de Jacques COCREL dit la Taille vivant bourgeois demeurant à Arras a déclaré et déclare qu'elle récréante par le trépas dudit feu COCREL son mari promettant payer ses dettes, obsèques et funérailles et en décharger la cour fait pardevant monsieur de Sapigny échevin sepmanier le 4/1/1666.

343 - Médiathèque Arras FF125 Folio 334V :
Catherine GUILLEMAN veuve de Georges LANSEL vivant bourgeois maître cordonnier demeurant en cette ville a déclaré et déclare qu'elle récréante par le trépas dudit LANSEL son mari promettant payer ses dettes, obsèques et funérailles et en décharger la cour fait pardevant monsieur de Sapigny échevin sepmanier le 7/1/1666.

344 - Médiathèque Arras FF125 Folio 335V :
Marie Marguerite DUPOND fille à marier demeurant à Arras a déclaré et déclare qu'elle récréante par le trépas de maître Adrien DUPOND son père promettant payer ses dettes, obsèques et funérailles et en décharger la cour fait pardevant monsieur de Villeman échevin sepmanier le 11/1/1666.

345 - Médiathèque Arras FF125 Folio 335V :
Marie DELEMOTTE veuve de maître Philippe DELERUELLE vivant bourgeois peintre de cette ville a déclaré et déclare qu'elle renonce aux biens et dettes dudit feu DELERUELLE son mari soy tenant à son droit de douaire stipulé par son contrat de mariage fait pardevant monsieur de Villeman échevin sepmanier le 11/1/1666.

346 - Médiathèque Arras FF125 Folio 335V :
Isabeau PARIS veuve de Guillaume MICHEL vivant bourgeois viesier demeurant à Arras a récréanté par le trépas dudit MICHEL son mari promettant payer ses dettes, obsèques et funérailles et en décharger la cour fait pardevant monsieur de Villeman échevin sepmanier le 16/1/1666.

347 - Médiathèque Arras FF125 Folio 335V :
Simone OBRY veuve de Jean CAIGNY vivant bourgeois taillandier demeurant à Arras a récréanté par le trépas dudit CAIGNY son mari promettant payer ses dettes, obsèques et funérailles et en décharger la cour fait pardevant monsieur de Villeman échevin sepmanier le 16/1/1666.

348 - Médiathèque Arras FF125 Folio 336V :
Anne LANGUEBIEN veuve de Robert FALEMPIN vivant bourgeois demeurant à Arras a déclaré et déclare qu'elle récréante par le trépas dudit feu son mari promettant payer ses dette, obsèques et funérailles et en décharger la cour fait pardevant monsieur Camp échevin sepmanier le 19/1/1666.

349 - Médiathèque Arras FF125 Folio 337V :
Curatelle : Luce DE WARLINCOURT fille à marier demeurant à Arras a sur requête par elle présentée été reçue et admise à la tutelle et curatelle de François DE WARLINCOURT son frère en bas âge enfants de feu maître Jean DE WARLINCOURT vivant procureur au conseil d'Artois à la caution de Charles LOHINEL marchand drapier demeurant audit Arras et ce par ordonnance du 20ème de ce mois en faisant les devoirs, est comparue ladite Luce DE WARLINCOURT laquelle a empris et accepté ladite tutelle et curatelle et promis par serment par elle prêté de soy y bien et fidèlement conduire et comporter et d'en rendre bon compte quand sommée et requise sera s'étant ledit LOHINEL pour ce aussi comparant constitué sa caution de quoi ladite Luce l'a promis décharger ensemble de tous dommages et intérêts sous l'obligation solidaire de leurs biens fait pardevant monsieur Chivot échevin sepmanier le 25/1/1666.

350 - Médiathèque Arras FF125 Folio 339R :
Curatelle : maître Louis LEGRAND bourgeois et apothicaire demeurant à Arras a sur requête présentée par maître Ignace LEGRAND licencié en médecine demeurant en la ville du Quesnoy et autres été reçu et admis par ordonnance du jourd'hui à la curatelle des biens délaissés vacants par feu maître Jean LEGRAND leur père à la caution de Damoiselle Marie Barbe DESFOSSEZ sa femme en faisant les devoirs suivant les consentements donnés tant des parents d'iceluy feu LEGRAND que du procureur général de cette ville, est comparu ledit maître Louis LEGRAND lequel a emprins et accepté ladite curatelle et promis par serment de soy y bien et fidèlement conduire et comporter et d'en rendre bon et fidèle compte quand sommé et requis sera, s'étant à ces fins ladite Damoiselle Marie Barbe DESFOSSEZ sa femme pour ce aussi présente et comparante de lui suffisamment autorisée et sans contrainte comme elle a déclaré constituée sa caution le tout sous l'obligation de leurs biens fait pardevant monsieur de Varnicamp échevin sepmanier le 1/2/1666.

351 - Médiathèque Arras FF125 Folio 339V :
Laurent LEFEBVRE bourgeois potier de terre demeurant en cette ville mari et bail de Marie COIFFIER et Louis MAUCOMBLE aussi bourgeois tonnelier mari et bail de Marguerite COIFFIER demeurant audit Arras, lesdites COIFFIER sœurs enfants de feus Antoine COIFFIER et Madeleine BOIEZ, ont déclaré et déclarent qu'ils récréantent par le trépas d'icelle BOIEZ leur mère promettant payer ses dettes, obsèques et funérailles et en décharger la cour, fait pardevant monsieur de Varnicamp échevin sepmanier le 4/2/1666.

352 - Médiathèque Arras FF125 Folio 340R :
Jean BEAUCHART bourgeois marchand demeurant en cette ville mari et bail de Catherine DUPOND fille de maître Adrien DUPOND a déclaré et déclare qu'il récréante par le trépas dudit feu DUPOND son père

promettant payer ses dettes, obsèques et funérailles et en décharger la cour, fait pardevant monsieur de Varnicamp échevin sepmanier le 5/2/1666.

353 - Médiathèque Arras FF125 Folio 340R :
Jeanne NEPVEUX veuve de Jean FOURMAULT vivant bourgeois chartier demeurant en cette ville décédé le 7 de ce mois a déclaré et déclare qu'elle récréante par le trépas dudit feu son mari promettant payer ses dettes, obsèques et funérailles et en décharger la cour, fait pardevant monsieur Hapiot échevin sepmanier le 9/2/1666.

354 - Médiathèque Arras FF125 Folio 341R :
Guislaine BEAUMONT veuve de Josse TACQUET vivant bourgeois fripier demeurant en cette ville a déclaré et déclare qu'elle récréante par le trépas dudit feu TACQUET son mari promettant payer ses dettes, obsèques et funérailles et en décharger la cour fait pardevant monsieur Hapiot échevin sepmanier le 13/2/1666.

355 - Médiathèque Arras FF125 Folio 342R :
Damoiselle Catherine DELESCLUZE veuve de maître Jean CAUDRON vivant bourgeois marchand grossier à son tour l'un des quatre commis aux ouvrages de cette ville a récréanté par le trépas dudit CAUDRON son mari promettant payer ses dettes, obsèques et funérailles et en décharger la cour fait pardevant messieurs de Sapigny et Chasse échevins sepmaniers le 19/2/1666.

356 - Médiathèque Arras FF125 Folio 342R :
Damoiselle Marie Florence CRUGEOT Damoiselle du Quesnoy veuve de Jacques DELAFORGE écuyer sieur d'Ermin mère et tutrice légitime des enfants qu'elle olt dudit feu DELAFORGE son mari a déclaré et déclare qu'elle renonce aux biens et dettes d'iceluy soy tenant à son droit de douaire conventionnel et autres droits stipulés par son contrat anténuptial, fait pardevant messieurs de Villeman et Delaire échevins sepmanier le 22/2/1666.

357 - Médiathèque Arras FF125 Folio 342V :
Damoiselle Susanne HEBERT veuve d'Alexandre MARSILLE vivant procureur au conseil d'Artois a déclaré et déclare qu'elle récréante par le trépas dudit feu son mari promettant payer ses dettes, obsèques et funérailles et en décharger la cour fait pardevant monsieur Boucquel échevin sepmanier le 1/3/1666.

358 - Médiathèque Arras FF125 Folio 343R :
Jean FLIPPES bourgeois marchand demeurant à Arras s'est constitué caution de Jean CAULIER écuyer demeurant à Avion pour les dépens du différend de requête par lui intenté à ce siège contre Damoiselles Anne et Jeanne MANESSIER filles et héritières de feu Pierre demeurant en cette ville promettant payer lesdits dépens au cas que ledit sieur CAULIER y soit condamné, fait le 2/3/1666.

359 - Médiathèque Arras FF125 Folio 343V :
Cavillon et Faucquette sergents ont à la requête de Sébastien DE CHELERS sieur de Doffines demeurant à Arras arrêté et empêché es mains de Marie LENFLE veuve de François DEVILLERS y demeurant tous et chacuns les deniers qu'elle a en sa possession appartenant ou peut le devoir à feue Damoiselle Sébastienne DE CHELERS vivante femme au sieur POTEN secrétaire de la ville de Malines pour sur iceux avoir paiement de 700 livres à déclarer etc, ayant été faites les défenses requises en parlant à ladite LENFLE et jour assigné aux seconds plaids fait le 4/3/1666.

360 - Médiathèque Arras FF125 Folio 343V :
Catherine DUFRESNE fille franche demeurant en cette ville a déclaré et déclare qu'elle récréante par le trépas de Catherine DUFRESNE sa tante du côté paternel promettant payer ses dettes, obsèques et funérailles et en décharger la cour fait pardevant monsieur Chivot échevin sepmanier le 8/3/1666.

361 - Médiathèque Arras FF125 Folio 344R :
Bernard François DE CROMBECQUE procureur au conseil d'Artois et spécial de Damoiselle Anne QUIGNON veuve de Robert SENTIER, Jean, Robert et Claude SENTIER frères enfants et héritiers dudit feu Robert, François FOURNIER mari et bail de Marie SENTIER demeurant respectivement en la ville d'Amiens, a déclaré et déclare que des ordonnances du 11 décembre et 23ème de février dernier, rendues au procès verbal d'entre lesdits SENTIER contre Marie Marguerite DEBRAIE veuve de feu Daniel GRANTHOMME, ensemble de tout ce qui s'en est du depuis ensuivi, il s'en est porté et porte pour appelant protestant, fait pardevant monsieur Chivot échevin sepmanier le 9/3/1666.

362 - Médiathèque Arras FF125 Folio 347R :
Isabeau CAPLAIN veuve d'Antoine DERVILLERS vivant bourgeois boucher demeurant en cette ville a déclaré et déclare qu'elle récréante par le trépas dudit feu DERVILLERS son mari promettant payer ses dettes, obsèques et funérailles et en décharger la cour fait pardevant monsieur du Petit Praielle échevin sepmanier le 22/3/1666.

363 - Médiathèque Arras FF125 Folio 347V :
Anne MOREL fille franche demeurant à Arras a déclaré et déclare qu'elle récréante par le trépas de maître Gérard MOREL son frère vivant prêtre demeurant en cette ville promettant payer ses dettes, obsèques et funérailles et en décharger la cour fait pardevant monsieur du Petit Praielle échevin sepmanier le 24/3/1666.

364 - Médiathèque Arras FF125 Folio 348V :
Isabeau WALLON veuve de Guislain LECOCQ vivant bourgeois demeurant à Arras a déclaré qu'elle récréante par le trépas dudit LECOCQ son mari promettant payer ses dettes, obsèques et funérailles et en décharger la cour fait pardevant monsieur de Sapigny échevin sepmanier le 29/3/1666.

365 - Médiathèque Arras FF125 Folio 350V :
Marie DECAIX veuve de Léon CAUWET vivant bourgeois demeurant à Arras a déclaré et déclare qu'elle récréante par le trépas dudit feu son mari promettant payer ses dettes, obsèques et funérailles et en décharger la cour fait pardevant monsieur de Sapigny échevin sepmanier le 3/4/1666.

366 - Médiathèque Arras FF125 Folio 351R :
Damoiselle Marie Florence CRUGEOT veuve de Jacques DELAFORGE écuyer sieur d'Hermin de présent en cette ville a récréanté par le trépas de Jean CRUGEOT licencié es loix avocat au conseil d'Artois sieur de Villeman, échevin de cette ville promettant payer ses dettes, obsèques et funérailles et en décharger la cour fait pardevant monsieur Delaire échevin sepmanier le 6/4/1666.

367 - Médiathèque Arras FF125 Folio 352R :
Marguerite PEUVION veuve de Jean LECLERCQ vivant bourgeois hoste de « l'Ecu de France » a récréanté par le trépas dudit LECLERCQ son mari promettant payer ses dettes, obsèques et funérailles et en décharger la cour fait pardevant monsieur Camp échevin sepmanier le 12/4/1666.

368 - Médiathèque Arras FF125 Folio 353V :
Curatelle : Martin DESAINS bourgeois marchand demeurant à Arras a sur requête par lui présentée été reçu et admis par ordonnance du 17 de ce mois à la tutelle et curatelle de Guillaume, Nicolle et Barbe LEROY frère et sœurs enfants mineurs de feus Guillaume vivant aussi bourgeois marchand et Barbe LEFEBVRE demeurant en cette ville suivant les accords et consentements donnés tant des plus proches parents desdits mineurs que du procureur général de cette ville à la caution offerte de Jacques LEFEBVRE bourgeois marchand demeurant en cette ville en faisant les devoirs et à charge que ledit DESAINS ne pourra vendre aucune chose appartenant auxdits mineurs sans l'intervention dudit sieur procureur général, est comparu ledit DESAINS lequel a emprins et accepté ladite tutelle et curatelle et promis par serment de soy bien et fidèlement conduire et comporter en l'administration d'icelle et d'en rendre bon et fidèle compte quand sommé et requis en sera, s'étant à ces fins iceluy LEFEBVRE pour ce présent et comparant constitué caution d'iceluy DESAINS et promis sortir juridiction à ce siège de quoi ledit DESAINS l'a promis décharger ensemble de tous dépens, dommages et intérêts sous l'obligation solidaire de tous leurs biens, fait pardevant monsieur de Beaurains échevin sepmanier le 19/4/1666.

369 - Médiathèque Arras FF125 Folio 354V :
Roze MINART veuve de Jean MILON vivant bourgeois berger demeurant en cette ville a déclaré et déclare qu'elle récréante par le trépas dudit feu son mari promettant payer ses dettes, obsèques et funérailles et en décharger la cour fait pardevant monsieur de Beaurains échevin sepmanier le 21/4/1666.

370 - Médiathèque Arras FF125 Folio 355R :
Nicolas LOMBART Sieur de Wandelicourt et le sieur Antoine François LOMBART prêtre Sieur de Dion demeurant en cette ville frères enfants et héritiers de feue Damoiselle Marguerite MOULART à son trépas veuve de Jean LOMBART vivant sieur dudit Wandelicourt ont déclaré et déclarent qu'ils récréantent par le trépas d'icelle feue Damoiselle LOMBART leur mère promettant payer ses dettes, obsèques et funérailles et en décharger la cour fait pardevant monsieur de Beaurains échevin sepmanier le 30/4/1666.

371 - Médiathèque Arras FF125 Folio 356R :
Madeleine DEFLANDRES veuve de Pierre DIDIER vivant bourgeois hostelain de « La Croix Rouge » en cette ville a déclaré et déclare qu'elle récréante par le trépas dudit feu DIDIER son mari promettant payer ses dettes, obsèques et funérailles et en décharger la cour fait pardevant monsieur Hapiot échevin sepmanier le 7/5/1666.

372 - Médiathèque Arras FF125 Folio 356R :
Jacqueline ALOY veuve d'Antoine GELÉ vivant bourgeois mercier demeurant à Arras a récréanté par le trépas dudit GELÉ son mari promettant payer ses dettes, obsèques et funérailles et en décharger la cour fait pardevant messieurs de Sapigny et Chasse échevins sepmaniers le 10/5/1666.

373 - Médiathèque Arras FF125 Folio 356V :
Jacqueline THERY veuve de Robert REGNAU vivant bourgeois demeurant en cette ville a déclaré et déclare qu'elle récréante par le trépas dudit feu son mari promettant payer ses dettes, obsèques et funérailles et en décharger la cour, fait pardevant monsieur de Sapigny échevin sepmanier le 11/5/1666.

374 - Médiathèque Arras FF125 Folio 357R :
Jeanne BEAUVOIS veuve d'André CAPEAU vivant bourgeois maître cordonnier demeurant en cette ville a déclaré et déclare qu'elle renonce aux biens et dettes dudit feu son mari et qu'elle se tient à son droit stipulé par son contrat de mariage fait pardevant monsieur de Sapigny échevin sepmanier le 13/5/1666.

375 - Médiathèque Arras FF125 Folio 357R :
Thérèse GUILLEBERT veuve de Jean Baptiste BEAUMONT vivant bourgeois maître cordonnier demeurant en cette ville a déclaré et déclare qu'elle récréante par le trépas dudit BEAUMONT son mari promettant payer ses dettes, obsèques et funérailles et en décharger la cour, fait pardevant monsieur de Sapigny échevin sepmanier le 15/5/1666.

376 - Médiathèque Arras FF125 Folio 357V :
Jacqueline SOLON veuve d'Antoine DUBOIS vivant bourgeois maçon demeurant à Arras a déclaré et déclare qu'elle récréante ledit DUBOIS son mari et promis payer ses dettes, obsèques et funérailles et en décharger la cour fait pardevant monsieur du Petit Praiel échevin sepmanier fait le 17/5/1666.

377 - Médiathèque Arras FF125 Folio 358R :
Charles DENIS lieutenant demeurant à Saint Laurent mari et bail de Jenne CASIER icelle CASIER nièce et héritière de Damoiselle Catherine DE BELVALET a déclaré et déclare qu'il récréante ladite DE BELVALET fille vivant en célibat demeurant à Arras promettant payer ses dettes, obsèques et funérailles et en décharger la cour, fait pardevant monsieur du Petit Praiel échevin sepmanier le 17/5/1666.

378 - Médiathèque Arras FF125 Folio 358V :
Marguerite DELEBARRE veuve de Jean SEVIN vivant bourgeois boulanger demeurant en cette ville a déclaré et déclare qu'elle récréante par le trépas dudit SEVIN son mari promettant payer ses dettes, obsèques et funérailles et en décharger la cour fait pardevant monsieur Camp échevin sepmanier le 24/5/1666.

379 - Médiathèque Arras FF125 Folio 358V :
Maître Jean François GAILLART prêtre secrétaire du chapitre de la cathédrale de Tournai, Damoiselle Anne GAILLART veuve de maître Philippe HENIART vivant avocat au conseil d'Artois et procureur du roi des ville et baillage d'Aire, Damoiselle Marie Marguerite GAILLART, lesdits GAILLART frère et sœurs enfants de feus Pierre vivant receveur de madame la douairière et comtesse d'Egmont et Damoiselle Jeanne HANOTEL sa femme et maître Pierre GAILLART aussi avocat audit conseil petit-fils desdits défunts, ont récréanté par le trépas d'icelle Damoiselle Jeanne HANOTEL décédée passées trois semaines promettant payer ses dettes, obsèques et funérailles et en décharger la cour fait pardevant monsieur Camp échevin sepmanier le 27/5/1666.

380 - Médiathèque Arras FF125 Folio 359V :
Anne DERVILLERS veuve d'Antoine VASSEUR vivant bourgeois boucher demeurant en cette ville a déclaré et déclare qu'elle récréante par le trépas dudit DERVILLERS son mari promettant payer ses dettes, obsèques et funérailles et en décharger la cour fait pardevant monsieur Boucquel échevin sepmanier le 28/5/1666.

381 - Médiathèque Arras FF125 Folio 360R :
Jeanne LEFRANCQ veuve d'Adam THOREL à son trépas bourgeois sergent de l'église et abbaye de Saint Vaast a déclaré et déclare qu'elle récréante par le trépas dudit THOREL son mari décédé ce jourd'hui promettant

payer ses dettes, obsèques et funérailles et en décharger la cour fait pardevant monsieur Boucquel échevin sepmanier le 29/5/1666.

382 - Médiathèque Arras FF125 Folio 363R :
Barbe LEFEBVRE veuve d'Antoine VERMELLE vivant bourgeois maître tailleur d'habits a déclaré et déclare qu'elle récréante par le trépas dudit VERMELLE son mari promettant payer ses dettes, obsèques et funérailles et en décharger la cour fait pardevant monsieur Delaire échevin sepmanier le 28/6/1666.

383 - Médiathèque Arras FF125 Folio 363R :
Marguerite DUPUICH veuve de Charles CUVELIER vivant bourgeois maçon demeurant en cette ville a déclaré et déclare qu'elle récréante par le trépas dudit feu CUVELIER son mari promettant payer ses dettes, obsèques et funérailles et en décharger la cour fait pardevant monsieur Delaire échevin sepmanier le 1/7/1666.

384 - Médiathèque Arras FF125 Folio 363R :
Melcior MARCHANT et Pierre GOSSART demeurant en cette ville ont déclaré et déclarent qu'ils accordent main levée à Nicolas TESTART mulquinier, Antoine TESTART maître ferronnier demeurant en cette ville d'Arras, Barbe TESTART veuve de Jean TINTELIER et Marguerite TESTART fille à marier demeurant à Béthune lesdits Nicolas, Antoine, Barbe et Marguerite TESTART soy faisant et portant fort d'Adrien TESTART maître menuisier demeurant à Paris, de la somme de 333 livres par eux namptis à ce siège le 17 mars dernier consentant suivant ce qu'ils puissent lever ladite somme en payant par lui le droit de garde et donnant décharge pertinente fait pardevant monsieur Delaire échevin sepmanier le 1/7/1666.

385 - Médiathèque Arras FF125 Folio 363V :
Claude CAUDRON bourgeois porteur au sacq mari et bail de Marguerite DUTERACHE icelle fille à Marie GAFFET veuve de Nicolas DUTERACHE demeurant à Arras a récréanté par le trépas de ladite Marie GAFFET décédée samedi dernier promettant payer ses dettes, obsèques et funérailles et en décharger la cour fait pardevant monsieur Camp échevin sepmanier le 5/7/1666.

386 - Médiathèque Arras FF125 Folio 364R :
Toussaint BRASSART jeune homme à marier demeurant en cette ville a déclaré et déclare qu'il récréante par le trépas de Jeanne CRUCE sa mère veuve de Pierre BRASSART vivant bourgeois y demeurant décédée ce jourd'hui, promettant payer ses dettes, obsèques et funérailles et en décharger la cour, fait pardevant monsieur Boucquel échevin sepmanier le 6/7/1666.

387 - Médiathèque Arras FF125 Folio 365R :
Madeleine LEFEBVRE fille à marier demeurant en cette ville suffisamment âgée a déclaré et déclare qu'elle récréante par le trépas de feu Jacques LEFEBVRE vivant bourgeois chausseteur demeurant en cette ville décédé ce jourd'hui, promettant payer ses dettes, obsèques et funérailles et en décharger la cour, fait pardevant monsieur Camp échevin sepmanier le 9/7/1666.

388 - Médiathèque Arras FF125 Folio 367V :
Marie Dominique HURTREL veuve de Pierre MARCHANT vivant bourgeois demeurant à Arras a récréanté par le trépas dudit MARCHANT son mari promettant payer ses dettes, obsèques et funérailles et en décharger la cour fait pardevant monsieur Hapiot échevin sepmanier le 28/7/1666.

389 - Médiathèque Arras FF125 Folio 367V :
Anne DUPUICH veuve de Thomas DEMAILLY vivant bourgeois tailleur d'habits demeurant en cette ville a déclaré et déclare qu'elle renonce aux biens et dettes dudit feu son mari soy tenant à son douaire conventionnel stipulé par son contrat de mariage, fait pardevant monsieur du Petit Praielle échevin sepmanier le 30/7/1666.

390 - Médiathèque Arras FF125 Folio 368R :
Laurent HUCQUET bourgeois porteur au sacq demeurant à Arras s'est constitué caution de Jacques HUCQUET aussi bourgeois marchand tanneur demeurant en cette ville procureur spécial de Laurent HANNEQUIN mari et bail d'Anne LELOIR fille de feu Charles demeurant à Willerval, à quoi il a été admis par notre ordonnance du jourd'hui pour par lui profiter en ladite qualité d'autre ordonnance du 30 juillet dernier rendue en suite de la requête par lui présentée contre les mayeur et quatre des porteurs au sacq de cette ville par laquelle est dit que messieurs accordent audit HUCQUET en ladite qualité de procureur spécial de Laurent HANNEQUIN main levée des espèces d'or et d'argent trouvées dans le grenier de la maison des « trois visages » à bonne et sûre caution que ledit HUCQUET sera tenu bailler, promettant suivant ce ledit HUCQUET rendre et rapporter lesdites espèces si ainsi était dit ci après de quoi ledit Jacques HUCQUET l'a promis décharger ensemble de

tous dépens, dommages et intérêts sous l'obligation solidaire de tous leurs biens, fait pardevant monsieur de Sapigny échevin sepmanier le 2/8/1666.

391 - Médiathèque Arras FF125 Folio 368R :
Damoiselle Marie Françoise DENIS veuve de Philippe NOEL vivant bourgeois marchand demeurant en cette ville a déclaré et déclare qu'elle récréante par le trépas dudit feu NOEL son mari décédé le premier de ce mois promettant payer ses dettes, obsèques et funérailles et d'en décharger la cour fait pardevant monsieur Chasse échevin sepmanier le 4/8/1666.

392 - Médiathèque Arras FF125 Folio 368V :
Damoiselle Anne DUGARDIN veuve demeurée es biens d'André BATAILLE demeurant en cette ville a déclaré et déclare qu'elle renonce aux biens mobiliaires délaissés par feu maître Philippe DUGARDIN à son trépas licencié es loix, conseiller et lieutenant général du baillage de Lille son frère soy tenant aux biens, sujets et fidéicommis délaissés par le trépas de feu François DUGARDIN leur père fait pardevant monsieur de Sapigny échevin sepmanier le 5/8/1666.

393 - Médiathèque Arras FF125 Folio 369R :
Marguerite VOIER veuve de François REVERT vivant bourgeois demeurant à Arras a récréanté par le trépas dudit REVERT son mari promettant payer ses dettes, obsèques et funérailles et en décharger la cour fait pardevant monsieur du Petit Praielle échevin sepmanier le 14/8/1666.

394 - Médiathèque Arras FF125 Folio 369V :
Charles François LEROUX bourgeois coustelier tant en son nom que soy faisant de Adrien Floris et Marie Anne LEROUX ses frère et sœur tous enfants de François et de Marie MELIN vivant bourgeois menuisier demeurant audit Arras a récréanté par le trépas de ladite MELIN sa mère décédée le jour d'hier promettant payer ses dettes, obsèques et funérailles et en décharger la cour fait pardevant monsieur Boucquel échevin sepmanier le 17/8/1666.

395 - Médiathèque Arras FF125 Folio 370R :
Etienne LEFEBVRE laboureur demeurant au village de Humbercamp a déclaré et déclare qu'il récréante par le trépas de Catherine LEFEBVRE sa sœur promettant payer ses dettes, obsèques et funérailles et en décharger la cour fait pardevant monsieur Boucquel échevin sepmanier le 21/8/1666.

396 - Médiathèque Arras FF125 Folio 370R :
Guillaume DAMIENS du village de Maroeuil mari et bail de Laurence DE WANCQUETIN et Nicolas HERCHON dudit Maroeuil mari et bail de Marie BOUTEMY et Jeanne DE WANCQUETIN veuve de Jean SAUWAL demeurant à Wanquetin, ont récréanté par le trépas de Laurence DE WANCQUETIN veuve de Nicolas VION réfugiée en cette ville promettant payer ses dettes, obsèques et funérailles et en décharger la cour fait pardevant monsieur Chivot échevin sepmanier le 26/8/1666.

397 - Médiathèque Arras FF125 Folio 370R :
Marie RICQUIER veuve d'Alexandre PERIN vivant bourgeois boulanger demeurant à Arras a déclaré et déclare qu'elle récréante par le trépas dudit PERIN son mari promettant payer ses dettes, obsèques et funérailles et en décharger la cour, fait pardevant monsieur Groullon échevin sepmanier le 31/8/1666.

398 - Médiathèque Arras FF125 Folio 370R :
Françoise CLOU jeune fille à marier suffisamment âgée demeurant en cette ville a déclaré et déclare qu'elle récréante par le trépas de Marie MOUSON vivant veuve de Michel FEBVRIER à son trépas sergent à verge de ce siège sa mère grande du côté maternel décédée ce jourd'hui promettant payer ses dettes, obsèques et funérailles et en décharger la cour, fait pardevant monsieur Groullon échevin sepmanier le 31/8/1666.

399 - Médiathèque Arras FF125 Folio 370V :
Charles CAIGNART bourgeois demeurant à Arras mari et bail de Jeanne DEMAILLY fille de Elaine DELECLOIE à son trépas veuve d'Antoine DEMAILLY a déclaré et déclare qu'il renonce en ladite qualité aux biens et dettes de ladite DELECLOIE, fait pardevant monsieur de Warnicamp échevin sepmanier le 3/9/1666.

400 - Médiathèque Arras FF125 Folio 371R :
Madeleine et Marie Anne DEMAILLY jeunes filles à marier demeurant audit Arras ont déclaré et déclarent qu'elles récréantent par le trépas de Elaine DELECLOIE leur mère à son trépas veuve d'Antoine DEMAILLY

bourgeois de cette ville, promettant payer ses dettes, obsèques et funérailles et en décharger la cour, fait pardevant monsieur de Warnicamp échevin sepmanier le 3/9/1666.

401 - Médiathèque Arras FF125 Folio 371R :
Maître Gabriel DEMORY avocat au conseil d'Artois demeurant à Arras a déclaré et déclare qu'il récréante par le trépas de feu maître François DEMORY son père vivant aussi avocat audit conseil et conseiller pensionnaire de cette ville, promettant payer ses dettes, obsèques et funérailles et en décharger la cour, fait pardevant monsieur de Warnicamp échevin sepmanier le 4/9/1666.

402 - Médiathèque Arras FF125 Folio 371V :
Marie TOURSY veuve de Pierre GRARD vivant bourgeois couvreur de tuiles demeurant audit Arras a déclaré et déclare qu'elle récréante par le trépas dudit feu GRARD son mari promettant payer ses dettes, obsèques et funérailles et en décharger la cour, fait pardevant monsieur du Petit Praielle échevin sepmanier le 10/9/1666.

403 - Médiathèque Arras FF125 Folio 371V :
Philippe FONTAINE bourgeois fripier demeurant à Arras a déclaré et déclare qu'il récréante par le trépas de Nicolas FONTAINE son père décédé ce jourd'hui promettant payer ses dettes, obsèques et funérailles et en décharger la cour, fait pardevant monsieur Hapiot échevin sepmanier le 11/9/1666.

404 - Médiathèque Arras FF125 Folio 372R :
Marguerite LECRON veuve de Nicolas MANESSIER vivant bourgeois menuisier demeurant audit Arras a déclaré et déclare qu'elle récréante par le trépas dudit feu MANESSIER son mari promettant payer ses dettes, obsèques et funérailles et en décharger la cour, fait pardevant monsieur Chasse échevin sepmanier le 13/9/1666.

405 - Médiathèque Arras FF125 Folio 372R :
Jacqueline THERY veuve de Nicolas GRARDEL vivant couvreur de tuiles demeurant audit Arras a déclaré et déclare qu'elle récréante par le trépas dudit feu GRARDEL son mari promettant payer ses dettes, obsèques et funérailles et en décharger la cour fait pardevant monsieur de Sapigny échevin sepmanier le 13/9/1666.

406 - Médiathèque Arras FF125 Folio 372R :
Nicolas FLIPPES bourgeois marchand demeurant à Arras neveu du côté paternel à Philippe FLIPPES vivant aussi bourgeois rentier demeurant audit Arras a récréanté par le trépas dudit Philippe FLIPPES son oncle décédé ce jourd'hui promettant payer ses dettes, obsèques et funérailles et en décharger la cour, fait pardevant monsieur Chasse échevin sepmanier le 13/9/1666.

407 - Médiathèque Arras FF125 Folio 372V :
Deruict et Tahon sergents ont à la requête de Nicolas FOURSY et Philippe LEDIEU du village de Fampoux arrêté et empêché es mains de Marie RICQUIER veuve d'Alexandre PERIN et Etienne ANDRON bourgeois cuisinier demeurant audit Arras tous et chacuns les deniers et autres choses quelconques qu'ils peuvent devoir à Nicolas et Benoist VAAST père et fils demeurant à Adinfer pour avoir paiement de 22 livres à déclarer, ayant été faites les défenses requises en parlant à la fille de ladite RICQUIER et à la personne dudit ANDRON et jour assigné aux seconds plaids fait le 15/9/1666.

408 - Médiathèque Arras FF125 Folio 373R :
Anne Jeanne LENFLE veuve de Noël BRAINE vivant bourgeois marchand mulquinier demeurant à Arras a déclaré et déclare qu'elle récréante par le trépas dudit feu BRAINE son mari promettant payer ses dettes, obsèques et funérailles et en décharger la cour, fait pardevant monsieur de Sapigny échevin sepmanier le 15/9/1666.

409 - Médiathèque Arras FF125 Folio 373V :
Damoiselle Marie Marguerite DUFLOS fille à marier demeurant audit Arras a déclaré et déclare qu'elle récréante par le trépas de feue Damoiselle Susanne DUFLOS sa sœur vivant aussi fille à marier y demeurant promettant payer ses dettes, obsèques et funérailles et en décharger la cour fait pardevant monsieur du Petit Praielle échevin sepmanier le 20/9/1666.

410 - Médiathèque Arras FF125 Folio 373V :
Damoiselle Marguerite REGNAULT veuve de Romain DERUICT vivant bourgeois marchand demeurant à Arras a récréanté par le trépas dudit DERUICT son mari promettant payer ses dettes, obsèques et funérailles et en décharger la cour fait pardevant monsieur du Petit Praielle échevin sepmanier le 24/9/1666.

411 - Médiathèque Arras FF125 Folio 373V :
Marguerite MANESSIER veuve d'Arnoult DUHAUPAS vivant bourgeois saieteur demeurant à Arras a récréanté par le trépas dudit DUHAUPAS son mari promettant payer ses dettes, obsèques et funérailles et en décharger la cour fait pardevant monsieur du Petit Praielle échevin sepmanier le 24/9/1666.

412 - Médiathèque Arras FF125 Folio 374R :
Damoiselle Marie HIART veuve de François TACQUET vivant procureur au conseil d'Artois demeurant audit Arras a déclaré et déclare qu'elle renonce aux biens et dettes dudit feu TACQUET son mari soy tenant à son droit de douaire stipulé par son contrat de mariage fait pardevant monsieur Camp échevin sepmanier le 27/9/1666.

413 - Médiathèque Arras FF125 Folio 375R :
François SALMON bourgeois, Bonaventure CAVILLON aussi bourgeois mari et bail de Catherine SALMON et François THERY aussi bourgeois mari et bail de Françoise SALMON demeurant audit Arras, lesdits du surnom SALMON frère et sœurs, neveu et nièces du côté maternel de à présent défunte Jeanne NIVAL à son trépas veuve de jean FLIPES vivant bourgeois coroieur audit Arras ont déclaré et déclarent qu'ils récréantent ladite feue NIVAL leur tante promettant payer ses dettes, obsèques et funérailles et en décharger la cour fait pardevant monsieur Camp échevin sepmanier le 30/9/1666.

414 - Médiathèque Arras FF125 Folio 375V :
Anne Françoise TINTELIER fille de Jean et de Barbe TESTART a déclaré et déclare qu'elle récréante ladite TESTART sa mère décédée le 6 de septembre dernier, promettant payer ses dettes, obsèques et funérailles et en décharger la cour, fait pardevant monsieur de Beaurains échevin sepmanier le 4/10/1666.

415 - Médiathèque Arras FF125 Folio 375V :
Marie DURANEL veuve d'Adrien NOIRET vivant bourgeois savetier demeurant à Arras a récréanté par le trépas dudit NOIRET son mari promettant payer ses dettes, obsèques et funérailles et en décharger la cour fait pardevant monsieur Chivot échevin sepmanier le 6/10/1666.

416 - Médiathèque Arras FF125 Folio 376V :
Marie DE LAUNIS veuve de Nicolas VANLIERE demeurant en cette ville a déclaré et déclare qu'elle récréante par le trépas de Marie Françoise VANLIERE sa fille à son trépas veuve de Claude BLONDEL vivant bourgeois de ladite ville promettant payer ses dettes, obsèques et funérailles et en décharger la cour, fait pardevant monsieur de Warnicamp échevin sepmanier le 11/10/1666.

417 - Médiathèque Arras FF125 Folio 377R :
Curatelle : Arnoud GABDOLET bourgeois maître chirurgien demeurant à Arras a sur requête par lui présentée été reçu et admis par ordonnance du jourd'hui à la tutelle et curatelle des personnes et biens de Barbe Antoinette et Anne Marie BLONDEL sœurs filles mineures de feus Claude BLONDEL vivant bourgeois maître chaudronnier demeurant audit Arras et Marie Françoise VANLIERD sa femme leurs père et mère, suivant les consentements tant des plus proches parents desdits mineurs que du procureur général de cette ville à la caution offerte de Marie DANUS veuve de Nicolas VANLIERD mère de ladite feue Françoise VANLIERD en faisant les devoirs, est comparu ledit GABDOLET en personne qui a emprins et accepté ladite tutelle et curatelle et promis par serment soy bien et fidèlement conduire et comporter en l'administration d'icelle et d'en rendre bon et fidèle compte quand sommé et requis sera, s'étant à ces fins ladite DANUS pour ce aussi présentée et comparante constituée caution dudit GABDOLET de quoi il l'a promis décharger ensemble de tous dépens, dommages et intérêts le tout sous l'obligation solidaire de tous leurs biens, fait pardevant monsieur Hapiot échevin sepmanier le 23/10/1666.

418 - Médiathèque Arras FF125 Folio 377V :
Roze GRENIER veuve de Pierre GUILLEBERT vivant bourgeois boulanger demeurant à Arras a déclaré et déclare qu'elle récréante par le trépas dudit GUILLEBERT son mari promettant payer ses dettes, obsèques et funérailles et en décharger la cour fait pardevant monsieur de Sapigny échevin sepmanier le 26/10/1666.

419 - Médiathèque Arras FF125 Folio 378R :
Jean et Michel NOEL frères bourgeois demeurant à Arras ont récréanté par le trépas de Jean NOEL leur père vivant aussi bourgeois meunier demeurant audit Arras décédé le jour d'hier promettant payer ses dettes, obsèques et funérailles et en décharger la cour fait pardevant monsieur Chasse échevin sepmanier le 30/10/1666.

420 - Médiathèque Arras FF125 Folio 378R :
Michelle CUVELIER veuve de Bartolomé DUPUICH vivant bourgeois demeurant à Arras a déclaré et déclare qu'elle récréante par le trépas dudit feu DUPUICH son mari décédé le premier de ce mois promettant payer ses dettes, obsèques et funérailles et en décharger la cour fait pardevant monsieur Pallette échevin sepmanier le 3/11/1666.

421 - Médiathèque Arras FF125 Folio 378R :
Adrienne DUPREEL veuve de Toussaint FATIEN vivant bourgeois linier demeurant à Arras a déclaré et déclare qu'elle récréante par le trépas dudit FATIEN son mari décédé le dernier d'octobre passé promettant payer ses dettes, obsèques et funérailles et en décharger la cour fait le 3/11/1666.

422 - Médiathèque Arras FF125 Folio 378V :
Marguerite LECLERCQ veuve de Pierre DELABY vivant bourgeois tonnelier demeurant à Arras a déclaré et déclare qu'elle récréante par le trépas dudit DELABY son mari promettant payer ses dettes, obsèques et funérailles et en décharger la cour, fait pardevant monsieur Hanotel échevin sepmanier le 5/11/1666.

423 - Médiathèque Arras FF125 Folio 379R :
Marie Madeleine GONNET veuve de Jean DELEAUE vivant sergent de l'élection d'Arras a récréanté par le trépas dudit DELEAUE son mari promettant payer ses dettes, obsèques et funérailles et en décharger la cour, fait pardevant monsieur de Faucerville échevin sepmanier le 10/11/1666.

424 - Médiathèque Arras FF125 Folio 379R :
Michel TOURDIN veuve de Jean BERNARD vivant bourgeois couvreur de tuiles demeurant à Arras a déclaré et déclare qu'elle récréante par le trépas dudit feu BERNARD son mari décédé le 8 de ce mois promettant payer ses dettes, obsèques et funérailles et en décharger la cour, fait pardevant monsieur Guérard échevin sepmanier le 10/11/1666.

425 - Médiathèque Arras FF125 Folio 379V :
Antoinette BOURGEOIS veuve de Guillaume COUCHE vivant bourgeois demeurant à Arras a déclaré et déclare qu'elle récréante par le trépas dudit feu COUCHE son mari décédé le premier de ce mois, promettant payer ses dettes, obsèques et funérailles et en décharger la cour fait pardevant monsieur Guérard échevin sepmanier le 12/11/1666.

426 - Médiathèque Arras FF125 Folio 380R :
Guislaine ANSSART veuve de Charles CAPPE demeurant à Arras a déclaré et déclare qu'elle récréante par le trépas dudit feu CAPPE son mari promettant payer ses dettes, obsèques et funérailles et en décharger la cour fait pardevant monsieur de Faucerville échevin sepmanier le 13/11/1666.

427 - Médiathèque Arras FF125 Folio 380V :
Charles et Georges DEMAILLY frères bourgeois marchands demeurant à Arras ont déclaré et déclarent qu'ils récréantent par le trépas de feu Thomas DEMAILLY leur père vivant aussi bourgeois maître tailleur d'habits y demeurant promettant payer ses dettes, obsèques et funérailles et en décharger la cour fait pardevant monsieur Camp échevin sepmanier le 16/11/1666.

428 - Médiathèque Arras FF125 Folio 381V :
Meurdesoif et Docmaisnil sergents ont à la requête de maître Antoine PELET prêtre et François PELET écuyer sieur de la Folie mari et bail de Damoiselle Jeanne PELET demeurant à Arras, lesdits PELET frère et sœur enfants et héritiers de feu maître Jean PELET vivant aussi écuyer avocat au conseil d'Artois arrêté et empêché es mains de Damoiselle Anne MATHON demeurant audit Arras, tous et chacuns les deniers, grains et autres choses quelconques qu'elle peut avoir en sa possession appartenant à Laurent POT demeurant audit Arras pour avoir paiement de 600 livres à déclarer etc, ayant été faites les défenses requises en parlant à ladite Damoiselle Anne MATHON et servie audit POT parlant à sa personne et jour assigné aux prochains plaids fait le 22/11/1666.

429 - Médiathèque Arras FF125 Folio 382R :
Jean FATOU bourgeois marchand demeurant à Arras a déclaré et déclare qu'il récréante par le trépas de feu Nicolas FATOU son frère vivant aussi bourgeois marchand y demeurant décédé le jour d'hier promettant payer ses dettes, obsèques et funérailles et en décharger la cour, fait pardevant monsieur Briois échevin sepmanier le 26/11/1666.

430 - Médiathèque Arras FF125 Folio 382R :
Etienne CARRÉ bourgeois et Antoine POITEVIN aussi bourgeois mari et bail d'Adrienne CARRÉ lesdits du surnom CARRÉ frère et sœur enfants et héritiers de feue Guislaine DE NEUVILLE à son trépas veuve d'Angelin CARRÉ ont déclaré et déclarent qu'ils récréantent ladite feue leur mère promettant payer ses dettes, obsèques et funérailles et en décharger la cour, fait pardevant monsieur Briois échevin sepmanier le 27/11/1666.

431 - Médiathèque Arras FF125 Folio 382V :
Noble Damoiselle Marie Françoise DE SARRAZIN femme autorisée par justice au refus du sieur DEFLANDRE son mari a déclaré et déclare que de tous les marchés, terres et cense du Maretz situés à Sainghin en Weppes à elle donnée en avancement d'hoirie et de succession des feus seigneur et dame de Lambersart ses père et mère par son traité de mariage fait et passé au château de Villers le 27ème d'octobre 1652 par lequel lui est livré après la mort desdits seigneur et dame de se tenir à ladite donation ou y renoncer, elle s'en est déporté et déporte par ces présentes, renonçant, quittant et rapportant en mont commun pour prendre sa part et contingent que lui peut compéter et appartenir en la succession fidéicommisse de ladite feue dame sa mère selon les coutumes et usance des lieux, protestant etc, fait pardevant monsieur Delaire échevin sepmanier le 22/12/1666.

432 - Médiathèque Arras FF125 Folio 383R :
Marguerite HAIETTE veuve de François DUHAUPAS vivant bourgeois demeurant à Arras a déclaré et déclare qu'elle récréante par le trépas dudit feu DUHAUPAS son mari décédé le 29ème de novembre dernier, promettant payer ses dettes, obsèques et funérailles et en décharger la cour fait le 2/12/1666.

433 - Médiathèque Arras FF125 Folio 383V :
Damoiselle Thérèse LE SERGEANT veuve d'Henry DESMARET vivant sieur de le Helle demeurant à Arras a déclaré et déclare qu'elle renonce à la communauté des biens de sondit mari décédé le sixième de novembre dernier soy tenant à son droit de douaire conventionnel et stipulation reprise par son contrat de mariage, fait pardevant monsieur Delaire échevin sepmanier le 3/12/1666.

434 - Médiathèque Arras FF125 Folio 384V :
Curatelle : Pierre MARMUZE tailleur d'habits demeurant en la cité d'Arras reçu et admis par ordonnance de ce siège rendue le 29ème novembre dernier à la curatelle des biens délaissés vacants par le trépas d'Adrien LESELLIER vivant fils à marier de maître Philippe LESELLIER avocat au conseil d'Artois à la caution de Louis LESELLIER bourgeois marchand demeurant audit Arras et ce du consentement des parents et créditeurs dudit feu Adrien et du procureur général de cette ville, est comparu ledit Pierre MARMUZE lequel a emprins et accepté ladite curatelle et promis par serment par lui prêté de soy bien et fidèlement conduire et comporter et d'en rendre compte quand sommé et requis en sera, s'étant ledit Louis LESELLIER pour ce aussi comparant constitué caution dudit MARMUZE de laquelle caution icelui MARMUZE l'a promis décharger ensemble de tous dépens, dommages et intérêts et promis subir juridiction à ce siège et élu son domicile pour faire tous exploits et devoirs nécessaires chez ledit Louis LESELLIER, fait pardevant monsieur de Varnicamp échevin sepmanier le 7/12/1666.

435 - Médiathèque Arras FF125 Folio 385R :
Gabriel DE LA CHARITE bourgeois marchand demeurant à Arras mari et bail de Damoiselle Catherine FAUCON paravant veuve de Jacques HAY vivant aussi bourgeois de cette ville demeurant en celle de Cambrai mère et tutrice légitime de Pierre HAY son fils en bas âge d'icelle qu'elle a retenu dudit feu Jacques son premier mari, a déclaré et déclare qu'elle récréante en ladite qualité par le trépas de feu maître Pierre HAY oncle audit mineur vivant aussi bourgeois et à son tour l'un des quatre commis aux ouvrages d'icelle décédé le jour d'hier promettant payer ses dettes, obsèques et funérailles et en décharger la cour, fait pardevant monsieur de Warnicamp échevin sepmanier le 9/12/1666.

436 - Médiathèque Arras FF125 Folio 386R :
Guislain DE CORBEHEN bourgeois de cette ville et échevin de la ville de Saint Pol et Nicolas FLIPPES aussi bourgeois demeurant à Arras mari et bail de Damoiselle Marie Agnès DE CORBEHEN lesdits DE CORBEHEN frère et sœur enfants de feus Mathieu et Damoiselle Péronne DE RANSART ont récréanté par le trépas de ladite DE RANSART leur mère décédée le jour d'hier promettant payer ses dettes, obsèques et funérailles et en décharger la cour fait pardevant monsieur Pallette échevin sepmanier le 14/12/1666.

437 - Médiathèque Arras FF125 Folio 386R :
Susanne BROUSSE veuve de Jean DE BAILLOEUL vivant jardinier demeurant audit Arras a déclaré et déclare qu'elle récréante par le trépas dudit feu DE BAILLOEUL son mari décédé passées cinq semaines promettant

payer ses dettes, obsèques et funérailles et en décharger la cour fait pardevant monsieur Camp échevin sepmanier le 14/12/1666.

438 - Médiathèque Arras FF125 Folio 386R :
Curatelle : Pierre DE NAMPT bourgeois demeurant à Arras a sur requête présentée à ce siège par Damoiselle Marie Madeleine DE LOHINEL veuve de Charles François BIZE vivant bourgeois marchand demeurant à Arras procuratrice spéciale de maître Jean DE LOHINEL son frère prêtre curé de Lestrem et iceluy fils et héritier bénéficiaire de feu Jean vivant aussi bourgeois marchand y demeurant, été reçu et admis par ordonnance du 13ème de ce mois à la curatelle des biens délaissés vacants par le trépas de Guislaine DAMIENS vivant veuve demeurée es biens de feu Pierre MARCHANT à son trépas bourgeois cordier demeurant audit Arras, suivant les accords et consentements des parents et créditeurs de ladite défunte et du procureur général de cette ville à la caution de ladite Damoiselle Marie Madeleine DE LOHINEL, est comparu ledit DE NAMPT lequel a emprins et accepté ladite curatelle et promis par serment de soy y bien et fidèlement conduire et comporter et d'en rendre bon et fidèle compte quand sommé et requis sera, s'étant à ces fins icelle Damoiselle Marie Madeleine DE LOHINEL pour ce aussi comparante constituée caution dudit DE NAMPT de quoi il l'a promis décharger ensemble de tous dépens, dommages et intérêts sous l'obligation solidaire de tous leurs biens, fait pardevant monsieur Pallette échevin sepmanier le 14/12/1666.

439 - Médiathèque Arras FF125 Folio 387R :
Didier CHAMBREDIEU dit la Roze mari et bail de Marie Madeleine LEGRAND et Jeanne LEGRAND jeune fille à marier demeurant à Arras, lesdites LEGRAND sœurs filles et héritières de feu Pierre LEGRAND et Barbe BOCQUET demeurant audit Arras, ont déclaré et déclarent qu'ils récréantent par le trépas de ladite feue BOCQUET leur mère décédée le 17ème de ce mois promettant payer ses dettes, obsèques et funérailles et en décharger la cour fait pardevant monsieur Guérard échevin sepmanier le 20/12/1666.

440 - Médiathèque Arras FF125 Folio 388R :
Barbe ALLEAUME veuve de Pierre LEROUX dit Lapière à son trépas tripier demeurant à Arras a déclaré et déclare qu'elle récréante par le trépas d'iceluy feu décédé le sixième de ce mois promettant payer ses dettes, obsèques et funérailles et en décharger la cour, fait pardevant monsieur Guérard échevin sepmanier le 23/12/1666.

441 - Médiathèque Arras FF125 Folio 389R :
Catherine GONSSE veuve de Jean MAILLART vivant bourgeois fripier demeurant à Arras a déclaré et déclare qu'elle récréante par le trépas dudit feu MAILLART son mari décédé le premier de ce mois, promettant payer ses dettes, obsèques et funérailles et en décharger la cour fait pardevant monsieur Briois échevin sepmanier le 3/1/1667.

442 - Médiathèque Arras FF125 Folio 389R :
Claire DE HAURE veuve de Pierre DE NAMPT vivant bourgeois demeurant à Arras a déclaré et déclare qu'elle récréante par le trépas dudit DE NAMPT son mari promettant, payer ses dettes, obsèques et funérailles et en décharger la cour fait le 3/1/1667.

443 - Médiathèque Arras FF125 Folio 389V :
Marie DUBAIL veuve d'Antoine BELVA vivant bourgeois porteur au sacq demeurant à Arras a déclaré et déclare qu'elle récréante par le trépas dudit BELVA son mari promettant payer ses dettes, obsèques et funérailles et en décharger la cour, fait pardevant monsieur Briois échevin sepmanier le 4/1/1667.

444 - Médiathèque Arras FF125 Folio 389V :
Guislaine GRARD veuve d'Antoine CRESPIOEUL vivant bourgeois gaugeur de bois demeurant à Arras a déclaré et déclare qu'elle récréante par le trépas dudit CRESPIOEUL son mari promettant payer ses dettes, obsèques et funérailles et en décharger la cour fait le 4/1/1667.

445 - Médiathèque Arras FF125 Folio 390V :
Damoiselle Marie Barbe GOUBET fille à marier de feue Damoiselle Barbe ROBILLART vivant veuve de Charles GOUBET procureur au conseil d'Artois a déclaré et déclare qu'elle récréante par le trépas de ladite feue ROBILLART sa mère décédée le jour d'hier promettant payer ses dettes, obsèques et funérailles et en décharger la cour, fait pardevant monsieur Chasse échevin sepmanier le 10/1/1667.

446 - Médiathèque Arras FF125 Folio 390V :
Marie NOIRET fille à marier demeurant à Arras a déclaré et déclare qu'elle récréante par le trépas de feue Anne NOIRET sa sœur promettant payer ses dettes, obsèques et funérailles et en décharger la cour fait le 10/1/1667.

447 - Médiathèque Arras FF125 Folio 391V :
Damoiselle Marie Barbe LEMERCHIER veuve de maître Jacques Adrien HANOTEL vivant avocat et échevin de cette ville a déclaré et déclare qu'elle renonce aux biens et dettes dudit feu sieur HANOTEL son mari soy tenant à son douaire conventionnel stipulé par son contrat de mariage fait pardevant monsieur Delaire échevin sepmanier le 11/1/1667.

448 - Médiathèque Arras FF125 Folio 392R :
De Flers et Nicaise sergents ont à la requête de Vincent DE VENANT écuyer conseiller du roi et son lieutenant général en la gouvernance d'Arras arrêté et empêché es mains du sieur CHOLLET argentier de cette ville tous et chacuns les deniers qu'il doit et devra à l'avenir en ladite qualité à Adrien Dominique, Philippe, Damoiselles Marie Isabelle et Anne DUCARIEUL frères et sœurs héritiers de feus Jean et Damoiselle Antoinette DE BENNE pour avoir paiement cent quarante huit livres pour les causes etc, ayant été fait les défenses requises audit sieur CHOLLET en parlant à sa personne et jour assigné aux prochains plaids fait le 10/1/1667.

449 - Médiathèque Arras FF125 Folio 392R :
Damoiselle Marie Gertrude FOUCQUIER veuve de Louis DE TORCY vivant écuyer sieur de Vivret a déclaré et déclare qu'elle récréante par le trépas dudit sieur de Vivret son mari promettant payer ses dettes, obsèques et funérailles et en décharger la cour fait pardevant monsieur Chasse échevin sepmanier le 12/1/1667.

450 - Médiathèque Arras FF125 Folio 392V :
François THOMAS veuve de François CHEVALIER vivant bourgeois teinturier demeurant à Arras a déclaré et déclare qu'elle récréante par le trépas dudit feu CHEVALIER son mari promettant payer ses dettes, obsèques et funérailles et en décharger la cour fait pardevant monsieur Chasse échevin sepmanier le 15/1/1667.

451 - Médiathèque Arras FF125 Folio 393R :
Marguerite DE HEROGUELLES fille à marier et sœur à maître Robert DE HEROGUELLES prêtre pasteur de l'église paroissiale de Sainte Marie Madeleine Arras décédé ce jourd'hui trois heures du matin a récréanté et soy fondé héritière dudit feu maître Robert DE HEROGUELLES son frère promettant payer ses dettes, obsèques et funérailles et en décharger la cour, consentant et accordant ensuite que les sieurs exécuteurs du testament dudit feu et par lui dénommés puissent mettre à exécution tous les dons, légats et autres charges et conditions portés audit testament et … vouloir en aucune façon y contredire sous l'obligation de tous ses biens, fait pardevant monsieur de Varnicamp échevin sepmanier le 18/1/1667.

452 - Médiathèque Arras FF125 Folio 394V :
François VARLET bourgeois poissonnier demeurant à Arras mari et bail de Jeanne MATHON a déclaré et déclare qu'il récréante par le trépas de Marie PAIEN veuve d'André MATHON sa belle-mère et Antoine MATHON fils dudit André décédés le 23ème de ce mois, promettant payer leurs dettes, obsèques et funérailles et en décharger la cour, fait pardevant monsieur Camp échevin sepmanier le 25/1/1667.

453 - Médiathèque Arras FF125 Folio 395R :
Marie CORIER fille à marier demeurant à Arras a déclaré et déclare qu'elle récréante par le trépas d'Isabelle CORIER sa sœur vivant aussi fille à marier y demeurant promettant payer ses dettes, obsèques et funérailles et en décharger la cour fait pardevant monsieur Camp échevin sepmanier le 27/1/1667.

454 - Médiathèque Arras FF125 Folio 396R :
Léonard LOUIS mari et bail de Barbe LECLERCQ, Antoine DOCMAISNIL mari et bail de Jeanne LECLERCQ et Isabeau DOCMAISNIL veuve de François LECLERCQ tous bourgeois demeurant à Arras, lesdits du surnom LECLERCQ frère et sœurs de feu Pierre LECLERCQ à son trépas marchand libraire demeurant audit Arras et lesdits Léonard LOUIS, Antoine et Isabeau DOCMAISNIL pères et mère ayant l'administration de leurs enfants en bas âge qu'ils olt d'iceux LECLERCQ et Laurent BAILLON aussi bourgeois mari et bail de Marie NOIRET fille d'icelle Barbe LECLERCQ, ont déclaré et déclarent qu'ils récréantent audit nom par le trépas dudit feu Pierre LECLERCQ décédé ce jourd'hui promettant solidairement payer en ladite qualité ses dettes, obsèques et funérailles et en décharger la cour, fait pardevant monsieur Guérard échevin sepmanier le 5/2/1667.

455 - Médiathèque Arras FF125 Folio 396V :
Marie VASSEUR veuve de Luc LEFERRE vivant bourgeois demeurant à Arras a déclaré et déclare qu'elle récréante par le trépas dudit feu LEFERRE son mari promettant payer ses dettes, obsèques et funérailles et en décharger la cour fait pardevant monsieur Camp échevin sepmanier le 7/2/1667.

456 - Médiathèque Arras FF125 Folio 397R :
Damoiselle Marie Adrienne STIEMBERT veuve de maître André MATHON vivant bourgeois de cette ville a récréanté par le trépas dudit MATHON son mari promettant payer ses dettes, obsèques et funérailles et en décharger la cour fait pardevant monsieur Camp échevin sepmanier le 10/2/1667.

457 - Médiathèque Arras FF125 Folio 399R :
Damoiselle Susanne PREUVOST veuve de Nicolas DORESMIEUX vivant bourgeois marchand drapier demeurant à Arras a déclaré et déclare qu'elle récréante par le trépas dudit feu son mari décédé ce jourd'hui promettant payer ses dettes, obsèques et funérailles et en décharger la cour fait pardevant monsieur Briois échevin sepmanier le 19/2/1667.

458 - Médiathèque Arras FF125 Folio 401V :
Philippe LE NAIN procureur de Guislain VICOIGNE et Marie MOREL sa femme demeurant à Arras a déclaré et déclare que de la sentence rendue à ce siège le dernier février passé à leur préjudice et au profit de Damoiselle Marie BRACQUART tante et tutrice légitime de Nicolas et Jean BRACQUART enfants et héritiers de feus maître Jean et de Damoiselle Isabelle DE CHELERS, ils s'en est porté et porte pour appelant protestant, fait pardevant monsieur Groullon échevin sepmanier le 1/3/1667.

459 - Médiathèque Arras FF125 Folio 404V :
Marie Marguerite MOLINET jeune fille à marier demeurant à Arras a déclaré et déclare qu'elle récréante par le trépas de Marie LOMBART veuve d'Antoine MOLINET sa mère décédée ce jourd'hui promettant payer ses dettes, obsèques et funérailles et en décharger la cour, fait pardevant monsieur de Faucerville échevin sepmanier le 14/3/1667.

460 - Médiathèque Arras FF125 Folio 407R :
François POTIER et Damoiselle Marie POTIER sa sœur veuve de Jean DE HERLY frère et sœur enfants et héritiers de Damoiselle Marie LESTOCQUART à son trépas veuve de Philippe POTIER vivant huissier des grands consaux demeurant en cette ville, ont récréanté icelle Damoiselle Marie LESTOCQUART et promis payer ses dettes, obsèques et funérailles et en décharger la cour fait pardevant monsieur Boucquel échevin sepmanier le 29/3/1667.

461 - Médiathèque Arras FF125 Folio 407V :
Bernard François DE CROMBECQUE procureur au conseil d'Artois et bourgeois de cette ville y demeurant s'est constitué caution de François Allard MONVOISIN, Anne Françoise DUPOND sa femme, Jean BEAUCHART et Catherine DUPOND sa femme, bourgeois marchands demeurant à Arras, à quoi il a été admis par ordonnance du 30ème de ce mois pour par eux profiter d'autre ordonnance provisionnelle reçue à ce siège le 18ème de cedit mois, au différend qu'ils ont contre Jacques JACQUEMONT et Marie Marguerite DUPOND sa femme aussi marchands demeurant à Arras par laquelle est dit que l'on renvoie les parties comme contraires sur le rolle pour y vérifier plus amplement leurs intentions et par instruire ordonnons par provision auxdits JACQUEMONT et Marguerite DUPOND sa femme de renseigner par expurgation de serment tous les meules qu'ils ont ou doivent avoir en leur possession procédant de la succession et hérédité dudit feu DUPOND non compris dans les parties de meubles vendus à ladite Marie Marguerite par le contrat fait entre les parties le 26/2/1666 pour desdits meubles ainsi renseignés en être fait partage égal entre lesdits JACQUEMONT et sa femme et lesdits BEAUCHART et MONVOISIN et leurs femmes à concurrence de chacun un tiers, déclarant aussi par provision le contrat de bail accordé par lesdits BEAUCHART et MONVOISIN de la maison en question exécutoire sur lesdits JACQUEMONT et sa femme à condition qu'iceux MONVOISIN et BEAUCHART seront tenus bailler, promettant suivant ce ledit DE CROMBECQUE et avec lui iceux MONVOISIN et BEAUCHART respectivement rendre, payer et rapporter ce que sera dit ci après au cas qu'ils y soient condamnés, de laquelle caution et fidéjussion lesdits MONVOISIN et BEAUCHART ont promis solidairement décharger iceluy DE CROMBECQUE et de tous dépens, dommages et intérêts sous l'obligation solidaire de tous leurs biens, fait pardevant monsieur Boucquel échevin sepmanier le 31/3/1667.

462 - Médiathèque Arras FF125 Folio 408V :
Jenne FALEMPIN veuve de Jacques BEAUCOURT vivant bourgeois demeurant à Arras a déclaré et déclare qu'elle renonce aux biens et dettes dudit feu de BEAUCOURT son mari soy tenant à son droit de douaire

conventionnel stipulé par son contrat de mariage fait pardevant monsieur Boucquel échevin sepmanier le 31/3/1667.

463 - Médiathèque Arras FF125 Folio 408V :
Damoiselle Susanne GRIBOVAL veuve de Simon PERIN vivant bourgeois demeurant à Arras a récréanté par le trépas dudit PERIN son mari promettant payer ses dettes, obsèques et funérailles et en décharger la cour fait pardevant monsieur Briois échevin sepmanier le 1/4/1667.

464 - Médiathèque Arras FF125 Folio 408V :
Jeanne DESGARDINS veuve de Firmin DE RANCOURT vivant bourgeois fauxboulier demeurant à Arras a déclaré et déclare qu'elle récréante par le trépas dudit feu DE RANCOURT son mari décédé ce jourd'hui promettant payer ses dettes, obsèques et funérailles et en décharger la cour fait pardevant monsieur Boucquel échevin sepmanier le 2/4/1667.

465 - Médiathèque Arras FF125 Folio 411R :
Jean LEFEBVRE jeune homme à marier demeurant à Arras a déclaré et déclare qu'il récréante par le trépas de Jeanne CAILLAU ? veuve de Gentien LEFEBVRE sa mère décédée ce jourd'hui promettant payer ses dettes, obsèques et funérailles et en décharger la cour, fait pardevant monsieur Chasse échevin sepmanier le 15/4/1667.

466 - Médiathèque Arras FF125 Folio 414R :
Damoiselle Jacqueline Dominique PAYELLE veuve d'Antoine HEMART vivant avocat au conseil d'Artois demeurant à Arras a déclaré et déclare qu'elle récréante par le trépas dudit feu sieur HEMART son mari promettant payer ses dettes, obsèques et funérailles et en décharger la cour, fait pardevant monsieur Camp échevin sepmanier le 6/5/1667.

467 - Médiathèque Arras FF125 Folio 415R :
Isabeau TACQUIN veuve d'Antoine FOLY vivant bourgeois demeurant à Arras a déclaré et déclare qu'elle récréante ledit feu FOLY son mari promettant payer ses dettes, obsèques et funérailles et en décharger la cour, fait pardevant monsieur Gaillart échevin sepmanier le 7/5/1667.

468 - Médiathèque Arras FF125 Folio 418V :
Jeanne LEROY veuve de Pierre DEFFOSSEZ vivant bourgeois demeurant à Arras a déclaré et déclare qu'il récréante par le trépas dudit feu DEFFOSSEZ son mari promettant payer ses dettes, obsèques et funérailles et en décharger la cour, fait pardevant monsieur Camp échevin sepmanier le 1/6/1667.

469 - Médiathèque Arras FF125 Folio 420V :
Curatelle : Antoine DESCOULEURS écuyer sieur de Mouron à son tour échevin de cette ville a suivant la requête présentée à ce siège par les parents tant du côté paternel que maternel de Jacques Etienne DESCOULEURS écuyer sieur de la Batterie son frère consanguin été reçu et admis par ordonnance du jourd'hui à la tutelle et curatelle des personnes et biens dudit sieur de la Batterie à la caution de Damoiselle Madeleine DE MARCONVILLE la mère veuve du feu sieur conseiller de la Batterie en faisant les devoirs et ce à raison que depuis peu serait arrivé quelque débilité d'esprit audit sieur Jacques Etienne DESCOULEURS et pourquoi il est permis auxdits parents de mettre iceluy sieur de la Batterie en tel lieu qu'ils trouveront convenir pour le faire penser suivant quoi ledit sieur de Mouron a emprins et accepté ladite tutelle et curatelle et promis par serment par lui prêté de soy y bien et fidèlement conduire et comporter et de grand bon et fidèle compte quand sommé et requis sera s'étant à ces fins ladite Damoiselle DESCOULEURS sa mère constituée sa caution sous l'obligation solidaire de leurs biens renonçant à toutes choses contraires à ces présentes par spécial ladite Damoiselle au droit du senatus consult velleem et à l'autenticque si qua mulier dont ledit le fait lui a été expliqué fait pardevant monsieur de Faucerville échevin sepmanier le 6/6/1667.

470 - Médiathèque Arras FF125 Folio 421V :
Marie Marguerite CORIER veuve de maître Robert LEQUIEN vivant bourgeois marchand demeurant à Arras a récréanté par le trépas dudit LEQUIEN son mari promettant payer ses dettes, obsèques et funérailles et en décharger la cour, fait pardevant monsieur de Faucerville échevin sepmanier le 8/6/1667.

471 - Médiathèque Arras FF125 Folio 423V :
Pierre MAILLE bourgeois demeurant à Arras a récréanté par le trépas de Michel MAILLE vivant aussi bourgeois son père décédé passé huit jours promettant payer ses dettes, obsèques et funérailles et en décharger la cour, fait pardevant monsieur Briois échevin sepmanier le 21/6/1667.

472 - Médiathèque Arras FF125 Folio 423V :
Marie Anne BOULET veuve de Pierre DESAILLY vivant bourgeois marchand demeurant à Arras a déclaré et déclare qu'elle récréante par le trépas dudit feu DESAILLY son mari décédé le 20ème de ce mois promettant payer ses dettes, obsèques et funérailles et en décharger la cour, fait pardevant monsieur Briois échevin sepmanier le 22/6/1667.

473 - Médiathèque Arras FF125 Folio 425R :
Nicolas NOIRET bourgeois armurier demeurant à Arras mari et bail de Catherine LEFEBVRE et Antoinette LEFEBVRE jeune fille à marier lesdits LEFEBVRE sœurs et héritières de feu Thomas LEFEBVRE bourgeois pigneur demeurant à Arras ont récréanté par le trépas dudit Thomas LEFEBVRE leur père promettant payer ses dettes, obsèques et funérailles et en décharger la cour fait pardevant monsieur Boucquel échevin sepmanier le 25/6/1667.

474 - Médiathèque Arras FF125 Folio 426R :
Marie DOCMAISNIL veuve de Médart LELEU vivant bourgeois marchand demeurant à Arras a déclaré et déclare qu'elle récréante par le trépas dudit feu LELEU son mari promettant payer ses dettes, obsèques et funérailles et en décharger la cour fait pardevant monsieur Delaire échevin sepmanier le 27/6/1667.

475 - Médiathèque Arras FF125 Folio 426R :
Marie BIZE veuve de Jean LONHEN vivant demeurant à Arras a récréanté par le trépas dudit feu LONHEN son mari promettant payer ses dettes, obsèques et funérailles et en décharger la cour fait pardevant monsieur Chasse échevin sepmanier le 30/6/1667.

476 - Médiathèque Arras FF125 Folio 426V :
Dame Madeleine DE BELVALET veuve de messire Dominique DE VENANT vivant chevalier sieur de Saternau et mayeur de cette ville a récréanté par le trépas dudit sieur de Saternau son mari promettant payer ses dettes, obsèques et funérailles et en décharger la cour, fait pardevant monsieur de Varnicamp échevin sepmanier le 5/7/1667.

477 - Médiathèque Arras FF125 Folio 427R :
Antoine BLONDEL porteur au sacq demeurant à Arras a déclaré et déclare qu'il récréante par le trépas de François BLONDEL son père décédé ce jourd'hui promettant payer ses dettes, obsèques et funérailles et en décharger la cour, fait pardevant monsieur Groullon échevin sepmanier le 8/7/1667.

478 - Médiathèque Arras FF125 Folio 427R :
Maître Laurent DELESTRÉ prêtre curé du village de Bolloeux de présent en cette ville a déclaré et déclare qu'il récréante par le trépas de François DELESTRÉ son frère vivant bourgeois mesureur de grains demeurant à Arras décédé ce jourd'hui promettant payer ses dettes, obsèques et funérailles et en décharger la cour, fait pardevant monsieur de Varnicamp échevin sepmanier le 8/7/1667.

479 - Médiathèque Arras FF125 Folio 427R :
Maître Gabriel DE MORY licencié es loix avocat au conseil d'Artois exécuteur testamentaire de feue Damoiselle Marie PALLETTE à son trépas veuve de Louis PATINIER vivant procureur au conseil d'Artois a déclaré et déclare que de l'ordonnance rendue à ce siège le 6 de ce mois à son préjudice et au profit d'Engelbert PALLETTE licencié en médecine demeurant à Arras et de tout ce qui s'en est ensuivi il s'en est porté et porte pour appelant protestant, fait pardevant monsieur de Varnicamp échevin sepmanier le 9/7/1667.

480 - Médiathèque Arras FF125 Folio 427V :
Jacqueline VAILLANT veuve de Jacques LEVRAY vivant bourgeois demeurant à Arras a déclaré et déclare qu'elle récréante par le trépas dudit LEVRAY son mari décédé le 9ème de ce mois, promet payer ses dettes, obsèques et funérailles et en décharger la cour, fait pardevant monsieur Pallette échevin sepmanier le 11/7/1667.

481 - Médiathèque Arras FF125 Folio 428R :
Curatelle : maître Laurent DELESTRÉ prêtre curé du village de Boilleux reçu et admis par ordonnance du jour d'hier à la tutelle et à la curatelle des personnes et biens de Pierre François, Nicolas, Noël et Jeanne Marguerite DELESTRÉ ses neveux et nièce enfants mineurs de feus François DELESTRÉ vivant bourgeois mesureur de blé et de Catherine DESHAIE demeurant à Arras à la caution de Damoiselle Rose NEPVEU veuve de Nicolas LECOUSTRE marchande de fer demeurant audit Arras et ce après avoir vu les consentements des plus proches parents desdits mineurs et du procureur général de cette ville, ledit maître Laurent DELESTRÉ a emprins et

accepté ladite tutelle et curatelle et promis in verbo sacerdotis manu pectori apposita de soy bien et fidèlement conduire et comporter en l'administration des biens de ladite tutelle et curatelle et de bon et fidèle compte quand sommé et requis en sera et de subir juridiction à ce siège, s'étant ladite NEPVEU constituée sa caution le tout sous l'obligation solidaire de leurs biens renonçant à toutes choses contraires à ces présentes, fait pardevant monsieur Camp échevin sepmanier le 16/7/1667.

482 - Médiathèque Arras FF125 Folio 430V :
Jeanne FALEMPIN veuve de maître Bon MARCHANT vivant clerc des quatre commis aux ouvrages de cette ville a déclaré et déclare qu'elle récréante par le trépas dudit feu MARCHANT son mari promettant payer ses dettes, obsèques et funérailles et en décharger la cour fait pardevant monsieur Briois échevin sepmanier le 1/8/1667.

483 - Médiathèque Arras FF125 Folio 431R :
Marie Marguerite FAUCQUETTE veuve de Philippe MARCHANT vivant bourgeois de cette ville a récréanté par le trépas dudit MARCHANT son mari promettant payer ses dettes, obsèques et funérailles et en décharger la cour fait pardevant monsieur Delaire échevin sepmanier le 9/8/1667.

484 - Médiathèque Arras FF125 Folio 431R :
Damoiselles Geneviefve Charlotte et Hélaine Florence LEBLANCQ sœurs demeurant en cette ville ont déclaré et déclarent qu'elles se portent héritières de feue Damoiselle Anne MACREL à son trépas fille dévotaire demeurant audit Arras promettant payer ses dettes, obsèques et funérailles et en décharger la cour, fait pardevant monsieur Chasse échevin sepmanier le 12/8/1667.

485 - Médiathèque Arras FF125 Folio 431V :
Jean HIART jeune homme à marier demeurant à Arras a récréanté par le trépas de Marie VASSEUR veuve de Charles HIART sa mère promettant payer ses dettes, obsèques et funérailles et en décharger la cour, fait pardevant monsieur Pallette échevin sepmanier le 23/8/1667.

486 - Médiathèque Arras FF125 Folio 432R :
Saincte FOURMAULT veuve de Léger DE RANSSART a récréanté par le trépas dudit feu Léger son mari promettant payer ses dettes, obsèques et funérailles et en décharger la cour fait pardevant monsieur de Faucerville échevin sepmanier le 30/8/1667.

487 - Médiathèque Arras FF125 Folio 432R :
Roze FLAMEN veuve de Louis DE SOIGNY vivant bourgeois quincailler demeurant à Arras a déclaré et déclare qu'elle récréante par le trépas dudit DE SOIGNY son mari décédé le 29ème de ce mois promettant payer ses dettes, obsèques et funérailles et en décharger la cour, fait pardevant monsieur de Faucerville échevin sepmanier le 31/8/1667.

488 - Médiathèque Arras FF125 Folio 434V :
Jacques BOUIN bourgeois demeurant à Arras rue du Paiage mari et bail d'Anne LEBLON icelle nièce de Catherine LEBLON à son trépas veuve de François OBERT demeurant à Arras a déclaré et déclare qu'il récréante par le trépas de ladite feue LEBLON promettant payer ses dettes, obsèques et funérailles et en décharger la cour, fait pardevant monsieur Camp échevin sepmanier le 7/9/1667.

489 - Médiathèque Arras FF125 Folio 435R :
Marc Antoine DE LASCOU écuyer demeurant à Arras a déclaré et déclare qu'il se fonde héritier de feue Damoiselle Anne MACREL à son trépas fille dévotaire demeurant à Arras promettant payer ses dettes, obsèques et funérailles et en décharger la cour, fait pardevant monsieur Pallette échevin sepmanier le 10/9/1667.

490 - Médiathèque Arras FF125 Folio 435R :
Hermand HUCQUET bourgeois demeurant à Arras mari et bail d'Adrienne DAUTRICOURT, Philippe DAUTRICOURT aussi bourgeois et Jean FATOU mari et bail de Roze DAUTRICOURT demeurant audit Arras, lesdits DAUTRICOURT sœur, neveu et nièce de feue Catherine DAUTRICOURT à son trépas veuve d'Antoine HOUVIGNOEUL demeurant audit Arras décédée le 9ème de ce mois, ont déclaré et déclarent qu'ils récréantent icelle feue DAUTRICOURT promettant payer ses dettes, obsèques et funérailles et en décharger la cour fait le 10/9/1667 pardevant monsieur Pallette échevin sepmanier.

491 - Médiathèque Arras FF125 Folio 436R :
Marie LEBLAN veuve de Henry DESCAMP a récréanté par le trépas dudit feu DESCAMP son mari promettant payer ses dettes, obsèques et funérailles et en décharger la cour fait pardevant monsieur Boucquel échevin sepmanier le 14/9/1667.

492 - Médiathèque Arras FF125 Folio 436V :
Marie Roze DUHAUPAS veuve de Robert WAINIEZ le jeune vivant bourgeois demeurant à Arras a récréanté par le trépas dudit feu WAINIEZ son mari promettant payer ses dettes, obsèques et funérailles et en décharger la cour, fait pardevant monsieur Boucquel échevin sepmanier le 16/9/1667.

493 - Médiathèque Arras FF125 Folio 436V :
Catherine DELEBARRE veuve de Pierre PONCE vivant bourgeois saietteur demeurant à Arras a déclaré et déclare qu'elle récréante par le trépas dudit feu son mari promettant payer ses dettes, obsèques et funérailles et en décharger la cour, fait pardevant monsieur Boucquel échevin sepmanier le 17/9/1667.

494 - Médiathèque Arras FF125 Folio 436V : (cet acte est biffé, donc probablement sans effet)
Damoiselle Jeanne Catherine DE BEAUVOIR veuve de Philippe DELIGNY écuyer sieur de Saint Germain, maître Dominique et Joseph DE BEAUVOIR chanoine de l'église collégiale de Notre Dame de Lens, François DE BEAUVOIR avocat au conseil d'Artois, ont déclaré et déclarent qu'ils renoncent à l'hérédité des biens meubles délaissés par feue Damoiselle Anne CRESPEL leur mère veuve et demeurée es biens de maître Jacques DE BEAUVOIR vivant avocat audit conseil sieur du Mont décédée le 12ème de ce mois, fait pardevant monsieur Chasse échevin sepmanier le 19/9/1667.

495 - Médiathèque Arras FF125 Folio 437R :
Jean Louis BLONDEL fils à marier de feu Jean vivant bourgeois chaudronnier demeurant à Arras a déclaré et déclare qu'il récréante par le trépas dudit feu son père décédé ce jourd'hui, promettant payer ses dettes, obsèques et funérailles et en décharger la cour fait pardevant monsieur Chasse le 20/9/1667.

496 - Médiathèque Arras FF125 Folio 437R :
Henry DORESMIEUX bourgeois demeurant à Arras frère et héritier de maître Etienne DORESMIEUX vivant prêtre demeurant audit Arras a déclaré et déclare qu'il récréante par le trépas dudit feu son frère promettant payer ses dettes, obsèques et funérailles et en décharger la cour, fait pardevant monsieur Delaire échevin sepmanier le 20/9/1667.

497 - Médiathèque Arras FF125 Folio 437V :
Jeanne LEROY veuve de Nicolas VAAST vivant bourgeois savetier demeurant à Arras a déclaré et déclare qu'elle récréante par le trépas dudit feu son mari promettant payer ses dettes, obsèques et funérailles et en décharger la cour, fait pardevant monsieur Chasse échevin sepmanier le 23/9/1667.

498 - Médiathèque Arras FF125 Folio 439R :
Michel LEPAN bourgeois saiettier demeurant à Arras a déclaré et déclare qu'il récréante par le trépas de feu François LEPAN son frère vivant aussi saiettier y demeurant promettant payer ses dettes, obsèques et funérailles et en décharger la cour, fait pardevant monsieur Pallette échevin sepmanier le 3/9/1667.

499 - Médiathèque Arras FF125 Folio 439R :
Curatelle : Jean THERY bourgeois demeurant à Arras a sur requête par lui présentée été reçu et admis par ordonnance du 28 de ce mois à la curatelle des biens délaissés vacants par le trépas de feu Bon THERY son père vivant chaufourier y demeurant à la caution de Mathurin DRAPIER aussi bourgeois chaufourier demeurant es faubourgs de cette ville suivant les consentements tant des parents et créanciers dudit feu THERY que du procureur général de cette ville, est comparu ledit Jean THERY lequel a emprins et accepté ladite curatelle et promis par serment de soy y bien et fidèlement conduire et comporter et d'en rendre bon et fidèle compte quand sommé et requis sera, s'étant ledit Mathurin DRAPIER pour ce aussi présent et comparant constitué caution dudit THERY de quoi il l'a promis décharger de tous dépens, dommages et intérêts sous l'obligation de tous leurs biens, fait pardevant monsieur Groullon échevin sepmanier le 30/9/1667.

500 - Médiathèque Arras FF125 Folio 440R :
Damoiselle Barbe DAMBRINES veuve de François LEROUX vivant bourgeois marchand demeurant à Arras a déclaré et déclare qu'elle récréante par le trépas dudit feu LEROUX son mari décédé le 5ème de ce mois

promettant payer ses dettes, obsèques et funérailles et en décharger la cour, fait pardevant monsieur Guérard échevin sepmanier le 13/10/1667.

501 - Médiathèque Arras FF125 Folio 440V :
Madeleine DELATTRE veuve de Jean DUMBERCQ vivant bourgeois demeurant à Arras a déclaré et déclare qu'elle récréante par le trépas dudit feu son mari promettant payer ses dettes, obsèques et funérailles et en décharger la cour, fait pardevant monsieur Faucerville échevin sepmanier le 11/10/1667.

502 - Médiathèque Arras FF125 Folio 441R :
Claude DAMBRINES fils de feu maître Adrien vivant huissier héréditaire du conseil d'Artois a déclaré et déclare qu'il récréante ledit feu maître Adrien son père, promettant payer ses dettes, obsèques et funérailles et en décharger la cour fait pardevant monsieur Camp échevin sepmanier le 19/10/1667.

503 - Médiathèque Arras FF125 Folio 441R :
Catherine DUPIRE veuve de Jérosme CAUVET bourgeois demeurant à Arras a déclaré et déclare qu'elle récréante par le trépas dudit feu son mari promettant payer ses dettes, obsèques et funérailles et en décharger la cour fait pardevant monsieur Pallette échevin sepmanier le 19/10/1667.

504 - Médiathèque Arras FF125 Folio 442R :
Jacqueline GUERARD veuve de Guislain DUMAIN bourgeois demeurant à Arras a déclaré et déclare qu'elle récréante ledit feu son mari promettant payer les dettes, obsèques et funérailles et en décharger la cour, fait pardevant monsieur Pallette échevin sepmanier le 20/10/1667.

505 - Médiathèque Arras FF125 Folio 442V :
Léonore LANSSEL sœur et héritière de Jenne LANSSEL a déclaré et déclare qu'elle récréante ladite Jenne LANSSEL sa sœur promettant payer ses dettes, obsèques et funérailles et en décharger la cour fait pardevant monsieur Pallette échevin sepmanier le 22/10/1667.

506 - Médiathèque Arras FF125 Folio 442V :
Léonore ALOY veuve de Meurice GERBE bourgeois demeurant à Arras a déclaré et déclare qu'elle récréante par le trépas dudit GERBE son mari promettant payer ses dettes, obsèques et funérailles et en décharger la cour, fait pardevant monsieur Boucquel échevin sepmanier le 25/10/1667.

507 - Médiathèque Arras FF125 Folio 443R :
Marie FORCHEVILLE veuve de Pierre PARADIS vivant bourgeois boutonnier demeurant à Arras a déclaré et déclare qu'elle récréante par le trépas d'icelluy PARADIS son mari promettant payer ses dettes, obsèques et funérailles et en décharger la cour, fait pardevant monsieur Boucquel échevin sepmanier le 27/10/1667.

508 - Médiathèque Arras FF125 Folio 444R :
Adrienne GAMBIER veuve de Jean GUILLUY vivant bourgeois demeurant à Arras a déclaré et déclare qu'elle récréante par le trépas dudit feu Jean GUILLUY son mari promettant payer les dettes, obsèques et funérailles et en décharger la cour, fait pardevant monsieur Gosson échevin sepmanier le 3/11/1667.

509 - Médiathèque Arras FF125 Folio 445R :
Faucquette, Tahon et Barly sergents ont à la requête de noble homme Jean Charles François DE SARRAZIN seigneur de Lambersart curateur de Jean René son frère débile de vue et Damoiselle Marie Françoise DE SARRAZIN Dame Dofflandre leur sœur, arrêté au corps Jacques LALIS censier de Mauville de Saint AMANT le trouvant en cette ville pour avoir paiement de 600 livres à déclarer, auquel arrêt ayant ledit LALIS confessé devoir ladite somme et à faut de caution lui a été ordonné de tenir prison ayant à ces fins été conduit es prisons de la châtellenie de cette ville et jour assigné aux prochains plaids, fait le 4/11/1667 pardevant monsieur du Petit Praielle échevin sepmanier.

510 - Médiathèque Arras FF125 Folio 447V :
Damoiselle Gertrude FOUCQUIER veuve demeurée es biens de Philippe DE TORCY vivant écuyer sieur de Vivret demeurant en cette ville a déclaré et déclare qu'elle récréante par le trépas de Damoiselle Anne FOUCQUIER sa sœur décédée le 9ème de ce mois à son trépas veuve de Pierre LE CAMBIER vivant échevin à son tour de cette ville promettant payer ses dettes, obsèques et funérailles et en décharger la cour, fait pardevant monsieur de Douay échevin sepmanier le 12/11/1667.

511 - Médiathèque Arras FF125 Folio 448R :
Marie Claire LEROUX veuve de Jacques HAPIOT bourgeois demeurant à Arras a déclaré et déclare qu'elle récréante par le trépas d'icelluy HAPIOT son mari promettant payer ses dettes, obsèques et funérailles et en décharger la cour, fait pardevant monsieur Briois échevin sepmanier le 16/11/1667.

512 - Médiathèque Arras FF125 Folio 448V :
Marie ANSART veuve d'Etienne TROULLIER dit Lagrandeur vivant bourgeois demeurant à Arras a récréanté par le trépas dudit TROULLIER son mari promettant payer ses dettes, obsèques et funérailles et en décharger la cour fait pardevant monsieur Desmaretz échevin sepmanier le 15/11/1667.

513 - Médiathèque Arras FF125 Folio 450V :
Marie COLLE veuve d'Antoine HALLOT vivant boucher demeurant à Arras a déclaré et déclare qu'elle récréante par le trépas d'icelluy HALLOT son mari promettant payer ses dettes, obsèques et funérailles et en décharger la cour fait pardevant monsieur Hapiot échevin sepmanier le 28/11/1667.

514 - Médiathèque Arras FF125 Folio 452R :
Guislaine JEANNE veuve d'Hubert CARLIER vivant porteur au sacq bourgeois demeurant à Arras a déclaré et déclare qu'elle récréante par le trépas dudit CARLIER son mari promettant payer ses dettes, obsèques et funérailles et en décharger la cour, fait pardevant monsieur Sapigny échevin sepmanier le 5/12/1667.

515 - Médiathèque Arras FF125 Folio 452V :
Marie PARIS veuve de Jean MOREL vivant bourgeois maître vitrier a déclaré et déclare qu'elle récréante par le trépas dudit feu son mari promettant payer ses dettes, obsèques et funérailles et en décharger la cour fait pardevant monsieur Sapigny le 9/12/1667.

516 - Médiathèque Arras FF125 Folio 457R :
Damoiselle Marie Madeleine LOHINEL veuve de Charles François BISSE vivant sieur d'Harcourt en partie demeurant à Arras a déclaré et déclare qu'elle se fonde héritière de feu maître Jean LOHINEL son frère vivant prêtre pasteur de Lestrem promettant payer ses dettes, obsèques et funérailles et en décharger la cour, fait pardevant monsieur Gaillart échevin sepmanier le 23/12/1667.

517 - Médiathèque Arras FF125 Folio 458V :
Jeanne DESMOLINS veuve de Pierre LALLART vivant bourgeois demeurant audit Arras a déclaré et déclare qu'elle récréante par le trépas dudit feu son mari promettant payer ses dettes, obsèques et funérailles et en décharger la cour, fait pardevant monsieur Briois échevin sepmanier le 30/12/1667.

518 - Médiathèque Arras FF125 Folio 459V :
Cornil et Adrienne FIERACIS frère et sœur enfants de feu Bertrand FIERACIS vivant bourgeois receveur demeurant à Arras ont déclaré et déclarent qu'ils récréantent par le trépas dudit feu FIERACIS leur père décédé le jour d'hier, promettant payer ses dettes, obsèques et funérailles et en décharger la cour, fait pardevant monsieur Vion échevin sepmanier le 7/1/1668.

519 - Médiathèque Arras FF125 Folio 460V :
Doresmieux et Barly sergents ont à la requête d'Adrien MORY bourgeois de cette ville d'Arras naguère fermier et associé des juridictions de vin des ville et cité d'Arras arrêté et empêché es mains de Jean FATOU, Louis MARSEL, Jacques LESCUIER, Pierre LESCARDEZ, Nicolas DE BEAUMONT, Pierre BOIEZ, Jean BOIEZ, Euxtace MARCHANT, Jean VASSEUR, Pierre MINART, Antoine DURAMETZ, Jean ESTEVENART, Jacques MICHEL, Antoine BAIART, Charles PINTE, Louis CAILLERET, Meschio PINTE, Jacques COCHET, François VARLET, Nicolas CAVERELLE, Sampson BAIART, Charles GAMAND, Jacques GASET, Jean GAFET, Philippe DAUTRICOURT, Jean DERVILLERS, Louis LEVEL, François MOEURDESOIF tous poissonniers demeurant à Arras tous et chacuns les deniers qu'ils doivent et devront à l'avenir à Jacques LECOMPTE et Marie MOMPETIT sa femme naguère fermier et adjudicataire de ladite ferme pour avoir paiement de 4000 livres pour les causes etc, ayant été faites les défenses requises parlant aux personnes desdits MARSEL, LESCUIER, LESCARDEZ, BOIEZ, MARCHANT, DURAMETZ, ESTEVENART, MICHEL, BAIART, PINTE, CAVERELLE, BAIART, GAMAND, GAFET, DAUTRICOURT, DERVILLERS, LEBECQ, MOEURDESOIF, COCHET, aux femmes desdits BEAUMONT, VASSEUR, MINART, VARLET et à la fille dudit FATOU et signifié parlant audit LECOMPTE et jour assigné aux seconds plaids, fait le 7/1/1668 et en registre le 11ème.

520 - Médiathèque Arras FF125 Folio 461V :
Noëlle CUVELIER veuve de Robert LECLERCQ vivant bourgeois demeurant es faubourgs de Meaulens de cette ville a déclaré et déclare qu'elle récréante par le trépas dudit feu LECLERCQ son mari promettant payer ses dettes, obsèques et funérailles et en décharger la cour, fait pardevant monsieur Pallette échevin sepmanier le 17/1/1668.

521 - Médiathèque Arras FF125 Folio 463R :
Catherine LEFEBVRE veuve de Jacques GARIN vivant bourgeois saietteur demeurant à Arras a déclaré et déclare qu'elle récréante par le trépas dudit feu GARIN son mari promettant payer ses dettes, obsèques et funérailles et en décharger le cour, fait pardevant monsieur du Petit Praielle échevin sepmanier le 24/1/1668.

522 - Médiathèque Arras FF125 Folio 465V :
Adrien Dominique BRICHET procureur au conseil d'Artois s'est constitué caution de Damoiselles Anne, Marie Lucresse et Jeanne DELATTRE filles et héritières de maître François DELATTRE vivant chirurgien demeurant audit Arras pour passer outre certaines lettres de condamnation données à ce siège le 16/11/1665 à leur profit et au préjudice de François MONVOISIN bourgeois marchand demeurant audit Arras, ladite caution reçue par ordonnance de la cour du 24 de ce mois par laquelle est dit et ordonné que sera passé outre à l'exécution desdites lettres de condamnation en question nonobstant l'appel interjeté par ledit MONVOISIN et sans préjudice à icelluy, à la caution offerte en faisant les devoirs promettant suivant ce ledit BRICHET rendre et rapporter ce que sera dit ci après en définitif sous l'obligation de tous ses biens, fait pardevant monsieur de Douay échevin sepmanier le 25/1/1668 ?

523 - Médiathèque Arras FF125 Folio 465V :
Jean François HANNEQUIN jeune homme à marier demeurant à Arras a déclaré et déclare qu'il récréante par le trépas d'Anne VAILLANT sa mère demeurant audit Arras promettant payer ses dettes, obsèques et funérailles et en décharger la cour, fait pardevant monsieur Gaillart échevin sepmanier le 30/1/1668.

524 - Médiathèque Arras FF125 Folio 466R :
Marie LEPOIVRE veuve de Nicolas LELEU bourgeois demeurant à Arras a déclaré et déclare qu'elle récréante ledit LELEU son mari promettant payer ses dettes, obsèques et funérailles et en décharger la cour, fait pardevant monsieur Gaillart échevin sepmanier le 3/2/1668.

525 - Médiathèque Arras FF125 Folio 466R :
Roze DE FLERS veuve de Jean ALLERAN vivant bourgeois demeurant à Arras a déclaré et déclare qu'elle récréante par le trépas dudit feu son mari promettant payer ses dettes, obsèques et funérailles et en décharger la cour fait pardevant monsieur de Douay échevin sepmanier le 3/2/1668.

526 - Médiathèque Arras FF125 Folio 466V :
Anne CASTELAIN veuve d'Arnould LABBE vivant notaire royal demeurant à Arras a déclaré et déclare qu'elle récréante par le trépas dudit LABBE son mari promettant payer ses dettes, obsèques et funérailles et en décharger la cour, fait pardevant monsieur de Douay échevin sepmanier le 4/2/1668.

527 - Médiathèque Arras FF125 Folio 466V :
Agnès BOURGEOIS veuve de François GAUREAU à son trépas bourgeois porteur au sacq demeurant à Arras a déclaré et déclare qu'elle récréante par le trépas dudit GAUREAU son mari promettant payer ses dettes, obsèques et funérailles et en décharger la cour, fait pardevant monsieur Gaillart échevin sepmanier le 4/2/1668.

528 - Médiathèque Arras FF125 Folio 467R :
Léon ROUSSEL bourgeois demeurant à Arras a déclaré et déclare qu'il récréante Gérosme ROUSSEL vivant bourgeois demeurant avec son fils promettant payer ses dettes, obsèques et funérailles et en décharger la cour, fait pardevant monsieur Desmaretz échevin sepmanier le 11/2/1668.

529 - Médiathèque Arras FF125 Folio 467V :
Gillebert et Marie Madeleine GRANDHOMME filles (sic) à marier de défunts Daniel GRANDHOMME vivant bourgeois marchand de vin et Marie Marguerite DEBRAIE ont récréanté par le trépas de ladite DEBRAIE leur mère décédée jeudi dernier promettant payer ses dettes, obsèques et funérailles et en décharger la cour, fait pardevant monsieur Brois échevin sepmanier le 11/2/1668.

530 - Médiathèque Arras FF125 Folio 468V :
Madeleine DE HAURECH veuve d'Antoine DE CREQUY vivant chevalier marquis de Villers Bruslin seigneur de Rimboval, Foucquières, Orlencourt et autres lieux a déclaré et déclare qu'elle se tient à son droit de douaire prefix et convenance et autres prérogatives et avantages portés par son contrat de mariage fait et passé pardevant notaires d'Artois en la ville de Lille le 21/11/1641 sous protestation qu'elle fait en outre de pouvoir être nourrie et alimentée des biens de ladite maison mortuaire l'espace de trois mois à commencer du jour de la mort dudit seigneur son mari arrivée le 18 janvier dernier, fait pardevant messieurs de Foncerville et Vion échevins sepmaniers s'étant transportés exprès en la maison de ladite dame à cause de son indisposition le 16/2/1668.

531 - Médiathèque Arras FF125 Folio 469R :
Maître Jacques François DELAHAIE avocat au conseil d'Artois procureur spécial de noble et illustre Damoiselle Marie Isabelle Charlotte Adèle DE CREQUY fille et héritière immobiliair patrimoniale avec autres de haut et puissant seigneur messire Antoine DE CREQUY chevalier marquis de Villers Bruslin vicomte de Groffrière, seigneur de Rimboval et autres lieux demeurant présentement en cette ville d'Arras en ladite qualité de procureur spécial et ensuite de la procuration passée sous son nom pardevant notaires audit Arras ce jourd'hui rendu audit DELAHAIE récréante ledit seigneur marquis de Villers père d'icelle Damoiselle et promet en ladite qualité d'héritière immobiliair patrimoniale tant seulement de payer toutes ses dettes, obsèques et funérailles et en décharger la cour sans préjudice néanmoins à ses droits contre ses cohéritiers et autres qu'elle entend de conserver sans altération, fait pardevant messieurs de Hautescotte et Hapiot échevins sepmaniers le 20/2/1668.

532 - Médiathèque Arras FF125 Folio 469R :
Marie Marguerite DEVAUX fille à marier de Charles DEVAUX vivant bourgeois de cette ville a déclaré et déclare qu'elle renonce aux biens et dettes dudit feu DEVAUX son père décédé ce jourd'hui, fait pardevant monsieur d'Hautescotte échevin sepmanier le 20/2/1668.

533 - Médiathèque Arras FF125 Folio 469R :
Marie DEBAULT fille de feu Jérosme DEBAULT vivant bourgeois de cette ville a déclaré et déclare qu'elle récréante ledit DEBAULT son père promettant payer ses dettes, obsèques et funérailles et en décharger la cour, fait pardevant monsieur Hapiot échevin sepmanier le 22/2/1668.

534 - Médiathèque Arras FF125 Folio 469V :
Nicolas et Marie Marguerite DELABY frère et sœur enfants de Pierre DELABY bourgeois de cette ville et de feue Marguerite LECLERCQ et Marie Marguerite DELABY fille de feu Jacques DELABY nièce d'icelle feue LECLERCQ tant en son nom que de ses autres frères et sœurs en bas âge, ont déclaré et déclarent qu'ils récréantent par le trépas d'icelle LECLERCQ décédée y olt environ un an ? promettant payer ses dettes, obsèques et funérailles et en décharger la cour fait pardevant monsieur Hapiot échevin sepmanier le 22/2/1668.

535 - Médiathèque Arras FF125 Folio 470V :
Marie DESHEE veuve de Philippe LECLERCQ vivant bourgeois jardinier demeurant à Arras a récréanté par le trépas dudit LECLERCQ son mari promettant payer ses dettes, obsèques et funérailles et en décharger la cour fait pardevant monsieur de Revillon échevin sepmanier le 28/2/1668.

536 - Médiathèque Arras FF125 Folio 472V :
Damoiselle Marie Antoinette PETIT fille à marier de feu Pierre vivant receveur des hôpitaux de cette ville et d'encore vivante Damoiselle Catherine HAVRELAN, nièce et héritière de feu Charles qui fut fils et héritier aussi bien que ledit Pierre de feu Noël vivant aussi receveur desdits hôpitaux, a récréanté ledit Charles PETIT son oncle paternel décédé à marier promettant payer ses dettes, obsèques et funérailles et en décharger la cour fait pardevant monsieur du Petit Praielle échevin sepmanier le 6/3/1668.

537 - Médiathèque Arras FF125 Folio 473R :
Gabrielle LEMAIRE bourgeois fripier demeurant à Arras mari et bail de Catherine DELEBARRE fille de feus Oudart DELEBARRE et de Catherine GONSSE a déclaré et déclare qu'il renonce aux biens et dettes d'icelle feue GONSSE décédée ce jourd'hui, fait pardevant monsieur de Douay échevin sepmanier le 13/3/1668.

538 - Médiathèque Arras FF125 Folio 473V :
Nicolas HORIN bourgeois demeurant à Arras a déclaré et déclare qu'il récréante par le trépas de Barbe LEFERRE sa mère veuve de Jean HORIN promettant payer ses dettes, obsèques et funérailles et en décharger la cour fait pardevant monsieur de Douay échevin sepmanier le 14/3/1668.

539 - Médiathèque Arras FF125 Folio 474R :
Claire DE BEAUVIN veuve de Mathias SENESCHALLE et Barbe BEAUVIN sa sœur fille franche demeurant à Arras ont déclaré et déclarent qu'elles récréantent par le trépas de Marie DUPUICH veuve de Nicolas BEAUVIN leur mère promettant payer ses dettes, obsèques et funérailles et en décharger la cour, fait pardevant monsieur Briois échevin sepmanier le 19/3/1668.

540 - Médiathèque Arras FF125 Folio 474V :
Pasquier PIGNEN bourgeois demeurant à Arras a déclaré et déclare qu'il récréante par le trépas d'Anne MOREL fille franche demeurant à Arras sa tante décédée ce jourd'hui promettant payer ses dettes, obsèques et funérailles et en décharger la cour, fait pardevant monsieur Briois échevin sepmanier le 20/3/1668.

541 - Médiathèque Arras FF125 Folio 474V :
Catherine THERY veuve de François FOUCQUIN vivant bourgeois potier demeurant à Arras a déclaré et déclare qu'elle récréante par le trépas dudit FOUCQUIN son mari décédé le 20 de ce mois promettant payer ses dettes, obsèques et funérailles et en décharger la cour fait pardevant monsieur Desmaretz échevin sepmanier le 22/3/1668.

542 - Médiathèque Arras FF125 Folio 475R :
Marguerite POTAU veuve de Jean DAURE vivant bourgeois a déclaré et déclare qu'elle récréante ledit feu son mari décédé le 26/3/1668 promettant payer ses dettes, obsèques et funérailles et en décharger la cour, fait pardevant monsieur Vion échevin sepmanier le 26/3/1668.

543 - Médiathèque Arras FF125 Folio 477V :
Jean François GRANDHOMME fils de feu Daniel et de Marguerite DEBRAY a déclaré et déclare qu'il récréante ladite DEBRAY promettant payer ses dettes, obsèques et funérailles et en décharger la cour, fait pardevant monsieur Hapiot échevin sepmanier le 7/4/1668.

544 - Médiathèque Arras FF125 Folio 477V :
Marie DOUZE veuve de Claude ROUTART dit Lafleur geôlière des prisons de la châtellenie de cette ville a déclaré et déclare qu'elle récréante par le trépas dudit ROUTART son mari décédé passés cinq ans promettant payer ses dettes, obsèques et funérailles et en décharger la cour, fait pardevant monsieur Pallette échevin sepmanier le 10/4/1668.

545 - Médiathèque Arras FF125 Folio 480V :
Catherine BASSÉE veuve de Jacques LENFLE vivant bourgeois de cette ville a déclaré et déclare qu'elle récréante ledit LENFLE son mari décédé ce jourd'hui promettant payer ses dettes, obsèques et funérailles et en décharger la cour, fait pardevant monsieur de Foncerville échevin sepmanier le 28/4/1668.

546 - Médiathèque Arras FF125 Folio 480V :
Mathias et Pierre DESAILLY frères bourgeois porteurs au sacq demeurant à Arras ont déclaré et déclarent qu'ils récréantent par le trépas d'Antoine DESAILLY leur père vivant aussi bourgeois de cette ville décédé ce jourd'hui promettant payer ses dettes, obsèques et funérailles et en décharger la cour, fait pardevant monsieur Briois échevin sepmanier le 30/4/1668.

547 - Médiathèque Arras FF125 Folio 480V :
Nicolas DELABRE lieutenant de Gouy en Artois en personne ayant été arrêté au corps ce jourd'hui par Maximilien NICAISE sergent du châtelain de la part d'Albert FOUCQUIER demeurant en cette ville quoiqu'il ne lui doit aucune chose a conclu que ledit arrêt soit déclaré nul et que ledit Sieur FOUCQUIER soit condamné es dépens, dommages et intérêts d'iceluy et même en la réparation de l'injure et affront par lui fait audit DELABRE au moyen dudit arrêt, fait le 2/5/1668 après que ledit DELABRE a révoqué la promesse par lui faite d'exhiber quelque quittance touchant son marché pour n'en être obligé quand à présent.

548 - Médiathèque Arras FF125 Folio 481R :
Curatelle : Jean ANSSART procureur au conseil d'Artois et spécial de vénérable personne maître Gilles HANOTEL prêtre grand archidiacre official et chanoine d'Arras pour ce fondé de procuration pertinente faite et passée pardevant notaires le 16ème d'avril dernier ici apparue et rendue audit ANSSART, a déclaré audit nom qu'il emprend la tutelle et curatelle des droits et actions des enfants du premier et second lits délaissés par feu maître Jacques Adrien HANOTEL avocat au conseil d'Artois frère dudit sieur archidiacre promettant suivant ce qu'il conservera les droits et actions desdits mineurs et fera tous les devoirs d'un bon curateur même de subir juridiction à ce siège étant pour cet effet domicile en la maison dudit ANSSART ce pour satisfaire à

l'ordonnance de ce siège du 14ème de mars de cet an, ainsi fait le 2/5/1668 pardevant monsieur Desmaretz échevin sepmanier.

549 - Médiathèque Arras FF125 Folio 481V :
Marie Madeleine LECLERCQ veuve de Léonard GRANTHOMME vivant bourgeois marchand demeurant à Arras a déclaré et déclare qu'elle récrante par le trépas dudit feu GRANTHOMME son mari, promettant payer ses dettes, obsèques et funérailles et en décharger la cour, fait pardevant monsieur Desmaretz échevin sepmanier le 2/5/1668.

550 - Médiathèque Arras FF125 Folio 481R :
Nicolas GONFROY, Laurent TRUY, Pierre TEREMONDE et Jacques LEVEL tous commis à l'office des estainiers de cette ville se sont solidairement constitués caution l'un de l'autre pour par eux profiter de l'ordonnance rendue à ce siège le 23ème mars dernier au verbal tenu à leur instance contre Michel THERY bourgeois maître estainier demeurant audit Arras par laquelle est dit qu'en suite des édits politiques de cette ville messieurs ont condamné et condamnent ledit THERY en vingt sols d'amende pour chacune pièce d'estain et tiercain trouvés en sa boutique tant pour être défectueuses que non marquées de la marque de cette dite ville selon qu'il est plus amplement contenu en la plainte faite par lesdites lois à l'office des estainiers, lesdites amendes applicables au profit qu'il appartiendra, le condamnant par-dessus ce es dépens de ce différend, icelles cautions reçues par autre ordonnance du jourd'hui couchée sur la requête présentée par lesdites lois audit office par laquelle mesdits sieurs ordonnent que nonobstant et sans préjudice à l'appel interjeté par ledit THERY sera passé outre à l'exécution de l'ordonnance en question suivant les privilèges de ce siège à la caution de l'un de l'autre desdits requérants en faisant les devoirs, promettant suivant ce iceux commis rendre, payer et rapporter ce que sera dit ci après au cas qu'ils y fussent condamnés sous l'obligation solidaire de tous leurs biens, fait pardevant monsieur Briois échevin sepmanier le 2/5/1668.

551 - Médiathèque Arras FF125 Folio 483V :
Henry DINAN fils de Anne BEUGNET a déclaré et déclare qu'il récrante par le trépas de ladite BEUGNET sa mère promettant payer ses dettes, obsèques et funérailles et en décharger la cour fait pardevant monsieur Vion échevin sepmanier le 8/5/1668.

552 - Médiathèque Arras FF125 Folio 484R :
Damoiselle Marie Claude DE FREMICOURT veuve de Richard DELAIENS vivant bourgeois rentier demeurant à Arras a déclaré et déclare qu'elle renonce aux biens et dettes dudit feu DELAIENS son mari soy tenant à son droit de douaire conventionnel stipulé par son contrat de mariage fait pardevant monsieur Hapiot échevin sepmanier le 16/5/1668.

553 - Médiathèque Arras FF125 Folio 484V :
Anne ROCQUIN veuve de feu Quintin LELEU vivant couturier demeurant à Arras a déclaré et déclare qu'elle récrante par le trépas dudit LELEU son mari promettant payer ses dettes, obsèques et funérailles et en décharger la cour fait pardevant monsieur Hapiot échevin sepmanier le 18/5/1668.

554 - Médiathèque Arras FF125 Folio 484V :
Marguerite VASSEUR fille franche demeurant à Arras fille de feu Philippe VASSEUR vivant sergent à cheval de la gouvernance d'Arras et Jean HIART jeune fils à marier de feus Charles et de Marie VASSEUR icelle aussi fille dudit Philippe, ont déclaré et déclarent qu'ils récrantent par le trépas d'iceluy feu décédé passés neuf à dix ans promettant payer ses dettes, obsèques et funérailles et en décharger la cour, fait pardevant monsieur Hapiot échevin sepmanier le 18/5/1668.

555 - Médiathèque Arras FF125 Folio 486V :
Curatelle : Pascal LIBERSART saietteur et Jacques GELÉ peigneur de saiette et bourgeois de cette ville ont sur requête par eux présentée été reçus et admis par ordonnance du jourd'hui à la tutelle et curatelle de Ambroise et Anne LIBERSART enfants mineurs de feu Ambroise LIBERSART à son trépas aussi bourgeois saietteur audit Arras frère audit Pascal et neveu dudit Jacques GELÉ et ce suivant les consentements tant des parents et créditeurs dudit feu Ambroise LIBERSART que du procureur général de cette ville à la caution offerte de l'un de l'autre en faisant les devoirs, sont respectivement comparus lesdits Pascal LIBERSART et Jacques GELÉ en personne lesquels ont emprins et accepté ladite tutelle et curatelle et promis par serment d'eux bien et fidèlement conduire et comporter en l'administration d'icelle et d'en rendre bon et fidèle compte quand sommés et requis en seront s'étant à ces fins constitués cautions l'un de l'autre sous l'obligation solidaire de tous leurs biens, fait pardevant monsieur du Petit Praielle échevin sepmanier le 28/5/1668.

556 - Médiathèque Arras FF125 Folio 487R :
Curatelle : maître Pierre NEVEU bourgeois apothicaire demeurant à Arras a sur requête présentée par Damoiselle Jeanne COROIER, le sieur Louis VION marchand et échevin de cette ville, Pierre VANLIERD et iceluy NEVEU mari et bail de Damoiselle Marie Thérèse DARTUS tous créditeurs et plus proches parents de Marie Thérèse DARTUS fille mineure de feu Nicolas François DARTU vivant marchand drapier audit Arras, été reçu et admis par ordonnance du 19ème avril dernier à la curatelle des personnes et biens d'icelle mineure à la caution offerte de Nicolas NEVEU bourgeois dudit Arras en faisant les devoirs, est comparu ledit Pierre NEVEU lequel a emprins et accepté ladite curatelle et promis par serment de soy bien et fidèlement conduire et comporter en l'administration d'icelle et d'en rendre bon et fidèle compte quand sommé en sera s'étant ledit Nicolas NEVEU pour ce aussi présent et comparant constitué caution dudit Pierre de quoi il l'a promis décharger de tous dépens, dommages et intérêts sous l'obligation solidaire de tous leurs biens, fait pardevant monsieur du Petit Praielle échevin sepmanier le 30/5/1668.

557 - Médiathèque Arras FF125 Folio 488V :
Martin BLANCHET bourgeois boucher demeurant à Arras a déclaré et déclare qu'il récréante Anne VASSEUR sa mère promettant payer ses dettes, obsèques et funérailles et en décharger la cour, fait pardevant monsieur Gaillart échevin sepmanier le 6/6/1668.

558 - Médiathèque Arras FF125 Folio 488V :
Catherine GAIANT veuve de Pierre ROTY vivant bourgeois couvreur de tuiles a déclaré et déclare qu'elle récréante par le trépas dudit ROTY son mari, promettant payer ses dettes, obsèques et funérailles et en décharger la cour, fait pardevant monsieur Gaillart échevin sepmanier le 6/6/1668.

559 - Médiathèque Arras FF125 Folio 489R :
Jeanne DELEPLACE veuve de Denis HANS dit La Fontaine a déclaré et déclare qu'elle récréante par le trépas dudit HANS son mari promettant payer ses dettes, obsèques et funérailles et en décharger la cour fait pardevant monsieur de Douay échevin sepmanier le 7/6/1668.

560 - Médiathèque Arras FF125 Folio 489V :
Curatelle : Noël ROBICQUET bourgeois demeurant à Arras a sur requête présentée par Jean François et Damoiselle Jeanne LECOUSTRE frère et sœur enfants et héritiers de feus Simon LECOUSTRE et Damoiselle Marguerite LERICHE leurs père et mère grands paternels demeurant audit Arras, été reçu et admis par ordonnance du jourd'hui à la curatelle des biens délaissés vacants par les trépas de feus Marc FLAMEN vivant bourgeois marchand saietteur et Marie CHOCQUET sa femme demeurant audit Arras suivant les accords et consentements tant des plus proches parents et créditeurs desdits défunts que du procureur général de cette ville à la caution offerte de Damoiselle Isabelle DE PARMA veuve de Jean LECOUSTRE demeurant audit Arras en faisant les devoirs, est comparu ledit ROBICQUET lequel a emprins et accepté ladite curatelle et promis par serment de soy bien et fidèlement conduire et comporter en l'administration d'icelle et d'en rendre bon et fidèle compte quand sommé et requis en sera, s'étant à ces fins ladite Damoiselle DE PARMA constituée caution dudit ROBICQUET de quoi il l'a promis décharger sous l'obligation solidaire de tous leurs biens, fait pardevant monsieur de Faucerville échevin sepmanier le 21/6/1668.

561 - Médiathèque Arras FF125 Folio 491R :
Catherine DELESAULT veuve de Nicolas LECLERCQ dit Latour vivant l'un des gardes des portes de Ronville a déclaré et déclare qu'elle récréante par le trépas dudit LECLERCQ son mari promettant payer ses dettes, obsèques et funérailles et en décharger la cour, fait pardevant monsieur Hapiot échevin sepmanier le 30/6/1668.

562 - Médiathèque Arras FF125 Folio 493R :
Jeanne PECAU veuve de Claude VITASSE vivant porteur au sacq demeurant à Arras a déclaré et déclare qu'elle récréante par le trépas dudit feu VITASSE son mari promettant payer ses dettes, obsèques et funérailles et en décharger la cour, fait pardevant monsieur de Douay échevin sepmanier le 18/7/1668.

563 - Médiathèque Arras FF125 Folio 493V :
Marguerite PONSE et Susanne PETIT filles ont déclaré et déclarent qu'elles récréantent Barbe DESHAIE leur mère vivante veuve de Guillaume PONSE promettant payer ses dettes, obsèques et funérailles et en décharger la cour depuis pour être ci après.

564 - Médiathèque Arras FF125 Folio 496R :
Roze DUFLO veuve de Jean LEROY vivant bourgeois gorlier demeurant à Arras a déclaré et déclare qu'elle récréante par le trépas dudit LEROY son mari promettant payer ses dettes, obsèques et funérailles et en décharger la cour fait pardevant monsieur de Faucerville échevin sepmanier le 30/7/1668.

565 - Médiathèque Arras FF125 Folio 496V :
Curatelle : suivant la requête présentée à ce siège par Michelle LEQUIEN fille à marier demeurant à Arras tendant être reçue et admise pour curatrice aux droits et actions de Philippe LEQUIEN présentement expatrié passé vingt sept à vingt huit ans pour régir et gouverner les biens qu'il a lui appartenant provenant de la succession de ses père et mère et de ses sœurs décédées impartis à l'encontre d'icelle LEQUIEN à la caution offerte de Damoiselle Marie Marguerite CORROIER veuve et demeurée es biens de maître Robert LEQUIEN bourgeois demeurant audit Arras laquelle requête ayant été communiquée aux plus proches parents dudit Philippe LEQUIEN et procureur général de cette ville, ladite requérante aurait été reçue et admise à la curatelle en question en faisant les devoirs requis à ladite caution en suite de quoi comparant ce jourd'hui ladite Michelle LEQUIEN a empris et accepté ladite curatelle et promis de soy bien et fidèlement acquitter et d'en rendre bon et fidèle compte quand sommé et requis sera, s'étant à ces fins ladite Damoiselle CORROIER aussi pour ce comparant constitué sa caution sous l'obligation de leurs biens renonçant à toutes choses contraires, fait pardevant monsieur Hapiot échevin sepmanier le 6/8/1668.

566 - Médiathèque Arras FF125 Folio 497R :
Anne LANGE veuve de Jacques LEGRAND vivant bourgeois porteur au sacq a déclaré et déclare qu'elle récréante par le trépas dudit LEGRAND son mari promettant payer ses dettes, obsèques et funérailles et en décharger la cour, fait pardevant monsieur Hapiot échevin sepmanier le 7/8/1668.

567 - Médiathèque Arras FF125 Folio 498R :
Docmaisnil sergent a à la requête de Roland LE PETIT maître de navire de la Basse Bretagne arrêté au corps Jacques LEFEBVRE dit l'ancien chasse marée demeurant à Estappe (Etaples) le trouvant en cette ville pour avoir paiement de 5796 livres 12 sols pour les causes à déclarer au jour servant, auquel arrêt il s'est opposé et à faute de caution lui a été ordonné de tenir prison ayant à ces fins été conduit es prisons de la châtellenie de cette ville et jour assigné aux prochains plaids après que ledit LE PETIT a nampty es mains de Maximilien François DESJARDINS bourgeois maître chirurgien audit Arras 60 livres que ledit DESJARDINS a promis payer à l'avenant de 30 livres pour ses aliments et les autres 30 livres pour les dépens qui se pourront ensuivre pour raison dudit arrêt si avant qu'il y soit condamné sous l'obligation de ses biens, fait pardevant monsieur Hapiot échevin sepmanier le 9/8/1668.

568 - Médiathèque Arras FF125 Folio 498V :
Marguerite DE RICHEBOURG veuve de Jean LEROUX vivant bourgeois maître sellier demeurant à Arras a déclaré et déclare qu'elle récréante par le trépas dudit feu LEROUX son mari décédé ce jourd'hui promettant payer ses dettes, obsèques et funérailles et en décharger la cour, fait pardevant monsieur Pallette échevin sepmanier le 13/8/1668.

569 - Médiathèque Arras FF125 Folio 499R :
Isabeau MARCHANT veuve de Philippe DE NOEUVILLE vivant bourgeois couvreur de tuiles demeurant à Arras a déclaré et déclare qu'elle récréante ledit DE NOEUVILLE son mari promettant payer ses dettes, obsèques et funérailles et en décharger la cour, fait pardevant monsieur de Révillon échevin sepmanier le 18/8/1668.

570 - Médiathèque Arras FF125 Folio 499V :
Pierre GOSSART dit la Montagne mari et bail de Susanne PONCE et Jean DELECHAMBRE mari et bail de Marguerite PONCE demeurant en cette ville, icelles PONCE sœurs et filles de Barbe DE HAURE à son trépas veuve de Guillaume PONCE demeurant audit Arras, ont déclaré et déclarent qu'ils récréantent par le trépas de ladite feue DE HAURE leur mère décédée passé un mois ou environ, promettant payer ses dettes, obsèques et funérailles et en décharger la cour, fait pardevant monsieur de Feuchin échevin sepmanier le 22/8/1668.

571 - Médiathèque Arras FF125 Folio 500R :
Marie Anne et Claire DELANNOY sœurs filles de feus Jean DELANNOY et de Marie PONCE demeurant en cette ville ont déclaré et déclarent qu'elles récréantent par le trépas de feue Barbe DE HAURE à son trépas veuve de Guillaume PONCE leur mère grande décédée passé un mois promettant payer ses dettes, obsèques et funérailles et en décharger la cour, fait pardevant monsieur du Petit Praielle échevin sepmanier le 22/8/1668.

572 - Médiathèque Arras FF125 Folio 500R :
Christine DOUCHET veuve de Pierre REGNAU vivant bourgeois gantier demeurant à Arras a déclaré et déclare qu'elle récréante par le trépas dudit REGNAU son mari décédé le 11 juillet dernier promettant payer ses dettes, obsèques et funérailles et en décharger la cour fait pardevant monsieur du Petit Praielle échevin sepmanier le 23/8/1668.

573 - Médiathèque Arras FF125 Folio 500R :
Philippe BLONDEL bourgeois demeurant à Arras mari et bail de Jeanne PONCE et Guillaume DELANNOY jeune homme à marier suffisamment d'âge fils de feus Jean et de Marie PONCE, lesdits du surnom PONCE sœurs filles de feus Guillaume PONCE et de Barbe DE HAURE ont déclaré et déclarent qu'ils récréantent par le trépas de ladite feue DE HAURE décédée passé un mois ou environ, promettant payer ses dettes, obsèques et funérailles et en décharger la cour, fait pardevant monsieur du Petit Praielle échevin sepmanier le 23/8/1668.

574 - Médiathèque Arras FF125 Folio 500V :
Marie Catherine DE BEAUVOIS veuve de Jean POLLART vivant bourgeois dudit Arras a déclaré et déclare qu'elle récréante par le trépas dudit POLLART son mari décédé passé environ quinze jours promettant payer ses dettes, obsèques et funérailles et en décharger la cour, fait pardevant monsieur de Douay échevin sepmanier le 27/8/1668.

575 - Médiathèque Arras FF125 Folio 501R :
Anne CUVELIER femme à Noël PONCE bourgeois demeurant à Arras a en vertu de la procure spéciale dudit PONCE son mari passée pardevant notaires le 23ème de ce mois déclaré et déclare qu'elle récréante au nom d'iceluy par le trépas de feue Barbe DE HAURE veuve de Guillaume PONCE sa mère promettant payer ses dettes, obsèques et funérailles et en décharger la cour renonçant au droit du senatus consult velleem et à l'authentique si qua mulier à elle donné à entendre, fait pardevant monsieur de Douay échevin sepmanier le 29/8/1668.

576 - Médiathèque Arras FF125 Folio 501V :
Roze LENGLET veuve de Pasquier DUCORROY bourgeois sellier demeurant à Arras décédé le 20 juillet dernier a déclaré et déclare qu'elle récréante par le trépas dudit DUCORROY son mari promettant payer ses dettes, obsèques et funérailles et en décharger la cour, fait pardevant monsieur de Douay échevin sepmanier le 31/8/1668.

577 - Médiathèque Arras FF125 Folio 502R :
Antoine VOIEZ bourgeois demeurant à Arras a déclaré et déclare qu'il récréante par le trépas de Marguerite VOIEZ à son trépas veuve et demeurée es biens de François REVERT sa sœur décédée passés deux ans ou environ promettant payer ses dettes, obsèques et funérailles et en décharger la cour, fait pardevant monsieur de Douay échevin sepmanier le 1/9/1668.

578 - Médiathèque Arras FF125 Folio 503R :
Marie LEFEBVRE veuve de François THOMAS vivant bourgeois porteur au sacq demeurant à Arras a déclaré qu'elle récréante par le trépas dudit THOMAS son mari promettant payer ses dettes, obsèques et funérailles et en décharger la cour, fait pardevant monsieur Desmaretz échevin sepmanier le 6/9/1668.

579 - Médiathèque Arras FF125 Folio 504R :
Marie FALEMPIN veuve d'Antoine GAYANT vivant bourgeois demeurant à Arras a déclaré et déclare qu'elle récréante par le trépas dudit GAYANT son mari décédé le 6 de ce mois promettant payer ses dettes, obsèques et funérailles et en décharger la cour fait pardevant monsieur Vion échevin sepmanier le 10/9/1668.

580 - Médiathèque Arras FF125 Folio 505R :
Damoiselle Catherine DE DOUAY fille à marier demeurant à Arras tant en son nom privé que comme procuratrice spéciale de Jean Baptiste DE DOUAY sieur de Boves, Damoiselles Jeanne et Marie DE DOUAY lesdits DE DOUAY frère et sœurs enfants de feu Thomas DE DOUAY lequel fut frère à feue Damoiselle Madeleine DE DOUAY à son trépas veuve de maître Jean SALLANT à son trépas docteur en médecine icelle Damoiselle Catherine suffisamment fondée de procuration passée pardevant notaires sous son nom ce jourd'hui a déclaré et déclare qu'elle se fonde avec ses frère et sœurs héritière de feu maître Jean SALLANT avocat au conseil d'Artois son cousin germain qui fut fils de ladite Damoiselle Marguerite DE DOUAY promettant payer ses dettes, obsèques et funérailles et en décharger la cour, fait pardevant monsieur de Faucerville échevin sepmanier le 15/9/1668.

581 - Médiathèque Arras FF125 Folio 506R :
François Allard MONVOISIN bourgeois marchand demeurant à Arras procureur spécial de Marie DE BAILLOEUL sa mère veuve de Jacques LEFEBVRE vivant aussi bourgeois marchand et concierge de la Maison Rouge sise sur la petite place de cette ville suffisamment fondé de procuration spéciale passée pardevant notaires ce jourd'hui sous son nom et Florent LEFEBVRE aussi bourgeois marchand fils desdits Jacques LEFEBVRE et Marie DE BAILLOEUL ont récréanté par le trépas dudit Jacques LEFEBVRE et promis et promettent payer également ses dettes, obsèques et funérailles et en décharger la cour, fait pardevant messieurs de Faucerville et Vion échevins sepmaniers le 15/9/1668.

582 - Médiathèque Arras FF125 Folio 508V :
Jeanne DELIEGE veuve de Jean DUCASTEL le josne bourgeois jardinier demeurant en la Neuve Rue de présent en cette ville a récréanté par le trépas dudit DUCASTEL son mari promettant payer ses dettes, obsèques et funérailles et en décharger la cour fait pardevant monsieur Denis échevin sepmanier le 25/9/1668.

583 - Médiathèque Arras FF125 Folio 509R :
Isabeau DELOMBRE veuve de Pierre DESCAMPS vivant sergent de l'élection d'Artois a déclaré et déclare qu'elle renonce aux biens et dettes dudit feu décédé le jour d'hier se tenant à son droit de douaire conventionnel stipulé par son contrat de mariage, fait pardevant monsieur de Feuchin échevin sepmanier le 2/10/1668.

584 - Médiathèque Arras FF125 Folio 509R :
Jean François, Pierre et Marie Catherine DESCAMPS et Antoine MANESSIER procureur au conseil d'Artois mari et bail de Roze DESCAMPS iceux DESCAMPS enfants dudit feu Pierre ont déclaré et déclarent qu'ils renoncent aux biens et dettes d'iceluy feu leur père, fait le 2/10/1668 pardevant monsieur de Feuchin échevin sepmanier.

585 - Médiathèque Arras FF125 Folio 509R :
Marie DUBOIS veuve de Philippe PONTHUS vivant bourgeois plombier demeurant en cette ville a déclaré et déclare qu'elle récréante par le trépas dudit PONTHUS son mari décédé passées environs six semaines promettant payer ses dettes, obsèques et funérailles et en décharger la cour, fait pardevant monsieur de Feuchin échevin sepmanier le 2/10/1668.

586 - Médiathèque Arras FF125 Folio 509V :
Marie Marguerite LANSEL veuve de Jean Baptiste PAMART vivant bourgeois organiste demeurant à Arras a déclaré et déclare qu'elle récréante par le trépas dudit PAMART son mari décédé ce jourd'hui promettant payer ses dettes, obsèques et funérailles et en décharger la cour, fait pardevant monsieur de Feuchin échevin sepmanier le 2/9/1668.

587 - Médiathèque Arras FF125 Folio 509V :
Jean LEGRAND bourgeois demeurant à Arras a déclaré et déclare qu'il récréante Barbe LEGRAND sa cousine germaine du côté paternel décédée hier promettant payer ses dettes, obsèques et funérailles et en décharger la cour, fait pardevant monsieur du Petit Praiel échevin sepmanier le 3/10/1668.

588 - Médiathèque Arras FF125 Folio 510R :
Gratien MONIER bourgeois maître caillier demeurant en cette ville a déclaré et déclare qu'il récréante par le trépas d'Isabeau HALLOT veuve d'Andreu DUQUESNE sa belle-mère décédée ce jourd'hui promettant payer ses dettes, obsèques et funérailles et en décharger la cour, fait pardevant monsieur du Petit Praielle échevin sepmanier le 6/10/1668.

589 - Médiathèque Arras FF125 Folio 510R :
Catherine VISCERY veuve de Jérosme BEAUVOIS vivant bourgeois brasseur demeurant à Arras a déclaré et déclare qu'elle récréante par le trépas dudit BEAUVOIS son mari promettant payer ses dettes, obsèques et funérailles et en décharger la cour fait pardevant monsieur Gaillart échevin sepmanier le 10/10/1668.

590 - Médiathèque Arras FF125 Folio 510V :
Catherine DARRAS veuve de Robert BOUDIN vivant cordonnier demeurant à Arras a déclaré et déclare qu'elle récréante par le trépas dudit BOUDIN son mari décédé ce jourd'hui promettant payer ses dettes, obsèques et funérailles et en décharger la cour fait pardevant monsieur Gaillart échevin sepmanier le 11/10/1668.

591 - Médiathèque Arras FF125 Folio 511V :
Marie BARBIER fille dévotaire demeurant à Arras a déclaré et déclare qu'elle récréante par le trépas de Barbe LEPAN veuve de feu Reux BARBIER sa mère promettant payer ses dettes, obsèques et funérailles et en décharger la cour, fait pardevant monsieur Desmaretz échevin sepmanier le 16/10/1668.

592 - Médiathèque Arras FF125 Folio 512R :
Anne POEUVION veuve de Jean DE BEAUVOIS vivant maître menuisier et marchand de bois a déclaré et déclare qu'elle récréante par le trépas dudit DE BEAUVOIS son mari décédé le quatorzième de ce mois promettant payer ses dettes, obsèques et funérailles et en décharger la cour, fait pardevant monsieur Briois échevin sepmanier le 17/10/1668.

593 - Médiathèque Arras FF125 Folio 512R :
Philippe et Bon GODART frères bourgeois maréchaux ferrants demeurant en cette ville ont déclaré et déclarent qu'ils récréantent par le trépas d'Anne BOCQUET veuve de Robert GODART leur mère décédée passés huit jours, promettant payer ses dettes, obsèques et funérailles et en décharger la cour, fait pardevant monsieur Briois échevin sepmanier le 20/10/1668.

594 - Médiathèque Arras FF125 Folio 512R :
Nicolas GONFROY bourgeois demeurant en cette ville mari et bail de Nicolle FLAMEN a déclaré et déclare qu'il récréante par le trépas de Nicolle LEGAU à son trépas veuve d'Antoine GLORIAN grande tante à ladite FLAMEN du côté paternel décédée passées cinq à six semaines promettant payer ses dettes, obsèques et funérailles et en décharger la cour, fait pardevant monsieur Chasse échevin sepmanier le 26/10/1668.

595 - Médiathèque Arras FF125 Folio 512V :
Christophe BLOCQUET bourgeois maître peintre demeurant en cette ville s'est constitué caution de Christophe DESMONCEAUX fils à marier de Paul demeurant en cette ville pour les dépens qui se pourront ensuivre au différend de requête par lui intentée à ce siège contre les maîtres orfèvres de cette ville promettant payer lesdits dépens au cas qu'il y soit condamné ci après sous l'obligation de ses biens, fait le 29/10/1668.

596 - Médiathèque Arras FF125 Folio 513V :
Guislaine VASSEUR veuve de feu Nicolas DESAILLY vivant bourgeois porteur au sacq demeurant à Arras a déclaré et déclare qu'elle récréante par le trépas dudit DESAILLY son mari promettant payer ses dettes, obsèques et funérailles et en décharger la cour fait pardevant monsieur de Mouron échevin sepmanier le 9/11/1668.

597 - Médiathèque Arras FF125 Folio 514V :
Adrienne LEMAIRE veuve de Gérard LECLERCQ vivant bourgeois et ci devant ouvrier à la monnaie de cette ville a déclaré et déclare qu'elle récréante par le trépas dudit feu décédé le 15ème de ce mois promettant payer ses dettes, obsèques et funérailles et en décharger la cour, fait pardevant monsieur de Warnicamp échevin sepmanier le 20/11/1668.

598 - Médiathèque Arras FF125 Folio 515R :
Adrien BOSQUET huissier du parlement de Paris procureur spécial de Marie Madeleine BOSQUET sa sœur demeurant à Arras a déclaré et déclare qu'il récréante au nom d'icelle et en vertu de sadite procuration passée pardevant notaires ce jourd'hui à nous apparue Jeanne BOSQUET sa sœur décédée cedit jourd'hui promettant audit nom procuratoire payer ses dettes, obsèques et funérailles et en décharger la cour fait pardevant monsieur de Warnicamp échevin sepmanier le 22/11/1668.

599 - Médiathèque Arras FF125 Folio 515R :
Marguerite PRUVOST veuve de Nicolas PIERRON vivant bourgeois demeurant à Arras a déclaré et déclare qu'elle récréante par le trépas dudit PIERRON son mari promettant payer ses dettes, obsèques et funérailles et en décharger la cour fait pardevant monsieur du Petit Praielle échevin sepmanier le 23/11/1668.

600 - Médiathèque Arras FF125 Folio 516R :
Damoiselle Catherine CUVELIER veuve de Pierre DELEPORTE vivant bourgeois marchand demeurant en cette ville a déclaré et déclare qu'elle récréante par le trépas dudit feu DELEPORTE son mari décédé le 23ème de ce mois promettant payer ses dettes, obsèques et funérailles et en décharger la cour fait pardevant monsieur de Feuchin échevin sepmanier le 26/11/1668.

601 - Médiathèque Arras FF125 Folio 518V :
Marie FOURMONT veuve d'Euxtace BAILLON vivant bourgeois savetier demeurant à Arras a déclaré et déclare qu'elle récréante par le trépas dudit feu BAILLON son mari décédé le jour d'hier promettant payer ses dettes, obsèques et funérailles et en décharger la cour, fait pardevant monsieur de Douay échevin sepmanier le 13/12/1668.

602 - Médiathèque Arras FF125 Folio 519R :
Adrienne HANGIN veuve de François Ignace LOGEOIS bourgeois de cette ville a déclaré et déclare qu'elle récréante ledit LOGEOIS son mari promettant payer ses dettes, obsèques et funérailles et en décharger la cour fait pardevant monsieur de Mouron échevin sepmanier le 18/12/1668.

603 - Médiathèque Arras FF125 Folio 520R :
Curatelle : Philippe DUCASTEL bourgeois demeurant à Arras a sur requête présentée par maître Antoine CAULIER prêtre chanoine de l'église de Saint Barthélémy en la ville de Béthune été reçu et admis à la curatelle des biens délaissés vacants par feue Damoiselle Jeanne CAULIER à son trépas femme de Pierre PROTEAU dit Lafontaine bourgeois marchand demeurant audit Arras et ce par ordonnance du 19ème de ce mois à la caution dudit sieur CAULIER en faisant les devoirs suivants les accords et consentements tant des parents et créanciers de ladite feu que du procureur général de cette ville, est comparu ledit DUCASTEL en personne qui a emprins et accepté ladite curatelle et promis par serment de s'y bien et fidèlement conduire et comporter et d'en rendre bon et fidèle compte quand sommé et requis sera s'étant à ces fins ledit sieur CAULIER constitué caution d'iceluy sous l'obligation solidaire de tous leurs biens fait pardevant monsieur de Mouron échevin sepmanier le 20/12/1668.

604 - Médiathèque Arras FF125 Folio 520V :
Antoinette FROMONT veuve de François HAIETTE vivant bourgeois saietteur demeurant à Arras a déclaré et déclare qu'elle récréante par le trépas dudit feu HAIETTE son mari promettant payer ses dettes, obsèques et funérailles et en décharger la cour fait pardevant monsieur de Mouron échevin sepmanier le 22/12/1668.

605 - Médiathèque Arras FF125 Folio 522R :
Anne CUVELIER veuve de Noël PONCE vivant bourgeois demeurant audit Arras a déclaré et déclare qu'elle récréante par le trépas dudit PONCE son mari décédé le pénultième décembre dernier promettant payer ses dettes, obsèques et funérailles et en décharger la cour fait pardevant monsieur du Petit Praielle échevin sepmanier le 2/1/1669.

606 - Médiathèque Arras FF125 Folio 522R :
Guislaine CAMIEZ veuve de Jean François WANIER vivant bourgeois demeurant à Arras a déclaré et déclare qu'elle récréante par le trépas dudit feu WANIER son mari promettant payer ses dettes, obsèques et funérailles et en décharger la cour fait pardevant monsieur du Petit Praielle échevin sepmanier le 4/1/1669.

607 - Médiathèque Arras FF125 Folio 522R :
Nicolas DEMAILLY, Charles CAIGNART mari et bail de Jeanne DEMAILLY, Jaspart FRANCOIS mari et bail de Marie DEMAILLY et Pierre POIGNET mari et bail de Marie Madeleine DEMAILLY demeurant en cette ville, lesdits du surnom DEMAILLY frère et sœurs, neveu et nièces du côté maternel de feue Jacqueline DELECLOIE à son trépas fille non mariée demeurant audit Arras, ont déclaré et déclarent qu'ils récréantent icelle DELECLOIE leur tante décédée le jour d'hier promettant payer ses dettes, obsèques et funérailles et en décharger la cour, fait pardevant monsieur du Petit Praielle échevin sepmanier le 5/1/1669.

608 - Médiathèque Arras FF125 Folio 524R :
Madeleine GRENIER veuve d'Adrien DOUEZ vivant bourgeois hostelain demeurant en cette ville a déclaré et déclare qu'elle récréante par le trépas dudit feu son mari décédé le dernier de l'an 1668 promettant payer ses dettes, obsèques et funérailles et en décharger la cour, fait pardevant monsieur Chasse échevin sepmanier le 14/1/1669.

609 - Médiathèque Arras FF125 Folio 524R :
Jean Philippe CARLIER demeurant es faubourgs des Alouette lez cette ville neveu et héritier avec Jeanne DUCASTEL veuve de Noël LESTOCQUET de feue Marie CARLIER à son trépas veuve de Pierre ACCART décédée à Arras a récréanté par le trépas de ladite Marie CARLIER sa tante promettant payer ses dettes, obsèques et funérailles et en décharger la cour fait pardevant monsieur de Révillon échevin sepmanier le 15/1/1669.

610 - Médiathèque Arras FF125 Folio 524V :
Marie HERBET veuve de Philippe PITON vivant bourgeois tamisier demeurant en cette ville a déclaré et déclare qu'elle récréante par le trépas dudit feu son mari décédé ce jourd'hui promettant payer ses dettes, obsèques et funérailles et en décharger la cour, fait pardevant monsieur de Révillon échevin sepmanier le 15/1/1669.

611 - Médiathèque Arras FF125 Folio 524V :
Damoiselle Elizabeth DE FREMICOURT veuve de Robert SENTIER vivant bourgeois marchand demeurant en cette ville a déclaré et déclare qu'elle récréante par le trépas dudit feu SENTIER son mari promettant payer ses dettes, obsèques et funérailles et en décharger la cour, fait pardevant monsieur de Sapigny échevin sepmanier le 16/1/1669.

612 - Médiathèque Arras FF125 Folio 525R :
Damoiselle Jeanne CARDEVACQUE veuve de Jean Philippe COUPPE à son trépas notaire royal demeurant à Arras a déclaré et déclare qu'elle récréante ledit COUPPE son mari promettant payer ses dettes, obsèques et funérailles et en décharger la cour, fait pardevant monsieur de Révillon échevin sepmanier le 18/1/1669.

613 - Médiathèque Arras FF125 Folio 525R :
Blanche LAMOURY veuve de Gilles GOLLIER demeurant à Arras a déclaré et déclare qu'elle récréante par le trépas dudit GOLLIER son mari promettant payer ses dettes, obsèques et funérailles et en décharger la cour, fait pardevant monsieur de Révillon échevin sepmanier le 18/1/1669.

614 - Médiathèque Arras FF125 Folio 525V :
Françoise MACHON veuve de Baltazart CAUPAIN vivant bourgeois maître boulanger demeurant en cette ville a déclaré et déclare qu'elle récréante par le trépas dudit feu CAUPAIN son mari décédé passés quinze jours, promettant payer ses dettes, obsèques et funérailles et en décharger la cour, fait pardevant monsieur Camp échevin sepmanier le 21/1/1669.

615 - Médiathèque Arras FF125 Folio 525V :
Claire DAMIENS veuve de Henry SAUWAL demeurant à Arras a déclaré et déclare qu'elle récréante par le trépas dudit SAUWAL son mari promettant payer ses dettes, obsèques et funérailles et en décharger la cour fait pardevant monsieur de Douay échevin sepmanier le 21/1/1669.

616 - Médiathèque Arras FF125 Folio 526R :
Damoiselle Marie Marguerite MONVOISIN veuve de feu François Lamoral DIDIER vivant huissier du conseil d'Artois a déclaré et déclare qu'elle récréante ledit feu François Lamoral DIDIER son mari décédé ce jourd'hui promettant payer ses dettes, obsèques et funérailles et en décharger la cour, fait pardevant monsieur Camp échevin sepmanier le 22/1/1669.

617 - Médiathèque Arras FF125 Folio 527V :
Guillaume OBRY fils à marier de Claude vivant bourgeois demeurant à Arras a déclaré et déclare qu'il récréante ledit feu Claude OBRY son père promettant payer ses dettes, obsèques et funérailles et en décharger la cour fait pardevant monsieur de Sapigny échevin sepmanier le 30/1/1669.

618 - Médiathèque Arras FF125 Folio 528R :
Guillaume ROUTART bourgeois rentier demeurant à Arras s'est constitué caution de maître Etienne TRIPLET prêtre curé de Rolencourt curateur commis par justice aux biens délaissés vacants et enfants mineurs de Nicolas TRIPLET et Marguerite PETIT icelle fille d'Antoine et d'Adrienne DE RANSART pour les dépens du différend de requête qu'il a à ce siège en demande à l'encontre de Jean DE RANSART jardinier demeurant es faubourgs des alouettes promettant payer iceux dépens au cas que ledit sieur pasteur y soit condamné ci après sous l'obligation etc, fait pardevant monsieur de Sapigny échevin sepmanier le 30/1/1669.

619 - Médiathèque Arras FF125 Folio 528R :
Marie CAUWET veuve de Nicolas BAILLOEUL demeurant à Arras a déclaré et déclare qu'elle récréante par le trépas dudit BAILLOEUL son mari promettant payer ses dettes, obsèques et funérailles et en décharger la cour fait pardevant monsieur de Mouron échevin sepmanier le 31/1/1669.

620 - Médiathèque Arras FF125 Folio 528R :
Curatelle : Ferrand CLOCQUETEUR bourgeois cordonnier demeurant en cette ville a sur requête présentée par François HOUSSOY bourgeois marchand de fer demeurant à Arras été reçu et admis par ordonnance du 22ème de ce mois à la curatelle des biens délaissés vacants par le trépas de maître Jean DE RANSSART vivant aussi

bourgeois d'icelle ville y demeurant au lieu et par le trépas de Marc Antoine ROBICQUET qui était à ce admis par autre ordonnance du 19/7/1664 et ce suivant la contumace obtenue contre Philippe DE RANSSART bourgeois maître chaudronnier audit Arras neveu audit feu maître Jean DE RANSSART et le consentement du procureur général de cette ville à la caution offerte dudit HOUSSOY en faisant les devoirs, est comparu ledit CLOCQUETEUR en personne qui a emprins et accepté ladite curatelle et promis par serment de s'y bien et fidèlement conduire et comporter et d'en rendre bon et fidèle compte quand sommé et requis en sera s'étant ledit HOUSSOY pour ce aussi présent et comparant constitué caution dudit CLOCQUETEUR de quoi iceluy l'a promis décharger et de tous dépens, dommages et intérêts sous l'obligation de tous leurs biens, fait pardevant monsieur Descouleurs échevin sepmanier le 31/1/1669.

621 - Médiathèque Arras FF125 Folio 528V :
Adrien et Gabriel CHARITE enfants de feu Jean ont déclaré et déclarent qu'ils récréantent ledit Jean leur père décédé le jour d'hier promettant payer ses dettes, obsèques et funérailles et en décharger la cour fait pardevant monsieur Desmaretz échevin sepmanier le 4/2/1669.

622 - Médiathèque Arras FF125 Folio 529R :
Bonne Marguerite PETIT veuve de Pierre DERUIT vivant bourgeois cuisinier demeurant à Arras a déclaré et déclare qu'elle récréante par le trépas dudit DERUIT son mari promettant payer ses dettes, obsèques et funérailles et en décharger la cour, fait pardevant monsieur Le Sellier échevin sepmanier le 4/2/1669.

623 - Médiathèque Arras FF125 Folio 529R :
Damoiselle Louise ESCAILBERT veuve d'Antoine HONNORE vivant bourgeois messager de cette ville d'Arras à Paris a déclaré et déclare qu'elle récréante par le trépas dudit HONNORE son mari promettant payer ses dettes, obsèques et funérailles et en décharger la cour fait pardevant monsieur Desmaretz échevin sepmanier le 5/2/1669.

624 - Médiathèque Arras FF125 Folio 534V :
Pierre DESMARETZ bourgeois marchand demeurant en cette ville procureur spécial de Jacqueline DAIX veuve de Pierre DESMARETZ sa mère a en vertu de procuration pertinente passée ce jourd'hui pardevant notaires ici apparue et à lui rendue déclaré et déclare qu'il récréante audit nom par le trépas dudit feu Pierre DESMARETZ son père décédé passés trois semaines promettant payer ses dettes, obsèques et funérailles et en décharger la cour, fait pardevant monsieur de Feuchin échevin sepmanier le 20/2/1669.

625 - Médiathèque Arras FF125 Folio 535R :
Marguerite TRINEL veuve de Charles DE BUIRE demeurant au village de Souastre a déclaré et déclare qu'elle récréante Marie TRINEL sa sœur promettant payer ses dettes, obsèques et funérailles et en décharger la cour fait pardevant monsieur de Révillon échevin sepmanier le 25/2/1669.

626 - Médiathèque Arras FF125 Folio 535R :
Maître Jean Baptiste DE FLERS mari et bail de Damoiselle Marie Jeanne Thérèse DESMARETZ et Jean NOEL l'un des quatre commis aux ouvrages de cette ville mari et bail de Damoiselle Marie Agnès DESMARETZ et Damoiselle Marie Madeleine DESMARETZ veuve de Pontus NACQUEFER frères et sœurs enfants et héritiers de feu Damoiselle Marguerite DE MARCONVILLE veuve et demeurée es biens de Sébastien DESMARETZ vivant contrôleur des ouvrages du roi au comté d'Artois, ont déclaré et déclarent qu'ils récréantent ladite Damoiselle DE MARCONVILLE promettant payer ses dettes, obsèques et funérailles et en décharger la cour fait pardevant monsieur de Révillon échevin sepmanier le 25/2/1669.

627 - Médiathèque Arras FF125 Folio 537R :
Isabelle MILLESENS fille à marier de feu Jean MILLESENS dit Saint Jean vivant bourgeois de cette ville a déclaré et déclare qu'elle récréante par le trépas dudit feu MILLESENS son père décédé il y olt environ dix jours promettant payer ses dettes, obsèques et funérailles et en décharger la cour, fait pardevant monsieur Vion échevin sepmanier le 12/3/1669.

628 - Médiathèque Arras FF125 Folio 538R :
Jean François CARON et Gilles Florent frères demeurant à Arras ont déclaré et déclarent qu'ils récréantent Catherine LEGARD veuve de Florent CARON leur mère promettant payer ses dettes, obsèques et funérailles et en décharger la cour, fait pardevant monsieur de Vion échevin sepmanier le 15/3/1669.

629 - Médiathèque Arras FF125 Folio 538R :
Jeanne DUGON veuve d'Adrien BURE vivant bourgeois demeurant à Arras a déclaré et déclare qu'elle récréante par le trépas dudit BURE son mari promettant payer ses dettes, obsèques et funérailles et en décharger la cour, fait pardevant monsieur Vion échevin sepmanier le 16/3/1669.

630 - Médiathèque Arras FF125 Folio 539V :
Marie CAPLAIN veuve de Jean FLAHAU vivant bourgeois boucher demeurant à Arras a déclaré et déclare qu'elle récréante par le trépas dudit FLAHAU son mari promettant payer ses dettes, obsèques et funérailles et en décharger la cour fait pardevant monsieur Sellier échevin sepmanier le 20/3/1669.

631 - Médiathèque Arras FF125 Folio 540R :
Jeanne COIGY veuve de Claude HANNECHAMP vivant maréchal ferrant a déclaré et déclare qu'elle récréante par le trépas dudit HANNECHAMP son mari promettant payer ses dettes, obsèques et funérailles et en décharger la cour fait pardevant monsieur le Sellier échevin sepmanier le 22/3/1669.

632 - Médiathèque Arras FF125 Folio 540V :
Marie CAUPAIN veuve de Jean LEMAIRE vivant bourgeois boulanger demeurant à Arras a déclaré et déclare qu'elle récréante par le trépas dudit LEMAIRE son mari promettant payer ses dettes, obsèques et funérailles et en décharger la cour fait pardevant monsieur du Petit Praielle échevin sepmanier le 27/3/1669.

633 - Médiathèque Arras FF125 Folio 541R :
Jeanne BACUEZ veuve de Nicolas BUGUET vivant bourgeois demeurant à Arras a déclaré et déclare qu'elle renonce aux biens de feu BUGUET son mari se tenant à son droit de douaire coutumier fait pardevant monsieur de Warnicamp échevin sepmanier le 28/3/1669.

634 - Médiathèque Arras FF125 Folio 541V :
Lesdits sergents ont à la requête de Jean LENFLE et Marie Claire DURIETZ sa femme, Jacques DE MISSERY dit Baulieu et Marie Madeleine DURIETZ sa femme et Marguerite DURIETZ veuve de Simon DESAILLY tous surnoms DURIETZ sœurs et héritières de maître Guillaume DURIETZ prêtre pasteur du village de Saint Amand arrêté et empêché es mains d'Antoine BOURDON bourgeois boulanger demeurant à Arras tous les meubles, or et argent et autres choses quelconques qu'il peut avoir en sa possession comme appartenant à Antoinette DANNEL naguère servante dudit sieur pasteur pour sur iceux avoir paiement de la somme de huit cents livres pour les causes etc, ayant été faites les défenses requises audit BOURDON en parlant à sa personne et jour assigné au prochain plaid, fait le 1/4/1669.

635 - Médiathèque Arras FF125 Folio 542R :
Curatelle : Damoiselle Marie WILLART veuve de feu Sieur Aubin GUIART sieur de Beauranger vivant capitaine entretenu pour le service de sa majesté a sur requête par elle présentée été reçue et admise par ordonnance du jourd'hui à la tutelle légitime d'Anne GUIART sa fille mineure qu'elle olt dudit feu sieur de Beauranger à la caution offerte en faisant les devoirs et ce suivant les accord et consentement tant des proches parents de ladite mineure que du procureur général de cette ville, est comparue ladite Damoiselle Marie WILLART en personne laquelle a emprins et accepté ladite tutelle et promis par serment de soy bien et fidèlement conduire et comporter en l'administration d'icelle et d'en rendre bon et fidèle compte quand sommé et requise en sera, s'étant à ces fins Charles Géry WILLART maître chirurgien demeurant audit Arras pour ce aussi présent et comparant constituant sa caution de quoi elle a promis décharger iceluy WILLART et de tous dépens, dommages et intérêts sous l'obligation solidaire de tous leurs biens fait pardevant monsieur de Feuchin échevin sepmanier le 5/4/1669.

636 - Médiathèque Arras FF125 Folio 545V :
François BRUNEL fils à marier de Nicolas vivant bourgeois boulanger a déclaré et déclare qu'il récréante ledit Nicolas son père promettant payer ses dettes, obsèques et funérailles et en décharger la cour, fait pardevant monsieur de Douay échevin sepmanier le 17/4/1669.

637 - Médiathèque Arras FF125 Folio 546V :
Catherine VAAST veuve de Claude PIEDDOR vivant bourgeois de cette ville a déclaré et déclare qu'elle récréante par le trépas dudit PIEDDOR son mari promettant payer ses dettes, obsèques et funérailles et en décharger la cour fait pardevant monsieur de Douay échevin sepmanier le 20/4/1669.

638 - Médiathèque Arras FF125 Folio 547R :
Damoiselle Léonore DUBOIS veuve de maître Charles THERET vivant avocat au conseil d'Artois a déclaré et déclare qu'elle récréante par le trépas dudit sieur THERET son mari promettant payer ses dettes, obsèques et funérailles et en décharger la cour fait pardevant monsieur de Mouron échevin sepmanier le 27/4/1669.

639 - Médiathèque Arras FF125 Folio 547V :
Michelle BRAS veuve d'Antoine BEAUVOIS vivant bourgeois de cette ville a déclaré et déclare qu'elle récréante par le trépas dudit BEAUVOIS son mari promettant payer ses dettes, obsèques et funérailles et en décharger la cour fait pardevant monsieur le Sellier échevin sepmanier le 4/5/1669.

640 - Médiathèque Arras FF125 Folio 548R :
Marie Anne BONNEL veuve de Jean CAPRON chapelier demeurant à Arras a déclaré et déclare qu'elle renonce aux biens et dettes dudit feu CAPRON son mari décédé en la ville d'Amiens au mois de septembre dernier soy tenant à son droit de douaire stipulé par son contrat de mariage fait pardevant monsieur du Petit Praiel échevin sepmanier le 6/5/1669.

641 - Médiathèque Arras FF125 Folio 548V :
Damoiselle Jeanne FAILLE femme et procuratrice spéciale d'Eustache ANSSELIN lieutenant du bourg de Frévent a en vertu de procuration pertinente passée pardevant notaires royaux de la résidence dudit Frévent le 4ème de ce mois à nous apparue et à elle rendue déclaré et déclare qu'elle récréante par le trépas de feu Philippe FAILLE son père décédé le dernier d'avril passé promettant suivant ce en ladite qualité payer ses dettes, obsèques et funérailles et en décharger la cour, fait pardevant monsieur Desmaretz échevin sepmanier le 4/5/1669.

642 - Médiathèque Arras FF125 Folio 548V :
Marie SOHIER veuve de Nicolas SAQUET vivant bourgeois fourbisseur d'épée demeurant à Arras a déclaré et déclare qu'elle récréante par le trépas dudit SAQUET son mari promettant payer ses dettes, obsèques et funérailles et en décharger la cour fait pardevant monsieur de Warnicamp échevin sepmanier le 7/5/1669.

643 - Médiathèque Arras FF125 Folio 549R :
Marie Thérèse GONSSE veuve de Jean MAMBOURT vivant bourgeois de cette ville y demeurant a déclaré et déclare qu'elle récréante par le trépas dudit MAMBOURT son mari décédé le 8 de ce mois promettant payer ses dettes, obsèques et funérailles et en décharger la cour fait pardevant monsieur du Petit Praielle échevin sepmanier le 10/5/1669.

644 - Médiathèque Arras FF125 Folio 554V :
Madeleine DUPUICH veuve de Dominique CAUVET bourgeois demeurant audit Arras a déclaré et déclare qu'elle récréante par le trépas dudit feu CAUVET son mari décédé ce jourd'hui promettant payer ses dettes, obsèques et funérailles et en décharger la cour fait pardevant monsieur Vion échevin sepmanier le 5/6/1669.

645 - Médiathèque Arras FF125 Folio 556V :
Pasquette RANSSONE veuve de Daniel HANICQUE vivant guetteur de cette ville a déclaré et déclare qu'elle récréante par le trépas dudit feu HANICQUE son mari décédé ce jourd'hui promettant payer ses dettes, obsèques et funérailles et en décharger la cour, fait pardevant monsieur Chasse échevin sepmanier le 3/7/1669.

646 - Médiathèque Arras FF125 Folio 562V :
Marie Marguerite CAUWET veuve de Nicolas DELABBY vivant bourgeois demeurant à Arras a déclaré et déclare qu'elle récréante par le trépas dudit DELABBY son mari promettant payer ses dettes, obsèques et funérailles et en décharger la cour fait pardevant monsieur Camp échevin sepmanier pour l'absence de monsieur Boucquel le 5/8/1669.

647 - Médiathèque Arras FF125 Folio 562V :
Anne CARTON veuve de Maximilien NICAISE vivant sergent du châtelain de cette ville a déclaré et déclare qu'elle récréante par le trépas dudit NICAISE son mari promettant payer ses dettes, obsèques et funérailles et en décharger la cour fait pardevant monsieur Camp le 5/8/1669.

648 - Médiathèque Arras FF125 Folio 563R :
François CUISINIER et Pierre CUISINIER frères enfants de Louis et d'Anne LEROUGE demeurant à Arras ont déclaré et déclarent qu'ils récréantent par le trépas de ladite LEROUGE leur mère promettant payer ses dettes, obsèques et funérailles et en décharger la cour fait pardevant monsieur de Feuchin échevin sepmanier le 6/8/1669.

649 - Médiathèque Arras FF125 Folio 563V :
Antoine et Marie Anne SALMON frère et sœur enfants de feue Marie GOULATRE veuve de Jean SALMON vivant bourgeois et mesureur d'avoine demeurant à Arras ont déclaré et déclarent qu'ils récréantent par le trépas de ladite GOULATRE leur mère décédée ce jourd'hui promettant payer ses dettes, obsèques et funérailles et en décharger la cour fait pardevant monsieur Chasse échevin sepmanier le 14/8/1669.

650 - Médiathèque Arras FF125 Folio 564R :
Jérosme WILLART jeune homme à marier demeurant à Arras a déclaré et déclare qu'il récréante par le trépas de feue Damoiselle Catherine GANET veuve de Laurent WILLART sa mère décédée le jour d'hier promettant payer ses dettes, obsèques et funérailles et en décharger la cour fait pardevant monsieur de Révillon échevin sepmanier le 17/8/1669.

651 - Médiathèque Arras FF125 Folio 564V :
Nicolas BOULANGER praticien demeurant à Arras procureur spécial de Françoise MONNEL ancienne fille y demeurant fille d'Antoine et de Barbe GREGOIRE, suffisamment fondé de procuration passée pardevant notaires le 16ème de ce mois ici apparue et à lui rendue a déclaré et déclare qu'il récréante audit nom par le trépas de feue Damoiselle Jeanne MONNEL vivante ancienne fille demeurant audit Arras cousine germaine de ladite Françoise MONNEL décédée le 4 mai dernier promettant suivant ce audit nom procuratoire de payer ses dettes, obsèques et funérailles et en décharger la cour fait pardevant monsieur de Douay échevin sepmanier le 20/8/1669.

652 - Médiathèque Arras FF125 Folio 564V :
Philippe WILLART mari et bail de Marie Françoise DANISON, Adrien CAUDRON mari et bail de Jeanne Thérèse DANISON et Henry DIGNAU mari et bail de Marie Thérèse DANISON lesdites DANISON sœurs enfants de feus Pierre DANISON vivant blanchisseur de toile et Marie CUISINIER, ont déclaré et déclarent qu'ils récréantent par le trépas de ladite Marie CUISINIER leur mère décédée le 14 de ce mois promettant payer ses dettes, obsèques et funérailles et en décharger la cour fait pardevant monsieur de Douay échevin sepmanier le 20/8/1669.

653 - Médiathèque Arras FF125 Folio 565R :
Pierre VALOIS bourgeois charbonnier demeurant en cette ville a déclaré et déclare qu'il récréante par le trépas d'Isabeau LEBLANC sa mère veuve de Jean de VALOIS promettant payer ses dettes, obsèques et funérailles et en décharge la cour fait pardevant monsieur de Douay échevin sepmanier le 23/8/1669.

654 - Médiathèque Arras FF125 Folio 565R :
Barbe GELÉ veuve de Philippe POLLEVECHE demeurant audit Arras a déclaré et déclare qu'elle récréante par le trépas de Susanne BOUBERT veuve de Charles GELÉ sa mère promettant payer ses dettes, obsèques et funérailles et en décharger la cour, fait pardevant monsieur Vion échevin sepmanier le 27/8/1669.

655 - Médiathèque Arras FF125 Folio 565R :
Curatelle : Jean GELÉ bourgeois marchand lainier demeurant en cette ville a sur requête par lui présentée été reçu et admis par ordonnance du 16 mars dernier à la curatelle des biens délaissés vacants par feu Claude TAILLANDIER vivant marchand de laine audit Arras suivant le consentement tant des parents dudit feu que du procureur général de cette ville à la caution de Marie Marguerite TAILLANDIER femme audit GELÉ en faisant les devoirs, est comparu ledit GELÉ en personne lequel a empris et accepté ladite curatelle et promis par serment de s'y bien et fidèlement comporter et d'en rendre bon et fidèle compte quand sommé et requis en sera, s'étant à ces fins Antoine Abel BRUCHET procureur au conseil d'Artois fondé de procuration spéciale fait et passée pardevant notaires ce jourd'hui par ladite Marie Marguerite TAILLANDIER à cause de son indisposition pour ce autorisée dudit GELÉ son mari constitué caution d'iceluy GELÉ en vertu de ladite procure à lui rendue sous l'obligation de tous leurs biens, fait pardevant monsieur Descouleurs échevin sepmanier le 28/8/1669.

656 - Médiathèque Arras FF125 Folio 565v :
Philippe DESHAIES bourgeois fauxboulier demeurant en cette ville a accordé main levée à Marguerite LE CROIN veuve de Nicolas MANESSIER, Marguerite MANESSIER veuve d'Arnould DUHAUPAS et François MANESSIER bourgeois marchand de toile ayant droit par transport des curé et marguilliers de l'église paroissiale de Notre Dame au Jardin de la somme de 41 livres 3 sols par lui namptie à ce siège moyennant quoi lesdits susnommés l'ont tenu quitte et déchargent de tout ce qu'il peut devoir pour louage de la maison ci devant par lui occupée au moyen des quittances qu'il leur a délivrées es mains contenant divers paiements faits

à raison des réfections faites à ladite maison, à charge aussi de par lui nettoyer ou faire nettoyer icelle maison entièrement de tous fumiers et autres immondices qu'il a laissé à sa sortie à la réserve de ce qui provient desdites réfections et couverture de ladite maison, fait pardevant monsieur Vion échevin sepmanier le 30/8/1669.

657 - Médiathèque Arras FF125 Folio 567R :
Marie Gabrielle et Marie Catherine CAUDRON filles à marier demeurant à Arras ont récréanté par le trépas de Marie DELEPORTE à son trépas veuve de François LOHINEL leur mère grande promettant payer ses dettes, obsèques et funérailles et en décharger la cour fait pardevant monsieur Sellier échevin sepmanier le 2/9/1669.

658 - Médiathèque Arras FF125 Folio 567R :
Maître Jacques DEMAILLY prêtre chapelain de l'église cathédrale de Notre Dame d'Arras, Vaast et Jean Philippe DEMAILLY tous frères demeurant en cette ville ont déclaré et déclarent qu'ils récréantent par le trépas de feu François DEMAILLY leur père décédé passés huit jours promettant payer ses dettes, obsèques et funérailles et en décharger la cour fait pardevant monsieur le Sellier échevin sepmanier le 2/9/1669.

659 - Médiathèque Arras FF125 Folio 568R :
Marguerite PONSE veuve de Jean DELACHAMBRE a déclaré et déclare qu'elle récréante par le trépas dudit DELACHAMBRE son mari promettant payer ses dettes, obsèques et funérailles et en décharger la cour fait pardevant monsieur de Warnicamp échevin sepmanier le 10/9/1669.

660 - Médiathèque Arras FF125 Folio 568R :
Catherine WIMILLE veuve de Jean LERICHE vivant bourgeois maître serrurier demeurant à Arras a déclaré et déclare qu'elle renonce aux biens dudit LERICHE son mari se tenant à son droit de douaire conventionnel fait pardevant monsieur du Petit Praielle échevin sepmanier le 10/9/1669.

661 - Médiathèque Arras FF125 Folio 568V :
Marguerite CRAMPON fille à marier demeurant à Arras a déclaré et déclare qu'elle récréante par le trépas de feue Marie CRAMPON sa tante vivante ancienne fille y demeurant décédée le neuvième de ce mois promettant payer ses dettes, obsèques et funérailles et en décharger la cour, fait pardevant monsieur du Petit Praielle échevin sepmanier le 12/9/1669.

662 - Médiathèque Arras FF125 Folio 569R :
Guislaine BRIDE veuve de Jean LE JOEUSNE a déclaré et déclare qu'elle récréante par le trépas de Jean le BRIDE son père vivant bourgeois demeurant à Arras promettant payer ses dettes, obsèques et funérailles et en décharger la cour fait pardevant monsieur de Varnicamp échevin sepmanier le 12/9/1669.

663 - Médiathèque Arras FF125 Folio 570R :
Marie CHOCQUET veuve de Venant DESOIGNIES vivant bourgeois saietteur demeurant en cette ville a déclaré et déclare qu'elle récréante par le trépas dudit feu DESOIGNIES son mari décédé ce jourd'hui promettant payer ses dettes, obsèques et funérailles et en décharger la cour fait pardevant monsieur de Feuchin échevin sepmanier le 16/9/1669.

664 - Médiathèque Arras FF125 Folio 570R :
Marcq DE HAURE bourgeois maître vitrier demeurant à Arras s'est constitué caution de Jean CORNET et Jeanne HIART sa femme, Marie HIART veuve de François TACQUET vivant procureur au conseil d'Artois, Adrien LEFEBVRE et Susanne HIART sa femme, iceux du surnom HIART enfants héritiers de Thobis et de Susanne HEDUIN et Philippe FOURNIER demeurant à Gaudiempré fils de maître Jean et de Marie HEDUIN, lesdites Susanne et Marie HEDUIN enfants et héritières substituées de feu Morant, pour les dépens du différend de requête qu'ils ont à ce siège en demandant à l'encontre de Philippe DE RANSSART bourgeois chaudronnier et Antoinette TAFFIN sa femme demeurant à Arras, promettant ledit Marcq DE HAURE payer iceux dépens au cas qu'iceux Jean CORNET et consorts y soient condamnés ci après sous l'obligation de leurs biens fait pardevant monsieur de Feuchin échevin sepmanier le 19/9/1669.

665 - Médiathèque Arras FF125 Folio 571R :
Jeanne SAINT JUDE veuve de Robert LAGACE bourgeois demeurant à Arras a déclaré et déclare qu'elle récréante par le trépas dudit feu LAGACE son mari décédé le jour d'hier promettant payer ses dettes, obsèques et funérailles et en décharger la cour fait pardevant monsieur de Révillon échevin sepmanier le 27/9/1669.

666 - Médiathèque Arras FF125 Folio 571R :
Curatelle : Jérosme MACREL notaire royal et procureur au conseil d'Artois a sur requête présentée par Jean PETIT naguère l'un des quatre commis aux ouvrages de cette ville fils de feu Bon, beau-frère à Maximilien BOURGEOIS à cause de défunte Damoiselle Jeanne PETIT sa femme et créditeur d'iceux été reçu et admis par ordonnance du sixième septembre dernier à la curatelle des biens délaissés vacants par ladite feue Damoiselle Jeanne PETIT par laquelle ordonnance est dit le tout vu, messieurs en décrétant les consentements des plus prochains parents et du procureur général de cette ville reçoivent ledit MACREL à la curatelle en question à caution qu'il sera tenu bailler en faisant les devoirs requis et en validant (suivant lesdits consentements lesdites criées et sentence mentionnée en ladite requête) laquelle caution a été reçue par autre ordonnance du jourd'hui sur autre requête présentée par ledit PETIT de la personne de Claude LEROUX bourgeois marchand demeurant audit Arras promettant suivant ce ledit MACREL en personne (après avoir empris et accepté ladite curatelle) de se bien conduire et comporter en l'administration d'icelle et d'en rendre bon et fidèle compte quand sommé et requis en sera s'étant à ces fins ledit LEROUX pour ce présent et comparant constitué caution dudit MACREL de quoi il l'a promis décharger et de tous dépens, dommages et intérêts sous l'obligation solidaire de tous leurs biens fait pardevant monsieur de Douay échevin sepmanier le 3/10/1669.

667 - Médiathèque Arras FF125 Folio 573V :
Marie Marguerite, Susanne et Philippe Ignace MONNEL enfants de feu Charles et de Marguerite LEDRU demeurant audit Arras neveu et nièces de feue Damoiselle Françoise MONNEL leur tante qui fut cousine germaine et héritière de Damoiselle Jeanne MONNEL, ont déclaré et déclarent qu'ils récréantent par le trépas de ladite Damoiselle Françoise MONNEL leur tante promettant payer ses dettes, obsèques et funérailles et en décharger la cour, fait pardevant monsieur de Moron échevin sepmanier le 8/10/1669.

668 - Médiathèque Arras FF125 Folio 573V :
Marie PRUVOST veuve de Pierre DUPIRE vivant bourgeois demeurant à Arras a déclaré et déclare qu'elle récréante par le trépas dudit DUPIRE son mari promettant payer ses dettes, obsèques et funérailles et en décharger la cour fait pardevant monsieur Descouleurs échevin sepmanier le 9/10/1669.

669 - Médiathèque Arras FF125 Folio 574R :
Marguerite LERICHE veuve de Nicolas DENOEUTRE a déclaré et déclare qu'elle récréante par le trépas dudit DENOEUTRE son mari promettant payer ses dettes, obsèques et funérailles et en décharger la cour, fait pardevant monsieur Descouleurs échevin sepmanier le 12/10/1669.

670 - Médiathèque Arras FF125 Folio 574R :
Curatelle : Adrien ENLART bourgeois de cette ville fils de Damoiselle Anne DUBOSQUEL veuve de Nicolas ENLART sieur de Bouvigny demeurant audit Arras a sur requête présentée par Jean François HANNEQUIN bourgeois créditeur avec autre de feue Damoiselle Françoise DELACOURT à son trépas veuve et demeurée es biens de Géry WILLART vivant bourgeois de ladite ville y demeurant été reçu et admis par ordonnance du dernier de septembre de cet an à la curatelle des biens délaissés vacants par le trépas de ladite Damoiselle Françoise DELACOURT à la caution offerte de ladite Damoiselle Anne DUBOSQUEL sa mère en faisant les devoirs, est comparu ledit ENLART qui a empris et accepté ladite curatelle et promis par serment de s'y bien et fidèlement conduire et comporter et d'en rendre bon et fidèle compte quand sommé et requis en sera, s'étant à ces fins ladite Damoiselle DUBOSQUEL aussi comparante constituée caution dudit ENLART son fils de quoi il a promis décharger sous l'obligation solidaire de tous leurs biens fait pardevant monsieur Vion échevin sepmanier le 12/10/1669.

671 - Médiathèque Arras FF125 Folio 575R :
Marie PICCART veuve de Géry THUILLIER vivant bourgeois demeurant à Arras a déclaré et déclare qu'elle récréante par le trépas dudit THUILLIER son mari promettant payer ses dettes, obsèques et funérailles et en décharger la cour fait pardevant monsieur du Petit Praielle échevin sepmanier le 21/10/1669.

672 - Médiathèque Arras FF125 Folio 575R :
François SALMON bourgeois poissonnier et Paul CAMUS aussi bourgeois et boulanger demeurant en cette ville exécuteurs testamentaires de feue Jeanne MORY veuve de Philippe LORETZ vivant pareillement bourgeois cuisinier y demeurant ont déclaré et déclarent qu'ils récréantent par le trépas de ladite feue MORY au nom de Nicolas, Guislain et Marie Anne LORETZ ses enfants mineurs qu'elle olt d'iceluy promettant auxdits noms payer ses dettes, obsèques et funérailles et en décharger la cour, fait pardevant monsieur du Petit Praielle échevin sepmanier le 22/10/1669.

673 - Médiathèque Arras FF125 Folio 576R :
Susanne PRUVOST veuve de Nicolas DORESMIEUX vivant bourgeois demeurant à Arras a déclaré et déclare qu'elle récréante par le trépas d'Antoine PRUVOST son frère décédé le dernier d'octobre passé promettant payer ses dettes, obsèques et funérailles et en décharger la cour fait pardevant monsieur Camp échevin sepmanier le 4/11/1669.

674 - Médiathèque Arras FF125 Folio 576V :
Marguerite DUTHERAGE veuve de Claude CAUDRON vivant bourgeois porteur au sac demeurant à Arras a déclaré et déclare qu'elle récréante par le trépas dudit CAUDRON son mari promettant payer ses dettes, obsèques et funérailles et en décharger la cour fait pardevant monsieur Camp échevin sepmanier le 6/11/1669.

675 - Médiathèque Arras FF125 Folio 577V :
Jacques LEVEL bourgeois marchand demeurant en cette ville a déclaré et déclare qu'il récréante par le trépas de feu Jacques LEVEL son père décédé le dixième de ce mois promettant payer ses dettes, obsèques et funérailles et en décharger la cour, fait pardevant monsieur Pallette échevin sepmanier le 13/11/1669.

676 - Médiathèque Arras FF125 Folio 580R :
Pasquette VALLIERD veuve de Pierre FRANCOIS vivant bourgeois marchand demeurant à Arras a déclaré et déclare qu'elle récréante par le trépas dudit FRANCOIS son mari décédé le jour d'hier promettant payer ses dettes, obsèques et funérailles et en décharger la cour, fait pardevant monsieur le Sellier échevin sepmanier le 28/11/1669.

677 - Médiathèque Arras FF125 Folio 580R :
Le sieur chanoine CENSSE neveu et héritier de feu Jacques MESHAIE vivant bourgeois marchand demeurant à Arras a déclaré et déclare qu'il récréante par le trépas dudit MESHAIE son oncle promettant payer ses dettes, obsèques et funérailles et en décharger la cour fait pardevant monsieur Sellier échevin sepmanier le 29/11/1669.

678 - Médiathèque Arras FF125 Folio 581R :
Louis CAIGNERET bourgeois marchand demeurant à Arras fils de Nicolas CAIGNERET et de Jacqueline DERVILLERS icelle nièce du côté maternel de feue Jeanne MARCHANT veuve de Guillaume THERY demeurant audit Arras, a déclaré et déclare qu'il récréante tant en son nom privé qu'au nom de ses dits père et mère par le trépas de ladite feue MARCHANT décédée au mois de novembre dernier promettant payer ses dettes, obsèques et funérailles et en décharger la cour fait pardevant monsieur de Moron échevin sepmanier le 4/12/1669.

679 - Médiathèque Arras FF125 Folio 581V :
Jeanne BIENFAIT veuve de Jean DE BARLY vivant sergent à verge de cet échevinage demeurant en cette ville s'est constituée caution d'Antoine DE BARLY son fils sergent du châtelain de cette ville à qui elle a été admise par ordonnance du premier octobre dernier pour par elle profiter d'autre ordonnance de ce siège du 2 de septembre précédent rendue au différend y intenté par ledit DE BARLY contre Jean Baptiste LECLERCQ bourgeois libraire demeurant audit Arras par laquelle messieurs renvoient les parties comme contraires pour y vérifier leurs intentions et par instruire plus amplement leur différend jusqu'en état de juger, adjugeant par provision au remonstrant main levée des cinq livres par lui prétendus à caution qu'il sera tenu bailler dépens réservés en définitif, promettant suivant ladite BIENFAIT et avec elle icelui DE BARLY son fils rendre, payer et rapporter ce que pourra être dit ci après en définitif sous l'obligation solidaire de tous leurs biens fait pardevant monsieur de Moron échevin sepmanier le 4/12/1669.

680 - Médiathèque Arras FF125 Folio 582R :
Curatelle : Nicolas CAUDRON bourgeois marchand de grains demeurant à Arras a sur requête par lui présentée été reçu et admis à la tutelle et curatelle des personne et biens d'Alexandre LEGRAND fils mineur de feus Alexandre vivant bourgeois marchand drapier et de Damoiselle Françoise CAUDRON, par ordonnance du jourd'hui suivant les accords et consentements tant des plus proches parents et créditeurs dudit mineur que du procureur général de cette ville à la caution de Guillaume ALLART sergent à verge de cet échevinage en faisant les devoirs, est comparu ledit CAUDRON en personne lequel a empris et accepté ladite tutelle et curatelle et promis par serment de s'y bien conduire et comporter et d'en rendre bon et fidèle compte quand sommé et requis en sera, s'étant ledit ALLART pour ce aussi présent et comparant constitué caution dudit CAUDRON de quoi icelui l'a promis décharger et de tous dépens, dommages et intérêts sous l'obligation solidaire de tous leurs biens fait pardevant monsieur de Moron échevin sepmanier le 5/12/1669.

681 - Médiathèque Arras FF125 Folio 584R :
François WILLART bourgeois marchand drapier demeurant à Arras a déclaré et déclare qu'il récréante par le trépas de Damoiselle Catherine GANET sa mère vivant veuve de Laurent WILLART décédée le 16 août dernier promettant payer ses dettes, obsèques et funérailles et en décharger la cour fait pardevant monsieur Camp échevin sepmanier le 18/12/1669.

682 - Médiathèque Arras FF125 Folio 585V :
Adrienne STEVENART veuve de Pierre VALLE vivant bourgeois demeurant à Arras a déclaré et déclare qu'elle récréante par le trépas dudit VALLE son mari promettant payer ses dettes, obsèques et funérailles et en décharger la cour fait pardevant monsieur Pallette échevin sepmanier le 23/12/1669.

683 - Médiathèque Arras FF125 Folio 586R :
Marguerite PARADIS veuve de Pierre GALET vivant bourgeois maître maçon demeurant en cette ville a déclaré et déclare qu'elle récréante par le trépas dudit feu GALET son mari décédé le 28 de ce mois promettant payer ses dettes, obsèques et funérailles et en décharger la cour fait pardevant monsieur Briois échevin sepmanier le 31/12/1669.

684 - Médiathèque Arras FF125 Folio 586V :
Bonaventure DORESMIEUX bourgeois, maître Philippe THERY aussi bourgeois marchand mari et bail d'Isabelle DORESMIEUX et Susanne PRUVOST veuve de Nicolas DORESMIEUX vivant aussi bourgeois marchand drapier demeurant tous à Arras, lesdits du surnom DORESMIEUX frère et sœurs enfants de feus Thomas DORESMIEUX et de Damoiselle Adrienne MASCLEF ont déclaré et déclarent (ladite Susanne PRUVOST tant en son nom que celui de Antoine François DORESMIEUX son fils en bas âge qu'elle olt dudit feu Nicolas son mari) qu'ils récréantent par le trépas de ladite feue MASCLEF leur mère décédée le 25ème de ce mois promettant solidairement payer ses dettes, obsèques et funérailles et en décharger la cour, fait pardevant monsieur Briois échevin sepmanier le 31/12/1669.

685 - Médiathèque Arras FF125 Folio 587R :
Damoiselle Claire DE VERITÉ veuve de feu Robert DE LOISEL vivant capitaine d'infanterie au service du roi catholique demeurant en cette ville a déclaré et déclare qu'elle récréante par le trépas de Damoiselle Marie DE VERITÉ veuve de Claude BOURGEOIS vivant avocat au conseil d'Artois sa sœur décédée ce jourd'hui promettant payer ses dettes, obsèques et funérailles et en décharger la cour, fait pardevant monsieur Stert échevin sepmanier le 2/1/1670.

686 - Médiathèque Arras FF125 Folio 587V :
Pierre GOUDEMAN boulanger demeurant en cette ville a déclaré et déclare qu'il récréante par le trépas de Marguerite DARRAS veuve de Robert GOUDEMAN sa mère décédée le jour d'hier promettant payer ses dettes, obsèques et funérailles et en décharger la cour fait pardevant monsieur Stert échevin sepmanier le 2/1/1670.

687 - Médiathèque Arras FF125 Folio 587V :
Noël et Jean DELEHAIE frères bourgeois couvreurs demeurant à Arras ont récréanté par le trépas de Joachin DELEHAIE leur père vivant aussi couvreur de tuiles promettant payer ses dettes, obsèques et funérailles et en décharger la cour fait pardevant monsieur de Faucerville échevin sepmanier le 8/1/1670.

688 - Médiathèque Arras FF125 Folio 588V :
Philippe BLANCHET bourgeois boucher demeurant en cette ville cousin à feu Charles CHRESTIEN vivant jeune homme à marier demeurant en la ville de Lille a déclaré et déclare qu'il se fonde héritier dudit feu CHRESTIEN décédé passés quelques mois promettant payer ses dettes, obsèques et funérailles et en décharger la cour fait pardevant monsieur Briois échevin sepmanier le 15/1/1670.

689 - Médiathèque Arras FF125 Folio 589R :
Charles Etienne RICHART jeune homme à marier de Robert RICHART lequel a déclaré et déclare qu'il récréante par le trépas dudit Robert RICHART son père promettant payer ses dettes, obsèques et funérailles et en décharger la cour, fait pardevant monsieur Briois échevin sepmanier le 16/1/1670.

690 - Médiathèque Arras FF125 Folio 589R :
Guillaume LEFEBVRE bourgeois demeurant en cette ville a déclaré et déclare qu'il récréante par le trépas de feu Charles LEFEBVRE son père vivant bourgeois saietteur demeurant audit Arras décédé le 11ème de ce mois

promettant payer ses dettes, obsèques et funérailles et en décharger la cour fait pardevant monsieur Briois échevin sepmanier le 16/1/1670.

691 - Médiathèque Arras FF125 Folio 590V :
Jeanne RASSE veuve de Jean MATTIS vivant bourgeois sergent de la gouvernance d'Arras a déclaré et déclare qu'elle récréante par le trépas dudit MATTIS son mari promettant payer ses dettes, obsèques et funérailles et en décharger la cour fait pardevant monsieur Pallette échevin sepmanier le 5/2/1670.

692 - Médiathèque Arras FF125 Folio 592R :
Louise FRERE veuve de Floris GARSON vivant bourgeois marchand demeurant en cette ville, a déclaré et déclare qu'elle renonce aux biens et dettes dudit feu GARSON son mari décédé le premier de janvier dernier se tenant à son droit de douaire stipulé par son contrat de mariage fait pardevant monsieur de Beaurains échevin sepmanier le 8/2/1670.

693 - Médiathèque Arras FF125 Folio 593V :
Guislaine BECQUET veuve de Jérosme THERET vivant bourgeois marchand demeurant en cette ville a déclaré et déclare qu'elle récréante par le trépas dudit feu THERET son mari décédé le 11ème de ce mois promettant payer ses dettes, obsèques et funérailles et en décharger la cour, fait pardevant monsieur Briois échevin sepmanier le 15/2/1670.

694 - Médiathèque Arras FF125 Folio 593V :
Curatelle : Marguerite CAMP veuve de Noël RESPONS demeurant en cette ville d'Arras a sur requête par elle présentée été reçue et admise par ordonnance du jourd'hui à la curatelle des biens délaissés vacants par feu maître Guillaume CAMP vivant bourgeois arpenteur de ladite ville suivant le consentement tant des plus proches parents dudit défunt que du procureur général de cette ville à la caution offerte de Marie Anne CAMP sœur d'icelle Marguerite en faisant les devoirs, est comparue ladite Marguerite CAMP en personne laquelle a empris et accepté ladite curatelle et promis par serment de s'y bien et fidèlement conduire et comporter et d'en rendre bon et fidèle compte quand sommé et requis en sera, s'étant à ces fins icelle Marie Anne CAMP pour ce aussi présente et comparante constituée caution de ladite Marguerite sa sœur, de quoi elle l'a promis décharger de tous dépens, dommages et intérêts sous l'obligation solidaire de tous leurs biens, fait pardevant monsieur Sellier échevin sepmanier le 19/2/1670.

695 - Médiathèque Arras FF125 Folio 594R :
Marie LABBE veuve de Charles GARSON vivant bourgeois marchand demeurant en cette ville a déclaré et déclare qu'elle récréante par le trépas de feu Floris GARSON son fils vivant aussi bourgeois marchand y demeurant décédé le premier de cet an promettant payer ses dettes, obsèques et funérailles et en décharger la cour fait pardevant monsieur Sellier échevin sepmanier le 21/2/1670.

696 - Médiathèque Arras FF125 Folio 594R :
Marie Françoise BACQUEVILLE jeune fille à marier de feus Michel BACQUEVILLE et Marguerite LEFORT demeurant audit Arras a déclaré et déclare qu'elle récréante par le trépas de feu Jean PREUDHOMME son beau-père vivant relict de ladite feue Marguerite LEFORT décédé le 14 de ce mois, promettant payer ses dettes, obsèques et funérailles et en décharger la cour fait le 21/2/1670 pardevant monsieur Sellier échevin sepmanier.

697 - Médiathèque Arras FF125 Folio 595R :
Madeleine LECOMTE veuve d'Anne PARIS vivant bourgeois coutelier demeurant à Arras a récréanté par le trépas dudit PARIS son mari promettant payer ses dettes, obsèques et funérailles et en décharger la cour fait pardevant monsieur de Moron échevin sepmanier le 25/2/1670.

698 - Médiathèque Arras FF125 Folio 596R :
François ACCART bourgeois demeurant à Arras a déclaré et déclare qu'il récréante par le trépas de François LEBUCQUE son beau-père promettant payer ses dettes, obsèques et funérailles et en décharger la cour fait pardevant monsieur Mouron échevin sepmanier le 26/2/1670.

699 - Médiathèque Arras FF125 Folio 596R :
Catherine LEBUCQ veuve de Jean MATHO a déclaré qu'elle récréante ledit LEBUCQ son père promettant comme dessus fait pardevant monsieur de Warnicamp échevin sepmanier le 26/2/1670.

700 - Médiathèque Arras FF125 Folio 598R :
Jeanne LOBEGEOIS veuve de Pasquier DELEBARRE vivant bourgeois maître espinglier demeurant en cette ville a déclaré et déclare qu'elle récréante par le trépas dudit feu DELEBARRE son mari décédé passés quinze jours ou environ promettant payer ses dettes, obsèques et funérailles et en décharger la cour fait pardevant Chivot échevin sepmanier le 4/3/1670.

701 - Médiathèque Arras FF125 Folio 599R :
Damoiselle Marie DEHENIN veuve de Philippe François DE CAVEREL écuyer sieur de Grancourdel etc a déclaré et déclare qu'elle renonce aux biens et meubles de communion d'entre elle et son mari déclarant se tenir à son douaire coutumier tel que par la coutume des lieux lui devra compéter et appartenir avec les autres droits afférant à icelle et tels qu'ils sont exprimés plus particulièrement par son contrat de mariage avec ledit feu sieur de Grancourdel et en la fin dudit douaire coutumier tel que la somme de mille florins une fois pour la chambre estoffe et qu'elle emprend la tutelle légitime de Isabelle Catherine et François Louis DE CAVEREL ses enfants en bas âge et qu'elle a retenus d'icelle conjonction et qu'en cette qualité et en leurs noms elle appréhende la succession tant mobilière qu'immobilière dudit défunt leur père promettant audit nom et en ladite qualité ci-dessus de payer et acquitter les dettes dudit feu sieur et en décharger la cour, fait pardevant monsieur Chivot échevin sepmanier le 8/3/1670.

702 - Médiathèque Arras FF125 Folio 600V :
Guillaume DE CAMBRAY bourgeois et Adrien CENSIER mari et bail de Barbe DE CAMBRAY lesdits DE CAMBRAY frère et sœur enfants de feu Jean DE CAMBRAY et Ollive DE CARNOY décédés en cette ville ont déclaré et déclarent qu'ils récréantent par le trépas de ladite DE CARNOY leur mère promettant payer ses dettes, obsèques et funérailles et en décharger la cour, fait pardevant monsieur Pallette échevin sepmanier le 18/3/1670.

703 - Médiathèque Arras FF125 Folio 602V :
Guislain LESCHEVIN bourgeois boulanger mari et bail de Marie Marguerite MILLON et Louis SERURIER pareillement bourgeois boulanger mari et bail de Jacqueline MILLON demeurant en cette ville, lesdites du surnom MILLON sœurs enfants et héritières de feus Philippe MILLON et de Guislaine VASSEUR vivants demeurant à Arras, ont déclaré et déclarent qu'ils récréantent par le trépas de ladite VASSEUR leur mère décédée au mois de février dernier promettant payer ses dettes, obsèques et funérailles et en décharger la cour, fait pardevant monsieur Stert échevin sepmanier le 24/3/1670.

704 - Médiathèque Arras FF125 Folio 603R :
Isabeau DE FALSES ? veuve de Jean DELEVAL vivant bourgeois demeurant à Arras a déclaré et déclare qu'elle récréante par le trépas dudit DELEVAL son mari promettant payer ses dettes, obsèques et funérailles et en décharger la cour, fait pardevant monsieur Stert échevin sepmanier le 26/3/1670.

705 - Médiathèque Arras FF125 Folio 605V :
Maître Charles François Dominique LEROUX avocat au conseil d'Artois demeurant à Arras mari et bail de Damoiselle Marie Antoinette PETIT icelle nièce et héritière de feu Charles vivant jeune homme à marier y demeurant a déclaré et déclare qu'il accord main levée à Marguerite PEUVION veuve de Jean LECLERCQ vivant tavernier demeurant audit Arras de la somme de 450 livres par lui nampty à ce siège le 12ème décembre dernier faisant les deniers principaux de certaine constitution de rente créée par ledit feu Charles PETIT au profit desdits LECLERCQ et sa femme et ce en payant par ladite PEUVION les frais dudit namptissement, fait pardevant monsieur Sellier échevin sepmanier le 5/4/1670.

706 - Médiathèque Arras FF125 Folio 606V :
Marie Anne DE NAVIS veuve d'Adrien BOCQUET vivant bourgeois maître peintre demeurant à Arras a déclaré et déclare qu'elle récréante par le trépas dudit BOCQUET son mari promettant payer ses dettes, obsèques et funérailles et en décharger la cour, fait pardevant monsieur de Mouron échevin sepmanier le 12/4/1670.

707 - Médiathèque Arras FF125 Folio 607V :
Curatelle : Louis DESMARETZ sieur de Helle demeurant à Arras a sur requête par lui présentée été reçu et admis par ordonnance du deuxième de ce mois à la tutelle et curatelle des personnes et biens de Henry, Allart, Antoine et Marie Philippe Joseph frères et sœur enfants mineurs des défunts Henry DESMARETZ sieur de Helle et Damoiselle Marie Thérèse LE SERGEANT à condition de faire inventaire judiciaire de tous les biens meubles, lettres de rente et lettrages délaissés par le trépas de leurs père et mère, pour en après en être faire vendue ou prisée desdits meubles à charge d'en rendre bon et fidèle compte lorsqu'il appartiendra à caution qu'il sera tenu bailler, laquelle caution a été reçue par autre ordonnance du seizième de ce mois de la personne du sieur

Barthélémy DESMARETZ son oncle sans aucunes conditions en faisant les devoirs requis et nécessaires à la suite de quoi ledit DESMARETZ a empris et accepté ladite tutelle et curatelle à condition qu'il ne pourra gérer ni administrer, ni recevoir aucunes choses sans l'aveu et participation dudit sieur Barthélémy son oncle à quoi il a consenti volontairement s'étant à ces fins iceluy Barthélémy DESMARETZ constitué sa caution et promis solidairement par serment de rendre bon et fidèle compte de ladite tutelle et curatelle quand sommé et requis en seront de laquelle caution ledit sieur Louis DESMARETZ l'a promis décharger sous l'obligation de tous leurs biens, fait pardevant monsieur de Hautescotte échevin sepmanier le 18/4/1670.

708 - Médiathèque Arras FF125 Folio 610V :
Marie DESMARETZ veuve de Nicolas PIPPE vivant bourgeois menuisier demeurant en cette ville a déclaré et déclare qu'elle récréante par le trépas dudit PIPPE son mari décédé ce jourd'hui promettant payer ses dettes, obsèques et funérailles et en décharger la cour, fait pardevant monsieur Camp échevin sepmanier le 24/4/1670.

709 - Médiathèque Arras FF125 Folio 614V :
Martine DUPUICH veuve de Thomas COUPPÉ bourgeois demeurant en cette ville a déclaré et déclare qu'elle récréante par le trépas dudit feu COUPPÉ son mari décédé passées trois semaines, promettant payer ses dettes, obsèques et funérailles et en décharger la cour fait pardevant monsieur Briois échevin sepmanier le 7/5/1670.

710 - Médiathèque Arras FF125 Folio 618V :
Docmaisnil et Barly sergents ont à la requête de maître Jean JACQUEMONT licencié en médecine tant en son nom que de François, Nicolas, Maximilien et Jacques JACQUEMONT ses frères, arrêté au corps Jean Baptiste JACQUEMONT du village de Boiry Notre Dame le trouvant en cette ville tant qu'il leur ait remis es mains tous et chacuns les titres et papiers qu'il a en sa possession provenant de la maison mortuaire de Jacques JACQUEMONT et Catherine NEPVEU leurs père et mère auquel arrêt ledit Jean Baptiste s'est opposé et à faute de caution lui a été ordonné de tenir prison ayant à ces fins été conduit à la châtellenie de cette ville et jour assigné aux prochains plaids, fait pardevant monsieur Descouleurs échevin sepmanier le 20/5/1670.

711 - Médiathèque Arras FF125 Folio 620R :
Françoise MINART veuve de Jacques BOUCHER vivant bourgeois demeurant à Arras a déclaré et déclare qu'elle récréante par le trépas dudit BOUCHER son mari promettant payer ses dettes, obsèques et funérailles et en décharger la cour, fait pardevant monsieur de Mouron échevin sepmanier le 23/5/1670.

712 - Médiathèque Arras FF125 Folio 620V :
Louis LEQUIEN bourgeois marchand tanneur demeurant en cette ville a déclaré et déclare qu'il récréante par le trépas de feue Antoinette DELEBOURSE veuve de Robert LEQUIEN sa mère décédée le 24ème de ce mois promettant payer ses dettes, obsèques et funérailles et en décharger la cour, fait pardevant monsieur Chivot échevin sepmanier le 28/5/1670.

713 - Médiathèque Arras FF125 Folio 623V :
Laurent TRUY bourgeois marchand demeurant à Arras mari et bail de Claire MATHON icelle nièce et héritière de feue Claire MATHON veuve d'Antoine HOLANDE a déclaré et déclare qu'il récréante par le trépas d'icelle Claire MATHON décédée le 19ème de mai dernier promettant payer ses dettes, obsèques et funérailles et en décharger la cour fait pardevant monsieur Camp échevin sepmanier le 3/6/1670.

714 - Médiathèque Arras FF125 Folio 624R :
Damoiselle Françoise DELAVALLEE veuve de feu Robert D'HOOSTREL vivant écuyer sieur de Diéval, Magnicourt, Rocourt en l'Eau etc en personne a déclaré et déclare qu'elle renonce aux biens et dettes dudit feu sieur de Diéval son mari décédé le 26 avril dernier soy tenant à son droit de douaire conventionnel stipulé par son contrat anténuptial, fait pardevant monsieur Camp échevin sepmanier le 4/6/1670.

715 - Médiathèque Arras FF125 Folio 624V :
Robert NONJAN bourgeois demeurant à Arras a déclaré et déclare qu'il récréante par le trépas de Madeleine DRIENNE sa mère veuve et demeurée es biens d'Adrien NONJAN promettant payer ses dettes, obsèques et funérailles et en décharger la cour, fait pardevant monsieur Beaurains échevin sepmanier le 9/6/1670.

716 - Médiathèque Arras FF125 Folio 625R :
Mathieu DESTRASELLE demeurant à Béthune mari et bail de Catherine BAROIS, Jacques MELIER demeurant à Tournai et Marguerite BLANCHET sa femme, Charles Abraham VARET frères demeurant en la ville de Lille, Françoise CABOCHE fille à marier demeurant audit Béthune, Claire DERANSART tant en son nom que soy faisant et portant fort de Jean Baptiste et Jean Procope DERANSART ses frères en bas âge, lesdits

BAROIS, BLANCHET, VARET, CABOCHE et DERANSART tous cousins en pareil degré à feu Charles CHRESTIEN bourgeois de cette ville décédé en la ville de Lille, ont récréanté par le trépas d'iceluy promettant payer ses dettes, obsèques et funérailles et en décharger la cour, fait pardevant monsieur de Beaurains échevin sepmanier le 12/6/1670.

717 - Médiathèque Arras FF125 Folio 626R :
Jeanne LEFEBVRE veuve de Jean NOISEAU vivant manouvrier demeurant en cette ville a déclaré et déclare qu'elle récréante par le trépas dudit feu NOISEAU son mari décédé ce jourd'hui promettant payer ses dettes, obsèques et funérailles et en décharger la cour, fait pardevant monsieur de Beaurains échevin sepmanier le 14/6/1670.

718 - Médiathèque Arras FF125 Folio 628V :
Louis GRENIER bourgeois marchand demeurant à Arras et Robert GRENIER aussi bourgeois y demeurant ont déclaré et déclarent qu'ils récréantent feu Pierre GRENIER vivant aussi bourgeois y demeurant frère dudit Louis et oncle dudit Robert promettant payer ses dettes, obsèques et funérailles et en décharger la cour, fait pardevant monsieur de Mouron échevin sepmanier le 30/6/1670.

719 - Médiathèque Arras FF125 Folio 631R :
Michelle LECLERCQ veuve d'Antoine CARTON vivant bourgeois demeurant à Arras a déclaré et déclare qu'elle récréante par le trépas dudit LECLERCQ son mari promettant payer ses dettes, obsèques et funérailles et en décharger la cour fait pardevant monsieur Chivot échevin sepmanier le 11/7/1670.

720 - Médiathèque Arras FF125 Folio 634R :
Marie Ignace VEILLIART veuve de Jérosme MOREL bourgeois demeurant à Arras a déclaré et déclare qu'elle récréante par le trépas dudit MOREL son mari promettant payer ses dettes, obsèques et funérailles et en décharger la cour fait pardevant monsieur Pallette échevin sepmanier le 24/7/1670.

721 - Médiathèque Arras FF125 Folio 634V :
Damoiselle Claire DUBUISSON veuve de maître François DE BEAURAINS vivant écuyer conseiller de la ville d'Arras et député ordinaire des Etats d'Artois a déclaré et déclare qu'elle récréante par le trépas dudit feu sieur DE BEAURAINS son mari promettant payer ses dettes, obsèques et funérailles et en décharger la cour fait pardevant monsieur de Beaurains échevin sepmanier le 24/7/1670.

722 - Médiathèque Arras FF125 Folio 635R :
Nicolas DELETAILLE bourgeois saietteur demeurant à Arras a déclaré et déclare qu'il récréante par le trépas de Jacques DELETAILLE son père vivant bourgeois demeurant audit Arras promettant payer ses dettes, obsèques et funérailles et en décharger la cour fait pardevant monsieur Briois échevin sepmanier le 28/7/1670.

723 - Médiathèque Arras FF125 Folio 636R :
Marie LOCOGE veuve de Jean DE GOUVES vivant bourgeois chartier demeurant en cette ville a déclaré et déclare qu'elle récréante par le trépas dudit feu LOCOGE son mari décédé le 26ème de ce mois promettant payer ses dettes, obsèques et funérailles et en décharger la cour fait pardevant monsieur Briois échevin sepmanier le 28/7/1670.

724 - Médiathèque Arras FF125 Folio 639R :
Antoine et Catherine DE BARLY frère et sœur enfants de feus Jean vivant sergent à verge de ce siège et de Jeanne BIENFAIT ont déclaré et déclarent qu'ils récréantent par le trépas de ladite BIENFAIT leur mère décédée passées six semaines promettant payer ses dettes, obsèques et funérailles et en décharger la cour, fait pardevant monsieur de Faucerville échevin sepmanier le 7/8/1670.

725 - Médiathèque Arras FF125 Folio 640R :
Isabelle DERUICT veuve d'Adrien DOCMAISNIL vivant bourgeois demeurant à Arras a déclaré et déclare qu'elle récréante par le trépas dudit DOCMAISNIL son mari promettant payer ses dettes, obsèques et funérailles et en décharger la cour, fait pardevant monsieur de Warnicamp échevin sepmanier le 12/8/1670.

726 - Médiathèque Arras FF125 Folio 640R :
Jeanne GROCOEUR fille franche demeurant à Arras a déclaré et déclare qu'elle récréante par le trépas de Jean GROCOEUR son père promettant payer ses dettes, obsèques et funérailles et en décharger la cour fait le 12/8/1670 pardevant monsieur de Warnicamp échevin sepmanier.

727 - Médiathèque Arras FF125 Folio 640V :
Marie Marguerite GRUMEL fille à marier demeurant à Arras et Jaspart CARLIER mari et bail de Marie Guislaine GRUMEL y demeurant, lesdites GRUMEL sœurs enfants de feus Nicolas GRUMEL et de Marguerite GONSSE ont déclaré et déclarent qu'ils récréantent par le trépas de ladite Marguerite GONSSE décédée passées ses dettes, obsèques et funérailles et en décharger la cour fait pardevant monsieur de Warnicamp échevin sepmanier le 13/8/1670.

728 - Médiathèque Arras FF125 Folio 643V :
Jeanne MORANT veuve de Laurent HUCQUET à son trépas bourgeois porteur au sacq demeurant en cette ville a déclaré et déclare qu'elle récréante ledit feu HUCQUET son mari décédé passés cinq à six jours promettant payer ses dettes, obsèques et funérailles et en décharger la cour, fait pardevant monsieur Camp échevin sepmanier le 30/8/1670.

729 - Médiathèque Arras FF125 Folio 646R :
Jeanne CORROIER veuve de Noël BOCQUET demeurant à Arras a déclaré et déclare qu'elle récréante par le trépas de Catherine DE ROCQUE en son temps jeune fille à marier sa tante promettant payer ses dettes, obsèques et funérailles et en décharger la cour fait pardevant monsieur Briois échevin sepmanier le 16/9/1670.

730 - Médiathèque Arras FF125 Folio 648V :
Marguerite LEGRAND veuve de Michel VOITIER sergent de l'élection d'Artois a déclaré et déclare qu'elle récréante par le trépas dudit VOITIER son mari promettant payer ses dettes, obsèques et funérailles et en décharger la cour, fait pardevant monsieur Camp échevin sepmanier le 6/10/1670.

731 - Médiathèque Arras FF125 Folio 648V :
Pierre MINART bourgeois boucher demeurant à Arras s'est constitué caution de Jean BONAVENTURE aussi bourgeois boucher y demeurant pour par lui profiter de la sentence rendue à ce siège le 22ème de septembre dernier au procès y mu d'entre ledit BONAVENTURE à l'encontre de Robert BACCON demeurant es faubourgs de Ronville par laquelle est dit entre autres choses que l'on ordonne audit BACCON de délivrer et mettre es mains dudit requérant la vache en question moyennant lui livrer treize patacons qui est le prix de son achat à bonne et sûre caution qu'il sera tenu bailler pour ce qui pourrait être dit en définitif, laquelle caution reçue par autre ordonnance du jour d'hier promettant ledit Pierre MINART rendre, payer et rapporter ce que sera dit ci après en définitif de la caution ledit BONAVENTURE l'a promis décharger ensemble de tous dépens, dommages et intérêts sous l'obligation etc fait pardevant monsieur Camp échevin sepmanier le 9/10/1670.

732 - Médiathèque Arras FF125 Folio 649V :
Damoiselle Isabelle Thérèse DU GROSPRÉ veuve de François CRULE écuyer Sieur de Sorval a déclaré et déclare qu'elle renonce aux biens meubles de la maison mortuaire dudit feu Sieur et qu'elle se tient à son droit de douaire porté par son contrat de mariage fait pardevant monsieur Briois échevin sepmanier le 30/10/1670.

733 - Médiathèque Arras FF125 Folio 650V :
Christophe BOUIN fils à marier suffisamment âgé de feu Christophe vivant bourgeois potier de terre demeurant en cette ville a déclaré et déclare qu'il récréante par le trépas dudit feu Christophe BOUIN son père décédé ce jourd'hui promettant payer ses dettes, obsèques et funérailles et en décharger la cour fait pardevant monsieur Pallette échevin sepmanier le 8/11/1670.

734 - Médiathèque Arras FF125 Folio 651R :
Georges MARESCHAL de son stil maréchal ferrant demeurant en cette ville a déclaré et déclare qu'il récréante par le trépas de feu Antoine MARESCHAL son père vivant aussi maréchal ferrant y demeurant décédé le jour d'hier promettant payer ses dettes, obsèques et funérailles et en décharger la cour fait pardevant monsieur Pallette échevin sepmanier le 8/11/1670.

735 - Médiathèque Arras FF125 Folio 652R :
Louis DUFAY bourgeois maître tailleur d'habits mari et bail de Catherine DUPUICH et Jacques DAIX cordonnier mari et bail de Jeanne DUPUICH demeurant en cette ville, lesdites DUPUICH sœurs enfants de feus Venant DUPUICH et de Marie ACCART, ont déclaré et déclarent qu'ils récréantent par le trépas de Madeleine DUPUICH leur sœur vivant femme à Dominique CAUVET décédée passées cinq semaines ou environ, promettant payer ses dettes, obsèques et funérailles et en décharger la cour fait pardevant monsieur Stert échevin sepmanier le 14/11/1670.

736 - Médiathèque Arras FF125 Folio 654R :
Antoinette LANCQUEBIEN veuve d'Antoine CARON vivant valet de la ville d'Arras a déclaré et déclare qu'elle récréante par le trépas dudit CARON son mari promettant payer ses dettes, obsèques et funérailles et en décharger la cour fait pardevant monsieur de Feuchin échevin sepmanier le 18/11/1670.

737 - Médiathèque Arras FF125 Folio 655R :
Hatté et Barly sergents ont à la requête de Louis HALLOT bourgeois boulanger et Antoine PARIS mari et bail de Marie HALLOT lesdits HALLOT frère et sœur, neveu et nièce et héritiers de feu Georges HALLOT, arrêté et empêché es mains de Jean HIART marchand audit Arras tous et chacuns les deniers qu'il peut devoir à François GENTIL demeurant à Wailly pour avoir paiement de sept livres dix sept sols à déclarer, ayant été faites les défenses requises en parlant audit HIART en personne en parlant à la femme dudit GENTIL la trouvant en cette ville et jour assigné aux prochains plaids, fait le 22/11/1670.

738 - Médiathèque Arras FF125 Folio 655R :
Antoine FOUCQUIER sieur de Norbendas demeurant en cette ville neveu de Damoiselle Marguerite CUVELIER à son trépas demeurant en cette ville a déclaré et déclare qu'il récréante par le trépas d'icelle CUVELIER sa tante décédée le jour d'hier, promettant payer ses dettes, obsèques et funérailles et en décharger la cour, fait pardevant monsieur de Feuchin échevin sepmanier le 22/11/1670.

739 - Médiathèque Arras FF125 Folio 655V :
Damoiselle Catherine ALLEXANDRE fille à marier nièce et héritière seule de défunt Maximilien PALIEUS vivant receveur demeurant à Arras, a récréanté par le trépas d'iceluy soy fondant son héritier promettant payer ses dettes, obsèques et funérailles et en décharger la cour, fait pardevant monsieur de Feuchin échevin sepmanier le 22/11/1670.

740 - Médiathèque Arras FF125 Folio 655V :
Damoiselle Marie Barbe DESFOSSEZ veuve de Louis LEGRAND vivant apothicaire demeurant en cette ville a déclaré et déclare qu'elle récréante par le trépas dudit feu LEGRAND son mari décédé le premier de ce mois, promettant payer ses dettes, obsèques et funérailles et en décharger la cour fait pardevant monsieur Caudron échevin sepmanier le 24/11/1670.

741 - Médiathèque Arras FF125 Folio 655V :
Damoiselle Antoine DU MONT SAINT ELOY nièce et héritière de Dame Marie Madeleine DU MONT SAINT ELOY vivant veuve de feu Messire Pierre PREUDHOMME D'AILLY à son trépas chevalier seigneur de Couanne a déclaré et déclare qu'elle récréante par le trépas de ladite Dame promettant payer ses dettes, obsèques et funérailles et en décharger la cour, fait pardevant monsieur Stert échevin sepmanier le 24/11/1670.

742 - Médiathèque Arras FF125 Folio 656R :
Pierre et Catherine DELHOMEL frère et sœur enfants de feus Nicolas DELHOMEL et Marie MACREL leurs père et mère demeurant en cette ville ont déclaré et déclarent qu'ils récréantent par le trépas de ladite feue MACREL décédée ce jourd'hui, promettant payer ses dettes, obsèques et funérailles et en décharger la cour, fait pardevant monsieur Caudron échevin sepmanier le 27/11/1670.

743 - Médiathèque Arras FF125 Folio 656V :
Barly et Leroux sergents ont à la requête de maître François DEFONTAINES licencié es loix conseiller de cette ville neveu et héritier de Damoiselle Guislaine DUPONCHEL vivant fille franche demeurant en cette ville arrêté au corps Hugues DUPONCHEL marchand brasseur demeurant à Béthune pour avoir paiement de la somme de cinq cents livres pour les causes etc, auquel arrêt ledit DUPONCHEL s'est opposé et à faute de caution lui a été ordonné de tenir prison, ayant à ces fins été conduit es prisons de la châtellenie de cette ville et jour assigné aux prochains plaids, fait pardevant monsieur Stert échevin sepmanier le 29/11/1670.

744 - Médiathèque Arras FF125 Folio 657V :
Louise DERVILLERS veuve de Charles VASSEUR vivant boucher de cette ville a déclaré et déclare qu'elle récréante par le trépas dudit VASSEUR son mari promettant payer ses dettes, obsèques et funérailles et en décharger la cour, fait pardevant monsieur Palisot échevin sepmanier le 10/12/1670.

745 - Médiathèque Arras FF125 Folio 658R :
Catherine BRACQUET jeune fille à marier demeurant en cette ville a déclaré et déclare qu'elle récréante par le trépas de feue Catherine BRACQUET sa tante paternelle vivant ancienne fille à marier demeurant en cette dite

ville décédée le 8ème de ce mois promettant payer ses dettes, obsèques et funérailles et en décharger la cour, fait pardevant monsieur Stert échevin sepmanier le 11/12/1670.

746 - Médiathèque Arras FF125 Folio 659R :
Antoinette VAILLANT veuve de Simon NOIRET vivant bourgeois maître maçon demeurant en cette ville a déclaré et déclare qu'elle récréante par le trépas dudit feu NOIRET son mari décédé le jour d'hier promettant payer ses dettes, obsèques et funérailles et en décharger la cour fait pardevant monsieur Rouvroy échevin sepmanier le 17/12/1670.

747 - Médiathèque Arras FF125 Folio 660V :
Jean LEROUX et Roze LEROUX frère et sœur enfants de feus Jean et Marguerite DE RISBOURCQ a déclaré et déclare qu'ils récréantent par le trépas de ladite DE RISBOURCQ leur mère promettant payer ses dettes, obsèques et funérailles et en décharger la cour, fait pardevant monsieur de Rouvroy échevin sepmanier le 20/12/1670.

748 - Médiathèque Arras FF125 Folio 661R :
Nicolas DESHEE jardinier et bourgeois demeurant es faubourgs des alouettes et Jacques MINART aussi bourgeois et jardinier demeurant à Arras ont récréanté par le trépas d'Isabeau DESHAIE veuve de Charles CLOCQUETEUR décédée le jour d'hier en cette ville promettant payer ses dettes, obsèques et funérailles et en décharger la cour fait pardevant monsieur du Petit Praielle échevin sepmanier le 22/12/1670.

749 - Médiathèque Arras FF125 Folio 661V :
Marie CLOCQUETEUR veuve de Jean VASSEUR a déclaré et déclare qu'elle récréante par le trépas dudit VASSEUR son mari promettant payer ses dettes, obsèques et funérailles et en décharger la cour fait pardevant monsieur de Feuchin échevin sepmanier le 29/12/1670.

750 - Médiathèque Arras FF125 Folio 663R :
Marie COIFFIER veuve de Laurent LEFEBVRE vivant bourgeois potier de terre demeurant en cette ville a déclaré et déclare qu'elle récréante par le trépas dudit feu LEFEBVRE son mari décédé le jour d'hier promettant payer ses dettes, obsèques et funérailles et en décharger la cour fait pardevant monsieur Caudron échevin sepmanier le 10/1/1671.

751 - Médiathèque Arras FF125 Folio 664V :
Claude et Philippe LEGARD frères demeurant en cette ville et Florent LEFEBVRE bourgeois y demeurant mari et bail de Marie Guislaine LEGARD lesdits LEGARD frères et sœur enfants de feu Philippe LEGARD vivant bourgeois maître taillandier demeurant audit Arras ont déclaré et déclarent qu'ils récréantent par le trépas dudit LEGARD leur père décédé ce jourd'hui promettant ses dettes, obsèques et funérailles et en décharger la cour, fait pardevant monsieur Briois échevin sepmanier le 20/1/1671.

752 - Médiathèque Arras FF125 Folio 667R :
François Allart MONVOISIN bourgeois demeurant en cette ville a déclaré et déclare que de l'ordonnance contre lui rendue à ce siège le 20 du courant au profit d'André LEROY fils et héritier de Philippe marchand demeurant à Abbeville il s'en est porté et porte pour appelant protestant, fait pardevant monsieur Pallette échevin sepmanier le 28/1/1671.

753 - Médiathèque Arras FF125 Folio 668R :
Philippe DUHAUPAS, Antoine MARSEL, Louis DE MARSY, Robert REGNAULT, Jacques ALLIEMART, Etienne HANDRON, Jean DELAROCHE, Jaspart MARTIN, Pierre PRECOURT, Jacques ANSSELIN, Jean CARLIER, Vaast FAUCQUETTE, Jean Baptiste VANIER et Ambroise François DUPUICH tous maîtres cuisiniers et pâtissiers demeurant en cette ville se sont respectivement constitués caution l'un de l'autre à quoi ils ont été admis par ordonnance du 28 de ce mois pour par eux profiter d'autre ordonnance provisionnelle rendue à ce siège le 17ème décembre dernier au différend contre eux intenté par les hostelains de cette ville par laquelle messieurs ont renvoyé les parties comme contraires sur le rolle pour y vérifier et parinstruire leur procès jusque en état de juger et faisant droit sur la provision ont défendu bien expressément auxdits hostelains de vendre chez eux autres parties comestibles que beurre, œufs, harengs, sorets, morues, petits pâtés, chair de prinsel, porcs et moutons bouillis, tant seulement réservant les ventes d'autres viandes soit la chair ou poisson aux cuisiniers ainsi qu'ils ont fait jusqu'à présent à peine de six livres d'amende pour chacune contravention à charge que les viandes qui se vendront par lesdits hostelains seront aussi bien sujettes à l'égard que celles qui se vendent et vendront par lesdits cuisiniers, ordonnant aux hostelains de cette ville qui voudraient tenir table d'hoste de se dénommer et déclarer à quel prix ils entendent tenir ladite table pour ce fait en être par nous

ordonné comme de raison, le tout à caution que seront tenus bailler lesdits cuisiniers, dépens réservés en définitif promettant suivant ce lesdits cuisiniers susnommés solidairement rendre, payer et rapporter ce que pourra être dû ci après si avant qu'ils y soient condamnés sous l'obligation solidaire de tous leurs biens, fait pardevant monsieur Pallette échevin sepmanier le 29/1/1671.

754 - Médiathèque Arras FF125 Folio 668V :
Damoiselle Catherine DE BLAS veuve demeurée es biens de maître Antoine LESPILLET vivant procureur du roi en ses ville et gouvernance de Béthune a déclaré et déclare qu'elle récréante par le trépas de Damoiselle Marie DE BLAS vivant Dame de Rocourt sa sœur demeurant en cette ville décédée le 25ème de ce mois promettant payer ses dettes, obsèques et funérailles et en décharger la cour, fait pardevant monsieur Pallette échevin sepmanier le 30/1/1671.

755 - Médiathèque Arras FF125 Folio 669R :
Marie Anne GRENIER veuve de Nicolas VAHE vivant bourgeois mercier demeurant à Arras a récréanté par le trépas dudit VAHE son mari promettant payer ses dettes, obsèques et funérailles et en décharger la cour, fait pardevant monsieur du Petit Praielle échevin sepmanier le 3/2/1671.

756 - Médiathèque Arras FF125 Folio 670R :
Jacques HUCQUET bourgeois saietteur demeurant en cette ville a déclaré et déclare qu'il récréante par le trépas de feu Hermand HUCQUET son père vivant aussi maître saietteur demeurant en cette ville décédé ce jourd'hui promettant payer ses dettes, obsèques et funérailles et en décharger la cour fait pardevant monsieur du Petit Preel échevin sepmanier le 7/2/1671.

757 - Médiathèque Arras FF125 Folio 670V :
Marie LEMOISNE veuve d'Adrien FOURMAULT vivant chartier demeurant en cette ville a déclaré et déclare qu'elle récréante par le trépas dudit feu FOURMAULT son mari décédé le 8ème de ce mois promettant payer ses dettes, obsèques et funérailles et en décharger la cour, fait pardevant monsieur Delaire échevin sepmanier le 12/2/1671.

758 - Médiathèque Arras FF125 Folio 671V :
Nicolas PETIT mesureur de grains demeurant en cette ville mari et bail de Marie Marguerite CAUDRON a déclaré et déclare qu'il récréante par le trépas d'Antoinette PEUVION sa belle mère vivant veuve de Philippe CAUDRON décédée le jour d'hier promettant payer ses dettes, obsèques et funérailles et en décharger la cour, fait pardevant monsieur Caudron échevin sepmanier le 16/2/1671.

759 - Médiathèque Arras FF125 Folio 672R :
Sailly et Barly sergents ont à la requête de Roger FOURMAULT bourgeois saietteur demeurant à Arras arrêté et empêché es mains d'Hubert WALLET maréchal ferrant demeurant audit Arras un chariot et quatre chevaux savoir deux ongres l'un de poil blanc et l'autre de poil noir et l'autre de poil roux, qu'il a en sa possession appartenant à Marie LEMOISNE veuve d'Adrien FOURMAULT et Marcq FOURMAULT son fils chartier audit Arras pour avoir paiement de cent cinquante livres pour les causes etc, ayant été faites les défenses requises en parlant audit WALLET et jour assigné aux prochains plaids, fait le 18/2/1671 et signifié en parlant auxdits LEMOISNE et FOURMAULT et leur donne assignation comme dessus.

760 - Médiathèque Arras FF125 Folio 674R :
Marie DAUCHET veuve de Jacques BONNEL bourgeois fauxboulier demeurant en la Neuve Rue a déclaré et déclare qu'elle récréante par le trépas dudit BONNEL son mari promettant payer ses dettes, obsèques et funérailles et en décharger la cour fait pardevant monsieur Boucquel échevin sepmanier le 27/2/1671.

761 - Médiathèque Arras FF125 Folio 674V :
Marie Marguerite TAILLANDIER veuve de Jean GELÉ vivant bourgeois peigneur demeurant à Arras a déclaré et déclare qu'elle récréante par le trépas dudit feu GELÉ son mari décédé la nuit passée promettant payer ses dettes, obsèques et funérailles et en décharger la cour, fait pardevant monsieur Briois échevin sepmanier le 4/3/1671.

762 - Médiathèque Arras FF125 Folio 675V :
Noëlle MOLINET veuve de Charles BOURGEOIS vivant meunier décédé en cette ville a récréanté par le trépas dudit BOURGEOIS son mari promettant payer ses dettes, obsèques et funérailles et en décharger la cour fait pardevant monsieur Rouvroy échevin sepmanier le 10/3/1671.

763 - Médiathèque Arras FF125 Folio 675V :
Florent BURY bourgeois marchand et Marie Agnès BURY sa sœur, enfants de feus Philippe BURY et Jeanne DESMOLINS vivant aussi marchand audit Arras ont déclaré et déclarent qu'ils récréantent par le trépas de ladite DESMOLINS leur mère décédée ce jourd'hui, promettant payer ses dettes, obsèques et funérailles et en décharger la cour fait pardevant monsieur Rouvroy échevin sepmanier le 11/3/1671.

764 - Médiathèque Arras FF125 Folio 676R :
Marguerite PEUVION veuve de Jean LECLERCQ mère et tutrice légitime d'Antoine et Pierre LECLERCQ ses enfants en bas âge a déclaré et déclare qu'en cette qualité été récréanté par le trépas de Marie LECLERCQ veuve de Pierre PIERREMONT décédée ce jourd'hui promettant payer ses dettes, obsèques et funérailles et en décharger la cour fait pardevant monsieur Rouvroy échevin sepmanier le 12/3/1671.

765 - Médiathèque Arras FF125 Folio 676R :
Nicolas DEQUESNE bourgeois marchand demeurant à Arras, Marie Françoise LECLERCQ sa femme ont déclaré et déclarent qu'ils récréantent par le trépas de Marie LECLERCQ veuve de Pierre PIERREMONT décédée ce jourd'hui promettant payer ses dettes, obsèques et funérailles et en décharger la cour fait pardevant monsieur Rouvroy échevin sepmanier le 12/4/1671.

766 - Médiathèque Arras FF125 Folio 676V :
Jean Baptiste VAGNIER bourgeois maître cuisinier demeurant en cette ville et Marie Jeanne LECLERCQ sa femme ont déclaré et déclarent qu'ils récréantent par le trépas de Marie LECLERCQ veuve de Pierre PIERREMONT tante paternelle à ladite Marie Jeanne décédée le jour d'hier promettant payer ses dettes, obsèques et funérailles et en décharger la cour fait pardevant monsieur Rouvroy échevin sepmanier le 13/3/1671.

767 - Médiathèque Arras FF125 Folio 678R :
Damoiselle Marguerite GAILLART veuve de Pierre DELEBECQUE vivant ancien greffier du conseil d'Artois a déclaré et déclare qu'elle récréante par le trépas dudit feu sieur DELEBECQUE son mari décédé le 19ème de ce mois, promettant payer ses dettes, obsèques et funérailles et en décharger la cour, fait pardevant monsieur Desmaretz échevin sepmanier le 20/3/1671.

768 - Médiathèque Arras FF125 Folio 679V :
Marguerite SOHIER veuve de Nicolas SAQUET vivant bourgeois fourbisseur, Nicolas CAUDRON aussi bourgeois marchand grossier mari et bail de Damoiselle Louise SOHIER et François LAUMOSNIER dit Poitevin pareillement bourgeois maître cordonnier mari et bail de Anne SOHIER demeurant tous à Arras, lesdites SOHIER nièces du côté paternel à feue Marie SOHIER fille franche y demeurant ont déclaré et déclarent qu'ils récréantent par le trépas de ladite feue SOHIER leur tante décédée le jour d'hier, promettant payer ses dettes, obsèques et funérailles et en décharger la cour, fait pardevant monsieur Delaire échevin sepmanier le 24/3/1671.

769 - Médiathèque Arras FF125 Folio 680R :
Marie LEFEBVRE veuve de Guillaume DE BUIRE vivant bourgeois maître tonnelier demeurant en cette ville a déclaré et déclare qu'elle récréante par le trépas dudit DE BUIRE son mari décédé ce jourd'hui promettant payer ses dettes, obsèques et funérailles et en décharger la cour fait pardevant maître Delaire échevin sepmanier le 26/3/1671.

770 - Médiathèque Arras FF125 Folio 680R :
Marie Madeleine BLAIRE veuve de Jacques BOULONGNE vivant bourgeois marchand demeurant en cette ville a déclaré et déclare qu'elle récréante par le trépas dudit BOULONGNE son mari décédé le 27 de mars dernier promettant payer ses dettes, obsèques et funérailles et en décharger la cour fait pardevant monsieur Stert échevin sepmanier le 2/4/1671.

771 - Médiathèque Arras FF125 Folio 681V :
Toussaint SOHIER fils à marier de feu Grégoire SOHIER vivant bourgeois marchand tanneur demeurant à Arras a déclaré et déclare qu'il récréante par le trépas de feue Marie SOHIER vivante fille franche demeurant audit Arras sa tante du côté paternel décédée le 23 mars dernier promettant payer ses dettes, obsèques et funérailles et en décharger la cour, fait pardevant monsieur Stert échevin sepmanier le 4/4/1671.

772 - Médiathèque Arras FF125 Folio 681V :
Marie FEBVRIER veuve de Philippe ROUSSEL vivant maître maçon demeurant en cette ville a déclaré et déclare qu'elle récréante par le trépas dudit ROUSSEL son mari décédé le jour d'hier promettant payer ses dettes, obsèques et funérailles et en décharger la cour, fait pardevant monsieur Briois échevin sepmanier le 7/4/1671.

773 - Médiathèque Arras FF125 Folio 681V :
Damoiselle Marie Marguerite VEILLART veuve de Laurent CHEVALIER vivant lieutenant du prévôt des maréchaux en Artois a déclaré et déclare qu'elle récréante par le trépas dudit feu sieur CHEVALIER son mari décédé le 6 de ce mois promettant payer ses dettes, obsèques et funérailles et en décharger la cour, fait pardevant monsieur Briois échevin sepmanier le 8/4/1671.

774 - Médiathèque Arras FF125 Folio 683R :
Anne DELEAUE fille à marier demeurant à Arras a récréanté par le trépas de Catherine DELEAUE sa sœur aussi à marier décédée samedi dernier 11ème de ce mois promettant payer ses dettes, obsèques et funérailles et en décharger la cour fait pardevant monsieur Briois échevin sepmanier le 13/4/1671.

775 - Médiathèque Arras FF125 Folio 683R :
Henry DERUICT bourgeois marchand demeurant à Arras mari et bail de Catherine Agnès CRESSON, Adrien DUFRESNE et Louis DUFRESNE lesdits du surnom DUFRESNE frères enfants avec ladite CRESSON de feue Anne FATOU veuve en dernière noce de feu Adrien DUFRESNE vivant bourgeois marchand demeurant audit Arras et paravant de Jean CRESSON promettant iceux DERUICT et DUFRESNE payer les dettes, obsèques et funérailles de ladite Anne FATOU leur mère décédée le jour d'hier et en décharger la cour, fait pardevant monsieur Palisot échevin sepmanier le 14/4/1671.

776 - Médiathèque Arras FF125 Folio 683V :
André FONTAINE bourgeois plombier demeurant en cette ville mari et bail d'Isabeau CHRESTIEN icelle fille de feus Antoine et de Marie GONSSE a déclaré et déclare qu'il récréante par le trépas de ladite GONSSE sa mère décédée ce jourd'hui promettant payer ses dettes, obsèques et funérailles et en décharger la cour, fait pardevant monsieur Palisot échevin sepmanier le 14/4/1671.

777 - Médiathèque Arras FF125 Folio 684R :
Marie MARQUISE veuve de Nicolas GUERART vivant bourgeois couvreur de tuiles demeurant à Arras a récréanté par le trépas dudit GUERART son mari promettant payer ses dettes, obsèques et funérailles et en décharger la cour fait pardevant monsieur Briois échevin sepmanier le 14/4/1671.

778 - Médiathèque Arras FF125 Folio 685R :
Jean REGNAULT bourgeois maître boulanger et Jean GUILLUY aussi bourgeois et hostelain demeurant en cette ville mari et bail de Marie Marguerite REGNAULT, lesdits REGNAULT frère et sœur enfants de feus Jean et de Marguerite LIEPPE, ont déclaré et déclarent qu'ils récréantent par le trépas d'icelle feue LIEPPE leur mère décédée le 19ème de ce mois promettant payer ses dettes, obsèques et funérailles et en décharger la cour, fait pardevant monsieur Rouvroy échevin sepmanier le 21/4/1671.

779 - Médiathèque Arras FF125 Folio 685V :
Antoinette TEMPLIER veuve d'Etienne TAILLY vivant sergent à verge de cet échevinage a déclaré et déclare qu'elle récréante par le trépas dudit feu TAILLY son mari décédé le quinzième de mars dernier promettant payer ses dettes, obsèques et funérailles et en décharger la cour, fait pardevant monsieur Rouvroy échevin sepmanier le 21/4/1671.

780 - Médiathèque Arras FF125 Folio 685V :
Anne LEGRAND veuve de Nicaise CAUWET demeurant en cette ville a déclaré et déclare qu'elle récréante par le trépas de feue Marguerite LEGRAND sa sœur vivant ancienne fille demeurant à Arras décédée le 19ème de ce mois promettant payer ses dettes, obsèques et funérailles et en décharger la cour, fait pardevant monsieur Pallette échevin sepmanier le 21/4/1671.

781 - Médiathèque Arras FF125 Folio 686R :
Luce et Marie Anne REGNAULT sœurs filles à marier de feus Jean et de Marguerite LIEPPE vivant boulanger demeurant en cette ville ont déclaré et déclarent qu'elles récréantent par le trépas de ladite LIEPPE leur mère décédée le 19ème de ce mois promettant payer ses dettes, obsèques et funérailles et en décharger la cour, fait pardevant monsieur Rouvroy échevin sepmanier le 22/4/1671.

782 - Médiathèque Arras FF125 Folio 686R :
Noël GUERARD bourgeois demeurant à Arras mari et bail d'Antoinette BETREMIEUX fille de feus Etienne et de Péronne CAILLERET, a déclaré et déclare qu'il récréante par le trépas de ladite CAILLERET sa belle-mère décédée ce jourd'hui, promettant payer ses dettes, obsèques et funérailles et en décharger la cour, fait pardevant monsieur Rouvroy échevin sepmanier le 22/4/1671.

783 - Médiathèque Arras FF125 Folio 688R :
Curatelle : Damoiselle Marie Claire DESAUTEUX fille à marier suffisamment d'âge de feus Jean Baptiste DESAUTEUX vivant bourgeois rentier et Damoiselle Jeanne DUBUISSON sa femme a été reçue et admis par ordonnance du 22ème de ce mois à la tutelle et curatelle des personnes et biens d'Antoine, Luc, Charles et Anne Joseph DESAUTEUX ses frères et sœur en bas âge à la caution de Luc LEMERCHER sieur de Grancourt et de Damoiselle Claire DUBUISSON veuve de feu maître François DE BEAURAINS vivant écuyer conseiller de cette ville après avoir vu les consentements des plus proches parents des mineurs en faisant les devoirs à charge que ladite Damoiselle Marie Claire DESAUTEUX ne pourra rien gérer, administrer et traiter sans l'aveu et participation de l'une ou l'autre desdites cautions, sont comparus ladite Damoiselle Marie Claire DESAUTEUX qui a empris et accepté ladite tutelle et curatelle à ladite charge susdite et promis par serment de soy y bien et fidèlement conduire et comporter et d'en rendre bon et fidèle compte et payer le reliqua quand sommée et requise sera s'étant ledit sieur de Grancourt et ladite Damoiselle DUBUISSON pour ce aussi comparant constitués cautions d'icelle Damoiselle DESAUTEUX et fait pareilles promesses sous l'obligation de leurs biens fait pardevant monsieur du Petit Praielle échevin sepmanier le 27/4/1671 après que ledit sieur de Grancourt a promis subir juridiction à ce siège.

784 - Médiathèque Arras FF125 Folio 688V :
Marie Marguerite SOHIER jeune fille à marier suffisamment âgée demeurant en cette ville a déclaré et déclare qu'elle récréante par le trépas de feue Marie SOHIER sa tante du côté paternel décédée le 23 mars dernier promettant payer ses dettes, obsèques et funérailles et en décharger la cour fait pardevant monsieur du Petit Praiel échevin sepmanier le 28/4/1671.

785 - Médiathèque Arras FF125 Folio 688V :
Antoine DURAMET bourgeois marchand fripier demeurant en cette ville a déclaré et déclare qu'il récréante par le trépas de feu Antoine son père décédé ce jourd'hui promettant payer ses dettes, obsèques et funérailles et en décharger la cour fait pardevant monsieur Desmaretz échevin sepmanier le 29/4/1671.

786 - Médiathèque Arras FF125 Folio 689V :
Curatelle : Marie BOUBERS veuve de Noël DOISY demeurant en la ville de Valenciennes étant présentement en cette ville reçue et admise par ordonnance du jourd'hui à la curatelle des personne et biens d'Anne BOUBERS sa nièce débile d'entendement fille de Jacques bourgeois de cette ville à sa caution juratoire en faisant les devoirs à charge de rendre compte à ce siège quand besoin sera et d'y subir juridiction et ce après avoir préalablement vu les consentements d'Anne DOCMAINIL veuve de Jacques GELE et Marie Marguerite GELE sa fille à marier parents à ladite Anne BOUBERS et celui du procureur général de cette ville, est comparue ladite Marie BOUBERS laquelle a empris et accepté ladite curatelle à sa caution juratoire par serment par elle pour ce prêté de n'avoir pu trouver caution en cette ville pour l'effet d'icelle curatelle et promis de s'en bien et fidèlement acquitter et d'en rendre bon compte quand besoin sera à ce siège et d'y subir juridiction sous l'obligation de ses biens fait pardevant monsieur de Feuchin échevin sepmanier le 4/5/1671.

787 - Médiathèque Arras FF125 Folio 690R :
Jacqueline DESAILLY veuve de Nicolas DEGAND bourgeois savetier demeurant en cette ville a déclaré et déclare qu'elle récréante par le trépas dudit DEGAND son mari décédé ce jourd'hui promettant payer ses dettes, obsèques et funérailles et en décharger la cour fait pardevant monsieur de Feuchin échevin sepmanier le 5/5/1671.

788 - Médiathèque Arras FF125 Folio 690V :
Marie MARQUISE veuve de Nicolas GRARD vivant bourgeois couvreur de tuile demeurant à Arras a déclaré et déclare qu'elle récréante par le trépas d'Augustin MARQUISE son père promettant payer ses dettes, obsèques et funérailles et en décharger la cour fait pardevant monsieur de Feuchin échevin sepmanier le 6/5/1671.

789 - Médiathèque Arras FF125 Folio 690V :
Jean Baptiste et Marie Susanne LECLERCQ frère et sœur enfants de feus François vivant bourgeois joueur d'instrument demeurant en cette ville, ont déclaré et déclarent qu'ils récréantent par le trépas dudit feu François

LECLERCQ leur père décédé le 5ème de ce mois promettant payer ses dettes, obsèques et funérailles et en décharger la cour, fait pardevant monsieur Delaire échevin sepmanier le 6/5/1671.

790 - Médiathèque Arras FF125 Folio 691R :
Allart et Docmainil sergents ont à la requête de Charles François, Jean et Jeanne DELAIRE frères et sœur et héritiers de Damoiselle Marie LECLERCQ arrêté et empêché es mains de maître Pierre NEVEU apothicaire demeurant à Arras tous et chacuns les deniers qu'il a en sa possession ou doit à Pol et Nicolas BEHAL demeurant à Bapaume frères enfants et héritiers de Charles et iceluy fils et héritier d'Isabeau DARTUS pour être indemné d'une cinquième part de deux lettres de rente tant en cours que capital qui sont à la charge de leur père comme héritiers de Quentin DARTUS à déclarer plus amplement au jour servant ayant été faites les défenses requises audit NEVEU en parlant à sa personne et signifié auxdits Pol et Nicolas BEHAL en parlant à leurs personnes les trouvant en cette ville et jour assigné aux prochains plaids fait le 8/5/1671.

791 - Médiathèque Arras FF125 Folio 692V :
Géry DEGAND bourgeois demeurant en cette ville mari et bail de Marie COMET a déclaré et déclare qu'il récréante par le trépas de Catherine DUPIRE sa belle-mère veuve de Jérosme COMET demeurant audit Arras décédée ce jourd'hui promettant payer ses dettes, obsèques et funérailles et en décharger la cour fait pardevant monsieur Briois échevin sepmanier le 29/5/1671.

792 - Médiathèque Arras FF125 Folio 693R :
Curatelle : Philippe DUCASTEL bourgeois demeurant en cette ville d'Arras reçu par ordonnance de la cour du 23ème de ce mois de mai 1671 à la curatelle des biens délaissés vacants par défunt Jean DE CORBEHEM, Claude TAILLENDIER et Adrienne DE CORBEHEM sa femme à la caution de Mathieu CORROIER aussi bourgeois de cette dite ville, l'a empris et promis par serment soy bien et fidèlement comporter en l'administration d'icelle et d'en rendre compte quand il appartiendra s'étant iceluy CORROYER constitué caution de quoi ledit l'a promis en décharger ledit CORROIER sous l'obligation etc, fait pardevant monsieur Briois échevin sepmanier le 29/5/1671.

793 - Médiathèque Arras FF125 Folio 693R :
Barbe TOUROUDE veuve de Georges COSSE vivant couvreur de tuiles en cette ville a déclaré et déclare qu'elle récréante par le trépas dudit COSSE son mari décédé ce jourd'hui promettant payer ses dettes, obsèques et funérailles et en décharger la cour, fait pardevant monsieur Briois échevin sepmanier le 30/5/1671.

794 - Médiathèque Arras FF125 Folio 693V :
Anne WALON veuve d'André DE CAMBRAY demeurant en cette ville a déclaré et déclare qu'elle récréante par le trépas dudit DE CAMBRAY son mari décédé ce jourd'hui promettant payer ses dettes, obsèques et funérailles et en décharger la cour, fait pardevant monsieur Pallette échevin sepmanier le 6/6/1671.

795 - Médiathèque Arras FF125 Folio 694R :
Roze CARON veuve de Jean DUBOIS vivant bourgeois demeurant audit Arras a déclaré et déclare qu'elle récréante par le trépas dudit DUBOIS son mari décédé passé un mois ou environ promettant payer ses dettes, obsèques et funérailles et en décharger la cour, fait pardevant monsieur du Petit Preel échevin sepmanier le 8/6/1671.

796 - Médiathèque Arras FF125 Folio 694R :
Henry François LEROUX bourgeois marchand et Claire GAILLART sa femme de lui suffisamment autorisée et sans contrainte comme elle a déclaré demeurant en cette ville ont déclaré et déclarent qu'ils récréantent par le trépas de Jeanne GAILLART sœur de ladite Claire veuve de Nicolas LECLERCQ vivant bourgeois marchand l'un des quatre commis aux ouvrages de cette ville décédée ce jourd'hui promettant payer ses dettes, obsèques et funérailles et en décharger la cour, renonçant par ladite Claire GAILLART au droit de senatus consult velleem et à l'authentique si qua mullier à elle donné à entendre, fait pardevant monsieur du Petit Preel échevin sepmanier le 9/6/1671.

797 - Médiathèque Arras FF125 Folio 695V :
Marguerite BOUCHER femme à Jacques FAUCQUETTE présentement expatrié fils de Philippe a déclaré et déclare qu'elle récréante tant en son nom que comme mère et tutrice légitime de Marie Jeanne, Jeanne Catherine et Pasques FAUCQUETTE ses enfants en bas âge par le trépas dudit Philippe FAUCQUETTE son beau-père décédé le dixième de ce mois promettant auxdits noms payer ses dettes, obsèques et funérailles et en décharger la cour sous l'obligation etc, renonçant au droit du senatus consult velleem et à l'authentique si qua mullier à elle expliqué, fait pardevant monsieur Desmaretz échevin sepmanier le 13/6/1671.

798 - Médiathèque Arras FF125 Folio 695V :
Marie LEMOISNE jeune fille à marier suffisamment âgée demeurant en cette ville a déclaré et déclare qu'elle récréante par le trépas de Noëlle POTIER sa mère vivant veuve de Jean LEMOISNE décédée le 12ème de ce mois promettant payer ses dettes, obsèques et funérailles et en décharger la cour, fait pardevant monsieur de Feuchin échevin sepmanier le 15/6/1671.

799 - Médiathèque Arras FF125 Folio 696R :
Damoiselle Roze CAMP fille franche demeurant en cette ville a déclaré et déclare qu'elle récréante par le trépas de Toussaint CAMP son frère décédé le 13ème de ce mois promettant payer ses dettes, obsèques et funérailles et en décharger la cour, fait pardevant monsieur de Feuchin échevin sepmanier le 15/6/1671.

800 - Médiathèque Arras FF125 Folio 696R :
Jeanne PANNEQUIN veuve de Charles BRAIE bourgeois de cette ville a déclaré et déclare qu'elle récréante par le trépas dudit BRAIE son mari décédé ce jourd'hui promettant payer ses dettes, obsèques et funérailles et en décharger la cour fait pardevant monsieur de Feuchin échevin sepmanier le 15/6/1671.

801 - Médiathèque Arras FF125 Folio 697R :
Marie BEHOURT veuve de feu Simon MICHEL vivant bourgeois demeurant en cette ville a déclaré et déclare qu'elle récréante par le trépas dudit feu MICHEL son mari décédé le 24 de ce mois promettant payer ses dettes, obsèques et funérailles et en décharger la cour fait pardevant monsieur Caudron échevin sepmanier le 25/6/1671.

802 - Médiathèque Arras FF125 Folio 697V :
Jeanne STURCQ veuve de Jean HANOT vivant bourgeois demeurant en cette ville a déclaré et déclare qu'elle récréante par le trépas dudit feu HANOT son mari décédé le jour d'hier promettant payer ses dettes, obsèques et funérailles et en décharger la cour fait pardevant monsieur Boucquel échevin sepmanier le 30/6/1671.

803 - Médiathèque Arras FF125 Folio 698R :
Jean Baptiste FRANCOIS bourgeois maître tonnelier, Pierre FRANCOIS aussi bourgeois taillandier et Marie Françoise FRANCOIS veuve de François BOULIN demeurant en cette ville lesdits du surnom FRANCOIS frères et sœur enfants suffisamment âgés de feu Pierre vivant aussi bourgeois marchand y demeurant se sont solidairement constitués cautions de Marie Anne FRANCOIS fille à marier demeurant en cette dite ville pour par elle profiter de certaine sentence rendue au conseil d'Artois le 16ème de juin dernier au procès d'appel y interjeté par Jeanne CARPENTIER veuve de Venant DE CAUCHY demeurant audit Arras de l'ordonnance rendue à cet échevinage le 2/10/1669 au différend y mu d'entre ladite CARPENTIER contre ledit feu Pierre FRANCOIS et icelle Marie Anne FRANCOIS sa nièce par laquelle sentence est dit nous (après avoir le tout considéré ladite sentence et ce dont est appel) avons mis et mettons au néant et sans amende en entendant dit et ordonné, disons et ordonnons que les enfants de défunt Pierre FRANCOIS dénommés au procès verbal dudit commis tous suffisamment âgés seront reçus et subrogés cautions de ladite Marie Anne FRANCOIS en faisant les devoirs sauf à la renforcer si besoin est, à effet de par elle jouir et profiter des cours et arriérages de la rente héritière dont s'agit qui seront employés à la décharger de la somme restée due à Nicolas PETIT hypothéquée sur ladite maison dont s'agit, en cédant ses droits à ladite Marie FRANCOIS à proportion du reçu tant auparavant l'absence de Philippe DERVILLERS que pendant icelle, condamnons ladite appelante à un tiers des dépens tant de première instance que de cette cause d'appel, compensant les deux autres entre les parties et pour cause, promettant suivant ce lesdits Jean Baptiste, Pierre et Marie Françoise FRANCOIS solidairement comme dit est rendre, payer et rapporter ce qu'icelle Marie Anne FRANCOIS recevra ci après des cours et arriérages de ladite rente et en cas de rembours des deniers capitaux d'icelle de les mettre et consigner à ce siège pour être remplacés ainsi qu'est porté par ladite ordonnance dont est appel de quoi ladite Marie Anne FRANCOIS les a promis décharger et de tous dépens, dommages et intérêts sous l'obligation solidaire de tous leurs biens, fait pardevant monsieur Boucquel échevin sepmanier le 3/7/1671.

804 - Médiathèque Arras FF125 Folio 699R :
Nicolas et Antoinette PIPPRE frère et sœur à marier demeurant à Arras ont récréanté par le trépas de Jacques PIPPRE vivant bourgeois menuisier décédé audit Arras ce jourd'hui promettant payer ses dettes, obsèques et funérailles et en décharger la cour fait pardevant monsieur Briois échevin sepmanier le 6/7/1671.

805 - Médiathèque Arras FF125 Folio 699R :
Dannel et Docmaisnil sergents ont à la requête d'Ambroise DE LA VERRIERE bourgeois de cette ville mari et bail de Marie Marguerite COULLEMONT paravant veuve de maître Arnould DE RAISSE vivant maître

chirurgien demeurant audit Arras arrêté et empêché es mains de Guillaume MATHON receveur général des Etats d'Artois tous et chacuns les deniers qu'il a en sa possession en ladite qualité de receveur appartenant à Damoiselle Florise COURCOL veuve de maître Martin DE RAISSE docteur en médecine demeurant en la ville de Douai pour sur iceux prendre et avoir paiement de treize razières de blé à déclarer etc, ayant été faites les défenses requises en parlant audit sieur MATHON et pour assigner aux prochains plaids, fait le 7/7/1671.

806 - Médiathèque Arras FF125 Folio 699V :
Anne BOCQUET veuve de Jean BRAINE vivant bourgeois mulquinier demeurant en cette ville a récréanté par le trépas dudit BRAINE son mari décédé le 13 de ce mois promettant payer ses dettes, obsèques et funérailles et en décharger la cour fait pardevant monsieur Rouvroy échevin sepmanier le 14/7/1671.

807 - Médiathèque Arras FF125 Folio 703R :
Jean TAILLANDIER bourgeois marchand demeurant à Arras s'est constitué caution de Bonaventure DORESMIEUX, Philippe THERY, Isabelle DORESMIEUX sa femme et Susanne PREVOST veuve de Nicolas DORESMIEUX mère ayant l'administration des personne et biens d'Antoine François DORESMIEUX qu'elle olt dudit feu Nicolas, à quoi il a été reçu par ordonnance du dernier de juillet passé pour par eux profiter de la sentence provisionnelle rendue à ce siège le 25ème jour de mai dernier au procès qu'ils ont en demandant contre Joachin DORESMIEUX aussi bourgeois estainier audit Arras par laquelle messieurs ont renvoyé les parties sur le rolle pour instruire leur procès au pénal et cependant condamné ledit Joachin DORESMIEUX de rendre et restituer auxdits THERY et consorts tous et chacuns les moules et ustensiles qui lui ont été confié et mis es mains par à présent défunts Nicolas DORESMIEUX et Adrienne MASCLEF sa femme le tout par expurgation de serment, dépens réservés promettant suivant ce ledit TAILLANDIER de rendre, payer et rapporter ce que sera dit ci après en définitif de quoi lesdits DORESMIEUX et THERY l'ont promis décharger sous l'obligation solidaire de tous leurs biens, fait pardevant monsieur Caudron échevin sepmanier le 1/8/1671.

808 - Médiathèque Arras FF125 Folio 703V :
Jean THIEBAULT bourgeois de cette ville y demeurant et procureur au conseil d'Artois s'est constitué caution d'Albert DE CROMBECQUE aussi bourgeois marchand et Léonore DORESMIEUX sa femme paravant veuve demeurée es biens d'Oudart DELACOURT vivant maître chirurgien y demeurant mère ayant l'administration des corps et biens des enfants qu'elle a retenus d'iceluy, à quoi ledit THIEBAULT a été reçu et admis par ordonnance du dernier de juillet passé pour par lesdits DE CROMBECQUE et sa femme en ladite qualité profiter de la sentence provisionnelle rendue à ce siège au procès y mu entre lesdits DE CROMBECQUE et sa femme contre David NOEL receveur général de la bourse commune des pauvres de cette ville et Jean PETIT l'un des quatre commis aux ouvrages de cette dite ville son gérant, par laquelle sentence en date du premier de juin dernier est dit après avoir ouy le procureur général de cette ville comme s'agissant du bien des mineurs qu'en faisant droit sur les prétentions des demandeurs messieurs leur adjugent es qualités qu'ils agissent la quatrième partie de la cinquième part du jardin et tènement situé en cette ville rue des teinturiers tenant de bout au jardin des archers, de liste au flégard conduisant à la porte desdits archers, provenant auxdits enfants de la succession dudit maître Oudart leur père iceluy fils et héritier en cette partie de maître Jean et présentement occupée par ledit NOEL, pour en jouir par eux audit titre auquel effet partage en sera fait pardevant les sieurs échevins sepmaniers à l'intervention dudit procureur général au nom d'iceux mineurs en la forme ordinaire et requise aux dépens communs des parties condamnant suivant ce lesdits défendeurs de rendre et restituer aux demandeurs les fruits en percens à liquider sommairement, pardevant lesdits sieur échevins sepmaniers et quand aux autres prétentions et contre demandes des parties on les renvoie sur le rolle pour y vérifier et parinstruire le procès jusqu'en état de juger le tout à caution que lesdits demandeurs seront tenus bailler, dépens réservés, promettant suivant ce ledit THIEBAULT de rendre payer et rapporter ce que sera dit ci après en définitif, de quoi ledit DE CROMBECQUE l'a promis décharger sous l'obligation solidaire de tous leurs biens, fait pardevant monsieur Caudron échevin sepmanier le 1/8/1671.

809 - Médiathèque Arras FF125 Folio 705R :
Marie Jeanne GALET fille à marier de feue Barbe COTTON à son trépas veuve de Laurent GALET maître maçon demeurant à Arras a récréanté par le trépas de ladite COTTON sa mère décédée ce jourd'hui promettant payer ses dettes, obsèques et funérailles et en décharger la cour fait pardevant monsieur Caudron échevin sepmanier le 7/8/1671.

810 - Médiathèque Arras FF125 Folio 705R :
Jeanne LEGRAND veuve de Pierre BOIEZ vivant boucher demeurant en cette ville a déclaré et déclare qu'elle récréante par le trépas dudit feu BOIEZ son mari décédé ce jourd'hui promettant payer ses dettes, obsèques et funérailles et en décharger la cour, fait pardevant monsieur Caudron échevin sepmanier le 8/8/1671.

811 - Médiathèque Arras FF125 Folio 706V :
Marguerite VASSEUR fille franche demeurant en cette ville s'est constituée caution de Philippe FILLOEUL soldat du régiment des gardes du roi pour les dépens de toutes les causes, procès et différends que l'on pourrait lui intenter à ce siège en qualité de petit neveu et héritier de feus Pierre FILLOEUL et Barbe DEFONTAINES sa femme vivant bourgeois marchand demeurant audit Arras promettant suivant ce ladite Marguerite VASSEUR de payer iceux dépens au cas que ledit Philippe FILLOEUL soit condamné, de quoi iceluy l'a promis décharger sous l'obligation solidaire de tous leurs biens renonçant à toutes choses contraires même ladite VASSEUR au droit de senatus consult velleem et à l'authentique si qua mullier dont l'effet lui a été expliqué, ayant en outre ledit Philippe FILLOEUL élu son domicile chez Laurent ALLART son procureur fait pardevant nous Boucquel échevin sepmanier le 14/8/1671.

812 - Médiathèque Arras FF125 Folio 707R :
Bon DUBOIS maître tailleur d'habit et Léonard BAROIS aussi maître tailleur mari et bail de Marie Barbe DUBOIS lesdits DUBOIS frère et sœur enfants de feus Jean DUBOIS et Barbe LEFRANCQ vivant bourgeois marchand demeurant audit Arras, ont déclaré et déclarent qu'ils récréantent par le trépas de ladite feue LEFRANCQ leur mère décédée le 15ème de ce mois promettant payer ses dettes, obsèques et funérailles et en décharger la cour fait pardevant monsieur Briois échevin sepmanier le 17/8/1671.

813 - Médiathèque Arras FF125 Folio 707V :
Robert GAILLART bourgeois boulanger demeurant à Arras a récréanté par le trépas de Martine LEFEBVRE veuve de Pierre GAILLART en premières noces décédée ce jourd'hui promettant payer ses dettes, obsèques et funérailles et en décharger la cour, fait pardevant monsieur Palisot échevin sepmanier le 20/8/1671.

814 - Médiathèque Arras FF125 Folio 708R :
Ignace DOMINON bourgeois de cette ville et Vaast WACHEUX aussi bourgeois et Nimphe DOMINON sa femme demeurant à Arras ont récréanté par le trépas de Marie PAVIE veuve d'Antoine DOMINON décédée passé huit jours en cette ville promettant payer ses dettes, obsèques et funérailles et en décharger la cour fait pardevant monsieur Palisot échevin sepmanier le 22/8/1671.

815 - Médiathèque Arras FF125 Folio 708R :
Antoine FLIPPOT fils d'Andrieu et de Barbe LESTOFFE père et tuteur légitime de Charles François FLIPPOT en bas âge petit-fils et héritier de ladite Barbe LESTOFFE en ladite qualité et au nom de sondit pupille a récréanté et récréante ladite Barbe LESTOFFE sa mère grande promettant suivant ce audit nom et en la susdite qualité de payer ses dettes, obsèques et funérailles et en décharger la cour, fait pardevant monsieur du Petit Preel échevin sepmanier le 31/8/1671.

816 - Médiathèque Arras FF125 Folio 708V :
Marie Anne FATOU veuve de feu Ignace DENEUVILLE vivant bourgeois marchand demeurant en cette ville a déclaré et déclare qu'elle récréante par le trépas dudit DENEUVILLE son mari décédé le 30ème de ce mois promettant payer ses dettes, obsèques et funérailles et en décharger la cour fait pardevant monsieur du Petit Preel échevin sepmanier le 31/8/1671.

817 - Médiathèque Arras FF125 Folio 708V :
Barbe GAMANT veuve de Maximilien CAUDRON vivant portier au sacq demeurant en cette ville a déclaré et déclare qu'elle récréante par le trépas dudit feu CAUDRON son mari décédé le 30ème d'août dernier promettant payer ses dettes, obsèques et funérailles et en décharger la cour, fait pardevant monsieur du Petit Preel échevin sepmanier le 3/9/1671.

818 - Médiathèque Arras FF125 Folio 709R :
Marie BRAINE veuve de Pierre PROTEAU dit La Fontaine vivant bourgeois demeurant en cette ville a déclaré et déclare qu'elle récréante par le trépas dudit feu PROTEAU son mari décédé le 2 de ce mois promettant payer ses dettes, obsèques et funérailles et en décharger la cour fait pardevant monsieur Desmaretz échevin sepmanier le 3/9/1671.

819 - Médiathèque Arras FF125 Folio 712V :
Damoiselle Marie Barbe HANNART veuve de Philippe FLESCHEL vivant bourgeois receveur des Dames de la Thieuloie en cette ville a déclaré et déclare qu'elle récréante par le trépas dudit feu FLESCHEL son mari décédé le 15ème de ce mois promettant payer ses dettes, obsèques et funérailles et en décharger la cour, fait pardevant monsieur Stert échevin sepmanier le 16/9/1671.

820 - Médiathèque Arras FF125 Folio 712V :
Guillaume ROUTART Sieur de Capy bourgeois de cette ville y demeurant père et ayant l'administration des personnes et biens de Marie Augustine, Marie Thérèse, Léonore Antoinette, Jeanne Isabelle et Marie Françoise ROUTART ses enfants en bas âge donataires et légataires universelles de feue Damoiselle Marie FOUCQUIER leur tante décédée le 10ème d'août dernier a déclaré et déclare qu'il récréante par le trépas de ladite défunte promettant audit nom payer ses dettes, obsèques et funérailles et accomplir son testament selon la forme et teneur fait pardevant monsieur Caudron échevin sepmanier le 19/9/1671.

821 - Médiathèque Arras FF125 Folio 713R :
Damoiselle Catherine LESENNE veuve de Pierre DESMOLINS vivant bourgeois marchand drapier demeurant en cette ville a déclaré et déclare qu'elle récréante par le trépas dudit feu DESMOLINS son mari décédé le 19ème de ce mois promettant payer ses dettes, obsèques et funérailles et en décharger la cour, fait pardevant monsieur de Grandmaretz échevin sepmanier le 22/9/1671.

822 - Médiathèque Arras FF125 Folio 713R :
Damoiselle Jeanne BARRE jeune fille à marier demeurant en la ville de Lille de présent en cette ville se trouvant arrêtée ce jourd'hui par Joseph LEROUX sergent du châtelain à la requête de Dame Anne Marie DE CROY comtesse d'Estrée pour ravoir deux bacins et deux esguières d'argent où sont gravées les armes de Lalain qu'elle a en sa possession appartenant à ladite Dame icelle BARRE s'est opposée audit arrêt et pour avoir main levée de sa personne à effet de la représenter en personne ainsi qu'il a promis faire pardedans ce jourd'hui cinq heures après midi pardevant messieurs de Grandmaretz et Boucquel échevins sepmaniers ce qui lui a été accordé par le sieur Pierre LE TAILLEUR agent et procureur spécial de ladite Dame fait le 24/9/1671 pardevant que dessus.

823 - Médiathèque Arras FF125 Folio 713R :
Jean et François GUILLEMAN, Jacques MAGNIER, Mathieu FRUICT et Pierre DU PRAIEL tous mayeur et quatre de la confrérie de Dieu et Saint Barthélémy patron du corps de métier des maîtres gantiers et peaussiers de cette ville se sont solidairement constitués caution les uns des autres à quoi ils ont été admis par ordonnance du jourd'hui pour par eux profiter d'autre ordonnance provisionnelle rendue à ce siège le 23ème de ce mois au procès qu'ils y ont intenté contre les mayeur et quatre du métier des gorliers de cette dite ville, par laquelle messieurs (ouy le procureur général de cette ville) ont renvoyé et renvoient les parties comme contraires sur le rolle pour y vérifier plus amplement leurs intentions et mettre le procès en état de juger défendant cependant aux défendeurs et toutes autres personnes d'acheter des peaux de moutons et brebis non plus que des autres bêtes semblables à laine pour les peler ni conroier sauf lesdits maîtres peaussiers et gantiers à peine de vingt sols d'amende pour chacune peau applicable la moitié à ladite ville et l'autre au corps de métier et ce par provision et à caution que les demandeurs bailleront dépens réservés en définitif promettant suivant ce lesdits susnommés solidairement rendre, payer et rapporter ce que sera dit ci après en définitif au cas qu'ils y soient condamnés sous l'obligation solidaire de tous leurs biens, fait pardevant monsieur Boucquel échevin sepmanier le 25/9/1671.

824 - Médiathèque Arras FF125 Folio 715R :
Catherine LABITE veuve de Adrien DESMARETZ vivant bourgeois maître menuisier demeurant en cette ville a déclaré et déclare qu'elle récréante par le trépas dudit DESMARETZ son mari décédé le 28ème de ce mois promettant payer ses dettes, obsèques et funérailles et en décharger la cour fait pardevant monsieur de Villesurseyne échevin sepmanier le 30/9/1671.

825 - Médiathèque Arras FF125 Folio 718V :
Marie Jeanne et Marie Barbe ELOY sœurs enfants suffisamment âgées de feus Jean ELOY vivant bourgeois maître chalier et Barbe RICART demeurant à Arras ont déclaré et déclarent qu'elles récréantent par le trépas dudit feu ELOY leur père décédé le 14ème de ce mois promettant payer ses dettes, obsèques et funérailles et en décharger la cour, fait pardevant monsieur du Petit Preel échevin sepmanier le 15/10/1671.

826 - Médiathèque Arras FF125 Folio 719R :
Marie WALBIN veuve de Martin LESCOURCEUIL vivant bourgeois brasseur demeurant en cette ville a déclaré et déclare qu'elle récréante par le trépas dudit LESCOURCEUIL son mari décédé le 4ème de ce mois promettant payer ses dettes, obsèques et funérailles et en décharger la cour fait pardevant monsieur du Petit Preel échevin sepmanier le 15/10/1671.

827 - Médiathèque Arras FF125 Folio 719R :
Jeanne MATHON veuve de François VARLET vivant bourgeois poissonnier demeurant à Arras a récréanté par le trépas dudit VARLET son mari promettant payer ses dettes, obsèques et funérailles et en décharger la cour fait pardevant monsieur Delaire échevin sepmanier le 19/10/1671.

828 - Médiathèque Arras FF125 Folio 719R :
Marie JEANNE veuve de Durant CAUPAIN vivant l'un des gardes de porte de cette ville a déclaré et déclare qu'elle récréanté par le trépas dudit CAUPAIN son mari décédé ce jourd'hui promettant payer ses dettes, obsèques et funérailles et en décharger la cour fait pardevant monsieur de Feuchin échevin sepmanier le 22/10/1671.

829 - Médiathèque Arras FF125 Folio 720R :
Marie LANSSEAL veuve de Jacques FOURDIN vivant bourgeois demeurant en cette ville a déclaré et déclare qu'elle récréante par le trépas dudit FOURDIN décédé ce jourd'hui promettant payer ses dettes, obsèques et funérailles et en décharger la cour fait pardevant monsieur Delarue échevin sepmanier le 30/11/1671.

830 - Médiathèque Arras FF125 Folio 720R :
Madeleine HASPIRE veuve de Martin TRUCHET vivant bourgeois marchand joaillier demeurant en cette ville a déclaré et déclare qu'elle récréante par le trépas dudit feu TRUCHET son mari décédé le 3ème de ce mois promettant payer ses dettes, obsèques et funérailles et en décharger la cour, fait pardevant monsieur de Villesurseyne échevin sepmanier le 5/11/1671.

831 - Médiathèque Arras FF125 Folio 720V :
Marie MAIEUR veuve d'Etienne PETIT vivant bourgeois marchand demeurant en cette ville a déclaré et déclare qu'elle récréante par le trépas dudit PETIT son mari décédé le 8ème de ce mois promettant payer ses dettes, obsèques et funérailles et en décharger la cour fait pardevant monsieur Noel échevin le 9/11/1671.

832 - Médiathèque Arras FF125 Folio 720V :
Marguerite BRIOIS veuve de Michel SEGARD vivant bourgeois savetier demeurant à Arras a récréanté par le trépas dudit feu SEGARD son mari décédé le 7ème de ce mois promettant payer ses dettes, obsèques et funérailles et en décharger la cour, fait pardevant monsieur Noel échevin le 9/11/1671.

833 - Médiathèque Arras FF125 Folio 721R :
Du 9/11/1671 pardevant messieurs Guérard et Hautescotte échevins sepmaniers, sont comparus les corps et communauté des chirurgiens de cette ville comme aussi Damoiselle Léonore CAUWET fille vivant en célibat, laquelle pour terminer fin à la cause contre elle intentée à ce siège sur convocation à l'instance desdits chirurgiens, elle a promis par cette de ne plus dorénavant s'ingérer dans l'exercice de la chirurgie pour tel prêt ? qu'il puit être tant par charité comme autrement aux peines portées par les édits et ordonnance desdits chirurgiens tel que de dix livres d'amende pour chacune contravention, fait le jour, an et pardevant comme dessus en présence desdites parties, depuis pourvu la condition et non autrement que messieurs en nombre lui interdisent de ce faire comme dit est par charité aux pauvres gens qui l'en requiérent sans qu'elle en tire aucun salaire ni paiement et de quoi elle est pressé de s'expurger par serment.

834 - Médiathèque Arras FF125 Folio 724R :
Marguerite GUILLEBERT veuve d'Adrien ACCART vivant charpentier demeurant en cette ville a déclaré et déclare qu'elle récréante par le trépas dudit ACCART son mari décédé ce jourd'hui promettant payer ses dettes, obsèques et funérailles et en décharger la cour fait pardevant monsieur Delarue échevin sepmanier le 18/11/1671.

835 - Médiathèque Arras FF125 Folio 725V :
Jean Baptiste VION fils de Pierre bourgeois demeurant en cette ville mari et bail de Damoiselle Christine Ernestine DE HERLIN icelle fille de feu Antoine vivant procureur et receveur des exploits du conseil d'Artois a déclaré et déclare qu'il se fonde héritier universel dudit feu DE HERLIN son père promettant payer ses dettes, obsèques et funérailles et en décharger la cour, fait pardevant monsieur de Douay échevin sepmanier le 24/11/1671.

836 - Médiathèque Arras FF125 Folio 727R :
Pierre DESCOULEURS bourgeois demeurant à Arras a déclaré et déclare qu'il récréante par le trépas de feue Damoiselle Catherine CRAMET sa mère à son trépas veuve demeurée es biens de Noël DESCOULEURS vivant aussi bourgeois marchand drapier y demeurant décédée le 2ème de ce mois promettant payer ses dettes,

obsèques et funérailles et en décharger la cour, fait pardevant monsieur Caudron échevin sepmanier le 4/12/1671.

837 - Médiathèque Arras FF125 Folio 727R :
Antoine FRION bourgeois de cette ville demeurant en la cité d'icelle mari et bail de Marie Barbe DOCMAISNIL icelle fille de feu Antoine vivant porteur au sacq demeurant audit Arras a déclaré et déclare qu'il récréante par le trépas dudit DOCMAISNIL son beau-père décédé à la fin du mois d'octobre dernier promettant payer ses dettes, obsèques et funérailles et d'en décharger la cour, comme aussi de sortir juridiction à ce siège, fait pardevant messieurs Camp et Caudron échevins sepmaniers le 5/12/1671.

838 - Médiathèque Arras FF125 Folio 727V :
Damoiselle Catherine LOTTIN veuve de feu Antoine HERLIN vivant procureur au conseil d'Artois mère et tutrice légitime de Philippe et Dominique Joseph HERLIN ses enfants en bas âge qu'elle olt d'iceluy a déclaré et déclare qu'en ladite qualité elle récréanté ledit feu HERLIN son mari décédé passé douze à treize ans promettant payer ses dettes, obsèques et funérailles et en décharger la cour, fait pardevant monsieur Boucquel échevin sepmanier le 7/12/1671.

839 - Médiathèque Arras FF125 Folio 731R :
Marie DELEMOTTE veuve d'Alexandre VAREL vivant porteur au sacq demeurant en cette ville a déclaré et déclare qu'elle récréante par le trépas dudit feu VAREL son mari décédé le 14ème de ce mois promettant payer ses dettes, obsèques et funérailles et en décharger la cour fait pardevant monsieur Delarue échevin sepmanier le 16/12/1671.

840 - Médiathèque Arras FF125 Folio 732V :
Jenne FLAMEN veuve de Florent BLONDEL vivant bourgeois boulanger demeurant à Arras a déclaré et déclare qu'elle récréante par le trépas dudit BLONDEL son mari décédé ce jourd'hui promettant payer ses dettes, obsèques et funérailles et en décharger la cour, fait pardevant monsieur d'Hautescotte échevin sepmanier le 24/12/1671.

841 - Médiathèque Arras FF125 Folio 732V :
Leroux et Caupain sergents ont à la requête de Jean et Louis BAILLET frères demeurant en cette ville arrêté au corps Adrien DUCORNET y demeurant en exécution du contrat de mariage d'entre lui et Jeanne DORESMIEUX sa femme pour avoir la pension de nourriture qu'il leur doit jusqu'à ce qu'ils aient atteint état honorable et de la somme de trois mille livres qu'il est aussi obligé par ledit contrat de mariage de payer auxdits BAILLET lorsqu'ils prendront ledit état honorable et faute de par ledit DUCORNET de bailler caution lui ayant été ordonné de tenir prison ce qu'il aurait été dans la châtellenie de cette ville ayant été assigné jour aux parties aux prochains plaids après le roy prochain, fait le 24/12/1671.

842 - Médiathèque Arras FF125 Folio 733R :
Floris LE MAYEUR procureur au conseil d'Artois et spécial de monsieur maître Antoine GUFFROY écuyer conseiller au conseil d'Artois fondé de procuration passée pardevant notaires ce jourd'hui à nous apparue et rendue audit LE MAYEUR, a déclaré et déclare qu'il renonce audit nom aux biens meubles et disponibles de feue Damoiselle Françoise GUFFROY sa sœur n'entendant appréhender autre chose que les immeubles patrimoniaux par elle délaissés sujets à fidéicommis suivant la disposition testamentaire conjonctive de feus ses père et mère, fait pardevant monsieur Guérard échevin sepmanier le 24/12/1671.

843 - Médiathèque Arras FF125 Folio 734R :
Messire Jean DE BALESTRIER chevalier seigneur de Beaufort père et tuteur légitime de Damoiselle Anne Charlotte Marie DE BALESTRIER sa fille mineure qu'il a eue de feue Dame Marie Marguerite DE SAINT VAAST sa compagne a au nom de sadite fille mineure récréanté Damoiselle Lucresse DE BRIAS veuve de feu Adrien DE SAINT VAAST veuve de feu Adrien DE SAINT VAAST écuyer seigneur de Beuvrière mère grande à ladite mineure et promis en ladite qualité de tuteur payer toutes dettes, obsèques et funérailles d'icelle et en décharger la cour fait monsieur Noel échevin sepmanier le 29/12/1671.

844 - Médiathèque Arras FF125 Folio 734R :
Marguerite THERY veuve d'Allard LEVEL vivant bourgeois quincaillier demeurant en cette ville a déclaré et déclare qu'elle récréante par le trépas dudit LEVEL son mari décédé le jour d'hier promettant payer ses dettes, obsèques et funérailles et en décharger la cour, fait pardevant monsieur Noel échevin sepmanier le 31/12/1671.

845 - Médiathèque Arras FF125 Folio 734V :
Marie LESAGE veuve de Jean GUERARDEL vivant bourgeois maître chirurgien en cette ville et Jean François GUERARDEL son fils qu'elle olt d'iceluy feu Jean aussi maître chirurgien audit Arras, ont déclaré et déclarent qu'ils récréantent par le trépas de feu Louis LESAGE demeurant audit Arras frère de ladite Marie décédé ce jourd'hui promettant solidairement payer ses dettes, obsèques et funérailles et en décharger la cour, fait pardevant monsieur Noel échevin sepmanier le 31/12/1671.

846 - Médiathèque Arras FF125 Folio 734V :
Sainte NOIRET veuve de Joanne CAVALIER dit Joanne vivant bourgeois et canonnier de cette ville a déclaré et déclare qu'elle récréante par le trépas dudit feu CAVALIER son mari décédé le dernier de décembre passé promettant payer ses dettes, obsèques et funérailles et en décharger la cour, fait pardevant monsieur Noel échevin sepmanier le 2/1/1672.

847 - Médiathèque Arras FF125 Folio 735R :
Jean et Pierre TACQUET frères bourgeois marchands fripiers demeurant en cette ville ont déclaré et déclarent qu'ils récréantent par le trépas de Louise DHENIN veuve de Jean TACQUET leur mère décédée le dernier de l'an passé, promettant payer ses dettes, obsèques et funérailles et en décharger la cour, fait pardevant messieurs Noel et Desmazures échevins sepmanier le 2/1/1672.

848 - Médiathèque Arras FF125 Folio 735R :
Marie NERON veuve de Samson BAYART vivant bourgeois poissonnier demeurant en cette ville a déclaré et déclare qu'elle récréante par le trépas dudit feu BAYART son mari décédé le dernier de l'an passé promettant payer ses dettes, obsèques et funérailles et en décharger la cour, fait pardevant messieurs Noel et Desmazures échevins sepmaniers le 2/1/1672.

849 - Médiathèque Arras FF125 Folio 735V :
Damoiselles Marie Agnès et Françoise BOUCHER filles à marier suffisamment âgées de feu Florent BOUCHER vivant bourgeois demeurant à Arras ont récréanté par le trépas dudit BOUCHER leur père promettant payer ses dettes, obsèques et funérailles et en décharger la cour, fait pardevant monsieur Douay échevin sepmanier le 7/1/1672.

850 - Médiathèque Arras FF125 Folio 735V :
Damoiselle Marie Marguerite BOUCHER fille suffisamment âgée dudit feu Florent a récréanté par le trépas dudit feu son père promettant payer ses dettes, obsèques et funérailles et en décharger la cour, fait le 7/1/1672 pardevant monsieur Douay échevin sepmanier.

851 - Médiathèque Arras FF125 Folio 736R :
Damoiselle Marie Jeanne JOLY veuve de feu Florent BOUCHER vivant bourgeois demeurant à Arras mère et tutrice légitime de Jean Dominique et Marie Barbe BOUCHER ses deux enfants en bas âge qu'elle olt dudit feu a déclaré et déclare qu'elle récréante au nom de sesdits enfant par le trépas dudit feu BOUCHER leur père promettant audit nom payer ses dettes, obsèques et funérailles et en décharger la cour fait le 7/1/1672 pardevant le sieur de Douay échevin sepmanier.

852 - Médiathèque Arras FF125 Folio 736V :
Marie HANNEBICQUE veuve de Benoist CALVAIRE bourgeois maître boulanger demeurant en cette ville a déclaré et déclare qu'elle récréante par le trépas dudit feu CALVAIRE son mari promettant payer ses dettes, obsèques et funérailles et en décharger la cour, fait pardevant monsieur Caudron échevin sepmanier le 11/1/1672.

853 - Médiathèque Arras FF125 Folio 738R :
Adrien MACHON bourgeois maçon demeurant en cette ville relict de Michelle COUPPÉ a déclaré et déclare qu'il récréante par le trépas de feu Toussaint COUPPÉ son beau-père décédé le 17ème de ce mois promettant payer ses dettes, obsèques et funérailles et en décharger la cour, fait pardevant monsieur de Grandmaretz échevins sepmaniers le 19/1/1672.

854 - Médiathèque Arras FF125 Folio 739V :
Maître Ignace LEGRAND bourgeois de cette ville médecin pensionnaire de la ville du Quesnoy de présent en cette dite ville a déclaré et déclare qu'il récréante par le trépas de feu maître Jean LEGRAND son père décédé le 22ème de décembre 1665 dans ladite ville du Quesnoy promettant payer ses dettes, obsèques et funérailles et en décharger la cour fait pardevant monsieur de Ville sur Seyne échevin sepmanier le 29/1/1672.

855 - Médiathèque Arras FF125 Folio 740R :
Damoiselle Marie Barbe DESFOSSEZ femme à Géry LESTOFFE bourgeois maître apothicaire demeurant en cette ville et paravant veuve de Louis LEGRAND vivant aussi bourgeois maître apothicaire mère et tutrice légitime de Vindicien, Anne Louise et Marie Barbe LEGRAND ses trois enfants en bas âge qu'elle a retenus dudit feu Louis son premier mari suffisamment autorisée dudit LESTOFFE en personne a déclaré et déclare de l'autorité prédite qu'elle récréante en ladite qualité au nom de sesdits enfants feu maître Jean LEGRAND leur père grand décédé en la ville du Quesnoy le 22 de décembre 1665 promettant audit nom payer ses dettes, obsèques et funérailles et en décharger la cour, sous l'obligation etc, renonçant par ladite DESFOSSEZ au droit du senatus consult velleem et à l'authentique si qua mullier dont l'effet lui a été expliqué, fait pardevant monsieur de Ville sur Seyne échevin sepmanier le 29/1/1672.

856 - Médiathèque Arras FF125 Folio 740V :
Robert DE RANSSART bourgeois marchand demeurant en cette ville mari et bail de Damoiselle Scolastique DE FREMICOURT fille de Louis aussi bourgeois marchand demeurant en cette ville et de feue Damoiselle Madeleine LEGRAND fille de feu maître Jean a déclaré et déclare qu'il récréante par le trépas dudit feu maître Jean LEGRAND père grand maternel à ladite DE FREMICOURT sa femme décédé le 22/12/1665 en la ville du Quesnoy promettant payer ses dettes, obsèques et funérailles et en décharger la cour, fait pardevant monsieur de Ville sur Seyne échevin sepmanier le 30/1/1672.

857 - Médiathèque Arras FF125 Folio 742V :
Gertrude DENTART veuve de Jean BIENFAIT vivant bourgeois manouvrier demeurant es faubourgs de Meaulens lez cette ville a déclaré et déclare qu'elle récréante ledit feu BIENFAIT son mari décédé ce jourd'hui promettant payer ses dettes, obsèques et funérailles et en décharger la cour, fait pardevant monsieur Delarue échevin sepmanier le 10/2/1672.

858 - Médiathèque Arras FF125 Folio 743R :
Jacques DE NOIELLES bourgeois maître maréchal ferrant demeurant en cette ville mari et bail de Marie Claire FLIPPES icelle fille de feus Charles et Anne DORESMIEUX vivants demeurant audit Arras, a déclaré et déclare qu'il récréante par le trépas de ladite feue DORESMIEUX sa belle-mère décédée le 12 de ce mois promettant payer ses dettes, obsèques et funérailles et en décharger la cour, fait pardevant monsieur Delarue échevin sepmanier le 13/2/1672.

859 - Médiathèque Arras FF125 Folio 744R :
Anne SAILLY veuve de Sébastien BEDOIT vivant bourgeois canonnier demeurant en cette ville a récréanté par le trépas dudit BEDOIT son mari promettant payer ses dettes, obsèques et funérailles et en décharger la cour, fait le 25/2/1672 pardevant monsieur Camp échevin sepmanier.

860 - Médiathèque Arras FF125 Folio 744R :
Marie Susanne et Catherine DUCASTEL filles de feu Antoine vivant maître maçon et Madeleine PRUVOST demeurant en cette ville ont déclaré et déclarent qu'elles renoncent aux biens et dettes de feue Jacqueline LIEPPE à son trépas veuve de Bon THERY et auparavant de Martin PRUVOST leur mère grande décédée ce jourd'hui, fait pardevant monsieur Camp échevin sepmanier le 26/2/1672.

861 - Médiathèque Arras FF125 Folio 745V :
Julienne BRUIER veuve de Pierre LALLART bourgeois marchand demeurant en cette ville a déclaré et déclare qu'elle récréante par le trépas dudit feu LALLART son mari décédé ce jourd'hui promettant payer ses dettes, obsèques et funérailles et en décharger la cour, fait pardevant monsieur Desmazures échevin sepmanier le 9/3/1672.

862 - Médiathèque Arras FF125 Folio 746R :
Nicolas LORETZ jeune homme à marier suffisamment âgé a déclaré et déclare qu'il récréante par le trépas de feue Jeanne MORY veuve de Philippe LORETZ sa mère décédée passés deux ans ou environ promettant payer ses dettes, obsèques et funérailles et en décharger la cour, fait pardevant monsieur de Ville sur Seyne échevin sepmanier le 14/3/1672.

863 - Médiathèque Arras FF125 Folio 746V :
Curatelle : Paul CAMUS bourgeois boulanger demeurant en cette ville reçu et admis par ordonnance du 27ème de février dernier à la tutelle et curatelle de Marie Anne et Guislaine LORETZ enfants mineurs de feue Jeanne de MORY à son trépas veuve demeurée es biens de Philippe LORETZ, suivant les accord et consentement tant

d'Adrien MORY bourgeois marchand demeurant audit Arras oncle maternel auxdits mineurs que du procureur général de cette ville à la caution dudit MORY en faisant les devoirs, est comparu iceluy CAMUS en personne lequel a empris et accepté ladite tutelle et curatelle et promis par serment de s'y bien et fidèlement conduire et comporter et d'en rendre bon et fidèle compte quand sommé et requis en sera, s'étant Philippe LE NAIN procureur au conseil d'Artois et spécial dudit Adrien MORY fondé de procuration pertinente passée pardevant notaires constitué audit nom procuratoire plège et caution dudit CAMUS et fait pareille promesse que lui sous l'obligation solidaire de tous leurs biens, fait pardevant monsieur de Ville sur Seyne échevin sepmanier le 14/3/1672.

864 - Médiathèque Arras FF125 Folio 747R :
Madeleine JOVELET veuve de Jacques DE RICQUEBOURG vivant mesureur de grains de cette ville a déclaré et déclare qu'elle récréante par le trépas dudit feu DE RICQUEBOURG son mari décédé le 13ème de ce mois promettant payer ses dettes, obsèques et funérailles et en décharger la cour, fait pardevant monsieur de Ville sur Seyne échevin sepmanier le 15/3/1672.

865 - Médiathèque Arras FF125 Folio 748V :
Jeanne CASIER veuve de Charles DENIS vivant bourgeois hostelain du Vert Hostel en cette ville a déclaré et déclare qu'elle récréante par le trépas dudit feu DENIS son mari décédé ce jourd'hui promettant payer ses dettes, obsèques et funérailles et en décharger la cour, fait pardevant monsieur Noel échevin sepmanier le 23/3/1672.

866 - Médiathèque Arras FF125 Folio 749V :
Marie Madeleine LEFEBVRE fille à marier de feus Laurent et Marie COIFFIER vivants demeurant en cette ville a déclaré et déclare qu'elle récréante par le trépas de ladite COIFFIER sa mère décédée le 2ème de ce mois promettant payer ses dettes, obsèques et funérailles et en décharger la cour, fait pardevant monsieur Caudron échevin sepmanier le 4/4/1672.

867 - Médiathèque Arras FF125 Folio 749V :
Adrien DUCORNET bourgeois marchand demeurant en cette ville pour profiter de l'ordonnance provisionnelle rendue ce jourd'hui à ce siège au procès d'entre lui demandeur en requête tendant anullité de l'arrêt fait de sa personne et autres fins y portées contre Jeanne DORESMIEUX sa femme, Jean et Louis BAILLET ses enfants qu'elle olt de feu maître Jean BAILLET son second mari vivant bourgeois marchand demeurant audit Arras par laquelle messieurs ont renvoyé les parties comme contraires sur le rolle pour y vérifier parinstruire leur procès jusqu'en état de juger et ordonné cependant que ledit DUCORNET sortira des prisons sur sa caution juratoire de se représenter à ce siège toutes fois et quantes que sommé et requis sera et en faisant droit sur les fins et conclusions respectives des parties, est ordonné qu'à la diligence du procureur général de cette ville tous les biens meubles et effets mobiliaires de la maison et communauté d'entre ledit DUCORNET, sa femme et enfants seront inventoriés et pour ce par eux déclaré respectivement par leur expurgation de serment pour être mis en dépôt es mains d'une personne tierce, de laquelle les parties conviendront ou sinon sera dénommée d'office pour le tout être ordonné et distribué selon justice, après leurs créanciers ouis et pour ce dument interpellés auxquels effets les parties comparaitront pardevant les sieurs échevins sepmaniers tant pour être entendues sur lesdits déclarations, inventaire, dépôt que distribution de biens meubles sur la totalité desquels biens néanmoins la cour a adjugé et adjuge aux défendeurs par forme de provision alimentaire une somme de six vingts livres et que par-dessus ce lesdits enfants pourront administrer et jouir par leurs mains de leurs biens propres, tous dépens réservés en définitif, est comparu en personne lequel après serment par lui fait et prêté a juré et affirmé de n'avoir su trouver aucune caution personnelle et promis suivant ce par même serment de se représenter à ce siège toutes et quantes fois qu'il en sera sommé et requis sous l'obligation de ses biens, fait pardevant monsieur Caudron échevin sepmanier le 4/4/1672.

868 - Médiathèque Arras FF125 Folio 750V :
Curatelle : Arnould BINET premier huissier du conseil d'Artois demeurant en cette ville a en suite de la requête présentée à ce siège par Guillaume MALBRANQUE fils et héritier de feu Robert demeurant en la ville de Lille été reçu et admis par ordonnance du 17/10/1665 à la curatelle de feu maître Ambroise FOURMESTRAUX vivant prêtre demeurant audit Lille à la caution de Damoiselle Isabelle FOURMESTRAUX lors fille à marier demeurant en cette ville en faisant les devoirs et ce suivant le consentement dudit MALBRANQUE et ouy sur ce le procureur général de cette ville, est comparu ledit BINET en personne lequel a empris et accepté ladite curatelle et promis par serment de s'y bien et fidèlement conduire et comporter et d'en rendre bon et fidèle compte à ce siège quand sommé et requis en sera, même de sortir juridiction à cedit siège, s'étant François MAIOUL bourgeois de cette ville procureur audit conseil d'Artois et greffier de la pauvreté d'icelle ville présentement mari et bail d'icelle FOURMESTRAUX pour ce aussi présent et comparant constitué caution

dudit BINET de quoi iceluy l'a promis décharger sous l'obligation solidaire de tous leurs biens, fait pardevant monsieur Caudron échevin sepmanier le 5/4/1672.

869 - Médiathèque Arras FF125 Folio 752V :
Curatelle : Charles MORANT procureur du roi en son élection d'Artois a sur requête présentée par Guislain LESCHEVIN, Louis SERURIER et Antoine PRONNIER tous maître boulangers demeurant en cette ville été reçu et admis par ordonnance du 7ème de mars dernier à la tutelle et curatelle des personne et biens de Marie Marguerite BLONDEL fille mineure de feus Florent BLONDEL et Roze MILON et ce suivant les consentements tant des plus proches parents d'icelle mineure que du procureur général de cette ville à la caution offerte de Martin DE SAINTES bourgeois marchand et l'un des quatre commis aux ouvrages de cette ville en faisant les devoirs, est comparu ledit sieur MORANT en personne lequel a empris et accepté ladite tutelle et curatelle et promis par serment de s'y bien et fidèlement conduire et comporter et d'en rendre bon et fidèle compte quand sommé et requis en sera, s'étant ledit DE SAINTES pour ce aussi présent et comparant constitué caution dudit sieur MORANT sous l'obligation solidaire de tous leurs biens, fait pardevant monsieur Boucquel échevin sepmanier le 11/4/1672.

870 - Médiathèque Arras FF125 Folio 752V :
Maître Jean SCOUTETTEN avocat au conseil d'Artois a déclaré et déclare que de la sentence rendue le 4ème de ce mois à ce siège à son préjudice et au profit du sieur Guillaume POSTEL marchand de cette ville et Damoiselle Antoinette POSTEL sa sœur et autres cohéritiers de sieur Allard POSTEL leur père, il s'en est porté et porte pour appelant protestant, fait pardevant monsieur Boucquel échevin sepmanier le 13/4/1672.

871 - Médiathèque Arras FF125 Folio 754V :
Damoiselle Marie Catherine MONVOISIN veuve de Nicolas LELEU vivant bourgeois marchand drapier demeurant en cette ville a déclaré et déclare qu'elle récréante par le trépas dudit feu LELEU son mari décédé le 25ème de ce mois promettant payer ses dettes, obsèques et funérailles et en décharger la cour, fait pardevant monsieur de Hautescotte échevin sepmanier le 27/4/1672.

872 - Médiathèque Arras FF125 Folio 754V :
Marie LAGNEAU veuve de Jacquet POGNIET vivant bourgeois demeurant à Arras a récréanté par le trépas dudit POGNIET son mari promettant payer ses dettes, obsèques et funérailles et en décharger la cour fait pardevant monsieur de Hautescotte échevin sepmanier le 28/4/1672.

873 - Médiathèque Arras FF125 Folio 756R :
Adrienne DU RAMETZ veuve de Quentin HALOY vivant bourgeois marchand demeurant en cette ville a déclaré et déclare qu'elle récréante par le trépas dudit feu HALOY son mari décédé ce jourd'hui promettant payer ses dettes, obsèques et funérailles et en décharger la cour, fait pardevant monsieur Delarue échevin sepmanier le 6/5/1672.

874 - Médiathèque Arras FF125 Folio 757R :
Marie CAMIER veuve d'Antoine LEBLAN bourgeois boucher de cette ville a déclaré et déclare qu'elle renonce aux biens et dettes dudit feu LEBLAN son mari décédé passées trois semaines ou environ se tenant à son droit de douaire stipulé par son contrat de mariage, fait pardevant monsieur de Douay échevin sepmanier le 11/5/1672.

875 - Médiathèque Arras FF125 Folio 757V :
Isabelle HALLE veuve de Foursy DELATTRE vivant fauxboulier demeurant es faubourgs de cette ville a déclaré et déclare qu'elle récréante par le trépas dudit feu DELATTRE son mari décédé passé un mois promettant payer ses dettes, obsèques et funérailles et en décharger la cour fait pardevant monsieur de Douay échevin sepmanier le 12/5/1672.

876 - Médiathèque Arras FF125 Folio 757V :
Damoiselle Marie Jeanne FLIPPES veuve de Bernard François DE CROMBECQUE vivant procureur au conseil d'Artois a déclaré et déclare qu'elle récréante par le trépas dudit DE CROMBECQUE son mari décédé ce jourd'hui promettant payer ses dettes, obsèques et funérailles et en décharger la cour, fait pardevant monsieur de Douay échevin sepmanier le 13/5/1672.

877 - Médiathèque Arras FF125 Folio 758R :
Laurent ORANGER bourgeois demeurant à Arras a déclaré et déclare qu'il récréante par le trépas d'Anne VALLET veuve d'Antoine ORANGER décédée passées six semaines promettant payer ses dettes, obsèques et funérailles et en décharger la cour, fait pardevant monsieur de Douay échevin sepmanier le 13/5/1672.

878 - Médiathèque Arras FF125 Folio 758R :
Jacques LEBEL jeune homme à marier de son stil menuisier demeurant en cette ville a déclaré et déclare qu'il récréante par le trépas de Marguerite THERY veuve de feu Allard LEBEL sa mère décédée ce jourd'hui promettant payer ses dettes, obsèques et funérailles et en décharger la cour, fait pardevant monsieur de Douay échevin sepmanier le 14/5/1672.

879 - Médiathèque Arras FF125 Folio 758V :
Venant DARRAS bourgeois savetier demeurant en cette ville, Jean Grégoire DARRAS bourgeois manouvrier demeurant au bourg de Pas en Artois et Pierre GELE aussi bourgeois maître potier de terre demeurant en cette dite ville mari et bail de Catherine THERY icelle fille de Victor THERY et Gabrielle DARRAS, lesdits Venant et Grégoire DARRAS neveux et héritiers du côté paternel à feue Catherine DARRAS vivant veuve en dernière noces de Robert BOUDIN sergent de cette garnison et ladite Catherine THERY aussi nièce du côté maternel ont déclaré et déclarent qu'ils récréantent par le trépas d'icelle feue Catherine DARRAS décédée le jour d'hier promettant solidairement payer ses dettes, obsèques et funérailles et en décharger la cour, fait pardevant monsieur de Douay échevin sepmanier le 14/5/1672.

880 - Médiathèque Arras FF125 Folio 760R :
Marie HANNART veuve de Jean FABVRE bourgeois marchand demeurant en cette ville a déclaré et déclare qu'elle récréante par le trépas dudit feu FABVRE décédé ce jourd'hui promettant payer ses dettes, obsèques et funérailles et en décharger la cour, fait pardevant monsieur Boucquel échevin sepmanier le 28/5/1672.

881 - Médiathèque Arras FF125 Folio 760V :
Damoiselle Marie Agnès DE FRESNEAU veuve de feu François GOSSON vivant écuyer sieur du Petit Preel et échevin à son tour de cette ville, a déclaré et déclare qu'elle récréante par le trépas dudit feu sieur du Petit Preel son mari décédé le 23ème de ce mois promettant payer ses dettes, obsèques et funérailles et en décharger la cour fait pardevant monsieur de Grandmaretz échevin sepmanier le 28/5/1672.

882 - Médiathèque Arras FF125 Folio 760V :
Susanne FRION veuve de Jean THOREL vivant bourgeois marchand demeurant en cette ville a déclaré et déclare qu'elle récréante par le trépas dudit feu THOREL son mari décédé le jour d'hier promettant payer ses dettes, obsèques et funérailles et en décharger la cour, fait pardevant monsieur Delarue échevin sepmanier le 30/5/1672.

883 - Médiathèque Arras FF125 Folio 761R :
Guislaine BEAUMONT veuve de Jacques COCHET vivant bourgeois viesier demeurant à Arras a récréanté par le trépas dudit COCHET son mari promettant payer ses dettes, obsèques et funérailles et en décharger la cour fait pardevant monsieur Desmazure échevin sepmanier le 2/6/1672.

884 - Médiathèque Arras FF125 Folio 761R :
Antoinette LENFLE veuve de Gilles GOLLIER vivant fendeur de bois demeurant en cette ville a déclaré et déclare qu'elle récréante par le trépas dudit feu GOLLIER son mari décédé ce jourd'hui, promettant payer ses dettes, obsèques et funérailles et en décharger la cour, fait pardevant monsieur de Ville sur Seyne échevin sepmanier le 3/6/1672.

885 - Médiathèque Arras FF125 Folio 761V :
Jacques BOUCHE bourgeois marchand librairier demeurant en cette ville a déclaré et déclare qu'il récréante par le trépas de maître Noël BOUCHE prêtre curé de l'église paroissiale de Saint Maurice en cette ville son frère décédé ce jourd'hui, promettant payer ses dettes, obsèques et funérailles et en décharger la cour, fait pardevant monsieur d'Hautescotte échevin sepmanier le 9/6/1672.

886 - Médiathèque Arras FF125 Folio 761V :
Roze CAMP veuve de Marc Antoine DESLAVIERES vivant bourgeois demeurant en cette ville a déclaré et déclare qu'elle renonce aux biens et dettes dudit feu DESLAVIERES son mari décédé passés dix à douze jours, se tenant à son droit de douaire conventionnel stipulé par son contrat de mariage, fait pardevant monsieur d'Hautescotte échevin sepmanier le 9/6/1672.

887 - Médiathèque Arras FF125 Folio 763R :
Isabelle GOSSART veuve de Nicolas DEMAILLY vivant bourgeois mesureur de grains demeurant à Arras a déclaré et déclare qu'elle récréante par le trépas dudit DEMAILLY son mari décédé le 19ème de ce mois promettant payer ses dettes, obsèques et funérailles et en décharger la cour, fait pardevant monsieur de Douay échevin sepmanier le 22/6/1672.

888 - Médiathèque Arras FF125 Folio 763R :
Marie Marguerite BACQUEVILLE fille à marier demeurant à Arras a déclaré et déclare qu'elle récréante par le trépas de Marie Françoise BACQUEVILLE sa sœur décédée le 7ème de ce mois promettant payer ses dettes, obsèques et funérailles et en décharger la cour, fait pardevant monsieur Rouvroy échevin sepmanier le 25/6/1672.

889 - Médiathèque Arras FF125 Folio 763V :
Marguerite BAVET veuve de Philippe CORNIXLOIS bourgeois cuisinier demeurant en la cité de cette ville a déclaré et déclare qu'elle récréante par le trépas dudit feu CORNIXLOIS son mari décédé ce jourd'hui promettant payer ses dettes, obsèques et funérailles et en décharger la cour, même de subir juridiction à ce siège, fait pardevant monsieur Caudron échevin sepmanier le 30/6/1672.

890 - Médiathèque Arras FF125 Folio 764R :
Marie MILON veuve de Nicolas DE RAN demeurant à Arras a déclaré et déclare qu'elle récréante par le trépas dudit DE RAN son mari décédé le jour d'hier promettant payer ses dettes, obsèques et funérailles et en décharger la cour, fait pardevant monsieur Caudron échevin sepmanier le 1/7/1672.

891 - Médiathèque Arras FF125 Folio 767V :
Marie Madeleine BAUDRAIN veuve de Jean THERY vivant bourgeois chaufourier demeurant en cette ville a déclaré et déclare qu'elle récréante par le trépas dudit THERY son mari décédé le 24 juin dernier promettant payer ses dettes, obsèques et funérailles et en décharger la cour, fait pardevant monsieur d'Hautescotte échevin sepmanier le 17/7/1672.

892 - Médiathèque Arras FF125 Folio 767V :
Gratien MOINET bourgeois maître mandelier demeurant en cette ville a déclaré et déclare qu'il se fonde héritier de feue Marie CRAMET ancienne fille dévote demeurant en cette ville décédée ce jourd'hui, promettant payer ses dettes, obsèques et funérailles et en décharger la cour, fait pardevant monsieur d'Hautescotte échevin sepmanier le 19/7/1672.

893 - Médiathèque Arras FF125 Folio 768R :
Nicolas LIBERSART bourgeois molnier demeurant en cette ville fils de feu Jacques et d'encore vivante Anne CRAMET a déclaré et déclare qu'il récréante par le trépas de feue Marie CRAMET à son trépas ancienne fille dévote demeurant audit Arras sa cousine remuée de germain décédée le 19ème de ce mois promettant payer ses dettes, obsèques et funérailles et en décharger la cour, fait pardevant monsieur de Grandmaretz échevin sepmanier le 23/7/1672.

894 - Médiathèque Arras FF125 Folio 768V :
Maclou PAMART bourgeois fils à marier demeurant à Arras a récréanté par le trépas de Marie Marguerite LANSEL veuve de Jean Baptiste PAMART vivant bourgeois vitrier demeurant audit Arras promettant payer ses dettes, obsèques et funérailles et en décharger la cour fait pardevant monsieur Noel échevin sepmanier le 26/7/1672.

895 - Médiathèque Arras FF125 Folio 768V :
Damoiselle Marie Marguerite DE HERLIN fille à marier demeurant en cette ville a déclaré et déclare qu'elle récréante par le trépas de feu Antoine DE HERLIN son père vivant procureur au conseil d'Artois décédé passés treize ans ou environ promettant payer ses dettes, obsèques et funérailles et en décharger la cour fait pardevant monsieur Noel échevin sepmanier le 27/7/1672.

896 - Médiathèque Arras FF125 Folio 769V :
Catherine DELEBARRE veuve de Jean DELOMEL vivant bourgeois saietteur demeurant en cette ville a déclaré et déclare qu'elle récréante par le trépas dudit DELOMEL son mari décédé le 3 de ce mois promettant payer ses dettes, obsèques et funérailles et en décharger la cour, fait pardevant monsieur Delarue échevin sepmanier le 29/7/1672.

897 - Médiathèque Arras FF125 Folio 769V :
Jean SUIER potier de terre mari et bail de Catherine LEMAIRE et Philippe PERNET cordonnier mari et bail d'Agnès LEMAIRE demeurant en cette ville lesdites LEMAIRE sœurs filles de feu Michel vivant maître taillandier audit Arras ont déclaré et déclarent qu'ils récréantent par le trépas dudit feu Michel LEMAIRE leur beau-père décédé le 4 de ce mois promettant payer ses dettes, obsèques et funérailles et en décharger la cour, fait pardevant monsieur Rouvroy échevin sepmanier le 5/8/1672.

898 - Médiathèque Arras FF125 Folio 770R :
Jean DEHEE fauxboulier demeurant es faubourgs de cette ville dits des alouettes a déclaré et déclare qu'il récréante par le trépas de Marie DEHEE sa sœur veuve de Philippe LECLERCQ décédée ce jourd'hui promettant payer ses dettes, obsèques et funérailles et en décharger la cour, fait pardevant monsieur de Douay échevin sepmanier le 6/8/1672.

899 - Médiathèque Arras FF125 Folio 770V :
Marie Françoise MORY veuve de Philippe BURY vivant bourgeois marchand demeurant en cette ville mère et tutrice légitime de Chrestien, Jacques François et Marie Joseph BURY ses trois enfants en bas âge qu'elle a retenus dudit feu, a déclaré et déclare qu'elle récréante au nom de sesdits enfants en ladite qualité par le trépas dudit feu BURY décédé le 8ème de ce mois promettant audit nom de paye ses dettes, obsèques et funérailles et en décharger la cour, fait pardevant monsieur Caudron échevin sepmanier le 9/8/1672.

900 - Médiathèque Arras FF125 Folio 772R :
Marie François MORY veuve de Philippe BURY vivant bourgeois marchand demeurant à Arras a déclaré et déclare qu'elle renonce aux biens et dettes dudit BURY son mari soy tenant à son droit de douaire stipulé par son contrat de mariage fait pardevant monsieur Caudron échevin sepmanier le 13/8/1672.

901 - Médiathèque Arras FF125 Folio 772R :
Françoise DU FEZ veuve de Robert REGNAU vivant bourgeois maître cuisinier et pâtissier de cette ville a déclaré et déclare qu'elle récréante par le trépas dudit feu REGNAU son mari décédé passés trois semaines ou environ promettant payer ses dettes, obsèques et funérailles et en décharger la cour, fait pardevant monsieur de Grandmaretz échevin sepmanier le 18/8/1672.

902 - Médiathèque Arras FF125 Folio 774V :
Charles LOURDEL bourgeois marchand tanneur demeurant en cette ville mari et bail de Catherine DESMOLIN fille de feu Noël vivant aussi bourgeois marchand tanneur y demeurant a déclaré et déclare qu'il récréante par le trépas dudit feu DESMOLIN son beau-père décédé le 22ème de ce mois promettant payer ses dettes, obsèques et funérailles et en décharger la cour, fait pardevant monsieur Desmazures échevin sepmanier le 26/8/1672.

903 - Médiathèque Arras FF125 Folio 775V :
Damoiselle Anne WILLART veuve de feu Hiérosme MACREL vivant notaire royal et procureur au conseil d'Artois a déclaré et déclare qu'elle récréante par le trépas dudit feu MACREL son mari décédé le 28ème de ce mois, promettant payer ses dettes, obsèques et funérailles et en décharger la cour, fait pardevant monsieur de Grandmaretz échevin sepmanier le 29/8/1672.

904 - Médiathèque Arras FF125 Folio 775V :
Marie GUERARD veuve de Nicolas DE BEAUMONT vivant bourgeois maître cordonnier demeurant en cette ville a déclaré et déclare qu'elle récréante par le trépas dudit feu DE BEAUMONT son mari décédé le jour d'hier promettant payer ses dettes, obsèques et funérailles et en décharger la cour, fait pardevant monsieur Caudron échevin le 1/9/1672.

905 - Médiathèque Arras FF125 Folio 775V :
Antoine Adrien BERTHE greffier des Etats d'Artois et procureur au conseil dudit Artois a déclaré et déclare qu'il récréante tant en son nom privé que de Louis, Damoiselles Marguerite et Marie Roze BERTHE ses frère et sœur dont il s'est fait et porté fort par le trépas de feu maître Antoine BERTHE leur père vivant aussi greffier desdits Etats décédé au mois de juin dernier promettant audit nom payer ses dettes, obsèques et funérailles et en décharger la cour, fait pardevant monsieur Noel échevin sepmanier le 6/9/1672.

906 - Médiathèque Arras FF125 Folio 776R :
Pierre VANLIERD bourgeois marchand mari et bail de Damoiselle Catherine HAIETTE, Laurent DE SOIGNY aussi bourgeois maître saietteur mari et bail de Marguerite HAIETTE et Toussaint BRASSART pareillement

bourgeois maître cordier mari et bail d'Antoinette HAIETTE demeurant tous audit Arras, lesdites du surnom HAIETTE sœurs enfant de feus François vivant semblablement bourgeois marchand saietteur y demeurant ont déclaré et déclare qu'ils récréantent par le trépas de feue Antoinette FOURMAULT veuve dudit feu HAIETTE leur belle-mère décédée ce jourd'hui promettant payer ses dettes, obsèques et funérailles et en décharger la cour, fait pardevant monsieur Noel échevin sepmanier le 7/9/1672.

907 - Médiathèque Arras FF125 Folio 776V :
Charles BELEVRE bourgeois de cette ville, Antoine BLONDEL mari et bail de Marie Guislaine BELEVRE et Joseph MARTIN aussi mari et bail de Marie Marguerite BELEVRE aussi bourgeois demeurant audit Arras lesdits du surnom BELEVRE frère et sœurs enfants de feu Léger BELEVRE vivant bourgeois porteur au sacq demeurant en cette dite ville, ont déclaré et déclarent qu'ils récréantent par le trépas dudit feu BELEVRE leur père et beau-père décédé le jour d'hier, promettant solidairement payer ses dettes, obsèques et funérailles et en décharger la cour, fait pardevant monsieur Desmazures échevin sepmanier le 9/9/1672.

908 - Médiathèque Arras FF125 Folio 777R :
Claire SEVIN veuve d'Ambroise François DUPUICH vivant bourgeois maître cuisinier demeurant en cette ville a déclaré et déclare qu'elle renonce aux biens et dettes dudit feu DUPUICH son mari décédé le jour d'hier se tenant à son droit de douaire stipulé par son contrat de mariage fait pardevant monsieur de Douay échevin sepmanier le 13/9/1672.

909 - Médiathèque Arras FF125 Folio 779R :
Marguerite LANSSART veuve de Pierre FOSSIER vivant bourgeois maître mandelier demeurant en cette ville a déclaré et déclare qu'elle récréante par le trépas dudit feu FOSSIER son mari décédé le 21ème de ce mois promettant payer ses dettes, obsèques et funérailles et en décharger la cour, fait pardevant monsieur Caudron échevin sepmanier le 23/9/1672.

910 - Médiathèque Arras FF125 Folio 779R :
Suivant la requête présentée à messieurs du magistrat de cette ville par Philippe DUHAUPAS bourgeois maître cuisinier y demeurant tendant à ce qu'en considération que (par un motif de charité et bienveillance et pour ne pas laisser à la charge de cette dite ville Marie Anne DUPUICH fille âgée de quatre ans de feus Ambroise François vivant aussi bourgeois et maître cuisinier et poissonnier d'icelle ville et d'Anne DUHAUPAS fille dudit Philippe), il l'aurait prise et retirée chez lui à dessein de la nourrir et élever aussi longtemps qu'il en aurait la commodité sans que toutefois il en puisse retirer un seul sol à raison que ledit DUPUICH était décédé pauvre et dénué de tous biens, se trouvant même ledit DUHAUPAS engagé à payer une lettre de trois cents florins en capital créée par ledit feu DUPUICH à sa caution pour acheter ledit état de poissonnier qui par son décès et sans avoir disposé était retourné au profit de cette dite ville, pour quoi il supplie mesdits sieurs qu'en regardant ladite orpheline d'un œil de miséricorde, il leur plut lui aumôner quelque somme de deniers pour l'aider à son éducation, messieurs en considération que ledit requérant s'oblige de subminister lesdits nourriture et entretènement à ladite Marie Anne DUPUICH sa petite-fille pendant sa minorité et ouy le procureur général d'icelle ville lui ont accordé et accordent la somme de cent livres qui lui sera payée par l'argentier de cette ville à charge que ledit remonstrant en passera acte sur le registre de la cour afin que ladite DUPUICH ne soit à la charge de ladite ville, est comparu ledit Philippe DUHAUPAS en personne lequel a promis et promet par cettes de nourrir et entretenir icelle Marie Anne DUPUICH pendant sa minorité en sorte qu'elle ne sera nullement à la charge de cette ville sous l'obligation de ses biens, fait pardevant monsieur Caudron échevin sepmanier le 23/9/1672.

911 - Médiathèque Arras FF125 Folio 780R :
Jacques DELATTRE bourgeois savetier demeurant en cette ville a déclaré et déclare qu'il récréante par le trépas de Jeanne COURONNEL veuve de Jean DELATTRE sa mère décédée ce jourd'hui promettant payer ses dettes, obsèques et funérailles et en décharger la cour, fait pardevant monsieur de Grandmaretz échevin sepmanier le 26/9/1672.

912 - Médiathèque Arras FF125 Folio 781R :
Marie Madeleine WANGON jeune fille à marier demeurant en cette ville a déclaré et déclare qu'elle récréante par le trépas de feue Louise WILLEMAIRE sa mère veuve de Nicolas WANGON décédée le 28ème de ce mois promettant payer ses dettes, obsèques et funérailles et en décharger la cour, fait pardevant monsieur de Grandmaretz échevin sepmanier le 30/9/1672.

913 - Médiathèque Arras FF125 Folio 781R :
Guillaume LEDUC jeune homme à marier et Marie Barbe DENOEUTRE fille aussi à marier demeurant à Arras ont récréanté par le trépas de Marguerite DENOEUTRE leur tante demeurant audit Arras promettant payer ses dettes, obsèques et funérailles et en décharger la cour, fait pardevant monsieur de Grandmaret échevin sepmanier le 1/10/1672.

914 - Médiathèque Arras FF125 Folio 781V :
Barbe VASSEUR veuve de Noël ROBICQUET vivant sergent de l'église et abbaye de Saint Vaast d'Arras a déclaré et déclare qu'elle récréante par le trépas dudit feu ROBICQUET son mari décédé ce jourd'hui promettant payer ses dettes, obsèques et funérailles et en décharger la cour, fait pardevant monsieur de Grandmaretz échevin sepmanier le 12/10/1672.

915 - Médiathèque Arras FF125 Folio 782R :
Pierre BAILLET bourgeois marchand demeurant en cette ville a déclaré qu'il récréante par le trépas de Barbe FLIPPE veuve d'Adam BAILLET sa mère décédée le 11ème de ce mois promettant payer ses dettes, obsèques et funérailles et en décharger la cour, fait pardevant monsieur de Grandmaretz échevin sepmanier le 13/10/1672.

916 - Médiathèque Arras FF125 Folio 783R :
Damoiselle Jeanne LECLERCQ veuve de Charles DELAIRE à son trépas huissier du parlement de Paris de la résidence de cette ville et Nicolas DELAIRE huissier du conseil d'Artois demeurant audit Arras fils dudit feu Charles, ont déclaré et déclarent qu'ils récréantent par le trépas d'iceluy advenu le 22ème de ce mois promettant payer ses dettes, obsèques et funérailles et en décharger la cour, fait pardevant monsieur Rouvroy échevin sepmanier le 27/10/1672.

917 - Médiathèque Arras FF125 Folio 783V :
Messire Eugène Anne Brigitte DE BONNIERES chevalier baron de Griboval bourgeois de cette ville y demeurant a déclaré et déclare qu'il récréante par le trépas de Dame Marguerite Claire DE BONNIERES sa sœur vivant femme de messire Louis comte de Saint Simon décédée le dix huit de ce mois, promettant payer ses dettes, obsèques et funérailles et en décharger la cour, fait pardevant monsieur Rouvroy échevin sepmanier le 29/10/1672.

918 - Médiathèque Arras FF125 Folio 783V :
Marie Madeleine BONAVENTURE veuve de Nicolas FLAHAULT vivant bourgeois boucher demeurant en cette ville a déclaré et déclare qu'elle récréante par le trépas dudit FLAHAULT son mari décédé le 29ème de ce mois promettant payer ses dettes, obsèques et funérailles et en décharger la cour, fait pardevant monsieur Groullon échevin sepmanier le 31/10/1672.

919 - Médiathèque Arras FF125 Folio 784V :
Damoiselle Elizabeth DUFOUR veuve de Charles BARDET vivant lieutenant d'infanterie au régiment de Mondejeux demeurant à Arras a déclaré et déclare qu'elle récréante par le trépas dudit feu sieur BARDET son mari, promettant payer ses dettes, obsèques et funérailles et en décharger la cour, fait pardevant monsieur Groullon échevin sepmanier le 3/11/1672.

920 - Médiathèque Arras FF125 Folio 785R :
Anne MONDÉ veuve de Louis HALLOT bourgeois maître boulanger demeurant en cette ville a déclaré et déclare qu'elle renonce aux biens et dettes dudit feu et qu'elle se tient à son droit de douaire conventionnel porté en son contrat de mariage, fait pardevant monsieur du Boisrond échevin sepmanier le 4/11/1672.

921 - Médiathèque Arras FF125 Folio 785R :
Marie Madeleine DAIX veuve de Robert LANGO demeurant en cette ville a déclaré et déclare qu'elle récréante par le trépas dudit feu LANGO son mari décédé passé cinq semaines promettant payer ses dettes, obsèques et funérailles et en décharger la cour, fait pardevant monsieur Groullon échevin sepmanier le 5/11/1672.

922 - Médiathèque Arras FF125 Folio 785V :
Antoine LESENNE bourgeois orfèvre, Alexandre LESENNE porteur au sacq, Marguerite LESENNE fille à marier frères et sœur enfants de feu Jean LESENNE aussi bourgeois, maître Antoine LESENNE apothicaire, Nicolas Géry LESENNE drapier, Damoiselle Catherine LESENNE veuve de Pierre DESMOLINS et Toussaint PARADIS bourgeois receveur mari et bail de Damoiselle Marie Madeleine LESENNE aussi frères et sœurs enfants de feu Alexandre LESENNE, tous lesdits du surnom LESENNE cousins germains à Damoiselle Marie

Madeleine LESENNE décédée à marier passé quatorze mois ou environ, ont déclaré et déclarent qu'ils se fondent héritiers universels des biens délaissés par le trépas de ladite Damoiselle Marie Madeleine LESENNE promettant payer ses dettes, obsèques et funérailles et en décharger la cour, fait pardevant monsieur Morguet échevin sepmanier le 5/11/1672.

923 - Médiathèque Arras FF125 Folio 786R :
Damoiselle Marie Guislaine LABBÉ fille à marier demeurant en cette ville a déclaré et déclare qu'elle récréante par le trépas de feu François LABBÉ vivant notaire royal et procureur au conseil d'Artois son père décédé ce jourd'hui, promettant payer ses dettes, obsèques et funérailles et en décharger la cour, fait pardevant monsieur de Hautescotte échevin sepmanier le 8/11/1672.

924 - Médiathèque Arras FF125 Folio 787V :
Charles GRUSON procureur de Damoiselle Catherine LOTTIN veuve d'Antoine DE HERLIN procureur au conseil d'Artois mère et tutrice de ses enfants héritiers d'iceluy a déclaré et déclare que de la sentence rendue ce jourd'hui à ce siège à son préjudice et de sesdits enfants et au profit de Jean Baptiste VION bourgeois demeurant en cette ville et Damoiselle Christine Ernestine DE HERLIN sa femme, il s'en est porté et porte pour appelant protestant, fait pardevant monsieur Routart échevin sepmanier le 14/11/1672.

925 - Médiathèque Arras FF125 Folio 787V :
Adrienne CAPELLE veuve de feu Baltazart LEGUET bourgeois marchand demeurant à Arras a déclaré et déclare qu'elle récréante par le trépas dudit LEGUET son mari décédé ce jourd'hui promettant payer ses dettes, obsèques et funérailles et en décharger la cour, fait pardevant monsieur Routart échevin sepmanier le 14/11/1672.

926 - Médiathèque Arras FF125 Folio 788R :
Nicolas CAUDRON bourgeois marchand et à son tour échevin de cette ville a déclaré et déclare qu'il récréante par le trépas de feue Damoiselle Marie HARDUIN veuve en premières noces de Venant DELEPORTE sa tante maternelle décédée le 9èm de ce mois promettant payer ses dettes, obsèques et funérailles et en décharger la cour, fait pardevant monsieur Delaire échevin sepmanier le 16/11/1672.

927 - Médiathèque Arras FF125 Folio 788V :
Marie MARQUET veuve de feu Martin DUMONT vivant maître tailleur d'habits demeurant à Arras a déclaré et déclare qu'elle récréante par le trépas dudit DUMONT son mari décédé ce jourd'hui, promettant payer ses dettes, obsèques et funérailles et en décharger la cour, fait pardevant monsieur Routart échevin sepmanier le 16/11/1672.

928 - Médiathèque Arras FF125 Folio 789V :
Marie Marguerite DE GUELDRES jeune fille à marier demeurant en cette ville a déclaré et déclare qu'elle récréante par le trépas de feu Antoine DE GUELDRES son père vivant maître tonnelier demeurant à Arras promettant payer ses dettes, obsèques et funérailles et en décharger la cour, fait pardevant monsieur Delaire échevin sepmanier le 18/11/1672.

929 - Médiathèque Arras FF125 Folio 792R :
Pierre CAUROIS bourgeois marchand tanneur et Charles CUVELIER aussi bourgeois marchand demeurant en cette ville ont déclaré et déclarent qu'ils récréantent feue Roze BLAIRE leur mère décédée le 29ème de ce mois à son trépas veuve de Guislain CUVELIER et paravant de Pierre CAUROIS promettant payer ses dettes, obsèques et funérailles et en décharger la cour, fait pardevant monsieur de Douay échevin sepmanier le 2/12/1672.

930 - Médiathèque Arras FF125 Folio 793R :
Curatelle : Philippe DUCASTEL bourgeois demeurant à Arras a sur requête présentée par le sieur François MONVOISIN bourgeois rentier et à son tour l'un des quatre commis aux ouvrages de cette ville été reçu et admis par ordonnance du deuxième de ce mois de décembre au lieu de défunt Noël ROBICQUET à la curatelle des biens délaissés vacants par feu maître BAUDUIN vivant prêtre fils de François et de Damoiselle Marie MAUDUICT en faisant les devoirs suivant quoi est comparu ledit DUCASTEL en personne lequel a empris et accepté ladite curatelle et promis par serment de s'y bien et fidèlement conduire et comporter et d'en rendre bon et fidèle compte quand sommé et requis en sera s'étant le sieur Jean Baptiste MONVOISIN procureur spécial dudit sieur François fondé de lettres procuratoires faites et passées pardevant notaires à nous apparues et à lui rendues en date du cinquième de ce mois pour ce aussi présent et comparant constitué plaige et caution dudit Philippe DUCASTEL de quoi il a promis décharger iceluy MONVOISIN de tous dépens, dommages et

intérêts sous l'obligation solidaire de tous leurs biens fait pardevant monsieur Noel échevin sepmanier le 7/12/1672.

931 - Médiathèque Arras FF125 Folio 793V :
Florise MARCHAND veuve de Robert LEGRAND demeurant en cette ville mère grande maternelle de Guillaume, Laurent et Marie Jeanne DE PARADIS enfants mineurs d'Edouart DE PARADIS et Marie Jeanne LEGRAND a déclaré et déclare qu'elle se constitue tutrice légitime desdits enfants mineurs au nom desquels elle récréante ledit Edouart DE PARADIS leur père, fait pardevant monsieur Le Sergeant échevin sepmanier le 7/12/1672.

932 - Médiathèque Arras FF125 Folio 794R :
Antoine PARIS bourgeois demeurant à Arras et Marie HALLOT sa femme père et mère et tuteurs légitimes de Hector PARIS leur fils en minorité ont déclaré et déclarent qu'ils récréantent en ladite qualité par le trépas de Louis HALLOT oncle audit mineur promettant audit nom payer ses dettes, obsèques et funérailles d'icelui et en décharger la cour fait pardevant monsieur Noel échevin sepmanier le 9/12/1672.

933 - Médiathèque Arras FF125 Folio 796R :
Barbe DESHAIES veuve de Noël MARCHANT vivant bourgeois maître maçon demeurant en cette ville a déclaré et déclare qu'elle récréante par le trépas dudit feu son mari promettant payer ses dettes, obsèques et funérailles et en décharger la cour fait pardevant monsieur de Hautecotte échevin sepmanier le 19/12/1672.

934 - Médiathèque Arras FF125 Folio 797R :
Marguerite THERON veuve de François DE MEURDESOIF vivant sergent à verge de cet échevinage a déclaré et déclare qu'elle récréante par le trépas dudit feu DE MEURDESOIF son mari décédé le 21ème de ce mois, promettant payer ses dettes, obsèques et funérailles et en décharger la cour, fait pardevant monsieur Postel échevin sepmanier le 22/12/1672.

935 - Médiathèque Arras FF125 Folio 799R :
Barbe BIENFAIT veuve de Charles MINART vivant bourgeois marchand de porcs demeurant en cette ville a déclaré et déclare qu'elle récréante par le trépas dudit feu MINART son mari promettant payer ses dettes, obsèques et funérailles et en décharger la cour, fait pardevant monsieur Routart échevin sepmanier le 29/12/1672.

936 - Médiathèque Arras FF125 Folio 799V :
Maître Antoine LESENNE bourgeois orfèvre, Jean MONVOISIN bourgeois vitrier et Alexandre LESENNE aussi bourgeois tous neveux et héritiers de feu Nicolas MONVOISIN vivant bourgeois demeurant à Arras décédé le 25ème de ce mois ont récréanté par le trépas dudit Nicolas MONVOISIN leur oncle promettant payer ses dettes, obsèques et funérailles et en décharger la cour, fait pardevant monsieur Routart échevin fait le 29/12/1672.

937 - Médiathèque Arras FF125 Folio 799V :
Jacqueline MILON veuve de feu Louis SERURIER vivant bourgeois boulanger demeurant à Arras a déclaré et déclare qu'elle récréante par le trépas dudit SERURIER son mari décédé le 14ème de ce mois promettant payer ses dettes, obsèques et funérailles et en décharger la cour, fait pardevant monsieur Routart échevin sepmanier le 30/12/1672.

938 - Médiathèque Arras FF125 Folio 800R :
Marie VANLIERD veuve de Philippe MARCHAND vivant bourgeois maître arpenteur demeurant à Arras a déclaré et déclare qu'elle récréante par le trépas dudit MARCHAND son mari décédé ce jour'hui promettant payer ses dettes, obsèques et funérailles et en décharger la cour, fait pardevant monsieur de Mouron échevin sepmanier le 2/1/1673.

939 - Médiathèque Arras FF125 Folio 801R :
Françoise BOCQUET fille franche demeurant à Arras a déclaré et déclare qu'elle récréante par le trépas de Marie BOCQUET sa sœur vivant aussi fille franche demeurant audit Arras décédée le premier de ce mois promettant payer ses dettes, obsèques et funérailles et en décharger la cour, fait pardevant monsieur de Moron échevin sepmanier le 7/1/1673.

940 - Médiathèque Arras FF125 Folio 801R :
Antoine MACHELET bourgeois maître d'école demeurant en cette ville a déclaré et déclare qu'il récréante par le trépas de feu Baudrain MACHELET son père vivant bourgeois marchand demeurant audit Arras promettant

payer ses dettes, obsèques et funérailles et en décharger la cour, fait pardevant monsieur Stert échevin sepmanier le 9/1/1673.

941 - Médiathèque Arras FF125 Folio 802R :
Claire PRUVOST jeune fille à marier demeurant à Arras a déclaré et déclare qu'elle récréante par le trépas de Marguerite LEFEBVRE sa mère vivant veuve de Jacques PRUVOST bourgeois demeurant audit Arras promettant payer ses dettes, obsèques et funérailles et en décharger la cour, fait pardevant monsieur de Douay échevin sepmanier le 14/1/1673.

942 - Médiathèque Arras FF125 Folio 803R :
Pierre PLAT bourgeois plombier demeurant en cette ville a déclaré et déclare qu'il récréante par le trépas de feue Jeanne COUSTURIER veuve de Gérard PLAT sa mère promettant payer ses dettes, obsèques et funérailles et en décharger la cour, fait pardevant monsieur Noel échevin sepmanier le 20/1/1673.

943 - Médiathèque Arras FF125 Folio 803R :
Damoiselle Marguerite TOURILLON veuve de Jean Baptiste LE FROID vivant chirurgien major des hôpitaux de cette ville a déclaré et déclare qu'elle renonce aux biens et dettes dudit feu son mari décédé le onzième décembre dernier et qu'elle se tient à son douaire conventionnel stipulé par son contrat de mariage, fait pardevant monsieur de Beaurains Lesergent échevin sepmanier le 20/1/1673.

944 - Médiathèque Arras FF125 Folio 805V :
Marie CRON veuve de Charles DUBOIS vivant bourgeois demeurant à Arras a déclaré et déclare qu'elle récréante par le trépas dudit feu DUBOIS son mari décédé ce jourd'hui promettant payer ses dettes, obsèques et funérailles et en décharger la cour, fait pardevant monsieur du Boisrond échevin sepmanier le 24/1/1673.

945 - Médiathèque Arras FF125 Folio 807V :
Catherine DEHEES veuve de Pierre DUCASTEL vivant bourgeois fauxboulier demeurant es faubourgs des Alouettes lez cette ville a déclaré et déclare qu'elle récréante par le trépas dudit DUCASTEL son mari décédé le jour d'hier promettant payer ses dettes, obsèques et funérailles et en décharger la cour, fait pardevant monsieur Delaire échevin sepmanier le 7/2/1673.

946 - Médiathèque Arras FF125 Folio 807V :
Philippe Madeleine THOREL veuve d'Henry DE MISERIE à son trépas bourgeois demeurant en cette ville a déclaré et déclare qu'elle récréante par le trépas dudit feu son mari décédé le 5ème de ce mois promettant payer ses dettes, obsèques et funérailles et en décharger la cour, fait pardevant monsieur Delaire échevin sepmanier le 8/2/1673.

947 - Médiathèque Arras FF125 Folio 809R :
Louis VASSEUR bourgeois boucher demeurant à Arras a déclaré et déclare qu'il récréante par le trépas de feu Pierre VASSEUR son père vivant aussi bourgeois boucher y demeurant décédé le 11ème de ce mois promettant payer ses dettes, obsèques et funérailles et en décharger la cour, fait pardevant monsieur de Mouron échevin sepmanier le 13/2/1673.

948 - Médiathèque Arras FF125 Folio 809V :
Susanne BOUCRY veuve de Bartholomé PITEUX vivant bourgeois demeurant en cette ville a déclaré et déclare qu'elle récréante par le trépas dudit feu PITEUX son mari promettant payer ses dettes, obsèques et funérailles et en décharger la cour, fait pardevant monsieur Descouleurs échevin sepmanier le 16/2/1673.

949 - Médiathèque Arras FF125 Folio 810V :
Antoine PARIS bourgeois demeurant à Arras et Marie HALLOT sa femme père et mère et tuteurs légitimes de Hector PARIS leur fils en bas âge se sont au nom d'iceluy constitués héritiers simples de feu Georges HALLOT son grand oncle maternel et récréanté par le trépas d'iceluy promettant payer ses dettes, obsèques et funérailles et en décharger la cour, fiat pardevant monsieur Stert échevin sepmanier le 21/2/1673.

950 - Médiathèque Arras FF125 Folio 811V :
Isabeau DU CHUEZ veuve de Benoist MARTIN vivant bourgeois peigneur de laines demeurant en cette ville a déclaré et déclare qu'elle récréante par le trépas dudit feu MARTIN son mari décédé ce jourd'hui promettant payer ses dettes, obsèques et funérailles et en décharger la cour, fait pardevant monsieur Stert échevin sepmanier le 25/2/1673.

951 - Médiathèque Arras FF125 Folio 812V :
Jean SALON bourgeois de cette ville et meunier demeurant en la cité d'icelle mari et bail de Marie Madeleine DIDIER a déclaré et déclare qu'il récréante par le trépas de Marguerite MARTIN veuve de Henry DE BEAUVOIS vivant maître peaussier demeurant audit Arras tante maternelle à ladite Madeleine DIDIER promettant payer ses dettes, obsèques et funérailles et en décharger la cour, fait pardevant monsieur Morguet échevin sepmanier le 6/3/1673.

952 - Médiathèque Arras FF125 Folio 813V :
Marie Anne LEGRAND veuve de Venant DE LIGNY vivant bourgeois marchand tanneur demeurant en cette ville a déclaré et déclare qu'elle récréante par le trépas dudit feu DELIGNY son mari promettant payer ses dettes, obsèques et funérailles et en décharger la cour, fait pardevant monsieur Morguet échevin sepmanier le 10/3/1673.

953 - Médiathèque Arras FF125 Folio 814V :
François MOREL procureur au conseil d'Artois et bourgeois de cette ville y demeurant s'est constitué caution de Jean PHILIPPE aussi bourgeois demeurant en cette ville ayant droit par transport de Jean CAULIER écuyer fils et héritier de feu maître Charles, lequel maître Charles l'avait acquis auparavant de feu Mathieu LADERIERE de certaine rente créée et constituée par le corps et communauté de cette ville au profit dudit LADERIERE par lettres du 1/7/1619 pour par ledit Jean PHILIPPE recevoir du sieur CHOLLET argentier de cette ville la somme de 44 livres 8 sols pour une année d'icelle rente, ladite caution reçue par ordonnance de ce siège couchée en marge de la requête dudit PHILIPPE le 10ème de ce mois, par laquelle est dit, soit monstre à partie pour y dire et cependant messieurs autorisent l'argentier de cette ville de payer au requérant une année de rente à la caution offerte pour cette fois seulement, promettant suivant ce ledit MOREL de rendre et rapporter lesdits 44 livres 8 sols au cas qu'ainsi serait ordonné ci après sous l'obligation de tous ses biens, fait pardevant monsieur Postel échevin sepmanier le 14/3/1673.

954 - Médiathèque Arras FF125 Folio 815R :
Louis Lamoral LEMAIRE écuyer sieur de Sommalle demeurant en la ville de Saint Pol père et tuteur légitime de Nicolas mineur et iceluy héritier universel de feue Damoiselle Marie Jeanne LEMAIRE vivante femme au sieur de Belquin, icelle décédée sans avoir délaissé enfant, s'est constitué sa caution pour par lui recevoir du sieur CHOLLET argentier de cette ville la somme de 44 livres … sols à quoi porte une année de certaine rente héritière succédée audit Nicolas LEMAIRE par le trépas de ladite feue Damoiselle Marie Jeanne LEMAIRE sa tante créée par le corps et communauté de cette ville au profit de noble homme Nicolas DELAMOTTE seigneur de la Motte, ladite caution reçue par ordonnance de ce siège en date du jourd'hui couchée en marge de certain écrit présenté par ledit sieur de Sommalle par laquelle est dit vu le consentement et pièces jointes messieurs autorisent le sieur CHOLLET argentier de cette ville de payer audit sieur de Sommalle une année de la rente en question à sa caution en faisant les devoirs à charge de sortir juridiction à ce siège, promettant suivant ce ledit sieur de Sommalle de rendre et rapporter ladite somme de 44 livres … sols au cas qu'ainsi serait ordonné ci après ensemble de sortir juridiction à ce siège sous l'obligation de tous ses biens, fait pardevant monsieur Postel échevin sepmanier le 15/3/1673.

955 - Médiathèque Arras FF125 Folio 815V :
Nicolas GOULATTRE bourgeois savetier demeurant à Arras a déclaré qu'il récréante Jacqueline TOURNY veuve de Nicolas GOULATTRE sa mère décédée le jour d'hier promettant payer ses dettes, obsèques et funérailles et en décharger la cour, fait pardevant monsieur de Hautescotte échevin sepmanier le 18/3/1673.

956 - Médiathèque Arras FF125 Folio 815V :
François PERIN bourgeois boulanger demeurant en cette ville a déclaré et déclare qu'il récréante par le trépas de Marie RICQUIER veuve d'Alexandre PERIN sa mère promettant payer ses dettes, obsèques et funérailles et en décharger la cour, fait pardevant monsieur Delaire échevin sepmanier le 20/3/1673.

957 - Médiathèque Arras FF125 Folio 816R :
Thomas ROBICQUET bourgeois tisserand de toile demeurant en cette ville a déclaré et déclare qu'il récréante par le trépas de feu Allard ROBICQUET son père décédé ce jourd'hui, promettant payer ses dettes, obsèques et funérailles et en décharger la cour, fait pardevant monsieur Delaire échevin sepmanier le 20/3/1673.

958 - Médiathèque Arras FF125 Folio 816R :
Anne DE FREMICOURT veuve de Jean GONNET vivant sergent de l'élection d'Artois a déclaré et déclare qu'elle renonce aux biens et dettes dudit feu son mari décédé il y olt environ six semaines et qu'elle se tient à son

douaire coutumier stipulé par son contrat de mariage, fait pardevant monsieur Delaire échevin sepmanier le 21/3/1673.

959 - Médiathèque Arras FF125 Folio 817R :
Marie Marguerite LENTAILLEUR fille à marier de feus Charles vivant bourgeois maître chaudronnier et Jeanne FOURMAULT demeurant à Arras a déclaré et déclare qu'elle renonce aux biens et dettes de ladite FOURMAULT sa mère décédée le 29ème de ce mois, fait pardevant monsieur Routart échevin sepmanier le 22/3/1673.

960 - Médiathèque Arras FF125 Folio 819R :
Jean CHOISY bourgeois maître tailleur d'habits demeurant en cette ville a déclaré et déclare qu'il récréante par le trépas de feu Joosse CHOISY son père décédé ce jourd'hui promettant payer ses dettes, obsèques et funérailles et en décharger la cour, fait pardevant monsieur de Douay échevin sepmanier le 6/4/1673.

961 - Médiathèque Arras FF125 Folio 819R :
Marie HERBET veuve de Philippe PITON vivant bourgeois tamisier demeurant en cette ville a déclaré et déclare qu'elle récréante par le trépas de feue Catherine HERBET fille franche sa sœur décédée ce jourd'hui promettant payer ses dettes, obsèques et funérailles et d'en décharger la cour, fait pardevant monsieur Stert échevin sepmanier le 8/4/1673.

962 - Médiathèque Arras FF125 Folio 819V :
Marguerite WILLEMAIRE veuve d'Antoine COCHET vivant notaire royal et procureur à cet échevinage a déclaré et déclare qu'elle renonce aux biens et dettes dudit feu COCHET son mari et qu'elle se tient à son droit de douaire stipulé par son contrat de mariage, fait pardevant monsieur Noel échevin sepmanier le 10/4/1673.

963 - Médiathèque Arras FF125 Folio 819V :
Pierre et Léonore BURE frère et sœur à marier enfants de feus Adrien vivant boutonnier et Jeanne DUGOND demeurant en cette ville ont déclaré et déclarent qu'ils récréantent par le trépas de ladite DUGOND leur mère promettant payer ses dettes, obsèques et funérailles et en décharger la cour, fait pardevant monsieur le Sergent échevin sepmanier le 10/4/1673.

964 - Médiathèque Arras FF125 Folio 820R :
Jeanne COURTIN veuve de Léon ROUSSEL vivant bourgeois marchand mercier en cette ville a déclaré et déclare qu'elle récréante par le trépas dudit feu ROUSSEL son mari, promettant payer ses dettes, obsèques et funérailles et en décharger la cour, fait pardevant monsieur Noel échevin sepmanier le 12/4/1673.

965 - Médiathèque Arras FF125 Folio 822V :
Henry François, Bernard Félix, Damoiselles Marie Marguerite et Monique Thérèse BULLOT frères et sœurs enfants de feu maître Nicolas BULLOT vivant avocat au conseil d'Artois demeurant à Arras ont déclaré et déclarent qu'ils récréantent par le trépas dudit feu sieur BULLOT leur père décédé le jour d'hier, promettant payer ses dettes, obsèques et funérailles et en décharger la cour, fait pardevant monsieur Morguet échevin sepmanier le 17/4/1673.

966 - Médiathèque Arras FF125 Folio 823R :
Françoise GODART veuve de Philippe DELEMOTTE vivant bourgeois maître cordonnier demeurant en cette ville a déclaré et déclare qu'elle récréante par le trépas dudit feu DELEMOTTE son mari décédé le 16ème de ce mois promettant payer ses dettes, obsèques et funérailles et en décharger la cour, fait pardevant monsieur Morguet échevin sepmanier le 18/4/1673.

967 - Médiathèque Arras FF125 Folio 823V :
Léonore MONNEL veuve d'Etienne LENTAILLEUR vivant bourgeois maître chaudronnier demeurant à Arras a déclaré et déclare qu'elle récréante par le trépas dudit feu LENTAILLEUR son mari promettant payer ses dettes, obsèques et funérailles et en décharger la cour, fait pardevant monsieur Descouleurs échevin sepmanier le 24/4/1673.

968 - Médiathèque Arras FF125 Folio 824R :
Jacqueline DE WALLE veuve de Pierre GOUDEMAN boulanger demeurant à Arras a déclaré et déclare qu'elle récréante par le trépas dudit feu GOUDEMAN son mari promettant payer ses dettes, obsèques et funérailles et en décharger la cour, fait pardevant monsieur Postel échevin sepmanier le 26/4/1673.

969 - Médiathèque Arras FF125 Folio 824R :
Isabeau BOURSE veuve de Jacques BETREMIEUX vivant bourgeois maître maçon demeurant en cette ville a déclaré et déclare qu'elle récréante par le trépas dudit feu BETREMIEUX son mari promettant payer ses dettes, obsèques et funérailles et en décharger la cour, fait pardevant monsieur Postel échevin sepmanier le 26/4/1673.

970 - Médiathèque Arras FF125 Folio 824R :
Marie François FRANCOIS veuve de François BOULIN vivant bourgeois demeurant à Arras a déclaré et déclare qu'elle récréante par le trépas de Pasques VANLIERD veuve de Pierre FRANCOIS vivant aussi bourgeois marchand y demeurant sa mère promettant payer ses dettes, obsèques et funérailles et en décharger la cour, fait pardevant monsieur Postel échevin sepmanier le 27/4/1673.

971 - Médiathèque Arras FF125 Folio 826V :
Marie VASSEUR veuve de Martin CAMIER vivant bourgeois de cette ville a déclaré et déclare qu'elle récréante par le trépas dudit feu CAMIER son mari promettant payer ses dettes, obsèques et funérailles et en décharger la cour, fait pardevant monsieur Routart échevin sepmanier le 2/5/1673.

972 - Médiathèque Arras FF125 Folio 826V :
Marguerite COURCOL veuve de Thomas MOREL dit du Vergel vivant bourgeois et à son trépas sergent de la citadelle de cette ville a déclaré et déclare qu'elle récréante par le trépas dudit MOREL son mari, promettant payer ses dettes, obsèques et funérailles et en décharger la cour, fait pardevant monsieur Routart échevin sepmanier le 4/5/1673.

973 - Médiathèque Arras FF125 Folio 826V :
Tutelle : Jérosme DE VENANT écuyer sieur d'Ivergny demeurant audit lieu a en suite des ordonnances rendues à ce siège et au conseil d'Artois déclaré et déclare qu'il emprend la tutelle de Vincent et Ignace Dominique DE VENANT enfants mineurs de feu messire Dominique DE VENANT vivant chevalier sieur de Saternault et de Dame Madeleine DE BELVALET encore vivante, promettant suivant ce de rendre compte de la gestion et administration de ladite tutelle lorsque requis en sera, ensemble de renseigner et représenter l'or, argent, vaisselle d'argent, étain, titres, livres, journaux, papiers et muniments contenus dans l'inventaire des effets trouvés dans la maison mortuaire de feu Vincent DE VENANT vivant écuyer sieur de Grincourt et lieutenant général de la gouvernance d'Arras comme aussi de ce qui reste du prix de la vente des meubles dudit sieur défunt, ledit inventaire reposant au greffe de ce siège, sous l'obligation de ses biens, fait pardevant monsieur Morguet échevin sepmanier le 4/5/1673.

974 - Médiathèque Arras FF125 Folio 827V :
Damoiselle Jeanne DUPOND veuve de feu Jean FLIPPES vivant bourgeois marchand brasseur demeurant en cette ville a déclaré et déclare qu'elle récréante par le trépas dudit feu FLIPPES son mari promettant payer ses dettes, obsèques et funérailles et d'en décharger la cour, fait pardevant monsieur Descouleurs échevin sepmanier le 13/5/1673.

975 - Médiathèque Arras FF125 Folio 830R :
Pierre LEFEBVRE bourgeois savetier et Marie LEFEBVRE veuve de Guillaume DE BUIRES aussi bourgeois maître tonnelier demeurant en cette ville ont déclaré et déclarent qu'ils récréantent par le trépas de feu Andrieu LEFEBVRE leur père promettant payer ses dettes, obsèques et funérailles et en décharger la cour, fait pardevant monsieur de Douay échevin sepmanier le 19/5/1673.

976 - Médiathèque Arras FF125 Folio 830R :
Jeanne Thérèse LEGRAND veuve de Cornil HUCQUIER vivant marchand tanneur demeurant en cette ville a déclaré et déclare qu'elle récréante par le trépas dudit feu HUCQUIER son mari promettant payer ses dettes, obsèques et funérailles et d'en décharger la cour, fait pardevant monsieur Stert échevin sepmanier le 19/5/1673.

977 - Médiathèque Arras FF125 Folio 830V :
Marie DANNEL veuve d'Antoine FROIDEAU demeurant à Arras a déclaré et déclare qu'elle récréante par le trépas dudit feu son mari promettant payer ses dettes, obsèques et funérailles et d'en décharger la cour, fait pardevant monsieur Stert échevin sepmanier le 20/5/1673 et enregistré le 25ème.

978 - Médiathèque Arras FF125 Folio 831R :
Damoiselle Jacqueline DESCRECHIN veuve de maître Guillaume DELARIVIERE vivant bourgeois marchand libraire et imprimeur demeurant en cette ville a déclaré et déclare qu'elle récréante par le trépas dudit feu

DELARIVIERE son mari décédé ce jourd'hui promettant payer ses dettes, obsèques et funérailles et d'en décharger la cour, fait pardevant monsieur de Beaurains échevin sepmanier le 26/5/1673.

979 - Médiathèque Arras FF125 Folio 831R :
Anne HANART veuve de Jacques HUQUIER vivant bourgeois tanneur demeurant à Arras a déclaré et déclare qu'elle récréante par le trépas dudit feu son mari décédé le 25ème de ce mois promettant payer ses dettes, obsèques et funérailles et en décharger la cour, fait pardevant monsieur de Beaurains Lesergent échevin sepmanier le 27/5/1673.

980 - Médiathèque Arras FF125 Folio 832V :
Marie VALET veuve de Pierre FRANCOIS vivant jardinier demeurant en cette ville a déclaré et déclare qu'elle récréante par le trépas dudit feu FRANCOIS son mari promettant payer ses dettes, obsèques et funérailles et d'en décharger la cour, fait pardevant monsieur Morguet échevin sepmanier le 3/6/1673.

981 - Médiathèque Arras FF125 Folio 833R :
Marie Marguerite PLATEL veuve de Louis PREVOST dit Lespérance vivant archer du prévôt des maréchaux d'Artois a déclaré et déclare qu'elle récréante par le trépas dudit feu PREVOST son mari décédé ce jourd'hui promettant payer ses dettes, obsèques et funérailles et d'en décharger la cour, fait pardevant monsieur du Boisrond échevin sepmanier le 3/6/1673.

982 - Médiathèque Arras FF125 Folio 833R :
Marie Jeanne HALOY veuve de Jean Jacques LESUR vivant boulanger demeurant en cette ville a déclaré et déclare qu'elle récréante par le trépas dudit LESUR son mari promettant payer ses dettes, obsèques et funérailles et d'en décharger la cour, fait pardevant monsieur d'Hautescotte échevin sepmanier le 5/6/1673.

983 - Médiathèque Arras FF125 Folio 833V :
Marie DIEU veuve de Michel DAULTRICOURT vivant bourgeois couvreur de tuiles demeurant à Arras a récréanté par le trépas dudit DAULTRICOURT son mari promettant payer ses dettes, obsèques et funérailles et d'en décharger la cour fait pardevant monsieur Stert échevin sepmanier le 8/6/1673.

984 - Médiathèque Arras FF125 Folio 833V :
Maître Pierre LEGAY prêtre bénéficier de la cathédrale de Notre Dame d'Arras et bourgeois de cette ville a récréanté par le trépas de Damoiselle Barbe MANESSIER sa mère veuve et demeurée es biens de Jacques LEGAY décédée le 4ème de ce mois promettant payer ses dettes, obsèques et funérailles et d'en décharger la cour, fait pardevant monsieur Dhautescotte échevin sepmanier le 9/6/1673.

985 - Médiathèque Arras FF125 Folio 833V :
Marie DERUELLE veuve de François MANIANT vivant manouvrier demeurant à Arras a déclaré et déclare qu'elle récréante par le trépas dudit MANIANT son mari promettant payer ses dettes, obsèques et funérailles et d'en décharger la cour fait pardevant monsieur Delaire échevin sepmanier le 12/6/1673.

986 - Médiathèque Arras FF125 Folio 833V :
Charles BONIFACE bourgeois maître chirurgien demeurant en cette ville a déclaré et déclare qu'il récréante par le trépas de Ferry BONIFACE vivant aussi bourgeois rentier demeurant audit Arras son cousin issu de germain promettant payer ses dettes, obsèques et funérailles et d'en décharger la cour, fait pardevant monsieur Routart échevin sepmanier le 14/6/1673.

987 - Médiathèque Arras FF125 Folio 834R :
Marie Anne DESFOSSEZ veuve de Jacques Antoine LEPRESTRE vivant bourgeois couvreur de tuiles et brasseur demeurant en cette ville a déclaré et déclare qu'elle récréante par le trépas dudit feu LEPRESTRE son mari promettant payer ses dettes, obsèques et funérailles et en décharger la cour, fait pardevant monsieur Routart échevin sepmanier le 6/6/1673.

988 - Médiathèque Arras FF125 Folio 837R :
Damoiselle Antoinette GOSSON veuve de feu Adrien DAIX vivant bourgeois demeurant à Arras a déclaré et déclare qu'elle renonce aux biens et dettes dudit feu sieur DAIX son mari décédé le 25ème de ce mois et qu'elle se tient à son droit de douaire conventionnel stipulé par son contrat anténuptial, fait pardevant monsieur Stert échevin sepmanier le 28/6/1673.

989 - Médiathèque Arras FF125 Folio 837V :
Jérosme PARADIS bourgeois maître armurier demeurant en cette ville a déclaré et déclare qu'il récréante par le trépas de Nicolas PARADIS son frère vivant aussi maître armurier y demeurant promettant payer ses dettes, obsèques et funérailles et en décharger la cour, fait pardevant monsieur Morguet échevin sepmanier le 14/7/1673.

990 - Médiathèque Arras FF125 Folio 839V :
Damoiselle Marie Isabelle VASSEUR veuve de Pierre BRUYANT le jeune vivant bourgeois marchand grossier demeurant en cette ville a déclaré et déclare qu'elle renonce aux biens et dettes dudit feu BRUYANT son mari décédé ce jourd'hui et qu'elle se tient à son droit de douaire stipulé par son contrat de mariage, fait pardevant monsieur Stert échevin sepmanier le 7/8/1673.

991 - Médiathèque Arras FF125 Folio 840R :
Damoiselle Marie Anne PERIN veuve de Nicolas HUBERT vivant notaire royal et procureur au conseil d'Artois a déclaré et déclare qu'elle récréante par le trépas dudit feu HUBERT son mari décédé le 12ème de ce mois promettant payer ses dettes, obsèques et funérailles et en décharger la cour, fait pardevant monsieur de Beaurains Lesergent échevin sepmanier le 16/8/1673.

992 - Médiathèque Arras FF125 Folio 840V :
Jacqueline HALOY veuve d'Antoine GELE vivant bourgeois savetier, Philippe PREVOST bourgeois maître chalier mari et bail d'Anne HALOY, Anne HALOY fille à marier et François PESÉ aussi bourgeois brasseur mari et bail d'Anne Thérèse HALOY, lesdites HALOY sœurs enfants de feus Quentin HALOY et Adrienne DURAMEZ sa femme demeurant tous en cette ville, ont déclaré et déclarent qu'ils récréantent par le décès de ladite feue Adrienne DURAMEZ leur mère promettant payer ses dettes, obsèques et funérailles et en décharger la cour, fait pardevant monsieur Morguet échevin sepmanier le 21/8/1673.

993 - Médiathèque Arras FF125 Folio 841R :
Barbe GRARDEL veuve de Jean François DUBOIS vivant bourgeois tonnelier demeurant à Arras a déclaré et déclare qu'elle récréante par le trépas dudit feu DUBOIS son mari promettant payer ses dettes, obsèques et funérailles et en décharger la cour, fait pardevant monsieur Morguet échevin sepmanier le 23/8/1673.

994 - Médiathèque Arras FF125 Folio 841V :
Hatte et Roussel sergents ont à la requête de maître Paul Hilaire BONNEL premier commis de maître Louis JOSSIERE Sieur de la Jonchere conseiller du roi en ses conseils, trésorier extraordinaire des guerre et cavalerie légère de France arrêté et empêché es mains de maître Simon DENIS trésorier des chartres du Conseil d'Artois tous et chacuns les deniers et autres choses quelconques qu'il doit et pourra être redevable à l'avenir à Jean DAILLET sieur de Martel banquier à Paris, pour avoir paiement de la somme de 20800 livres, intérêts, frais et dépens en conformité des sentences pour ce obtenues et autres causes à déclarer au jour servant, ayant été faites les défenses requises en parlant à la servant dudit sieur DENIS en son domicile audit Arras et jour assigné aux seconds plaids, fait le 30/8/1673.

995 - Médiathèque Arras FF125 Folio 842R :
Antoinette DEMAILLY veuve de Jean GROGELLE vivant bourgeois demeurant à Arras a déclaré et déclare qu'elle récréante par le trépas dudit feu GROGELLE son mari promettant payer ses dettes, obsèques et funérailles et en décharger la cour, fait pardevant monsieur Morguet échevin sepmanier le 1/9/1673.

996 - Médiathèque Arras FF125 Folio 842V :
Jeanne BRAY veuve de Jean BOUTART vivant bourgeois maître chalier demeurant à Arras a déclaré et déclare qu'elle récréante par le trépas dudit feu BOUTART son mari décédé le dernier d'août dernier promettant payer ses dettes, obsèques et funérailles et en décharger la cour, fait pardevant monsieur Postel échevin sepmanier le 2/9/1673.

997 - Médiathèque Arras FF125 Folio 843R :
Jean Baptiste COCHET bourgeois maître tailleur d'habits demeurant en cette ville a déclaré et déclare qu'il renonce aux biens et dettes de feue Catherine PETIT veuve de feu Jean COCHET sa mère décédée ce jourd'hui fait pardevant monsieur Delaire échevin sepmanier le 4/9/1673.

998 - Médiathèque Arras FF125 Folio 843R :
Michelle LIBERT veuve de Guislain MAILLE vivant bourgeois boucher demeurant en cette ville a déclaré et déclare qu'elle récréante par le trépas dudit feu MAILLE son mari promettant payer ses dettes, obsèques et

funérailles et en décharger la cour, fait pardevant monsieur de Beaurains Lesergent échevin sepmanier le 4/9/1673.

999 - Médiathèque Arras FF125 Folio 844V :
Curatelle : Cornille DORESMIEUX veuve de Jacques DELIGNY vivant bourgeois marchand tanneur, Hermand DELIGNY aussi bourgeois marchand tanneur et Barbe NEVEU sa femme ont sur requête présentée par maître Paul GUERARD avocat au parlement de Paris et procureur général de cette ville été reçus et admis par ordonnance du 13ème de ce mois à la tutelle et curatelle des personnes et biens de Marie Thérèse, Barbe et Venant DELIGNY enfants mineurs de feus Venant et Anne LEGRAND vivants aussi marchands tanneurs demeurant audit Arras suivant les accord et consentement des plus proches parents desdits mineurs, sont comparus lesdits Cornille DORESMIEUX, Hermand DELIGNY et Barbe NEVEU sa femme de lui suffisamment autorisée et non contrainte ainsi qu'elle a déclaré, lesquels ont empris et accepté ladite tutelle et curatelle et promis solidairement par serment de s'y bien et fidèlement conduire et comporter et d'en rendre bon et fidèle compte quand sommés et requis en seront, sous l'obligation solidaire de tous leurs biens, renonçant lesdites femmes au droit du senatus consult velleem et à l'authentique si qua mullier, dont l'effet leur a été expliqué, fait pardevant messieurs de Douay échevin sepmanier le 19/9/1673.

1000 - Médiathèque Arras FF125 Folio 846R :
Marie Catherine MAMBOURT fille à marier suffisamment âgée a récréanté par le trépas de Thérèse GONSSE à son trépas veuve de Jean MAMBOURT vivant bourgeois maître brasseur demeurant à Arras promettant payer ses dettes, obsèques et funérailles et en décharger la cour fait pardevant monsieur Noel échevin sepmanier le 26/9/1673.

1001 - Médiathèque Arras FF125 Folio 847R :
Damoiselle Isabelle DELIGNY veuve de feu André SIMON à son décès bourgeois marchand et l'un des quatre commis aux ouvrages de cette ville a déclaré et déclare qu'elle récréante par le trépas dudit feu SIMON son mari promettant payer ses dettes, obsèques et funérailles et en décharger la cour, fait pardevant monsieur Morguet échevin sepmanier le 2/10/1673.

1002 - Médiathèque Arras FF125 Folio 847R :
Anne CARBON veuve de Toussaint TROQUENET et auparavant de Jean TURPIN demeurant à Arras a déclaré et déclare qu'elle renonce à la communauté dudit feu TROQUENET son second mari décédé le premier de septembre dernier et qu'elle se constitue mère et tutrice légitime des enfants qu'elle a retenus d'iceluy feu TURPIN son premier mari héritiers d'iceluy, fait pardevant monsieur Morguet échevin sepmanier le 6/10/1673.

1003 - Médiathèque Arras FF125 Folio 848R :
Antoine DESAUTY bourgeois praticien demeurant à Arras a déclaré et déclare qu'il renonce aux biens et dettes de feu maître Philippe DESAUTY son père décédé le 6ème de ce mois, fait pardevant monsieur Routart échevin sepmanier le 14/10/1673.

1004 - Médiathèque Arras FF125 Folio 848V :
Damoiselle Marie Madeleine PELET veuve de feu Adrien PAIEN écuyer sieur d'Hautescottes et échevin de cette ville a déclaré et déclare qu'elle récréante par le trépas dudit feu sieur d'Hautescottes son mari promettant payer ses dettes, obsèques et funérailles et en décharger la cour, fait pardevant monsieur Delaire échevin sepmanier le 16/10/1673.

1005 - Médiathèque Arras FF125 Folio 848V :
Elaine MACHON veuve de Guillaume LESPINE bourgeois demeurant à Arras a déclaré et déclare qu'elle récréante par le trépas dudit feu de LESPINE son mari promettant payer ses dettes, obsèques et funérailles et d'en décharger la cour, fait pardevant monsieur Delaire échevin sepmanier le 19/10/1673.

1006 - Médiathèque Arras FF125 Folio 849R :
Catherine PRANGERES veuve d'Hugues POUCHIN vivant tonnelier et jardinier demeurant en cette ville a déclaré et déclare qu'elle récréante par le trépas dudit feu POUCHIN son mari promettant payer ses dettes, obsèques et funérailles et d'en décharger la cour, fait pardevant monsieur Delarue échevin sepmanier le 26/1/1673.

1007 - Médiathèque Arras FF125 Folio 849R :
Marguerite FRERE fille non mariée demeurant à Arras a déclaré et déclare qu'elle récréante par le décès de feue Catherine LEFRANCQ veuve de Rolland FRERE sa mère, promettant payer ses dettes, obsèques et funérailles et en décharger la cour, fait pardevant monsieur Rouvroy échevin sepmanier le 3/11/1673.

1008 - Médiathèque Arras FF125 Folio 849V :
Barbe BOULAU veuve de Mathieu CORROIER vivant bourgeois hostelain du « Lévrier Blanc » en cette ville a déclaré et déclare qu'elle récréanté par le trépas dudit feu CORROIER son mari promettant payer ses dettes, obsèques et funérailles et en décharger la cour, fait pardevant monsieur Rouvroy échevin sepmanier le 3/11/1673.

1009 - Médiathèque Arras FF125 Folio 850R :
Pierre DU PARCQ bourgeois boulanger mari et bail de Jeanne DELEPORTE, Jean François LEQUIEN aussi bourgeois marchand saietteur mari et bail de Marie DELEPORTE et Charles PESÉ pareillement bourgeois mari et bail de Marie Marguerite DELEPORTE demeurant tous à Arras lesdites DELEPORTE sœurs enfants de feus Jean vivant semblablement bourgeois et saietteur et Marie PECQUEUR sa femme, ont déclaré et déclarent qu'ils récréantent par le trépas d'icelle feue Marie PECQUEUR leur belle-mère, promettant payer ses dettes, obsèques et funérailles et en décharger la cour, fait pardevant monsieur Rouvroy échevin sepmanier le 4/11/1673.

1010 - Médiathèque Arras FF125 Folio 850V :
Ursulle MARSY veuve de Robert GUILLEBERT vivant bourgeois maître tonnelier demeurant en cette ville a déclaré et déclare qu'elle récréante par le trépas dudit feu GUILLEBERT son mari promettant payer ses dettes, obsèques et funérailles et en décharger la cour, fait pardevant monsieur Rouvroy échevin sepmanier le 4/11/1673.

1011 - Médiathèque Arras FF125 Folio 851V :
Jeanne ROGER veuve de Laurent THERET bourgeois marchand demeurant en cette ville a déclaré et déclare qu'elle récréante par le trépas dudit feu THERET son mari promettant payer ses dettes, obsèques et funérailles et en décharger la cour fait pardevant monsieur Postel échevin sepmanier le 15/11/1673.

1012 - Médiathèque Arras FF125 Folio 851V :
Jean François TAFFIN jeune homme à marier de son art peintre, Philippe François TAFFIN aussi jeune homme à marier et Marie Madeleine TAFFIN fille à marier, lesdits TAFFIN frères et sœur enfants de feu François à son trépas bourgeois maître peintre demeurant en cette ville, ont déclaré et déclarent qu'ils récréantent ledit feu TAFFIN leur père promettant payer ses dettes, obsèques et funérailles et en décharger la cour, fait pardevant monsieur Delerue échevin sepmanier le 17/11/1673.

1013 - Médiathèque Arras FF125 Folio 852V :
Damoiselle Marie Thérèse DARTUS fille à marier suffisamment âgée demeurant en cette ville a déclaré et déclare qu'elle récréante par le trépas de Damoiselle Marie BAUDUIN sa mère à son décès femme à maître Nicolas François DARTUS bourgeois marchand drapier demeurant en cette ville, promettant payer ses dettes, obsèques et funérailles et en décharger la cour, fait pardevant monsieur Hapiot échevin sepmanier le 23/11/1673.

1014 - Médiathèque Arras FF125 Folio 854R :
Marie BRUNEL veuve de Guislain CARRÉ l'aîné vivant bourgeois maître charpentier demeurant en cette ville a déclaré et déclare qu'elle récréante par le trépas dudit feu CARRÉ son mari promettant payer ses dettes, obsèques et funérailles et en décharger la cour, fait pardevant monsieur de Beaurains Lesergent échevin sepmanier le 29/11/1673.

1015 - Médiathèque Arras FF125 Folio 854V :
Maître Pierre TOUROUDE prêtre chapelain de la cathédrale d'Arras a déclaré et déclare qu'il récréante par le trépas de feue Damoiselle Marie TOUROUDE fille dévote demeurant en cette ville sa tante paternelle promettant payer ses dettes, obsèques et funérailles et en décharger la cour, ensemble de sortir juridiction à ce siège, fait pardevant monsieur Morguet échevin sepmanier le 7/12/1673.

1016 - Médiathèque Arras FF125 Folio 854V :
Marie Anne TOUROUDE fille à marier et Marguerite Françoise TOUROUDE aussi fille à marier demeurant en la cité de cette ville ont déclaré et déclarent qu'elles récréantent par le trépas de feue Damoiselle Marie TOUROUDE fille dévote demeurant audit Arras leur tante paternelle promettant payer ses dettes, obsèques et

funérailles et en décharger la cour, comme aussi de sortir juridiction à ce siège, fait pardevant monsieur Routart échevin sepmanier le 7/12/1673.

1017 - Médiathèque Arras FF125 Folio 855R :
Marie Marguerite REGNAULT veuve de Jean GUILUY à son trépas notaire royal demeurant à Arras a déclaré et déclare qu'elle récréante par le trépas dudit feu GUILUY promettant payer ses dettes, obsèques et funérailles et en décharger la cour, fait pardevant monsieur Routart échevin sepmanier le 9/12/1673.

1018 - Médiathèque Arras FF125 Folio 855V :
Curatelle : maître Jean François ALEXANDRE prêtre demeurant à Arras a sur requête présentée par le procureur général de cette ville été reçu et admis par ordonnance du 20ème de septembre dernier à la tutelle des personnes et biens de Christophe, Gilles, Maximilienne Dominique et Noël François LABBÉ enfants mineurs de feus François vivant procureur au conseil d'Artois et Damoiselle Anne Marie RICOUART suivant le consentement des plus proches parents d'iceux mineurs couché au verbal tenu à ce siège le 15ème dudit mois à la caution de Damoiselle Jeanne RICOUART sa mère veuve de feu Jacques ALEXANDRE vivant aussi procureur au conseil d'Artois, en faisant les devoirs et soumissions, est comparu ledit maître Jean François ALEXANDRE en personne lequel a empris et accepté ladite tutelle et promis par serment de s'y bien et fidèlement conduire et comporter et d'en rendre bon et fidèle compte à ce siège quand sommé et requis en sera, s'étant ladite Damoiselle Jeanne RICOUART pour ce aussi présente et comparante constituée sa caution sous l'obligation solidaire de tous leurs biens renonçant par ladite Damoiselle RICOUART au droit du senatus consult velleem et à l'authentique si qua mullier dont l'effet lui a été expliqué après que ledit tuteur a promis sortir juridiction à ce siège, fait pardevant monsieur Morguet échevin sepmanier le 9/12/1673.

1019 - Médiathèque Arras FF125 Folio 856R :
Marguerite WILLEMAN veuve de Jean GRATIER vivant bourgeois saietteur demeurant en cette ville a déclaré et déclare qu'elle renonce aux biens dudit feu GRATIER son mari décédé ce jourd'hui et qu'elle se tient à son douaire stipulé par son contrat de mariage, fait pardevant monsieur Rouvroy échevin sepmanier le 14/12/1673.

1020 - Médiathèque Arras FF125 Folio 856V :
Marguerite WILLEMAN veuve de Jean GRATIER vivant bourgeois saietteur demeurant en cette ville a déclaré et déclare qu'elle récréante par le trépas dudit feu GRATIER son mari promettant payer ses dettes, obsèques et funérailles et en décharger la cour, fait pardevant monsieur Ansart échevin sepmanier le 18/12/1673.

1021 - Médiathèque Arras FF125 Folio 857V :
Antoine BAUDRELICQUE bourgeois piqueur de grès et Etienne DELEVAL aussi bourgeois maître charpentier mari et bail de Marie Madeleine GAUWIN demeurant à Arras ont déclaré et déclarent qu'ils récréantent par le trépas de Marie ROHAULT veuve en secondes noces de Pierre GAUWIN et en premières de Philippe BAUDRELICQUE leur mère promettant payer ses dettes, obsèques et funérailles et en décharger la cour, fait pardevant monsieur Routart échevin sepmanier le 29/12/1673.

1022 - Médiathèque Arras FF125 Folio 858R :
Marie Isabelle VASSEUR veuve de Pierre BRUYANT le jeune vivant bourgeois marchand grossier demeurant en cette ville a déclaré et déclare qu'elle récréante par le trépas d'icelluy feu BRUYANT son mari promettant payer ses dettes, obsèques et funérailles et en décharger la cour, fait pardevant monsieur Hapiot échevin sepmanier le 3/1/1674.

1023 - Médiathèque Arras FF125 Folio 859R :
Curatelle : Charles CAPEAU bourgeois mesureur de grains demeurant en cette ville a en suite de la requête par lui présentée été reçu et admis par ordonnance du jourd'hui à gérer la tutelle de Jacques et Toussaint DE BEAUMONT enfants mineurs de feus Nicolas et de Marie GUERARD vivant marchand cordonnier demeurant audit Arras, suivant les consentements des plus proches parents d'iceux mineurs couché au verbal tenu à ce siège le 2ème de ce mois à la fin duquel l'ordonnance ci-dessus est énoncée et ouy sur ce le procureur général de cette ville à la caution offert de Madeleine GRENIER veuve d'Adrien DOUEZ vivant bourgeois marchand demeurant en cette ville, en faisant les devoirs est comparu ledit CAPEAU en personne lequel a empris et accepté ladite tutelle et promis par serment de se bien et fidèlement conduire et comporter en l'administration d'icelle et d'en rendre bon et fidèle compte quand sommé et requis en sera, s'étant ladite Madeleine GRENIER pour ce aussi présente et comparante constituée caution dudit CAPEAU de quoi icelluy l'a promis décharger et de tous dépens, dommages et intérêts sous l'obligation solidaire de tous leurs biens renonçant par ladite Madeleine GRENIER au droit du senatus consult velleem et à l'authentique si qua mullier dont l'effet lui a été expliqué, fait pardevant monsieur Hapiot échevin sepmanier le 5/1/1674.

1024 - Médiathèque Arras FF125 Folio 860R :

Curatelle : Jean DESOMAIN bourgeois marchand demeurant en cette ville reçu et admis par ordonnance du 8ème de ce mois rendue au différend mu à ce siège entre Marguerite NOEL veuve de Jaspart LESCHEVIN bourgeois boulanger demeurant en cette ville contre Antoine FLIPPOT bourgeois hostelain y demeurant à la curatelle des biens délaissés vacants par feue Barbe LESTOFFE veuve d'Antoine FLIPPOT vivant aussi hostelain demeurant audit Arras à la caution dudit Antoine FLIPPOT en faisant les devoirs et ce après avoir ouy le procureur général de cette ville, est comparu iceluy DESOMAIN en personne lequel a empris et accepté ladite curatelle et promis par serment de s'y bien et fidèlement conduire et comporter et d'en rendre bon et fidèle compte quand sommé et requis en sera, s'étant ledit Antoine FLIPPOT pour ce aussi présent et comparant constitué sa caution, de quoi iceluy DESOMAIN l'a promis décharger et de tous dépens, dommages et intérêts sous l'obligation solidaire de tous leurs biens, fait pardevant monsieur de Warnicamp échevin sepmanier le 11/1/1674.

1025 - Médiathèque Arras FF125 Folio 861R :

Damoiselle Anne DE MORY fille franche demeurant en cette ville a déclaré et déclare qu'elle récréante par le trépas de feu maître Gabriel DE MORY vivant avocat au conseil d'Artois sieur de Longcamp son frère promettant payer ses dettes, obsèques et funérailles et en décharger la cour, fait pardevant monsieur Morguet échevin sepmanier le 16/1/1674.

1026 - Médiathèque Arras FF125 Folio 861V :

Catherine DELECROIX veuve de Gilles DOUCHET vivant bourgeois meunier demeurant à Arras a déclaré et déclare qu'elle récréante par le trépas dudit feu DOUCHET son mari promettant payer ses dettes, obsèques et funérailles et en décharger la cour, fait pardevant monsieur du Boisrond échevin sepmanier le 16/1/1674.

1027 - Médiathèque Arras FF125 Folio 861V :

Jean BARAFFE bourgeois meunier demeurant à Arras mari et bail de Gabrielle LHOMME icelle paravant veuve de Jean DE FREMICOURT ont déclaré et déclarent qu'ils récréantent au nom de Philippe DE FREMICOURT fils en bas-âge de ladite Gabrielle LHOMME qu'elle olt dudit feu Jean DE FREMICOURT son premier mari par le trépas de Adrien DE FREMICOURT vivant bourgeois demeurant à Arras leur beau-père décédé ce jourd'hui, promettant audit nom de payer ses dettes, obsèques et funérailles et en décharger la cour, fait pardevant monsieur Morguet échevin sepmanier le 17/1/1674.

1028 - Médiathèque Arras FF125 Folio 862R :

Nicolas CUVILLIER bourgeois demeurant à Arras a déclaré et déclare qu'il récréante par le trépas de feu Etienne CUVILLIER son père décédé samedi dernier promettant payer ses dettes, obsèques et funérailles et en décharger la cour fait pardevant monsieur Morguet échevin sepmanier ./././1674.

1029 - Médiathèque Arras FF125 Folio 863R :

Louise DELEVIGNE veuve de Nicolas PRUVOST vivant manouvrier demeurant es faubourgs du Riet de cette ville a déclaré et déclare qu'elle renonce aux biens et dettes dudit feu PRUVOST son mari décédé le 16ème de ce mois et qu'elle se tient à son droit de douaire stipulé par son contrat de mariage, fait pardevant monsieur d'Esquières échevin sepmanier le 22/1/1674.

1030 - Médiathèque Arras FF125 Folio 863V :

Pierre DE FLERS bourgeois maître chirurgien demeurant en cette ville a déclaré et déclare qu'il récréante par le trépas de feue Marie MATIN à son trépas veuve d'Andricq VANDERTRICK et auparavant de Pierre DE FLERS sa mère promettant payer ses dettes, obsèques et funérailles et en décharger la cour, fait pardevant monsieur Rouvroy échevin sepmanier le 27/1/1674.

1031 - Médiathèque Arras FF125 Folio 863V :

Marie FAVEAU veuve d'Antoine DELILERS vivant bourgeois charpentier demeurant en cette ville a déclaré et déclare qu'elle récréante par le trépas d'icelluy DELILERS son mari décédé ce jourd'hui promettant payer ses dettes, obsèques et funérailles et en décharger la cour fait pardevant monsieur Partz échevin sepmanier le 27/1/1674.

1032 - Médiathèque Arras FF125 Folio 864R :

Jean DE RAMBUR hostelain et bourgeois demeurant en cette ville d'Arras lequel a déclaré qu'il renonce à la succession mobiliaire de défunte Françoise LEVACQUE sa belle-sœur requérant suivant ce que soit procédé incessamment à la description et inventaire de tous les meubles et effets par elle délaissés et ensuite en être fait vente pour les deniers être employés au paiement de ses dettes, obsèques et funérailles fait pardevant monsieur Delahaye échevin sepmanier le 1/2/1674.

1033 - Médiathèque Arras FF125 Folio 865V :
Jeanne LEROUX veuve de Brice BONNIER vivant bourgeois demeurant à Arras a déclaré et déclare qu'elle récréante par le trépas dudit feu BONNIER son mari promettant payer ses dettes, obsèques et funérailles et en décharger la cour, fait pardevant monsieur Hapiot échevin sepmanier le 12/2/1674.

1034 - Médiathèque Arras FF125 Folio 869R :
Marguerite DARRAS veuve de François TROTY vivant manouvrier demeurant à Arras a déclaré et déclare qu'elle récréante par le trépas dudit feu TROTY son mari promettant payer ses dettes, obsèques et funérailles et en décharger la cour, fait pardevant monsieur Morguet échevin sepmanier le 28/2/1674.

1035 - Médiathèque Arras FF125 Folio 869V :
Philippe François TAFFIN bourgeois maître brodeur et Marie Madeleine TAFFIN sa sœur demeurant à Arras ont déclaré et déclarent qu'ils récréantent par le trépas de feu Jean François TAFFIN leur frère vivant peintre audit Arras promettant payer ses dettes, obsèques et funérailles et en décharger la cour, fait pardevant monsieur d'Esquires échevin sepmanier le 6/3/1674.

1036 - Médiathèque Arras FF125 Folio 871R :
Barbe COMETTE demeurant à Arras sur ce que depuis vingt deux ans en ça elle n'a eu connaissance et n'a appris aucune nouvelle de Géry DORESMIEUX son mari croyant assurément qu'il est décédé selon qu'il y a toute apparence et présomption, a déclaré et déclare qu'elle renonce aux biens de la communauté dudit DORESMIEUX requérant qu'inventaire et vent en soient faits, ainsi fait pardevant monsieur Delahaie échevin sepmanier le 15/3/1674.

1037 - Médiathèque Arras FF125 Folio 872R :
Adrien LOUIS bourgeois demeurant à Arras a déclaré et déclare qu'il récréante par le trépas de feu Henry LOUIS son père vivant portier de la porte de Ronville en cette ville promettant payer ses dettes, obsèques et funérailles et en décharger la cour, fait pardevant monsieur Delerue échevin sepmanier le 21/3/1674.

1038 - Médiathèque Arras FF125 Folio 873R :
Adrienne LOCOZE veuve de Gilles GOSSART vivant bourgeois maître maçon demeurant en cette ville a déclaré et déclare qu'elle récréante par le trépas dudit feu GOSSART son mari décédé le 23ème de ce mois promettant payer ses dettes, obsèques et funérailles et en décharger la cour, fait pardevant monsieur Hapiot échevin sepmanier le 29/3/1674.

1039 - Médiathèque Arras FF125 Folio 873V :
Le sieur Léopold DE SADO capitaine au régiment d'Alsace tenant garnison en la ville de Saint Quentin mari et bail de Damoiselle Marie Catherine DE CARDEVACQUE a déclaré et déclare qu'il récréante par le trépas de feue Damoiselle Marie SPICK veuve de Jacques DE CARDEVACQUE vivant notaire royal sa mère décédée le 25ème de mars dernier, promettant payer ses dettes, obsèques et funérailles et d'en décharger la cour, fait pardevant monsieur de Beaurains Lesergent échevin sepmanier le 4/4/1674.

1040 - Médiathèque Arras FF125 Folio 875R :
Marguerite GRENIER veuve de Pierre DAUCHET vivant marchand lainier demeurant à Arras a déclaré et déclare qu'elle renonce aux biens et dettes dudit feu DAUCHET son mari décédé passées trois semaines ou environ et qu'elle se tient à ses droits portés par son contrat de mariage, fait pardevant monsieur Routart échevin sepmanier le 11/4/1674.

1041 - Médiathèque Arras FF125 Folio 876V :
Catherine LABIT veuve d'Antoine LOURDEL maître menuisier demeurant en cette ville a déclaré et déclare qu'elle récréante par le trépas dudit feu LOURDEL son mari promettant payer ses dettes, obsèques et funérailles et d'en décharger la cour, fait pardevant monsieur du Boisrond échevin sepmanier le 13/4/1674.

1042 - Médiathèque Arras FF125 Folio 877V :
Nicolas LEROY cordonnier demeurant en la cité de cette ville a déclaré et déclare qu'il récréante par le trépas de feu Martin LEROY son père vivant courtier de chevaux demeurant à Arras promettant payer ses dettes, obsèques et funérailles et d'en décharger la cour, fait pardevant monsieur Ansart échevin sepmanier le 23/4/1674.

1043 - Médiathèque Arras FF125 Folio 878V :
Antoine PARIS bourgeois demeurant à Arras mari et bail de Marie HALLOT a déclaré et déclare qu'il récréante par le trépas de feu Georges HALLOT oncle paternel à ladite Marie HALLOT vivant bourgeois marchand demeurant audit Arras décédé passés six à sept ans, promettant payer ses dettes, obsèques et funérailles et en décharger la cour, fait pardevant monsieur Ansart échevin sepmanier le 27/4/1674.

1044 - Médiathèque Arras FF125 Folio 879R :
Damoiselle Thérèse GUERIN veuve de maître René DELASALLE vivant intendant du mont de piété de cette ville et receveur général des confiscations de ce pays d'Artois a déclaré et déclare qu'elle récréante par le trépas dudit feu sieur DELASALLE son mari promettant payer ses dettes, obsèques et funérailles et d'en décharger la cour, fait pardevant monsieur Ansart échevin sepmanier le 27/4/1674.

1045 - Médiathèque Arras FF125 Folio 879V :
Marie COUVREUR veuve de Martin BLERET bourgeois cuisinier demeurant à Arras a déclaré et déclare qu'elle récréante par le trépas dudit feu promettant payer ses dettes, obsèques et funérailles et d'en décharger la cour, fait pardevant monsieur Ansart échevin sepmanier le 28/4/1674.

1046 - Médiathèque Arras FF125 Folio 879V :
Marguerite BRACQUET veuve de Nicolas SELLIER dit Boncoeur vivant bourgeois demeurant à Arras a déclaré et déclare qu'elle récréante par le trépas dudit feu SELLIER son mari promettant payer ses dettes, obsèques et funérailles et d'en décharger la cour, fait pardevant monsieur Postel échevin sepmanier le 30/4/1674.

1047 - Médiathèque Arras FF125 Folio 881R :
Philippe Dominique LHOSTE demeurant à Harnes procureur spécial de Damoiselle Anne LALOUX veuve de Jean LHOSTE vivant lieutenant dudit Harnes a au nom d'icelle LALOUX sa mère et en vertu de la procuration à lui passée pardevant notaires du bourg de Carvin le 20ème d'avril dernier, ici exhibée et à lui rendue, a déclaré et déclare en personne qu'il récréante par le trépas dudit feu Jean LHOSTE son père promettant payer ses dettes, obsèques et funérailles et d'en décharger la cour, fait pardevant monsieur Boucquel échevin sepmanier le 11/5/1674.

1048 - Médiathèque Arras FF125 Folio 881V :
Claude BOURDON dit la Roze bourgeois maître boulanger demeurant en cette ville mari et bail d'Isabelle CAMBIER a déclaré et déclare qu'il récréante par le trépas de feue Adrienne CAMBIER veuve de Jean GUILUY vivant aussi bourgeois marchand demeurant audit Arras sœur à ladite Isabelle promettant payer ses dettes, obsèques et funérailles et d'en décharger la cour, fait pardevant monsieur Hapiot échevin sepmanier le 11/5/1674.

1049 - Médiathèque Arras FF125 Folio 884V :
Jean REGNAULT bourgeois marchand drapier demeurant en cette ville mari et bail de Damoiselle Marie BRASSART icelle fille de feus Jean vivant aussi marchand drapier audit Arras et de Damoiselle Madeleine DESCOULEURS, a déclaré et déclare qu'il récréante par le trépas de ladite feue DESCOULEURS sa mère décédée le 26 de ce mois promettant payer ses dettes, obsèques et funérailles et d'en décharger la cour, fait pardevant monsieur Rouvroy échevin sepmanier le 31/5/1674.

1050 - Médiathèque Arras FF125 Folio 885R :
Jacques DE NOIELLES bourgeois maître maréchal ferrant demeurant en cette ville mari et bail de Marie Claire FLIPPES icelle nièce de maître Philippe Floris FLIPPES vivant prêtre habitué en l'église paroissiale de Saint Nicolas en cette ville a déclaré et déclare qu'il récréante par le trépas dudit feu FLIPPES son oncle promettant payer ses dettes, obsèques et funérailles et en décharger la cour, fait pardevant monsieur Ansart échevin sepmanier le 4/6/1674.

1051 - Médiathèque Arras FF125 Folio 885V :
Anne LELEU veuve d'Antoine PAGE vivant bourgeois officier d'artillerie demeurant en cette ville a déclaré et déclare qu'elle récréante par le trépas dudit feu PAGE son mari promettant payer ses dettes, obsèques et funérailles et d'en décharger la cour, fait pardevant monsieur Ansart échevin sepmanier le 4/6/1674.

1052 - Médiathèque Arras FF125 Folio 885V :
Mathias LEGRAND bourgeois marchand linger demeurant en cette ville mari et bail de Susanne CAMBIER a déclaré et déclare qu'il récréante par le trépas de feue Adrienne CAMBIER veuve de Jean GUILUY vivant

aussi bourgeois marchand demeurant à Arras sœur à ladite Susanne promettant payer ses dettes, obsèques et funérailles et d'en décharger la cour, fait pardevant monsieur Ansart échevin sepmanier le 4/6/1674.

1053 - Médiathèque Arras FF125 Folio 886V :
Damoiselle Claire DE CARDEVACQUE ancienne fille demeurant en cette ville a déclaré et déclare qu'elle récréante par le trépas de Damoiselle Jenne DE CARDEVACQUE sa sœur à son trépas veuve et demeurée es biens de Jean Philippe COUPE vivant notaire royal demeurant en cette ville promettant payer ses dettes, obsèques et funérailles et en décharger la cour, fait pardevant monsieur Ansart échevin sepmanier le 5/6/1674.

1054 - Médiathèque Arras FF125 Folio 887R :
Maître Daniel DE CARDEVACQUE licencié es loix demeurant à Arras a déclaré et déclare qu'il récréante par le trépas de feu Louis DE CARDEVACQUE son père vivant notaire royal demeurant audit Arras promettant payer ses dettes, obsèques et funérailles et en décharger la cour, fait pardevant monsieur Postel échevin sepmanier le 12/6/1674.

1055 - Médiathèque Arras FF125 Folio 887V :
Jeanne LABOURÉ veuve de Charles PONCE vivant marchand de laine demeurant en cette ville a déclaré et déclare qu'elle récréante par le trépas dudit feu Ponce son mari promettant payer ses dettes, obsèques et funérailles et d'en décharger la cour, fait pardevant monsieur Delerue échevin sepmanier le 14/6/1674.

1056 - Médiathèque Arras FF125 Folio 888V :
Adrienne DEHEES veuve de Jean LEGRAND vivant manouvrier demeurant en cette ville a déclaré et déclare qu'elle récréante par le trépas dudit feu LEGRAND son mari promettant payer ses dettes, obsèques et funérailles et en décharger la cour, fait pardevant monsieur Hapiot échevin sepmanier le 19/6/1674.

1057 - Médiathèque Arras FF125 Folio 889R :
Jean DELALLÉ bourgeois de cette ville demeurant à Duisans et Toussaint BAUDUIN aussi bourgeois demeurant en cette ville ont déclaré et déclarent qu'ils récréantent par le trépas de Pierre GARIN saietteur demeurant en cette ville oncle maternel audit DELALLÉ et audit BAUDUIN promettant suivant ce payer ses dettes, obsèques et funérailles et en décharger la cour, même ledit DELALLÉ de sortir juridiction à ce siège, fait pardevant monsieur Hapiot échevin sepmanier le 23/6/1674.

1058 - Médiathèque Arras FF125 Folio 890R :
Antoine ROGER bourgeois menuisier mari et bail de Marie Marguerite BOCQUET demeurant en la cité de cette ville et Louis BULLETTE aussi bourgeois et marchand demeurant en cette ville mari et bail de Isabelle PARADIS ont déclaré et déclarent qu'ils récréantent par le trépas de Marie DE FORCHEVILLE veuve en premières noces de Michel BOCQUET et en dernières de Pierre PARADIS leur belle-mère, promettant payer ses dettes, obsèques et funérailles et en décharger la cour, même ledit ROGER de sortir juridiction à ce siège si besoin est, fait pardevant monsieur de Beaurains Lesergent échevin sepmanier le 25/6/1674.

1059 - Médiathèque Arras FF125 Folio 892R :
Marie Isabelle SALMON veuve de Jean Baptiste FRANCOIS vivant bourgeois maître tonnelier demeurant en cette ville a déclaré et déclare qu'elle récréante par le trépas dudit feu FRANCOIS son mari promettant payer ses dettes, obsèques et funérailles et en décharger la cour, fait pardevant monsieur Routart échevin sepmanier le 5/7/1674.

1060 - Médiathèque Arras FF125 Folio 893R :
Marie Jeanne DELATTRE fille à marier demeurant en cette ville a déclaré et déclare qu'elle récréante par le trépas de Christophe DELATTRE son père vivant bourgeois y demeurant et icelluy relict de Marie COULLEMONT décédé le jour d'hier promettant payer ses dettes, obsèques et funérailles et en décharger la cour, fait pardevant monsieur Rouvroy échevin sepmanier le 9/7/1674.

1061 - Médiathèque Arras FF125 Folio 897V :
Damoiselle Catherine LESENNE veuve demeurée es biens de Pierre DESMOLINS vivant bourgeois marchand drapier demeurant à Arras s'est constituée caution de Nicolas JACQUEMONT et Antoine VERDEVOIE ses deux gendres à effet de par eux profiter de notre sentence provisionnelle du 23 juillet dernier à leur profit et au préjudice du sieur NOEL échevin issant de cette ville et consorts à laquelle caution elle a été reçue par autre ordonnance du 27 dudit mois promettant suivant ce de rendre et rapporter la somme de cent livres mentionnée par ladite sentence sous l'obligation de tous ses biens, fait pardevant monsieur Hapiot échevin sepmanier le 1/8/1674.

1062 - Médiathèque Arras FF125 Folio 898R :
Barbe CARRÉ veuve de Laurent THUILLER vivant bourgeois demeurant à Arras a déclaré et déclare qu'elle récréante par le trépas dudit feu THUILLER son mari promettant payer ses dettes, obsèques et funérailles et d'en décharger la cour, fait pardevant monsieur Morguet échevin sepmanier le 13/8/1674.

1063 - Médiathèque Arras FF125 Folio 902R :
Nicolas LEROY bourgeois cordonnier demeurant en la cité de cette ville a déclaré et déclare qu'il récréante par le trépas de Marie PAYEN veuve de Martin LEROY sa mère décédée le jour d'hier, promettant payer ses dettes, obsèques et funérailles et en décharger la cour, même de sortir juridiction à cet échevinage, fait pardevant monsieur Ansart échevin sepmanier le 27/8/1674.

1064 - Médiathèque Arras FF125 Folio 902R :
Marguerite GRENIER veuve d'Allard DIDIER vivant huissier du conseil d'Artois a déclaré et déclare qu'elle récréante par le trépas dudit feu DIDIER son mari promettant payer ses dettes, obsèques et funérailles et en décharger la cour, fait pardevant monsieur Delahaie échevin sepmanier le 30/8/1674.

1065 - Médiathèque Arras FF125 Folio 902V :
Philippe PITON bourgeois maître tonnelier, Nicolas PITON maître mandelier et André DUCHEMIN marchand tamisier mari et bail de Marie Agnès PITON, lesdits du surnom PITON frères et sœur enfants de feus Philippe PITON vivant aussi marchand tamisier et Marie HERBET sa femme, ont déclaré et déclarent qu'ils récréantent par le décès d'icelle HERBET leur mère promettant payer ses dettes, obsèques et funérailles et en décharger la cour, fait pardevant monsieur Delerue échevin sepmanier le 5/9/1674.

1066 - Médiathèque Arras FF125 Folio 903V :
Jeanne DUQUESNOY veuve de Pierre MINART bourgeois cordier demeurant à Arras a déclaré et déclare qu'elle récréante par le trépas dudit feu MINART son mari promettant payer ses dettes, obsèques et funérailles et en décharger la cour, fait pardevant monsieur Hapiot échevin sepmanier le 12/9/1674.

1067 - Médiathèque Arras FF125 Folio 904R :
Mathias LE BAILLY dit la Rivière ci devant lieutenant au régiment de monseigneur le maréchal de Chulemberg de présent en cette ville mari et bail d'Anne LALLART fille de feu Michel et de Marguerite FATOU, a déclaré et déclare qu'il se fonde héritier desdits feus Michel LALLART et sa femme ses père et mère au regard des biens séant sur cet échevinage seulement promettant suivant ce payer les dettes, obsèques et funérailles desdits défunts et d'en décharger la cour, fait pardevant monsieur Hapiot échevin sepmanier le 14/9/1674.

1068 - Médiathèque Arras FF125 Folio 904V :
Marie THERY veuve de Charles LEFEBVRE fourboulier demeurant es faubourgs de Ronville a déclaré et déclare qu'elle récréante par le trépas dudit LEFEBVRE son mari décédé le seizième de ce mois promettant payer ses dettes, obsèques et funérailles et en décharger la cour, fait pardevant monsieur de Beaurains Lesergent échevin sepmanier le 18/9/1674.

1069 - Médiathèque Arras FF125 Folio 904V :
Jean Baptiste LEFEBVRE potier de terre demeurant en cette ville a déclaré et déclare qu'il récréante par le trépas de Michel LEFEBVRE aussi potier de terre y demeurant son oncle du côté paternel décédé passé plusieurs années, promettant payer ses dettes et en décharger la cour, fait pardevant monsieur de Beaurains Lesergent échevin sepmanier le 18/9/1674.

1070 - Médiathèque Arras FF125 Folio 905V :
Marie DAMIENS veuve de Maurice DELATTRE bourgeois marchand demeurant en cette ville a déclaré et déclare qu'elle récréante par le trépas dudit DELATTRE son mari promettant payer ses dettes, obsèques et funérailles et en décharger la cour, fait pardevant monsieur Routart échevin sepmanier le 25/9/1674.

1071 - Médiathèque Arras FF125 Folio 906R :
Jacques DELATTRE bourgeois savetier demeurant à Arras mari et bail de Catherine WEPPE icelle fille de Pierre WEPPE vivant aussi savetier y demeurant a déclaré et déclare qu'il récréante par le trépas dudit Pierre WEPPE décédé ce jourd'hui, promettant payer ses dettes, obsèques et funérailles et en décharger la cour, fait pardevant monsieur Routart échevin sepmanier le 26/9/1674.

1072 - Médiathèque Arras FF125 Folio 906R :
Roussel et Leroux sergents ont à la requête d'Etienne DELALAUVE dit Lacroix marchand batelier demeurant à Arras arrêté au corps maître Charles LEFER massellier ou autrement charpentier demeurant à Meurchin pour satisfaire à l'accord et convention entre eux fait tel que de retirer le bateau dudit DELALAUVE hors de la rivière où il avait été coulé à fond par les ennemis lors du convoi des farines pour le service de sa majesté lequel pour avoir main levée de sa personne a baillé caution de la personne de Guillaine BECQUET veuve de Jérosme THERET pour la somme de 27 livres après qu'elle a renoncé au droit du senatus consult velleem sy qua mullier dont l'effet lui a été donné à entendre, lequel LEFER en personne a promis et promet par cette de décharger et du tout indemner ladite BECQUET de tous dépens, dommages et intérêts qu'elle pourrait ci après supporter à raison de la présente fidéjussion, ledit DELALAUVE entier pour l'exécution dudit accord, dommages et intérêts contre ledit LEFER et non contre ladite BECQUET auquel effet les parties ont élu domicile savoir ledit DELALAUVE chez Jean François MABILLE son procureur et ledit LEFER chez maître Nicolas LEFEBVRE aussi son procureur, fait pardevant monsieur Routart échevin sepmanier le 27/9/1674 et jour assigné aux prochains plaids.

1073 - Médiathèque Arras FF125 Folio 908R :
Damoiselle Marie Anne LEFEBVRE veuve de maître François DEFONTAINES vivant avocat et conseiller pensionnaire de cette ville a déclaré et déclare qu'elle se tient à ses droits et douaire conventionnels et autres stipulés par son contrat de mariage renonçant suivant ce aux biens délaissés communs entre eux et autres résultant des prétendus actes d'entravestissement qui peuvent être faits au préjudice dudit droit de douaire conventionnel, auquel entravestissement elle renonce pareillement, fait pardevant monsieur Routart échevin sepmanier le 28/9/1674.

1074 - Médiathèque Arras FF125 Folio 908V :
Louise VASSEUR veuve de Laurent LE DRUPE bourgeois potier de terre demeurant à Arras a déclaré et déclare qu'elle récréante par le trépas dudit LE DRUPE son mari promettant payer ses dettes, obsèques et funérailles et d'en décharger la cour, fait pardevant monsieur Routart échevin le 10/10/1674.

1075 - Médiathèque Arras FF125 Folio 908V :
Marie MAUPETIT veuve de Jacques LECOMTE vivant bourgeois poissonnier demeurant à Arras a déclaré et déclare qu'elle renonce aux biens et dettes dudit feu LECOMTE son mari décédé le 10ème de ce mois fait pardevant monsieur Delahaie échevin sepmanier le 12/10/1674.

1076 - Médiathèque Arras FF125 Folio 908V :
Robert LEFORT bourgeois marchand espinglier demeurant à Arras a déclaré et déclare qu'il récréante par le décès de feu Dominique LEFORT son père vivant aussi espinglier y demeurant promettant payer ses dettes, obsèques et funérailles et en décharger la cour, fait pardevant monsieur Delahaie échevin sepmanier le 13/10/1674.

1077 - Médiathèque Arras FF125 Folio 909R :
Jenne DELEPORTE veuve de Pierre DUPARCQ vivant boulanger demeurant en cette ville a déclaré et déclare qu'elle récréante par le trépas dudit DUPARCQ son mari décédé le jour d'hier, promettant payer ses dettes, obsèques et funérailles et en décharger la cour fait pardevant monsieur Hapiot échevin sepmanier le 22/10/1674.

1078 - Médiathèque Arras FF125 Folio 910V :
Catherine HONNORE veuve de Jean BEHORS vivant chapelier demeurant en cette ville a déclaré et déclare qu'elle renonce aux biens de la communauté d'entre elle et ledit BEHORS décédé il y a environ un mois requérant qu'inventaire et vente en soient faits, ainsi fait pardevant monsieur Routart échevin sepmanier le 9/11/1674.

1079 - Médiathèque Arras FF125 Folio 911V :
Pierre BRIOIS bourgeois fripier demeurant en cette ville a déclaré et déclare qu'il récréante par le décès d'Adrienne LOCQUET veuve de Pierre BRIOIS vivant aussi bourgeois y demeurant sa mère, promettant payer ses dettes, obsèques et funérailles et d'en décharger la cour, fait pardevant monsieur Ansart échevin sepmanier le 21/11/1674.

1080 - Médiathèque Arras FF125 Folio 911V :
Damoiselle Marie Madeleine LEMAIRE veuve de feu Antoine FOUCQUIER vivant bourgeois demeurant à Arras a déclaré et déclare qu'elle renonce aux biens et dettes dudit feu sieur FOUCQUIER son mari décédé le 17 de

ce mois et qu'elle se tient à son droit de douaire coutumier, fait pardevant monsieur Ansart échevin sepmanier le 21/11/1674.

1081 - Médiathèque Arras FF125 Folio 912R :
Marie Barbe DE NEUTRE jeune fille à marier de feus Nicolas vivant bourgeois marchand cordier et Marguerite LERICHE demeurant en cette ville d'Arras a déclaré et déclare qu'elle récréante par le trépas de ladite feue LERICHE sa mère promettant payer ses dettes, obsèques et funérailles et en décharger la cour, fait pardevant monsieur Ansart échevin sepmanier le 22/11/1674.

1082 - Médiathèque Arras FF125 Folio 912V :
Jean DELOMMEL bourgeois et sergent de la gouvernance de cette ville d'Arras y demeurant, Catherine FOUCQUIER sa femme icelle cousine germaine du côté paternel à feu sieur Antoine FOUCQUIER vivant sieur de Beauregard demeurant en cette dite ville ont déclaré et déclarent qu'ils récréantent par le trépas dudit feu sieur FOUCQUIER décédé passé quelques jours promettant de payer ses dettes, obsèques et funérailles et en décharger la cour, fait pardevant monsieur Boucquel échevin sepmanier le 29/11/1674.

1083 - Médiathèque Arras FF125 Folio 913R :
Antoine SELLIER de son stile cordonnier et Nicolas LABOURÉ tailleur d'habits mari et bail de Marie Claire SELLIER, lesdits SELLIER frère et sœur enfants de feu Jean SELLIER vivant bourgeois tanneur demeurant en cette ville, ont déclaré et déclarent qu'ils récréantent par le trépas dudit feu Jean SELLIER leur père promettant payer ses dettes, obsèques et funérailles et en décharger la cour, fait pardevant monsieur Hourdequin échevin sepmanier le 4/12/1674.

1084 - Médiathèque Arras FF125 Folio 914R :
Anne ANSELIN veuve de Charles WACQUET vivant bourgeois et maître de l'hostellerie où pend pour enseigne « la belle image » en cette ville a déclaré et déclare qu'elle récréante par le trépas dudit Charles WACQUET son mari décédé le jour d'hier promettant payer ses dettes, obsèques et funérailles et en décharger la cour, fait pardevant monsieur Caudron échevin sepmanier le 7/12/1674.

1085 - Médiathèque Arras FF125 Folio 914V :
Thérèse BOCQUET veuve de François ROBICQUET bourgeois maître tailleur d'habits demeurant en cette ville a déclaré et déclare qu'elle récréante par le décès d'iceluy ROBICQUET son mari promettant payer ses dettes, obsèques et funérailles et en décharger la cour, fait pardevant monsieur de Revillon échevin sepmanier le 10/12/1674.

1086 - Médiathèque Arras FF125 Folio 915R :
Damoiselle Jeanne PENANT veuve de feu Laurent MATHON vivant bourgeois de cette ville a déclaré et déclare qu'elle récréante par le trépas dudit feu MATHON son mari promettant payer ses dettes, obsèques et funérailles et d'en décharger la cour, fait pardevant monsieur Noel échevin sepmanier le 12/12/1674.

1087 - Médiathèque Arras FF125 Folio 915V :
Pierre François BONNIER tailleur d'habits fils à marier de feus Pierre et Jeanne LEROUX demeurant en cette ville a déclaré et déclare qu'il récréante par le trépas de ladite feue Jeanne LEROUX sa mère, promettant payer ses dettes, obsèques et funérailles et en décharger la cour, fait pardevant monsieur de Revillon échevin sepmanier le 13/12/1674.

1088 - Médiathèque Arras FF125 Folio 916V :
Michelle LEROUX veuve de Blaise VOIEZ vivant bourgeois porteur au sacq demeurant en cette ville a déclaré et déclare qu'elle récréante par le décès dudit VOIEZ son mari promettant payer ses dettes, obsèques et funérailles et d'en décharger la cour, fait pardevant monsieur Desmazures échevin sepmanier le 17/12/1674.

1089 - Médiathèque Arras FF125 Folio 917V :
Curatelle : Jean LEFRANCQ bourgeois marchand demeurant en cette ville, pour satisfaire à l'ordonnance de ce siège en date du 17ème de ce mois rendue au différend y mu d'entre Marie BACCOT veuve d'Adrien DE FREMICOURT vivant aussi bourgeois marchand demeurant en cette ville demandeur contre ledit LEFRANCQ par laquelle messieurs ont sur ce considéré et admis et ouy le procureur général de cette dite ville, ont dit et déclaré ladite requête non recevable es fins et conclusions de sadite requête et ayant égard à la demande incidente du défendeur, ont ordonné à ladite BACCOT de purger suivant son offre le serment à elle déféré par la réponse du dernier octobre de cet an pardevant les sieurs échevins sepmaniers à l'intervention dudit sieur procureur général, ont ordonné audit LEFRANCQ de faire acte sur ce présent registre contenant l'emprise de

la tutelle et curatelle de Philippe DE FREMICOURT mineur, à lui déférée par le testament dudit Adrien DE FREMICOURT son père en date du 3/11/1673 pardevant Lahuite, est comparu en personne, lequel a empris et accepté ladite tutelle et curatelle et promis par serment de s'y bien et fidèlement conduire et comporter et d'en rendre bon et fidèle compte quand sommé et requis en sera sous l'obligation etc, fait pardevant monsieur Desmazures échevin sepmanier le 19/12/1674.

1090 - Médiathèque Arras FF125 Folio 918R :
De Parma et Leroux sergents ont à la requête de Pierre DESCOULEURS jeune homme à marier demeurant en cette ville, Nicolas Géry LESENNE mari et bail de Damoiselle Marie Marguerite DESCOULEURS, Antoinette DESCOULEURS fille à marier et Jean REGNAULT mari et bail de Marie BRASSART tous demeurant en cette ville arrêté et empêché es mains de Jean SALMON bourgeois cordier y demeurant un cheval ongre et une canaille tous deux de poil bay appartenant à Marguerite CAUROIS veuve de Guillaume COLLEDAR vivant hoste et brasseur demeurant au village de Pommiers pour avoir paiement et livraison de trente razières de blé à déclarer etc, ayant été faites les défenses requises audit SALMON en parlant à sa personne et signifié à ladite CAUROIS en parlant à son fils le trouvant sur les mectes de ce siège et jour assigné aux prochains plaids, fait le 31/12/1674.

1091 - Médiathèque Arras FF125 Folio 919R :
Paul François BARGES maître orfèvre demeurant en cette ville a déclaré et déclare qu'il récréante par le trépas de Hugues BARGES son frère aussi maître orfèvre y demeurant promettant payer ses dettes, obsèques et funérailles et d'en décharger la cour, fait pardevant monsieur Delerue échevin sepmanier le 7/1/1675.

1092 - Médiathèque Arras FF125 Folio 919V :
Antoine BLANCHET bourgeois boucher demeurant en cette ville a déclaré et déclare qu'il récréante par le trépas de feu Jean BLANCHET son père aussi boucher et greffier de leur communauté, promettant payer ses dettes, obsèques et funérailles et d'en décharger la cour, fait pardevant monsieur Delerue échevin sepmanier le 9/1/1675.

1093 - Médiathèque Arras FF125 Folio 919V :
Ignace DUBOIS bourgeois hostelain demeurant à Arras mari et bail de Barbe SOHIER fille de feus Jean et de Claire LEFLON a déclaré et déclare qu'il récréante par le trépas de ladite feue Claire LEFLON sa belle-mère promettant payer ses dettes, obsèques et funérailles et en décharger la cour, fait pardevant monsieur Boucquel échevin sepmanier le 10/1/1675.

1094 - Médiathèque Arras FF125 Folio 919V :
Augustin DE FROMONT bourgeois marchand quincaillier demeurant en cette ville mari et bail de Marie SOHIER fille de feus Jean et de Claire LEFLON, a déclaré et déclare qu'il récréante par le trépas de ladite feue LEFLON sa belle-mère promettant payer ses dettes, obsèques et funérailles et d'en décharger la cour, fait pardevant monsieur Boucquel échevin sepmanier le 10/1/1675.

1095 - Médiathèque Arras FF125 Folio 920R :
Jean François et Guillaume DHOUDAIN frères demeurant en cette ville enfants de défunts Pierre et de Pasque FOURNIER ont déclaré et déclarent qu'ils récréantent par le trépas de ladite Pasque FOURNIER leur mère décédée passé quelques jours promettant de payer ses dettes, obsèques et funérailles et en décharger la cour, fait pardevant monsieur Boucquel échevin sepmanier le 10/1/1675.

1096 - Médiathèque Arras FF125 Folio 921R :
Marie LEFORT veuve d'Antoine DUPRÉ courtier de chevaux demeurant en cette ville a déclaré et déclare qu'elle renonce aux biens et dettes dudit feu DUPRÉ son mari décédé le jour d'hier et qu'elle se tient à son droit de douaire coutumier stipulé par son contrat de mariage fait pardevant monsieur Hourdequin échevin sepmanier le 19/1/1675.

1097 - Médiathèque Arras FF125 Folio 921V :
Jeanne GALLOT veuve de feu maître Nicolas DUFOUR demeurant à Arras procuratrice spéciale de Pierre WALBIN marchand demeurant en la ville de Saint Pol suffisamment fondée de procuration spéciale passée pardevant notaires dudit Saint Pol le septième de ce mois de janvier ici apparue, a en vertu dudit pouvoir et au nom dudit Pierre WALBIN récréanté par le trépas de feue Marie WALBIN sa sœur veuve de Martin LESCOURCEUIL décédée passés quinze jours ou environ en cette ville promettant au susdit nom payer ses dettes, obsèques et funérailles et en décharger la cour, renonçant à cet effet au droit de senatus consult velleem dont l'effet lui a été expliqué, fait pardevant monsieur Noel échevin sepmanier le 25/1/1675.

1098 - Médiathèque Arras FF125 Folio 922R :
Marie Madeleine DEHEES veuve de Jean Baptiste THERIER vivant bourgeois demeurant en cette ville a déclaré et déclare qu'elle récréante par le trépas dudit THERIER son mari décédé le jour d'hier promettant payer ses dettes, obsèques et funérailles et en décharger la cour, fait pardevant monsieur Anssart échevin sepmanier le 28/1/1675.

1099 - Médiathèque Arras FF125 Folio 922R :
Jacqueline DERVILLERS veuve de Nicolas CAIGNERET bourgeois marchand poissonnier demeurant en cette ville a déclaré et déclare qu'elle récréante par le trépas dudit CAIGNERET son mari promettant payer ses dettes, obsèques et funérailles et d'en décharger la cour, fait pardevant monsieur Ansart échevin sepmanier le 28/1/1675.

1100 - Médiathèque Arras FF125 Folio 922V :
Claude BOUDOU bourgeois couvreur de tuiles, Etienne BOUDOU jeune homme frère dudit Claude, Antoine LEBLAN aussi couvreur de tuiles et Marie BOUDOU sa femme, lesdits BOUDOU frères et sœur enfants de feu Louis vivant pareillement couvreur de tuiles demeurant tous audit Arras, ont déclaré et déclarent qu'ils récréantent par le trépas dudit feu Louis BOUDOU leur père promettant payer ses dettes, obsèques et funérailles et d'en décharger la cour, renonçant par ladite Marie BOUDOU au droit du senatus consult velleem et à l'authentique si qua mullier dont l'effet lui a été expliqué, fait pardevant monsieur Desmazures échevin sepmanier le 30/1/1675.

1101 - Médiathèque Arras FF125 Folio 923R :
Susanne BACOT veuve de feu Jacques WACQUET bourgeois hostelain de la maison où pend pour enseigne « le Barillet d'Argent » en cette ville, a déclaré et déclare qu'elle récréante par le trépas dudit feu WACQUET son mari promettant payer ses dettes, obsèques et funérailles et d'en décharger la cour, fait pardevant monsieur Ansart échevin sepmanier le 30/1/1675.

1102 - Médiathèque Arras FF125 Folio 923R :
Guislaine GUERARD veuve de feu LESCAILLON vivant bourgeois chartier demeurant en cette ville a déclaré et déclare qu'elle récréante par le trépas dudit feu LESCAILLON son mari décédé ce jourd'hui promettant de payer ses dettes, obsèques et funérailles et en décharger la cour, fait pardevant monsieur Ansart échevin sepmanier le 30/1/1675.

1103 - Médiathèque Arras FF125 Folio 923R :
Parma et Caupain sergents ont à la requête de Jeanne DORESMIEUX, Jean et Louis BAILLET ses enfants demeurant à Arras, arrêté et empêché es mains de Claude LEVEL dit La Carrière hoste de « la Fleur de Lys » en cette ville trois chevaux de poil brun baie qu'il a en sa possession appartenant à Guillaume RIGAL laboureur demeurant à Amblain lez Pretz et deux autres chevaux l'un de poil gris et l'autre de poil baie que Floris DENEUVILLE bourgeois marchand demeurant à Arras a en sa possession appartenant à Brice LARGILLON aussi laboureur demeurant audit Amblain pour sur iceux prendre et avoir paiement et livraison de cinquante neuf razières et demie de blé et deux porcs gras à déclarer etc, ayant été faites les défenses requises en parlant auxdits LEVEL et DENEUVILLE et jour assigné aux seconds plaids, fait le 1/2/1675.

1104 - Médiathèque Arras FF125 Folio 923V :
Jean BOIEL bourgeois boucher demeurant en cette ville petit-fils et héritier de feu Jean BOIEL vivant pareillement boucher y demeurant a déclaré et déclare qu'il récréante par le trépas dudit feu Jean BOIEL son grand-père décédé le jour d'hier, promettant payer ses dettes, obsèques et funérailles et en décharger la cour, fait pardevant monsieur Delahaye échevin sepmanier le 4/2/1675.

1105 - Médiathèque Arras FF125 Folio 924V :
Noëlle MOLINET veuve de Charles BOURGEOIS vivant meunier demeurant en cette ville nièce et héritière du côté paternel de Guislaine MOLINET à son trépas veuve de Martin BOURGEOIS aussi meunier audit Arras, a déclaré et déclare qu'elle récréante par le trépas de ladite feue Guislaine MOLINET sa tante promettant payer ses dettes, obsèques et funérailles et d'en décharger la cour, fait pardevant monsieur Camp échevin sepmanier le 11/2/1675.

1106 - Médiathèque Arras FF125 Folio 925R :
Maître Daniel DE CARDEVACQUE bachelier es droit demeurant à Arras a déclaré et déclare qu'il se fonde héritier mobiliaire et immobiliaire de feue Damoiselle Jeanne DE CARDEVACQUE veuve de Jean Philippe

COUPÉ notaire royal sa tante paternelle promettant payer ses dettes, obsèques et funérailles et d'en décharger la cour, fait pardevant monsieur de Grandmaretz échevin sepmanier le 12/2/1675.

1107 - Médiathèque Arras FF125 Folio 925V :
Noëlle MALLART veuve de Robert LANSSEL bourgeois maître cordonnier demeurant en cette ville a déclaré et déclare qu'elle récréante par le trépas dudit feu LANSSEL son mari, promettant payer ses dettes, obsèques et funérailles et d'en décharger la cour, fait pardevant monsieur Camp échevin sepmanier le 13/2/1675.

1108 - Médiathèque Arras FF125 Folio 925V :
Curatelle : Jacques WALLET bourgeois maréchal ferrant demeurant en cette ville a été reçu par ordonnance rendue à ce siège le 13ème de ce présent mois de février pour tuteur et curateur aux personne et biens de Marie Claire WALLET fille en bas âge de feu Pierre WALLET son frère utérin et ce à la caution de Hubert WALLET aussi maréchal ferrant y demeurant lesquels en personne ont après serment par eux fait et prêté promis solidairement bien régir et administrer les biens appartenant à ladite mineure et d'en rendre fidèle compte tous les fois que requis en seront sous l'obligation de leur biens, fait pardevant monsieur Camp échevin sepmanier le 14/2/1675.

1109 - Médiathèque Arras FF125 Folio 926R :
Adrien LE LOIR veuve de Jean PRONNIER vivant bourgeois boulanger demeurant en cette ville a déclaré et déclare qu'elle récréante par le trépas dudit Jean PRONNIER son mari décédé ce jourd'hui promettant payer ses dettes, obsèques et funérailles et en décharger la cour, fait pardevant monsieur Camp échevin sepmanier le 14/2/1675.

1110 - Médiathèque Arras FF125 Folio 927R :
Jean CHANOINE valet de meunier demeurant en cette ville et Jeanne DESFOSSEZ sa femme fille de feu Adrien DESFOSSEZ vivant valet de saietteur demeurant à Arras, ont déclaré et déclarent qu'ils renoncent aux biens et dettes dudit feu DESFOSSEZ leur père décédé passés dix ou douze jours, fait pardevant monsieur Boucquel échevin sepmanier le 19/2/1675.

1111 - Médiathèque Arras FF125 Folio 927V :
Antoine MANESSIER procureur au conseil d'Artois, Roze DESCAMPS sa femme, Jean DE SOMAIN, Marie Catherine DESCAMPS sa femme et Pierre DESCAMPS bourgeois de cette ville demeurant à Aubigny, ont déclaré et déclarent (lesdites femmes pour ce suffisamment autorisées de leurs maris et non contraintes comme elles on déclaré) qu'ils récréantent par le décès arrivé ce jourd'hui de Marie BAYART veuve de Gilles BARBIER tante auxdits DESCAMPS demeurant en cette ville vis-à-vis de la « la Tête de Loup » promettant payer ses dettes, obsèques et funérailles et en décharger la cour, renonçant par lesdites femmes au droit du senatus consult velleem et à l'authentique si qua mullier dont l'effet leur a été expliquée, fait pardevant monsieur Boucquel échevin sepmanier le 21/2/1675.

1112 - Médiathèque Arras FF125 Folio 927V :
Marie Isabelle BURBURE veuve de Jean Baptiste CRETEL vivant bourgeois demeurant en cette ville a déclaré et déclare qu'elle récréante par le trépas dudit feu CRETEL son mari décédé le jourd'hui promettant payer ses dettes, obsèques et funérailles et en décharger la cour, fait pardevant monsieur Boucquel échevin sepmanier le 21/2/1675.

1113 - Médiathèque Arras FF125 Folio 929V :
Guillaume ROUTART marchand et échevin issant de cette ville y demeurant s'est constitué caution pour la somme de 500 livres à quoi ont été prisés amiablement quatre chevaux et un chariot entre maître Nicolas REVERT prêtre demeurant en cette ville et Jean HATTEVIELLE demeurant à Thilloy lez Hermaville auquel ils appartiennent et qui ont été ce jourd'hui arrêtés pour les dommages et intérêts causés par Jean FLIPPES son valet du village de Tincques qui aurait charrié ce jourd'hui (selon le rapport qui a été fait audit HATTEVIELLE) sur Jeanne REVERT sœur audit maître Nicolas, laquelle aurait eu la cuisse ou jambe rompue, promettant suivant ce ledit sieur ROUTART payer la somme de 500 livres au cas qu'il soit ainsi ordonné ci après, de quoi ledit HATTEVIELLE en personne l'a promis décharger et de tous dépens, dommages et intérêts sous l'obligation solidaire de tous leurs biens, fait pardevant monsieur Caudron échevin sepmanier le 1/3/1675.

1114 - Médiathèque Arras FF125 Folio 931R :
Marie Anne et Marie Isabelle LALLART sœurs filles à marier de feus Jacques vivant bourgeois marchand demeurant à Arras et Anne DE MOL ont déclaré et déclarent qu'elles renoncent aux biens et dettes de ladite feue DE MOL leur mère décédée ce jourd'hui, fait pardevant messieurs de Révillon et Noel échevins sepmaniers le 5/3/1675.

1115 - Médiathèque Arras FF125 Folio 932V :
Adrien VARET fourboulier demeurant en cette ville a déclaré et déclare qu'il récréante par le trépas de Jean VARET son père décédé ce jourd'hui promettant payer ses dettes, obsèques et funérailles et en décharger la cour, fait pardevant monsieur Desmazures échevin sepmanier le 15/3/1675.

1116 - Médiathèque Arras FF125 Folio 933R :
Péronne DESONGNIES veuve de Henry DUBOIS vivant bourgeois et valet des quatre commis aux ouvrages de cette ville a déclaré et déclare qu'elle récréante par le trépas dudit DUBOIS son mari décédé le jour d'hier promettant payer ses dettes, obsèques et funérailles et en décharger la cour, fait pardevant monsieur Ansart échevin sepmanier le 15/3/1675.

1117 - Médiathèque Arras FF125 Folio 933R :
Charles VASSEUR bourgeois maître tourneur demeurant à Arras mari et bail d'Anne François HOGUET icelle fille de feus Pierre vivant maître chalier y demeurant et Françoise DUPAIN, a déclaré et déclare qu'il récréante par le trépas dudit feu HOGUET son beau-père promettant payer ses dettes, obsèques et funérailles et d'en décharger la cour, fait pardevant monsieur Ansart échevin sepmanier le 16/3/1675.

1118 - Médiathèque Arras FF125 Folio 933V :
Damoiselles Renée et Marie Françoise DELEBECQUE filles de feus Pierre ancien greffier du conseil d'Artois et de Damoiselle Marguerite GAILLART à son trépas veuve et demeurée es biens dudit Pierre ont déclaré et déclarent qu'elles récréantent ladite GAILLART leur mère décédée le 24 de ce mois, tant en leurs noms que se faisant et portant fort de Nicolas et Marie Robertine DELEBECQUE leurs frère et sœur maisnés promettant payer ses dettes, obsèques et funérailles et en décharger la cour fait pardevant monsieur Camp échevin sepmanier le 26/3/1675.

1119 - Médiathèque Arras FF125 Folio 933V :
Damoiselle Marie Madeleine DELATTRE veuve de feu Adrien Dominique BRICHET vivant procureur au conseil d'Artois a déclaré et déclare qu'elle récréante par le trépas dudit BRICHET son mari décédé ce jourd'hui promettant payer ses dettes, obsèques et funérailles et en décharger la cour et qu'elle emprend la tutelle légitime de François Dominique BRICHET son fils qu'elle a eu dudit feu et héritier d'icelluy fait pardevant monsieur Camp échevin sepmanier le 30/3/1675.

1120 - Médiathèque Arras FF125 Folio 934V :
Antoinette HAYETTE veuve de Toussaint BRASSART bourgeois maître cordier demeurant en cette ville a déclaré et déclare qu'elle récréante par le trépas dudit feu BRASSART son mari promettant payer ses dettes, obsèques et funérailles et d'en décharger la cour, fait pardevant monsieur Boucquel échevin sepmanier le 6/4/1675.

1121 - Médiathèque Arras FF125 Folio 936R :
Mathieu CUVILLIER bourgeois demeurant en cette ville a déclaré et déclare qu'il récréante par le trépas de Jean CUVILLIER vivant aussi bourgeois y demeurant décédé le 22ème de ce mois promettant payer ses dettes, obsèques et funérailles et avec lui Louis DELATTRE qui y a fait pareille promesse et certifié que ledit Mathieu CUVILLIER est majeur ce qu'il a déclaré à peine d'être lui-même responsable desdites dettes, obsèques et funérailles et d'en décharger la cour aussi bien que de l'administration dudit CUVILLIER et de ses biens, fait pardevant monsieur Desmazures échevin sepmanier le 24/4/1675.

1122 - Médiathèque Arras FF125 Folio 939V :
Philippe LENGLET maître gollier et Jean Baptiste LENGLET porteur au sac demeurant en cette ville frères enfants de feu Philippe vivant aussi porteur au sacq de cette ville ont déclaré et déclarent qu'ils récréantent par le décès dudit feu LENGLET leur père, promettant payer ses dettes, obsèques et funérailles et en décharger la cour, fait pardevant monsieur Camp échevin sepmanier le 11/5/1675.

1123 - Médiathèque Arras FF125 Folio 940V :
Louis DUMETZ bourgeois laboureur demeurant en cette ville mari et bail de Marie DOUVRIN et Jacques LENGLET aussi bourgeois et laboureur y demeurant mari et bail de Michelle DOUVRIN, lesdites Marie et Michelle DOUVRIN sœurs et enfants de feus Melchior DOUVRIN vivant aussi bourgeois y demeurant et Marguerite DUPARCQ sa femme, ont déclaré et déclarent qu'ils récréantent par le trépas de ladite Marguerite DUPARCQ leur mère décédée le jour d'hier, promettant payer ses dettes, obsèques et funérailles et en décharger la cour, fait pardevant monsieur Delerue échevin sepmanier le 15/5/1675.

1124 - Médiathèque Arras FF125 Folio 940V :
François GARDIEN bourgeois marchand demeurant à Arras mari et bail de Anne Claire GUILLEMAN sa femme nièce de Jean GUILLEMAN l'aîné vivant bourgeois porteur au sacq de la ville de Béthune iceluy GARDIEN père et tuteur légitime de Marie Claude GARDIEN sa femme en bas âge, a récréanté ledit feu Jean GUILLEMAN au nom d'icelle Marie Claude sa fille a promis en ladite qualité payer et acquitter les dettes, obsèques dudit défunt sous l'obligation etc, fait pardevant monsieur Boucquel échevin sepmanier le 17/5/1675.

1125 - Médiathèque Arras FF125 Folio 942R :
Madeleine BIENFAIT veuve de Philippe DEHEES vivant jardinier demeurant es faubourgs d'Amiens lez la cité de cette ville a déclaré et déclare qu'elle récréante ledit DEHEES son mari et promet payer ses dettes, obsèques et funérailles et d'en décharger la cour, fait pardevant monsieur Caudron échevin sepmanier le 25/5/1675.

1126 - Médiathèque Arras FF125 Folio 942V :
Pierre DE FREMICOURT bourgeois marchand demeurant à Arras mari et bail de Marie Agnès DELEPORTE paravant veuve demeurée es biens d'Hubert LE TELLIER à son trépas héritier fidéicommissaire de Damoiselle Jeanne DE CITEY qui fut petite-fille et héritière de maître Laurent DU BOIS vivant sieur d'Hagival et Damoiselle Anne DU BOSQUEL veuve de feu Nicolas ENLART vivant sieur de Bouvigny aussi héritière fidéicommissaire de ladite Damoiselle Jeanne DE CITEY demeurant en ladite ville, se sont constitué caution l'un de l'autre pour par eux profiter de la sentence rendue à ce siège le 29ème avril dernier confirmative de cette du 3ème de septembre précédent aussi y rendue au procès par eux intenté contre Pierre BOUCHER bourgeois marchand demeurant en ladite ville par laquelle messieurs ont condamné ledit BOUCHER de payer en la qualité qu'il est en cause, auxdits demandeurs les arriérages échus et à échoir de la rente foncière et redevance dont est question par ledit procès, à l'avenant de seize deniers par chacun an en se conformant pour eux échus pendant les guerres au règlement de sa majesté du 29ème juillet 1661 et de continuer ainsi ledit paiement à l'avenir d'an en an tant et si longtemps qu'il sera propriétaire, possesseur ou occupeur de la maison dont s'agit, le condamnant pardessus ce aux dépens dudit procès et de l'incident y ensuivi au taux de ce siège, lesdites cautions reçues par autre ordonnance rendue à l'audience tenue à cedit siège le 21ème de ce mois de mai, portant que du consentement de François PONCHART procureur dudit BOUCHER, nonobstant l'appel et sans préjudice à iceluy, la susdite sentence sera mise à exécution tant pour le principal que dépens à la caution offerte par la requête du 4ème de ce mois en faisant les devoirs, promettant suivant ce lesdits DE FREMICOURT et Damoiselle Anne DU BOSQUEL solidairement rendre, payer et rapporter ce qui sera dit ci après si avant qu'ils y soient condamnés sous l'obligation etc, fait pardevant monsieur Caudron échevin sepmanier le 25/5/1675.

1127 - Médiathèque Arras FF125 Folio 944R :
Maître Jacques BOUIN prêtre curé du village de Bailleulmont et Pierre CAVEROIS bourgeois marchand tanneur demeurant en cette ville mari et bail de Jacqueline BOUIN, lesdits BOUIN frère et sœur enfants de feus Pierre et Marie DE GOUY ont déclaré et déclarent qu'ils récréantent ladite feue DE GOUY leur mère décédée le jour d'hier promettant payer ses dettes, obsèques et funérailles et d'en décharger la cour, même ledit maître Jacques BOUIN de subir juridiction à ce siège, fait pardevant monsieur Desmazures échevin sepmanier le 5/6/1675.

1128 - Médiathèque Arras FF125 Folio 944R :
Jeanne VOIEZ veuve de Mathias DESAILLY vivant bourgeois porteur au sacq de cette ville a déclaré et déclare qu'elle récréante ledit feu DESAILLY son mari promettant payer ses dettes, obsèques et funérailles et en décharger la cour, fait pardevant monsieur Desmazures échevin sepmanier le 5/6/1675.

1129 - Médiathèque Arras FF125 Folio 944V :
Anne Marie HURTAULT veuve de Romain CAUDRON vivant bourgeois gantier demeurant en cette ville a déclaré et déclare qu'elle récréante par le trépas dudit CAUDRON son mari décédé le jour d'hier promettant payer ses dettes, obsèques et funérailles et en décharger la cour, fait pardevant monsieur Desmazures échevin sepmanier le 6/6/1675.

1130 - Médiathèque Arras FF125 Folio 945R :
Maître Adrien DUVAL prêtre et bourgeois de cette ville a récréanté par le trépas de Damoiselle Claire DE BAYART DIT GANTAU veuve et demeurée es biens de feu Jacques DUVAL écuyer sieur du Natoy mayeur de cette ville promettant payer ses dettes, obsèques et funérailles et en décharger la cour fait pardevant monsieur Delarue échevin sepmanier le 6/6/1675.

1131 - Médiathèque Arras FF125 Folio 945R :
Yolente ROTTY veuve de Jean GILLES vivant bourgeois charpentier et couvreur demeurant à Arras a récréanté par le trépas dudit Jean GILLES son mari décédé le jour d'hier promettant payer ses dettes, obsèques et funérailles et en décharger la cour, fait pardevant monsieur Delerue échevin sepmanier le 8/6/1675.

1132 - Médiathèque Arras FF125 Folio 945R :
Marie Brigitte MAUCOMBLE fille à marier âgée de 23 ans a déclaré qu'elle récréante par le trépas de Nicolas MAUCOMBLE son père vivant bourgeois fachonnier de drap décédé ce jourd'hui promettant payer ses dettes, obsèques et funérailles et en décharger la cour fait pardevant monsieur Delerue échevin sepmanier le 8/6/1675.

1133 - Médiathèque Arras FF125 Folio 946R :
Marguerite DELEPORTE veuve de Chrestien DUPUICH vivant bourgeois maître tailleur d'habits demeurant en cette ville a déclaré et déclare qu'elle récréante ledit DUPUICH son mari promettant payer ses dettes, obsèques et funérailles et en décharger la cour, fait pardevant monsieur Ansart échevin sepmanier le 12/6/1675.

1134 - Médiathèque Arras FF125 Folio 948R :
Catherine WARIN veuve de Louis BLANCHET vivant boucher demeurant en cette ville a déclaré et déclare qu'elle récréante par le trépas dudit BLANCHET son mari décédé ce jourd'hui promettant payer ses dettes, obsèques et funérailles et en décharger la cour, fait pardevant monsieur Hourdequin échevin sepmanier le 2/7/1675.

1135 - Médiathèque Arras FF125 Folio 948R :
Marie GRUEL veuve de Adrien LEMAIRE vivant bourgeois jardinier demeurant à Arras a récréanté par le trépas dudit LEMAIRE son mari promettant payer ses dettes, obsèques et funérailles et en décharger la cour fait pardevant monsieur Hourdequin échevin sepmanier le 3/7/1675.

1136 - Médiathèque Arras FF125 Folio 949R :
Anne VERMEL veuve de Ferry THERY tailleur d'habit demeurant à Arras a déclaré et déclare qu'elle renonce aux biens et dettes dudit feu THERY son mari décédé le 1er de ce mois et qu'elle se tient à son droit et douaire stipulé par son contrat de mariage fait pardevant maître Caudron échevin sepmanier le 4/7/1675.

1137 - Médiathèque Arras FF125 Folio 949R :
Nicolas HUBERT et Marguerite HUBERT sa sœur à marier enfants de feu François HUBERT vivant bourgeois savetier demeurant en cette ville ont déclaré et déclarent qu'ils récréantent par le trépas dudit François HUBERT leur père décédé ce jourd'hui promettant payer ses dettes, obsèques et funérailles et en décharger la cour fait pardevant monsieur Caudron échevin sepmanier le 4/7/1675.

1138 - Médiathèque Arras FF125 Folio 950R :
Marie Jeanne WILLEMAIRE veuve de Federicq GRARD bourgeois boulanger demeurant en cette ville a déclaré et déclare qu'elle récréante par le décès dudit feu son mari, promettant payer ses dettes, obsèques et funérailles et en décharger la cour, fait pardevant monsieur de Revillon échevin sepmanier le 10/7/1675.

1139 - Médiathèque Arras FF125 Folio 951R :
François DIONET domestique au sieur de Barles ingénieur du roi demeurant en ce la cité de cette ville fils à marier de feus Jean et Thérèse LEROUX icelle à son décès femme d'à présent défunt Etienne DELAVALLE dit La Comble demeurant aussi audit Arras, a déclaré et déclare qu'il récréante ledit feu DELAVALLE son beau-père décédé au mois d'avril dernier promettant payer ses dettes, obsèques et funérailles et en décharger la cour, fait pardevant monsieur Ansart échevin sepmanier le 16/7/1675.

1140 - Médiathèque Arras FF125 Folio 952R :
Bon DUBOIS bourgeois maître tailleur d'habits demeurant en cette ville mari et bail de Marie Madeleine [DESCAMPS], Guislaine et Marie Jeanne DESCAMPS filles à marier demeurant aussi audit Arras, lesdites DESCAMPS sœurs filles et héritières de feue Marie LEBLAN à son trépas veuve de Henry DESCAMPS vivant aussi bourgeois maître boulanger y demeurant, ont déclaré et déclarent qu'ils récréantent par le trépas de ladite Marie LEBLAN leur mère décédée ce jourd'hui promettant payer ses dettes, obsèques et funérailles et en décharger la cour, fait pardevant monsieur Desmazures échevin sepmanier le 18/7/1675.

1141 - Médiathèque Arras FF125 Folio 952R :
Messire Charles Ignace DE BONNIERES comte de Souastre etc père ayant l'administration et tutelle des personne et biens de Charles Eugène Jean Dominique DE BONNIERES son fils mineur iceluy héritier et légataire

universel de défunt messire Eugène Anne Brigitte DE BONNIERES son oncle vivant chevalier seigneur de Griboval etc, qui fut frère et héritier de feue Dame Marguerite Claire DE BONNIERES à son décès femme à messire Louis comte DE SAINT SIMON, a déclaré et déclare qu'il récréante au nom dudit Charles Eugène Jean Dominique DE BONNIERES son fils en ladite qualité ledit sieur de Griboval promettant payer ses dettes, obsèques et funérailles et en décharger la cour, fait pardevant monsieur Ansart échevin sepmanier le 19/7/1675.

1142 - Médiathèque Arras FF125 Folio 953R :
Damoiselle Marie Madeleine GAZET veuve de feu Jean DE BEAURAINS vivant écuyer avocat au conseil d'Artois et échevin à son tour de cette ville d'Arras a déclaré et déclare qu'elle récréante ledit feu sieur DE BEAURAINS son mari décédé passés quelques jours, promettant payer ses dettes, obsèques et funérailles et en décharger la cour, fait pardevant monsieur Desmazures pour l'absence de l'échevin sepmanier le 23/7/1675.

1143 - Médiathèque Arras FF125 Folio 954V :
Françoise ROUSSEL veuve de Valérien BULLETTE vivant bourgeois marchand demeurant en cette ville a déclaré et déclare qu'elle récréante iceluy feu BULLETTE son mari, promettant payer ses dettes, obsèques et funérailles et en décharger la cour, fait pardevant monsieur Camp échevin sepmanier le 2/8/1675.

1144 - Médiathèque Arras FF125 Folio 956V :
Nicolas DELATTRE bourgeois chartier demeurant en cette ville a déclaré et déclare qu'il renonce aux biens et dettes de feue Madeleine LABBE veuve en premières noces de Foursy DELATTRE sa mère décédée le 4ème de ce mois, fait pardevant monsieur Boucquel échevin sepmanier le 7/8/1675.

1145 - Médiathèque Arras FF125 Folio 957V :
Damoiselle Jeanne CHERAINE veuve en dernières noces de feu Pierre OBREDAINE vivant bourgeois maître de la maison et hostellerie où pend pour enseigne « la porte verde » en cette ville, a déclaré et déclare qu'elle récréante ledit feu OBREDAINE son mari promettant payer ses dettes, obsèques et funérailles et en décharger la cour, fait pardevant monsieur Hourdequin échevin sepmanier le 12/8/1675.

1146 - Médiathèque Arras FF125 Folio 958V :
Martine DE BOUBERS veuve de Jean DEMARTHE vivant bourgeois tailleur d'habits demeurant en cette ville a déclaré et déclare qu'elle récréante par le trépas dudit DEMARTHE son mari décédé le jour d'hier promettant payer ses dettes, obsèques et funérailles et en décharger la cour, fait pardevant monsieur Noel échevin sepmanier le 22/8/1675.

1147 - Médiathèque Arras FF125 Folio 959V :
Pierre DEBASSEUX bourgeois maître cordonnier, Anne DE GOUY sa femme, Claire DE GOUY ancienne fille et Florent François VARLET aussi bourgeois fils de feue Marie DE GOUY vivante femme à François VARLET demeurant tous en cette ville, icelles du surnom DE GOUY sœurs enfants de feus Noël DE GOUY vivant passementier y demeurant et Catherine GRENIER, ont déclaré et déclarent qu'ils récréantent par le trépas de ladite Catherine GRENIER décédée ce jourd'hui promettant de payer ses dettes, obsèques et funérailles et en décharger la cour, fait pardevant monsieur Camp échevin pour l'absence du sepmanier le 2/9/1675.

1148 - Médiathèque Arras FF125 Folio 961R :
Melchior DELADERIERE marchand demeurant en la ville de Lille et Damoiselle Madeleine DELADERIERE veuve de Nicolas DESFOSSEZ aussi marchande demeurant en cette ville d'Arras, lesdits DELADERIERE frère et sœur enfants de feu Louis à son décès pareillement marchand et bourgeois de cette dite ville, ont déclaré et déclarent qu'ils récréantent ledit feu Louis DELADERIERE leur père promettant payer ses dettes, obsèques et funérailles et en décharger la cour, fait pardevant monsieur de Grandmaretz échevin sepmanier le 10/9/1675.

1149 - Médiathèque Arras FF125 Folio 961V :
Charles PORTEBOIS ancien greffier du gros des contrats qui se passent en ce pays d'Artois et maître Michel DELECHAMBRE échevin de la cité d'Arras y demeurant, tous deux dénommés à l'exécution du testament et ordonnance de dernière volonté de Christine DOUCHET veuve de Pierre BENOIT du 5ème de ce mois, promettent en ladite qualité et à concurrence du porté des biens de ladite exécution testamentaire de payer toutes les dettes, obsèques et funérailles de ladite Christine DOUCHET et en décharger la cour, promettant sortir juridiction à ce siège et d'en rendre compte à cedit siège en la forme accoutumée, fait pardevant monsieur Camp échevin sepmanier le 11/9/1675.

1150 - Médiathèque Arras FF125 Folio 961V :
Damoiselle Anne DU HERLIN veuve de Louis DELADERIERE vivant bourgeois marchand demeurant en cette ville a déclaré et déclare qu'elle renonce à tous les biens meubles délaissés par ledit feu et qu'elle se tient à ses droits de douaire prefix et conventionnel portés par son contrat de mariage entre elle et ledit feu DELADERIERE, fait pardevant monsieur Camp échevin sepmanier le 13/9/1675.

1151 - Médiathèque Arras FF125 Folio 965R :
Isabelle PLAISANT veuve de Charles DURIETZ cabaretier demeurant en cette ville a déclaré et déclare qu'elle renonce aux biens et dettes dudit feu DURIETZ son mari décédé le 19ème de ce mois et qu'elle se tient à son droit et douaire stipulé par son contrat de mariage, fait pardevant monsieur Caudron échevin sepmanier le 24/9/1675.

1152 - Médiathèque Arras FF125 Folio 966R :
Catherine DELAIENS veuve de Philippe DESHAYES bourgeois fauxboulier demeurant en cette ville a déclaré et déclare qu'elle récréante ledit feu DESHAYES son mari promettant payer ses dettes, obsèques et funérailles et en décharger la cour, fait pardevant monsieur Caudron échevin sepmanier le 28/9/1675.

1153 - Médiathèque Arras FF125 Folio 966R :
Est comparu Ignace François BAUDRELICQUE procureur au conseil d'Artois et spécial de Jean Adrien ALEXANDRE échevin à son tour de la ville de Bapaume fait et passé pardevant notaires audit Bapaume le 3ème de ce mois, lequel audit nom procuratoire et tant et si avant que faire se peut en vertu dudit pouvoir s'est constitué pleige et caution tant de Damoiselles Anne et Catherine ALEXANDRE ses tantes que dudit BAUDRELICQUE son cousin germain lesquelles Damoiselles Anne et Catherine ALEXANDRE aussi comparantes avec ledit BAUDRELICQUE se sont pareillement constituées pleiges et cautions solidaires pour par eux avoir main levée de la somme de 1600 livres ou environ à eux adjugée à la distribution des deniers provenant des biens de feue Damoiselle Jenne DE CARDEVACQUE veuve de Jean Philippe COUPPÉ vivant notaire royal demeurant audit Arras promettant de les rapporter (en cas de besoin si ainsi était ordonné ci après) tant audit nom procuratoire qu'en leurs propres et privés noms, lesquelles cautions ont été reçues par ordonnance rendue à l'audience tenue au siège le jour d'hier, promettant en outre ledit BAUDRELICQUE audit nom procuratoire et suivant sadite procure subir juridiction à ce siège sous l'obligation de leurs biens, fait pardevant monsieur Caudron échevin sepmanier le 28/9/1675.

1154 - Médiathèque Arras FF125 Folio 966V :
Damoiselle Catherine DELEAUE veuve de François MONVOISIN vivant bourgeois demeurant en cette ville et à son tour l'un des quatre commis aux ouvrages de cette ville a déclaré et déclare qu'elle récréante par le trépas dudit feu MONVOISIN décédé le 26ème de ce mois promettant payer ses dettes, obsèques et funérailles et en décharger la cour, fait pardevant monsieur Noel échevin sepmanier le 30/9/1675.

1155 - Médiathèque Arras FF125 Folio 967V :
Marie THERY veuve de Christophe DRAPIER couvreur de tuiles demeurant en cette ville a déclaré et déclare qu'elle récréante ledit feu DRAPIER son mari promettant payer ses dettes, obsèques et funérailles et en décharger la cour, fait pardevant monsieur Ansart échevin sepmanier le 8/10/1675.

1156 - Médiathèque Arras FF125 Folio 967V :
Jeanne MOREL veuve de Nicolas FOLY archer du prévôt de la maréchaussée d'Artois demeurant en cette ville a déclaré et déclare qu'elle renonce aux biens et dettes dudit feu FOLY son mari décédé le 20ème de septembre dernier en la maison où pend pour enseigne « le grand turcq » et qu'elle se tient à son droit de douaire stipulé par son contrat de mariage, fait pardevant monsieur de Grandmaretz échevin sepmanier le 21/10/1675.

1157 - Médiathèque Arras FF125 Folio 968V :
Lasseur et Docquemaisnil sergents ont à la requête de Charles François DERETZ demeurant en cette ville procureur spécial de Nicolas Bertrand DERETZ professeur royal doué de l'université de Douai et président du séminaire Moullart audit Douai arrêté et empêché es mains du sieur MATHON receveur des Etats d'Artois tout ce qu'il doit et devra à l'avenir en ladite qualité audit séminaire Moullart à Douai pour avoir paiement de 1100 florins monnaie ayant cours audit Douai pour les causes à déclarer au jour servant ayant été faites les défenses requis audit sieur MATHON en parlant à sa personne et jour assigné aux prochains plaids, fait le 29/10/1675.

1158 - Médiathèque Arras FF125 Folio 969V :
Curatelle : François Philippe DELADIENNEE écuyer sieur des Quévalets demeurant en cette ville reçu et admis par ordonnance du 30ème octobre dernier couchée au pied du procès verbal tenu à ce siège le 25ème dudit mois, à la curatelle des biens immeubles, noms, raisons et actions de Damoiselle Marie Anne Charlotte DE BALESTRIER fille mineure et héritière de messire Jean et de Dame Marguerite DE SAINT VAAST, est comparu pardevant nous lequel a empris et accepté la susdite curatelle et promis par serment de s'y bien et fidèlement conduire et comporter et d'en rendre compte s'il y est sommé, fait pardevant monsieur Géry échevin sepmanier le 4/11/1675.

1159 - Médiathèque Arras FF125 Folio 969V :
Pasques DOURLET veuve de Charles HIART vivant saietteur demeurant à Arras a déclaré et déclare qu'elle récréante ledit feu HIART son mari et promet payer ses dettes, obsèques et funérailles et en décharger la cour, fait pardevant monsieur Noel échevin sepmanier le 6/11/1675.

1160 - Médiathèque Arras FF125 Folio 969V :
Marie Joseph MARESCAILLE veuve de Pierre LELARGE maître sellier demeurant à Arras a déclaré et déclare qu'elle récréante ledit feu LELARGE son mari et promet payer ses dettes, obsèques et funérailles et d'en décharger la cour, fait pardevant monsieur Géry échevin sepmanier le 6/11/1675.

1161 - Médiathèque Arras FF125 Folio 970R :
Marie CAUPAIN veuve de Jean LEMAIRE mère et tutrice légitime de Georges LEMAIRE son fils en bas âge qu'elle olt dudit LEMAIRE a déclaré et déclare qu'en ladite qualité elle récréante par le trépas de Jenne DEWAILLY veuve de Jean LEMAIRE vivante boulangère demeurant en cette ville mère grande audit Georges promettant payer ses dettes, obsèques et funérailles et en décharger la cour, fait pardevant monsieur Géry échevin sepmanier le 6/11/1675.

1162 - Médiathèque Arras FF125 Folio 970R :
Charles RAUBOUAN jeune homme à marier de son stil tailleur d'habits demeurant en cette ville fils de feus Julien et Rose LANQUIER a déclaré qu'il récréante par le trépas de ladite Rose LANQUIER sa mère décédée le 5ème de ce mois promettant payer ses dettes, obsèques et funérailles et en décharger la cour, fait pardevant monsieur Noel échevin sepmanier le 7/11/1675.

1163 - Médiathèque Arras FF125 Folio 970R :
Isabeau PERNOIS veuve de Jean CAMBRAY vivant savetier demeurant en cette ville a déclaré et déclare qu'elle récréante ledit feu DE CAMBRAY son mari promettant payer ses dettes, obsèques et funérailles et en décharger la cour, fait pardevant monsieur Géry échevin sepmanier le 7/11/1675.

1164 - Médiathèque Arras FF125 Folio 970V :
Damoiselle Marie Madeleine DE MAILLY COURONNEL veuve de feu Arnould DE POUCQUE vivant seigneur de Florimont demeurant en cette ville a déclaré et déclare qu'elle récréante feue Damoiselle Marie DE MAILLY COURONNEL sa sœur veuve de Claude DE COMTE vivant seigneur de Machy demeurant pareillement audit Arras promettant payer ses dettes, obsèques et funérailles et d'en décharger la cour, fait pardevant monsieur Delaire échevin sepmanier le 9/11/1675.

1165 - Médiathèque Arras FF125 Folio 971R :
Claude CARON bourgeois marchand mari et bail de Marie GAMAND, Marie et Marguerite LABBE sœurs filles franches demeurant en cette ville lesdites LABBE et Marie GAMAND cousines germaines à feue Damoiselle Anne WILLART veuve de Nicolas FREMICOURT vivant bourgeois et échevin à son tour de cette ville, ont déclaré et déclarent qu'ils récréantent par le trépas de ladite Damoiselle WILLART décédée ce jourd'hui promettant payer ses dettes, obsèques et funérailles et en décharger la cour, fait pardevant monsieur Vion échevin sepmanier le 14/11/1675.

1166 - Médiathèque Arras FF125 Folio 971V :
Charles de GAMAND bourgeois marchand poissonnier demeurant en cette ville a déclaré et déclare qu'il récréante par le trépas de Damoiselle Anne WILLART veuve de Nicolas DE FREMICOURT vivant échevin à son tour de cette ville sa cousine germaine décédée le 14ème de ce mois promettant payer ses dettes, obsèques et funérailles et en décharger la cour, fait pardevant monsieur Pallette échevin sepmanier le 18/11/1675.

1167 - Médiathèque Arras FF125 Folio 971V :
Damoiselle Marie DORESMIEUX veuve de François CHEVALIER vivant archer du prévôt de la maréchaussée d'Artois a déclaré et déclare qu'elle récréante par le trépas dudit feu CHEVALIER son mari promettant payer ses dettes, obsèques et funérailles et en décharger la cour fait pardevant monsieur de Revillon échevin le 18/11/1675.

1168 - Médiathèque Arras FF125 Folio 972V :
Claire DAMBLAIN veuve de François MINART vivant bourgeois maître cuisinier demeurant en cette ville a déclaré et déclare qu'elle récréante ledit feu MINART son mari décédé le 11ème de ce mois promettant payer ses dettes, obsèques et funérailles et d'en décharger la cour, fait pardevant monsieur Pallette échevin sepmanier le 19/11/1675.

1169 - Médiathèque Arras FF125 Folio 972V :
Gabriel LEMAIRE bourgeois demeurant en cette ville fils de feus Adam et Anne BERTRAND a déclaré et déclare qu'il récréante par le trépas de ladite feue Anne BERTRAND décédée le jour d'hier promettant payer ses dettes, obsèques et funérailles et en décharger la cour, fait pardevant monsieur Pallette échevin sepmanier le 21/11/1675.

1170 - Médiathèque Arras FF125 Folio 972V :
Philippe DE MAILLY COURONNEL chevalier seigneur de Mernes demeurant audit Mernes lez Armentières a déclaré et déclare qu'il récréante par le trépas de Damoiselle Marie DE MAILLY COURONNEL sa sœur veuve de Claude DE COMTE vivant seigneur de Machy décédée en cette ville promettant payer ses dettes, obsèques et funérailles et en décharger la cour, fait pardevant monsieur Pallette échevin sepmanier le 21/11/1675.

1171 - Médiathèque Arras FF125 Folio 973R :
Adrienne LEMAIRE veuve de Jean LECLERCQ vivant bourgeois marchand demeurant en cette ville a déclaré et déclare qu'elle récréante par le trépas de Marie LEMAIRE sa sœur vivante ancienne fille y demeurant décédée ce jour d'hui promettant payer ses dettes, obsèques et funérailles et en décharger la cour, fait pardevant monsieur Pallette échevin sepmanier le 23/11/1675.

1172 - Médiathèque Arras FF125 Folio 973R :
Damoiselle Anne DHERLY veuve de maître Antoine Adrien BERTHE vivant procureur au conseil d'Artois et greffier des Etats de ce pays d'Artois demeurant en cette ville a déclaré et déclare qu'elle récréante par le trépas dudit feu BERTHE son mari promettant payer ses dettes, obsèques et funérailles et en décharger la cour, fait pardevant monsieur Noel échevin sepmanier le 26/11/1675.

1173 - Médiathèque Arras FF125 Folio 973R :
Charles BOCQUET ancien greffier de la cité d'Arras a récréanté Damoiselle Anne WILLART veuve de feu Nicolas DE FREMICOURT vivant marchand et échevin à son tour de cette ville sa cousine issue de germain et promis payer ses dettes, obsèques et funérailles et d'en décharger la cour, fait pardevant monsieur Stert échevin sepmanier le 27/11/1675.

1174 - Médiathèque Arras FF125 Folio 974V :
Marie Françoise BAUDUIN veuve de François MARCHANT vivant bourgeois marchand grossier demeurant en cette ville a déclaré et déclare qu'elle récréante par le trépas dudit MARCHANT son mari décédé ce jour d'hui promettant payer ses dettes, obsèques et funérailles et en décharger la cour, fait pardevant monsieur Noel échevin sepmanier le 28/11/1675.

1175 - Médiathèque Arras FF125 Folio 975R :
Philippe PARIS bourgeois maître cordonnier frère de défunte Isabeau de PARIS veuve de Guillaume MICHEL vivant aussi bourgeois fripier et Antoine PARIS aussi bourgeois demeurant en cette ville fils de feu Antoine de PARIS et icelluy aussi frère à ladite Isabeau, ont déclaré et déclarent qu'ils récréantent par le trépas de ladite Isabeau PARIS décédée le 29 de novembre dernier promettant payer ses dettes, obsèques et funérailles et en décharger la cour, fait pardevant monsieur Routart échevin sepmanier le 2/12/1675.

1176 - Médiathèque Arras FF125 Folio 975V :
Noël et Pierre FRANCOIS frères enfants de feu Eloy FRANCOIS vivant brasseur demeurant en cette ville ont déclaré et déclarent qu'ils récréantent ledit feu Eloy FRANCOIS leur père promettant payer ses dettes,

obsèques et funérailles et en décharger la cour, fait pardevant monsieur Routart échevin sepmanier le 2/12/1675.

1177 - <u>Médiathèque Arras FF125 Folio 976R</u> :
Joosse François TACQUET bourgeois marchand fripier demeurant en cette ville mari et bail de Marie Jeanne CARON et Marie Guislaine CARON jeune fille à marier demeurant en cette ville, lesdites du surnom CARON sœurs enfants de feue Marie FLESCHELLE veuve de Michel CARON vivant aussi marchand fripier ont déclaré et déclarent qu'ils récréantent par le trépas d'icelle FLESCHELLE leur mère promettant payer ses dettes, obsèques et funérailles et en décharger la cour, fait pardevant monsieur Camp échevin sepmanier le 9/12/1675, depuis ci après en suite de l'ordonnance de ce siège du 13/12/1675 couchée sur la requête présentée par lesdits TACQUET et CARON.

1178 - <u>Médiathèque Arras FF125 Folio 976V</u> :
Michel et Nicolas DERUICT frères enfants de feus Louis et Isabeau CAUDRON demeurant en cette ville ont déclaré et déclarent qu'ils récréantent par le trépas de ladite Isabeau CAUDRON leur mère décédée aujourd'hui promettant payer ses dettes, obsèques et funérailles et en décharger la cour, fait pardevant monsieur de Grandmaretz échevin sepmanier le 9/12/1675.

1179 - <u>Médiathèque Arras FF125 Folio 976V</u> :
Marie CARON veuve de Antoine DE BUIRES porteur au sacq de cette ville demeurant à Tilloy lez Mofflaines a déclaré et déclare qu'elle récréante ledit feu DE BUIRES son mari décédé le 6ème de ce mois promettant payer ses dettes, obsèques et funérailles et en décharger la cour même de sortir juridiction à ce siège, fait pardevant monsieur de Grandmaretz échevin sepmanier le 9/12/1675.

1180 - <u>Médiathèque Arras FF125 Folio 977R</u> :
Nicolas François BOURGEOIS maître orfèvre demeurant en cette ville mari et bail d'Ernestine Thérèse THIBAULT a déclaré et déclare qu'il récréante par le trépas de maître Pierre THIBAULT son beau-père décédé ce jourd'hui promettant payer ses dettes, obsèques et funérailles et en décharger la cour, fait pardevant monsieur Camp échevin sepmanier le 10/12/1675.

1181 - <u>Médiathèque Arras FF125 Folio 977R</u> :
Gabrielle JOUY veuve de Nicolas DELATTRE vivant bourgeois chartier demeurant en cette ville a déclaré et déclare qu'elle récréante ledit feu DELATTRE son mari promettant payer ses dettes, obsèques et funérailles et d'en décharger la cour, fait pardevant monsieur Camp échevin sepmanier le 10/12/1675.

1182 - <u>Médiathèque Arras FF125 Folio 977V</u> :
Marie DESVAULT veuve de Charles GAMAND vivant bourgeois poissonnier demeurant en cette ville a déclaré et déclare qu'elle récréante par le trépas dudit GAMAND son mari décédé ce jourd'hui promettant payer ses dettes, obsèques et funérailles et en décharger la cour, fait pardevant monsieur de Grandmaretz échevin sepmanier le 12/12/1675.

1183 - <u>Médiathèque Arras FF125 Folio 977V</u> :
Marguerite ANSART veuve de Claude LEQUENE vivant bourgeois demeurant en cette ville a déclaré et déclare qu'elle récréante par le trépas dudit Claude LEQUENE son mari décédé ce jourd'hui promettant payer ses dettes, obsèques et funérailles et en décharger la cour, fait pardevant monsieur Camp échevin sepmanier le 14/12/1675.

1184 - <u>Médiathèque Arras FF125 Folio 978R</u> :
Damoiselle Marguerite CAUWET veuve de Gabriel LESCALLE demeurant en cette ville a déclaré et déclare qu'elle récréante par le trépas de Damoiselle Alléonore CAUWET sa sœur germaine décédée ce jourd'hui promettant payer ses dettes, obsèques et funérailles et en décharger la cour, fait pardevant monsieur Camp échevin sepmanier le 14/12/1675.

1185 - <u>Médiathèque Arras FF125 Folio 978R</u> :
Jeanne DE GOUVE veuve de Lambert TAILLY vivant bourgeois de cette ville y demeurant a déclaré et déclare qu'elle récréante ledit feu TAILLY son mari décédé le 15ème de ce mois promettant payer ses dettes, obsèques et funérailles et d'en décharger la cour, fait pardevant monsieur Géry échevin sepmanier le 17/12/1675.

1186 - Médiathèque Arras FF125 Folio 978V :
Joosse François TACQUET bourgeois marchand fripier demeurant en cette ville mari et bail de Marie Jeanne CARON et Marie Guislaine CARON jeune fille à marier y demeurant, lesdites du surnom CARON sœurs enfants de feus Michel CARON vivant aussi marchand fripier et Marie FLESCHEL demeurant audit Arras, lesdits TACQUET et Marie Guislaine CARON tant en leur propre et privé nom qu'eux faisant et portant fort de Guislain CARON leur frère expatrié et des biens duquel ils emprennent l'administration et gouvernement en suite du testament de ladite feue Marie FLESCHEL leur mère en date du 7ème de ce mois, ont déclaré et déclarent qu'ils récréantent esdites qualités icelle Marie FLESCHEL décédée le 9ème ensuivant promettant payer ses dettes, obsèques et funérailles et en décharger la cour, ce présent acte fait en la forme ci-dessus suivant l'ordonnance de ce siège du 13ème de cedit mois couchée en marge de la requête présentée à ces fins par lesdits TACQUET et Marie Guislaine CARON par laquelle messieurs les ont autorisés de ce faire en suite du testament de leurdite mère en mettant au greffe de cedit siège la copie authentique de l'inventaire des effets meubles et papiers par elle délaissés qui a été fait pardevant notaires à l'amiable et en affirmant qu'il est véritable pour la sûreté de qui il appartiendra, ayant été laissé à cour la copie authentique du susdit inventaire que lesdits TACQUET et Marie Guislaine CARON ont affirmé véritable par leur serment et qu'il n'a été trouvé dans ladite maison mortuaire au jour du décès d'icelle FLESCHEL aucunes autres parties de meubles que celles contenues dans iceluy inventaire, ainsi fait pardevant monsieur Géry échevin sepmanier le 18/12/1675.

1187 - Médiathèque Arras FF125 Folio 980V :
Claire DISTINGUEM veuve d'Adrien DEHEES vivant bourgeois chartier demeurant en cette ville a déclaré et déclare qu'elle récréante par le trépas dudit DEHEES son mari promettant payer ses dettes, obsèques et funérailles et en décharger la cour, fait pardevant monsieur Stert échevin sepmanier le 30/12/1675.

1188 - Médiathèque Arras FF125 Folio 981R :
Sont comparus Lamoral DELAFORGE écuyer sieur Dermin suffisamment âgé, Antoine DELAFORGE aussi écuyer sieur de Willeman en partie âgée de dix neuf ans dix mois et Damoiselle Jenne Thérèse DELAFORGE âgée de quatorze ans et plus, frères et sœur enfants de feue Damoiselle Marie Florence CRUGEOT décédée en cette ville d'Arras, lesquels du gré et consentement de messire Ignace DE BEAUFFORT chevalier seigneur de Warnicamp relict de Dame Marguerite DELAFORGE comme aussi de Dame Philippe Claude DELAFORGE veuve du sieur de Javel et de Damoiselle Jenne LERICQUE veuve du sieur de FROMENTIN, lesdites DELAFORGE et LERICQUE leurs tantes, ont déclaré savoir ledit sieur Dermin qu'il entreprend la curatelle légitime de sesdits frère et sœur pour la défense de leur droit et bien et fond et lesdits Antoine et Damoiselle Jeanne Thérèse de son autorité et l'agréation et approbation susdite, qu'ils récréantent et appréhendent l'hérédité mobiliaire et des biens disponibles délaissés par le trépas de ladite Damoiselle Marie Florence CRUGEOT leur mère, seuls à l'exclusion dudit sieur Dermin leur frère aîné, promettant en conséquence d'en payer les dettes et charges, laquelle curatelle icelluy sieur Dermin a été reçu en conséquence de l'ordonnance de ce siège rendue ce jourd'hui sur la requête par lui présentée à ces fins, fait pardevant monsieur Pallette échevin sepmanier le 31/12/1675.

1189 - Médiathèque Arras FF125 Folio 981V :
Maître Gaspart, Jeanne, Adrien, Catherine, Jean Baptiste et François CAMP tous frères et sœurs enfants et héritiers de feu Pierre CAMP marchand et échevin à son tour de cette ville d'Arras, eux faisant et portant fort d'Antoine CAMP leur frère âgé de seize ans, déclarent qu'ils se portent héritiers et récréantent ledit feu Pierre CAMP leur père promettant payer toutes ses dettes, obsèques et funérailles et en décharger la cour, fait pardevant monsieur Pallette échevin sepmanier le 4/1/1676.

1190 - Médiathèque Arras FF125 Folio 983R :
Maître Pierre CAMP avocat au conseil d'Artois et échevin de cette ville y demeurant fils et héritier de feu Pierre vivant marchand et aussi échevin de cette ville a déclaré et déclare qu'il récréante ledit feu Pierre CAMP son père promettant payer ses dettes, obsèques et funérailles et en décharger la cour, fait pardevant monsieur Noel échevin sepmanier le 11/1/1676.

1191 - Médiathèque Arras FF125 Folio 983R :
Antoinette BARRE veuve de Géry PITEUX vivant tailleur d'habits demeurant en cette ville a déclaré et déclare qu'elle récréante ledit feu PITEUX son mari décédé le jour d'hier promettant payer ses dettes, obsèques et funérailles et d'en décharger la cour, fait pardevant monsieur de Revillon échevin sepmanier le 13/1/1676.

1192 - Médiathèque Arras FF125 Folio 983V :
Charles DESCOUCIL cordonnier demeurant en cette ville et Jenne Françoise BAUDRY sa femme icelle fille de feus Jean et Antoinette MAUDHUY ont déclaré et déclarent qu'ils récréantent par le trépas d'icelle Antoinette

MAUDHUY décédée le jour d'hier promettant payer ses dettes, obsèques et funérailles et en décharger la cour, fait pardevant monsieur de Revillon échevin sepmanier le 13/1/1676.

1193 - Médiathèque Arras FF125 Folio 984R :
Tutelle : Etienne LEVRAY et Philippe GODART bourgeois demeurant en cette ville ont suivant l'ordonnance du 3ème de ce mois empris la tutelle de Marie Marguerite et Isabelle DESHAY sœurs enfants mineurs de feus Philippe et Catherine DELAIENS à leur caution solidaire qu'ils ont promis nourrir et entretenir gratuitement pourvu qu'elles les servent en leur famille en tant qu'ils les requerront pendant ladite tutelle à la réserve toutefois que si elles reviennent à décéder pendant leur minorité lesdits tuteurs demeureront entiers de retenir entre leurs mains les frais raisonnables desdites nourritures et entretiens sur les deniers qu'ils auront à elles appartenant sans être tenus de l'intérêt desdits deniers attendu lesdits aliments gratuits promettant de s'acquitter bien et dûment de ladite tutelle et d'en rendre compte quand ils en seront requis sous l'obligation solidaire de leurs biens, fait pardevant monsieur de Grandmaretz échevin sepmanier le 21/1/1676.

1194 - Médiathèque Arras FF125 Folio 984V :
Michelle DE GOUVE veuve de Jacques ANSEMAN vivant marchand de porcs demeurant en cette ville a déclaré et déclare qu'elle renonce aux biens et dettes dudit feu ANSEMAN son mari décédé ce jourd'hui et qu'elle se tient à son droit de douaire stipulé par son contrat de mariage, fait pardevant monsieur Camp échevin sepmanier le 22/1/1676.

1195 - Médiathèque Arras FF125 Folio 984V :
Marie GOLLIER veuve de Philippe DE NEUVILLE couvreur de tuiles demeurant en cette ville a déclaré et déclare qu'elle récréante ledit feu DE NEUVILLE son mari et promet payer ses dettes, obsèques et funérailles et d'en décharger la cour, fait pardevant monsieur de Grandmaretz échevin sepmanier le 25/1/1676.

1196 - Médiathèque Arras FF125 Folio 985R :
Nicolas et Jean BRACQUART frères à marier demeurant en cette ville enfants de feus maître Jean vivant avocat au conseil d'Artois et échevin à son tour de cette ville et de Damoiselle Isabelle DE CHELERS ont déclaré et déclarent qu'ils récréantent par le trépas de Damoiselle Marie BRACQUART leur tante vivante fille franche aussi demeurant en cette ville décédée le 24 de ce mois promettant payer ses dettes, obsèques et funérailles et en décharger la cour, fait pardevant monsieur Géry échevin sepmanier le 27/1/1676.

1197 - Médiathèque Arras FF125 Folio 985V :
Marguerite DARTUS veuve de Pierre ROGER demeurant en cette ville a déclaré et déclare qu'elle se fonde héritière d'André DARTUS son père vivant bourgeois orfèvre demeurant en cette ville décédé passées longues années promettant payer ses dettes et en décharger la cour fait pardevant monsieur Géry échevin sepmanier le 28/1/1676.

1198 - Médiathèque Arras FF125 Folio 985V :
Madeleine CAILLEVERT veuve d'Antoine HONNORÉ vivant messager demeurant en cette ville a déclaré et déclare qu'elle récréante par le trépas de Louise CAILLEVERT sa sœur germaine décédée le 10 de ce mois promettant payer ses dettes, obsèques et funérailles et en décharger la cour, fait pardevant monsieur Géry échevin sepmanier le 30/1/1676.

1199 - Médiathèque Arras FF125 Folio 986V :
Barbe CAMBRAY veuve d'Adrien SENSSIER vivant bourgeois savetier demeurant en cette ville a déclaré et déclare qu'elle récréante par le trépas dudit SENSSIER son mari décédé ce jourd'hui promettant payer ses dettes, obsèques et funérailles et en décharger la cour, fait pardevant monsieur Hourdequin échevin sepmanier le 7/2/1676.

1200 - Médiathèque Arras FF125 Folio 986V :
Gabriel DELACHARITE bourgeois marchand demeurant en cette ville procureur spécial de Anne René VASSAL présentement novice au couvent des Dames de La Thieuloye a en vertu de la procure passée pardevant notaires le cinquième de ce mois récréanté par le trépas de maître Antoine VASSAL père de ladite Anne René promettant en cette qualité payer ses dettes, obsèques et funérailles et en décharger la cour, fait pardevant monsieur Hourdequin échevin sepmanier le 8/2/1676.

1201 - Médiathèque Arras FF125 Folio 987V :
Jacqueline VAHE veuve de Lambert ANSMAN dit Champagne vivant marchand de porcs demeurant en cette ville a déclaré et déclare qu'elle récréante ledit feu ANSMAN son mari promettant payer ses dettes, obsèques et funérailles et en décharger la cour, fait pardevant monsieur Stert échevin sepmanier le 20/2/1676.

1202 - Médiathèque Arras FF125 Folio 988R :
François GOUDEMAN bourgeois marchand demeurant à Arras exécuteur testamentaire de feue Catherine BASSEE veuve en dernières noces de Jacques LENFLE bourgeois marchand demeurant en cette ville et auparavant de Pierre GARÇONNET, a déclaré et déclare qu'il récréante ladite feue BASSEE décédée le jour d'hier et promet payer en cette qualité ses dettes, obsèques et funérailles et en décharger la cour, fait pardevant monsieur Stert échevin sepmanier le 22/2/1676.

1203 - Médiathèque Arras FF125 Folio 988V :
Jeanne WILLART veuve de Guillebert ROUSSEL dit la Violette vivant sergent du châtelain de cette ville a déclaré et déclare qu'elle récréante ledit feu ROUSSEL son mari décédé ce jourd'hui promettant payer ses dettes, obsèques et funérailles et en décharger la cour, fait pardevant monsieur de Revillon échevin sepmanier le 22/2/1676.

1204 - Médiathèque Arras FF125 Folio 988V :
Catherine LEDEN veuve de Nicolas DE RANSART vivant fauxboulier demeurant es faubourgs des alouettes lez cette ville a déclaré et déclare qu'elle récréante ledit feu DE RANSART son mari, promettant payer ses dettes, obsèques et funérailles et en décharger la cour, fait pardevant monsieur de Revillon échevin sepmanier le 22/2/1676.

1205 - Médiathèque Arras FF125 Folio 988V :
Louis DE RAULIN écuyer sieur de Belval, Pipaix, demeurant audit Belval, Jaspar LEPOIR rentier demeurant à Niel mari et bail de Damoiselle Marie Alberte DE BEAULENCOURT, Damoiselle Léonore DE RAULIN veuve de feu Maximilien DE RAULIN mère ayant la garde noble des enfants en bas âge qu'elle a retenus d'iceluy demeurant à Gauchin Legal, tous neveux et nièce de feu Georges DE RAULIN vivant écuyer sieur de Bonmarché demeurant en cette ville d'Arras, Philippe PEUVREL marchand et échevin à son tour de la ville de Saint Pol mari et bail de Damoiselle Marie DE HEUNE demeurant audit Saint Pol et Pierre LERIS marchand et à son tour échevin de la ville de Saint Venant procureur spécial de Jean LERIS son frère à cause de Damoiselle Anne FOURNIER femme audit Jean et mari et bail de Damoiselle Agnès DELEMAIRE fille de Jean aussi marchand audit Saint Venant et aussi toutes nièces à feue Damoiselle Antoinette FOURNIER vivante femme audit sieur Georges DE RAULIN, ont déclaré et déclarent qu'ils récréantent tous par les trépas desdits feus sieur Georges DE RAULIN et ladite Damoiselle Antoinette FOURNIER sa femme promettant payer leurs dettes, obsèques et funérailles et en décharger la cour, fait pardevant monsieur Routart échevin sepmanier le 26/2/1676.

1206 - Médiathèque Arras FF125 Folio 989R :
François Ignace PENEL jeune homme à marier demeurant en cette ville a déclaré et déclare qu'il récréante Marie BULLOT veuve de Charles PENEL sa mère décédée le jour d'hier, promettant payer ses dettes, obsèques et funérailles et en décharger la cour, fait pardevant monsieur de Revillon échevin sepmanier le 26/2/1676.

1207 - Médiathèque Arras FF125 Folio 990R :
Curatelle : Guillaume DE SAINT VAAST écuyer demeurant en cette ville reçu et admis par ordonnance du 28ème février dernier couchée au pied du procès verbal tenu à ce siège à la curatelle des personne et biens de Jean François DE SAINT VAAST débile d'esprit suivant les consentements tant des proches parents d'iceluy que du procureur général de cette ville en faisant les devoirs, est comparu en personne, lequel a empris et accepté ladite curatelle et promis par son serment de s'y bien et fidèlement conduire et comporter et d'en rendre compte quand sommé et requis en sera sous l'obligation de tous ses biens, fait pardevant monsieur Camp échevin sepmanier le 2/3/1676.

1208 - Médiathèque Arras FF125 Folio 993R :
Marie Jeanne VANHAUGUEM veuve de Mathieu Onuphre TACQUET vivant bourgeois et maître d'école demeurant en cette ville a déclaré et déclare qu'elle récréante par le trépas dudit TACQUET son mari décédé le 17ème de ce mois promettant payer ses dettes, obsèques et funérailles et en décharger la cour, fait pardevant monsieur Hourdequin échevin sepmanier le 19/3/1676.

1209 - Médiathèque Arras FF125 Folio 994R :
Jeanne HAUWEL veuve de Pierre LESOIN vivant fauxboulier demeurant en cette ville a déclaré et déclare qu'elle récréante par le trépas dudit LESOIN son mari décédé ce jourd'hui, promettant payer ses dettes, obsèques et funérailles et en décharger la cour, fait pardevant monsieur Hourdequin échevin sepmanier le 21/3/1676.

1210 - Médiathèque Arras FF125 Folio 994R :
Damoiselle Marie DESPRETZ veuve de Marc Antoine DASCOT écuyer sieur de Sertinville demeurant en cette ville a déclaré et déclare qu'elle récréante par le trépas dudit sieur DASCOT son mari décédé le 16ème de ce mois, promettant payer ses dettes, obsèques et funérailles et en décharger la cour, fait pardevant monsieur Rouvroy échevin sepmanier le 23/3/1676.

1211 - Médiathèque Arras FF125 Folio 994V :
Marie DAMBRINES veuve de Guillaume NOIRET vivant fourboulier demeurant en cette ville a déclaré et déclare qu'elle récréante par le trépas dudit NOIRET son mari décédé ce jourd'hui promettant payer ses dettes, obsèques et funérailles et en décharger la cour, fait pardevant monsieur Rouvroy échevin sepmanier le 24/3/1676.

1212 - Médiathèque Arras FF125 Folio 995R :
Maximilien DE RAISMES imprimeur et bourgeois de cette ville y demeurant et Géry DE RAISMES son frère maître chapelier et aussi bourgeois de cette ville y demeurant ont déclaré et déclarent qu'ils récréantent tant en leurs propres et privés noms qu'eux faisant et portant forts de Laurent DE RAISMES leur frère aîné demeurant en la ville de Liège, Gabrielle COURTOIS veuve de Gérard DE RAISMES vivant pareillement imprimeur audit Arras leur mère décédée le jour d'hier promettant payer ses dettes, obsèques et funérailles et en décharger la cour, fait pardevant monsieur Pallette échevin sepmanier le 26/3/1676.

1213 - Médiathèque Arras FF125 Folio 995V :
Jean François LECOUSTRE jeune homme à marier demeurant en cette ville a déclaré et déclare qu'il consent à l a main levée requise par Damoiselle Isabelle DE PARMA veuve de Jean LECOUSTRE sa mère demeurant en cette ville et à elle adjugée par la sentence rendue à ce siège le 28ème de ce mois de mars rendue au différend par elle y intenté contre Jean CAILLERET lieutenant du village d'Humbercamp et Marie DUPREEL sa femme et Jacques LECOUSTRE marchand et bourgeois de cette ville y demeurant de la somme de 400 livres faisant les deniers principaux d'une rente héritière due par iceux CAILLERET et sa femme et par eux consignés au greffe de ce siège attendu les fidéicommis dont ils prétendent ladite rente être informée, fait pardevant monsieur Stert échevin sepmanier le 30/3/1676.

1214 - Médiathèque Arras FF125 Folio 995V :
Louise DERVILERS veuve de Charles VASSEUR vivant bourgeois boucher demeurant en cette ville a déclaré et déclare qu'elle récréante par le trépas d'Isabeau CAPLAIN à son trépas veuve d'Antoine DERVILERS sa mère décédée le jour d'hier promettant payer ses dettes, obsèques et funérailles et en décharger la cour, fait pardevant monsieur Noel échevin sepmanier le 30/3/1676.

1215 - Médiathèque Arras FF125 Folio 996R :
Antoine Abel BRUCHET procureur de Louis DELATTRE bourgeois marchand demeurant en cette ville a déclaré et déclare que de la sentence rendue à ce siège le 28 de mars dernier à son préjudice et au profit de Marie BRUNEL veuve demeurée es biens de Guislain CARRE et Guislain CARRE son fils, il s'en est porté et porte pour appelant protestant, fait pardevant monsieur Stert échevin sepmanier le 1/4/1676.

1216 - Médiathèque Arras FF125 Folio 996V :
Messire Charles Ignace DE BONNIERES comte de Souastre père ayant l'administration et tutelle des personne et biens de Charles Eugène Jean Dominique DE BONNIERES son fils mineur iceluy légataire universel de défunt Eugène Anne Brigitte DE BONNIERES son oncle vivant chevalier seigneur de Griboval qui fut frère et héritier de Dame Marguerite Claire DE BONNIERES à son décès femme à messire Louis comte DE SAINT SIMON, est comparu lequel (pour satisfaire à l'ordonnance de ce siège rendue le 17 de juillet dernier sur la requête par lui présentée audit nom par laquelle messieurs lui ont permis de faire procéder par sergent de cedit siège à la vente des meubles dont s'agit qui peuvent dépérir auquel effet en sera fait état, à l'intervention du procureur général de cette ville qui sera aussi présent à ladite vente ou dûment appelé pour le prix en procédant être mis es mains dudit seigneur comte de Souastre à bonne et sure caution qu'il sera tenu bailler de rapporter ce qu'il sera dit en définitif sans préjudice aux droits des parties au principal au procès pendant au conseil d'Artois pour le droit d'esquart et en faisant avant tout par iceluy seigneur comte de Souastre acte de l'appréhension d'hérédité ou acceptation du légat universel au nom dudit sieur de Bonnières son fils mineur) a promis et

promet en son propre et privé nom de rendre, payer et rapporter ce qui pourra être dit et ordonné par la sentence à rendre ou autrement ci après en définitif sous l'obligation de tous et chacuns ses biens, terres et seigneuries, à laquelle caution il a été reçu et admis par autre ordonnance de cedit siège du 20ème mars dernier couchée en marge d'une itérative requête à ces fins par lui présentée, ainsi fait pardevant monsieur Stert échevin sepmanier le 1/4/1676.

1217 - Médiathèque Arras FF125 Folio 997R :
Alphonse RIMBOURT huissier du conseil d'Artois et bourgeois de cette ville y demeurant et François LEJEUSNE aussi bourgeois de cette ville y demeurant mari et bail de Barbe RIMBOURT, lesdits RIMBOURT neveu et nièce de feue Barbe RIMBOURT vivante fille franche demeurant audit Arras ont déclaré et déclarent qu'ils récréantent icelle feu RIMBOURT leur tant promettant payer ses dettes, obsèques et funérailles et en décharger la cour, fait pardevant monsieur Noel échevin sepmanier le 1/4/1676.

1218 - Médiathèque Arras FF125 Folio 997V :
Leroux et Lenoir sergents ont à la requête de Jean Baptiste VION bourgeois de cette ville y demeurant et Damoiselle Catherine Ernestine DE HERLIN sa femme icelle fille et héritière avec autres ses frères et sœurs de défunt Antoine DE HERLIN leur père vivant procureur au conseil d'Artois arrêté au corps maître Etienne GIBERT avocat au parlement de Paris le trouvant en cette ville tant et jusqu'à ce qu'il leur ait servi de copie authentique d'un arrêt que ledit GIBERT dit avoir obtenu au grand conseil du roi à la requête de Damoiselle Catherine LOTTIN en la qualité qu'elle agissait à l'encontre des abbé, religieux et couvent de Cercamp en date du 14/9/1673 et pardessus ce qu'il ait mis au greffe du conseil d'Artois certaine lettre de constitution de rente portant annuellement la somme de 104 florins au rachat de 1659 florins créée par les coadjuteur et religieux de l'abbaye et couvent dudit Cercamp au profit dudit feu Antoine DE HERLIN en date du 8/1/1639, pour par lesdits VION et sa femme en tirer vidimus à l'avenant d'un quart qui revient à leur part conformément au partage et lotissement fait entre eux et leur cohéritiers, icelle lettre de constitution de rente mise es mains dudit GIBERT par ladite Damoiselle Catherine LOTTIN, est comparu Adrien BOSQUET notaire royal demeurant en cette ville qui a promis de représenter la personne dudit sieur GIBERT pardedans quatre jours d'hui, sinon dès maintenant comme pour lors ledit BOSQUET s'est constitué caution dudit GIBERT pour les causes ci-dessus sauf à lui dire ses causes d'opposition au jour de l'assignation qui lui sera donnée ci après, ainsi fait pardevant monsieur de Revillon échevin sepmanier le 8/4/1676, le 13 avril lesdits sergents ont relaté d'avoir donné assignation auxdits sieur GIBERT et BOSQUET en parlant savoir audit sieur GIBERT en sa personne le trouvant en cette ville et à la femme dudit BOSQUET comme sa caution dans son domicile à comparoir à ce siège lundi prochain pour pouvoir décréter ledit arrêt.

1219 - Médiathèque Arras FF125 Folio 998V :
Valérien PITEUX et Guillaume LEFEBVRE mari et bail de Marie Léonore PITEUX bourgeois demeurant à Arras, lesdits PITEUX frère et sœur neveu et nièce de défunte Catherine PITEUX décédée ce jourd'hui veuve de Pierre NOCQ vivant bourgeois demeurant en cette ville rue de Chaune ont récréanté par le trépas de ladite Catherine PITEUX leur tante promettant payer ses dettes, obsèques et funérailles et en décharger la cour, fait pardevant monsieur de Grandmaret échevin sepmanier le 14/4/1676.

1220 - Médiathèque Arras FF125 Folio 999V :
Marie Jeanne DUBOIS veuve de François DE BEAUVOIS vivant bourgeois marchand menuisier demeurant en cette ville a déclaré et déclare qu'elle récréante par le trépas dudit DE BEAUVOIS son mari décédé ce jourd'hui promettant payer ses dettes, obsèques et funérailles et en décharger la cour, fait pardevant monsieur Géry échevin sepmanier le 22/4/1676.

1221 - Médiathèque Arras FF125 Folio 999V :
Louis BULLETTE bourgeois marchand linger et Charles VOIRY linier mari et bail d'Anne BULLETTE, lesdits BULLETTE neveu et nièce de feue Anne BULLETTE fille franche demeurant en cette ville, ont déclaré et déclarent qu'ils récréantent icelle feue BULLETTE leur tante paternelle promettant payer ses dettes, obsèques et funérailles et en décharger la cour, fait pardevant monsieur Géry échevin sepmanier le 22/4/1676.

1222 - Médiathèque Arras FF125 Folio 1000R :
Jeanne CARTON veuve d'André FAUCHER dit Faucher vivant cavalier du maître de camp de monseigneur le comte de Montbron gouverneur de cette ville a déclaré et déclare qu'elle renonce aux biens et dettes dudit FAUCHER son mari décédé passés trois mois en la ville de Charleroi ainsi qu'elle a appris, se tenant à son douaire stipulé par son contrat de mariage, fait pardevant maître Géry échevin sepmanier le 24/4/1676.

1223 - Médiathèque Arras FF125 Folio 1000V :
Rival sergent a à la requête de Nicolas HORIN archer de la maréchaussée d'Artois procureur spécial de Pierre FOURDRINIER dit la Barrière garde des chasses de monseigneur le marquis de Louvois fondé de procuration spéciale passée pardevant notaires en cette ville le 5/10/1669 exhibée et retirée par ledit HORIN, arrêté au corps Adrien DE FROMENTIN sieur du Verbier demeurant à Arras pour avoir paiement de quinze pistoles mentionnées en la cédule dudit sieur DE FROMENTIN du 8/12/1672 pour les causes reprises, auquel arrêt icelluy sieur DE FROMENTIN s'est opposé et pour avoir main levée de sa personne Damoiselle Jeanne LERICQUE veuve de maître Henry DE FROMENTIN vivant licencié en médecine demeurant en cette ville sa mère s'est constituée caution et promis payer ladite somme de quinze pistoles au cas qu'il y soit condamné ci après sous l'obligation etc, renonçant en tant que besoin au droit du senatus consult velleem et à l'authentique si qua mullier dont l'effet lui a été expliqué et jour assigné aux prochains plaids, fait pardevant monsieur Vion échevin sepmanier le 29/4/1676.

1224 - Médiathèque Arras FF125 Folio 1001R :
Curatelle : Maximilien BEAUVOIS bourgeois menuisier demeurant en cette ville a suivant l'ordonnance rendue le jour d'hier au procès verbal tenu à ce siège entre le procureur général de cette ville contre Nicolas LEFEBVRE … de cette ville, Antoinette ROBICQUET veuve de François BEAUVOIS laisné, Gabriel LEMAIRE, Guislain LEGRAND et autres parents paternels et maternels de Jean Baptiste et Marie Anne DE BEAUVOIS enfants mineurs de défunts François et Anne BOUJOIS pour donner leur avis sur la dénomination et … d'un tuteur doué et capable aux personnes et biens desdits mineurs, être reçu et admis à la tutelle et curatelle des personnes et biens desdits Jean Baptiste et Marie Anne BEAUVOIS avec bonne et sure caution qu'il serait tenu bailler et en faisant les devoirs requis ayant suivant ce ledit BEAUVOIS présenté pour caution ladite Antoinette ROBICQUET sa mère qui a été reçu par ordonnance du jourd'hui le tout après avoir ouy le procureur général de cette ville en suite de quoi comparant ledit Maximilien DE BEAUVOIS a empris et accepté la tutelle et curatelle des personnes et biens desdits mineurs et promis par serment de s'y bien et dûment acquitter et d'en rendre bon et fidèle compte quand sommé et requis sera, s'étant à ces fins ladite Antoinette ROBICQUET pour ce aussi comparante constituée sa cation et fait pareilles promesses sous l'obligation solidaire de leurs biens de laquelle caution ledit DE BEAUVOIS l'a promis décharger ensemble de tous dépens, dommages et intérêts, fait pardevant monsieur Vion échevin sepmanier le 30/4/1676.

1225 - Médiathèque Arras FF126 Folio 1R :
Jean LEFEBVRE praticien demeurant en cette ville procureur spécial d'Antoinette VICTOR veuve et demeurée es biens de feu Nicolas DE MARCONVILLE vivant bourgeois marchand demeurant audit Arras suffisamment fondé de procuration passée pardevant notaire ce jourd'hui par lui exhibée et retirée, a audit nom procuratoire et si avant que faire peut en vertu dudit pouvoir déclaré et déclare qu'il récréante ledit feu DE MARCONVILLE promettant payer ses dettes, obsèques et funérailles et en décharger la cour, fait pardevant monsieur Pallette échevin sepmanier le 4/5/1676.

1226 - Médiathèque Arras FF126 Folio 2R :
Louise DELAIENS veuve de Bartholome SOMME vivant bourgeois maître fourbisseur demeurant en cette ville a déclaré et déclare qu'elle récréante par le trépas dudit Bartholome SOMME son mari décédé ce jourd'hui promettant payer ses dettes, obsèques et funérailles et en décharger la cour, fait pardevant monsieur Pallette échevin sepmanier le 6/5/1676.

1227 - Médiathèque Arras FF126 Folio 2R :
Marie Thérèse PERIER veuve de Jacques BLAIRE vivant bourgeois tavernier demeurant en cette ville a déclaré et déclare qu'elle récréante ledit feu BLAIRE son mari promettant payer ses dettes, obsèques et funérailles et en décharger la cour, fait pardevant monsieur Stert échevin sepmanier le 11/5/1676.

1228 - Médiathèque Arras FF126 Folio 3V :
Maître Georges NEPVEUX prêtre ci devant pasteur du village de Barly Fosseux demeurant en cette ville a déclaré et déclare qu'il récréante par le trépas de Nicole NEPVEUX vivant fille dévote demeurant en cette ville sa sœur décédée ce jourd'hui, promettant payer ses dettes, obsèques et funérailles et en décharger la cour même de sortir à cet effet juridiction à ce siège, fait pardevant monsieur Noel échevin sepmanier le 15/5/1676.

1229 - Médiathèque Arras FF126 Folio 3V :
Alphonse DUHAUPAS bourgeois et ci devant sergent à cheval de la gouvernance d'Arras demeurant en cette ville a déclaré et déclare qu'il récréante par le trépas de feue Barbe RIMBOURT vivante fille dévotaire de feu Vaast sa tante maternelle promettant payer ses dettes, obsèques et funérailles et en décharger la cour, fait pardevant monsieur Stert échevin sepmanier le 16/5/1676.

1230 - Médiathèque Arras FF126 Folio 3V :
Claire LEROUX veuve de Nicolas CORDONNIER vivant jaugeur de bois de cette ville a déclaré et déclare qu'elle récréante ledit feu CORDONNIER son mari promettant payer ses dettes, obsèques et funérailles et en décharger la cour, fait pardevant monsieur Noel échevin sepmanier le 16/5/1676.

1231 - Médiathèque Arras FF126 Folio 4R :
Pierre et Charles LEROUX maîtres tailleurs d'habits, Marc LEROUX garçon cordonnier, lesdits LEROUX frères enfants de feus Grégoire et de Madeleine DE COTTES et François DELACOURT aussi tailleur d'habits frère utérin desdits LEROUX demeurant tous audit Arras, ont déclaré et déclarent qu'ils récréantent ladite feue Madeleine DE COTTES leur mère décédée le jour d'hier, promettant payer ses dettes, obsèques et funérailles et en décharger la cour, fait pardevant monsieur de Revillon échevin sepmanier le 19/5/1676.

1232 - Médiathèque Arras FF126 Folio 4R :
Catherine BREHON veuve et demeurée es biens de Albert LERICHE demeurant en cette ville a déclaré et déclare qu'elle se rend héritière immobiliaire de feue Barbe RIMBOURG vivante fille dévote y demeurant et fidéicommissaire de Vaast RIMBOURG et de Damoiselle Catherine CHOCQUET sa femme, ainsi fait et déclaré pardevant monsieur de Revillon échevin sepmanier le 19/5/1676.

1233 - Médiathèque Arras FF126 Folio 4V :
Gabrielle BERRANGER femme à David ODO soldat dans la compagnie du sieur de Saint Thomas capitaine du régiment d'Alsace a déclaré et déclare qu'elle récréante par le trépas de Jean BERRANGER dit Franqueur vivant guetteur du beffroi de cette ville y demeurant son père décédé le douzième de ce mois promettant payer ses dettes, obsèques et funérailles et en décharger la cour fait pardevant monsieur de Revillon échevin sepmanier le 19/5/1676.

1234 - Médiathèque Arras FF126 Folio 5R :
Damoiselle Marie Françoise LAGACHE veuve de Paul BAUDUIN vivant bourgeois marchand drapier demeurant en cette ville a déclaré et déclare qu'elle récréante ledit feu BAUDUIN son mari décédé le jour d'hier, promettant payer ses dettes, obsèques et funérailles et en décharger la cour, fait pardevant monsieur de Revillon échevin sepmanier le 23/5/1676.

1235 - Médiathèque Arras FF126 Folio 7R :
Jacques LEVEL bourgeois demeurant en cette ville d'Arras et Dominique LECHON mayeur et échevin du village de Mazingarbe y demeurant mari et bail de Marie Guislaine LEVEL lesdits LEVEL frère et sœur enfants de feu Guislain vivant bourgeois meunier de cette ville, ont déclaré et déclarent qu'ils récréantent ledit feu LEVEL leur père décédé ce jourd'hui, promettant payer ses dettes, obsèques et funérailles et en décharger la cour, fait pardevant monsieur de Grandmaretz échevin sepmanier le 29/5/1676.

1236 - Médiathèque Arras FF126 Folio 10R :
Catherine LE BUCQ veuve de Jean MATHON vivant bourgeois demeurant à Arras a récréanté par le trépas de Marie LE BUCQ veuve de François ACCART décédée dimanche dernier 14ème de ce mois sa sœur promettant payer ses dettes, obsèques et funérailles et en décharger la cour, fait pardevant monsieur de Rouvroy échevin sepmanier le 16/6/1676.

1237 - Médiathèque Arras FF126 Folio 10V :
Barbe CAUCHY veuve de jean DAUBRETZ vivant bourgeois marchand demeurant en cette ville a déclaré et déclare qu'elle récréante par le trépas dudit DAUBRETZ son mari décédé ce jourd'hui promettant payer ses dettes, obsèques et funérailles et en décharger la cour, fait pardevant monsieur Rouvroy échevin sepmanier le 19/6/1676.

1238 - Médiathèque Arras FF126 Folio 11R :
Curatelle : Damoiselle Marie LECLERCQ fille à marier demeurant à Arras a suivant la requête par elle présentée à ce siège été reçue et admise à la curatelle de Damoiselle Hipolite LECLERCQ sa sœur débile d'entendement veuve de maître Laurent LELONG vivant procureur au conseil d'Artois, le tout après avoir vu les consentements donnés par les parents desdites LECLERCQ et ouy sur ce le procureur général de cette ville en faisant les devoirs pour en après récréanter en cette qualité ledit feu LELONG et cependant le scellé et séquestration tiendra, est comparue ladite Damoiselle Marie LECLERCQ laquelle a empris et accepté ladite curatelle et promis par serment de s'y bien et fidèlement conduire et comporter et d'en rendre compte à ce siège

quand sommée et requise en sera sous l'obligation de ses biens fait pardevant monsieur Noel échevin sepmanier le 22/6/1676.

1239 - Médiathèque Arras FF126 Folio 11V :
Damoiselle Marie LECLERCQ fille à marier demeurant à Arras curatrice de Damoiselle Hipolite LECLERCQ sa sœur débile d'entendement veuve de maître Laurent LELONG vivant procureur au conseil d'Artois a en cette qualité récréanté ledit feu LELONG et promis payer ses dettes, obsèques et funérailles et en décharger la cour, fait pardevant monsieur Noel échevin sepmanier le 22/6/1676.

1240 - Médiathèque Arras FF126 Folio 11V :
Damoiselle Marie Madeleine LOHINEL veuve de Charles François BIZE vivant sieur de Hardecourt en partie demeurant en cette ville mère et tutrice légitime de feue Marie Joseph BIZE sa fille qu'elle a retenue dudit feu son mari a déclaré et déclare qu'elle renonce à la succession des biens et immeubles de ladite feue Marie Joseph BIZE sa fille et qu'elle se tient à ses droits et douaire coutumier stipulé par son contrat de mariage avec ledit feu BIZE son mari, ainsi fait pardevant monsieur Noel échevin sepmanier le 26/6/1676.

1241 - Médiathèque Arras FF126 Folio 12R :
Damoiselle Jeanne Alexandrine LABBÉ veuve de Jacques GOLLIER vivant procureur à cet échevinage a déclaré et déclare qu'elle récréante ledit feu GOLLIER son mari promettant payer ses dettes, obsèques et funérailles et en décharger la cour, fait pardevant monsieur Stert échevin sepmanier le 26/6/1676.

1242 - Médiathèque Arras FF126 Folio 12V :
François GOUILLART marchand demeurant en la ville de Béthune a déclaré et déclare qu'il récréante par le décès de feu maître Laurent LELONG vivant procureur au conseil d'Artois son oncle maternel promettant payer ses dettes, obsèques et funérailles et en décharger la cour même de subir juridiction à ce siège en ce regard, fait pardevant monsieur Routart échevin sepmanier le 30/6/1676.

1243 - Médiathèque Arras FF126 Folio 12V :
Marie Madeleine CAZIER veuve de Jaspart MARTIN vivant bourgeois maître cuisinier demeurant en cette ville a déclaré et déclare qu'elle récréante par le trépas dudit Jaspart MARTIN son mari décédé le jour d'hier promettant payer ses dettes, obsèques et funérailles et en décharger la cour, fait pardevant monsieur Routart échevin sepmanier le 1/7/1676.

1244 - Médiathèque Arras FF126 Folio 13R :
Damoiselle Marie Louise LEROUX veuve de feu maître Pierre Onuphre DESMARETZ vivant avocat au conseil d'Artois et échevin à son tour de cette ville a déclaré et déclare qu'elle récréante ledit feu sieur DESMARETZ son mari promettant payer ses dettes, obsèques et funérailles et en décharger la cour, fait pardevant monsieur Routart échevin sepmanier le 2/7/1676.

1245 - Médiathèque Arras FF126 Folio 13R :
Marie DUPREEL fille franche demeurant en cette ville a déclaré et déclare qu'elle récréante par le décès de Catherine HONNORÉ veuve de Jacques DUPREEL sa mère promettant payer ses dettes, obsèques et funérailles et en décharger la cour, fait pardevant monsieur Routart échevin sepmanier le 2/7/1676.

1246 - Médiathèque Arras FF126 Folio 14R :
Damoiselle Jeanne DE HAILLY femme autorisée de Lamoral François LE VICQ écuyer sieur Zeunebecq demeurant à Illies pour ce ici présent et comparant, a déclaré et déclare que de ladite autorisation elle récréante feue Damoiselle Marie Anne LEFEBVRE veuve de feu maître François DEFONTAINES vivant conseiller pensionnaire de cette ville sa cousine germaine maternelle promettant suivant ce payer ses dettes, obsèques et funérailles et en décharger la cour même de sortir juridiction à cet échevinage en ce regard élisant à cet effet son domicile chez Pierre DE BEAUSSART procureur au conseil d'Artois demeurant audit Arras renonçant au droit du senatus consult velleem et à l'authentique si qua mullier dont l'effet lui a été expliqué, fait pardevant monsieur de Grandmaretz échevin sepmanier le 6/7/1676.

1247 - Médiathèque Arras FF126 Folio 15V :
Robert MASCREY procureur au conseil d'Artois et spécial de haute et puissante Dame Marie DE CREQUY veuve de haut et puissant seigneur Charles Ignace DE BONNIERES à son trépas seigneur et comte de Souastre fondé de pouvoir pertinent fait et passé pardevant notaire en date de ce jourd'hui ici exhibé et rendu, a déclaré et déclare qu'audit nom d'icelle Dame et icelle qualité de mère et tutrice légitime de Charles Ignace DE BONNIERES son fils, il récréante par le trépas dudit seigneur de Souastre décédé ce jourd'hui au nom de ladite

Dame icelle en ladite qualité promettant payer ses dettes, obsèques et funérailles et en décharger la cour, fait pardevant monsieur de Grandmaretz échevin sepmanier le 8/7/1676.

1248 - Médiathèque Arras FF126 Folio 15V :
Michel PLAISANT bourgeois maître mandelier de cette ville y demeurant porteur de certaine procure spéciale passée ce jourd'hui pardevant notaires par Marie Madeleine DUPIRE veuve d'Etienne BOUIN vivant aussi bourgeois de cette ville y demeurant ici exhibée et retirée par ledit PLAISANT a déclaré et déclare qu'en vertu de ladite procure il récréante au nom d'icelle Marie Madeleine DUPIRE ledit feu Etienne BOUIN son mari promettant audit nom et en vertu dudit pouvoir payer les dettes, obsèques et funérailles d'iceluy feu BOUIN et en décharger la cour, fait pardevant monsieur de Grandmaretz échevin sepmanier le 9/7/1676.

1249 - Médiathèque Arras FF126 Folio 16R :
Hatté et Lenoir sergents ont à la requête de Michel DUBOSQUEL, Jacques CAMBIER et autres marchands demeurant en la ville de Lille curateurs commis aux biens délaissés et abandonnés par Elisabeth VAN BERQUEM naguère marchand audit Lille, arrêté et empêché es mains de François BOUCQUEL échevin de cette ville, Martin DESAINTES, Jean REGNAULT drapier, François LAMBERT, Pierre, Baltazart et Melchior LAGACHE iceux LAGACHE frères et tous bourgeois marchands demeurant en cette dite ville, tous et chacuns les deniers et marchandises qu'ils doivent et peuvent avoir en leurs possessions appartenant à ladite VAN BERQUEM pour consuivre et avoir paiement tant par les susnommés curateurs qu'autres créditeurs d'icelle des sommes très considérables qu'ils prétendent à la charge d'icelle VAN BERQUEM pour les causes etc, ayant été faites les défenses requises auxdits susnommés en parlant tous à chacun leurs personnes sauf audit Sieur BOUCQUEL en parlant à sa femme et leur donner et assigner jour à comparoir aux seconds plaids qui se tiendront à ce siège le vingtième de ce mois, fait le 9/7/1676.

1250 - Médiathèque Arras FF126 Folio 16V :
Anne LEFEBVRE veuve de Noël THERY vivant chaufourier demeurant es faubourgs de Ronville de cette ville a déclaré et déclare qu'elle récréante ledit feu THERY son mari promettant payer ses dettes, obsèques et funérailles et en décharger la cour, fait pardevant monsieur Camp échevin sepmanier le 10/7/1676.

1251 - Médiathèque Arras FF126 Folio 17R :
Robert MASCREY procureur au conseil d'Artois et spécial de haute et puissante Dame Jeanne Marie Anne Thérèse DE CREQUY veuve de haut et puissant seigneur Charles Ignace DE BONNIERES à son trépas comte de Souastre seigneur dudit lieu etc fondé de procuration spéciale fait et passée pardevant notaires ce jourd'hui ici apparue et rendue audit nom, a déclaré et déclare qu'il renonce à la communauté dudit feu seigneur comte de Souastre et que ladite Dame se tient à son douaire conventionnel et aux autres règlements et conditions portés dans son contrat de mariage avec ledit feu seigneur son mari dans le présent cas de renonciation à ladite communauté, fait pardevant monsieur Camp échevin sepmanier le 11/7/1676.

1252 - Médiathèque Arras FF126 Folio 18R :
Noël GARSON jeune homme à marier, Marie Marguerite GARSON veuve de Charles HORIN et Marie GARSON jeune fille à marier, lesdits du surnom GARSON frère et sœurs enfants de feus Charles et Marie LABBÉ vivant bourgeois marchands sucriers demeurant en cette ville, ont déclaré et déclarent qu'ils récréantent ladite feue LABBÉ leur mère décédée le 9ème de ce mois, promettant payer les dettes, obsèques et funérailles et en décharger la cour, fait pardevant monsieur Géry échevin sepmanier le 13/7/1676.

1253 - Médiathèque Arras FF126 Folio 18R :
Nicolas BOULENGER praticien demeurant en cette ville d'Arras procureur spécial de maître François LEFEBVRE écuyer conseiller au conseil provincial d'Artois père et tuteur légitime de Marie Anne Françoise LEFEBVRE mineure d'ans suffisamment fondé de procuration spéciale faite et passée pardevant notaires de cette ville ce jourd'hui, ici par lui exhibée et retirée, a déclaré et déclare qu'il s'est porté et porte par cettes héritier simple au nom de ladite mineure en ladite qualité de Damoiselle Marie Anne LEFEBVRE veuve de maître François DEFONTAINES vivant conseiller pensionnaire de cette ville pour ce qui touche la succession mobiliaire et disponible, rafraichissant ensuite la déclaration faite par l'avocat MULLET en son nom concernant ladite appréhension et ce en conformité de l'ordonnance rendue à l'audience tenue à ce siège le jour d'hier, promettant suivant ce ledit BOULENGER audit nom et en vertu de sadite procure payer les dettes, obsèques et funérailles de ladite feu Damoiselle Marie Anne LEFEBVRE et en décharger la cour, fait pardevant monsieur Géry échevin sepmanier le 15/7/1676.

1254 - Médiathèque Arras FF126 Folio 18V :
Le 20/6/1676 est comparu pardevant monsieur Pallette échevin sepmanier Nicolle PILLIERE femme de Gérard BEVRAU maître maçon demeurant à Arras, laquelle moyennant la somme de 15 livres qu'elle a confessé avoir reçue comptant de Marie Françoise PRONNIER et dont elle en passe quittance a renoncé à toute la part des biens meubles qu'elle pouvait prétendre pour la part dudit BEVRAU qu'il a acquis avec ladite PRONNIER tant pendant leur mariage que paravant et ce en considération des deux enfants qu'elle a eus dudit BEVRAU et d'un autre posthume depuis le prétendu mariage avec icelle PRONNIER tant que ledit BEVRAU les ait pourvus, consentant qu'elle en jouisse et fasse son profit comme elle trouvera convenir lui accordant suivant ce main levée des séquestres passées à la requête chez ladite PRONNIER, ainsi fait ledit jour 20/6/1676 pardevant ledit sieur Pallette échevin sepmanier et enregistré au présent registre le 16ème juillet ensuivant par ordonnance de messieurs du magistrat en nombre pour servir et valoir à ladite Marie Françoise PRONNIER ainsi qu'en justice appartiendra.

1255 - Médiathèque Arras FF126 Folio 19V :
Maître Mathieu DE LA VACQUERIE bailli du bourg d'Heuchin mari et bail de Damoiselle Antoinette LEFEBVRE père et tuteur de Robert DE LA VACQUERIE en bas âge a déclaré et déclare qu'au nom dudit Robert DE LA VACQUERIE son fils, il se porte héritier simple de défunte Damoiselle Marie Anne LEFEBVRE veuve de maître François DEFONTAINES vivant conseiller pensionnaire de cette ville pour ce qui touche la succession mobiliaire et disponible, promettant suivant ce audit nom de payer les dettes, obsèques et funérailles de ladite feue Damoiselle LEFEBVRE et en décharger la cour, fait pardevant monsieur de Grandmaretz échevin sepmanier le 17/7/1676.

1256 - Médiathèque Arras FF126 Folio 20V :
Jeanne LA FOLIE veuve d'Antoine BAUDRELICQUE vivant piqueur et paveur de grès demeurant en cette ville a déclaré et déclare qu'elle récréante ledit feu BAUDRELICQUE son mari promettant payer ses dettes, obsèques et funérailles et en décharger la cour, fait pardevant monsieur Géry échevin sepmanier le 18/7/1676.

1257 - Médiathèque Arras FF126 Folio 20V :
Marie Barbe GUILLEBERT veuve de Pierre DEWAILLY vivant bourgeois hoste de la maison où pend pour enseigne « le petit Saint Pol » en cette ville, a déclaré et déclare qu'elle récréante ledit feu DEWAILLY son mari promettant payer ses dettes, obsèques et funérailles et en décharger la cour, fait pardevant monsieur Vion échevin sepmanier le 20/7/1676.

1258 - Médiathèque Arras FF126 Folio 21V :
Noëlle DEGAND veuve de Robert GAILLART boulanger de cette ville a déclaré et déclare qu'elle récréante ledit GAILLART son mari décédé le jour d'hier promettant payer ses dettes, obsèques et funérailles et en décharger la cour, fait pardevant monsieur Vion échevin sepmanier le 24/7/1676.

1259 - Médiathèque Arras FF126 Folio 22R :
Charles PETIT bourgeois de cette ville y demeurant a déclaré et déclare qu'il récréante feu Nicolas PETIT son frère vivant aussi bourgeois de cette ville décédé ce jourd'hui promettant payer ses dettes, obsèques et funérailles et en décharger la cour, fait pardevant monsieur Pallette échevin sepmanier le 28/7/1676.

1260 - Médiathèque Arras FF126 Folio 22R :
Antoinette HURTAULT veuve de Georges BOUTEMY vivant maître boulanger demeurant en cette ville a déclaré et déclare qu'elle récréante ledit feu BOUTEMY son mari promettant payer ses dettes, obsèques et funérailles et en décharger la cour, fait pardevant monsieur Pallette échevin sepmanier le 31/7/1676.

1261 - Médiathèque Arras FF126 Folio 23R :
Etienne LEVRAY maître charron et Jean LEVRAY porteur au sacq demeurant en cette ville ont déclaré et déclare qu'ils récréantent feu Etienne LEVRAY vivant ancien porteur au sacq de cette ville leur oncle paternel promettant payer ses dettes, obsèques et funérailles et en décharger la cour, fait pardevant monsieur Stert échevin sepmanier le 3/8/1676.

1262 - Médiathèque Arras FF126 Folio 24V :
Claude Leriche sergent à verge et Louis Lenoir sergent du châtelain de cette ville ont à la requête de Simon CHARPENTIER procureur spécial du sieur Pierre DUPUY commissaire général des vivres en Flandres demeurant en la ville de Lille arrêté et empêché es mains de Melchior LAGACHE, Nicolas CAUDRON, Pierre LAGACHE le jeune, Damoiselle Marie Françoise DENIS veuve de Philippe NOEL, François DUPUICH et Damoiselle CAUDRON sa belle-sœur, Mathias LESENNE, Damoiselle Marie Françoise BAUDUIN veuve de

François MARCHANT, le sieur Louis VION et Guislain LEFEBVRE tous marchands grossiers demeurant en cette ville d'Arras, Marie Isabelle VASSEUR veuve de Pierre BRUYANT le jeune, Claude BLAIRE et François GOUDEMAN demeurant aussi en cette ville, toutes et chacune les marchandises, deniers et autres choses quelconques qu'ils peuvent devoir et avoir en leurs possessions appartenant à Jean Baptiste VANBECK marchand demeurant en ladite ville de Lille pour sur iceux avoir paiement de la somme de 750 livres monnaie d'Artois pour les causes à déclarer au jour servant, ayant été faites les défenses requises en parlant aux personnes desdits sieur VION, Nicolas CAUDRON, Mathias LESENNE, François GOUDEMAN, la veuve François MARCHANT et ladite veuve Pierre BRUYANT, aux femmes desdits Melchior LAGACHE, Pierre LAGACHE, François DUPUICH et Guislain LEFEBVRE, au garçon de boutique de ladite veuve Philippe NOEL et à la servant dudit Claude BLAIRE et jour assigné aux prochains plaids, fait le 19/8/1676 entre onze et douze heures de midi.

1263 - Médiathèque Arras FF126 Folio 25R :
Gilles François Hatté sergent à verge et Isidore Docmaisnil sergent du châtelain ont en conformité de l'ordonnance du jourd'hui rendue sur la requête présentée à ce siège par André CAILLET agent des affaires et procureur spécial du sieur Adrien DAUMONT marchand demeurant à Rouen, saisi, arrêté et empêché es mains du sieur Louis VION, Damoiselle Marie Françoise DENIS veuve de Philippe NOEL, Mathias LESENNE, Melchior LAGACHE, Damoiselle Marie Françoise BAUDUIN veuve de François MARCHANT tous marchands grossiers demeurant en cette ville, Claude BLAIRE, Jean REGNAULT marchand drapier, Nicolas FRANCOIS, François LAMBERT, Antoine PAGE et Damoiselle Marie Catherine CAUDRON et ses sœurs associées demeurant aussi audit Arras, tous et chacuns les deniers, marchandises et autres choses quelconques qu'ils peuvent ou pourront devoir et avoir en leurs possessions appartenant à Jean Baptiste WANBERCK marchand demeurant en la ville de Lille pour sur iceux y prendre et avoir paiement de la somme de 1202 livres 4 sols 6 deniers monnaie de France pour les causes à déclarer au jour servant, ayant été faites les défenses requises en parlant aux personnes desdits sieur VION, LAGACHE, BAUDUIN, LESENNE, à la servant dudit BLAIRE, à la fille de ladite DENIS et aux personnes desdits LAMBERT, PAGE, CAUDRON, REGNAULT et à la femme dudit Nicolas FRANCOIS et jour assigné aux prochains plaids, fait le 19/8/1676, savoir à l'égard desdits sieur VION, LAGACHE, BAUDUIN, LESENNE, BLAIRE et DENIS à douze heures de midi et à l'égard desdits LAMBERT, PAGE, CAUDRON, REGNAULT et Nicolas FRANCOIS à trois heures de relevée.

1264 - Médiathèque Arras FF126 Folio 27R :
Marie Guislaine THERET fille à marier demeurant à Arras a déclaré et déclare qu'elle récrante par le trépas de Guislaine BECQUET veuve et demeurée es biens de Jérosme THERET sa mère vivante hostesse demeurant en cette ville décédée le jour d'hier promettant payer ses dettes, obsèques et funérailles et en décharger la cour, fait pardevant monsieur de Grandmaretz échevin sepmanier le 20/8/1676.

1265 - Médiathèque Arras FF126 Folio 27V :
Jeanne DUPRAIELLE veuve de Pierre GRARD vivant valet de meunier demeurant en cette ville a déclaré et déclare qu'elle récrante par le trépas dudit GRARD son mari décédé le 23 de ce mois promettant payer ses dettes, obsèques et funérailles et en décharger la cour, fait pardevant monsieur Géry échevin sepmanier le 26/8/1676.

1266 - Médiathèque Arras FF126 Folio 28R :
Pierre OLLIVIER valet de meunier demeurant en cette ville mari et bail de Jeanne Marguerite LIBERSART a déclaré et déclare qu'il récrante par le trépas de Pasqual LIBERSART son beau-père à cause de sa femme décédé le jour d'hier, promettant payer ses dettes, obsèques et funérailles et en décharger la cour, fait pardevant monsieur Vion échevin sepmanier le 31/8/1676.

1267 - Médiathèque Arras FF126 Folio 28V :
Curatelle : maître François DE BEAUVOIR avocat au conseil d'Artois reçu et admis par ordonnance de ce siège du jour d'hier couchée au pied de la requête par lui présentée à la curatelle des personnes et biens de René et François Joseph DELIGNY enfants mineurs de feus Philippe DELIGNY vivant écuyer sieur de Saint Germain et Damoiselle Jeanne Catherine DE BEAUVOIR suivant les consentements tant des plus proches parents desdits mineurs que du procureur général de cette ville à la caution de maître Joseph DE BEAUVOIR chanoine de l'église collégiale de Lens en faisant les devoirs, est comparu en personne lequel a empris et accepté ladite curatelle et promis par serment de s'y bien et fidèlement conduire et comporter et d'en rendre compte à ce siège quand sommé et requis en sera s'étant ledit sieur chanoine DE BEAUVOIR pour ce aussi présent et comparant constitué caution d'icelluy et promis sortir juridiction à ce siège en ce regard même élu domicile aussi bien que

ledit sieur maître François DE BEAUVOIR chez Federicq François LEPIPRE leur procureur sous l'obligation de leurs biens, fait pardevant monsieur Vion échevin sepmanier le 1/9/1676.

1268 - Médiathèque Arras FF126 Folio 29R :
Antoine BEUGNET bourgeois ci devant porteur au sacq de cette ville a déclaré et déclare qu'il récréante Léonore HALOY à son décès veuve de Maurice GARBET et auparavant d'Antoine BEUGNET, sa mère promettant payer ses dettes, obsèques et funérailles et en décharger la cour, fait pardevant monsieur Vion échevin sepmanier le 2/9/1676.

1269 - Médiathèque Arras FF126 Folio 29R :
Thérèse GUILLEBERT veuve de Robert LEGRAND vivant maître cordier demeurant en cette ville a déclaré et déclare qu'elle récréante ledit feu LEGRAND son mari décédé le jour d'hier promettant payer ses dettes, obsèques et funérailles et en décharger la cour, fait pardevant monsieur Vion échevin sepmanier le 3/9/1676.

1270 - Médiathèque Arras FF126 Folio 29R :
Charles Philippe HALLOT bourgeois marchand drapier demeurant en cette ville a déclaré et déclare qu'il récréante par le décès de feue Damoiselle Rose HAUDOUART veuve de Charles HALLOT vivant aussi marchand drapier sa mère promettant payer ses dettes, obsèques et funérailles et en décharger la cour, fait pardevant monsieur Pallette échevin sepmanier le 7/9/1676.

1271 - Médiathèque Arras FF126 Folio 30R :
Nicolas PONSSE fils à marier de feus Charles et de Jeanne LABOURÉ a déclaré et déclare qu'il récréante par le trépas de ladite Jeanne LABOURÉ sa mère décédée ce jourd'hui promettant payer ses dettes, obsèques et funérailles et en décharger la cour, fait pardevant monsieur Rouvroy échevin sepmanier le 12/9/1676.

1272 - Médiathèque Arras FF126 Folio 30R :
Marie GODART veuve de Christophe Didier GILLET dit Lespine archer de la maréchaussée d'Artois a déclaré et déclare qu'elle récréante ledit feu GILLET son mari promettant payer ses dettes, obsèques et funérailles et en décharger la cour, fait pardevant monsieur Pallette échevin sepmanier le 12/9/1676.

1273 - Médiathèque Arras FF126 Folio 30V :
Jean LENFLE charpentier demeurant en cette ville a déclaré et déclare qu'il récréante par le trépas de Marie DESQUAILLON sa mère à son trépas veuve de Michel LENFLE promettant payer ses dettes, obsèques et funérailles et en décharger la cour, fait pardevant monsieur Rouvroy échevin sepmanier le 12/9/1676.

1274 - Médiathèque Arras FF126 Folio 30V :
Noël LIEPPE bourgeois fauxboulier demeurant es faubourgs de cette ville dit des Alouettes mari et bail de Marie DE RANSART a déclaré et déclare qu'il récréante par le décès de Catherine LEDIN veuve de Nicolas DE RANSART tante à ladite Marie demeurant esdits faubourgs promettant payer ses dettes, obsèques et funérailles et en décharger la cour, fait pardevant monsieur Stert échevin sepmanier le 15/9/1676.

1275 - Médiathèque Arras FF126 Folio 30V :
Damoiselle Marie LEQUIEN veuve de Louis PERRO vivant lieutenant de la compagnie franche de monseigneur le gouverneur de cette ville a déclaré et déclare qu'elle récréante par le trépas dudit feu sieur PERRO son mari décédé le jour d'hier promettant payer ses dettes, obsèques et funérailles et en décharger la cour, fait pardevant monsieur Noel échevin sepmanier le 16/9/1676.

1276 - Médiathèque Arras FF126 Folio 31V :
Guislain CUVELIER receveur de la confrérie de Notre Dame des Ardents en cette ville y demeurant procureur spécial de Jean DESMARETZ lieutenant des ville et bailliage de Douai et bourgeois de cette ville suffisamment fondé de procuration spéciale passée pardevant Enrard et Dervillers notaires royaux d'Artois résident audit Douai le 15ème de ce mois ici par lui exhibée et retirée, a déclaré et déclare qu'en cette qualité il se fonde (au nom dudit sieur DESMARETZ) héritier tant mobiliaire qu'immobiliaire de feue Damoiselle Marguerite CAUWET veuve du sieur LESCALLET sa tante maternelle décédée en cette dite ville le jour d'hier promettant payer audit nom ses dettes, obsèques et funérailles et en décharger la cour, fait pardevant monsieur Noel échevin sepmanier le 18/9/1676.

1277 - Médiathèque Arras FF126 Folio 31V :
Nicolas COUSTEAU bourgeois et maître menuisier demeurant en cette ville fils de feus Andrieu et Hélaine QUIGNON a déclaré et déclare qu'il récréante ledit feu Andrieu COUSTEAU son père décédé ce jourd'hui

promettant payer ses dettes, obsèques et funérailles et en décharger la cour, fait pardevant le sieur Noel le 18/9/1676.

1278 - Médiathèque Arras FF126 Folio 31V :
Damoiselle Marie Madeleine DESMARETZ femme et procuratrice spéciale de Robert LEDIEU bourgeois rentier demeurant en cette ville suffisamment fondée de procuration spéciale passée pardevant notaires en cette dite ville a déclaré et déclare qu'elle récréante feue Damoiselle Marguerite CAUWET veuve du Sieur LESCALLET sa tante maternelle décédée le jour d'hier promettant payer ses dettes, obsèques et funérailles et en décharger la cour renonçant au droit du senatus consult velleem et à l'authentique si qua mullier, dont l'effet lui a été expliqué, fait pardevant monsieur Noel échevin sepmanier le 18/9/1676.

1279 - Médiathèque Arras FF126 Folio 33R :
Antoine DE WIN jardinier demeurant en la cité de cette ville mari et bail de Marie Madeleine DAGNICOURT fille de feu Joachin vivant aussi jardinier demeurant es faubourgs de cette ville dits de la Neuve Rue a déclaré et déclare qu'il récréante ledit feu DAGNICOURT son beau-père promettant payer ses dettes, obsèques et funérailles et d'en décharger la cour, même de sortir juridiction à ce siège en ce regard, fait pardevant monsieur de Revillon échevin sepmanier le 25/9/1676.

1280 - Médiathèque Arras FF126 Folio 33R :
Catherine LEGRAND veuve d'Edme PUISEAU dit Hors de Goust vivant bourgeois et l'un des chasse pauvres de cette ville y demeurant a déclaré et déclare qu'elle récréante iceluy PUISEAU son mari, promettant payer ses dettes, obsèques et funérailles et en décharger la cour, fait pardevant monsieur de Revillon échevin sepmanier le 26/9/1676.

1281 - Médiathèque Arras FF126 Folio 33V :
Marguerite CARON veuve de Marc LECOMTE vivant marchand de vaches demeurant en cette ville a déclaré et déclare qu'elle récréante ledit LECOMTE son mari décédé le jour d'hier promettant payer ses dettes, obsèques et funérailles et en décharger la cour, fait pardevant monsieur Camp échevin sepmanier le 28/9/1676.

1282 - Médiathèque Arras FF126 Folio 34R :
Rose HUCQUET fille franche demeurant en cette ville a déclaré et déclare qu'elle récréante par le trépas de Marie HUCQUET sa sœur fille vivante en célibat promettant payer ses dettes, obsèques et funérailles et en décharger la cour, fait pardevant monsieur Camp échevin sepmanier le 2/10/1676.

1283 - Médiathèque Arras FF126 Folio 34V :
Jeanne DE NEUVILLE fille à marier demeurant en cette ville a déclaré et déclare qu'elle récréante par le trépas de Catherine HONNEINE à son trépas veuve de Jean DE NEUVILLE ses père et mère décédée le dernier de septembre dernier promettant payer ses dettes, obsèques et funérailles et en décharger la cour, fait pardevant monsieur de Grandmaretz échevin sepmanier le 2/10/1676.

1284 - Médiathèque Arras FF126 Folio 34V :
Monsieur Jean François DAIX prêtre curé de Vimy et Antoine DENIS écuyer sieur de Sapigny demeurant en cette ville mari et bail de Damoiselle Marguerite DAIX lesdits DAIX frère et sœur enfants de feus Adrien et de Damoiselle Antoinette GOSSON demeurant audit Arras, ont déclaré et déclarent qu'ils récréantent ladite feue Damoiselle GOSSON leur mère décédée le dernier de septembre de cet an, promettant payer ses dettes, obsèques et funérailles et en décharger la cour, même ledit sieur DAIX de sortir juridiction à ce siège en ce regard, fait pardevant monsieur de Grandmaretz échevin sepmanier le 3/10/1676.

1285 - Médiathèque Arras FF126 Folio 35R :
Isabeau BULTEL veuve de Géry CAIGNART vivant tisserand de draps demeurant en cette ville a déclaré et déclare qu'elle récréante ledit feu CAIGNART son mari promettant payer ses dettes, obsèques et funérailles et en décharger la cour, fait pardevant monsieur Delaire échevin sepmanier le 5/10/1676.

1286 - Médiathèque Arras FF126 Folio 35R :
Damoiselle Madeleine CORIER fille vivante en célibat demeurant en cette ville a déclaré et déclare qu'elle récréante par le décès de feue Damoiselle Jeanne CORIER sa sœur vivante aussi fille dévote y demeurant promettant payer ses dettes, obsèques et funérailles et en décharger la cour, fait pardevant monsieur Delaire échevin sepmanier le 5/10/1676.

1287 - Médiathèque Arras FF126 Folio 35R :
Catherine THELUS veuve de Jean LELOIR vivant fauxboulier demeurant en cette ville a déclaré et déclare qu'elle récréante ledit feu LELOIR son mari décédé le 3ème de ce mois, promettant payer ses dettes, obsèques et funérailles et en décharger la cour, fait pardevant monsieur Delaire échevin sepmanier le 5/10/1676.

1288 - Médiathèque Arras FF126 Folio 35V :
Léonore VALET veuve de Simon FANIET vivant jardinier demeurant es faubourgs de la Neuve Rue a déclaré et déclare qu'elle récréante par le trépas dudit FANIET son mari promettant payer ses dettes, obsèques et funérailles et en décharger la cour, fait pardevant monsieur Vion échevin sepmanier le 16/10/1676.

1289 - Médiathèque Arras FF126 Folio 35V :
Damoiselle Marie Elaine Antoinette DAIX fille à marier de feus Adrien et Damoiselle GOSSON demeurant en cette ville a déclaré et déclare qu'elle récréante ladite feue Damoiselle GOSSON sa mère décédée le dernier de septembre de cet an promettant payer ses dettes, obsèques et funérailles et en décharger la cour, fait pardevant monsieur Vion échevin sepmanier le 16/10/1676.

1290 - Médiathèque Arras FF126 Folio 36R :
Anne CAIGNART veuve de Robert CARETTE vivant savetier demeurant en cette ville a déclaré et déclare qu'elle récréante ledit feu CARETTE son mari promettant payer ses dettes, obsèques et funérailles et en décharger la cour, fait pardevant monsieur Rouvroy échevin sepmanier le 21/10/1676.

1291 - Médiathèque Arras FF126 Folio 36R :
Barbe DE NEUVILLE jeune fille à marier demeurant en cette ville a déclaré et déclare qu'elle récréante Catherine HONNEINE à son trépas veuve de Jean DE NEUVILLE vivant couvreur de tuiles demeurant en cette ville sa mère décédée le dernier de septembre de cet an promettant payer ses dettes, obsèques et funérailles et en décharger la cour, fait pardevant monsieur Pallette échevin sepmanier le 22/10/1676.

1292 - Médiathèque Arras FF126 Folio 36V :
Wallerand DELAVACQUERIE fils à marier de maître Mathieu DELAVACQUERIE et Damoiselle Antoinette LEFEBVRE demeurant au bourg d'Heuchin soy disant suffisamment âgé et procureur spécial de ladite Damoiselle LEFEBVRE sa mère icelle dûment autorisée dudit maître Mathieu DELAVACQUERIE suffisamment fondée de procuration spéciale passée pardevant notaires audit Heuchin le 21 de ce mois ici vue originelle et celuy rendue, a déclaré et déclare qu'en vertu de sadite procure et au nom de sadite mère qu'il se constitue héritier mobiliaire et immobiliaire de feue Damoiselle Marie Anne LEFEBVRE nièce de ladite Antoinette LEFEBVRE icelle Damoiselle Marie Anne à son trépas veuve de feu maître François DEFONTAINES vivant conseiller de cette ville, promettant payer ses dettes, obsèques et funérailles en vertu de sadite procure et en décharger la cour, fait pardevant monsieur Rouvroy échevin sepmanier le 25/10/1676.

1293 - Médiathèque Arras FF126 Folio 37R :
Hélaine NERON veuve de Jacques GAFFET vivant bourgeois poissonnier demeurant en cette ville a déclaré et déclare qu'elle récréante ledit feu GAFFET son mari promettant payer ses dettes, obsèques et funérailles et en décharger la cour, fait pardevant monsieur Noel échevin sepmanier le 26/10/1676.

1294 - Médiathèque Arras FF126 Folio 38R :
Jean Géry BRACQUART bourgeois sieur de Brunémont demeurant en cette ville a déclaré et déclare qu'il récréante feu Nicolas BRACQUART son frère promettant payer ses dettes, obsèques et funérailles et en décharger la cour, fait pardevant monsieur Noel échevin sepmanier le 31/10/1676.

1295 - Médiathèque Arras FF126 Folio 38R :
Pierre CORDONNIER bourgeois jaugeur de bois de cette ville y demeurant a déclaré et déclare qu'il récréante par le décès de Claire LEROUX veuve de Nicolas CORDONNIER sa mère promettant payer ses dettes, obsèques et funérailles et en décharger la cour, fait pardevant monsieur Stert échevin sepmanier le 31/10/1676.

1296 - Médiathèque Arras FF126 Folio 38V :
Ignace François BAUDRELICQUE procureur au conseil d'Artois et spécial de Damoiselle Jeanne BAUDRELICQUE veuve de Guillaume PETIT vivant huissier du parlement de Paris demeurant en cette ville d'Arras suffisamment fondé de procuration spéciale passée pardevant notaires en cette ville ce jourd'hui, sous son nom, par ladite BAUDRELICQUE par lui exhibée et retirée, a déclaré et déclare qu'il récréante ledit feu Guillaume PETIT son mari décédé le jour d'hier, promettant audit nom payer ses dettes, obsèques et funérailles et en décharger la cour, fait pardevant monsieur Desquires échevin sepmanier le 6/11/1676.

1297 - Médiathèque Arras FF126 Folio 39R :
Marie MARCHANT veuve de Robert AUTRICK vivant tailleur de pierres blanches demeurant en cette ville a déclaré et déclare qu'elle récréante ledit feu AUTRICK son mari promettant payer ses dettes, obsèques et funérailles et en décharger la cour, fait pardevant monsieur Desquires échevin sepmanier le 6/11/1676.

1298 - Médiathèque Arras FF126 Folio 39R :
Isabelle COUSTEAU veuve de Christophe PIPPRE mère et tutrice légitime de Nicolas PIPPRE en bas âge qu'elle a retenu dudit Christophe a déclaré et déclare qu'elle récréante au nom dudit Nicolas PIPPRE son fils Marie DESMARETZ veuve de Nicolas PIPPRE vivant menuisier demeurant audit Arras mère grande du côté paternel à sondit fils mineur, décédée le jour d'hier, promettant payer ses dettes, obsèques et funérailles et en décharger la cour, fait pardevant monsieur Desquires échevin sepmanier le 6/11/1676.

1299 - Médiathèque Arras FF126 Folio 39R :
Jean, Philippe et Guislain LIEBERT frères enfants de feu Chrestien vivant maître de la maison et hostellerie du « Grand Verre » en cette ville demeurant tous au village de Caucourt, ont déclaré et déclarent qu'ils récréantent ledit feu Chrestien leur père décédé le jour d'hier, promettant payer ses dettes, obsèques et funérailles et en décharger la cour même de sortir juridiction à ce siège en ce regard, fait pardevant monsieur Desquires échevin sepmanier le 7/11/1676.

1300 - Médiathèque Arras FF126 Folio 39V :
Guislaine BIENFAIT veuve de Jean PREVOST le jeune jardinier demeurant es faubourgs de la Neuve Rue de cette ville a déclaré et déclare qu'elle récréante ledit feu PREVOST son mari promettant payer ses dettes, obsèques et funérailles et en décharger la cour, fait pardevant monsieur Géry échevin sepmanier le 9/11/1676.

1301 - Médiathèque Arras FF126 Folio 40V :
Isabelle CAMBIER veuve de Claude BOURDON vivant bourgeois maître boulanger demeurant en cette ville a déclaré et déclare qu'elle récréante ledit feu BOURDON son mari promettant payer ses dettes, obsèques et funérailles et en décharger la cour, fait pardevant monsieur Lesergent échevin sepmanier le 12/11/1676.

1302 - Médiathèque Arras FF126 Folio 41V :
Marie LESOING veuve de Pierre DESSINGES vivant bourgeois savetier demeurant en cette ville a déclaré et déclare qu'elle récréante ledit feu DESSINGES son mari promettant payer ses dettes, obsèques et funérailles et en décharger la cour, fait pardevant monsieur de Beaurains échevin sepmanier le 17/11/1676.

1303 - Médiathèque Arras FF126 Folio 42R :
Françoise LEROUX veuve de Henry ROMAN vivant meunier demeurant en cette ville a déclaré et déclare qu'elle récréante ledit feu ROMAN son mari promettant payer ses dettes, obsèques et funérailles et en décharger la cour, fait pardevant monsieur de Beaurains échevin sepmanier le 18/11/1676.

1304 - Médiathèque Arras FF126 Folio 43R :
Antoinette CENSIER veuve d'Antoine DE COMBLE vivant bourgeois savetier demeurant en cette ville a déclaré et déclare qu'elle récréante par le trépas dudit DE COMBLE son mari décédé ce jourd'hui promettant payer ses dettes, obsèques et funérailles et en décharger la cour, fait pardevant monsieur de Beaurains échevin sepmanier le 20/11/1676.

1305 - Médiathèque Arras FF126 Folio 45V :
Marie LOUY veuve de Jacques DU VIVIER vivant faiseur de huile demeurant en cette ville a déclaré et déclare qu'elle récréante ledit feu DU VIVIER son mari promettant payer ses dettes, obsèques et funérailles et en décharger la cour, fait pardevant monsieur de Douay échevin sepmanier le 3/12/1676.

1306 - Médiathèque Arras FF126 Folio 46R :
Adrien HURTREL jeune homme à marier demeurant en cette ville a déclaré et déclare qu'il récréante par le trépas de feue Pasques WALLET sa mère à son décès veuve de Philippe HURTREL promettant payer ses dettes, obsèques et funérailles et en décharger la cour, fait pardevant monsieur de Douay échevin sepmanier le 5/12/1676.

1307 - Médiathèque Arras FF126 Folio 47R :
Michel CAILLERET savetier demeurant en cette ville a déclaré et déclare qu'il renonce aux biens et dettes de feu Jean CAILLERET son père vivant pauvre mendiant y demeurant décédé le jour d'hier, fait pardevant monsieur Delaire échevin sepmanier le 10/12/1676.

1308 - Médiathèque Arras FF126 Folio 47R :
Pierre GLORIAN labourier demeurant à Nuncq proche de Saint Pol a déclaré et déclare qu'il récréante Hélaine GLORIAN vivante ancienne fille demeurant en cette ville sa tante paternelle décédée le jour d'hier, promettant payer ses dettes, obsèques et funérailles et en décharger la cour et de sortir juridiction à ce siège en ce regard élisant domicile chez Jeanne FAILLE veuve d'Eustache ANSELIN demeurant en cette ville proche rue Saint Denis fait pardevant monsieur Stert échevin sepmanier le 11/12/1676.

1309 - Médiathèque Arras FF126 Folio 47V :
Damoiselle Jeanne FAILLE veuve d'Eustache ANSELIN vivant lieutenant du bourg de Frévent demeurant en cette ville a déclaré et déclare qu'elle récréante ledit feu ANSELIN son mari promettant payer ses dettes, obsèques et funérailles et en décharger la cour, fait pardevant monsieur Pallette échevin sepmanier le 14/12/1676.

1310 - Médiathèque Arras FF126 Folio 47V :
Damoiselle Marie Catherine DE CHERF veuve de Pierre François DE BELVALET vivant écuyer sieur de Calimont demeurant en cette ville a déclaré et déclare qu'elle renonce aux biens meubles et acquêts délaissés par ledit feu sieur DE BELVALET son mari décédé en cette ville le 8ème de novembre dernier, se tenant à son douaire conventionnel et autres avantages portés par son contrat de mariage, fait pardevant monsieur Pallette échevin sepmanier le 15/12/1676.

1311 - Médiathèque Arras FF126 Folio 48V :
Curatelle : Maître Jean HYART prêtre sous chantre de l'église paroissiale de Saint Géry en cette ville d'Arras reçu et admis par ordonnance de ce siège du jourd'hui couchée au pied de la requête y présentée par Marguerite VASSEUR fille franche demeurant audit Arras à la curatelle des biens délaissés vacants par feu Madeleine VASSEUR sœur consanguine à ladite Marguerite suivant les consentements des plus proches parents de ladite défunte et du procureur général de cette ville à la caution d'icelle Marguerite VASSEUR en faisant les devoirs, est comparu en personne lequel a empris et accepté ladite curatelle et promis par son serment in verbo sacerdotis manu pectori apposita, de s'y bien et fidèlement conduire et comporter et d'en rendre bon et fidèle compte quand sommé et requis en sera, s'étant ladite Marguerite VASSEUR pour ce aussi présente et comparante constituée caution d'iceluy HYART de quoi il l'a promis décharger et de tous dépens, dommages et intérêts sous l'obligation solidaire de tous leurs biens, promettant en outre ledit HYART sortir juridiction à ce siège en ce regard, fait pardevant monsieur Géry échevin sepmanier le 24/12/1676.

1312 - Médiathèque Arras FF126 Folio 49R :
Lasseur et Lenoir sergents ont à la requête de Damoiselle Rose NEVEU marchande demeurant en cette ville fille et héritière de Damoiselle Rose DERUELLE veuve de Laurent NEVEU arrêté et empêché es mains de Martin RIMBERT demeurant audit Arras tous et chacuns les deniers qu'il peut devoir et avoir en sa possession appartenant au sieur de Blairville demeurant à Angres Liévin, pour avoir paiement de 60 livres 16 sols 6 deniers à déclarer etc, ayant été faites les dépenses requises en parlant à la femme dudit RIMBERT et jour assigné aux prochains plaids, fait le 29/12/1676.

1313 - Médiathèque Arras FF126 Folio 50R :
Madeleine CAPPON veuve de Philippe COCHET vivant bourgeois savetier demeurant en cette ville a déclaré et déclare qu'elle récréante par le trépas dudit COCHET son mari promettant payer ses dettes, obsèques et funérailles et en décharger la cour fait pardevant monsieur de Douay échevin sepmanier le 13/1/1677.

1314 - Médiathèque Arras FF126 Folio 50V :
Marguerite Thérèse STEVENART fille à marier de feus Jean STEVENART vivant bourgeois fripier et Marie Claire GARBÉ, âgée de 19 ans et demi selon qu'elle a déclaré a récréanté par le trépas dudit Jean STEVENART son père décédé le jour d'hier, promettant payer ses dettes, obsèques et funérailles et en décharger la cour, fait pardevant monsieur de Douay échevin sepmanier le 14/1/1677.

1315 - Médiathèque Arras FF126 Folio 50V :
Marguerite LEFORT veuve de Robert DEBRAIE vivant bourgeois musquinier demeurant présentement au village de Saint Amand a déclaré et déclare qu'elle récréante par le trépas de maître Etienne LEFORT son frère

germain vivant jeune homme à marier demeurant en cette ville décédé le jour d'hier promettant payer ses dettes, obsèques et funérailles et en décharger la cour, même de sortir juridiction à ce siège en son regard élisant domicile chez Philippe LEFORT aussi son frère demeurant en cette ville rue de Cité, fait pardevant monsieur Stert échevin sepmanier le 19/1/1677.

1316 - Médiathèque Arras FF126 Folio 51V :
Angélique DAMTREUIL fille à marier demeurant en cette ville a déclaré et déclare qu'elle récréante par le trépas d'Isabeau CAULIER veuve de Jean BERNARD vivant demeurant en la cité de cette ville sa mère grande maternelle promettant payer ses dettes, obsèques et funérailles et en décharger la cour, fait pardevant monsieur Stert échevin sepmanier le 23/1/1677.

1317 - Médiathèque Arras FF126 Folio 52R :
Florent WILLEMETZ tailleur d'habits demeurant en cette ville mari et bail de Marie Antoinette VERMELLE a déclaré et déclare qu'il récréante par le trépas de Barbe LEFEBVRE à son trépas veuve d'Antoine VERMELLE vivant aussi tailleur y demeurant père et mère à ladite Marie Antoinette VERMELLE décédée ce jour promettant payer ses dettes, obsèques et funérailles et en décharger la cour, fait pardevant monsieur Pallette échevin sepmanier le 25/1/1677.

1318 - Médiathèque Arras FF126 Folio 53R :
Antoine SOMME bourgeois de cette ville et quincailler y demeurant mari et bail de Jeanne MARTIN icelle paravant veuve de Noël DEVILLERS mère et tutrice légitime de Guislain et Marie Louise DEVILLERS en bas âge qu'elle a retenus dudit feu Noël son premier mari, a déclaré et déclare qu'il récréante en cette qualité au nom desdits Guislain et Marie Louise DEVILLERS à présent défunt Noël DEVILLERS vivant marchand sayetteur demeurant audit Arras leur père grand du côté paternel promettant audit nom payer ses dettes, obsèques et funérailles et en décharger la cour, fait pardevant monsieur Pallette échevin sepmanier le 30/1/1677.

1319 - Médiathèque Arras FF126 Folio 54R :
Adrienne GOUDEMETZ veuve de Nicolas GUERIOT dit Jolycoeur l'un des gardes des portes de cette ville y demeurant a déclaré et déclare qu'elle récréante ledit feu GUERIOT son mari décédé ce jourd'hui promettant payer ses dettes, obsèques et funérailles et en décharger la cour, fait pardevant monsieur de Beaurains Lesergent échevin sepmanier le 4/2/1677.

1320 - Médiathèque Arras FF126 Folio 54V :
Josse TABARY bourgeois de cette ville y demeurant s'est constitué caution de Guislain TABARY son frère demeurant aussi à Arras pour par lui profiter de l'ordonnance rendue à ce siège le premier de ce mois au différend y mu sur les demandes fait à la distribution des deniers procédant tant de la vente judiciaire des biens meubles délaissés par feue Marie HEMERY à son décès femme à Antoine CROMESKY que de ceux trouvés après sondit décès entre ledit Guislain TABARY en la qualité par lui prise et Pierre DELEAU, Susanne WALLÉ sa femme, François PERIN, Jeanne DESAILLY sa femme, Jean MONVOISIN et Marie Elisabeth SAILLY sa femme aussi es qualités par eux prises par laquelle ordonnance est dit entre autres choses que l'on adjuge audit TABARY sur les trois cent deux livres cinq sols huit deniers à quoi porte la clôture du compte rendu, les vingt et un et vingt troisième de novembre dernier par Claude LERICHE sergent à verge de ce siège desdits deniers, la somme de cent dix neuf livres restante de cent cinquante par lui prétendue pour la formorture mobiliaire de feu Jean TABARY son père premier mari de ladite HEMERY à la caution dudit Josse TABARY son frère promettant suivant ce iceluy Josse TABARY et avec lui ledit Guislain son frère solidairement rendre et rapporter ladite somme de cent dix neuf livres au cas du retour d'iceluy CROMESKY et que lui ouy il serait trouvé icelle somme n'être due ains acquittée sous l'obligation solidaire de tous leurs biens, fait pardevant monsieur de Beaurains Lesergent échevin sepmanier le 4/2/1677.

1321 - Médiathèque Arras FF126 Folio 55V :
Anne Marie BERNARD veuve de Jean DAMTREIL vivant saieteur demeurant en cette ville a déclaré et déclare qu'elle récréante Isabeau CAULIER à son trépas veuve de Jean BERNARD vivant demeurant en la cité sa mère promettant payer ses dettes, obsèques et funérailles et en décharger la cour, fait pardevant monsieur de Beaurains échevin sepmanier le 9/2/1677.

1322 - Médiathèque Arras FF126 Folio 55V :
Anne LEGRAND veuve de Nicolas LEFEBVRE vivant bourgeois wantier demeurant en cette ville a déclaré et déclare qu'elle récréante ledit LEFEBVRE son mari décédé ce jourd'hui promettant payer ses dettes, obsèques et funérailles et en décharger la cour, fait pardevant monsieur de Beaurains échevin sepmanier le 10/2/1677.

1323 - Médiathèque Arras FF126 Folio 56R :
Marie Madeleine DUPIRE veuve de Thomas MARTIN vivant archer du prévôt demeurant en cette ville a déclaré et déclare qu'elle récréante ledit feu MARTIN son mari promettant payer ses dettes, obsèques et funérailles et en décharger la cour, fait pardevant monsieur de Beaurains échevin sepmanier le 12/2/1677.

1324 - Médiathèque Arras FF126 Folio 56V :
Anne MARCONVILLE fille à marier de feus Nicolas et d'Antoinette VICTOR demeurant en cette ville a déclaré et déclare qu'elle récréante ladite Antoinette VICTOR sa mère décédée le treizième de ce mois promettant payer ses dettes, obsèques et funérailles et en décharger la cour, fait pardevant monsieur Foucquier échevin sepmanier le 15/2/1677.

1325 - Médiathèque Arras FF126 Folio 57V :
Damoiselle Anne Claire MAILLE veuve de Philippe LENAIN procureur au conseil d'Artois a déclaré et déclare qu'elle récréante ledit feu LENAIN son mari promettant payer ses dettes, obsèques et funérailles et en décharger la cour, fait pardevant monsieur de Douay échevin sepmanier le 22/2/1677.

1326 - Médiathèque Arras FF126 Folio 58V :
Antoinette DELATTRE veuve de Ferry LEQUIEN vivant bourgeois demeurant en cette ville rue de cité pouvoir de Chaulne a déclaré et déclare qu'elle récréante ledit Ferry LEQUIEN son mari promettant payer ses dettes, obsèques et funérailles et en décharger la cour, fait pardevant monsieur Stert échevin sepmanier le 2/3/1677.

1327 - Médiathèque Arras FF126 Folio 58V :
Curatelle : Louis THERET bourgeois de cette ville procureur à la gouvernance d'Arras et à ce siège, reçu et admis par ordonnance du jourd'hui à gérer la tutelle et curatelle des personnes et biens de Melchior et Benoist THERET ses frères en faisant les devoirs requis, est comparu en personne qui a empris et accepté ladite tutelle et curatelle et promis par serment de s'y bien et fidèlement conduire et comporter et d'en rendre bon et fidèle compte quand il en sera requis sous l'obligation de ses biens, fait pardevant monsieur Stert échevin sepmanier le 2/3/1677.

1328 - Médiathèque Arras FF126 Folio 59V :
Ambroise LIBERSART jeune homme à marier demeurant en cette ville a déclaré et déclare qu'il récréante par le trépas de Joseph LIBERSART son père décédé ce jourd'hui, promettant payer ses dettes, obsèques et funérailles et en décharger la cour, fait pardevant monsieur Pallette échevin sepmanier le 8/3/1677.

1329 - Médiathèque Arras FF126 Folio 60R :
Sébastien BEDU dit La Neuville bourgeois de cette ville y demeurant mari et bail de Catherine VASSEUR a déclaré et déclare qu'il renonce aux meubles délaissés par feue Madeleine VASSEUR au jour de son trépas, se déportant suivant ce de l'appel par lui interjeté au conseil d'Artois de l'ordonnance de ce siège le 2ème de ce mois, fait pardevant monsieur Pallette échevin sepmanier le 13/3/1677.

1330 - Médiathèque Arras FF126 Folio 60V :
Curatelle : Lamoral MAILLE bourgeois cordonnier demeurant à Arras et Jacqueline STEVENART sa femme ont suivant le consentement donné par Thérèse STEVENART majeure sœur germaine à Jacques François, Bon François et Nicolas STEVENART enfants mineurs de feu Jean STEVENART vivant bourgeois viesier demeurant en cette ville couché au pied de la clôture du compte rendu à ce siège ce jourd'hui des biens meubles dudit défunt, empris la tutelle et curatelle desdits Jacques François, Bon François et Nicolas STEVENART promettant solidairement ladite femme de lui suffisamment autorisée et sans contrainte si qu'elle a déclaré de s'y bien et fidèlement acquitter et d'en rendre bon et fidèle compte quand sommés et requis seront sous l'obligation de leurs biens ayant prêté le serment ordinaire, fait pardevant messieurs Pallette et Desquire échevins sepmaniers, de monsieur Guérart procureur général de cette ville le 13/3/1677.

1331 - Médiathèque Arras FF126 Folio 60bisR :
Antoinette DUSART veuve de Jean DESMOLINS vivant fripier demeurant en cette ville a déclaré et déclare qu'elle récréante ledit feu DESMOLINS son mari, promettant payer ses dettes, obsèques et funérailles et en décharger la cour, fait pardevant monsieur de Beaurains Lesergent échevin sepmanier le 15/3/1677.

1332 - Médiathèque Arras FF126 Folio 60bisR :
Sébastien BEDU dit La Neuville bourgeois demeurant en cette ville et Catherine VASSEUR sa femme sont comparus en personnes lesquels ont déclaré et déclarent que suivant et conformément à la sentence de ce siège

du quinze février dernier et ordonnance du deuxième de ce mois, ils ont renoncé comme par ces présentes ils renoncent à la succession mobilière de défunte Madeleine VASSEUR sœur de ladite Catherine et même à l'appel qu'ils ont interjeté desdites sentence et ordonnance fait pardevant monsieur de Beaurains Lesergent échevin sepmanier le 19/3/1677.

1333 - Médiathèque Arras FF126 Folio 60bisV :
Gilles FOVEL maître tailleur d'habits demeurant en cette ville mari et bail d'Agnès DE MAILLY et Marguerite DE MAILLY jeune fille à marier demeurant aussi audit Arras, lesdites DE MAILLY sœurs filles de feu Venant vivant carillonneur et porte sacq de cette dite ville ont déclaré et déclarent qu'ils récréantent ledit feu DE MAILLY leur père décédé le 17 de ce mois promettant payer ses dettes, obsèques et funérailles et en décharger la cour, fait pardevant monsieur de Beaurains Lesergent échevin sepmanier le 19/3/1677.

1334 - Médiathèque Arras FF126 Folio 60bisV :
Françoise MALLIART veuve de Robert HAVERNAC vivant bourgeois maître chirurgien demeurant en cette ville a déclaré et déclare qu'elle récréante par le trépas dudit HAVERNAC son mari décédé le jour d'hier promettant payer ses dettes, obsèques et funérailles et en décharger la cour, fait pardevant monsieur Lesergent échevin sepmanier le 20/3/1677.

1335 - Médiathèque Arras FF126 Folio 60bisV :
Jeanne MINART veuve de Noël BONNEL vivant jardinier demeurant es faubourgs de Ronville dans la Neuve Rue a déclaré et déclare qu'elle récréante ledit feu BONNEL son mari promettant payer ses dettes, obsèques et funérailles et en décharger la cour, fait pardevant monsieur de Beaurains échevin sepmanier le 22/3/1677.

1336 - Médiathèque Arras FF126 Folio 61R :
Adrien et Jacques CAUDRON frères, Nicolas PETIT mesureur iceluy PETIT mari et bail de Marie Madeleine CAUDRON, Adrien BUIRETTE porteur au sacq mari et bail de Catherine CAUDRON, Barbe GAMAND veuve et demeurée es biens de Maximilien CAUDRON vivant aussi porteur au sacq mère et tutrice légitime des enfants qu'elle a retenus dudit feu Maximilien, iceux du surnom CAUDRON cousins remués de germain du côté maternel de feue Marie DENIS qui fut fille et héritière de feu Antoine son père, Guislain et Robert LIEVRE frères aussi porteurs au sacq, Antoine BRAS marchand mari et bail de Marie Gabrielle LIEVRE, iceux du surnom LIEVRE aussi cousins remués de germain du côté maternel à ladite feue Marie DENIS, tous bourgeois demeurant en cette ville, ont déclaré et déclarent qu'ils récréantent par le trépas d'icelle Marie DENIS décédée en cette dite ville le jour d'hier, promettant payer ses dettes, obsèques et funérailles et en décharger la cour, fait pardevant messieurs Ansart et de Beaurains échevins sepmaniers le 22/3/1677.

1337 - Médiathèque Arras FF126 Folio 62R :
Michelle COUPPÉ veuve de Jacques LECLERCQ dit La Fortune demeurant en cette ville a déclaré et déclare qu'elle renonce aux biens et dettes dudit feu LECLERCQ son mari décédé le dernier de mars de cet an et qu'elle se tient à son douaire anténuptial, fait pardevant monsieur Foucquier échevin sepmanier le 2/4/1677.

1338 - Médiathèque Arras FF126 Folio 65V :
Louis BAILLET praticien demeurant en cette ville s'est constitué caution de Jeanne DORESMIEUX veuve en premières noces de maître Jean BAILLET sa mère demeurant audit Arras à quoi il a été admis par ordonnance rendue à l'audience tenue à ce siège le 4ème de ce mois entre ladite DORESMIEUX et Claude LERICHE sergent à verge de ce siège pour par elle profiter de ladite ordonnance par laquelle est dit et ordonné que la somme de douze livres dix sols dont s'agit sera délivrée à ladite DORESMIEUX en vertu d'icelle ordonnance à la caution dudit BAILLET en faisant les devoirs, promettant suivant ce iceluy BAILLET de rendre, payer et rapporter lesdits douze livres dix sols si ainsi est dit et ordonné ci après sous l'obligation etc, fait pardevant monsieur de Beaurains échevin sepmanier le 7/5/1677.

1339 - Médiathèque Arras FF126 Folio 66R :
Jacqueline VOIELLE veuve de Joosse LESUR munitionnaire demeurant en cette ville a déclaré et déclare qu'elle récréante ledit feu LESUR son mari décédé ce jourd'hui promettant payer ses dettes, obsèques et funérailles et en décharger la cour, fait pardevant monsieur du Boisrond échevin sepmanier le 12/5/1677.

1340 - Médiathèque Arras FF126 Folio 66V :
Pierre BONNEL jardinier et bourgeois de cette ville y demeurant mari et bail de Madeleine NOIRET et Jean Louis PONSSE saieteur et aussi bourgeois y demeurant mari et bail d'Isabelle NOIRET, icelles NOIRET sœurs et filles de feus Louis et de Guislaine LECLERCQ, ont déclaré et déclarent qu'ils récréantent ladite Guislaine

LECLERCQ leur belle-mère décédée ce jourd'hui promettant payer ses dettes, obsèques et funérailles et en décharger la cour, fait pardevant monsieur Morguet échevin sepmanier le 13/5/1677.

1341 - Médiathèque Arras FF126 Folio 67R :
Louis TACQUET fripier demeurant en cette ville fils à marier suffisamment âgé de Jean vivant marchand fripier y demeurant a déclaré et déclare qu'il récréante ledit feu Jean son père décédé le jour d'hier promettant payer ses dettes, obsèques et funérailles et en décharger la cour fait pardevant monsieur de Douay échevin sepmanier le 17/5/1677.

1342 - Médiathèque Arras FF126 Folio 67V :
Claude BERTAULT bourgeois saieteur demeurant en cette ville tant en son nom que comme cessionnaire de Catherine BERTAULT sa sœur demeurant en cette ville a déclaré et déclare qu'il récréante Charles CHRESTIEN vivant rentier demeurant à Lille décédé passés sept à huit ans promettant payer ses dettes et en décharger la cour, fait pardevant monsieur Postel échevin sepmanier le 19/5/1677.

1343 - Médiathèque Arras FF126 Folio 67V :
Jacques PECHENA et François PESÉ bourgeois de cette ville y demeurant se sont solidairement constitués cautions de Pierre PECHENA fils dudit Jacques pour sûreté du rendage de l'état et office de sergent à verge de cette ville à lui accordé à titre de bail et louage par messieurs du magistrat pour trois ans continuels commencés le 20ème de ce mois au rendage annuel de cent soixante dix livres, comme aussi pour sûreté des exploits et deniers qui seront confiés audit Pierre PECHENA en ladite qualité de sergent jusqu'à concurrence de six cents livres, lesdites cautions rendues par ordonnance du jourd'hui sous l'obligation solidaire de tous leurs corps et biens fait pardevant monsieur de Douay échevin sepmanier le 21/5/1677.

1344 - Médiathèque Arras FF126 Folio 69R :
Jean Baptiste VASSEUR bourgeois demeurant en cette ville a déclaré et déclare qu'il récréante Madeleine VASSEUR à son trépas fille franche sa tante du côté paternel décédée en cette ville au mois de décembre dernier promettant payer ses dettes, obsèques et funérailles et en décharger la cour, fait pardevant monsieur Pallette échevin sepmanier le 2/6/1677.

1345 - Médiathèque Arras FF126 Folio 69R :
Damoiselle Madeleine BRIOIS veuve de Maximilien LEFRANCQ marchand demeurant en cette ville a déclaré et déclare qu'elle récréante ledit feu LEFRANCQ son mari promettant payer ses dettes, obsèques et funérailles et en décharger la cour, fait pardevant monsieur Géry échevin sepmanier le 9/6/1677.

1346 - Médiathèque Arras FF126 Folio 69V :
Maître Hubert DELEAU prêtre chapelain de l'église cathédrale de Notre Dame d'Arras et Pierre DELEAU bourgeois gorlier demeurant en cette ville d'Arras ont déclaré et déclarent qu'ils récréantent Anne DELEAU à son trépas fille dévote demeurant en cette ville leur tante paternelle décédée ce jourd'hui promettant payer ses dettes, obsèques et funérailles et en décharger la cour, comme aussi ledit maître Hubert DELEAU de sortir juridiction à ce siège en regard, fait pardevant monsieur Ansart échevin sepmanier le 14/6/1677.

1347 - Médiathèque Arras FF126 Folio 69V :
Marie ROBICQUET veuve de Barthélémy LERICHE vivant bourgeois sergent de la gouvernance d'Arras y demeurant a déclaré et déclare qu'elle récréante ledit feu LERICHE son mari promettant payer ses dettes, obsèques et funérailles et en décharger la cour, fait pardevant monsieur Ansart échevin sepmanier le 19/6/1677.

1348 - Médiathèque Arras FF126 Folio 70V :
Damoiselle Marie Françoise DUPUICH veuve de François DELAPIERRE sieur du Mongorguet vivant rentier demeurant en cette ville d'Arras a déclaré et déclare qu'elle récréante ledit feu sieur DELAPIERRE son mari promettant payer ses dettes, obsèques et funérailles et en décharger la cour, fait pardevant monsieur Foucquier échevin sepmanier le 23/6/1677.

1349 - Médiathèque Arras FF126 Folio 72V :
Augustin DE FROMONT bourgeois marchand quincaillier mari et bail de Marie SOHIER et Ignace DUBOIS tavernier et aussi bourgeois de cette ville mari et bail de Barbe SOHIER demeurant audit Arras, lesdites SOHIER sœurs et nièces du côté maternel de feu Marie LEFLON vivante fille dévote demeurant en ladite ville, ont déclaré et déclarent qu'ils récréantent par le décès d'icelle LEFLON leur tante, promettant payer ses dettes, obsèques et funérailles et en décharger la cour, fait pardevant monsieur Delaire échevin sepmanier le 8/7/1677.

1350 - Médiathèque Arras FF126 Folio 73V :
Jeanne BOUFFLERS veuve de Jean BRISLAN vivant sergent de monsieur le lieutenant général de la gouvernance d'Arras a déclaré et déclare qu'elle récréante ledit feu BRISLAN son mari décédé ce jourd'hui promettant payer ses dettes, obsèques et funérailles et en décharger la cour, fait pardevant monsieur Desquires échevin sepmanier le 12/7/1677.

1351 - Médiathèque Arras FF126 Folio 73V :
Louis BULLETTE bourgeois marchand demeurant en cette ville a déclaré et déclare qu'il récréante par le décès de Françoise ROUSSEL veuve de Valérien BULLETTE vivant aussi bourgeois demeurant en cette ville sa mère décédée le 11ème de ce mois, promettant payer ses dettes, obsèques et funérailles et en décharger la cour, fait pardevant monsieur Pallette échevin sepmanier le 14/7/1677.

1352 - Médiathèque Arras FF126 Folio 74R :
Catherine DE RIMONT veuve de Nicolas BEHOURRE vivant manouvrier demeurant en cette ville rue des Cailloux a déclaré et déclare qu'elle renonce aux biens et dettes dudit feu BEHOURRE décédé le sixième juin dernier et qu'elle se tient à son droit de douaire stipulé par son contrat de mariage, fait pardevant monsieur Desquires échevin sepmanier le 15/7/1677.

1353 - Médiathèque Arras FF126 Folio 74R :
Guillaume BEHOURRE valet de chaufourier, Gilles LAMORY manouvrier et Jeanne BEHOURRE sa femme de lui suffisamment autorisée et non contrainte comme elle a déclaré iceux BEHOURRE frère et sœur enfants de feu Nicolas vivant aussi manouvrier demeurant en cette ville rue des Cailloux et lesdits BEHOURRE, LAMORY et sa femme es faubourgs des Alouettes de cette ville, ont déclaré et déclarent qu'ils récréantent ledit feu Nicolas leur père promettant payer ses dettes, obsèques et funérailles et en décharger la cour, renonçant par ladite Jeanne BEHOURRE au droit du senatus consult velleem et à l'authentique sy qua mulier dont l'effet lui a été expliqué fait pardevant monsieur Pallette échevin sepmanier le 16/7/1677.

1354 - Médiathèque Arras FF126 Folio 74V :
Damoiselle Marie Françoise DUHAUPAS veuve de Nicolas BRUIANT vivant bourgeois marchand drapier demeurant en cette ville a déclaré et déclare qu'elle renonce aux biens et dettes dudit feu BRUIANT son mari décédé le 25ème de ce mois et qu'elle se tient à son droit de douaire stipulé par son contrat de mariage, fait pardevant monsieur Ansart échevin sepmanier le 28/7/1677.

1355 - Médiathèque Arras FF126 Folio 75R :
Marie FRESIN ancienne fille demeurant en cette ville donatrice d'à présent défunte Barbe BRIDEL aussi ancienne fille y demeurant a déclaré et déclare qu'elle récréante icelle BRIDEL décédée ce jourd'hui promettant payer ses dettes, obsèques et funérailles et en décharger la cour, fait pardevant monsieur Foucquier échevin sepmanier le 4/8/1677.

1356 - Médiathèque Arras FF126 Folio 78R :
Marie Thérèse BEAUCHAMP veuve de Jean POISSON tailleur d'habits demeurant en cette ville paroisse de Sainte Croix a déclaré et déclare qu'elle récréante ledit feu POISSON son mari décédé ce jourd'hui promettant payer ses dettes, obsèques et funérailles et en décharger la cour, fait pardevant monsieur de Beaurains Lesergent échevin sepmanier le 4/9/1677.

1357 - Médiathèque Arras FF126 Folio 78R :
Marguerite BOURGEOIS fille à marier demeurant en cette ville a déclaré et déclare qu'elle récréante Catherine BLANCHET veuve de Louis BOURGEOIS vivant hoste de la maison et hostellerie où pend pour enseigne « l'Escu de France » en cette ville sa mère décédée ce jourd'hui promettant payer ses dettes, obsèques et funérailles et en décharger la cour, fait pardevant monsieur de Beaurains Lesergent échevin sepmanier le 4/9/1677.

1358 - Médiathèque Arras FF126 Folio 78V :
Curatelle : Marsel PIGACE bourgeois demeurant à Arras reçu et admis par ordonnance du 4 août dernier à la tutelle ou curatelle de Claude CAULIER fils mineur de Jean et Marie Jeanne MARSEL à la caution d'Antoine MARSEL bourgeois cuisinier demeurant audit Arras sauf à la renforcer s'il y est en faisant les devoirs, a empris et accepté ladite tutelle ou curatelle et promis par serment de s'y bien et fidèlement conduire et comporter et d'en rendre compte si besoin est et payer le reliqua quand sommé et requis sera, s'étant ledit Antoine MARSEL pour ce comparant constitué caution dudit PIGACE et eux oblige solidairement à ce que dessus sous

l'obligation de leurs biens, fait pardevant monsieur de Beaurains de Beaurepaire échevin sepmanier le 7/9/1677.

1359 - Médiathèque Arras FF126 Folio 79V :
Louise DELAMBRE veuve de Philippe VASSEUR vivant hoste de la maison et cabaret où pend pour enseigne « Saint Jean » sise proche et en deçà du pont de Blangy et mectes de cet échevinage, a déclaré et déclare qu'elle renonce aux biens meubles et dettes délaissés par le trépas dudit VASSEUR son mari, soy tenant à son droit et douaire tel que lui compète et appartient par la coutume, fait pardevant monsieur Foucquier échevin sepmanier le 14/9/1677.

1360 - Médiathèque Arras FF126 Folio 79V :
Marie DUBAIL veuve d'Antoine BELVAL vivant portesacq demeurant en cette ville a déclaré et déclare qu'elle récréante Alexandre DUBAIL son père à son décès bourgeois brouteur demeurant audit Arras promettant payer ses dettes, obsèques et funérailles et en décharger la cour, fait pardevant monsieur Foucquier échevin sepmanier le 17/9/1677.

1361 - Médiathèque Arras FF126 Folio 79V :
Damoiselle Marie Bernardine THERET jeune fille à marier demeurant en la ville de Saint Omer procuratrice spéciale de Damoiselle Cornille Thérèse MONVOISIN veuve de feu maître Philippe François THERET vivant avocat au conseil d'Artois décédé en la ville de Saint Omer le 17ème d'août dernier sa belle-sœur suffisamment fondée de procuration spéciale faite et passée pardevant notaires en ladite ville le 4ème du présent mois exhibée et retirée par ladite Damoiselle THERET, a déclaré et déclare qu'elle renonce au nom de ladite Damoiselle Cornille Thérèse MONVOISIN comme elle a fait par ladite procure à la maison mortuaire dudit feu Sieur THERET son mari et qu'elle accorde audit nom main levée de tous ses biens et meubles ensemble qu'icelle Damoiselle MONVOISIN se tient à son douaire conventionnel, fait pardevant monsieur de Douay échevin sepmanier le 22/9/1677.

1362 - Médiathèque Arras FF126 Folio 80R :
Rémy BARREE bourgeois porteur au sacq demeurant en cette ville mari et bail de Marie Jacqueline DUPUICH icelle nièce du côté maternel de feue Jeanne COURTIN à son trépas veuve de Léon ROUSSEL vivant mercier demeurant aussi en cette ville, a déclaré et déclare qu'il récréante ladite Jeanne COURTIN décédée le jour d'hier promettant payer ses dettes, obsèques et funérailles et en décharger la cour, fait pardevant monsieur de Douay échevin sepmanier le 22/9/1677.

1363 - Médiathèque Arras FF126 Folio 80R :
Pierre DELEAU bourgeois sellier, Susanne VALLEE sa femme, François PERIN aussi bourgeois, Jeanne DESAILLY sa femme demeurant en cette ville, Jean MONVOISIN aussi bourgeois cordonnier demeurant en la cité et Marie Elisabeth DESAILLY sa femme, tous les susnommés en personnes, lesdites femmes autorisées de leurs maris et sans contrainte si qu'elles ont déclaré, icelles VALLEE et DESAILLY sœurs utérines filles de feue Marguerite HEMERY et nièces du côté maternel de défunte Marie HEMERY vivant femme à Antoine CROMISKI, ont déclaré et déclarent par cettes qu'ils se fondent héritiers d'icelle Marie HEMERY leur tante à tel effet que de pouvoir recueillir sa succession promettant payer ses dettes, obsèques et funérailles si aucunes se trouvent encore à payer et d'en décharger la cour, renonçant lesdites femmes en tant que besoin serait au droit de senatus consult velleem et à l'authentique si qua mullier, dont l'effet leur a été expliqué, fait pardevant monsieur de Douay échevin sepmanier le 23/9/1677.

1364 - Médiathèque Arras FF126 Folio 80V :
Maître Baltasar MICHEL prêtre demeurant en cette ville a déclaré et déclare qu'il récréante Marie BEHORT veuve de Simon MICHEL vivant bourgeois boulanger demeurant en cette ville promettant payer ses dettes, obsèques et funérailles et en décharger la cour même de subir juridiction à ce siège en ce regard, fait pardevant monsieur de Douay échevin sepmanier le 23/9/1677.

1365 - Médiathèque Arras FF126 Folio 80V :
Antoinette WATRELOT ancienne fille demeurant au village de Courchelles a déclaré et déclare qu'elle récréante Françoise TRAMERYE veuve de [ ] BARON vivante demeurant en cette ville rue Saint Maurice sa sœur utérine promettant payer ses dettes, obsèques et funérailles et en décharger la cour, fait pardevant monsieur Stert échevin sepmanier le 28/9/1677.

1366 - Médiathèque Arras FF126 Folio 80V :
Albin BEUGNET dit La Liberté soldat dans la compagnie de monsieur de Louvancourt au régiment d'Anjou présentement en garnison dans la citadelle de Cambrai a déclaré et déclare qu'il récréante Antoine BEUGNET son père vivant bourgeois porteur au sacq demeurant en cette ville décédé le 25ème de ce mois promettant payer ses dettes, obsèques et funérailles et en décharger la cour, fait pardevant monsieur Stert échevin sepmanier le 30/9/1677.

1367 - Médiathèque Arras FF126 Folio 81R :
Simon DEVILLE bourgeois maître tailleur d'habits demeurant en cette ville a déclaré et déclare qu'il récréante Susanne CAPPEAU sa mère à son trépas veuve de Jean DEVILLE décédée ce jourd'hui promettant payer ses dettes, obsèques et funérailles et en décharger la cour, fait pardevant monsieur Pallette échevin sepmanier le 8/10/1677.

1368 - Médiathèque Arras FF126 Folio 81R :
Damoiselle Marie Thérèse HERMAN veuve de maître Jean THERET vivant avocat à Saint Omer mère et tutrice légitime de Philippe Adrien, Guillaume et Jean Omer THERET ses trois fils puisnés et encore en bas âge a déclaré et déclare qu'en cette qualité elle récréante au nom desdits Philippe Adrien, Guillaume et Jean Omer THERET ses enfants, par le décès de feu maître Philippe François THERET vivant avocat au conseil d'Artois décédé au mois d'août dernier leur frère aîné dont ils sont héritiers promettant audit nom payer ses dettes, obsèques et funérailles et en décharger la cour, fait pardevant monsieur de Beaurains Lesergent échevin sepmanier le 11/10/1677.

1369 - Médiathèque Arras FF126 Folio 81V :
Marguerite LEGAY veuve de Jean MARTIN vivant manouvrier demeurant en cette ville près du Rivage a déclaré et déclare qu'elle récréante ledit feu MARTIN son mari décédé le 9ème de ce mois promettant payer ses dettes, obsèques et funérailles et en décharger la cour, fait pardevant monsieur de Beaurains Lesergent échevin sepmanier le 11/10/1677.

1370 - Médiathèque Arras FF126 Folio 82R :
Pierre LEJOSNE et Jean VALLET mari et bail de Julienne LEJOSNE iceux LEJOSNE frère et sœur enfants de feus Pierre et d'Hélaine CAUDRON demeurant es faubourgs de Saint Michel de cette ville, ont déclaré et déclarent qu'ils récréantent ladite Hélaine CAUDRON leur mère promettant payer ses dettes, obsèques et funérailles et en décharger la cour, fait pardevant messieurs Lesergent et Géry échevins sepmaniers le 16/10/1677.

1371 - Médiathèque Arras FF126 Folio 82R :
Jean Joseph et Robert THOREL frères à marier de feus Adam vivant sergent à cheval de la gouvernance de cette ville et Jeanne LEFRANCQ demeurant audit Arras, ont déclaré et déclarent qu'ils récréantent ladite feue LEFRANCQ leur mère décédée le jour d'hier promettant payer ses dettes, obsèques et funérailles et en décharger la cour, fait pardevant monsieur Ansart échevin sepmanier le 19/10/1677.

1372 - Médiathèque Arras FF126 Folio 82R :
Antoine François DORESMIEUX jeune fils à marier demeurant en cette ville a déclaré et déclare qu'il récréante feue Damoiselle Susanne PREVOST à son décès veuve de Nicolas DORESMIEUX vivant bourgeois marchand drapier demeurant audit Arras sa mère, promettant payer ses dettes, obsèques et funérailles et en décharger la cour, fait pardevant monsieur de Beaurepaire échevin sepmanier le 19/10/1677.

1373 - Médiathèque Arras FF126 Folio 82V :
Françoise GODART veuve de Philippe DELEMOTTE et Adrienne GODART veuve de François LEJOSNE sœurs demeurant en cette ville ont déclaré et déclarent qu'elles récréantent Marie GODART à son trépas fille franche demeurant en cette ville leur sœur germaine promettant payer ses dettes, obsèques et funérailles et en décharger la cour, fait pardevant monsieur de Beaurains échevin sepmanier le 22/10/1677.

1374 - Médiathèque Arras FF126 Folio 82V :
Marie DAVID veuve de Jean TISSERANT dit Saint Amour vivant garde à monseigneur le comte de Montbron gouverneur de cette ville a déclaré et déclare qu'elle récréante ledit feu TISSERANT son mari promettant payer ses dettes, obsèques et funérailles et en décharger la cour, fait pardevant monsieur du Boisrond échevin sepmanier le 25/10/1677.

1375 - Médiathèque Arras FF126 Folio 82V :
Louis BRASSART savetier demeurant en cette ville a déclaré et déclare qu'il récréante Marie CARNOY sa mère à son trépas veuve de Philippe BRASSART décédée le premier de ce mois, promettant payer ses dettes, obsèques et funérailles et en décharger la cour, fait pardevant monsieur Foucquier échevin sepmanier le 3/11/1677.

1376 - Médiathèque Arras FF126 Folio 83R :
Agnès LAMIO veuve de Jean GERIN vivant soldat forain demeurant en cette ville a déclaré et déclare qu'elle récréante ledit feu GERIN son mari promettant payer ses dettes, obsèques et funérailles et en décharger la cour, fait pardevant monsieur Foucquier échevin sepmanier le 3/11/1677.

1377 - Médiathèque Arras FF126 Folio 83R :
Marguerite DE ROEUX veuve de Pierre DUBOIS demeurant en cette ville a déclaré et déclare qu'elle récréante Jeanne DE ROEUX sa sœur à son trépas fille dévote demeurant en cette ville décédée ce jourd'hui promettant payer ses dettes, obsèques et funérailles et en décharger la cour, fait pardevant monsieur Camp échevin sepmanier le 4/11/1677.

1378 - Médiathèque Arras FF126 Folio 83V :
Françoise BARBIER veuve de Liévin BAILLON vivant bourgeois corroieur demeurant en cette ville a déclaré et déclare qu'elle récréante ledit feu BAILLON son mari promettant payer ses dettes, obsèques et funérailles et en décharger la cour, fait pardevant monsieur Camp échevin sepmanier le 6/11/1677.

1379 - Médiathèque Arras FF126 Folio 83V :
Hugues DELATTRE bourgeois fils à marier de feu Maurice vivant aussi bourgeois marchand demeurant en cette ville a déclaré et déclare qu'il récréante feue Marie DAMIENS veuve dudit feu Maurice DELATTRE sa mère promettant payer ses dettes, obsèques et funérailles et en décharger la cour, fait pardevant monsieur de Beaurepaire échevin sepmanier le 8/11/1677.

1380 - Médiathèque Arras FF126 Folio 83V :
Etienne LEVRAY bourgeois charron demeurant en cette ville mari et bail d'Anne LEMOISNE demeurant en cette ville a déclaré et déclare qu'il récréante feue Jeanne LEMOISNE tante du côté paternel à ladite Anne LEMOISNE décédée ce jourd'hui promettant payer ses dettes, obsèques et funérailles et en décharger la cour, fait pardevant monsieur Ansart échevin sepmanier le 10/11/1677.

1381 - Médiathèque Arras FF126 Folio 84V :
Peschena et Docquemaisnil sergents ont à la requête de François PESÉ et Claude LENFLE fermiers demeurant en cette ville arrêté et empêché des mains de Louis BOIEL le jeune, Philippe BLANCHET, Jacques MAILLE, Philippe VASSEUR, Jacques BLANCHET, Antoine VASSEUR et Etienne BLANCHET le jeune tous bouchers demeurant en cette ville, tous et chacuns les deniers qu'ils doivent à Pierre LECOMTE marchand de vaches demeurant à Rivière à raison de l'achat qu'ils ont fait ensemble dudit LECOMTE du nombre de huit vaches pour consuivre et avoir paiement de la somme de deux cent cinquante deux florins pour les causes etc, ayant été fait les défenses requises auxdits bouchers en parlant tous à leurs personnes et jour assigné aux seconds plaids, fait le 20/11/1677 et signifié audit LECOMTE en parlant à sa personne se trouvant en cette ville le 22ème dudit mois lui ayant été donné la même assignation.

1382 - Médiathèque Arras FF126 Folio 85R :
Pierre BLONDEL bourgeois marchand à son tour l'un des quatre commis aux ouvrages de cette ville et Marguerite GRENIER veuve demeurée es biens d'Allard Géry DIDIER vivant huissier du conseil d'Artois demeurant en cette ville ont déclaré et déclarent qu'ils récréantent feue Damoiselle Françoise LEROUX veuve de feu Pierre LAU vivant aussi bourgeois et à son trou l'un des quatre commis aux ouvrages d'icelle ville leur tante du côté maternel, promettant payer ses dettes, obsèques et funérailles et en décharger la cour, fait pardevant monsieur Desquires échevin sepmanier le 22/11/1677.

1383 - Médiathèque Arras FF126 Folio 86R :
Marguerite DELEPIERRE veuve de Terien DUPIRE vivant bourgeois et valet à messieurs du magistrat a déclaré et déclare qu'elle récréante ledit feu DUPIRE son mari promettant payer ses dettes, obsèques et funérailles et en décharger la cour, fait pardevant monsieur de Beaurepaire échevin sepmanier le 27/11/1677.

1384 - Médiathèque Arras FF126 Folio 86V :
Damoiselle Marie Catherine CAGNEREL veuve de Pierre DE FLERS bourgeois maître chirurgien demeurant en cette ville a déclaré et déclare qu'elle récréante ledit feu DE FLERS son mari décédé le dernier de novembre de cet an, promettant payer ses dettes, obsèques et funérailles et en décharger la cour fait pardevant monsieur de Beaurains Lesergent échevin sepmanier le 3/12/1677.

1385 - Médiathèque Arras FF126 Folio 87R :
Jean TAILLANDIER bourgeois marchand demeurant en cette ville a déclaré et déclare qu'il récréante Marie TAILLANDIER à son trépas fille de Pallamedes vivante en célibat sa tante paternelle promettant payer ses dettes, obsèques et funérailles et en décharger la cour, fait pardevant monsieur le Carlier échevin sepmanier le 7/12/1677.

1386 - Médiathèque Arras FF126 Folio 87R :
Catherine BREHON veuve et demeurée es biens d'Albert LERICHE vivant bourgeois demeurant en cette ville a pour satisfaire à la sentence rendue à ce siège le 7ème de ce mois au différend y mu entre elle et Alphonse DUHAUPAS, Alphonse RIMBOURG et consorts, déclaré et déclare qu'elle appréhende les biens meubles et immeubles des successions de Vaast RIMBOURG, Jacqueline CHOCQUET sa femme et de Barbe RIMBOURG, fait pardevant monsieur du Metz échevin sepmanier le 9/12/1677.

1387 - Médiathèque Arras FF126 Folio 87V :
Marie Madeleine REGNAU veuve de Rolland SAUVAGE mère et tutrice légitime de Albert Noël François SAUVAGE son fils en bas âge qu'elle a retenu dudit feu Rolland son mari a déclaré qu'elle récréante au nom dudit Albert Noël François son fils par le décès d'icelluy feu Rolland SAUVAGE son mari promettant en cette qualité payer ses dettes, obsèques et funérailles et en décharger la cour, fait pardevant monsieur Foucquier échevin sepmanier le 13/12/1677.

1388 - Médiathèque Arras FF126 Folio 88R :
Catherine FLAMEN veuve de Philippe VASSEUR vivant marchand demeurant en cette ville a déclaré et déclare qu'elle récréante ledit feu VASSEUR son mari promettant payer ses dettes, obsèques et funérailles et en décharger la cour, fait pardevant monsieur Camp échevin sepmanier le 13/12/1677.

1389 - Médiathèque Arras FF126 Folio 88R :
Catherine DUBOIS veuve de Charles DEFONTAINES vivant bourgeois savetier demeurant en cette ville a déclaré et déclare qu'elle récréante son feu mari promettant payer ses dettes, obsèques et funérailles et en décharger la cour, fait pardevant monsieur Foucquier échevin sepmanier le 16/12/1677.

1390 - Médiathèque Arras FF126 Folio 88V :
Cornille BROCHART veuve de Pierre BAILLET vivant bourgeois demeurant en cette ville a déclaré et déclare qu'elle récréante ledit feu BAILLET son mari promettant payer ses dettes, obsèques et funérailles et en décharger la cour, fait pardevant monsieur Camp échevin sepmanier le 17/12/1677.

1391 - Médiathèque Arras FF126 Folio 88V :
Jean VASSEUR procureur au conseil d'Artois mari et bail de Damoiselle Marie Agnès VASSEUR icelle nièce et héritière avec autres de feue Damoiselle Barbe DENEUVILLE vivante ancienne fille en cette ville a déclaré et déclare qu'il récréante icelle Barbe DENEUVILLE promettant payer ses dettes, obsèques et funérailles et en décharger la cour, fait pardevant monsieur Foucquier échevin sepmanier le 17/12/1677.

1392 - Médiathèque Arras FF126 Folio 88V :
Madeleine CHOCQUET veuve de François PEAUTE vivant maître tailleur d'habits demeurant en cette ville icelle mère et tutrice légitime de Gabriel PEAUTE son fils en bas âge qu'elle a retenu dudit feu François a déclaré et déclare qu'en cette qualité elle récréante sondit feu mari décédé ce jourd'hui promettant payer ses dettes, obsèques et funérailles et en décharger la cour, fait pardevant monsieur Foucquier échevin sepmanier le 18/12/1677.

1393 - Médiathèque Arras FF126 Folio 89V :
Guislaine LECLERCQ veuve de Guillaume JACOBE tailleur de pierres blanches et jardinier demeurant en cette ville a déclaré et déclare qu'elle récréante par le trépas d'Anne DE LIEGE veuve de Gilles LECLERCQ vivant aussi jardinier demeurant audit Arras sa mère, promettant payer ses dettes, obsèques et funérailles et en décharger la cour, fait pardevant monsieur de Beaurepaire échevin sepmanier le 23/12/1677.

1394 - Médiathèque Arras FF126 Folio 89V :
Joosse François TACQUET bourgeois marchand fripier demeurant en cette ville d'Arras s'est constitué caution de Georges, Guillaume et Isabelle DE PARIS frères et sœur neveux et nièce et héritiers de feue Isabeau DE PARIS à son décès veuve et demeurée es biens de Guillaume MICHEL et de Hector DE PARIS leur frère en bas âge aussi neveu et héritier de ladite feue Isabeau, pour par eux profiter de la sentence rendue à ce siège le 27ème de novembre dernier au différend y mu d'entre maître Hubert DELEAU prêtre chapelain de l'église cathédrale de Notre Dame d'Arras et ses sœurs demandeurs contre Philippe et Antoine DE PARIS qualifiés héritiers substitués de ladite feu Isabeau DE PARIS, maître Antoine DEFONTAINE avocat au conseil d'Artois et Bon LALART bourgeois marchand demeurant en cette ville en qualité d'exécuteurs testamentaires d'icelle Isabeau et lesdits Georges, Guillaume et Isabelle et Hector DE PARIS enfants dudit Antoine et de Marie HALLOT intervenants volontaires, par laquelle sentence messieurs ont admis lesdits requérants à consigner au greffe de ce siège la somme de 500 livres faisant le sort principal d'une rente héritière par eux constituée au profit desdits sieur DEFONTAINE et LALLART en ladite qualité d'exécuteurs comme appartenant à la succession fidéicommissaire et substituée de ladite Isabeau DE PARIS pour être lesdits deniers remplacés en autre rente ou achat de terres et héritages qui suivront la même nature de substitution, si mieux n'aiment lesdits DE PARIS bailler bonne et suffisante caution qui sera reçue avec les demandeurs pour sûreté dudit remploi et qu'il sera effectué pardedans l'an, ce que lesdits DE PARIS devront déclarer endedans trois jours à peine d'en être déchus et que ladite consignation sera faite sans qu'il soit besoin d'autre jugement demeurant en tout cas ladite rente éteinte et sans courir à intérêt, ordonnant suivant ce auxdits sieurs DEFONTAINE et LALLART de délivrer aux demandeurs le contrat de ladite rente comme acquittée quoi faisant ils en demeureront aussi bien que lesdits demandeurs bien et valablement déchargés chacun en leur égard sans dépens, ladite caution reçue par ordonnance du 11ème du présent mois de décembre promettant suivant ce ledit TACQUET es mains duquel lesdits 500 livres faisant les deniers capitaux de la susdite rente ont été délivrés par lesdits DELEAU et ses sœurs, de faire en sorte que ladite somme sera remplacée en autre rente ou achat de terres et héritages (qui suivront la même nature et substitution) pardedans l'an du jour de ladite sentence sous l'obligation etc, ayant le contrat d'icelle rente été remis es mains dudit DELEAU et ses sœurs demandeurs, en minute originelle par ledit sieur DEFONTAINE à la réception de laquelle caution aussi bien que de ladite somme de 500 livres, lesdits Philippe DE PARIS, Georges, Guillaume, Isabelle DE PARIS, Antoine PARIS et Marie HALLOT sa femme père et mère et tuteurs légitimes dudit Hector DE PARIS en bas âge, ont consenti en personne, même promis en décharger lesdits sieurs DEFONTAINE et LALLART comme aussi lesdits DELEAU et ses sœurs et tous autres qu'il appartiendra consentant en outre que semblable décharger soit couchée sur le compte rendu à ce siège le 22ème de juin dernier par lesdits exécuteurs testamentaires d'icelle Isabeau DE PARIS, fait pardevant monsieur de Beaurepaire échevin sepmanier le 24/12/1677.

1395 - Médiathèque Arras FF126 Folio 91V :
Marie Anne LEFORT fille à marier demeurant en cette ville a déclaré et déclare qu'elle récréante par le trépas d'Adrien LEFORT son père vivant bourgeois savetier demeurant en cette ville promettant payer ses dettes, obsèques et funérailles et en décharger la cour, fait pardevant monsieur Leroux échevin sepmanier le 29/12/1677.

1396 - Médiathèque Arras FF126 Folio 91V :
Isabelle GRENIER veuve de Laurent LEGRAND vivant bourgeois mulquinier demeurant en cette ville a déclaré et déclare qu'elle récréante par le trépas dudit feu LEGRAND son mari promettant payer ses dettes, obsèques et funérailles et en décharger la cour, fait pardevant monsieur Leroux échevin sepmanier le 30/12/1677.

1397 - Médiathèque Arras FF126 Folio 92R :
Jeanne BOUTRY veuve de Firmin GAFFET vivant serrurier demeurant en cette ville a déclaré et déclare qu'elle récréante ledit feu GAFFET son mari promettant payer ses dettes, obsèques et funérailles et en décharger la cour, fait pardevant monsieur Desquires échevin sepmanier le 5/1/1678.

1398 - Médiathèque Arras FF126 Folio 92R :
Charles DUPUY jeune homme à marier demeurant en cette ville fils de feu Charles vivant blanchisseur de murailles demeurant en cette ville a déclaré et déclare qu'il récréante sondit feu père décédé ce jourd'hui promettant payer ses dettes, obsèques et funérailles et en décharger la cour, fait pardevant monsieur Desquires échevin sepmanier le 7/1/1678.

1399 - Médiathèque Arras FF126 Folio 92V :
Anne WACHEUX veuve de Philippe PARADIS vivant bourgeois demeurant en cette ville a déclaré et déclare qu'elle récréante ledit feu PARADIS son mari décédé le jour d'hier, promettant payer ses dettes, obsèques et funérailles et en décharger la cour, fait pardevant monsieur Desquires échevin sepmanier le 8/1/1678.

1400 - Médiathèque Arras FF126 Folio 92V :
Louis, maître Noël et Michel CAIGNEREL, Charles Antoine GOLLIER bourgeois et Marguerite Brigitte CAIGNEREL sa femme, iceux CAIGNEREL frères et sœur enfants de feus Nicolas et Jacqueline DERVILLERS demeurant en cette ville, ont déclaré et déclarent qu'ils récréantent ladite Jacqueline DERVILLERS leur mère promettant payer ses dettes, obsèques et funérailles et en décharger la cour, fait pardevant monsieur Lesergent échevin sepmanier le 10/1/1678.

1401 - Médiathèque Arras FF126 Folio 94R :
Paul François BARGE bourgeois maître orfèvre et Antoine LESENNE aussi bourgeois maître orfèvre mari et bail d'Isabeau BARGE et Antoine JONQUIER aussi bourgeois de cette ville et laboureur demeurant au village de Sus Saint Léger mari et bail de Marie BARGE, lesdits BARGE frère et sœurs, neveux et nièce et héritiers du côté maternel de feu Anne DE HERLIN à son décès veuve de Louis LADERIERE vivant bourgeois marchand demeurant en cette ville, ont déclaré et déclarent qu'ils récréantent ladite feue DE HERLIN leur tante promettant payer ses dettes, obsèques et funérailles et en décharger la cour, fait pardevant monsieur du Metz échevin sepmanier le 21/1/1678.

1402 - Médiathèque Arras FF126 Folio 95R :
Louis GELLÉ jeune homme à marier et bourgeois maître serrurier et Jean MANESSIER aussi bourgeois maître menuisier mari et bail de Catherine GELLÉ demeurant en cette ville, lesdits GELLÉ frère et sœur neveu et nièce de feue Anne GELLÉ à son trépas veuve d'Antoine DOCQUEMAISNIL vivant peigneur de laine demeurant en cette ville, ont déclaré et déclarent qu'ils récréantent ladite feue Anne GELLÉ leur tante promettant payer ses dettes, obsèques et funérailles et en décharger la cour, fait pardevant monsieur de Beaurepaire échevin sepmanier le 3/2/1678.

1403 - Médiathèque Arras FF126 Folio 95V :
Nicolas ANSELIN bourgeois de cette ville et échevin de la cité d'icelle cousin germain du côté paternel à Jeanne ²SAUWAL fille vivante en célibat et Marguerite BRACQUET veuve de Nicolas SELLIER dit Bon Cœur demeurant audit Arras, ont déclaré et déclarent qu'ils récréantent par le trépas d'icelle décédée ce jourd'hui, promettant payer ses dettes, obsèques et funérailles et en décharger la cour, fait pardevant monsieur Leroux échevin sepmanier le 7/2/1678.

1404 - Médiathèque Arras FF126 Folio 97R :
Damoiselle Marie Marguerite CAUPAIN veuve d'Adrien BOSQUET vivant huissier parlement et notaire royal demeurant en cette ville a déclaré et déclare qu'elle récréante ledit feu BOSQUET son mari promettant payer ses dettes, obsèques et funérailles et en décharger la cour, fait pardevant monsieur Leroux échevin sepmanier le 8/2/1678.

1405 - Médiathèque Arras FF126 Folio 97R :
Philippe LENGLET bourgeois maître gorelier demeurant en cette ville mari et bail d'Antoine HATTA et Anne Guislaine HATTA fille à marier demeurant audit Arras, lesdites HATTA sœurs et filles de feu Michel HATTA vivant aussi maître gorelier et commandeur des porte-charbons de cette ville, ont déclaré et déclarent qu'ils récréantent ledit feu HATTA leur père promettant payer ses dettes, obsèques et funérailles et en décharger la cour, fait pardevant monsieur Noel échevin sepmanier le 10/2/1678.

1406 - Médiathèque Arras FF126 Folio 98R :
Damoiselle Marie Madeleine CASIER veuve Nicolas DE RANSART vivant bourgeois et premier commis du Mont de piété de cette ville, a déclaré et déclare qu'elle récréante ledit feu DE RANSART son mari promettant payer ses dettes, obsèques et funérailles et en décharger la cour, fait pardevant monsieur Desquires échevin sepmanier le 16/2/1678.

1407 - Médiathèque Arras FF126 Folio 99R :
Jeanne TAFFIN veuve de Denis VINCENT dit La Fontaine bourgeois de cette ville y demeurant a déclaré et déclare qu'elle récréante ledit feu VINCENT son mari promettant payer ses dettes, obsèques et funérailles et en décharger la cour, fait pardevant monsieur Hourdequin échevin sepmanier le 21/2/1678.

1408 - Médiathèque Arras FF126 Folio 99R :
Isabelle VASSEUR veuve de Jean DE LAYENS bourgeois maître corroyeur demeurant en cette ville a déclaré et déclare qu'elle récréante ledit feu DELAYENS son mari décédé le jour d'hier, promettant payer ses dettes,

obsèques et funérailles et en décharger la cour, fait pardevant monsieur de Beaurains Lesergent échevin sepmanier le 25/2/1678.

1409 - Médiathèque Arras FF126 Folio 99R :
Jean François et Marie Marguerite LANSEART frère et sœur enfants et héritiers de feu Pierre à son décès bourgeois demeurant audit Arras, ont déclaré et déclarent qu'ils récréantent par le trépas dudit feu Pierre LANSEART leur père promettant payer ses dettes, obsèques et funérailles et en décharger la cour, fait pardevant monsieur de Beaurains Lesergent échevin sepmanier le 26/2/1678.

1410 - Médiathèque Arras FF126 Folio 99V :
Isabelle FATOU veuve de Jean Baptiste ANSELIN vivant bourgeois marchand linger demeurant en cette ville a déclaré et déclare qu'elle récréante ledit feu ANSELIN son mari décédé ce jourd'hui promettant payer ses dettes, obsèques et funérailles et en décharger la cour, fait pardevant monsieur de Grandmaretz échevin sepmanier le 28/2/1678.

1411 - Médiathèque Arras FF126 Folio 99V :
Damoiselle Anne LEBAS veuve de Charles Géry WILLART vivant bourgeois maître chirurgien demeurant à Arras a déclaré et déclare qu'en qualité de mère et tutrice légitime de Marie Marguerite WILLART en bas âge qu'elle olt dudit feu son mari elle récréante icelluy WILLART décédé le jour d'hier promettant payer ses dettes, obsèques et funérailles et en décharger la cour en ladite qualité, le tout sans préjudice à ladite LEBAS de délibérer si elle entend jouir et profiter en son nom de ses conventions matrimoniales, fait pardevant monsieur de Grandmaretz échevin sepmanier le 28/2/1678.

1412 - Médiathèque Arras FF126 Folio 100R :
Jean François LANSEART fils de Pierre nommé au feuillet précédent tuteur testamentaire de Claire Françoise LANSEART sa sœur mineure a déclaré et déclare qu'en ladite qualité de tuteur à lui commise par le testament de son père le 24 de ce mois il récréante ledit feu Pierre LANSEART leur père promettant audit nom payer ses dettes, obsèques et funérailles et en décharger la cour, fait pardevant monsieur de Grandmaretz échevin sepmanier le 28/2/1678.

1413 - Médiathèque Arras FF126 Folio 100R :
Antoine PARIS bourgeois cordonnier demeurant en cette ville a déclaré et déclare qu'il récréante par le trépas de feu Philippe PARIS son oncle paternel décédé ce jourd'hui, promettant payer ses dettes, obsèques et funérailles et en décharger la cour, fait pardevant monsieur du Metz échevin sepmanier le 28/2/1678.

1414 - Médiathèque Arras FF126 Folio 101R :
Marie Marguerite, Marie Anne et Marie Marguerite GELÉ sœurs filles à marier demeurant en cette ville ont déclaré et déclarent qu'elles récréantent feue Anne GELÉ veuve d'Antoine DOCMAISNIL vivant bourgeois peigneur de laines leur tante paternelle, promettant payer ses dettes, obsèques et funérailles et en décharger la cour, fait pardevant monsieur Foucquier échevin sepmanier le 10/3/1678.

1415 - Médiathèque Arras FF126 Folio 101V :
Marguerite BEAUCOURT veuve d'Antoine HOSTELET vivant « schieur » d'herbes demeurant à Arras a déclaré et déclare qu'elle récréante ledit feu HOSTELET son mari décédé ce jourd'hui promettant payer ses dettes, obsèques et funérailles et en décharger la cour, fait pardevant monsieur Leroux échevin sepmanier le 22/3/1678.

1416 - Médiathèque Arras FF126 Folio 102R :
Damoiselle Marie Anne LEBAS veuve de Charles Géry WILLART vivant bourgeois maître chirurgien demeurant à Arras a déclaré et déclare qu'elle renonce aux biens meubles délaissés par ledit feu WILLART son mari se tenant à son droit de douaire stipulé par son contrat de mariage, ledit WILLART décédé le 27 de février dernier, fait pardevant monsieur Leroux échevin sepmanier le 23/3/1678.

1417 - Médiathèque Arras FF126 Folio 103R :
Leriche et Lenoir sergents ont à la requête de Jean Guislain THERY bourgeois marchand demeurant en cette ville arrêté et empêché es mains de François ROBLIN, Hugues DELATTRE, Noël TEINTURIER dit La Fontaine, Madeleine LADERIERE veuve de Nicolas DEFFOSSEZ, Adrien NOIRET, Adrien CRUCHET, Nicolas MASINGUE, Gilles DUPREEL, Philippe THERY, [ ] DELEPORTE veuve de Pierre DUPARCQ, la veuve Arnould DUHAUPAS, Jean HANICQ, la veuve Robert LEQUIEN, la veuve Jean PETIT, Françoise BRUNEL veuve de Jean MARCHANT et Claire TAILLANDIER veuve de François DUBOIS, tous marchands merciers demeurant en cette ville, tous et chacuns les deniers et marchandises qu'ils doivent ou peuvent avoir en leur

possession appartenant à Pierre CRESPIN chartier et Marie MASURE sa femme chartiers demeurant ci devant à Neuviroeulles et présentement fugitifs et latitants et es mains de Catherine CUVELIER veuve de Pierre DELEPORTE, Augustin OLIVE, François BAUDUIN, Adrien BOULANGER, Nicolas DEFFOSSEZ, Robert DOLLET, Maximilien FEBVRIER, Jean TAILLANDIER, Simon MARTIN, Jacques ATTAIGNANT, François GOUDEMAN, Anne LEROY veuve d'Henry LEGRAND, Jean HERMAN aussi mercier demeurant audit Arras, Marie CASIER Jean Philipe SACLAU, François CARPENTIER, Pierre GAUSSART garde de porte et Jean Baptiste VAHEE, tous marchands merciers, Nicolas GONFROY et la veuve Venant FLIPPES marchands quincailliers et Jacques DECAIX cloutier demeurant audit Arras, aussi tous et chacuns les deniers et marchandises qu'ils doivent ou peuvent avoir en leur possession appartenant auxdits CRESPIN et sa femme, pour avoir paiement de la somme de 2500 livres monnaie d'Artois, pour les causes à déclarer au jour servant, ayant été fait les défenses requises en parlant aux personnes des premiers susnommés, aux femmes desdits Augustin OLIVE, François BAUDUIN, Adrien BOULANGER, Nicolas DEFFOSSEZ, Robert DOLLET, Maximilien FEBVRIER, Simon MARTIN, Jacques ATTAIGNANT, François GOUDEMAN, Jean HERMAN, Jean Baptiste VAHEE, Jean Philippe SACLAU, François CARPENTIER et Pierre GAUSSART, aux filles desdits veuves Pierre DELEPORTE et Henry LEGRAND et aux servantes desdits Jean TAILLANDIER et Marie CASIER, auxquels a été donné et assigné respectivement jour comme auxdits CRESPIN et sa femme auxquels le présent arrêt a été signifié en parlant à leur fille la trouvant en cette ville, aux prochains plaids, fait le 24/3/1678.

1418 - Médiathèque Arras FF126 Folio 104V :
Jean DORESMIEUX, Michel THERY, Scolastique DE FREMICOURT femme à Robert DE RANSART et Anne Sabine LOMBART femme à Jean Guislain THERY tous marchands demeurant en cette ville, ont déclaré et déclarent que de l'ordonnance rendue ce jourd'hui à leur préjudice et au profit de Marie Thérèse CRESPIN fille de Pierre et Marie MAZURE, ils s'en sont porté et portent par cettes pour appelant, par laquelle ordonnance était ordonné à iceux d'autres recettes faites par ladite Marie Thérèse CREPSIN depuis la faillite desdits père et mère que celles renseignées au procès verbal, aussi bien que de tout ce qui s'est ensuivi protestant ledit appel relevé en temps et lieu et où il appartiendra, fait pardevant monsieur Leroux échevin sepmanier le 24/3/1678.

1419 - Médiathèque Arras FF126 Folio 105R :
Christophe ROUSSEL maçon demeurant en cette ville mari et bail de Isabelle VERMELLE a déclaré et déclare qu'il récréante feue Isabeau LAISNE à son décès veuve de Nicolas VERMELLE vivant tonnelier demeurant audit Arras tante paternelle de ladite Isabelle VERMELLE promettant payer ses dettes, obsèques et funérailles et en décharger la cour, fait pardevant monsieur Noel échevin sepmanier le 26/3/1678.

1420 - Médiathèque Arras FF126 Folio 105R :
Catherine SENECA veuve de Philippe BLANCHET vivant bourgeois boucher demeurant en cette ville a déclaré et déclare qu'elle récréante ledit feu BLANCHET son mari promettant payer ses dettes, obsèques et funérailles et en décharger la cour, fait pardevant monsieur Noel échevin sepmanier le 26/3/1678.

1421 - Médiathèque Arras FF126 Folio 105V :
Marie LEMAIRE veuve de Jacques COROIER vivant maître armurier demeurant en cette ville a déclaré et déclare qu'elle récréante ledit feu COROIER son mari promettant payer ses dettes, obsèques et funérailles et en décharger la cour, fait pardevant monsieur Desquires échevin sepmanier le 1/4/1678.

1422 - Médiathèque Arras FF126 Folio 105V :
Philippe HAUWEL fils à marier de son stil charron demeurant en cette ville a déclaré et déclare qu'il récréante par le trépas de feu Mathieu HAUWEL son père vivant bourgeois maître charron demeurant en cette ville décédé ce jourd'hui, promettant payer ses dettes, obsèques et funérailles et en décharger la cour, fait pardevant monsieur Delahaye échevin sepmanier le 1/4/1678.

1423 - Médiathèque Arras FF126 Folio 105V :
Marie DORLET veuve d'Aman ELOY vivant meunier demeurant en cette ville a déclaré et déclare qu'elle récréante par le trépas dudit feu ELOY son mari promettant payer ses dettes, obsèques et funérailles et en décharger la cour, fait pardevant monsieur Delahaye échevin sepmanier le 3/4/1678 et enregistré le 4ème.

1424 - Médiathèque Arras FF126 Folio 105V :
Maître Nicolas DE GOUY prêtre curé du village de Thélus a déclaré et déclare qu'il récréante par le trépas de maître Pierre DE GOUY vivant aussi prêtre et chapelain de l'hôpital Saint Jean en cette ville son frère décédé le 10ème de ce mois promettant payer ses dettes, obsèques et funérailles et en décharger la cour et de sortir juridiction à ce siège en ce regard, fait pardevant monsieur de Grandmaretz échevin sepmanier le 14/4/1678.

1425 - Médiathèque Arras FF126 Folio 106R :
Marie Guislaine LESCARDÉ veuve d'Adrien LEFEBVRE vivant bourgeois maître menuisier et marchand de bois demeurant en cette ville a déclaré et déclare qu'elle récréante ledit feu LEFEBVRE son mari promettant payer ses dettes, obsèques et funérailles et en décharger la cour, fait pardevant monsieur du Metz échevin sepmanier le 14/4/1678.

1426 - Médiathèque Arras FF126 Folio 106R :
Jeanne GOUY veuve de Pierre TERMONDE vivant bourgeois maître vitrier demeurant en cette ville a déclaré et déclare qu'elle récréante ledit feu TERMONDE son mari décédé le 13ème de ce mois, promettant payer ses dettes, obsèques et funérailles et en décharger la cour, fait pardevant monsieur Foucquier échevin sepmanier le 18/4/1678.

1427 - Médiathèque Arras FF126 Folio 107R :
Jean François LECOCQ bourgeois maître maréchal ferrant demeurant en cette ville a déclaré et déclare qu'il renonce aux biens et dettes de feu Philippe LECOCQ vivant chartier demeurant en cette dite ville son père décédé ce jourd'hui en la maison occupée par Nicolas RIQUIER boulanger audit Arras, fait pardevant monsieur Foucquier échevin sepmanier le 22/4/1678.

1428 - Médiathèque Arras FF126 Folio 107R :
Marie Françoise DANISON veuve de Philippe WILLART vivant bourgeois mesureur de grains demeurant en cette ville a déclaré et déclare qu'elle récréante ledit feu WILLART son mari décédé le jour d'hier promettant payer ses dettes, obsèques et funérailles et en décharger la cour, fait pardevant monsieur de Beaurepaire échevin sepmanier le 26/4/1678.

1429 - Médiathèque Arras FF126 Folio 107V :
Robert LIEVRE bourgeois porte sacq demeurant en cette ville mari et bail de Michelle MAILLART a déclaré et déclare qu'il récréante Claude GILLOT vivant mesureur de charbon y demeurant à son trépas relict de Marie PRUVOST mère d'icelle MAILLART, décédé le 24ème de ce mois promettant payer ses dettes, obsèques et funérailles et en décharger la cour, fait pardevant monsieur Ansart échevin sepmanier le 26/4/1678.

1430 - Médiathèque Arras FF126 Folio 109V :
Jean François LIEBE bourgeois marchand demeurant à Arras a déclaré et déclare qu'il récréante Isabeau MANESSIER sa mère à son trépas veuve de maître Nicolas LIEBE vivant receveur de la confrérie de Notre Dame des Ardents décédée le 26ème d'avril dernier promettant payer ses dettes, obsèques et funérailles et en décharger la cour, fait pardevant monsieur Leroux échevin sepmanier le 2/5/1678.

1431 - Médiathèque Arras FF126 Folio 110R :
Jeanne NEVEU veuve de François MARCHANT vivant bourgeois tonnelier demeurant en cette ville a déclaré et déclare qu'elle récréante ledit feu MARCHANT son mari décédé le jour d'hier promettant payer ses dettes, obsèques et funérailles et en décharger la cour, fait pardevant monsieur Leroux échevin sepmanier le 4/5/1678.

1432 - Médiathèque Arras FF126 Folio 110V :
Antoinette HOGUET veuve de Michel PEUVION vivant bourgeois passementier demeurant en cette ville a déclaré et déclare qu'elle récréante ledit feu PEUVION son mari promettant payer ses dettes, obsèques et funérailles et en décharger la cour, fait pardevant monsieur Leroux échevin sepmanier le 4/5/1678.

1433 - Médiathèque Arras FF126 Folio 111V :
Rose LOTTIN veuve de Pierre DAMBRINES vivant bourgeois meunier demeurant à Arras a déclaré et déclare qu'elle récréante ledit feu DAMBRINES son mari décédé le 8ème de ce mois, promettant payer ses dettes, obsèques et funérailles et en décharger la cour, fait pardevant monsieur Leroux échevin sepmanier le 10/5/1678.

1434 - Médiathèque Arras FF126 Folio 112R :
Jeanne LEFEBVRE veuve de Jean Baptiste LEFEBVRE vivant valet de cordonnier demeurant audit Arras a déclaré et déclare qu'elle récréante ledit feu son mari décédé le jour d'hier promettant payer ses dettes, obsèques et funérailles et en décharger la cour, fait pardevant monsieur du Metz échevin sepmanier le 20/5/1678.

1435 - Médiathèque Arras FF126 Folio 112V :
Pierre, Antoine, Thérèse, Isabelle et Marguerite MARSEL frères et sœurs enfants de feu Antoine vivant bourgeois maître cuisinier demeurant en cette ville suffisamment âgés selon qu'ils ont déclaré tant en leurs nom privés

qu'eux faisant et portant fort de Marie Angélique MARSEL leur sœur en bas âge, ont déclaré et déclarent qu'ils récréantent ledit feu Antoine MARSEL leur père, promettant payer ses dettes, obsèques et funérailles et en décharger la cour, fait pardevant monsieur Lesergent échevin sepmanier le 20/5/1678.

1436 - Médiathèque Arras FF126 Folio 113R :
Michel BOURDON bourgeois maître cordonnier demeurant en cette ville mari et bail de Marie Madeleine ALLEAUME icelle fille de feus Guillaume vivant boucher et Madeleine LEFEBVRE, a déclaré et déclare qu'il récréante ladite Madeleine LEFEBVRE mère de ladite Marie Madeleine ALLEAUME sa femme promettant payer ses dettes, obsèques et funérailles et en décharger la cour fait pardevant monsieur du Metz échevin sepmanier le 27/5/1678.

1437 - Médiathèque Arras FF126 Folio 114R :
Marie Anne BEAUVOIS veuve de Charles CUVELLIER vivant bourgeois marchand brasseur demeurant en cette ville a déclaré et déclare qu'elle récréante ledit feu CUVELLIER son mari décédé le 9ème de mai dernier promettant payer ses dettes, obsèques et funérailles et en décharger la cour, fait pardevant monsieur de Beaurepaire échevin sepmanier le 7/6/1678.

1438 - Médiathèque Arras FF126 Folio 114V :
Catherine BEAUCOURT veuve de Gabriel LANGE vivant porte sacq de cette ville a déclaré et déclare qu'elle récréante ledit feu LANGE son mari promettant payer ses dettes, obsèques et funérailles et en décharger la cour, fait pardevant monsieur Noel échevin sepmanier le 17/6/1678.

1439 - Médiathèque Arras FF126 Folio 115R :
Marie JOURDAIN veuve de Pierre CHOCQUET vivant taillandier demeurant en cette ville mère grande à Nicolas PEAUTÉ fils mineur de feus François vivant maître tailleur d'habits et d'encore vivante Madeleine CHOCQUET icelle fille dudit Pierre, a déclaré et déclare qu'elle récréante au nom dudit Nicolas PEAUTÉ par le trépas dudit feu Pierre CHOCQUET son père grand, promettant audit nom payer ses dettes, obsèques et funérailles et en décharger la cour, fait pardevant monsieur Desquires échevin sepmanier le 22/6/1678.

1440 - Médiathèque Arras FF126 Folio 115R :
Marie Catherine TERMONDE fille à marier suffisamment âgée de feus Pierre vivant bourgeois maître vitrier et de Jeanne DE GOUY demeurant en cette ville a déclaré et déclare qu'elle récréante ladite feue Jeanne DE GOUY sa mère à son trépas veuve et demeurée es biens dudit feu Pierre TERMONDE promettant payer ses dettes, obsèques et funérailles et en décharger la cour, fait pardevant monsieur Desquires échevin sepmanier le 23/6/1678.

1441 - Médiathèque Arras FF126 Folio 115R :
De Flers sergent à verge, Lenoir sergent du châtelain et Jean Descoucille sergent du pouvoir de Sechelles ont à la requête de Damoiselle Françoise BECQUART veuve de feu Jacques VANDESTRATE demeurant à Saint Omer arrêté et empêché es mains de Philippe, Dominique et Marguerite HERLIN frères et sœurs à marier et héritiers de feu Antoine vivant aussi à marier leur frère demeurant en cette ville tous et chacuns les deniers qu'ils doivent et devront à l'avenir en leurdite qualité d'héritiers de feu Antoine leur frère à Jean BAINET mari et bail d'Isabelle VANDESTRATE et Marie Madeleine VANDESTRATE veuve de Nicolas BOUFLERS, iceux VANDESTRATE enfants et héritiers dudit feu Jacques à raison du testament dudit feu Antoine HERLIN du 13/12/1664 pour consuivre et avoir paiement par ladite Damoiselle BECQUART de la somme de 1495 florins 4 sols 2 deniers monnaie de Flandres pour les causes à déclarer au jour servant ayant été fait les défenses requises auxdits HERLIN en parlant à ladite Marguerite en son domicile et jour assigné aux seconds plaids fait le 23/6/1678.

1442 - Médiathèque Arras FF126 Folio 116R :
Damoiselle Marguerite DAIX veuve d'Antoine DENIS vivant écuyer sieur de Sapigny demeurant à Arras a déclaré et déclare qu'elle récréante par le décès dudit feu sieur de Sapigny son mari promettant payer ses dettes, obsèques et funérailles et en décharger la cour, fait pardevant monsieur Delahaye échevin sepmanier le 23/6/1678.

1443 - Médiathèque Arras FF126 Folio 116V :
Damoiselle Gabrielle DELERUE veuve de feu Jacques GREGOIRE vivant avocat au conseil d'Artois demeurant à Arras a déclaré et déclare qu'elle renonce aux biens et dettes dudit feu sieur GREGOIRE son mari et qu'elle se tient à son droit de douaire stipulé par son contrat de mariage, fait pardevant monsieur Desquires échevin sepmanier le 25/6/1678.

1444 - Médiathèque Arras FF126 Folio 117R :
Curatelle : maître Jean François POTTIER prêtre chapelain de l'église paroissiale de Saint Aubert en cette ville et Gabriel DUPUICH bourgeois maître sculpteur demeurant en cette dite ville ont sur la requête présentée par Pierre DE GOUY maître cordonnier y demeurant été reçus et admis à la curatelle des personne et biens de Charles DE TERMONDE fils mineur en bas âge de feus Pierre vivant aussi bourgeois maître vitrier et Jeanne DE GOUY, suivant le consentement de Marguerite et Marie Catherine de DE TERMONDE sœurs filles desdits feus Pierre et Jeanne DE GOUY et ouy le procureur général d'icelle ville à la caution offerte l'un de l'autre et de Marie Joseph DE TERMONDE femme audit DUPUICH et pareillement filles desdits défunts en faisant les devoirs, sont comparus lesdits POTTIER et DUPUICH en personne lesquels ont empris et accepté ladite curatelle et promis par leur serment qu'ils ont prêté savoir iceluy POTTIER in verbo sacerdotis manu pectori apposita et ledit DUPUICH en la forme ordinaire de s'y bien et fidèlement conduire et comporter et d'en rendre bon et fidèle compte quand sommé et requis en seront, s'étant ensuite constitués (et avec eux ladite Marie Joseph DE TERMONDE femme d'iceluy DUPUICH aussi présente et comparante en personne pour ce de lui suffisamment autorisée et sans contrainte comme elle a déclaré) cautions solidaires l'un de l'autre sous l'obligation solidaire de tous leurs biens, promettant ledit POTTIER subir juridiction à ce siège en ce regard et renonçant icelle Marie Joseph DE TERMONDE au droit du senatus consult velleem et à l'authentique si qua mullier dont l'effet lui a été expliqué, fait pardevant monsieur de Beaurains Lesergent échevin sepmanier le 1/7/1678.

1445 - Médiathèque Arras FF126 Folio 117V :
Barthélémy DESMARETZ sieur de Preville bourgeois de cette ville y demeurant tuteur aux personne et biens de Damoiselle Marie Marguerite DESMARETZ damoiselle de le Helle fille mineure en bas âge de feus Louis Nicolas DESMARETZ vivant sieur dudit de le Helle et Damoiselle Marie Claire DE ZUAZOU demeurant audit Arras a déclaré et déclare qu'il récréante au nom de ladite mineure ledit feu Louis Nicolas DESMARETZ son père promettant audit nom payer ses dettes, obsèques et funérailles et en décharger la cour, fait pardevant monsieur de Beaurains Lesergent échevin sepmanier le 1/7/1678.

1446 - Médiathèque Arras FF126 Folio 118V :
Michel et Maximilien CUVELIER brasseurs frères enfants de feus Georges et de Jeanne DERUELLE demeurant en cette ville ont déclaré et déclarent qu'ils récréantent par le trépas de ladite feue Jeanne DERUELLE leur mère promettant payer ses dettes, obsèques et funérailles et en décharger la cour, fait pardevant monsieur du Metz échevin sepmanier le 7/7/1678.

1447 - Médiathèque Arras FF126 Folio 120R :
Antoinette FOLY veuve de Michel DE BERLES vivant bourgeois boulanger demeurant en cette ville a déclaré et déclare qu'elle récréante ledit feu DE BERLES son mari promettant payer ses dettes, obsèques et funérailles et en décharger la cour, fait pardevant monsieur Foucquier échevin sepmanier le 12/7/1678.

1448 - Médiathèque Arras FF126 Folio 120V :
Marguerite BEAUVOIS veuve d'Antoine DESCAMPS vivant bourgeois tanneur demeurant en cette ville a déclaré et déclare qu'elle récréante sondit feu mari décédé ce jourd'hui promettant payer ses dettes, obsèques et funérailles et en décharger la cour, fait pardevant monsieur Foucquier échevin sepmanier le 16/7/1678.

1449 - Médiathèque Arras FF126 Folio 120V :
Marie RICQUIER veuve de François MANESSIER vivant sayeteur demeurant en cette ville a déclaré et déclare qu'elle récréante ledit feu MANESSIER son mari promettant payer ses dettes, obsèques et funérailles et en décharger la cour, fait pardevant monsieur de Beaurepaire échevin sepmanier le 18/7/1678.

1450 - Médiathèque Arras FF126 Folio 121R :
Louis et François PRUVOST chartiers, Charles HOUVIGNEUL manouvrier et Sainte PRUVOST sa femme demeurant tous es faubourgs de cette ville sauf ledit François en cette ville iceux du surnom PRUVOST frères et sœur enfants de feus Jean et d'Antoinette HOURIER vivant jardiniers demeurant es faubourgs de Ronville lez cette ville, ont déclaré et déclare qu'ils récréantent lesdits feus PRUVOST et Antoinette HOURIER leurs père et mère promettant payer leurs dettes, obsèques et funérailles et en décharger la cour, fait pardevant monsieur Leroux échevin sepmanier le 26/7/1678.

1451 - Médiathèque Arras FF126 Folio 121V :
Anne MIRVILLE veuve de Martin GRARDEL vivant couvreur de tuiles demeurant en cette ville a déclaré et déclare qu'elle récréante ledit feu GRARDEL son mari promettant payer ses dettes, obsèques et funérailles et en décharger la cour, fait pardevant monsieur Leroux échevin sepmanier le 27/7/1678.

1452 - Médiathèque Arras FF126 Folio 122V :
Melchior LAGACHE a déclaré et déclare qu'il se porte appelant des lettres de condamnations obtenues de ce siège à sa charge le 23 de ce présent mois de juillet par Antoine François DORESMIEUX fils et héritier de Damoiselle Susanne PREVOST à son trépas veuve de Nicolas DORESMIEUX demeurant audit Arras protestant ledit appel retenu en temps et lieu et où il appartiendra, fait pardevant monsieur Leroux échevin sepmanier le 29/7/1678.

1453 - Médiathèque Arras FF126 Folio 123V :
Damoiselle Marguerite CAUROIS veuve de Mathias CAUDRON vivant bourgeois marchand et à son tour l'un des quatre commis aux ouvrages de cette ville, a déclaré et déclare qu'elle récréante ledit feu CAUDRON son mari promettant payer ses dettes, obsèques et funérailles et en décharger la cour, fait pardevant monsieur de Beaurains échevin sepmanier le 3/8/1678.

1454 - Médiathèque Arras FF126 Folio 123V :
Tutelle : est comparu Christophe ROUSSEL bourgeois maçon demeurant à Arras reçu et admis par ordonnance du 29 de juillet dernier à la tutelle des personne et biens de Marie Madeleine CAUPAIN fille en bas âge de feus Robert et Marie Marguerite VERMEL, petite-fille et héritière avec autres d'Isabeau DELIGNE à son trépas veuve de Nicolas VERMEL et ce après avoir ouy le procureur général de cette ville et suivant les consentements donnés par Marie Madeleine CAUPAIN veuve et demeurée es bien d'Adrien BOSQUET vivant huissier du parlement de Paris et de maître Hubert DELEAU prêtre proches parents de ladite mineure en faisant les devoirs et à charge au lieu de caution personnelle pour ce qu'il pourra devoir et être tenu à cause de sa qualité de tuteur de rapporter pardevant échevins les parties de maisons et brasserie conjointement avec Isabeau VERML sa femme qui leur appartiennent de la succession d'Isabeau LIGNE pour sûreté, conservation et hypothèque de ce que dessus, pour à laquelle ordonnance satisfaire, ledit Christophe ROUSSEL et Isabeau VERMEL sa femme pour ce de lui suffisamment autorisée ont rapporté, affecté et hypothéqué par désaisine ce jourd'hui la moitié de deux maisons et héritages sises en cette ville savoir la première avec la brasserie rue des bouchers tenant d'une part à la veuve MAILLE, d'autre à la veuve Louis BOURGEOIS et l'autre faisant coin de ladite rue des bouchers tenant d'un côté à Jean VASSEUR, d'autre à la veuve Sébastien ALIX ainsi que le tout se comprend et extend sans aucune chose réserver ni retenir pour sûreté comme dessus, selon qu'est fait mention par le registre aux contrats de ce siège, icelluy ROUSSEL a empris et accepté ladite tutelle et promis suivant ce par serment par lui prêté de soy y bien et fidèlement conduire et comporter et d'en rendre bon et fidèle compte et d'en payer le relicqua toutes les fois que requis en sera sous l'obligation de ses biens, fait pardevant monsieur de Beaurepaire échevin sepmanier le 3/8/1678.

1455 - Médiathèque Arras FF126 Folio 124V :
Damoiselle Adrienne MESHAYES veuve de Guislain LEFEBVRE vivant bourgeois marchand demeurant en cette ville a déclaré et déclare qu'elle récréante ledit feu LEFEBVRE son mari promettant payer ses dettes, obsèques et funérailles et en décharger la cour, fait pardevant monsieur Leroux échevin sepmanier le 5/8/1678.

1456 - Médiathèque Arras FF126 Folio 124V :
Marie DEHENIN veuve de Charles François LEROUX vivant coustelier demeurant en cette ville rue Saint Aubert a déclaré et déclare qu'elle récréante ledit feu LEROUX son mari décédé ce jourd'hui promettant payer ses dettes, obsèques et funérailles et en décharger la cour, fait pardevant monsieur de Beaurepaire échevin sepmanier le 5/8/1678.

1457 - Médiathèque Arras FF126 Folio 125R :
Jacqueline DURAMETZ veuve de Adrien MOINET vivant bourgeois tonnelier demeurant à Arras a déclaré et déclare qu'elle récréante par le décès dudit feu MOINET son mari décédé ce jourd'hui promettant payer ses dettes, obsèques et funérailles et en décharger la cour, fait pardevant monsieur de Grandmaretz échevin sepmanier le 18/8/1678.

1458 - Médiathèque Arras FF126 Folio 125V :
Antoine DUPIRE bourgeois potier de terre demeurant en cette ville mari et baïl d'Anne Jeanne MORGUET et Barbe MORGUET, lesdites Anne Jeanne et Barbe MORGUET sœurs filles de feus Firmin et Jeanne CARDON vivants demeurant aussi en cette ville, ont déclaré et déclarent qu'ils récréantent par le trépas dudit feu Firmin

MORGUET leur père décédé ce jourd'hui promettant payer ses dettes, obsèques et funérailles et en décharger la cour, fait pardevant monsieur Leroux échevin sepmanier le 20/8/1678.

1459 - Médiathèque Arras FF126 Folio 126V :
Damoiselle Louise Charlotte DE CLERIS veuve de Remon VION vivant bourgeois et capitaine au régiment de Normandie, a déclaré et déclare qu'elle récréante ledit feu sieur VION son mari décédé en cette ville, promettant payer ses dettes, obsèques et funérailles et en décharger la cour, fait pardevant monsieur de Beaurepaire échevin sepmanier le 30/8/1678.

1460 - Médiathèque Arras FF126 Folio 127R :
Jeanne DELAYENS veuve de Jean BULTEL vivant portesacq demeurant en cette ville a déclaré et déclare qu'elle récréante sondit feu mari décédé ce jourd'hui promettant payer ses dettes, obsèques et funérailles et en décharger la cour, fait pardevant monsieur de Beaurepaire échevin sepmanier le 31/8/1678.

1461 - Médiathèque Arras FF126 Folio 127R :
Hubert BRACQUET meunier, Claude BRACQUET boulanger et François BRACQUET mesureur de grains demeurant en cette ville, ont déclaré et déclarent qu'ils récréantent par le décès d'Anne BRACQUET ancienne fille y demeurant leur tante du côté paternel promettant payer ses dettes, obsèques et funérailles et en décharger la cour, fait pardevant monsieur de Beaurepaire échevin sepmanier le 31/8/1678.

1462 - Médiathèque Arras FF126 Folio 127V :
Jean LENFLE bourgeois demeurant en cette ville s'est constitué caution de Claude LENFLE son fils y demeurant reçu et admis et exercer un office de sergent à verge de ce siège qu'il a pris à titre de bail de Gilles François HATTE et ce pour la somme de 600 livres une fois pour la sûreté des exploits et deniers qui lui seront confiés promettant suivant ce lesdits Jean et Claude LENFLE solidairement payer lesdits 600 livres une fois pour sûreté que s'il y échoit sous l'obligation de leurs biens, fait pardevant monsieur Leroux échevin sepmanier le 14/9/1678.

1463 - Médiathèque Arras FF126 Folio 129R :
Anne GUILLEBERT veuve de Pierre PLAT vivant bourgeois et valet des commis généraux de la pauvreté d'Arras a déclaré et déclare qu'elle récréante ledit feu PLAT son mari décédé ce jourd'hui promettant payer ses dettes, obsèques, funérailles et en décharger la cour, fait pardevant monsieur Lesergent échevin sepmanier le 22/9/1678.

1464 - Médiathèque Arras FF126 Folio 129V :
Jean ACCART bourgeois maître charpentier demeurant en cette ville a déclaré et déclare qu'il récréante Marguerite GUILLEBERT sa mère à son trépas veuve d'Adrien ACCART décédé ce jourd'hui promettant payer ses dettes, obsèques et funérailles et en décharger la cour, fait pardevant monsieur de Grandmaretz échevin sepmanier le 27/9/1678.

1465 - Médiathèque Arras FF126 Folio 130R :
Susanne PONSSE veuve de Pierre GAUSSART dit La Montagne vivant garde des portes de cette ville a déclaré et déclare qu'elle récréante ledit feu GAUSSART son mari promettant payer ses dettes, obsèques et funérailles et en décharger la cour, fait pardevant monsieur Le Carlier échevin sepmanier le 30/9/1678.

1466 - Médiathèque Arras FF126 Folio 130V :
Jacques Louis et Catherine MACREL frère et sœur demeurant à Arras se sont solidairement constitués caution de Damoiselle Anne WILLART leur mère veuve de Jérosme MACREL vivant procureur au conseil d'Artois, pour par elle profiter de l'ordonnance couchée sur la requête présentée au siège ce jourd'hui à effet de recevoir la somme de 54 livres 4 sols faisant le tiers du marc de la demande qu'elle a faite avec Philippe WILLART et les enfants et héritiers de feu Laurent WILLART de 694 livres 9 sols 8 deniers à la distribution des deniers provenant de la vente d'une maison ayant appartenu à feus Géry WILLART et sa femme, ledit marc portant 163 livres 4 sols à laquelle caution lesdits Jacques Louis et Catherine MACREL ont été reçus par ladite ordonnance du jourd'hui du consentement des principaux créanciers des WILLART et sa femme promettant suivant ce de rendre et rapporter lesdits 54 livres 4 sols si ainsi est ordonné ci après sous l'obligation de leurs biens, fait pardevant monsieur Camp échevin sepmanier le 3/10/1678.

1467 - Médiathèque Arras FF126 Folio 130V :
Antoinette BACON fille à marier de Robert BACON vivant bourgeois charron demeurant es faubourgs de Ronville a déclaré et déclare qu'elle récréante ledit feu BACON son père, promettant payer ses dettes, obsèques et funérailles et en décharger la cour, fait pardevant monsieur Camp échevin sepmanier le 5/10/1678.

1468 - Médiathèque Arras FF126 Folio 130V :
Antoinette CUVELIER veuve de Chrestien THERACHE vivant cordier demeurant en cette ville a déclaré et déclare qu'elle récréante ledit feu THERACHE son mari, promettant payer ses dettes, obsèques et funérailles et en décharger la cour, fait pardevant monsieur Camp échevin sepmanier le 5/10/1678.

1469 - Médiathèque Arras FF126 Folio 131R :
Marie Marguerite CLEMENT veuve de Jean POTEZ vivant savetier demeurant en cette ville a déclaré et déclare qu'elle récréante ledit feu POTEZ son mari promettant payer ses dettes, obsèques et funérailles et en décharger la cour, fait pardevant monsieur de Beaurepaire échevin le 8/10/1678.

1470 - Médiathèque Arras FF126 Folio 132R :
Léonore VISCERY veuve de Jean LEDUCQ vivant bourgeois maître boulanger demeurant en cette ville a déclaré et déclare qu'elle récréante ledit feu LEDUCQ son mari décédé ce jourd'hui promettant payer ses dettes, obsèques et funérailles et en décharger la cour, fait pardevant monsieur Leroux échevin sepmanier le 17/10/1678.

1471 - Médiathèque Arras FF126 Folio 132R :
Marie Guislaine FROMENT veuve de Jean HEROGUELLE vivant maître maçon et bourgeois demeurant en cette ville a déclaré et déclare qu'elle récréante ledit feu HEROGUELLE son mari décédé ce jourd'hui promettant payer ses dettes, obsèques et funérailles et en décharger la cour, fait pardevant monsieur Noel échevin sepmanier le 19/10/1678.

1472 - Médiathèque Arras FF126 Folio 132V :
Tutelle : Guillaume FAUTREL grand baillif de l'abbaye de Saint Sauveur de Ham demeurant à Saint Omer frère germain de feue Damoiselle Marguerite Françoise FAUTREL à son décès veuve de feu maître Robert GAZET vivant avocat au conseil d'Artois et Damoiselle Isabeau HANON veuve de maître Guillaume GAZET vivant greffier de la gouvernance de cette ville d'Arras mère dudit feu sieur Robert GAZET demeurant audit Arras, reçus et admis à la tutelle des personnes et biens de Robert et Charles GAZET enfants mineurs desdits feus sieur maître Robert GAZET et sa femme, savoir lesdits sieur FAUTREL pour la régie et administration des biens maternels desdits mineurs et ladite Damoiselle HANON pour leurs biens paternels suivant les consentements tant du révérend père en Dieu dom Marc FAUTREL abbé dudit Ham aussi frère germain à ladite feue Damoiselle FAUTREL que de François HANON sieur de Maubuisson demeurant à Ivergny grand oncle du côté paternel auxdits enfants mineurs, en faisant les devoirs, sont comparus lesdits sieur FAUTREL et Damoiselle Isabeau HANON en personne lesquels ont empris et accepté ladite tutelle et promis par serment de s'y bien et fidèlement conduire et comporter et d'en rendre compte chacun séparément de ce qu'ils auront géré et administré desdits biens paternels et maternels ayant en outre déclaré comme ils ont fait par le procès verbal tenu à ce siège à ce sujet le 17ème du présent mois que pour ce qui est des acquêts faits pendant la communauté desdits sieur et Damoiselle GAZET situés au village d'Houvin, ils seront maniés et gouvernés par ladite damoiselle HANON et ceux situés audit Ham par ledit sieur FAUTREL, le tout sous l'obligation de leurs biens renonçant par ladite Damoiselle HANON en tant que besoin aux droits introduits en faveur des femmes et promettant par le sieur FAUTREL comme autrefois de sortir juridiction à ce siège au sujet de ladite tutelle, fait pardevant monsieur Noel échevin sepmanier le 19/10/1678.

1473 - Médiathèque Arras FF126 Folio 133R :
Pierre BRIOIS bourgeois peintre demeurant à Arras a récréanté par le trépas de Marie GARGAN sa cousine germaine à son trépas veuve de Antoine CONDE bourgeois demeurant audit Arras décédée le 19ème de ce mois promettant payer ses dettes, obsèques et funérailles et en décharger la cour, fait pardevant monsieur Noel échevin sepmanier le 21/10/1678.

1474 - Médiathèque Arras FF126 Folio 134R :
Damoiselle Marguerite LABBÉ veuve de Jacques LECOUSTRE vivant bourgeois marchand demeurant en cette ville a déclaré et déclare qu'elle récréante ledit feu LECOUSTRE son mari décédé ce jourd'hui promettant payer ses dettes, obsèques et funérailles et en décharger la cour, fait pardevant monsieur Leroux échevin sepmanier le 27/10/1678.

1475 - Médiathèque Arras FF126 Folio 134R :
Jeanne CHRESTIEN veuve de Louis DUMOULIN vivant bourgeois parcheminier demeurant en cette ville a déclaré et déclare qu'elle récréante par le trépas dudit DUMOULIN son mari promettant payer ses dettes, obsèques et funérailles et en décharger la cour, fait pardevant monsieur Leroux échevin sepmanier le 27/10/1678.

1476 - Médiathèque Arras FF126 Folio 134V :
Isabeau PRUVOST veuve de Jean VASSEUR vivant bourgeois faubourlier demeurant en cette ville a déclaré et déclare qu'elle récréante ledit feu VASSEUR son mari promettant payer ses dettes, obsèques et funérailles et en décharger la cour, fait pardevant monsieur de Douay échevin sepmanier le 3/11/1678.

1477 - Médiathèque Arras FF126 Folio 134V :
Marie Madeleine BLANCHET veuve d'Augustin LAGACHE vivant bourgeois boucher demeurant en cette ville a déclaré et déclare qu'elle récréante sondit feu mari décédé ce jourd'hui promettant payer ses dettes, obsèques et funérailles et en décharger la cour, fait pardevant monsieur de Douay échevin sepmanier le 4/11/1678.

1478 - Médiathèque Arras FF126 Folio 135R :
Marie Catherine HALLETTE veuve d'Antoine CAILLET vivant bourgeois marchand demeurant en cette ville a récréanté par le trépas dudit feu CAILLET son mari promettant payer ses dettes, obsèques et funérailles et en décharger la cour, fait pardevant monsieur de Douay échevin sepmanier le 4/11/1678.

1479 - Médiathèque Arras FF126 Folio 135V :
Damoiselle Michelle JOLLET fille à marier demeurant en cette ville a déclaré et déclare qu'elle récréante par le trépas de feu Pierre JOLLET son père vivant imprimeur et libraire demeurant en cette ville décédé le jour d'hier promettant payer ses dettes, obsèques et funérailles et en décharger la cour, fait pardevant monsieur Leroux échevin sepmanier le 7/11/1678.

1480 - Médiathèque Arras FF126 Folio 135V :
Jacqueline HALOY veuve d'Antoine GELÉ vivant mercier, Philippe PREVOST maître chalier mari et bail d'Anne HALOY et François PESÉ cabaretier mari et bail d'Anne Thérèse HALOY demeurant tous en cette ville d'Arras, lesdites HALOY sœurs à Anne HALOY à son trépas femme à Jacques PREVOST aussi chalier demeurant en cette ville, ont déclaré et déclarent qu'ils récréantent icelle Anne HALOY leur sœur décédée passé un an ou environ, promettant payer ses dettes, obsèques et funérailles et en décharger la cour, fait pardevant monsieur Leroux échevin sepmanier le 9/11/1678.

1481 - Médiathèque Arras FF126 Folio 136R :
Anne LALLART veuve de Mathias LEBAILLY vivant bourgeois demeurant en cette ville rue du Grand Jardin, a déclaré et déclare qu'elle récréante sondit feu mari promettant payer ses dettes, obsèques et funérailles et en décharger la cour, fait pardevant monsieur Leroux échevin sepmanier le 12/11/1678.

1482 - Médiathèque Arras FF126 Folio 136R :
Damoiselle Marie Thérèse DESMARETZ veuve de Jean Baptiste STERT vivant avocat au conseil d'Artois à son tour échevin de cette ville a déclaré et déclare qu'elle renonce aux biens meubles et dettes de la communauté et qu'elle se tient à ses droits et douaires conventionnels et autres stipulés par son contrat de mariage, fait pardevant monsieur du Metz échevin sepmanier pour l'absence de monsieur Boucquel le 14/11/1678.

1483 - Médiathèque Arras FF126 Folio 136V :
Damoiselle Anne LEFEBVRE veuve de Noël Martin PAYEN vivant bourgeois joaillier demeurant en cette ville a déclaré et déclare qu'elle récréante ledit feu PAYEN son mari promettant payer ses dettes, obsèques et funérailles et en décharger la cour, fait pardevant monsieur Boucquel échevin sepmanier le 15/11/1678.

1484 - Médiathèque Arras FF126 Folio 138V :
Philippe DUBOIS jeune homme à marier cloutier de son stil demeurant en cette ville a déclaré et déclare qu'il récréante Madeleine DUBOIS à son trépas veuve de Charles BERNARD sa tante paternelle promettant payer ses dettes, obsèques et funérailles et en décharger la cour, fait pardevant monsieur Routart échevin sepmanier le 2/12/1678.

1485 - Médiathèque Arras FF126 Folio 138V :
Louis LEFEBVRE bourgeois demeurant en la cité d'Arras mari et bail de Marie Marguerite DUBOIS icelle nièce à Madeleine DUBOIS à son trépas veuve de Charles BERNARD décédée en cette ville samedi dernier a

récréanté par le trépas de ladite Madeleine DUBOIS tante à ladite Madeleine DUBOIS promettant payer ses dettes, obsèques et funérailles et en décharger la cour fait pardevant monsieur de Grandmaretz échevin sepmanier le 2/12/1678.

1486 - Médiathèque Arras FF126 Folio 139R :
Rose LESERT veuve de Martin DELANDRE vivant bourgeois boulanger demeurant en cette ville a déclaré et déclare qu'elle récréante par le trépas dudit feu DELANDRE son mari promettant payer ses dettes, obsèques et funérailles et en décharger la cour, fait pardevant monsieur Routart échevin sepmanier le 2/12/1678.

1487 - Médiathèque Arras FF126 Folio 139R :
Marie Madeleine WILLART veuve de Pierre LAGACHE vivant bourgeois boucher demeurant en cette ville a déclaré et déclare qu'elle récréante ledit feu LAGACHE son mari décédé ce jourd'hui promettant payer ses dettes, obsèques et funérailles et en décharger la cour, fait pardevant monsieur de Martigny échevin sepmanier le 5/12/1678.

1488 - Médiathèque Arras FF126 Folio 139V :
Marguerite MILLON veuve de Guislain LESCHEVIN vivant boulanger demeurant en cette ville a déclaré et déclare qu'elle récréante sondit feu mari promettant payer ses dettes, obsèques et funérailles et en décharger la cour, fait pardevant monsieur de Marsigny échevin sepmanier le 10/12/1678.

1489 - Médiathèque Arras FF126 Folio 140R :
Jeanne GUERBET fille à marier demeurant en cette ville ont déclaré et déclare qu'elle récréante par le trépas de Jean GUERBET son père vivant charpentier demeurant en cette dite ville promettant payer ses dettes, obsèques et funérailles et en décharger la cour, fait pardevant de Douay échevin sepmanier le 12/12/1678.

1490 - Médiathèque Arras FF126 Folio 140R :
Maximilien DE BEAUVOIS bourgeois maître menuisier demeurant en cette ville a déclaré et déclare qu'il récréante Antoinette ROBICQUET veuve de François DE BEAUVOIS sa mère promettant payer ses dettes, obsèques et funérailles et en décharger la cour, fait pardevant monsieur de Douay échevin sepmanier le 15/12/1678.

1491 - Médiathèque Arras FF126 Folio 140V :
Ignace DUBOIS bourgeois marchand et Nicolas MASINGUE aussi bourgeois marchand mari et bail de Marie Françoise DUBOIS demeurant en cette ville, lesdits DUBOIS frère et sœur enfants de feu Gilles vivant aussi bourgeois de cette ville, ont déclaré et déclarent qu'ils récréantent par le décès dudit feu Gilles DUBOIS leur père promettant payer ses dettes, obsèques et funérailles et en décharger la cour, fait pardevant monsieur Leroux échevin sepmanier le 16/12/1678.

1492 - Médiathèque Arras FF126 Folio 141R :
Louis DE FREMICOURT bourgeois marchand rentier demeurant en cette ville a déclaré et déclare qu'il récréante Pierre DE FREMICOURT son père décédé échevin de la ville de Béthune l'an 1659 promettant payer ses dettes et en décharger la cour, fait pardevant monsieur Leroux échevin sepmanier le 22/12/1678.

1493 - Médiathèque Arras FF126 Folio 141V :
Jean François GUERARD porteur au sacq demeurant en cette ville a déclaré et déclare qu'il récréante par le trépas de Marie FOURSY sa mère à son trépas veuve de Pierre GUERARD promettant payer ses dettes, obsèques et funérailles et en décharger la cour, fait pardevant monsieur Boucquel échevin sepmanier le 31/12/1678.

1494 - Médiathèque Arras FF126 Folio 142V :
Curatelle : Jean HEROGUELLE bourgeois maçon demeurant en cette ville reçu et admis par ordonnance du jour d'hier à la tutelle et curatelle aux deux enfants en bas âge et biens délaissés par feus Jean HEROGUELLE aussi bourgeois maçon et Marie Guislaine FOURMENT, aux cautions de maître Jean HEROGUELLE prêtre clerc de l'église paroissiale de Sainte Marie Madeleine et de Jean Barthélémy HEROGUELLE aussi bourgeois maçon, a empris ladite tutelle et curatelle et promis par serment de soy bien et fidèlement comporter en l'administration d'icelle tutelle et curatelle et d'en rendre compte quand requis en sera, s'étant lesdits maîtres Jean et Jean Barthélémy HEROGUELLE respectivement constitués cautions dudit Jean HEROGUELLE leur père de quoi iceluy les a promis décharger et de tous dépens, dommages et intérêts sous l'obligation de leurs biens, fait pardevant monsieur Pallette échevin sepmanier le 3/1/1679.

1495 - Médiathèque Arras FF126 Folio 142V :
Jacques PECHENA dit Lafleur bourgeois occupeur de la maison où pend pour enseigne « l'arbre verd » proche l'église Sainte Croix en cette ville s'est constitué caution de Toussaint PECHENA son fils aussi bourgeois de cette ville reçu et admis par ordonnance du jourd'hui couchée en marge de la requête par lui présentée à exercer un office de sergent à verge qu'il a pris à titre de bail et louage d'Adrien François WILLART bourgeois marchand demeurant audit Arras lequel WILLART lui a accordé ledit office au nom d'Anne WILLART sa fille en bas âge, et ce pour la somme de 600 livres une fois à la sûreté des exploits et deniers qui seront confiés audit Toussaint PECHENA en sa qualité de sergent à verge, ladite caution reçue par ladite ordonnance du jourd'hui après avoir été justifiée solvable par ledit Adrien François WILLART et Gilles François HATTE aussi bourgeois de cette ville par acte de certificat d'eux signé en date du 3ème du présent mois promettant suivant ce ledit Jacques PECHENA payer lesdits 600 livres une fois pour sûreté que dessus s'il y eschet, sous l'obligation de tous ses biens renonçant à toutes choses contraires à ces présentes, de laquelle caution ledit Toussaint PECHENA a promis décharger iceluy Jacques son père et de tous dépens, dommages et intérêts, fait pardevant monsieur du Metz échevin sepmanier le 4/1/1679.

1496 - Médiathèque Arras FF126 Folio 143V :
Vincent GRARD hostelain demeurant au petit Herche es faubourgs de Sainte Catherine de cette ville mari et bail d'Anne CRUNEL icelle fille de feus Jean et Béatrice MAUPETIT vivant marchands merciers demeurant en cette ville ont déclaré et déclare qu'il récréante ladite feue Béatrice MAUPETIT sa belle-mère promettant payer ses dettes, obsèques et funérailles et en décharger la cour, même de subir juridiction à cet échevinage en ce regard, fait pardevant monsieur Routart échevin sepmanier le 10/1/1679.

1497 - Médiathèque Arras FF126 Folio 144R :
Jean François PECQUEUR bourgeois joueur d'instrument demeurant en cette ville a déclaré et déclare qu'il récréante Abraham PECQUEUR son père vivant aussi joueur d'instrument y demeurant décédé le 9ème de ce mois promettant payer ses dettes, obsèques et funérailles et en décharger la cour, fait pardevant monsieur Routart échevin sepmanier le 11/1/1679.

1498 - Médiathèque Arras FF126 Folio 144R :
Marguerite SCARIOTTE veuve de Daniel DUFRESNE vivant mandelier demeurant en cette ville a déclaré et déclare qu'elle récréante ledit feu DUFRESNE son mari décédé ce jourd'hui promettant payer ses dettes, obsèques et funérailles et en décharger la cour, fait pardevant monsieur de Grandmaretz échevin sepmanier le 12/1/1679.

1499 - Médiathèque Arras FF126 Folio 145R :
Damoiselle Marie Madeleine BULLART veuve de feu Adrien PENANT vivant avocat au conseil d'Artois demeurant en cette ville a déclaré et déclare qu'elle récréante ledit feu sieur PENANT son mari promettant payer ses dettes, obsèques et funérailles et en décharger la cour, fait pardevant monsieur de Grandmaretz échevin sepmanier le 13/1/1679.

1500 - Médiathèque Arras FF126 Folio 145R :
Maximilien DE BEAUVOIS bourgeois maître menuisier au nom et comme tuteur légitime de Claude, Antoine, Anne et Marie Jeanne DE BEAUVOIS qu'il a retenus de feue Anne CAUDRON, Gérard, Pierre et Thérèse MARSEL frères et sœur enfants de feus Antoine et Françoise CAUDRON, lesdites Anne et Françoise CAUDRON sœurs enfants de feus Jacques et de Jeanne DEHENIN demeurant tous en cette ville, ont déclaré et déclarent qu'ils récréantent par le trépas de ladite feue Jeanne DEHENIN mère grande auxdits Claude, Antoine, Anne et Marie Jeanne DE BEAUVOIS et aussi auxdits Gérard, Pierre et Thérèse MARSEL promettant payer ses dettes, obsèques et funérailles et en décharger la cour, fait pardevant monsieur Lecarlier échevin sepmanier le 18/1/1679.

1501 - Médiathèque Arras FF126 Folio 146V :
Marie Guislaine OBREDAINE jeune fille à marier de feus Pierre OBREDAINE et de Jeanne CHERAINE vivants hostelains de la maison et hostellerie où pend pour enseigne « la porte verde » en cette ville, a déclaré et déclare qu'elle récréante par le décès de ladite feue Jeanne CHERAINE sa mère, promettant payer ses dettes, obsèques et funérailles et en décharger la cour, fait pardevant monsieur du Metz échevin sepmanier le 19/1/1679.

1502 - Médiathèque Arras FF126 Folio 147R :
Jean François MABILLE procureur au conseil d'Artois demeurant à Arras et spécial de Pierre COIFFET marchand demeurant à Cambrai et Louise BOULLAU sa femme icelle fille de Jacques et de Barbe LESOING lequel suivant et conformément à la procuration à lui donnée par lesdits susnommés passée pardevant notaires royaux

d'Artois audit Cambrai le cinq septembre dernier ici exhibée et rendue, a déclaré et déclare qu'il appréhende en ladite qualité lesdits maisons et biens situés en chevinage que lesdits Jacques BOULLAU et Barbe LESOING père et mère de ladite Louise, ont joui pendant leur conjonction promettant suivant ce aussi en ladite qualité de payer les dettes, obsèques et funérailles desdits Jacques BOULLAU et sa femme et en décharger la cour même de sortir juridiction à ce siège en ce regard, fait pardevant monsieur Géry échevin sepmanier le 21/1/1679.

1503 - Médiathèque Arras FF126 Folio 147V :
Jacques DELEMER bourgeois demeurant en cette ville procureur spécial de Damoiselle Jeanne DE FREMICOURT demeurant en la ville de Béthune fondé de procuration pertinente passée pardevant notaires audit Béthune le 17ème de ce mois de janvier ici vue et rendue a déclaré et déclare audit nom procuratoire qu'il se fonde héritier mobiliaire et immobiliaire de feu Pierre DE FREMICOURT père de ladite Damoiselle Jeanne décédé audit Béthune en l'an 1659 et qu'il appréhende les biens meubles et immeubles qu'iceluy feu Pierre DE FREMICOURT a délaissés, promettant aussi audit nom payer ses dettes, obsèques et funérailles et en décharger la cour, fait pardevant monsieur Leroux échevin sepmanier le 24/1/1679.

1504 - Médiathèque Arras FF126 Folio 152R :
Curatelle : Marie Guislaine OBREDAINE jeune fille à marier de feus Pierre vivant bourgeois et maître de la maison où pend pour enseigne « la porte verde » en cette ville et Jeanne CHERAINE, reçue et admis par ordonnance du 21ème de janvier dernier sur la requête par elle présentée à ce siège à la tutelle et curatelle des personne et biens de Pierre OBREDAINE son frère non majeur en faisant les devoirs, est comparue en personne laquelle a empris et accepté ladite tutelle et curatelle et promis de s'y bien et fidèlement conduire et comporter et d'en rendre bon et fidèle compte si besoin est à qui il appartiendra, fait pardevant monsieur Pallette échevin sepmanier le 16/2/1679.

1505 - Médiathèque Arras FF126 Folio 153R :
Jeanne LEGRAND veuve de Guillain GAILLART vivant bourgeois gras mercier demeurant en cette ville a déclaré et déclare qu'elle récréante ledit feu son mari décédé le jour d'hier promettant payer ses dettes, obsèques et funérailles et en décharger la cour, fait pardevant monsieur Routart échevin sepmanier le 20/2/1679.

1506 - Médiathèque Arras FF126 Folio 155R :
François GUILLEMAN bourgeois maître peaussier et gantier et François GARDIER maître peletier demeurant en cette ville, ledit GARDIER mari et bail d'Anne Claire GUILLEMAN, lesdits GUILLEMAN frère et sœur enfants de feu Jean vivant aussi maître peaussier et gantier demeurant audit Arras, ont déclaré et déclarent qu'ils récréantent par le décès dudit Jean GUILLEMAN promettant payer ses dettes, obsèques et funérailles et en décharger la cour, fait pardevant monsieur Leroux échevin sepmanier le 18/3/1679.

1507- Médiathèque Arras FF126 Folio 158R :
Louis LEGRAND bourgeois marchand linger demeurant en cette ville s'est constitué caution de Paul LETOIT maître arpenteur et jaugeur juré de ce pays et comté d'Artois demeurant en cette dite ville pour par ledit LETOIT profiter de l'ordonnance rendue à ce siège le 8ème du présent mois sur la requête y présentée contre Blaise LAGRAVE dit Lapierre fermier de l'impôt de vingt sols au tonneau de forte bière et huit sols sur la petite afférant aux Etats d'Artois, Jacques BINOT fermier de l'impôt de dix sols aussi au tonneau de bière afférant auxdits Etats, René FRAGUT dit la Rose fermier de l'ancien impôt de quatre sols pareillement au tonneau de bière afférant à cette ville et Joosse TABARY fermier de l'impôt de trente six sols aussi au tonneau de forte bière afférant à cette ville, par laquelle ordonnance messieurs ouy le rapport des sieurs échevins sepmaniers et du procureur de ladite ville ont taxé les salaires dudit LETOIT à la somme de 300 livres par an payables de six mois en six mois par les fermiers de la bière tant desdits Etats que de cette ville, chacun à proportion du prix de leur ferme, ladite caution reçue par autre ordonnance rendue à cedit siège ce jourd'hui par laquelle est dit, vu l'ordonnance du 8ème de ce mois de mars et exploit de signification d'icelle messieurs accordent l'exécutoire requise audit LETOIT, savoir contre ledit LAGRAVE pour la somme de 54 livres 17sols, contre ledit Jacques BINOT pour 22 livres 11 sols 6 deniers, contre ledit René FRAGUT pour 6 livres 19 sols et contre ledit Joosse TABARY pour 65 livres 12 sols 6 deniers, le tout pour le salaire dudit LETOIT pendant six mois ainsi qu'il est taxé par ladite ordonnance du 8ème mars, ordonnant en outre à l'égard dudit TABARY qu'il sera passé outre à l'exécution d'icelle nonobstant l'appel par lui interjeté et sans préjudice à iceluy, à la caution offerte de Louis LEGRAND bourgeois marchand linger demeurant en cette ville en faisant les devoirs, promettant suivant ce ledit LEGRAND de rendre, payer et rapporter à l'égard d'iceluy TABARY lesdites 65 livres 12 sols 6 deniers au cas qu'ainsi soit dit et ordonné ci après, de quoi iceluy LETOIT l'a promis décharger et de tous dépens, dommages et intérêts, sous l'obligation solidaire de tous leurs biens, fait pardevant monsieur Pallette échevin sepmanier le 27/3/1679.

1508 - Médiathèque Arras FF126 Folio 158V :
Marie Anne LEROUX veuve de Pierre DESMARETZ vivant maître peaussier et gantier demeurant en cette ville a déclaré et déclare qu'elle récréante ledit DESMARETZ son mari promettant payer ses dettes, obsèques et funérailles et en décharger la cour, fait pardevant monsieur le Carlier échevin sepmanier le 28/3/1679.

1509 - Médiathèque Arras FF126 Folio 159R :
Damoiselles Marie Susanne et Marie Catherine DE CLEVES sœurs filles à marier de feu Pierre vivant bourgeois marchand demeurant en cette ville ont déclaré et déclarent qu'elles récréantent ledit feu leur père promettant payer ses dettes, obsèques et funérailles et en décharger la cour, fait pardevant monsieur Le Carlier échevin sepmanier le 29/3/1679.

1510 - Médiathèque Arras FF126 Folio 159R :
Philippe VAILLANT bourgeois marchand tanneur mari et bail de Jeanne Thérèse LEGRAND icelle auparavant veuve de Cornil HUCQUET et iceluy fils de Guillaume et Catherine VASSEUR et Michel BLAIRE aussi bourgeois marchand drapier demeurant audit Arras mari et bail de Marie Marguerite FLIPPES fille d'Antoine et de Louise HUCQUET icelle fille de Guillaume et Catherine VASSEUR, ont déclaré et déclarent qu'ils récréantent ladite Catherine VASSEUR promettant payer ses dettes, obsèques et funérailles et en décharger la cour, fait pardevant monsieur Le Carlier échevin sepmanier le 29/3/1679.

1511 - Médiathèque Arras FF126 Folio 160V :
Curatelle : maître Jean DELAIRE échevin à son tour de cette ville y demeurant reçu et admis par ordonnance du 29ème de mars dernier couchée en marge de la requête présentée par Damoiselle Marie Marguerite GUERARD veuve demeurée es biens de Louis SENESCHAL vivant bourgeois de cette ville à la curatelle des personne et biens de Nicolas SENESCHAL fils dudit feu Louis suivant le consentement de Damoiselle Marie SENESCHAL tante paternelle audit Nicolas et ouy le procureur général de cette dite ville en faisant les devoirs, est comparu en personne lequel a empris et accepté ladite curatelle et promis par serment de s'y bien et fidèlement conduire et comporter et d'en rendre bon et fidèle compte quand sommé et requis en sera sous l'obligation de ses biens, fait pardevant monsieur de Grandmaretz échevin sepmanier le 5/4/1679.

1512 - Médiathèque Arras FF126 Folio 161V :
Silvie ROUTIER veuve d'Ely CORBERY vivant bourgeois maître cuisinier demeurant en cette ville a déclaré et déclare qu'elle récréante ledit feu CORBERY son mari décédé ce jourd'hui, promettant payer ses dettes, obsèques et funérailles et en décharger la cour, fait pardevant monsieur Caudron échevin sepmanier le 10/4/1679.

1513 - Médiathèque Arras FF126 Folio 162V :
Charles GRUSON marchand orfèvre demeurant en la ville de Bapaume a déclaré et déclare qu'il récréante par le décès de feue Marguerite CAVROIS sa tante maternelle vivante veuve de Mathias CAUDRON à son tour l'un des quatre commis aux ouvrages de cette ville d'Arras promettant payer ses dettes, obsèques et funérailles et en décharger la cour, même de subir juridiction à ce siège en ce regard fait pardevant monsieur Leroux échevin sepmanier le 20/4/1679.

1514 - Médiathèque Arras FF126 Folio 162V :
Antoinette VASSEUR veuve en premières noces de Jean DE BEAUMONT vivant bourgeois de cette ville a déclaré et déclare qu'elle récréante Jean VASSEUR son second mari vivant aussi bourgeois de cette dite ville y demeurant promettant payer ses dettes, obsèques et funérailles et en décharger la cour, fait pardevant monsieur de Douay échevin le 24/4/1679.

1515 - Médiathèque Arras FF126 Folio 163R :
Antoine BAYART bourgeois marchand demeurant en cette ville a déclaré et déclare qu'il récréante Antoine DUPIRE veuve de Pierre BAYART sa mère promettant payer ses dettes, obsèques et funérailles et en décharger la cour, fait pardevant monsieur Caudron échevin sepmanier le 24/4/1679.

1516 - Médiathèque Arras FF126 Folio 163V :
Louis LEFEBVRE porte sacq et Jean GARIN couvreur mari et bail d'Anne LEFEBVRE demeurant en la cité d'Arras ont déclaré et déclarent qu'ils récréantent Etienne POTTIER vivant bourgeois crieur pour la confrérie de Notre Dame du Rosaire demeurant en cette ville et oncle maternel auxdits LEFEBVRE promettant payer ses dettes, obsèques et funérailles et en décharger la cour, fait pardevant monsieur Enlart échevin sepmanier le 2/5/1679.

1517 - Médiathèque Arras FF126 Folio 163V :
Luce DE WARLINCOURT veuve de Pierre LESCARDÉ vivant bourgeois poissonnier demeurant en cette ville a déclaré et déclare qu'elle récréante ledit feu LESCARDÉ son mari promettant payer ses dettes, obsèques et funérailles et en décharger la cour, fait pardevant monsieur Enlart échevin sepmanier le 5/5/1679.

1518 - Médiathèque Arras FF126 Folio 165R :
Damoiselle Marie Madeleine POTTIER veuve de feu Charles MORANT vivant procureur du roi en son élection d'Artois a déclaré et déclare qu'elle récréante ledit feu MORANT son mari promettant payer ses dettes, obsèques et funérailles et en décharger la cour, fait pardevant monsieur de Grandmaretz échevin sepmanier le 17/05/1679.

1519 - Médiathèque Arras FF126 Folio 165V :
Marie Anne LEMAIRE veuve de Pierre OZENNE dit Laville maître de l'hostellerie où pend pour enseigne « l'escu de France » en cette ville a déclaré et déclare qu'elle récréante ledit OZENNE son mari décédé ce jourd'hui promettant payer ses dettes, obsèques et funérailles et en décharger la cour fait pardevant monsieur Routart échevin sepmanier le 20/5/1679.

1520 - Médiathèque Arras FF126 Folio 166R :
Jean Philippe et Marie Anne BOULIN frère et sœur enfants à marier de feu François BOULIN vivant bourgeois cabaretier demeurant en cette ville suffisamment âgés selon qu'ils ont dit, ont déclaré et déclarent qu'ils récréantent par le décès de Marie PRUVOST leur mère grande paternelle à son trépas veuve de Philippe BOULIN vivant aussi bourgeois cabaretier y demeurant audit Arras promettant payer ses dettes, obsèques et funérailles et en décharger la cour, fait pardevant monsieur Boucquel échevin sepmanier le 24/5/1679.

1521 - Médiathèque Arras FF126 Folio 166V :
Lenfle et Docquemaisnil sergents ont à la requête de Nicolas François DE RANCOURT mercier demeurant en cette ville rue de Ronville arrêté et empêché es mains de Jacques ALLIEMART maître cuisinier et bourgeois demeurant en cette ville tous et chacuns les deniers qu'il a en sa possession appartenant à Nicolas, Pierre, Jean et Isabeau DE RANCOURT frères et sœur demeurant savoir ledit Nicolas à Ablainzevelle, ledit Pierre à l'abbaye d'Annay, icelluy Jean à Bucquoy et ladite Isabeau à Neuville Vitasse, pour avoir paiement de la somme de 140 livres pour les causes à déclarer etc, ayant été fait les défenses requises audit Jacques ALLIEMART en parlant à sa personne et jour assigné aux seconds plaids, fait le 29/5/1679.

1522 - Médiathèque Arras FF126 Folio 167R :
Antoine et François HALLOT frères demeurant en cette ville enfants de feus Antoine et de Marie CORNE vivants bouchers demeurant à Arras ont déclaré et déclarent qu'ils récréantent ladite feue Marie CORNE leur mère décédée le jour d'hier promettant payer ses dettes, obsèques et funérailles et en décharger la cour, fait pardevant monsieur de Douay échevin sepmanier le 29/5/1679.

1523 - Médiathèque Arras FF126 Folio 167R :
Florent WILLEMETZ bourgeois maître tailleur d'habits demeurant en cette ville a déclaré et déclare qu'il récréante par le décès d'Adrien GRENIER vivant bourgeois y demeurant son oncle maternel, promettant payer ses dettes, obsèques et funérailles et en décharger la cour, fait pardevant monsieur de Douay échevin sepmanier le 29/5/1679.

1524 - Médiathèque Arras FF126 Folio 167R :
Antoine DUQUESNE bourgeois de cette ville et marchand boutonnier demeurant à Amiens et Laurent BAILLON aussi bourgeois savetier demeurant à Arras mari et bail de Marie MONEL lesdits DUQUESNE et Marie MONEL cousins germains et neveu et nièce de feue Léonore MONEL à son trépas veuve d'Etienne LENTAILLEUR vivant bourgeois chaudronnier audit Arras, ont déclaré et déclarent qu'ils récréantent ladite feue Léonore MONEL leur tante, promettant payer ses dettes, obsèques et funérailles et en décharger la cour et de sortir juridiction à ce siège en ce regard par ledit DUQUESNE, fait pardevant monsieur de Douay échevin sepmanier le 30/5/1679.

1525 - Médiathèque Arras FF126 Folio 167V :
Jean Philippe CARLIER labourier demeurant en cette ville a déclaré et déclare qu'il récréante Madeleine DUCASTEL sa mère à son décès veuve de Jean CARLIER vivant aussi laboureur demeurant audit Arras promettant payer ses dettes, obsèques et funérailles et en décharger la cour, fait pardevant monsieur de Douay échevin sepmanier le 30/5/1679.

1526 - Médiathèque Arras FF126 Folio 167V :
Damoiselle Gertrude FOUCQUIER veuve de Philippe DENIS vivant écuyer sieur de Revillon et échevin à son tour de cette ville a déclaré et déclare qu'elle récréante ledit feu sieur de Revillon son mari promettant payer ses dettes, obsèques et funérailles et en décharger la cour, fait pardevant monsieur de Douay échevin sepmanier le 30/5/1679.

1527 - Médiathèque Arras FF126 Folio 167V :
Pierre ACCART cordonnier de son stil demeurant en cette ville a déclaré et déclare qu'il récréante Nicolas ACCART son père vivant gras mercier et bourgeois de cette ville y demeurant promettant de payer ses dettes, obsèques et funérailles et en décharger la cour, fait pardevant monsieur de Douay échevin sepmanier le 31/5/1679.

1528 - Médiathèque Arras FF126 Folio 168R :
Françoise GOSSELIN veuve de Philippe PIERON vivant scieur d'aix demeurant en cette ville a déclaré et déclare qu'elle récréante ledit feu PIERON son mari décédé le jour d'hier promettant payer ses dettes, obsèques et funérailles et en décharger la cour, fait pardevant monsieur de Douay échevin sepmanier le 2/6/1679.

1529 - Médiathèque Arras FF126 Folio 168R :
Marie NOIRET veuve d'Antoine DERUELLE vivant bourgeois demeurant à la tête noire en cette ville a récréanté par le trépas dudit DERUELLE son mari promettant payer ses dettes, obsèques et funérailles et en décharger la cour, fait pardevant monsieur Leroux échevin sepmanier le 6/6/1679.

1530 - Médiathèque Arras FF126 Folio 168V :
Jean Philippe SACLAU bourgeois marchand demeurant en cette ville et Louis LEQUIEN aussi bourgeois marchand tanneur y demeurant relict d'Anne SACLAU frère et sœur enfants de Philippe SACLAU vivant aussi bourgeois marchand demeurant audit Arras, ont déclaré et déclarent qu'ils récréantent (savoir ledit Jean Philippe en son propre et privé nom et iceluy Louis LEQUIEN au nom de Jean, Philippe et Anne Louise LEQUIEN ses trois enfants mineurs qu'il olt de ladite feue Anne SACLAU) par le décès dudit feu Philippe SACLAU, promettant esdits noms payer ses dettes, obsèques et funérailles et en décharger la cour, fait pardevant monsieur Leroux échevin sepmanier le 7/6/1679.

1531 - Médiathèque Arras FF126 Folio 168V :
Marie FRANCOIS veuve de Nicolas DAUTRICOURT vivant meunier demeurant en cette ville rue des Cailloux paroisse de la Chapellette au Jardin, a déclaré et déclare qu'elle récréante ledit DAUTRICOURT son mari promettant payer ses dettes, obsèques et funérailles et en décharger la cour, fait pardevant monsieur Leroux échevin sepmanier le 8/6/1679.

1532 - Médiathèque Arras FF126 Folio 169R :
Allard DUBUS bourgeois savetier mari et bail de Marie Marguerite BIENFAIT et André François LEGRAND aussi bourgeois cordier mari et bail de Marie Catherine RICART lesdites BIENFAIT et RICART sœurs et filles de feue Marie LEGRAND à son décès veuve de Jean RICART vivant menuisier demeurant à Arras et auparavant veuve de Nicolas BIENFAIT jardinier demeurant es faubourgs de Saint Sauveur, ont déclaré et déclarent qu'ils récréantent ladite Marie LEGRAND leur belle-mère, promettant payer ses dettes, obsèques et funérailles et en décharger la cour, fait pardevant monsieur Leroux échevin sepmanier le 8/6/1679.

1533 - Médiathèque Arras FF126 Folio 169R :
Isabelle DECAIX veuve de Gérard BOUIN vivant bourgeois potier de terre demeurant en cette ville a déclaré et déclare qu'elle récréante ledit feu BOUIN son mari promettant payer ses dettes, obsèques et funérailles et en décharger la cour, fait pardevant monsieur Leroux échevin sepmanier le 8/6/1679.

1534 - Médiathèque Arras FF126 Folio 169V :
Jeanne GRUEL veuve de Pierre ROMBERT vivant porteur au sacq de l'abbaye de Saint Vaast demeurant en cette ville a déclaré et déclare qu'elle récréante ledit ROMBERT son mari décédé ce jourd'hui promettant payer ses dettes, obsèques et funérailles et en décharger la cour, fait pardevant monsieur Boucquel échevin sepmanier le 12/6/1679.

1535 - Médiathèque Arras FF126 Folio 170R :
Damoiselle Marie AMORY veuve de Nicolas GUERARD vivant bourgeois marchand drapier demeurant en cette ville a déclaré et déclare qu'elle récréante ledit feu GUERARD son mari promettant payer ses dettes, obsèques et funérailles et en décharger la cour, fait pardevant monsieur Boucquel échevin sepmanier le 14/6/1679.

1536 - Médiathèque Arras FF126 Folio 170R :
Jean DUCHASTELET procureur au conseil d'Artois s'est constitué caution d'Honoré CARLIER et Louis LERIS praticiens demeurant en cette ville pour par eux profiter de la sentence provisionnelle rendue à ce siège le 26 de mai dernier au procès criminellement instruit pour justice à la charge de Jean et Laurent LERICHE, Georges CRESSEMAN, Adrien DEHEEZ, Guillaume DEBUIRES et Georges FEBVRIER garçons à marier demeurant en cette ville par laquelle ils sont condamnés aux dommages et intérêts supportés par iceux CARLIER et LERIS à raison des blessures à eux inférées par lesdits LERICHE, CRISSEMAN et consorts et cependant de leur payer chacun 10 livres par provision et à caution à laquelle ledit DUCHASTELET a été reçu par ordonnance d'audience du 13ème de ce mois promettant suivant ce ledit DUCHASTELET de rendre et rapporter ce que sera dit ci après en définitif sous l'obligation de ses biens, fait pardevant monsieur Boucquel échevin sepmanier le 14/6/1679.

1537 - Médiathèque Arras FF126 Folio 171V :
Madeleine COULLEMONT veuve de Jean MINART vivant bourgeois fauxboulier demeurant en cette ville a déclaré et déclare qu'elle récréante ledit MINART son mari promettant payer ses dettes, obsèques et funérailles et en décharger la cour, fait pardevant monsieur de Grandmaretz échevin sepmanier le 26/6/1679.

1538 - Médiathèque Arras FF126 Folio 172R :
Jean BARBAULT mercier demeurant en cette ville a déclaré et déclare qu'il récréante Marie HAYETTE veuve de Michel BARBAULT sa mère vivante demeurant en cette ville promettant payer ses dettes, obsèques et funérailles et en décharger la cour fait pardevant monsieur de Grandmaretz échevin sepmanier le 25/6/1679.

1539 - Médiathèque Arras FF126 Folio 172V :
Madeleine CAUROIS veuve de Philippe WILLART vivant bourgeois demeurant en cette ville a déclaré et déclare qu'elle récréante ledit feu WILLART son mari promettant payer ses dettes, obsèques et funérailles et en décharger la cour, fait pardevant monsieur Géry échevin sepmanier le 3/7/1679.

1540 - Médiathèque Arras FF126 Folio 173R :
Catherine DAMBRON veuve d'Abel HERMAN vivant bourgeois maréchal ferrant demeurant en cette ville a déclaré et déclare qu'elle récréante ledit feu HERMAN son mari promettant payer ses dettes, obsèques et funérailles et en décharger la cour, fait pardevant monsieur Hourdequin échevin sepmanier le 11/7/1679.

1541 - Médiathèque Arras FF126 Folio 173R :
Jean DUCHASTELET procureur au conseil d'Artois s'est constitué caution de noble homme maître Pierre CAULIER prêtre protonotaire du saint siège, sieur de Cappes demeurant à Douai pour les dépens du différend de requête qu'il a à ce siège à l'encontre de Maître Pierre Ernest CAULIER écuyer avocat audit conseil et Damoiselle MASQUELIER sa mère promettant payer iceux au cas que ledit sieur de Cappes y soit condamné sous l'obligation de ses biens, fait pardevant monsieur Caudron échevin sepmanier le 18/7/1679.

1542 - Médiathèque Arras FF126 Folio 176V :
Simonne CASTELAIN veuve de Nicolas FLIPPES vivant bourgeois fermier demeurant en cette ville a déclaré et déclare qu'elle récréante ledit feu FLIPPES son mari décédé ce jourd'hui promettant payer ses dettes, obsèques et funérailles et en décharger la cour fait pardevant monsieur Pallette échevin sepmanier le 4/8/1679.

1543 - Médiathèque Arras FF126 Folio 177V :
Martine DOUCHET veuve d'Isacq PIERMONT vivant bourgeois tondeur de drap demeurant en cette ville rue des armuriers a déclaré et déclare qu'elle récréante ledit PIERMONT son mari promettant payer ses dettes, obsèques et funérailles et en décharger la cour fait pardevant monsieur de Douay échevin sepmanier le 26/8/1679.

1544 - Médiathèque Arras FF126 Folio 177V :
Thomas CORMONT bourgeois marchand mari et bail de Marie ROBICQUET icelle fille de feus Noël et de Barbe VASSEUR demeurant en cette ville, a déclaré et déclare qu'il récréante ladite Barbe VASSEUR sa mère promettant payer ses dettes, obsèques et funérailles et en décharger la cour, fait pardevant monsieur Leroux échevin sepmanier le 30/8/1679.

1545 - Médiathèque Arras FF126 Folio 178R :
Adrienne DUPREEL veuve de Toussaint FATIEN demeurant en cette ville a déclaré et déclare qu'elle récréante par le décès de Françoise DUPREEL veuve de Jean DEWAILLY boulanger demeurant en cette ville sa tante paternelle promettant payer ses dettes, obsèques et funérailles et en décharger la cour, fait pardevant monsieur Leroux échevin sepmanier le 2/9/1679.

1546 - Médiathèque Arras FF126 Folio 178V :
Silvie ROUTIER veuve d'Ely CORBERY vivant bourgeois cuisinier demeurant en cette ville, Susanne et Marie Jeanne ROUTIER filles à marier, lesdites ROUTIER sœurs et filles de feus Jean ROUTIER et Jeanne REGNAULT demeurant aussi audit Arras, ont déclaré et déclarent qu'elles renoncent aux biens et dettes de ladite feue Jeanne REGNAULT leur mère décédée le 27ème d'août dernier, fait pardevant monsieur Leroux échevin sepmanier le 2/9/1679.

1547 - Médiathèque Arras FF126 Folio 178V :
Marie Françoise CHOCQUET fille à marier de feu Andreu vivant bourgeois maître boulanger demeurant à Arras a déclaré et déclare qu'elle récréante sondit feu père décédé ce jourd'hui promettant payer ses dettes, obsèques et funérailles et en décharger la cour, fait pardevant monsieur Leroux échevin sepmanier le 2/9/1679.

1548 - Médiathèque Arras FF126 Folio 179R :
Marie Guislaine CRUNELLE veuve de Jaspart CARLIER vivant maître maçon demeurant en la cité de cette ville a déclaré et déclare qu'elle récréante ledit feu CARLIER son mari promettant payer ses dettes, obsèques et funérailles et en décharger la cour, fait pardevant monsieur Enlart échevin sepmanier le 4/9/1679.

1549 - Médiathèque Arras FF126 Folio 179V :
Claude DILLEBECQUE mesureur d'avoine, Michel CAILLERET cordonnier mari et bail de Jeanne DILLEBECQUE et François CARBONNEL meselandier mari et bail de Marie Catherine DILLEBECQUE demeurant tous en cette ville, lesdits DILLEBECQUE frère et sœurs enfants de feus Victor et de Catherine SAUVAGE ont déclaré et déclarent qu'ils récréantent ladite Catherine SAUVAGE leur mère promettant payer ses dettes, obsèques et funérailles et en décharger la cour, fait pardevant monsieur Enlart échevin sepmanier le 7/9/1679.

1550 - Médiathèque Arras FF126 Folio 179V :
Marie Claire DURIETZ veuve de Jean LENFLE vivant bourgeois boutonnier demeurant en cette ville a déclaré et déclare qu'elle récréante ledit feu LENFLE son mari promettant payer ses dettes, obsèques et funérailles et en décharger la cour, fait pardevant monsieur Boucquel échevin sepmanier le 9/9/1679.

1551 - Médiathèque Arras FF126 Folio 180R :
Marie Françoise CHOCQUET jeune fille à marier de feus Andreu vivant bourgeois maître boulanger demeurant en cette ville et Guislaine LENGLET a (en conformité du testament dudit feu Andreu CHOCQUET son père passé pardevant notaires et témoins au mois d'août dernier) déclaré et déclare qu'elle emprend la tutelle et curatelle des personne et biens de Jacques CHOCQUET son frère mineur, promettant de s'y bien et fidèlement conduire et comporter sous l'obligation etc, fait pardevant monsieur le Carlier échevin sepmanier le 12/9/1679.

1552 - Médiathèque Arras FF126 Folio 180R :
Jean BRIOIS jeune homme à marier suffisamment âgé fils de feus Chrestien vivant marchand linger et de Damoiselle Marguerite DUFLOS demeurant à Arras a déclaré et déclare qu'il récréante par le trépas de ladite Damoiselle Marguerite DUFLOS sa mère décédée ce jourd'hui promettant payer ses dettes, obsèques et funérailles et en décharger la cour, fait pardevant monsieur Leroux échevin sepmanier le 13/9/1679.

1553 - Médiathèque Arras FF126 Folio 181V :
Damoiselles Isabelle et Jeanne BRIOIS sœurs à marier filles de feus Chrestien vivant marchand linger demeurant en cette ville d'Arras et de Damoiselle Marguerite DUFLOS, ont déclaré et déclarent qu'elles récréantent par le trépas de ladite DUFLOS leur mère promettant payer ses dettes, obsèques et funérailles et en décharger la cour, fait pardevant monsieur Routart échevin sepmanier le 20/9/1679.

1554 - Médiathèque Arras FF126 Folio 181V :
Damoiselle Marie Catherine FAUCON veuve de feu Gabriel DELACHARITÉ vivant bourgeois marchand et chastelain de cette ville a déclaré et déclare qu'elle récréante ledit feu DELACHARITÉ son mari décédé ce

jourd'hui, promettant payer ses dettes, obsèques et funérailles et en décharger la cour, fait pardevant monsieur Routart échevin sepmanier le 22/9/1679.

1555 - Médiathèque Arras FF126 Folio 181V :
Damoiselle Marie LOMBART veuve de feu Charles QUARRE vivant écuyer sieur du Repaire demeurant en cette ville a déclaré et déclare qu'elle récréante ledit feu sieur QUARRE son mari promettant payer ses dettes, obsèques et funérailles et en décharger la cour, fait pardevant monsieur Routart échevin sepmanier le 23/9/1679.

1556 - Médiathèque Arras FF126 Folio 182R :
Marie Jeanne BREBIERE femme de Jacques LASSEUR sergent à verge de cet échevinage de lui suffisamment autorisée et non contrainte comme elle a déclaré, s'est constituée caution d'iceluy LASSEUR son mari à quoi elle été reçue et admise par ordonnance du 13ème du présent mois couchée au pied du procès verbal tenu à cedit siège les 18ème mai dernier et 7ème du présent mois entre Jacques POUSSAIN et Isabelle DE COUPIGNY sa femme veuve en premières noces de Jean GAMAND aïeule et tutrice légitime de Marie Claire GAMAND fille mineure de feus Gérard et de Barbe DUPIRE et autres proches parents d'icelle mineure, par laquelle messieurs, ouy le procureur général de cette ville, en décrétant la déclaration et consentement des proches parents de ladite Marie Claire GAMAND mineure, ont ordonné qu'elle demeurera dans la maison dudit Jacques LASSEUR pendant six années à commencer du jour d'icelle ordonnance, lequel LASSEUR nourrira, habillera et mettra à l'école à ses dépens ladite GAMAND pendant lesdites six années sauf qu'à l'expiration d'icelles, il retiendra la somme de 100 livres sur les 899 livres 5 sols qu'il a en sa possession restant du prix des meubles délaissés par ledit Gérard GAMAND père de ladite mineure suivant la clôture du compte rendu par ledit LASSEUR, laquelle somme de 899 livres 5 sols, aussi bien que les pièces d'argenterie et autres effets reptis au folio 28 dudit compte et audit procès verbal du 7 de ce mois demeureront entre les mains dudit LASSEUR aussi jusqu'à l'expiration desdites six années sans être tenu d'en payer aucun intérêt en considération desdites nourritures, habillements et éducation à l'école et autrement, à charge aussi que si ladite GAMAND tombait en grave maladie la dépense des médecins, chirurgiens et apothicaire se prendra sur les deniers de ladite mineure, de laquelle ils ordonnent en outre que ls habits et linges appartenant à ladite mineure soient délivrés audit LASSEUR de bonne foi même par expurgation de serment, à ce faire les dépositaires contraints si besoin est et encore à charge de bailler caution par ledit LASSEUR de ladite Marie Jeanne BREBIERE sa femme pour sûreté de ladite somme, pièces d'argenterie et autres chefs de ladite ordonnance, en faisant les devoirs, promettant suivant ce icelle Marie Jeanne BREBIERE en personne, pour ce autorisée dudit LASSEUR son mari et non contrainte ainsi qu'elle a déclaré, comme dit est et avec elle icelluy LASSEUR solidairement, de nourrir, habiller et mettre à l'école à leurs dépens ladite Marie Claire GAMAND pendant six années à commencer dudit jour 13ème du présent mois comme aussi de rendre, payer et rapporter à l'expiration d'icelles la susdite somme de 899 livres 5 sols avec les pièces d'argenterie et autres effets repris au folio 28 dudit compte et audit procès verbal du 7ème de ce mois sauf à déduire néanmoins sur icelle somme celle de 100 livres qu'ils retiendront comme dit est avec la dépense des médecins, chirurgiens et apothicaires au cas que ladite GAMAND tomberait en grave maladie sous l'obligation solidaire de tous leurs biens, renonçant par ladite BREBIERE au droit du senatus consult velleem et à l'authentique si qua mullier dont l'effet lui a été expliqué, être tel que femme ne se peut obliger pour autrui, ni même pour son mari sans avoir renoncé auxdits droits, fait pardevant monsieur de Marsigny échevin sepmanier le 25/9/1679.

1557 - Médiathèque Arras FF126 Folio 182V :
Jeanne DELABRE veuve de Pierre CORDONNIER vivant jaugeur de bois de cette ville y demeurant a déclaré et déclare qu'elle récréante iceluy CORDONNIER son mari promettant payer ses dettes, obsèques et funérailles et en décharger la cour, fait pardevant monsieur de Marsigny échevin sepmanier le 27/9/1679.

1558 - Médiathèque Arras FF126 Folio 184R :
Albert DUBOIS bourgeois maçon et Jean François BACHELIER aussi bourgeois et sergent de l'élection d'Artois mari et bail de Marie Anne DUBOIS demeurant en cette ville, lesdits DUBOIS frère et sœur enfants de feus Antoine et de Jacqueline SOLON ont déclaré et déclarent qu'ils récréantent ladite Jacqueline SOLON leur mère décédée le jour d'hier promettant de payer ses dettes, obsèques et funérailles et en décharger la cour, fait pardevant monsieur de Douay échevin sepmanier le 2/10/1679.

1559 - Médiathèque Arras FF126 Folio 184R :
Marie MATIN veuve d'Antoine FLIPOT vivant maître de la maison où pend pour enseigne « le fer à cheval » en cette ville a déclaré et déclare qu'elle récréante ledit feu FLIPOT son mari promettant payer ses dettes, obsèques et funérailles et en décharger la cour, fait pardevant monsieur de Douay échevin sepmanier le 3/10/1679.

1560 - Médiathèque Arras FF126 Folio 184R :
Pierre BRIOIS bourgeois fripier demeurant en cette ville a déclaré et déclare qu'il récréante Anne LOCQUET à son décès ancienne fille y demeurant sa tante maternelle promettant payer ses dettes, obsèques et funérailles et en décharger la cour, fait pardevant monsieur de Douay échevin sepmanier le 4/10/1679.

1561 - Médiathèque Arras FF126 Folio 184V :
Etienne DE BERLES bourgeois maître boulanger demeurant en cette ville a déclaré et déclare qu'il récréante Antoinette FOLLYE sa mère à son décès veuve de Michel DE BERLES vivant aussi boulanger y demeurant promettant payer ses dettes, obsèques et funérailles et en décharger la cour, fait pardevant monsieur de Douay échevin sepmanier le 5/10/1679.

1562 - Médiathèque Arras FF126 Folio 185R :
Barbe BOULAU veuve de Mathieu COROIER hoste du « Blanc lévrier » en cette ville a déclaré et déclare qu'elle se fait et fonde héritière simple de feu Jacques BOULAU son père bourgeois maître tonnelier demeurant audit Arras promettant payer ses dettes, obsèques et funérailles et en décharger la cour, fait pardevant monsieur Caudron échevin sepmanier le 10/10/1679.

1563 - Médiathèque Arras FF126 Folio 185R :
Agnès BRASSART veuve de Laurent LAUR vivant maître tailleur d'habits demeurant en cette ville a déclaré et déclare qu'elle récréante par le décès dudit feu LAUR son mari promettant payer ses dettes, obsèques et funérailles et en décharger la cour, fait pardevant monsieur Leroux échevin sepmanier le 11/10/1679.

1564 - Médiathèque Arras FF126 Folio 185V :
Pierre DIEVAL bourgeois cordonnier demeurant en cette ville a déclaré et déclare qu'il récréante Marguerite BAUDRELICQUE sa mère à son décès veuve de Pierre DIEVAL demeurant en cette ville promettant payer ses dettes, obsèques et funérailles et en décharger la cour, fait pardevant monsieur Boucquel échevin sepmanier le 19/10/1679.

1565 - Médiathèque Arras FF126 Folio 186R :
Marie Madeleine CAZIER veuve de Nicolas DE RANSART vivant bourgeois et commis du mont de piété de cette ville et François TAFFIN aussi bourgeois brodeur y demeurant mari et bail de Marie Madeleine DESSINGES, ont déclaré et déclarent qu'ils récréantent Marie CAZIER vivante ancienne fille demeurant audit Arras sœur à ladite Marie Madeleine CAZIER et tante à ladite Marie Madeleine DESSINGES du côté maternel promettant de payer ses dettes, obsèques et funérailles et en décharger la cour, fait pardevant monsieur Camp échevin sepmanier le 4/11/1679.

1566 - Médiathèque Arras FF126 Folio 186V :
Louis CARPENTIER bourgeois maître cordonnier et Pierre CARPENTIER son frère brasseur demeurant en cette ville enfants de feus Robert vivant aussi cordonnier et de Marie CAPPON, ont déclaré et déclarent qu'ils récréantent ledit feu Robert CARPENTIER leur père promettant payer leurs dettes, obsèques et funérailles et en décharger la cour, fait pardevant monsieur de Douay échevin sepmanier le 6/11/1679.

1567 - Médiathèque Arras FF126 Folio 186V :
Maître Jean François ALEXANDRE prêtre curé de l'église paroissiale de Saint Maurice en cette ville a déclaré et déclare qu'il récréante feue Damoiselle Anne ALEXANDRE sa tante paternelle à son décès fille vivant en célibat demeurant audit Arras, promettant payer ses dettes, obsèques et funérailles et en décharger la cour, même de sortir juridiction à ce siège en ce regard, fait pardevant monsieur Boucquel échevin sepmanier le 13/11/1679.

1568 - Médiathèque Arras FF126 Folio 186V :
Curatelle : François BLERY demeurant à Saint Pol reçu et admis à la curatelle des biens vacants de feu Alexis DE CHELERS vivant procureur à ce siège par ordonnance du 4ème de septembre dernier rendue sur la requête présentée à cedit siège par Damoiselle Barbe TURPIN veuve de Jean DE CHELERS demeurant audit Saint Pol à la caution de ladite TURPIN en faisant les devoirs à charge par elle que ledit BLERY sortir juridiction à ce siège, est comparu en personne lequel a empris et accepté ladite curatelle et promis après serment par lui fait et prêté de soy bien et fidèlement conduire et comporter en ladite curatelle et d'en rendre bon et fidèle compte quand il en sera requis, s'étant suivant ce Gilles BERTOULT praticien demeurant en cette ville procureur spécial de ladite TURPIN fondé de pouvoir pertinent passé pardevant notaires royaux audit Saint Pol le 11ème du présent mois de novembre ici vue et rendue, constitué caution dudit François de BLERY au sujet de ladite curatelle de quoi iceluy BLERY l'a promis décharger et de tous dépens, dommages et intérêts

sous l'obligation de leurs biens, promettant aussi de sortir juridiction à ce siège en ce regard et pour faciliter les exploits et significations à faire audit BLERY en ladite qualité, iceux seront faits au domicile de Gilles DOBY procureur au conseil d'Artois, lesquels vaudront comme s'ils étaient faits à la propre personne et domicile dudit BLERY, fait pardevant monsieur Boucquel échevin sepmanier le 13/11/1679.

1569 - Médiathèque Arras FF126 Folio 187R :
Marie SOHIER veuve d'Augustin DE FROMONT vivant bourgeois marchand quincaillier demeurant en cette ville a déclaré et déclare qu'elle récréante ledit feu DE FROMONT son mari promettant payer ses dettes, obsèques et funérailles et en décharger la cour, fait pardevant monsieur Boucquel échevin sepmanier le 14/11/1679.

1570 - Médiathèque Arras FF126 Folio 187V :
Est comparu Antoine DE ROUGEMONT bourgeois rentier demeurant en cette ville fils et héritier de Damoiselle Jeanne DELEPORTE qui fut fille et héritière apparente de Louis et de Damoiselle Catherine DELARUELLE, lequel DE ROUGEMONT a déclaré et déclare qu'en conséquence de la sentence rendue à ce siège le 24 de février 1676 au différend qu'il y a avec autres contre Nicolas CAUDRON marchand et échevin de cette ville par laquelle il a été déclaré privé et déchu des prétentions qu'il pouvait avoir à la charge de la succession desdits feu Louis DELEPORTE et Catherine DELARUELLE sa femme faute d'avoir déclaré lesdites prétentions pardedans le temps porté par ladite ordonnance, il se fonde héritier d'iceux Louis DELEPORTE et sa femme ainsi qu'a pu faire ladite Jeanne sa mère protestant suivant ce de se pourvoir pour le recouvrement des biens et effets de ladite succession ainsi et comme il trouvera convenir et de payer les dettes d'icelle au cas qu'il s'y en trouve, fait pardevant monsieur Morguet échevin sepmanier le 20/11/1679.

1571 - Médiathèque Arras FF126 Folio 188R :
Michel HAUDOUART échevin de la ville de Bapaume et Guillaume ROBERT échevin de la cité d'Arras y demeurant mari et bail de Damoiselle Marie Jeanne HATTÉ icelle fille et héritière de feue Damoiselle Jeanne HAUDOUART ont déclaré et déclarent qu'ils récréantent par le décès de feue Damoiselle Jeanne HAUDOUART fille franche demeurant en cette ville leur cousine promettant payer ses dettes, obsèques et funérailles et en décharger la cour, même de subir juridiction à ce siège en ce regard, fait pardevant monsieur du Boisrond échevin sepmanier le 21/11/1679.

1572 - Médiathèque Arras FF126 Folio 188V :
Anne WAMBOUR veuve de Baltazart DUPUICH vivant bourgeois blanchisseur demeurant en cette ville a déclaré et déclare qu'elle récréante ledit feu son mari promettant payer ses dettes, obsèques et funérailles et en décharger la cour, fait pardevant monsieur Morguet échevin sepmanier le 22/11/1679.

1573 - Médiathèque Arras FF126 Folio 188V :
Louise DELEVILLE veuve de Louis PONTHUS vivant plombier demeurant en cette ville a déclaré et déclare qu'elle récréante ledit PONTHUS son mari promettant payer ses dettes, obsèques et funérailles et en décharger la cour, fait pardevant monsieur Noel échevin sepmanier le 27/11/1679.

1574 - Médiathèque Arras FF126 Folio 189R :
Catherine MORY veuve de Paul CAMUS vivant maître boulanger demeurant en cette ville a déclaré et déclare qu'elle récréante ledit feu CAMUS son mari promettant payer ses dettes, obsèques et funérailles et en décharger la cour, fait pardevant monsieur Noel échevin sepmanier le 29/11/1679.

1575 - Médiathèque Arras FF126 Folio 189R :
Pierre HUSSON chirurgien demeurant en cette ville procureur spécial de Catherine CRAMPON veuve de Henry HUSSON vivant maître chirurgien demeurant en cette ville sa mère, a en vertu de procuration spéciale passée sous son nom pardevant notaires ce jourd'hui par icelle CRAMPON sa mère gisant au lit malade (ici exhibée et rendue) déclaré et déclare qu'il récréante au nom de sadite mère par le trépas dudit feu HUSSON son père promettant audit nom payer ses dettes, obsèques et funérailles et en décharger la cour, fait pardevant monsieur Caudron échevin sepmanier le 29/11/1679.

1576 - Médiathèque Arras FF126 Folio 189V :
Françoise ELOY veuve de Philippe FOURMAULT vivant bourgeois de cette ville y demeurant a déclaré et déclare qu'elle récréante ledit feu FOURMAULT son mari promettant payer ses dettes, obsèques et funérailles et en décharger la cour, fait pardevant monsieur Caudron échevin sepmanier le 2/12/1679.

1577 - Médiathèque Arras FF126 Folio 189V :
Pierre BLANCHET bourgeois boucher et François BOYEL aussi bourgeois boucher mari et bail d'Antoinette BLANCHET iceux BLANCHET frère et sœur enfants de feu Antoine vivant aussi bourgeois boucher y demeurant en cette ville, ont déclaré et déclarent qu'ils récréantent ledit feu Antoine BLANCHET leur père promettant payer ses dettes, obsèques et funérailles et en décharger la cour, fait pardevant monsieur Caudron échevin sepmanier le 2/12/1679.

1578 - Médiathèque Arras FF126 Folio 189V :
Etienne François ROUTART demeurant à Beaumetz en Vermandois lez Péronne a déclaré et déclare qu'il récréante Damoiselle Jeanne HAUDOUART à son décès fille vivant en célibat demeurant en cette ville d'Arras sa cousine promettant payer ses dettes, obsèques et funérailles et en décharger la cour, fait pardevant monsieur Enlart échevin sepmanier le 4/12/1679.

1579 - Médiathèque Arras FF126 Folio 190R :
Pierre Paul HAUDOUART sieur de Wandelicourt y demeurant a déclaré et déclare qu'il récréante Damoiselle Jeanne HAUDOUART à son décès fille vivante en célibat demeurant en cette ville sa cousine promettant de payer ses dettes, obsèques et funérailles et en décharger la cour, fait pardevant monsieur Enlart échevin sepmanier le 4/12/1679.

1580 - Médiathèque Arras FF126 Folio 190R :
Charles HUMET bourgeois sayetteur demeurant en cette ville a déclaré et déclare qu'il récréante Marie Barbe NEVEU fille de feu Pierre et de [ ] CONEL à son trépas veuve de René [ ] dit Labarre vivant sauvegarde au village de Beaurains lez cette ville, demeurant aussi audit Arras, promettant payer ses dettes, obsèques et funérailles et en décharger la cour, fait pardevant monsieur de Marsigny échevin sepmanier le 5/12/1679.

1581 - Médiathèque Arras FF126 Folio 190V :
Marie Marguerite PLATEL veuve de Louis PANNEQUIN vivant charpentier demeurant en cette ville a déclaré et déclare qu'elle récréante ledit PANNEQUIN son mari promettant payer ses dettes, obsèques et funérailles et en décharger la cour, fait pardevant monsieur Enlart échevin sepmanier le 9/12/1679.

1582 - Médiathèque Arras FF126 Folio 190V :
Anne Madeleine DEMARTHE fille dévotaire demeurant en la maison des filles de Sainte Agnès en cette ville a déclaré et déclare qu'elle récréante Martine BOUBERS à son décès veuve de Jean DEMARTHE sa mère promettant payer ses dettes, obsèques et funérailles et en décharger la cour, fait pardevant monsieur Groullon échevin sepmanier le 12/12/1679.

1583 - Médiathèque Arras FF126 Folio 191V :
Marie BONNAVENTURE veuve de Pierre MINART vivant bourgeois boucher demeurant en cette ville a déclaré et déclare qu'elle récréante ledit MINART son mari promettant payer ses dettes, obsèques et funérailles et en décharger la cour, fait pardevant monsieur Foucquier échevin sepmanier le 23/12/1679.

1584 - Médiathèque Arras FF126 Folio 192R :
Antoine SEVIN maître ferronnier et serrurier demeurant en cette ville mari et bail de Marie MIETTE a déclaré et déclare qu'il récréante feue Pasquette MIETTE à son décès veuve de Michel DESCOULT sa belle-sœur promettant payer ses dettes, obsèques et funérailles et en décharger la cour, fait pardevant monsieur Foucquier échevin sepmanier le 19/12/1679.

1585 - Médiathèque Arras FF126 Folio 193R :
Marie LECLERCQ veuve de Georges DE NEUVILLE vivant bourgeois couvreur de tuiles demeurant en cette ville [rue des trois salloirs] a déclaré et déclare qu'elle récréante ledit DE NEUVILLE son mari promettant payer ses dettes, obsèques et funérailles et en décharger la cour, fait pardevant monsieur Hapiot échevin sepmanier le 29/12/1679.

1586 - Médiathèque Arras FF126 Folio 193V :
Antoinette GARIN veuve de Jean GRARD vivant maître mannelier demeurant en cette ville a déclaré et déclare qu'elle récréante ledit GUERARD son mari décédé ce jourd'hui promettant payer ses dettes, obsèques et funérailles et en décharger la cour, fait pardevant monsieur Caudron échevin sepmanier le 8/1/1680.

1587 - Médiathèque Arras FF126 Folio 194V :
Antoine LEGRAND bourgeois maître maréchal ferrant demeurant en cette ville a déclaré et déclare qu'il récréante par le décès de Florise MARCHAND veuve de Robert LEGRAND sa mère, promettant payer ses dettes, obsèques et funérailles et en décharger la cour, fait pardevant monsieur Caudron échevin sepmanier le 12/1/1680.

1588 - Médiathèque Arras FF126 Folio 195R :
Jean Baptiste DELELES sieur de Ruit de présent en cette ville a déclaré et déclare qu'il récréante par le décès de feu maître François DELELES vivant conseiller du roi receveur général des aides ordinaires et extraordinaires de cette province d'Artois promettant payer ses dettes, obsèques et funérailles et d'en décharger la cour, fait pardevant monsieur de Marsigny échevin sepmanier le 15/1/1680.

1589 - Médiathèque Arras FF126 Folio 195R :
Jean Louis DELAMOTTE cabaretier demeurant en la ville de Bapaume mari et bail de Damoiselle Marie Madeleine ALEXANDRE a déclaré et déclare qu'il récréante par le trépas de feue Damoiselle Anne ALEXANDRE vivant fille franche demeurant en cette ville d'Arras tante paternelle à ladite Marie Madeleine, promettant payer ses dettes, obsèques et funérailles et en décharger la cour, même se subir juridiction à ce siège en ce regard, fait pardevant monsieur Enlart échevin sepmanier le 15/1/1680.

1590 - Médiathèque Arras FF126 Folio 196R :
Louis DELAVERDURE bourgeois marchand demeurant en cette ville mari et bail de Chrestienne Renée MICHEL fille de feue Marie Isabelle GONSE à son décès veuve de Jean MICHEL vivant fripier y demeurant a déclaré et déclare qu'il récréante ladite feue Marie Isabelle GONSE sa belle-mère promettant de payer ses dettes, obsèques et funérailles et en décharger la cour, fait pardevant monsieur de Marsigny échevin sepmanier le 20/1/1680.

1591 - Médiathèque Arras FF126 Folio 196R :
Curatelle : Jean Bernard DESMARETZ bourgeois de cette ville y demeurant (reçu et admis à la curatelle de feu Philippe François DESMARETZ vivant sieur de Preville son frère par ordonnance du jour d'hier couchée sur la requête présentée à ce siège par Barthélémy et Charles DESMARETZ aussi frères dudit défunt et à leur caution en faisant les devoirs), est comparu en personne lequel a empris et accepté ladite curatelle et promis par serment de s'y bien et fidèlement conduire et comporter et d'en rendre compte à ce siège quand sommé et requis en sera s'étant lesdits Barthélémy et Charles DESMARETZ pour ce aussi comparants constitués caution dudit Jean Bernard DESMARETZ de quoi icelluy les a promis décharger et de tous dépens, dommages et intérêts sous l'obligation de leurs biens, fait pardevant monsieur de Marsigny échevin sepmanier le 20/1/1680.

1592 - Médiathèque Arras FF126 Folio 196V :
Catherine LEFEBVRE veuve de Nicolas DEMAILLY vivant bourgeois gras mercier demeurant en cette ville a déclaré et déclare qu'elle récréante sondit feu mari promettant payer ses dettes, obsèques et funérailles et en décharger la cour, fait pardevant monsieur Groullon échevin sepmanier le 22/1/1680.

1593 - Médiathèque Arras FF126 Folio 199R :
Marie Madeleine LECLERCQ veuve de Jean PICART vivant bourgeois tailleur d'habits demeurant en cette ville a déclaré et déclare qu'elle récréante ledit feu son mari promettant de payer ses dettes, obsèques et funérailles et en décharger la cour, fait pardevant monsieur Foucquier échevin sepmanier le 3/2/1680.

1594 - Médiathèque Arras FF126 Folio 199R :
Damoiselle Marie Madeleine LEMAIRE veuve de Philippe François DESMARETZ vivant sieur de Preville demeurant en cette ville a déclaré et déclare comme étant venue depuis peu à sa connaissance pour n'avoir été lors en cette ville le décès dudit sieur de Preville son mari, qu'elle renonce aux biens, dettes et communauté de sondit feu son mari, fait pardevant monsieur Foucquier échevin sepmanier le 3/2/1680.

1595 - Médiathèque Arras FF126 Folio 199V :
Josse TACQUET bourgeois fripier demeurant en cette ville s'est constitué caution de maître Georges, Guillaume et Isabelle DE PARIS frères et sœur neveux et nièce et héritiers de feue Isabeau DE PARIS à son décès veuve et demeurée es biens de Guillaume MICHEL et de Hector DE PARIS leur frère en bas âge aussi neveu et héritier de ladite feue Isabeau, à laquelle caution il a été reçu et admis par ordonnance du jour d'hier rendue à l'audience tenue à ce siège ensuite de la requête présentée contre Antoine DE PARIS, lesdits maître Georges, Guillaume, Hector et Isabelle DE PARIS, par Laurent ALLART procureur au conseil d'Artois demeurant en cette ville par laquelle messieurs ont admis iceluy ALLART à faire le rembours du sort principal de la rente

dont s'agit portant cent livres et de payer vingt livres quinze sols d'arriérages auxdits Antoine, maître Georges, Guillaume, Hector et Isabelle DE PARIS, à la caution dudit Jacques attendu que ladite rente et arriérages sont substitués en faisant les devoirs, promettant suivant ce ledit TACQUET (es mains duquel lesdits cent livres faisant la moitié des deniers principaux de la susdite rente restant à rembourser et vingt livres quinze sols pour les arriérages), ont été délivrés par ledit ALLART de faire en sorte que lesdites deux sommes seront remplacées et autre rente ou achat de terres et héritages qui suivront la même nature de substitution pardedans un an d'huy sous l'obligation etc, ayant la grosse dudit contrat de rente été remis es mains dudit ALLART par lesdits DE PARIS, à la réception de laquelle caution aussi bien que de ladite somme de cent livres par une partie et vingt livres quinze sols par autres, lesdits maître Georges, Guillaume, Isabelle DE PARIS et Antoine DE PARIS et Marie HALLOT sa femme père et mère et tuteurs légitimes dudit Hector DE PARIS en bas âge ont consenti en personne, même promis en décharger ledit ALLART et tous autres qu'il appartiendra consentent en outre que semble décharge soit couchée sur la minute originelle reposant au gros des contrats, sous l'obligation etc, fait pardevant monsieur Boucquel échevin sepmanier le 10/2/1680.

1596 - Médiathèque Arras FF126 Folio 200V :
Philippe LOGEOIS espinglier demeurant en cette ville a déclaré et déclare qu'il récréante par le décès de Philippe LOGEOIS son père vivant aussi espinglier y demeurant promettant payer ses dettes, obsèques et funérailles et en décharger la cour, fait pardevant monsieur du Boisrond échevin sepmanier le 12/2/1680.

1597 - Médiathèque Arras FF126 Folio 201R :
Rémy PICART bourgeois mari et bail de Marie Catherine POITAU et Lucresse POITAU fille à marier demeurant en cette ville, lesdits POITAU sœurs enfants de feu Amand vivant brasseur y demeurant ont déclaré et déclarent qu'ils récréantent par le trépas dudit feu leur père décédé ce jourd'hui promettant de payer ses dettes, obsèques et funérailles et en décharger la cour, fait pardevant monsieur Morguet échevin sepmanier le 13/2/1680.

1598 - Médiathèque Arras FF126 Folio 201R :
Marie Jeanne DAUCHY fille à marier de Jacques demeurant présentement en cette ville âgée de vingt quatre ans selon qu'elle a déclaré, a déclaré et déclare qu'elle renonce aux biens et dettes de feue Anne DELECOURT sa mère décédée à Raucourt lez Lille passés deux mois ou environ, fait pardevant monsieur Morguet échevin sepmanier le 14/2/1680.

1599 - Médiathèque Arras FF126 Folio 201V :
Tutelle : Louis DE LA VERDURE bourgeois demeurant en cette ville et Chrestienne Renée MICHEL sa femme icelle fille et héritière avec Marie Claire MICHEL de feue Marie Isabelle GONSE vivant veuve de Jean MICHEL reçus et admis par ordonnance du jour d'hier pour tuteurs de Jean Guillaume MICHEL leur frère mineur suivant les consentements et acceptation des plus proches parents d'iceluy mineur et ouy le sieur procureur général de cette ville à la caution solidaire de l'un de l'autre en faisant les devoirs, par laquelle ordonnance iceux DE LA VERDURE et sa femme sont autorisés en cette qualité de retenir en leur possession la part et portion qui appartient audit mineur du prix de la prisée et estimation faite des meubles et effets délaissés par ladite GONSE jusqu'à ce qu'il aura atteint l'âge compétent ou qu'il serait autrement ordonné en se chargeant au pied de l'inventaire et prisée, comme aussi de retenir un tiers du porte de ladite prisée appartenant à ladite Marie Claire MICHEL leur sœur de son consentement si longtemps qu'elle trouvera convenir, sont comparus lesdits DE LA VERDURE et sa femme en personnes, icelle de lui suffisamment autorisée et non contrainte comme elle a déclaré, lesquels ont empris et accepté ladite tutelle et promis par leur serment de s'y bien et fidèlement conduire et comporter et d'en rendre bon et fidèle compte quand sommés et requis en seront, s'étant à ces fins ladite femme pour ce autorisée de sondit mari comme dit est, constitués solidairement caution l'un de l'autre sous l'obligation de tous leurs biens renonçant par ladite femme au droit du senatus consult velleem et à l'authentique si qua mullier dont l'effet lui a été expliqué, fait pardevant monsieur du Boisrond échevin sepmanier le 15/2/1680.

1600 - Médiathèque Arras FF126 Folio 202V :
Marie MACREL veuve d'Isidore DOCQUEMAISNIL vivant bourgeois et sergent du châtelain de cette ville a déclaré et déclare qu'elle récréante ledit feu son mari promettant payer de payer ses dettes, obsèques et funérailles et en décharger la cour, fait pardevant monsieur Desmazures échevin sepmanier le 17/2/1680.

1601 - Médiathèque Arras FF126 Folio 202V :
Isabeau BONNET veuve de Jean LOMBART vivant fauboulier demeurant en cette ville a déclaré et déclare qu'elle récréante ledit feu LOMBART son mari promettant payer ses dettes, obsèques et funérailles et en décharger la cour, fait pardevant monsieur Noel échevin sepmanier le 19/2/1680.

1602 - Médiathèque Arras FF126 Folio 204V :
Jeanne VIENNART veuve de Bartolome WASTEAU bourgeois et commis au mont de piété de cette ville a récréanté par le trépas dudit WASTEAU son mari promettant payer ses dettes, obsèques et funérailles et en décharger la cour, fait pardevant monsieur de Marsigny échevin sepmanier le 29/2/1680.

1603 - Médiathèque Arras FF126 Folio 205R :
Maître Jacques DESSINGES prêtre habitué de l'église de Saint Nicolas sur les Fossés et Marie Anne DESSINGES sa sœur fille à marier âgée de 24 ans ainsi qu'elle a déclaré enfants de feu Benoist vivant bourgeois cuvelier demeurant en cette ville, ont déclaré et déclarent qu'ils récréantent ledit feu Benoist DESSINGES leur père décédé ce jourd'hui promettant de payer ses dettes, obsèques et funérailles et en décharger la cour, fait pardevant monsieur Groullon échevin sepmanier le 9/3/1680.

1604 - Médiathèque Arras FF126 Folio 205R :
Marie Barbe WILLART veuve de Jean LEQUIEN vivant bourgeois demeurant en cette ville a déclaré et déclare qu'elle récréante sondit feu mari promettant de payer ses dettes, obsèques et funérailles et en décharger la cour, fait pardevant monsieur de Douay échevin sepmanier le 13/3/1680.

1605 - Médiathèque Arras FF126 Folio 205V :
Etienne François ROUTART bourgeois de cette ville sieur de Cappy en partie demeurant à la cense de Beaumetz en Vermandois gouvernement de Péronne et René CAMUS aussi bourgeois de cette ville demeurant à Saint Omer mari et bail de Damoiselle Catherine Florence ROUTART, ont déclaré et déclarent qu'ils récréantent Damoiselle Marie Anne ROUTART à son décès fille à marier demeurant en cette ville sœur audit Etienne François et tante paternelle à ladite Catherine Florence ROUTART promettant suivant ce de payer ses dettes, obsèques et funérailles et en décharger la cour, fait pardevant monsieur de Douay échevin sepmanier le 13/3/1680.

1606 - Médiathèque Arras FF126 Folio 205V :
Catherine LOUIS veuve de Jean LEMAIRE vivant bourgeois quincaillier demeurant en cette ville a déclaré et déclare qu'elle récréante ledit feu LEMAIRE son mari promettant de payer ses dettes, obsèques et funérailles et en décharger la cour, fait pardevant monsieur de Douay échevin sepmanier le 14/3/1680.

1607 - Médiathèque Arras FF126 Folio 206R :
Messire Maximilien CHIVOT chevalier sieur d'Orville demeurant en cette ville a déclaré et déclare qu'il récréante par le décès de feu Messire Antoine CHIVOT aussi chevalier sieur des Lobbes son père vivant échevin à son tour de cette ville promettant payer ses dettes, obsèques et funérailles et en décharger la cour, fait pardevant monsieur Foucquier échevin sepmanier le 15/3/1680.

1608 - Médiathèque Arras FF126 Folio 206V :
Mathieu FRUIT bourgeois et parcheminier demeurant en cette ville a déclaré et déclare qu'il récréante Jean FRUIT son père vivant aussi bourgeois y demeurant promettant payer ses dettes, obsèques et funérailles et en décharger la cour, fait pardevant monsieur Hapiot échevin sepmanier le 22/3/1680.

1609 - Médiathèque Arras FF126 Folio 206V :
Damoiselle Marie Madeleine DELATTRE veuve de maître Robert Antoine TOURSEL vivant avocat au conseil d'Artois demeurant à Arras a déclaré et déclare qu'elle récréante sondit feu mari promettant de payer ses dettes, obsèques et funérailles sauf soy recouvrir contre qui il appartiendra, fait pardevant monsieur Hapiot échevin sepmanier le 22/3/1680.

1610 - Médiathèque Arras FF126 Folio 206V :
Bonaventure DORESMIEUX bourgeois de cette ville et maître Philippe THERY aussi bourgeois marchand demeurant en cette ville mari et bail de Damoiselle Isabelle DORESMIEUX lesdits DORESMIEUX frère et sœur, oncle et tante à feu Antoine DORESMIEUX vivant jeune homme à marier demeurant audit Arras, ont déclaré et déclarent qu'ils récréantent iceluy feu DORESMIEUX promettant payer ses dettes, obsèques et funérailles et en décharger la cour, fait pardevant monsieur du Boisrond échevin sepmanier le 27/3/1680.

1611 - Médiathèque Arras FF126 Folio 207R :
Tutelle : Michel CAGNEREL bourgeois marchand demeurant en cette ville reçu et admis par ordonnance de ce siège du 27ème de ce mois de mars sur la requête par lui présentée à la tutelle de Louise Catherine CATOUILLART fille mineure de feue Françoise LALLART à son décès veuve de Robert CATOUILLART vivant bourgeois maître boulanger audit Arras, en faisant les devoirs et ce en conséquence du testament de

ladite LALLART passé pardevant notaires le 3ème de ce mois par lequel ledit CAGNEREL a été dénommé à la tutelle, est comparu en personne, lequel a empris et accepté ladite tutelle et promis par serment de s'y bien et fidèlement conduire et comporter et d'en rendre compte à ce siège quand il en sera requis, fait pardevant monsieur Morguet échevin sepmanier le 28/3/1680.

1612 - Médiathèque Arras FF126 Folio 208R :
Leroy et Louis Lenoir sergents ont à la requête d'Antoinette VASSEUR veuve de Jean VASSEUR vivant bourgeois maître cordonnier icelle fille et héritière d'Antoine, arrêté et empêché es mains de maître Charles François LEROUX avocat au conseil d'Artois tous et chacuns les deniers qu'il a et aura ci après en sa possession appartenant au sieur Gilles LEBRUN Sieur de Lavesne demeurant à [ ] pour avoir paiement de la somme de 265 livres pour les causes à déclarer au jour servant ayant été fait les défenses requises audit sieur LEROUX en parlant à sa femme et jour assigné aux prochains plaids après la Quasimode, fait le 1/4/1680.

1613 - Médiathèque Arras FF126 Folio 209R :
Marie Marguerite GOUY veuve de Baltasar LEFEBVRE vivant bourgeois fripier demeurant en cette ville a déclaré et déclare qu'elle récréante ledit feu LEFEBVRE son mari promettant payer ses dettes, obsèques et funérailles et en décharger la cour, fait pardevant monsieur Groullon échevin sepmanier le 15/4/1680.

1614 - Médiathèque Arras FF126 Folio 210R :
Catherine CAUDRON veuve d'Adrien BUIRETTE ci devant porte sacq de cette ville a déclaré et déclare qu'elle récréante ledit feu BUIRETTE son mari promettant payer ses dettes, obsèques et funérailles et en décharger la cour, fait pardevant monsieur de Douay échevin sepmanier le 24/4/1680.

1615 - Médiathèque Arras FF126 Folio 211R :
Jeanne BLAISÉE veuve de Philippe ANSELIN vivant bourgeois demeurant en cette ville a déclaré et déclare qu'elle récréante ledit feu ANSELIN son mari promettant payer ses dettes, obsèques et funérailles et en décharger la cour, fait pardevant monsieur du Boisrond échevin sepmanier le 7/5/1680.

1616 - Médiathèque Arras FF126 Folio 211R :
François BRICOIGNE bourgeois demeurant en cette ville mari et bail de Madeleine JOVELET icelle fille de feus Charles et de Madeleine DE COINTE a déclaré et déclare qu'il récréante ladite Madeleine DE COINTE sa belle-mère promettant payer ses dettes, obsèques et funérailles et en décharger la cour, fait pardevant monsieur Desmazures échevin sepmanier le 12/5/1680.

1617 - Médiathèque Arras FF126 Folio 212R :
Jeanne TOPART veuve de Jean Baptiste ALLART vivant bourgeois tavernier demeurant en cette ville a déclaré et déclare qu'elle récréante ledit feu ALLART son mari promettant payer ses dettes, obsèques et funérailles et en décharger la cour, fait pardevant monsieur Caudron échevin sepmanier le 14/5/1680.

1618 - Médiathèque Arras FF126 Folio 215R :
Marie Jeanne GUERARD veuve de Paul BRAYE vivant bourgeois joueur d'instrument demeurant en cette ville a déclaré et déclare qu'elle récréante par le décès dudit BRAYE son mari promettant payer ses dettes, obsèques et funérailles et en décharger la cour, fait pardevant monsieur Enlart échevin sepmanier le 22/5/1680.

1619 - Médiathèque Arras FF126 Folio 215V :
Marie Jeanne LAUDHUY veuve de François CARPENTIER vivant bourgeois salinier demeurant en cette ville a déclaré et déclare qu'elle récréante ledit feu CARPENTIER son mari promettant en décharger la cour, fait pardevant monsieur de Marsigny échevin sepmanier le 24/5/1680.

1620 - Médiathèque Arras FF126 Folio 218R :
Jean François LECOCQ bourgeois maréchal ferrant demeurant en cette ville mari et bail de Marie Madeleine MINART a déclaré et déclare qu'il récréante par le décès de Jeanne DUQUESNOY sa belle-mère à son trépas veuve de Pierre MINART décédée le jour d'hier promettant de payer ses dettes, obsèques et funérailles et en décharger la cour, fait pardevant monsieur Boucquel échevin sepmanier le 12/6/1680.

1621 - Médiathèque Arras FF126 Folio 219V :
Marie Madeleine VOGLET veuve de Michel PESCHENA vivant bourgeois demeurant en cette ville a déclaré et déclare qu'elle récréante ledit feu PESCHENA son mari décédé ce jourd'hui promettant payer ses dettes, obsèques et funérailles et en décharger la cour, fait pardevant monsieur Desmazures échevin sepmanier le 21/6/1680.

1622 - Médiathèque Arras FF126 Folio 219V :
Anne GRUEL veuve de Pierre WILLEMETZ vivant concierge de l'hostel de Bucquoy en cette ville a déclaré et déclare qu'elle récréante ledit feu WILLEMETZ son mari promettant payer ses dettes, obsèques et funérailles et en décharger la cour, fait pardevant monsieur Caudron échevin sepmanier le 26/6/1680.

1623 - Médiathèque Arras FF126 Folio 220R :
Curatelle : Philippe DUBOIS bourgeois demeurant en cette ville reçu et admis par ordonnance du 3ème de ce mois de juillet à la curatelle d'Isabelle LAU fille mineure de feus Pierre vivant marchand demeurant au bourg de [ ] et de Jeanne [ ] à la caution de Guillaume ALLART bourgeois et ci devant sergent à verge de ce siège grand oncle à ladite Isabelle LAU, suivant la requête présentée à ce siège par ledit ALLART après avoir ouy le procureur général de cette ville, est comparu icelluy DUBOIS lequel après serment par lui prêté a empris et accepté ladite curatelle et promis de s'y bien et fidèlement conduire et comporter et d'en rendre bon et fidèle compte quand il en sera requis, s'étant ledit Guillaume ALLART aussi comparant constitué caution dudit Philippe DUBOIS au sujet de ladite curatelle de quoi il l'a promis décharger et de tous dépens, dommages et intérêts sous l'obligation solidaire de tous leurs biens, fait pardevant monsieur de Marsigny échevin sepmanier le 6/7/1680.

1624 - Médiathèque Arras FF126 Folio 220V :
Antoine PARIS bourgeois et Marie HALLOT sa femme de lui suffisamment autorisée et sans contrainte comme elle a déclaré, ont déclaré et déclarent qu'ils récréantent Georges HALLOT vivant bourgeois marchand demeurant audit Arras oncle à ladite Marie HALLOT promettant de payer ses dettes, obsèques et funérailles et en décharger la cour renonçant ladite Marie HALLOT aux droits du senatus consult velleem et à l'authentique si qua mullier à elle expliquée, fait pardevant monsieur de Marsigny échevin sepmanier le 6/7/1680.

1625 - Médiathèque Arras FF126 Folio 226R :
Adrien MARCHANT charpentier jeune homme à marier demeurant en cette ville a déclaré et déclare qu'il récréante Jacques MARCHANT vivant bourgeois maître charpentier y demeurant décédé ce jourd'hui promettant payer ses dettes, obsèques et funérailles et en décharger la cour, fait pardevant monsieur Noel échevin sepmanier le 7/8/1680.

1626 - Médiathèque Arras FF126 Folio 226R :
Hugues DESFOSSEZ bourgeois coroyeur et François DESFOSSEZ aussi bourgeois porte sacq demeurant en cette ville ont déclaré et déclarent qu'ils récréantent Jeanne LEROY leur mère à son décès veuve de Pierre DESFOSSEZ promettant de payer ses dettes, obsèques et funérailles et en décharger la cour, fait pardevant monsieur Noel échevin sepmanier le 8/8/1680.

1627 - Médiathèque Arras FF126 Folio 227V :
Jeanne Hélaine DANNEL veuve de Jean Louis BLONDEL vivant bourgeois chaudronnier demeurant en cette ville a déclaré et déclare qu'elle récréante ledit feu BLONDEL son mari promettant de payer ses dettes, obsèques et funérailles et en décharger la cour, fait pardevant monsieur Camp échevin sepmanier le 21/8/1680.

1628 - Médiathèque Arras FF126 Folio 230R :
Est comparu Philippe DOUCHET praticien demeurant à Arras procureur spécial de Pierre BOUCHER sergent de l'élection d'Artois et bourgeois de cette ville père et tuteur légitime de Charles BOUCHER son fils mineur lequel en vertu de pouvoir passé pardevant notaire ce jourd'hui a audit nom procuratoire déclaré qu'encore que ledit Pierre BOUCHER ait ci devant au nom de sondit mineur fait appréhension par bénéfice d'inventaire de la succession d'Anne Marie MARCHEL néanmoins pour le plus grand bien de sondit mineur il s'est porté en sadite qualité de père et tuteur d'iceluy son mineur pour héritier pur et simple de ladite MARCHEL promettant suivant ce en ladite qualité d'en acquitter les charges concomitantes les effets de ladite succession, fait pardevant monsieur Noel échevin sepmanier le 16/9/1680.

1629 - Médiathèque Arras FF126 Folio 230R :
Isabeau BOYEL veuve de Sébastien CAPLAIN vivant bourgeois boucher demeurant à Arras a déclaré et déclare qu'elle récréante sondit feu mari décédé ce jourd'hui promettant de payer ses dettes, obsèques et funérailles et en décharger la cour, fait pardevant monsieur Caudron échevin sepmanier le 17/9/1680.

1630 - Médiathèque Arras FF126 Folio 231R :
Jeanne BERENGER veuve de Baltasar LIEPPE vivant bourgeois fauxboulier demeurant en cette ville a déclaré et déclare qu'elle récréante ledit feu LIEPPE son mari promettant payer ses dettes, obsèques et funérailles et en décharger la cour, fait pardevant monsieur Noel échevin sepmanier le 19/9/1680.

1631 - Médiathèque Arras FF126 Folio 231V :
Pierre HOUILLIER jardinier demeurant en la cité de cette ville et Jean THERY aussi jardinier demeurant en cette ville mari et bail de Marie HOUILLIER, lesdits HOUILLIER frère et sœur enfants de feu Thomas HOUILLIER vivant aussi jardinier demeurant audit Arras, ont déclaré et déclarent qu'ils récréantent ledit feu Thomas HOUILLIER leur père promettant payer ses dettes, obsèques et funérailles et en décharger la cour, même ledit Pierre de sortir juridiction à cet échevinage en ce regard fait pardevant monsieur Enlart échevin sepmanier le 24/9/1680.

1632 - Médiathèque Arras FF126 Folio 232V :
Marie PARADIS veuve d'Antoine LIEPPE vivant fourboulier et labourier demeurant es faubourgs de Ronville rue des alouettes a déclaré et déclare qu'elle récréante ledit feu LIEPPE son mari décédé le jour d'hier promettant payer ses dettes, obsèques et funérailles et en décharger la cour, fait pardevant monsieur Groullon échevin sepmanier le 1/10/1680.

1633 - Médiathèque Arras FF126 Folio 232V :
Damoiselle Marguerite Thérèse BAUDUIN veuve de Louis VION vivant bourgeois marchand et échevin à son tour de cette ville a déclaré et déclare qu'elle récréante ledit sieur VION son mari décédé ce jourd'hui promettant payer ses dettes, obsèques et funérailles et en décharger la cour, fait pardevant monsieur Foucquier pour l'absence de monsieur Groullon échevin sepmanier le 2/10/1680.

1634 - Médiathèque Arras FF126 Folio 232V :
Antoine LEROUX bourgeois sergent de monsieur le lieutenant général de la gouvernance de cette ville demeurant audit Arras a déclaré et déclare qu'il récréante par le décès de Michelle LEROUX veuve de Blaise VOIEZ vivant porte sacq de cette dite ville y demeurant sa sœur promettant payer ses dettes, obsèques et funérailles et en décharger la cour, fait pardevant monsieur Groullon échevin sepmanier le 5/10/1680.

1635 - Médiathèque Arras FF126 Folio 233R :
Catherine MORY veuve de Paul CAMUS vivant bourgeois boulanger demeurant en cette ville icelle MORY sœur germaine à feu Adrien MORY vivant aussi bourgeois marchand poissonnier audit Arras a déclaré et déclare qu'elle récréante ledit Adrien MORY son frère décédé le jour d'hier promettant de payer ses dettes, obsèques et funérailles et en décharger la cour, fait pardevant monsieur de Douay échevin sepmanier le 9/10/1680.

1636 - Médiathèque Arras FF126 Folio 233R :
Barbe LERICHE veuve de Jean PETIT vivant bourgeois maître serrurier demeurant en cette ville a déclaré et déclare qu'elle récréante sondit feu mari promettant payer ses dettes, obsèques et funérailles et en décharger la cour, fait pardevant monsieur de Douay échevin sepmanier le 10/10/1680.

1637 - Médiathèque Arras FF126 Folio 233R :
Louis DESMOURIER bourgeois marchand palier et seiche mercier demeurant en cette ville mari et bail de Marie Jeanne DELATTRE icelle fille de feus Jean vivant cabaretier et marchand de vaches demeurant en la cité d'Arras et de Jeanne WILLART a déclaré et déclare et déclare qu'il récréante par le décès de ladite feu Jeanne WILLART sa belle-mère promettant de payer ses dettes, obsèques et funérailles et en décharger la cour, fait pardevant monsieur de Douay échevin sepmanier le 10/10/1680.

1638 - Médiathèque Arras FF126 Folio 233V :
Maître Venant DESONGNIS prêtre chapelain de l'église cathédrale de Notre Dame d'Arras a déclaré et déclare qu'il récréante Marie CHOCQUET à son décès veuve de Venant DESONGNIS vivant bourgeois maître sayeteur demeurant en cette ville promettant de payer ses dettes, obsèques et funérailles et en décharger la cour, fait pardevant monsieur de Douay échevin sepmanier le 11/10/1680.

1639 - Médiathèque Arras FF126 Folio 233V :
Michel BLAIRE bourgeois marchand drapier demeurant en cette ville a déclaré et déclare qu'il récréante Marie Madeleine BLAIRE veuve de Jacques BOULOGNE sa tante paternelle promettant de payer ses dettes, obsèques et funérailles et en décharger la cour, fait pardevant monsieur Hapiot échevin sepmanier le 14/10/1680 depuis ci après.

1640 - Médiathèque Arras FF126 Folio 234R :
Maître Jacques DENEUVILLE prêtre et Michel FLAIRE bourgeois marchand drapier demeurant en cette ville exécuteurs testamentaires de feue Marie Madeleine BLAIRE veuve de Jacques de BOULONGNE vivant bourgeois marchand demeurant audit Arras ayant l'administration des biens de ladite défunte au nom de Claude BOULONGNE son fils mineur par le testament d'icelle passé pardevant notaires en cette ville le 10ème du présent mois exhibé en minute et rendu, ont déclaré et déclarent qu'ils emprennent ladite administration conformément audit testament promettant suivant ce audit nom payer les dettes, obsèques et funérailles de ladite défunte et d'en décharger la cour, fait pardevant monsieur Hapiot échevin sepmanier le 14/10/1680.

1641 - Médiathèque Arras FF126 Folio 234R :
Catherine DENBERT veuve de Louis DE RANCOURT vivant savetier demeurant en cette ville a déclaré et déclare qu'elle récréante ledit feu DE RANCOURT son mari promettant payer ses dettes, obsèques et funérailles et en décharger la cour, fait pardevant monsieur Desmazures échevin sepmanier le 22/10/1680.

1642 - Médiathèque Arras FF126 Folio 234V :
Maître François DELARUELLE prêtre curé de l'église paroissiale de Sainte Marie Madeleine en cette dite ville, Jean HAZARD bourgeois maître chirurgien demeurant en cette ville mari et bail de Damoiselle Marie Barbe DELARUELLE et Robert LEFEBVRE marchand et échevin de la ville de La Bassée y demeurant tuteur de Marc Antoine, Guillaume, Charles, Angélique et Marie Madeleine DELARUELLE enfants en bas âge de feu Charles vivant échevin et argentier de la ville de La Bassée et d'encore vivante Damoiselle Marie Madeleine WILLEMETZ femme audit sieur LEFEBVRE, lesdits du surnom DELARUELLE neveux et nièces d'à présent défunte Damoiselle Marie DELARUELLE à son décès veuve de Nicolas COLART vivant bourgeois demeurant en cette dite ville, ont déclaré et déclarent qu'ils récréantent lesdits COLART et Damoiselle Marie DELARUELLE sa femme, promettant de payer leurs dettes, obsèques et funérailles et en décharger la cour même ledit sieur LEFEBVRE audit nom de sortir juridiction à ce siège en ce regard élisant son domicile chez ledit sieur curé de la Madeleine, fait pardevant monsieur Desmazures échevin sepmanier le 25/10/1680.

1643 - Médiathèque Arras FF126 Folio 235R :
Joseph PANNEQUIN bourgeois marchand demeurant en cette ville rue de la porte de la cité a déclaré et déclare qu'il récréante par le trépas de feu maître Alexandre PANNEQUIN vivant prêtre curé du village de Camblain l'Abbé son oncle paternel décédé chez lui, promettant payer ses dettes, obsèques et funérailles et en décharger la cour, fait pardevant monsieur Caudron échevin sepmanier le 29/10/1680.

1644 - Médiathèque Arras FF126 Folio 235V :
Jeanne DUPUICH veuve de Nicolas BAYART vivant bourgeois fripier demeurant en cette ville a déclaré et déclare qu'elle récréante sondit feu mari promettant de payer ses dettes, obsèques et funérailles et en décharger la cour, fait pardevant monsieur Hapiot échevin sepmanier le 4/11/1680.

1645 - Médiathèque Arras FF126 Folio 236R :
Philippe PITON bourgeois tonnelier demeurant en cette ville mari et bail de Jeanne CAMUS a déclaré et déclare qu'il récréante Marguerite CAMUS sa belle-sœur à son décès ancienne fille demeurant en cette ville promettant de payer ses dettes, obsèques et funérailles et en décharger la cour, fait pardevant monsieur Hapiot échevin sepmanier le 8/11/1680.

1646 - Médiathèque Arras FF126 Folio 236V :
Marie Marguerite DUPREEL veuve de Nicolas DERUIT vivant bourgeois maître tonnelier demeurant en cette ville a déclaré et déclare qu'elle récréante ledit feu DERUIT son mari promettant payer ses dettes, obsèques et funérailles et en décharger la cour, fait pardevant monsieur Hapiot échevin sepmanier le 8/11/1680.

1647 - Médiathèque Arras FF126 Folio 236V :
Louise LAGNEAU veuve de Guillaume MARCHANDISE demeurant es faubourgs de Ronville a déclaré et déclare qu'elle récréante par le décès de feu Pierre LAGNEAU son père vivant manouvrier demeurant esdits faubourgs promettant payer ses dettes, obsèques et funérailles et en décharger la cour, fait pardevant monsieur Leroux échevin sepmanier le 12/11/1680.

1648 - Médiathèque Arras FF126 Folio 236V :
Jean LEROY tailleur d'habits demeurant à Gaudiempré a déclaré et déclare qu'il récréante Jeanne LEROY sa sœur à son décès veuve de Nicolas VAAST vivant savetier demeurant en cette ville proche du presbytère de l'église

de Sainte Croix promettant payer ses dettes, obsèques et funérailles et en décharger la cour, même de sortir juridiction à ce siège en ce regard, fait pardevant monsieur Leroux échevin sepmanier le 12/11/1680.

1649 - Médiathèque Arras FF126 Folio 237R :
Jacques Antoine et Jean Baptiste MAILLE tous deux bouchers demeurant en cette ville ont déclaré et déclarent qu'ils récréantent par le trépas de Michelle LIBERT veuve de Guislain MAILLE vivant aussi boucher demeurant en cette ville leur mère promettant payer ses dettes, obsèques et funérailles et en décharger la cour, fait pardevant monsieur Leroux échevin sepmanier le 14/11/1680.

1650 - Médiathèque Arras FF126 Folio 237R :
Roze CAMIEZ veuve d'Antoine BOYEL vivant bourgeois boucher demeurant en cette ville a déclaré et déclare qu'elle récréante ledit feu BOYEL son mari promettant de payer ses dettes, obsèques et funérailles et en décharger la cour, fait pardevant monsieur Leroux échevin sepmanier le 14/11/1680.

1651 - Médiathèque Arras FF126 Folio 237V :
Damoiselle Marie Catherine DE CLEVES jeune fille à marier demeurant à Arras a déclaré et déclare qu'elle récréante par le trépas de feue Damoiselle Antoinette BONNEL sa sœur utérine promettant payer ses dettes, obsèques et funérailles et en décharger la cour, fait pardevant monsieur Leroux échevin sepmanier le 16/11/1680.

1652 - Médiathèque Arras FF126 Folio 238R :
Adrien ENLART sieur des Capeaux échevin à son tour de cette ville a déclaré et déclare qu'il récréante par le trépas de feue Damoiselle Anne DU BOSQUEL veuve de Nicolas ENLART vivant sieur de Bouvigny sa mère promettant payer ses dettes, obsèques et funérailles et en décharger la cour, fait pardevant monsieur Postel échevin sepmanier le 18/11/1680.

1653 - Médiathèque Arras FF126 Folio 238R :
Antoine et Allard BONNEL jardiniers demeurant es faubourgs de la Neuve Rue de cette ville paroisse d'Achicourt ont déclaré et déclarent qu'ils récréantent par le trépas de feu Charles BONNEL leur père vivant aussi jardinier demeurant esdits faubourgs promettant payer ses dettes, obsèques et funérailles et en décharger la cour, fait pardevant monsieur Postel échevin sepmanier le 19/11/1680.

1654 - Médiathèque Arras FF126 Folio 239R :
Martin COUCHE bourgeois marchand saietteur demeurant en cette ville s'est constitué caution de François CARPENTIER, Damoiselle Thérèse BONNEL sa femme, François FRION, Isabelle BONNEL sa femme, Louis Joseph VOIEZ et Marie BONNEL sa femme demeurant en cette ville et cité d'Arras, à quoi il a été admis par ordonnance rendue le 15 du présent mois à l'audience tenue à ce siège entre les susnommés et Susanne et Catherine DE CLEVES pour par lesdits susnommés profiter de la sentence rendue à ce siège le 22ème novembre aussi dernier entre lesdites parties par laquelle est ordonné entre autres choses et sans préjudice au droit des parties au principal auxdites DE CLEVES de consigner au greffe de ce siège 525 livres faisant les trois quarts de 700 livres portées par l'obligation passée par défunte Marie GAMELON au profit de Pierre DE DIEVAL le 5/2/1640 en forme de donation faite le 6 de juillet ensuivant par ledit DIEVAL auxdits du surnom BONNEL et Antoinette BONNEL leur sœur, de laquelle somme de 525 livres est accordé main levée auxdits CARPENTIER et consorts en baillant par eux bonne et suffisante caution, tous dépens réservés, promettant suivant ce ledit Martin COUCHE en personne de rendre, payer et rapporter la susdite somme de 525 livres si aussi est dit et ordonné ci après, de quoi iceluy François CARPENTIER et consorts l'ont promis décharger et de tous dépens, dommages et intérêts sous l'obligation solidaire de tous leurs biens, fait pardevant monsieur Camp échevin sepmanier le 23/11/1680.

1655 - Médiathèque Arras FF126 Folio 239V :
Noël BAUDUIN savetier de son stil demeurant en cette ville a déclaré et déclare qu'il récréante Charles BAUDUIN son père vivant bourgeois aussi savetier y demeurant promettant payer ses dettes, obsèques et funérailles et en décharger la cour, fait pardevant monsieur de Beaurepaire échevin sepmanier le 27/11/1680.

1656 - Médiathèque Arras FF126 Folio 240R :
Marie Françoise LECOUSTRE fille à marier tant en son nom privé que soy faisant et portant fort de Catherine LECOUSTRE sa sœur aussi à marier filles de feus Jacques LECOUSTRE vivant bourgeois marchand et de Damoiselle Marie Marguerite LABBE demeurant à Arras a récréanté par le trépas de ladite Marie Marguerite LABBE sa mère à son trépas veuve et demeurée es biens dudit Jacques LECOUSTRE promettant payer ses

dettes, obsèques et funérailles et en décharger la cour, fait pardevant monsieur Groulon échevin sepmanier le 3/12/1680.

1657 - Médiathèque Arras FF126 Folio 241R :
Simon BRUYANT bourgeois maître tailleur d'habits et Jean François PECQUEUR mari et bail de Michelle BRUYANT aussi bourgeois joueur d'instrument demeurant en cette ville, lesdits du surnom BRUYANT frère et sœur enfants de feu Pierre ont déclaré qu'ils récréantent par le trépas d'Antoinette DUQUESNE veuve dudit Pierre BRUYANT vivant aussi maître tailleur d'habits demeurant audit Arras leur mère promettant payer ses dettes, obsèques et funérailles et en décharger la cour, fait pardevant monsieur Hapiot échevin sepmanier le 7/12/1680.

1658 - Médiathèque Arras FF126 Folio 241V :
Damoiselle Jacqueline Françoise SAUVAGE veuve demeurée es biens de maître Jacques GERIN vivant avocat au conseil d'Artois mère ayant le bail et administration de Jacques François, Vaast et Jeanne Françoise GERIN ses enfants en bas âge, a déclaré et déclare en ladite qualité et au nom desdits enfants qu'elle se fonde héritière de Damoiselle Jeanne Françoise FOUCQUIER leur mère grande paternelle décédée en cette ville le 6 de ce mois promettant de payer ses dettes, obsèques et funérailles et en décharger la cour, élisant à cet effet son domicile chez Damoiselle Anne FOUCQUIER grande tante auxdits enfants et promettant aussi de sortir juridiction à ce siège en cet égard, fait pardevant monsieur Lesergent échevin sepmanier le 9/12/1680.

1659 - Médiathèque Arras FF126 Folio 245V :
Etienne DUBOIS bourgeois savetier demeurant en cette ville a déclaré et déclare qu'il récréante Catherine DUBOIS sa sœur à son décès veuve de Charles DEFONTAINES vivant aussi bourgeois savetier y demeurant promettant de payer ses dettes, obsèques et funérailles et en décharger la cour, fait pardevant monsieur Postel échevin sepmanier le 30/12/1680.

1660 - Médiathèque Arras FF126 Folio 246R :
Françoise MARCHANT veuve de Jean DELIEGE vivant fourboulier et jardinier demeurant es faubourgs de Ronville en la Neuve Rue a déclaré et déclare qu'elle récréante ledit DELIEGE son mari décédé ce jourd'hui promettant de payer ses dettes, obsèques et funérailles et en décharger la cour, fait pardevant monsieur Camp échevin sepmanier le 4/1/1681.

1661 - Médiathèque Arras FF126 Folio 247R :
Damoiselle Louise SOHIER veuve de feu Nicolas CAUDRON vivant bourgeois marchand grossier demeurant en cette ville d'Arras a déclaré et déclare qu'elle récréante par le décès dudit feu CAUDRON son mari promettant payer ses dettes, obsèques et funérailles et en décharger la cour, fait pardevant monsieur de Beaurepaire échevin sepmanier le 9/1/1681.

1662 - Médiathèque Arras FF126 Folio 247V :
Michel JOLLET veuve de Jean Baptiste DUTIL vivant bourgeois imprimeur et libraire demeurant en cette ville a récréanté par le trépas dudit DUTIL son mari promettant payer ses dettes, obsèques et funérailles et en décharger la cour, fait pardevant monsieur de Saint Martin échevin sepmanier le 10/1/1681.

1663 - Médiathèque Arras FF126 Folio 249V :
Susanne DE RANSART veuve de Jacques CAVAILLER dit Mon plaisir vivant bourgeois cordier en cette ville a déclaré et déclare qu'elle récréante ledit feu CAVAILLER son mari promettant payer ses dettes, obsèques et funérailles et en décharger la cour, fait pardevant monsieur Foucquier échevin sepmanier le 20/1/1681.

1664 - Médiathèque Arras FF126 Folio 252R :
Antoine MACHELOT bourgeois maître d'école demeurant en cette ville d'Arras tuteur et curateur choisi et dénommé par le testament d'à présent défunt Noël GUERARD vivant bourgeois marchand demeurant audit Arras passé pardevant notaires et témoins le 28ème décembre dernier exhibé en minute et rendu, aux personnes et biens de Noël, Marie Anne, Bernardine et Marguerite GUERARD frère et sœurs enfants en bas âge dudit feu Noël et d'Antoinette BETREMIEUX, est comparu en personne, lequel a empris et accepté ladite tutelle et curatelle et promis de s'y bien et fidèlement conduire et comporter et d'en rendre compte quand sommé et requis en sera, ayant en outre déclaré et déclare qu'il récréante en ladite qualité au nom desdits Noël, Marie Anne, Bernardine et Marguerite GUERARD par le trépas dudit feu Noël leur père, promettant audit nom payer ses dettes, obsèques et funérailles et en décharger la cour, fait pardevant monsieur Pallette échevin le 3/2/1681.

1665 - Médiathèque Arras FF126 Folio 252V :
Marie LANSEL veuve de Jean DECAIX vivant bourgeois maître menuisier demeurant en cette ville a déclaré et déclare qu'elle récréante par le trépas dudit feu DECAIX son mari promettant payer ses dettes, obsèques et funérailles et en décharger la cour, fait pardevant monsieur le Carlier échevin sepmanier le 3/2/1681.

1666 - Médiathèque Arras FF126 Folio 252V :
Antoinette DEWAILLY fille à marier demeurant en cette ville fille de feus Jean vivant cordonnier et de Marie Madeleine BOSQUET a déclaré et déclare qu'elle récréante ledit feu Jean DEWAILLY son père promettant de payer ses dettes, obsèques et funérailles et en décharger la cour, fait pardevant monsieur Leroux échevin sepmanier le 5/2/1681.

1667 - Médiathèque Arras FF126 Folio 253R :
Hugues DUHAULT bourgeois maître tailleur d'habits demeurant en cette ville père et tuteur légitime de Hugues DUHAULT son fils en bas âge qu'il a eu de Catherine MAGNIER sa femme icelle fille de feu Antoine vivant maître charron demeurant audit Arras, a déclaré et déclare qu'il récréante en cette qualité au nom de sondit fils par le trépas dudit feu Antoine MAGNIER père grand d'iceluy du côté maternel, promettant audit nom payer ses dettes, obsèques et funérailles et en décharger la cour, fait pardevant monsieur Leroux échevin sepmanier le 5/2/1681.

1668 - Médiathèque Arras FF126 Folio 253R :
Marie Barbe LEDOUX veuve de Noël GRARD vivant bourgeois mesureur de blé demeurant en cette ville a déclaré et déclare qu'elle renonce aux biens et dettes délaissés par ledit feu GRARD son mari et qu'elle se tient à son droit et douaire conventionnel stipulé par son contrat de mariage, fait pardevant monsieur Leroux échevin sepmanier le 7/2/1681.

1669 - Médiathèque Arras FF126 Folio 254V :
Marie DE SAILLY veuve de Philippe LEFORT vivant bourgeois maître brodeur demeurant en cette ville a déclaré et déclare qu'elle récréante ledit LEFORT son mari promettant de payer ses dettes, obsèques et funérailles et en décharger la cour, fait pardevant monsieur de Beaurepaire échevin sepmanier le 19/2/1681.

1670 - Médiathèque Arras FF126 Folio 255R :
Damoiselle Françoise TRIGAULT veuve de feu maître Jean JACQUEMONT vivant médecin pensionnaire de cette ville d'Arras demeurant en en ladite ville a déclaré et déclare qu'elle récréante par le décès dudit feu sieur JACQUEMONT son mari promettant payer ses dettes, obsèques et funérailles et en décharger la cour, fait pardevant monsieur de Beaurepaire échevin sepmanier le 21/2/1681.

1671 - Médiathèque Arras FF126 Folio 255R :
Isabelle FARON veuve de Martin BLANCHET vivant bourgeois boucher demeurant en cette ville d'Arras mère et tutrice légitime ayant la garde et administration de Marie Brigitte BLANCHET sa fille mineure qu'elle a retenue d'iceluy a déclaré et déclare qu'elle récréante en ladite qualité au nom de sadite fille par le décès dudit feu BLANCHET son mari, promettant payer ses dettes, obsèques et funérailles audit nom et en décharger la cour, fait pardevant monsieur de Beaurepaire échevin sepmanier le 21/2/1681.

1672 - Médiathèque Arras FF126 Folio 255V :
Marie Jeanne BRIOIS veuve de Nicolas GUILLUY vivant bourgeois meunier demeurant en cette ville a déclaré et déclare qu'elle récréante ledit feu GUILLUY son mari promettant de payer ses dettes, obsèques et funérailles et en décharger la cour, fait pardevant monsieur de Beaurepaire échevin sepmanier le 22/2/1681.

1673 - Médiathèque Arras FF126 Folio 256V :
Guillaume BLAIRE hostelain demeurant à Thilloy lez Hermaville et bourgeois de cette ville d'Arras mari et bail de Noëlle VAAST fille de Robert et de Louise MORANT, a déclaré et déclare qu'il récréante par le trépas de feue Jeanne MORANT à son décès veuve de Laurent HUCQUET vivant aussi bourgeois demeurant en cette ville tante maternelle à ladite Noëlle VAAST promettant payer ses dettes, obsèques et funérailles et d'en décharger la cour même de subir juridiction à cet échevinage en ce regard, fait pardevant monsieur Noel échevin sepmanier le 25/2/1681.

1674 - Médiathèque Arras FF126 Folio 257R :
Damoiselle Marie Madeleine DAMBRINES veuve de feu Antoine COURTIER vivant procureur du roi en son élection d'Artois au nom et comme mère et tutrice d'Antoine COURTIER son fils en bas âge qu'elle a retenu d'iceluy, a déclaré et déclare qu'en cette qualité elle récréante par le décès dudit feu sieur COURTIER

promettant audit nom payer ses dettes, obsèques et funérailles et en décharger la cour, fait pardevant messieurs Groullon et Noel échevins sepmaniers le 27/2/1681.

1675 - Médiathèque Arras FF126 Folio 257R :
Jeanne NEVEU veuve de Claude BAILLEUL vivant bourgeois et maître du poids de cette ville a déclaré et déclare qu'elle récréante ledit feu BAILLEUL son mari promettant payer ses dettes, obsèques et funérailles et en décharger la cour, fait pardevant monsieur Noel échevin sepmanier le 27/2/1681.

1676 - Médiathèque Arras FF126 Folio 257V :
Florent BAYART fripier demeurant en cette ville a déclaré et déclare qu'il récréante par le décès de feue Jeanne DUPUICH veuve de Nicolas BAYART vivant aussi marchand fripier demeurant en cette ville sa mère promettant payer ses dettes, obsèques et funérailles et en décharger la cour, fait pardevant monsieur Noel échevin sepmanier le 1/3/1681.

1677 - Médiathèque Arras FF126 Folio 258R :
Jeanne LEMPEREUR veuve de Claude VISINO vivant bourgeois demeurant en la maison où pend pour enseigne « l'image de Saint Claude » en cette ville a déclaré et déclare qu'elle récréante ledit feu VISINO son mari décédé le jour d'hier promettant payer ses dettes, obsèques et funérailles et en décharger la cour, fait pardevant monsieur de Beaurains Lesergent échevin sepmanier le 5/3/1681.

1678 - Médiathèque Arras FF126 Folio 260R :
Philippe GONFROY bourgeois marchand demeurant en cette ville et Delphine CUVELIER fille aînée suffisamment âgée de feu Guislain CUVELIER vivant bourgeois marchand demeurant en cette ville tuteurs et curateurs testamentaires aux personnes et biens d'Antoine et de Marie Agnès CUVELIER enfants mineurs dudit feu Guislain suivant le testament ou codicille du jour d'hier exhibé en minute par ledit GONFROY et à lui rendu, ont en leur dite qualité et ladite Delphine par spécial tant en son privé nom qu'en icelle qualité, récréanté par le trépas dudit feu Guislain CUVELIER décédé ce jourd'hui promettant es qualités ci-dessus payer ses dettes, obsèques et funérailles et d'en décharger la cour, fait pardevant monsieur Leroux échevin sepmanier le 18/3/1681.

1679 - Médiathèque Arras FF126 Folio 260V :
Damoiselle Marguerite Guislaine DE FLERS fille à marier de feus Pierre vivant bourgeois maître chirurgien demeurant en cette ville et Damoiselle Marie Catherine CAIGNEREL, a déclaré et déclare qu'elle récréante par le décès de ladite feue CAIGNEREL sa mère promettant payer ses dettes, obsèques et funérailles et d'en décharger la cour, fait pardevant monsieur Le Carlier échevin sepmanier le 19/3/1681.

1680 - Médiathèque Arras FF126 Folio 261R :
Marie Barbe DUBOIS veuve de Léonard BARROIS dit la Marche vivant bourgeois maître tailleur d'habits demeurant en cette ville a déclaré et déclare qu'elle récréante par le décès dudit feu BARROIS son mari promettant payer ses dettes, obsèques et funérailles et en décharger la cour, fait pardevant monsieur le Carlier échevin sepmanier le 22/3/1681.

1681 - Médiathèque Arras FF126 Folio 262V :
Jacques NOIRET maître cordonnier demeurant en la ville de Gand et bourgeois de cette ville d'Arras a déclaré et déclare qu'il récréante par le trépas de feu Jean NOIRET son frère vivant bourgeois maître maçon demeurant audit Arras promettant payer ses dettes, obsèques et funérailles et en décharger la cour, même de sortir juridiction à ce siège en ce regard, fait pardevant monsieur Le Carlier échevin sepmanier le 22/3/1681.

1682 - Médiathèque Arras FF126 Folio 262V :
Jean NOEL bourgeois marchand et l'un des quatre commis aux ouvrages de cette ville mari et bail de Damoiselle Marie Agnès DESMARETZ et Pierre DE BEAUSSART procureur au conseil d'Artois et pareillement bourgeois de cette ville y demeurant mari et bail de Damoiselle Marie Madeleine DESMARETZ, lesdites DESMARETZ sœurs germaines à feue Damoiselle Marie Jeanne Thérèse DESMARETZ à son décès veuve de feu maître Jean Baptiste STERT vivant avocat au conseil d'Artois et échevin à son tour de cette ville, ont déclaré et déclarent qu'ils récréantent ladite feue Damoiselle Marie Jeanne Thérèse DESMARETZ leur sœur promettant payer ses dettes, obsèques et funérailles et en décharger la cour, fait pardevant monsieur Camp échevin sepmanier le 26/3/1681.

1683 - Médiathèque Arras FF126 Folio 264R :
Damoiselle Marie Madeleine DAMBRINES veuve de maître Antoine COURTIER vivant procureur du roi en son élection d'Artois décédé en la ville de Paris a déclaré et déclare qu'elle renonce aux biens et dettes délaissés par le trépas dudit sieur COURTIER son mari soy tenant à ses droits et devoirs coutumiers fait pardevant monsieur de Beaurepaire échevin sepmanier le 4/4/1681.

1684 - Médiathèque Arras FF126 Folio 264R :
Damoiselle Marie Françoise NOEL fille à marier de feus Philippe et de Damoiselle Marie Françoise DENIS vivants marchands grossiers demeurant à Arras a déclaré et déclare qu'elle récréante ladite Damoiselle Marie Françoise DENIS sa mère promettant payer ses dettes, obsèques et funérailles et en décharger la cour, fait pardevant monsieur Groullon échevin sepmanier le 9/4/1681.

1685 - Médiathèque Arras FF126 Folio 264V :
Curatelle : Jacques et Marie Jeanne MALBAU frère et sœur à marier enfants de François vivant bourgeois maître cordonnier demeurant en cette ville, reçus et admis par ordonnance de ce jourd'hui à la tutelle et curatelle de François, Etienne et Jean François MALBAU leurs frères à la caution l'un de l'autre en faisant les devoirs, par laquelle messieurs ordonnent en conséquence que pour éviter à frais d'une vente publique des meubles délaissés par ledit François MALBAU leur père, prisée et estimation sera faite desdits meubles par deux experts qui seront choisis par lesdits tuteurs et curateurs et par le sieur procureur général de cette ville, lesquels ensuite demeureront en la possession desdits Jacques et Marie Jeanne MALBAU à la charge de nourrir et entretenir d'habits et autrement lesdits François, Etienne et Jean François MALBAU jusqu'à ce qu'ils seront majeurs ou prendront état honorable auquel temps de majorité ou d'état honorable lesdits tuteurs et curateurs seront tenus de leur rendre et payer leur part et portion du prix de l'estimation desdits meubles repris en l'inventaire et description qui en a été faite chacun à l'avenant d'une cinquième partie sans que lesdits tuteurs et curateurs en puissent retenir aucune partie pour frais de nourriture et entretènement qui seront subministrés gratuitement moyennant quoi lesdits François, Etienne et Jean François MALBAU seront obligés de s'appliquer soigneusement à quelque métier et de rapporter tout ce qu'ils pourront gagner par leur travail et industrie au profit desdits tuteurs et curateurs pour les dédommager en tant qu'il se pourra par ce moyen desdits frais et entretènement et au cas de négligence de travailler par lesdits trois enfants ou aucun d'eux, ils se pourront être renvoyés et congédiés par lesdits tuteurs et curateurs, lesquels promettent suivant ce de bien et fidèlement conduire et comporter en cet égard et de rendre bon et fidèle compte quand ils en seront requis et de satisfaire aussi au surplus de ladite ordonnance sous l'obligation solidaire de tous leurs biens renonçant à toutes choses contraires, fait pardevant monsieur Noel échevin sepmanier le 11/4/1681.

1686 - Médiathèque Arras FF126 Folio 265R :
Jeanne LECLERCQ veuve de Charles MANESSIER vivant bourgeois maître menuisier demeurant en cette ville a déclaré et déclare qu'elle récréante par le décès dudit feu MANESSIER son mari promettant payer ses dettes, obsèques et funérailles et en décharger la cour, fait pardevant monsieur de Beaurains Lesergent échevin sepmanier le 16/4/1681.

1687 - Médiathèque Arras FF126 Folio 265V :
Rose DE CAMBRAY femme et procuratrice spéciale de Nicolas CUVILLIER bourgeois demeurant en cette ville fondée de pouvoir pertinent passé pardevant notaires ce jourd'hui ici vu et rendu, a déclaré et déclare qu'elle récréante Anne WALLON veuve de André DE CAMBRAY vivant aussi bourgeois de cette ville sa mère décédée ce jourd'hui promettant avec sondit mari solidairement suivant sadite procure de payer ses dettes, obsèques et funérailles et en décharger la cour, fait pardevant monsieur Hapiot échevin sepmanier le 24/4/1681.

1688 - Médiathèque Arras FF126 Folio 265V :
Marie Thérèse DELEURY veuve de Jean DAMBRINES vivant bourgeois meunier demeurant en cette ville a déclaré et déclare qu'elle récréante ledit feu Jean DAMBRINES son mari promettant payer ses dettes, obsèques et funérailles et d'en décharger la cour, fait pardevant monsieur Hapiot échevin sepmanier le 26/4/1681.

1689 - Médiathèque Arras FF126 Folio 266V :
Damoiselle Catherine FLIPPES veuve de Pierre DE BOULONGNE vivant bourgeois marchand tanneur demeurant en cette ville a déclaré et déclare qu'elle récréante par le décès dudit feu DE BOULONGNE son mari promettant payer ses dettes, obsèques et funérailles et d'en décharger la cour, fait pardevant monsieur Le Carlier échevin sepmanier le 30/4/1681.

1690 - Médiathèque Arras FF126 Folio 267R :

Philippe NEVEU bourgeois charpentier demeurant en cette ville mari et bail de Marie Madeleine DUBOIS a déclaré et déclare qu'il récréante feu Robert DUBOIS vivant bourgeois marchand demeurant en cette ville oncle à ladite Marie Madeleine DUBOIS promettant payer ses dettes, obsèques et funérailles et en décharger la cour, fait pardevant monsieur Leroux échevin sepmanier le 2/5/1681.

1691 - Médiathèque Arras FF126 Folio 269R :

Marie Barbe PERSONNE veuve de Jean LEMAIRE vivant bourgeois maître boulanger demeurant en cette ville a déclaré et déclare qu'elle récréante ledit feu LEMAIRE son mari décédé ce jourd'hui promettant payer ses dettes, obsèques et funérailles et en décharger la cour, fait pardevant monsieur de Saint Martin échevin sepmanier le 17/5/1681.

1692 - Médiathèque Arras FF126 Folio 269V :

Maximilien D'ESSARS écuyer sieur du Sart ancien prévôt de la ville de Valenciennes y demeurant et Damoiselle Susanne DODRIMONT sa femme et Damoiselle Maximilienne DODRIMONT fille à marier, lesdites Damoiselles DODRIMONT sœurs enfants de feus Alexandre DODRIMONT vivant aussi écuyer et de Damoiselle Anne LE SELLIER, ont déclaré et déclarent qu'ils récréantent par le décès de ladite feue Damoiselle Anne LE SELLIER leur mère, promettant payer ses dettes, obsèques et funérailles et d'en décharger la cour, même de subir juridiction à ce siège en ce regard, renonçant par ladite Damoiselle Susanne DODRIMONT au droit du senatus consult velleiem et à l'autenticque si qua mullier dont l'effet lui a été expliqué, fait pardevant monsieur Noel échevin sepmanier le 23/5/1681.

1693 - Médiathèque Arras FF126 Folio 270R :

Est comparue Damoiselle Marie Claire CHASSE veuve du sieur avocat LEDIEU demeurant en la cité d'Arras, laquelle a déclaré et déclare qu'elle renonce à tous les biens tant mobiliaires ou réputés tels, immobiliaires non chargés de fideicommis délaissés par à présent défunt Jean CHASSE son frère décédé le 17 avril dernier en cette ville, se tenant néanmoins auxdits biens chargés de fidéicommis en sa faveur, fait pardevant messieurs Lesergent et le Carlier échevins sepmaniers le 28/5/1681.

1694 - Médiathèque Arras FF126 Folio 270R :

Philippe HAUWEL bourgeois maître charron demeurant en cette ville mari et bail de Jeanne Thérèse DE BEAUMONT icelle petite-fille et héritière de feue Antoinette VASSEUR à son trépas veuve de Jean VASSEUR et en premières noces de feu Jean DE BEAUMONT sa mère grande paternelle, a déclaré et déclare qu'il récréante par le décès de ladite feue Antoinette VASSEUR promettant payer ses dettes, obsèques et funérailles et d'en décharger la cour, fait pardevant monsieur de Beaurains Lesergent échevin sepmanier le 30/5/1681.

1695 - Médiathèque Arras FF126 Folio 271R :

Laurent DUBUS bourgeois demeurant en cette ville procureur spécial de Jean DE FREMICOURT bourgeois demeurant à Phalsbourg proche de Saverne iceluy fils et héritier de Pierre et de Damoiselle Isabeau DOUCHET ses père et mère vivants bourgeois marchands demeurant en cette dite ville d'Arras, ledit DUBUS suffisamment fondé de procuration passée pardevant le prévost royal dudit Phalsbourg en date du 16 de mai dernier, ici vue et rendue, a déclaré et déclare en cette qualité qu'il récréante feus Pierre DE FREMICOURT vivant échevin demeurant à Béthune son père grand et Damoiselle Isabeau DUVAL sa femme promettant suivant aussi en ladite qualité de payer leurs dettes, obsèques et funérailles et en décharger la cour, fait pardevant monsieur Hapiot échevin sepmanier le 2/6/1681.

1696 - Médiathèque Arras FF126 Folio 272R :

Marguerite TAILLANDIER veuve d'Adrien LERICHE vivant bourgeois maître menuisier demeurant en cette ville a déclaré et déclare qu'elle récréante ledit feu LERICHE son mari promettant payer ses dettes, obsèques et funérailles et en décharger la cour, fait pardevant monsieur Hapiot échevin sepmanier le 4/6/1681.

1697 - Médiathèque Arras FF126 Folio 275R :

Curatelle : est comparu Antoine MANESSIER procureur au conseil d'Artois reçu et admis (par ordonnance de ce jourd'hui couchée en marge de la requête présentée à ce siège par Ignace PENEL oncle maternel à Charles François FLIPPOT et Philippe GONFROY cousin germain à cause de sa femme d'iceluy) à la curatelle dudit FLIPPOT âgé de dix huit ans ou environ, lequel a empris ladite curatelle et promis par serment de s'y bien et fidèlement comporter même d'en rendre compte quand il en sera requis sous l'obligation de ses biens, fait pardevant monsieur Noel échevin sepmanier le 3/7/1681.

1698 - Médiathèque Arras FF126 Folio 275R :
Est comparu Antoine MANESSIER procureur au conseil d'Artois curateur commis par justice aux personne et biens de Charles François FLIPPOT, lequel a en sadite qualité et au nom d'iceluy récréanté Marie MACIN à son décès veuve d'Antoine FLIPPOT sa mère et promis en la même qualité de payer toutes ses dettes, obsèques et funérailles et en décharger la cour, fait pardevant monsieur Noel échevin sepmanier le 3/7/1681.

1699 - Médiathèque Arras FF126 Folio 275V :
Anne MALIN veuve d'Eloy LEVRAY vivant bourgeois maître saieteur demeurant à Arras a récréanté par le trépas dudit LEVRAY son mari promettant payer ses dettes, obsèques et funérailles et en décharger la cour, fait pardevant monsieur Noel échevin sepmanier le 4/7/1681.

1700 - Médiathèque Arras FF126 Folio 276R :
Claire PLATEAU veuve de Pasquier PIGNIEN vivant bourgeois marchand de porcs demeurant en cette ville a déclaré et déclare qu'elle récréante sondit feu mari promettant payer ses dettes, obsèques et funérailles et en décharger la cour, fait pardevant monsieur Lesergent échevin sepmanier le 7/7/1681.

1701 - Médiathèque Arras FF126 Folio 276R :
Nicolas SAGUET jeune homme à marier et Jean Baptiste LECLERCQ bourgeois marchand libraire mari et bail de Barbe SAGUET demeurant en cette ville, iceux SAGUET frère et sœur enfants de feu Nicolas et de Marie SOYHIER, ont déclaré et déclarent qu'ils récréantent par le décès de ladite Marie SOYHIER leur mère promettant payer ses dettes, obsèques et funérailles et en décharger la cour, fait pardevant monsieur Foucquier échevin sepmanier le 7/7/1681.

1702 - Médiathèque Arras FF126 Folio 277R :
Est comparue Damoiselle Anne Catherine DE PENTEVILLE veuve de Jacques RIDRAY vivant bourgeois demeurant à Arras laquelle a déclaré et déclare qu'elle renonce à la communauté d'entre elle et sondit mari, fait pardevant monsieur Lesergent échevin sepmanier le 12/7/1681.

1703 - Médiathèque Arras FF126 Folio 277R :
Marie Madeleine BLANCHET veuve d'Antoine BLANCHET vivant bourgeois boucher demeurant en cette ville a déclaré et déclare qu'elle récréante sondit feu mari promettant payer ses dettes, obsèques et funérailles et en décharger la cour, fait pardevant monsieur Pallette échevin sepmanier le 15/7/1681.

1704 - Médiathèque Arras FF126 Folio 280R :
Damoiselle Marie LOMBARD veuve demeurée es biens de Charles QUARRÉ vivant écuyer sieur du Repaire et Philippe QUARRÉ aussi écuyer sieur de Boiry Saint Martin demeurant en cette ville, se sont constitués caution de l'un de l'autre à quoi ils ont été reçus par ordonnance du jour d'hier couchée en marge de la requête par eux présentée à ce siège tendant à ce qu'en conséquence du consentement de Jean Baptiste DAMBIZE écuyer sieur Desnival demeurant à Blaringhem tant en qualité de mari et bail de Damoiselle Françoise MARCOTTE paravant veuve de feu Jean Baptiste LEMERCHIER aussi écuyer sieur de Groville mère ayant le bail et administration des enfants en bas âge qu'elle a retenus d'iceluy feu sieur LEMERCHIER que de son procureur spécial fondé de sa procuration passée pardevant notaires à Aire le 14ème du présent mois, il plut à messieurs du magistrat d'ordonner au sieur CHOLLET argentier de cette ville de leur payer les cours et arriérages dus jusqu'à ce jour de la rente de 3500 florins de capital créée par les corps et communauté de cette ville conformément aux paiements faits aux autres créanciers, par laquelle ordonnance est dit vu cette requête avec l'acte de consentement y attaché et ouy le procureur général de cette ville, messieurs autorisent l'argentier de cette ville de payer auxdits requérants les arriérages et le cours à l'avenir de la rente portant 3500 livres en capital, conformément aux autres créanciers de cette ville à la caution de l'un de l'autre et de quoi ils feront acte sur le registre avec promesse de rapporter lesdits arriérages et cour si ainsi était ordonné ci après et en laissant copie authentique dudit acte de consentement, promettant suivant ce ladite Damoiselle Marie LOMBART et ledit sieur de Boiry en personnes de rapporter lesdits arriérages et cours si ainsi était ordonné ci après sous l'obligation de tous leurs biens renonçant par ladite Damoiselle (en tant que besoin soit) au droit du senatus consult velleien et à l'authentque si qua mullier dont l'effet lui a été expliqué, fait pardevant monsieur Le Carlier échevin sepmanier le 24/7/1681.

1705 - Médiathèque Arras FF126 Folio 282R :
Rose CAMBRAY veuve de Nicolas CUVELIER vivant bourgeois marchand de vaches demeurant en cette ville a déclaré et déclare qu'elle récréante ledit feu CUVELIER son mari promettant payer ses dettes, obsèques et funérailles et en décharger la cour fait pardevant monsieur Camp échevin sepmanier le 1/8/1681.

1706 - Médiathèque Arras FF126 Folio 282V :
Marie Isabelle MICHEL veuve d'Antoine BAYART vivant bourgeois fripier demeurant en cette ville a déclaré et déclare qu'elle renonce aux biens et dettes dudit feu BAYART son mari se tenant à son droit de douaire stipulé par son contrat de mariage, fait pardevant monsieur de Beaurepaire échevin sepmanier le 8/8/1681.

1707 - Médiathèque Arras FF126 Folio 283R :
Marie Marguerite BELLEVRE veuve de Joseph MARTIN vivant bourgeois porte sacq de cette ville y demeurant a déclaré et déclare qu'elle récréante par le décès dudit feu MARTIN son mari promettant payer ses dettes, obsèques et funérailles et en décharger la cour, fait pardevant monsieur Groullon échevin sepmanier le 14/8/1681.

1708 - Médiathèque Arras FF126 Folio 283R :
Pierre François GELÉ bourgeois demeurant à Arras petit neveu du côté maternel à feue Madeleine LUCAS vivant ancienne fille décédée en cette ville le 15ème de ce mois tant en son nom que pour ses frères et sœur a récréanté par le trépas de ladite LUCAS sa grande tante promettant payer ses dettes, obsèques et funérailles et en décharger la cour, fait pardevant monsieur Hapiot échevin sepmanier le 16/8/1681.

1709 - Médiathèque Arras FF126 Folio 286R :
Philippe, Dominique Joseph et Damoiselle Marie Marguerite DE HERLIN frères et sœur enfants à marier de feus Antoine vivant procureur au conseil d'Artois et de Damoiselle Catherine LOTTIN ont déclaré et déclarent qu'ils récréantent ladite feue Damoiselle Catherine LOTTIN leur mère promettant de payer ses dettes, obsèques et funérailles et en décharger la cour sans néanmoins s'obliger par lesdits Philippe et Dominique Joseph DE HERLIN quand à présent à l'entretènement du testament de ladite Damoiselle LOTTIN leur mère, fait pardevant monsieur Defontaine échevin sepmanier le 1/9/1681.

1710 - Médiathèque Arras FF126 Folio 290R :
Clément LEROY bourgeois de cette ville mari et bail de Catherine GUILLEBERT et Laurent HUCQUET aussi bourgeois maître cordonnier demeurant en cette ville mari et bail de Marie Thérèse GUILLEBERT, lesdites GUILLEBERT sœurs petites-filles du côté maternel de feu Thomas BLONDEL vivant bourgeois maître cuisinier et Catherine MAZINGUE sa femme demeurant audit Arras, ont déclaré et déclarent qu'ils récréantent par le décès de ladite feue Catherine MAZINGUE promettant payer ses dettes, obsèques et funérailles et en décharger la cour, fait pardevant monsieur Groullon échevin sepmanier le 23/9/1681.

1711 - Médiathèque Arras FF126 Folio 291V :
Curatelle : Maître Charles François LEROUX avocat au conseil d'Artois reçu et admis par ordonnance du 12ème de ce mois à la curatelle des personne et biens de Pierre DE FLERS enfant mineur de feus Pierre vivant bourgeois maître chirurgien demeurant en cette ville et de Damoiselle Madeleine CAGNEREL, après avoir ouy le procureur général suivant les consentements donnés par Paul DE FLERS, Louis et Michel CAGNEREL parents audit mineur et pour le profit des défauts donnés contre Jean François LEQUIEN marchand tanneur, sa femme et Charles DE FLERS frère et sœur audit mineur, en faisant les devoirs suivant quoi est comparu ledit maître Charles François LEROUX lequel a empris et accepté ladite curatelle et promis par serment de s'y bien et fidèlement comporter même d'en rendre à ce siège quand il sera requis sous l'obligation de ses biens, fait pardevant monsieur Hapiot échevin sepmanier le 27/9/1681.

1712 - Médiathèque Arras FF126 Folio 292R :
Jean François WALLET mandelier de son stil, Valérien PITEUX coustelier mari et bail d'Anne Félix WALLET, Antoine BAILLET aussi coustelier, Pierre BAILLET maître tailleur d'habits, Nicolas DESCAMPS maître charron mari et bail de Marguerite BAILLET tous bourgeois de cette ville y demeurant, lesdits WALLET et BAILLET frères et sœurs utérins enfants de feue Cornille BROCHART à son décès veuve en premières noces de Jean WALLET et en secondes noces de Pierre BAILLET, vivants aussi bourgeois y demeurant, ont déclaré et déclarent qu'ils récréantent ladite Cornille BROCHART leur mère promettant de payer ses dettes, obsèques et funérailles et en décharger la cour, fait pardevant monsieur Hapiot échevin sepmanier le 27/9/1681.

1713 - Médiathèque Arras FF126 Folio 292V :
Marie DERUE veuve de Josse ANNE vivant maître tailleur d'habits demeurant en cette ville a déclaré et déclare qu'elle renonce aux biens et dettes de sondit feu mari décédé le 7ème de ce mois fait pardevant monsieur Lesergent échevin sepmanier le 30/9/1681.

1714 - Médiathèque Arras FF126 Folio 293V :
Marie Agnès CAPLAIN veuve de Pierre VALOIS vivant bourgeois porteur de charbon demeurant en cette ville a déclaré et déclare qu'elle récréante ledit feu Pierre VALOIS son mari promettant payer ses dettes, obsèques et funérailles et en décharger la cour, fait pardevant monsieur Lesergent échevin sepmanier le 4/10/1681.

1715 - Médiathèque Arras FF126 Folio 294R :
Pierre DENIS bourgeois marchand, maître Jacques François PREVOST avocat au parlement de Paris père ayant l'administration de Jean François PREVOST son fils qu'il a retenu de feue Damoiselle Marie Jeanne DENIS, Gilles DOBY procureur au conseil provincial d'Artois mari et bail de Damoiselle Anne DENIS et Damoiselle Marie Françoise NOEL fille à marier de feus Philippe et de Damoiselle Marie Françoise DENIS vivants marchands grossiers demeurant tous en cette ville d'Arras, lesdits DENIS enfants de feus Martin et de Damoiselle Françoise BRUNEL vivants aussi marchands audit Arras, ont déclaré et déclarent qu'ils récréantent ladite feue Damoiselle Françoise BRUNEL, promettant de payer ses dettes, obsèques et funérailles en exécution du contrat de partage fait entre eux le 12ème de juin 1674 et non autrement, fait pardevant monsieur Postel échevin sepmanier le 20/10/1681.

1716 - Médiathèque Arras FF126 Folio 294V :
Marguerite LEMAIRE veuve de Nicolas BETREMIEUX vivant bourgeois maître couvreur de tuiles demeurant en cette ville a déclaré et déclare qu'elle récréante ledit feu BETREMIEUX son mari promettant payer ses dettes, obsèques et funérailles et en décharger la cour, fait pardevant monsieur de Beaurepaire échevin sepmanier le 27/10/1681.

1717 - Médiathèque Arras FF126 Folio 296R :
Anne BRASSART veuve de Pierre PRONNIER bourgeois maître boulanger demeurant en cette ville a déclaré et déclare qu'elle récréante par le trépas dudit feu PRONNIER son mari promettant payer ses dettes, obsèques et funérailles et en décharger la cour, fait pardevant monsieur de Beaurepaire échevin sepmanier le 29/10/1681.

1718 - Médiathèque Arras FF126 Folio 298R :
Jeanne BEAUVOIS veuve d'André CAPEAU vivant bourgeois maître cordonnier demeurant en cette ville a déclaré et déclare qu'elle récréante par le trépas de feu Toussaint CAPEAU son fils vivant aussi bourgeois et maître menuisier demeurant audit Arras, promettant payer ses dettes, obsèques et funérailles et d'en décharger la cour, fait pardevant monsieur Camp échevin sepmanier le 15/11/1681.

1719 - Médiathèque Arras FF126 Folio 298R :
Clément LEROY et Catherine GUILLEBERT sa femme fille de Gilles GUILLEBERT et Marie BLONDEL icelle fille de Thomas et Catherine MAZINGUE père et mère ayant l'administration de tutelle de Laurent LEROY leur fils en bas âge, ont déclaré et déclarent au nom dudit Laurent LEROY leur fils qu'ils se constituent héritiers au nom d'iceluy de ladite Catherine MAZINGUE pour les biens par elle délaissés situés en échevinage de cette ville provenant de la succession à elle dévolue par le trépas de Nicolas MAZINGUE son neveu iceluy fils et héritier de Jean et iceluy Jean de Dominique, promettant suivant ce audit nom payer les dettes, obsèques et funérailles de ladite Catherine MAZINGUE et d'en décharger la cour, fait pardevant monsieur de Fontaines échevin sepmanier le 17/11/1681.

1720 - Médiathèque Arras FF126 Folio 300R :
Susanne WIDEBIEN veuve de Jean MAGNIER vivant bourgeois tonnelier demeurant à Arras a récréanté par le trépas dudit MAGNIER son mari promettant payer ses dettes, obsèques et funérailles et en décharger la cour, fait pardevant monsieur Boucquel échevin sepmanier le 24/11/1681.

1721 - Médiathèque Arras FF126 Folio 303R :
Guislaine BONTEMPS veuve de Pierre BOUCHER vivant bourgeois et sergent de l'élection d'Artois demeurant en cette ville a déclaré et déclare qu'elle récréante ledit feu Pierre BOUCHER son mari promettant de payer ses dettes, obsèques et funérailles et en décharger la cour, fait pardevant monsieur Géry échevin sepmanier le 10/12/1681.

1722 - Médiathèque Arras FF126 Folio 304R :
Rose CARON veuve de Charles LEBLOND vivant maître mannelier et chalier demeurant en cette ville a déclaré et déclare qu'elle récréante par le décès dudit feu LEBLOND son mari promettant payer ses dettes, obsèques et funérailles et en décharger la cour, fait pardevant monsieur Géry échevin sepmanier le 11/12/1681.

1723 - Médiathèque Arras FF126 Folio 304R :
Damoiselle Jeanne CAMBIER ancienne fille demeurant en cette ville a déclaré et déclare qu'elle se fonde héritière de feue Damoiselle Françoise LEFER sa grande tante paternelle à son décès veuve de maître Antoine DELARUE vivant marchand apothicaire demeurant audit Arras promettant payer ses dettes, obsèques et funérailles et d'en décharger la cour, fait pardevant monsieur Géry échevin sepmanier le 12/12/1681.

1724 - Médiathèque Arras FF126 Folio 305R :
Antoinette LANSOY fille à marier d'Antoine tailleur d'habits et de défunte Constance CARON suffisamment âgée demeurant en cette ville a déclaré et déclare qu'elle récréante Jean CARON vivant bourgeois taillandier y demeurant décédé le jour d'hier son oncle maternel promettant de payer ses dettes, obsèques et funérailles et en décharger la cour, fait pardevant monsieur de Marsigny échevin sepmanier le 16/12/1681.

1725 - Médiathèque Arras FF126 Folio 307R :
Maître Jean Guillaume NOIRET prêtre chapelain de l'église du village de Saint Nazaire y demeurant a déclaré et déclare qu'il récréante Mathieu NOIRET son père vivant bourgeois fripier demeurant en cette ville décédé audit Saint Nazaire le jour d'hier promettant payer ses dettes, obsèques et funérailles et en décharger la cour et de sortir à cet effet juridiction à ce siège, fait pardevant monsieur Dambrines échevin sepmanier le 23/12/1681.

1726 - Médiathèque Arras FF126 Folio 307V :
Guillaume VILLAIN bourgeois de cette ville y demeurant a déclaré et déclare qu'il récréante par le trépas de feu Betremieux VILLAIN son père vivant aussi bourgeois et serviteur de l'église paroissiale de Saint Géry audit Arras promettant payer ses dettes, obsèques et funérailles et en décharger la cour, fait pardevant monsieur Mayoul échevin sepmanier le 29/12/1681.

1727 - Médiathèque Arras FF126 Folio 307V :
Marie DELABRE veuve de François BAUDUIN à son décès archer de la maréchaussée d'Artois et bourgeois de cette ville y demeurant a déclaré et déclare qu'elle renonce aux biens et dettes d'iceluy et qu'elle se tient à son douaire stipulé par son contrat de mariage, fait pardevant monsieur Mayoul échevin sepmanier le 30/12/1681.

1728 - Médiathèque Arras FF126 Folio 308V :
Marie PICART demeurant en cette ville en la maison où pend pour enseigne « Sainte Barbe » rue Saint Aubert a déclaré et déclare qu'étant venu à sa connaissance depuis peu de jours que Nicolas PRIEUR son mari est décédé en la ville de Paris, elle renonce aux biens et dettes d'iceluy feu PRIEUR et qu'elle se tient à son tour stipulé par son contrat de mariage, fait pardevant monsieur Leroux échevin sepmanier le 8/1/1682.

1729 - Médiathèque Arras FF126 Folio 310R :
Pierre DUBOIS bourgeois marchand grossier demeurant en cette ville mari et bail de Damoiselle Jeanne Louise PETIT fille et héritière de feus Jean François et Damoiselle Isabelle DE FREMICOURT et avec lui Damoiselle Marguerite DE FREMICOURT fille à marier sœur à ladite défunte et tutrice de Marie Françoise et Marie Thérèse SENTIER enfants mineurs d'icelle Isabelle qu'elle olt de feu Robert SENTIER, ont déclaré et déclarent qu'ils récréantent par le trépas d'icelle défunte en leur qualité ci-dessus, promettant payer ses dettes, obsèques et funérailles et en décharger la cour, fait pardevant monsieur Caudron échevin sepmanier le 14/1/1682.

1730 - Médiathèque Arras FF126 Folio 315R :
Barbe EIRARD veuve d'Antoine PATE vivant jardinier demeurant en cette ville a déclaré et déclare qu'elle récréante ledit feu son mari promettant de payer ses dettes, obsèques et funérailles et en décharger la cour, fait pardevant monsieur Mayoul échevin le 16/2/1682.

1731 - Médiathèque Arras FF126 Folio 315V :
Damoiselle Madeleine DUFLOS fille franche demeurant en cette ville a déclaré et déclare qu'elle récréante maître François DUFLOS son frère vivant maître apothicaire y demeurant promettant de payer ses dettes, obsèques et funérailles et en décharger la cour, fait pardevant monsieur Leroux échevin sepmanier le 21/2/1682.

1732 - Médiathèque Arras FF126 Folio 316V :
Antoine VAAST peigneur de laine demeurant en cette ville a déclaré et déclare qu'il récréante par le décès d'Antoine VAAST son père vivant aussi bourgeois peigneur y demeurant promettant payer ses dettes, obsèques et funérailles et en décharger la cour, fait pardevant monsieur Prévost échevin semainier le 3/3/1682.

1733 - Médiathèque Arras FF126 Folio 318R :
Françoise BOUTROUILLE veuve de Jean BOYEL vivant bourgeois boucher demeurant en cette ville a déclaré et déclare qu'elle récréante sondit feu mari promettant de payer ses dettes, obsèques et funérailles et en décharger la cour, fait pardevant monsieur de Marsigny échevin semainier le 10/3/1682.

1734 - Médiathèque Arras FF126 Folio 318R :
Jean HIART bourgeois marchand demeurant à Arras, Marie Anne GUISLEBERT sa femme, Jacques Zacharie CHEVET aussi marchand et Thérèse GUISLEBERT sa femme demeurant à Arras icelles GUISLEBERT autorisées de leurs maris et non contraintes comme elles déclarent, déclarent que comme icelles GUISLEBERT sont sœurs et cousines issues de germain à Barbe BRIDEL fille de Maurice à son trépas vivante en célibat demeurant à Arras qu'elles se constituent en cette qualité héritières immobiliaires pratimoniales d'icelle BRIDEL pour jouir des effets patrimoniaux par elle délaissés comme plus prochaines héritières, fait pardevant monsieur Dupuich échevin semainier le 11/3/1682.

1735 - Médiathèque Arras FF126 Folio 319R :
Est comparu noble homme Jean Baptiste DAMBIZE écuyer sieur Donival mari et bail de Dame Marie Françoise DE MARCOTTE paravant veuve et demeurée es biens d'aussi noble homme Jean Baptiste LEMERCHIER écuyer sieur de Groville mère ayant la garde noble et administration des enfants qu'elle a retenus d'iceluy, lequel tant en son nom privé qu'en vertu de procuration spéciale à lui donnée par ladite Dame sa femme à ces fins autorisée en date du 14/7/1681 a renoncé et par cette renonce aux droits et parts qu'ils eussent pu prétendre à la rente de 2000 livres en capital créée par cette ville comme revenant aux enfants mineurs dudit sieur de Groville, ensemble aux arriérages qui peuvent être dus de tel chef que se puisse être, consentant que la propriété desdits capitaux, deniers et arriérages soit propre au sieur Guillaume LEMERCHIER frère aîné dudit sieur de Groville conformément au testament et codicille de Damoiselle Marguerite DELEVAL fait pardevant monsieur de Marsigny échevin semainier le 12/3/1682.

1736 - Médiathèque Arras FF126 Folio 320R :
François Paul PITEUX bourgeois de cette ville mari et bail de Marie Anne CAUWET et Pierre GLASSON mari et bail de Marguerite CAUWET lesdites CAUWET sœurs enfants de feus Nicaise et Anne LEGRAND demeurant en cette dite ville, ont déclaré et déclarent qu'ils récréantent par le trépas de feue Marie LEGRAND tante maternelle auxdites Marie Anne et Marguerite CAUWET à son décès veuve de Jacques DE BROUAY demeurant audit Arras promettant payer ses dettes, obsèques et funérailles et en décharger la cour, fait pardevant monsieur Dambrines échevin sepmanier le 16/3/1682.

1737 - Médiathèque Arras FF126 Folio 320R :
Marguerite SURANT veuve de Pierre GROUEL dit Duval vivant bourgeois maître chapelier demeurant en cette ville a déclaré et déclare qu'elle récréante ledit feu GROUEL son mari décédé le 13ème de février dernier promettant de payer ses dettes, obsèques et funérailles et en décharger la cour, fait pardevant monsieur Dambrines échevin semainier le 16/3/1682.

1738 - Médiathèque Arras FF126 Folio 320R :
Agnès Marie, Louise et Marie Thérèse GROUEL filles à marier suffisamment âgées de feu Pierre GROUEL dit Duval vivant bourgeois maître chapelier demeurant en cette ville et d'encore vivante Marguerite SURANT ont déclaré et déclarent qu'elles renoncent à la succession dudit feu Pierre GROUEL leur père décédé le 13ème de février dernier pour leur être icelle succession plus onéreuse que profitable, après qu'elles ont affirmé de n'avoir pris ni appréhendé aucun meuble ni effet de ladite succession, fait pardevant monsieur Dambrines échevin semainier le 16/3/1682.

1739 - Médiathèque Arras FF126 Folio 321R :
Bonne Marguerite PETIT veuve de François JACQUEMONT vivant bourgeois et maître de la maison et hostellerie où pend pour enseigne « le lion rouge » a déclaré et déclare qu'elle récréante sondit feu mari promettant de payer ses dettes, obsèques et funérailles et en décharger la cour, fait pardevant monsieur Dambrines échevin semainier le 19/3/1682.

1740 - Médiathèque Arras FF126 Folio 321V :
Marie SORETZ veuve de Nicolas POTTIER vivant manouvrier demeurant en cette ville a déclaré et déclare qu'elle récréante sondit feu mari promettant de payer ses dettes, obsèques et funérailles et en décharger la cour, fait pardevant monsieur Mayoul échevin semainier le 25/3/1682.

1741 - Médiathèque Arras FF126 Folio 322V :
Damoiselle Catherine Thérèse DOUZINEL veuve de Jean Philippe LAMBERT vivant bourgeois marchand drapier demeurant en cette ville a déclaré et déclare qu'elle récréante par le décès dudit feu LAMBERT son mari promettant payer ses dettes, obsèques et funérailles et en décharger la cour, fait pardevant monsieur Boucquel échevin sepmanier le 1/4/1682.

1742 - Médiathèque Arras FF126 Folio 323R :
François LEGRAND bourgeois fauxboulier demeurant en cette ville auprès de la chapelle des onze mille vierges a déclaré et déclare qu'il récréante Robert LEGRAND son père décédé ce jourd'hui promettant de payer ses dettes, obsèques et funérailles et en décharger la cour, fait pardevant monsieur Boucquel échevin semainier le 3/4/1682.

1743 - Médiathèque Arras FF126 Folio 323V :
Curatelle : François BAUDUIN bourgeois demeurant en cette ville reçu et admis par ordonnance de ce siège du 20 février dernier à la curatelle de Louis BAUDUIN fils mineur de feu François BAUDUIN à la caution d'Etienne GUERIO dit Lagarde par autre ordonnance du 8 de ce mois en faisant les devoirs, est comparu en personne qui a empris et accepté ladite curatelle et promis par serment de s'y bien et fidèlement conduire et comporter même d'en rendre compte à cedit siège quand il en sera requis, s'étant suivant ce ledit GUERIO constitué sa caution de quoi il l'a promis décharger et de tous dépens, dommages et intérêts sous l'obligation de leurs biens, fait pardevant ledit sieur Caudron le 9/4/1682.

1744 - Médiathèque Arras FF126 Folio 324R :
Catherine BOIEL fille à marier demeurant à Arras a déclaré et déclare qu'elle récréante par le trépas de feue Catherine BOIEL veuve de Pierre COIFFIER vivant bourgeois boucher demeurant en cette ville sa tante paternelle, promettant payer ses dettes, obsèques et funérailles et en décharger la cour, fait pardevant monsieur Caudron échevin sepmanier le 11/4/1682.

1745 - Médiathèque Arras FF126 Folio 324R :
Silvie Angélique TESTART veuve de Jean TERNAULT bourgeois marchand de bois en cette ville a déclaré et déclare qu'elle récréante par le décès dudit feu TERNAULT son mari promettant payer ses dettes, obsèques et funérailles et en décharger la cour, fait pardevant monsieur Prévost échevin sepmanier le 13/4/1682.

1746 - Médiathèque Arras FF126 Folio 327R :
Antoinette et Marie Jeanne LEGUET filles à marier de feus Baltazart et de Adrienne CAPPEL demeurant en cette ville suffisamment âgées ont déclaré et déclarent qu'elles récréantent ladite Adrienne CAPPEL leur mère promettant de payer ses dettes, obsèques et funérailles et en décharger la cour, fait pardevant monsieur Dambrines échevin semainier le 2/5/1682.

1747 - Médiathèque Arras FF126 Folio 328R :
Marie Madeleine BOSQUET fille franche demeurant en cette ville d'Arras a déclaré et déclare qu'elle appréhende la succession de feu Pierre DE FREMICOURT son père grand décédé en la ville de Béthune en l'an 1659 promettant en conséquence de payer ses dettes et en décharger la cour, fait pardevant monsieur de Fontaines échevin semainier le 4/5/1682.

1748 - Médiathèque Arras FF126 Folio 328V :
Marie Jeanne CARON veuve de Josse François TACQUET vivant bourgeois fripier demeurant en cette ville a déclaré et déclare qu'elle récréante ledit feu TACQUET son mari promettant de payer ses dettes, obsèques et funérailles et en décharger la cour, fait pardevant monsieur de Fontaines échevin semainier le 8/5/1682.

1749 - Médiathèque Arras FF126 Folio 329R :
Marie Catherine DEHEES veuve de Jérosme DOUVRIN vivant fauxboulier demeurant en cette ville a déclaré et déclare qu'elle récréante ledit DOUVRIN son mari promettant de payer ses dettes, obsèques et funérailles et en décharger la cour, fait pardevant monsieur Boucquel échevin semainier le 11/5/1682.

1750 - Médiathèque Arras FF126 Folio 329V :
Philippe CARLIER bourgeois maçon demeurant en cette ville mari et bail de Marie Anne DRAPIER icelle nièce de feu Maturin DRAPIER et Marguerite MALLART veuve de Robert DEHEES vivant laboureur demeurant au village de Beaurains icelle nièce de feue Catherine MALLART à son décès veuve dudit feu Maturin DRAPIER, ont déclaré et déclarent qu'ils récréantent par les trépas desdits feus Maturin DRAPIER et Marguerite MALLART, promettant savoir ledit CARLIER payer les dettes, obsèques et funérailles dudit

Maturin et ladite Marguerite MALLART celles de ladite Catherine MALLART et d'en décharger la cour même icelle Marguerite MALLART de subir juridiction à ce siège en ce regard, fait pardevant monsieur Leroux échevin sepmanier le 12/5/1682.
[saut de 10 folios]

1751 - Médiathèque Arras FF126 Folio 340R :
Marie COCQUIDÉ veuve de Philippe PITEUX vivant bourgeois maître brasseur demeurant en cette ville a déclaré et déclare qu'elle récréante maître Jacques COCQUIDÉ son frère vivant prêtre chapelain de l'église de Sainte Croix décédé passé plusieurs années promettant de payer ses dettes et en décharger la cour, fait pardevant monsieur de Fontaines échevin le 13/5/1682.

1752 - Médiathèque Arras FF126 Folio 342V :
Jacques DELEBARRE bourgeois maître de la maison où pend pour enseigne « les Rosettes » en cette ville et Marie Madeleine DUPIRE sa femme paravant veuve de feu Etienne BOUIN vivant aussi bourgeois de cette ville y demeurant icelle DUPIRE mère et tutrice légitime d'Etienne BOUIN son fils mineur qu'elle a retenu dudit feu Etienne iceluy héritier universel d'à présent défunt Etienne REGNIER vivant pareillement bourgeois et marchand demeurant audit Arras, ont déclaré et déclarent (ladite DUPIRE pour ce suffisamment autorisée dudit DELEBARRE son mari et non contrainte comme elle a déclaré) qu'ils récréantent en leurdite qualité ledit feu Etienne REGNIER promettant payer ses dettes, obsèques et funérailles et en décharger la cour renonçant par icelle DUPIRE en tant que besoin soit au droit du senatus consult velleien et à l'authentique si qua mullier dont l'effet lui a été expliqué, fait pardevant monsieur Caudron échevin sepmanier le 22/5/1682.

1753 - Médiathèque Arras FF126 Folio 343V :
Marguerite GALLET veuve de Noël DELEHAYE vivant bourgeois couvreur de tuiles et d'ardoises demeurant en cette ville a déclaré et déclare qu'elle récréante par le décès dudit DELEHAYE son mari promettant payer ses dettes, obsèques et funérailles et d'en décharger la cour, fait pardevant monsieur Géry échevin sepmanier le 30/5/1682.

1754 - Médiathèque Arras FF126 Folio 344R :
Est comparue Marie VASSEUR veuve de Jacques BLANCHART vivant bourgeois demeurant en cette ville décédé le 27 du mois de mai dernier dans la ville d'Hesdin croyant faire voyage plus outre laquelle a fait apparoir par copie authentique de son contrat anténuptial qu'elle a fait avec ledit BLANCHART le 4/4/1676 que le survivant d'eux soit qu'il y ait enfant ou non demeurera en tous biens meubles, immeubles, acquêts et conquête de la communion en payant par ledit survivant toutes dettes, obsèques et funérailles et ensuite conformément à ladite clause a récréanté par le trépas de sondit mari et promis payer toutes dettes, obsèques et funérailles à protestation toutefois de nullité de toutes donations ou testament que ledit BLANCHART peut avoir fait sans la participation de ladite VASSEUR, fait pardevant monsieur de Marsigny échevin semainier le 1/6/1682.

1755 - Médiathèque Arras FF126 Folio 344V :
Nicolas DESCAMPS charron, Pierre DESCAMPS menuisier et Jean GAYANT maçon mari et bail de Marie DESCAMPS, lesdits DESCAMPS frères et sœur enfants de feus Antoine et de Marguerite BEAUVOIS, ont déclaré et déclarent qu'ils récréantent ladite Marguerite BEAUVOIS leur mère, promettant de payer ses dettes, obsèques et funérailles et en décharger la cour, fait pardevant monsieur de Marsigny échevin semainier le 5/6/1682.

1756 - Médiathèque Arras FF126 Folio 345R :
Marie LECLERCQ veuve de Marc LHOMME vivant bourgeois fauxboulier demeurant es faubourgs de la Neuve Rue de cette ville, a déclaré et déclare qu'elle récréante ledit feu LHOMME son mari promettant payer ses dettes, obsèques et funérailles et en décharger la cour, fait pardevant monsieur Dupuis échevin sepmanier le 6/6/1682.

1757 - Médiathèque Arras FF126 Folio 345R :
Curatelle : Joseph DAMIENS bourgeois demeurant à Arras a suivant l'ordonnance rendue à ce siège le 5ème de ce mois sur la requête présentée par le sieur GROULON et Damoiselle Philippe Thérèse BINET sa femme icelle fille de Jacques BINET vivant aussi bourgeois demeurant audit Arras empris et accepté la curatelle des biens meubles, droits et actions délaissés vacants par le décès dudit sieur BINET à la caution dudit sieur GROULON lequel pour ce aussi comparant, a prêté ladite caution à charge que ledit DAMIENS en sadite qualité de curateur ne pourra rien gérer sans en donner communication à Arnoult BINET neveu dudit Jacques BINET pour la conservation de ses intérêts, promettant suivant ce ledit DAMIENS et ledit sieur GROULON solidairement

d'en rendre bon et fidèle compte quand sommés et requis en seront, fait pardevant monsieur Dambrines échevin sepmanier le 10/6/1682.

1758 - Médiathèque Arras FF126 Folio 346V :
Jenne LESCHEVIN veuve de Guislain FRESSIN vivant tailleur de pierre blanche demeurant en cette ville, a déclaré et déclare qu'elle récréante ledit FRESSIN son mari promettant de payer ses dettes, obsèques et funérailles et en décharger la cour, fait pardevant monsieur Mayoul échevin sepmanier le 19/6/1682.

1759 - Médiathèque Arras FF126 Folio 347R :
François Paul PITEUX de son stil brasseur mari et bail de Marie Anne CAUWET et Pierre GLAÇON de son stil maçon mari et bail de Marguerite CAUWET, lesdites CAUWET sœurs enfants de feus Nicaise et d'Anne LEGRAND demeurant en cette ville, ont déclaré et déclarent qu'ils récréantent ladite Anne LEGRAND leur mère promettant de payer ses dettes, obsèques et funérailles et en décharger la cour, fait pardevant monsieur Boucquel échevin semainier le 22/6/1682.

1760 - Médiathèque Arras FF126 Folio 347V :
Marie Madeleine BRUNEL veuve de Pierre DAVID dit Lafleur archer de la maréchaussée d'Artois a déclaré et déclare qu'elle récréante ledit feu DAVID son mari promettant payer ses dettes, obsèques et funérailles et en décharger la cour, fait pardevant monsieur Boucquel échevin sepmanier le 23/6/1682.

1761 - Médiathèque Arras FF126 Folio 347V :
Marie Jeanne LAUDUICQUE veuve de Martin SALOME vivant jardinier en cette ville a déclaré et déclare qu'elle récréante par le trépas dudit SALOME son mari promettant payer ses dettes, obsèques et funérailles et en décharger la cour, fait pardevant monsieur Boucquel échevin sepmanier le 27/6/1682.

1762 - Médiathèque Arras FF126 Folio 348R :
Messire Philippe François PALISOT chevalier seigneur d'Incourt conseiller de cette ville et député ordinaire des Etats d'Artois, Messire François de Sales VOLANT aussi chevalier seigneur de Langlantier mari et bail de Dame Marie Joseph PALISOT son épouse et Messire César DE BLOTFIERE pareillement chevalier seigneur de Vauchelles père et tuteur légitime d'Antoine César en bas âge qu'il a retenu de la feue Dame Marguerite Claire PALISOT vivante son épouse, ont déclaré et déclarent chacun en leur dite qualité qu'ils récréantent par le décès de Dame Louise Catherine WALLART leur mère vivante veuve et demeurée es biens de feu Messire Blaise PALISOT chevalier seigneur dudit Incourt, Beauvois etc, promettant payer ses dettes, obsèques et funérailles et d'en décharger la cour, après que ledit sieur de Vauchelles a empris et emprend par cet la tutelle légitime et garde noble conformément à la coutume dudit Antoine César son fils en bas âge, fait pardevant monsieur Boucquel échevin sepmanier le 27/6/1682.

1763 - Médiathèque Arras FF126 Folio 349R :
Marie Catherine DANNAY veuve d'Antoine François DUBOIS vivant bourgeois de cette ville et chirurgien demeurant au village d'Hennecourt a déclaré et déclare qu'elle récréante ledit feu DUBOIS son mari promettant de payer ses dettes, obsèques et funérailles et en décharger la cour, fait pardevant monsieur Caudron échevin semainier le 4/7/1682.

1764 - Médiathèque Arras FF126 Folio 349V :
Damoiselle Jeanne CALVERT veuve de Michel JOLY vivant procureur au conseil d'Artois et notaire royal demeurant en cette ville d'Arras a déclaré et déclare qu'elle renonce aux biens et dettes dudit feu JOLY son mari et qu'elle se tient à son droit et douaire conventionnel stipulé par son contrat de mariage, fait pardevant monsieur Prévost échevin semainier le 8/7/1682.

1765 - Médiathèque Arras FF126 Folio 349V :
Michel JOLY bourgeois notaire royal demeurant en cette ville d'Arras a déclaré et déclare qu'il récréante par le décès de feu Michel JOLY son père vivant aussi notaire royal de la résidence de cette ville et procureur au conseil d'Artois promettant payer ses dettes, obsèques et funérailles et en décharger la cour, fait pardevant monsieur Prévost échevin sepmanier le 8/7/1682.

1766 - Médiathèque Arras FF126 Folio 352R :
Adrienne Thérèse GERARD veuve de Robert FAUVEL vivant bourgeois maître tailleur d'habits demeurant en cette ville a déclaré et déclare qu'elle récréante ledit feu FAUVEL son mari promettant de payer ses dettes, obsèques et funérailles et en décharger la cour, fait pardevant monsieur Dupuis échevin semainier le 18/7/1682.

1767 - Médiathèque Arras FF126 Folio 352R :
Isabelle GODART veuve de Charles DE RANSSART vivant bourgeois maître chaudronnier demeurant en cette ville d'Arras a déclaré et déclare qu'elle récréante par le décès de feu ledit DE RANSSART son mari promettant de payer les dettes, obsèques et funérailles et en décharger la cour, fait pardevant monsieur Dupuis échevin sepmanier le 18/7/1682.

1768 - Médiathèque Arras FF126 Folio 352V :
Jacques DELEBARRE bourgeois maître espinglier demeurant en cette ville mari et bail de Jacqueline LEGRAND icelle fille de feus Louis vivant maître serrurier audit Arras et d'Anne BAYART a déclaré et déclare qu'il renonce aux biens et dettes de ladite feue BAYART sa belle-mère, fait pardevant monsieur Camp échevin sepmanier le 20/7/1682.

1769 - Médiathèque Arras FF126 Folio 353R :
Curatelle : Jacques LASSEUR sergent à verge de ce siège a été reçu et admis par ordonnance du 21ème de ce mois à la curatelle des personne et biens de Marie Claire GAMAND fille mineure de Gérard vivant bourgeois de cette ville y demeurant après avoir vu le consentement des plus proches parents de ladite mineure et du substitut du procureur général de cette ville pour son absence en faisant les devoirs, est comparu ledit LASSEUR qu'il a empris et accepté ladite curatelle et promis de se bien acquitter, fait pardevant monsieur Camp échevin sepmanier le 23/7/1682.

1770 - Médiathèque Arras FF126 Folio 353V :
Maître Adrien LEFEBVRE avocat au conseil d'Artois et bourgeois de cette ville y demeurant a déclaré et déclare qu'il récréante par le décès de feu Nicolas LEFEBVRE son père vivant échevin à son tour de cette ville promettant payer ses dettes, obsèques et funérailles et en décharger la cour, fait pardevant monsieur Camp échevin sepmanier le 23/7/1682.

1771 - Médiathèque Arras FF126 Folio 353V :
Pierre GUILLEBERT bourgeois maître cuisinier demeurant en cette ville a déclaré et déclare qu'il récréante Ursule MARSY sa mère à son décès veuve de Robert GUILLEBERT promettant de payer ses dettes, obsèques et funérailles et en décharger la cour fait pardevant monsieur Camp échevin sepmanier le 23/7/1682.

1772 - Médiathèque Arras FF126 Folio 354R :
Philippe et Léger DE RANSART frères bourgeois demeurant en cette ville ont déclaré et déclarent qu'ils récréantent par le décès de feue Sainte FOURMAULT veuve de feu Léger DE RANSART vivant aussi bourgeois maître chaudronnier demeurant audit Arras leur mère, promettant payer ses dettes, obsèques et funérailles et d'en décharger la cour, fait pardevant monsieur Mayoul échevin sepmanier le 27/7/1682.

1773 - Médiathèque Arras FF126 Folio 355R :
Marguerite et Anne GUERARD filles franches demeurant en cette ville ont déclaré et déclarent qu'elles renoncent à la succession de feue Isabeau LEFEBVRE à son décès veuve de Jean CHRESTIEN vivant marchand estainier audit Arras leur tante maternelle, fait pardevant monsieur Mayoul échevin semainier le 28/7/1682.

1774 - Médiathèque Arras FF126 Folio 355R :
Noëlle BOCHET veuve de Jean Baptiste COCHET vivant bourgeois serviteur de l'église paroissiale de Sainte Croix en cette ville a déclaré et déclare qu'elle récréante par le décès dudit feu COCHET son mari promettant payer ses dettes, obsèques et funérailles et en décharger la cour, fait pardevant monsieur Maioul échevin sepmanier le 29/7/1682.

1775 - Médiathèque Arras FF126 Folio 356R :
Nicolas SEVIN marchand bourgeois de cette ville demeurant en celle de Cambrai a déclaré et déclare qu'il a autorisé et autorise par cette Marie Marguerite MONVOISIN sa femme de comparoir au greffe de ce siège et partout où besoin sera pour faire l'acte de renonciation aux biens meubles et immeubles délaissés par le trépas de François MONVOISIN son père suivant laquelle autorisation est comparue ladite Marie Marguerite MONVOISIN laquelle usant d'icelle a renoncé et renonce aux biens délaissés par ledit François MONVOISIN déclarant qu'elle n'y veut réclamer ni prétendre aucune chose et où ils puissent être situés et de telle nature qu'ils puissent être, ayant ci devant fait pareil acte au greffe du conseil d'Artois qui ne se peut recouvrer, pour quoi elle fait de nouveau et en tant que de besoin ce présent acte, fait pardevant monsieur Mayoul échevin semainier le 31/7/1682.

1776 - Médiathèque Arras FF126 Folio 356V :
Marie DURAMETZ veuve de Noël FAUVEL vivant tailleur d'habits demeurant en cette ville a déclaré et déclare qu'elle récréante ledit feu FAUVEL son mari promettant de payer ses dettes, obsèques et funérailles et en décharger la cour, fait pardevant monsieur Mayoul échevin semainier le 31/7/1682.

1777 - Médiathèque Arras FF126 Folio 357R :
Marie Isabelle DELERY veuve de Pierre MOREAU vivant bourgeois marchand brasseur demeurant en cette ville a déclaré et déclare qu'elle récréante ledit feu MOREAU son mari promettant de payer ses dettes, obsèques et funérailles et en décharger la cour, fait pardevant monsieur Leroux échevin semainier le 4/8/1682.

1778 - Médiathèque Arras FF126 Folio 358V :
Louise DELEVILLE veuve de Pierre BIGORNE bourgeois plombier demeurant en cette ville a déclaré et déclare qu'elle récréante ledit BIGORNE son mari promettant payer ses dettes, obsèques et funérailles et en décharger la cour, fait pardevant monsieur Postel échevin sepmanier le 11/8/1682.

1779 - Médiathèque Arras FF126 Folio 358V :
Damoiselle Marie Françoise DE BELVALET veuve de feu Jacques François DE FRESNEAU vivant écuyer sieur de Lestocquoy demeurant en la ville de Douai a déclaré et déclare qu'elle récréante par le décès de feue Damoiselle Antoinette DE SEMERPONT veuve de Philippe DE BELVALET vivant écuyer seigneur d'Héricourt demeurant en cette ville d'Arras sa mère promettant payer ses dettes, obsèques et funérailles et en décharger la cour, même de subir juridiction à ce siège en ce regard, fait pardevant monsieur Caudron échevin sepmanier le 12/8/1682.

1780 - Médiathèque Arras FF126 Folio 359R :
Marie Jeanne CARLIER jeune fille à marier de feu maître Nicolas CARLIER vivant bourgeois sergent de l'église de l'abbaye de Saint Vaast d'Arras demeurant en cette ville et Richart HUSSON aussi bourgeois maître peintre demeurant en cette ville père et tuteur légitime de Pierre François et Jean HUSSON ses deux fils en bas âge qu'il a eus de feue Marie Françoise CARLIER sa femme icelle aussi fille dudit feu maître Nicolas, ont déclaré et déclarent qu'ils récréantent, savoir ladite Marie Jeanne en son propre et privé nom et iceluy HUSSON au nom desdits Pierre François et Jean HUSSON ses enfants par le décès dudit feu CARLIER promettant esdits noms payer ses dettes, obsèques et funérailles et en décharger la cour, fait pardevant monsieur Géry échevin sepmanier le 18/8/1682.

1781 - Médiathèque Arras FF126 Folio 359R :
Marie Jeanne LEGRAND veuve de Nicolas DESFOSSEZ vivant bourgeois marchand demeurant en cette ville a déclaré et déclare qu'elle récréante par le décès dudit feu DESFOSSEZ son mari promettant payer ses dettes, obsèques et funérailles et en décharger la cour, fait pardevant monsieur Prévost échevin sepmanier le 19/8/1682.

1782 - Médiathèque Arras FF126 Folio 360R :
Martin GOUDY maçon demeurant à Valenciennes, Marie Adrienne PARENT sa femme et Isabelle PARENT fille à marier suffisamment âgée comme elle a déclaré demeurant à Blangy lez Saint Pol ont déclaré et déclarent qu'ils récréantent par le décès de feue Marie CHRESTIEN veuve de Jean PARENT leur mère grande décédée en cette ville d'Arras, promettant de payer les dettes, obsèques et funérailles de ladite défunte et en décharger la cour renonçant lesdites Marie Adrienne et Isabelle PARENT en tant que besoin serait au droit introduit en faveur des femmes à eux expliqué, fait pardevant monsieur Dupuis échevin semainier le 27/8/1682.

1783 - Médiathèque Arras FF126 Folio 361R :
Damoiselle Marie Catherine DE CHERF veuve en dernières noces de Louis DE SAINT MARTIN vivant écuyer sieur de la Motte a déclaré et déclare qu'elle récréante ledit feu sieur de la Motte son mari et qu'elle appréhende de tous ses biens meubles et effets, avec son douaire coutumier, le tout conformément à son contrat de mariage, promettant payer ses dettes, obsèques et funérailles et en décharger la cour, fait pardevant monsieur Camp échevin sepmanier le 2/9/1682.

1784 - Médiathèque Arras FF126 Folio 362V :
Jeanne CUVELLIER veuve de Jacques LEFLON vivant maître maçon demeurant en cette ville a déclaré et déclare qu'elle récréante ledit LEFLON son mari promettant de payer ses dettes, obsèques et funérailles et en décharger la cour, fait pardevant monsieur Dambrines échevin semainier le 4/9/1682.

1785 - Médiathèque Arras FF126 Folio 363R :
Marie Marguerite ELOY veuve de Jean DESMOLINS vivant bourgeois maître boutonnier demeurant en cette ville a déclaré et déclare qu'elle récréante par le décès dudit DESMOLINS son mari promettant payer ses dettes, obsèques et funérailles et en décharger la cour, fait pardevant monsieur Maioul échevin sepmanier le 7/9/1682.

1786 - Médiathèque Arras FF126 Folio 363V :
Damoiselle Catherine POIRIER veuve de Louis VOLAGE dit Saint Ange vivant bourgeois et maître des postes de ce pays d'Artois a déclaré et déclare qu'elle récréante ledit feu VOLAGE son mari décédé ce jour d'hui promettant de payer ses dettes, obsèques et funérailles et en décharger la cour, fait pardevant monsieur Mayoul échevin semainier le 7/9/1682.

1787 - Médiathèque Arras FF126 Folio 363V :
Damoiselle Catherine BOUCRY veuve de Jean François CORIER vivant bourgeois marchand demeurant en cette ville a déclaré et déclare qu'elle récréante par le décès dudit feu CORIER son mari promettant payer ses dettes, obsèques et funérailles et en décharger la cour, fait pardevant monsieur Maioul échevin sepmanier le 10/9/1682.

1788 - Médiathèque Arras FF126 Folio 364R :
Pierre GRUEL bourgeois de cette ville et chirurgien demeurant à Bossu présentement en cette ville a déclaré et déclare qu'il récréante par le décès de feue Damoiselle Barbe DELACOUR sa mère à son trépas femme de Pierre BRUYANT bourgeois marchand drapier demeurant audit Arras promettant payer ses dettes, obsèques et funérailles et d'en décharger la cour, même de subir juridiction à cet échevinage en ce regard, fait pardevant monsieur Mayoul échevin sepmanier le 11/9/1682.

1789 - Médiathèque Arras FF126 Folio 367R :
Anne Marie LEPRESTRE veuve d'Henry BRIETZ vivant bourgeois maître d'école demeurant en cette ville a déclaré et déclare qu'elle récréante ledit feu BRIETZ son mari promettant payer ses dettes, obsèques et funérailles et d'en décharger la cour, fait pardevant monsieur Postel échevin sepmanier le 25/9/1682.

1790 - Médiathèque Arras FF126 Folio 371R :
Melchior MARCHANT bourgeois tailleur de pierres blanches demeurant en cette ville a déclaré et déclare qu'il récréante Isabeau MARCHANT sa tante à son décès veuve de Philippe DENEUVILLE vivant couvreur audit Arras promettant de payer ses dettes, obsèques et funérailles et en décharger la cour, fait pardevant monsieur Dupuis échevin semainier le 9/10/1682.

1791 - Médiathèque Arras FF126 Folio 371R :
Catherine DAUTRICOURT veuve de Paul ANSELIN vivant bourgeois demeurant en cette ville a déclaré et déclare qu'elle récréante ledit feu ANSELIN son mari promettant payer ses dettes, obsèques et funérailles et en décharger la cour, fait pardevant monsieur Dambrines échevin semainier le 14/10/1682.

1792 - Médiathèque Arras FF126 Folio 371V :
Madeleine CUVELIER veuve d'Antoine PROYART vivant bourgeois tellier demeurant en cette ville laquelle a déclaré et déclare qu'elle récréante ledit feu PROYART son mari promettant de payer ses dettes, obsèques et funérailles et en décharger la cour fait pardevant monsieur Maioul échevin semainier le 19/10/1682.

1793 - Médiathèque Arras FF126 Folio 372R :
Jacques BEAUMONT bourgeois marchand demeurant en cette ville a déclaré et déclare qu'il récréante Antoinette VASSEUR sa mère grande paternelle, à son décès veuve de Jean VASSEUR demeurant en cette ville promettant de payer ses dettes, obsèques et funérailles et en décharger la cour, fait pardevant monsieur Mayoul échevin semainier le 20/10/1682.

1794 - Médiathèque Arras FF126 Folio 372R :
Marie CUVELIER veuve de François LEGRAND vivant bourgeois jardinier demeurant en cette ville a déclaré et déclare qu'elle récréante ledit feu LEGRAND son mari promettant de payer ses dettes, obsèques et funérailles et en décharger la cour, fait pardevant monsieur Mayoul échevin semainier le 21/10/1682.

1795 - Médiathèque Arras FF126 Folio 372V :
Anne MARTIN veuve de Jean HARBELIN vivant bourgeois peintre mendiant demeurant en cette ville a déclaré et déclare qu'elle récréante sondit feu mari promettant de payer ses dettes, obsèques et funérailles et en décharger la cour, fait pardevant monsieur Postel échevin semainier le 4/11/1682.

1796 - Médiathèque Arras FF126 Folio 373R :
Marie Madeleine CARTON veuve de Nicolas LEMAIRE vivant bourgeois maître de la maison où pend pour enseigne « le petit Saint Jacques » en cette ville a déclaré et déclare qu'elle récréante par le trépas dudit feu LEMAIRE son mari promettant payer ses dettes, obsèques et funérailles et d'en décharger la cour, fait pardevant monsieur Caudron échevin sepmanier le 5/11/1682.

1797 - Médiathèque Arras FF126 Folio 373R :
Charles BLONDEL bourgeois piqueur de grès demeurant en cette ville a déclaré et déclare qu'il récréante par le trépas de feu Martin BLONDEL son père vivant piqueur de grès audit Arras promettant payer ses dettes, obsèques et funérailles et d'en décharger la cour, fait pardevant monsieur Postel échevin sepmanier le 7/11/1682.

1798 - Médiathèque Arras FF126 Folio 373V :
Claude MARTIN meselandier de son style demeurant en cette ville et Jean Baptiste DELAIENS bourgeois couvreur demeurant audit Arras mari et bail de Jeanne Elaine MARTIN, lesdits MARTIN frère et sœur enfants de feus Jean et de Marguerite LEGAY vivant demeurant audit Arras, ont déclaré et déclarent qu'ils récréantent par le décès de ladite LEGAY promettant payer ses dettes, obsèques et funérailles et en décharger la cour, fait pardevant monsieur Prévost échevin sepmanier le 13/11/1682.

1799 - Médiathèque Arras FF126 Folio 374R :
Antoinette DAMIENS veuve de Simon GOURDIN vivant meselandier demeurant en cette ville a déclaré et déclare qu'elle récréante ledit feu GOURDIN son mari promettant payer ses dettes, obsèques et funérailles et en décharger la cour, fait pardevant monsieur Prévost échevin sepmanier le 14/11/1682.

1800 - Médiathèque Arras FF126 Folio 374R :
Marie Madeleine LEGRAND veuve de Didier CHAMBREDIEU dit La Rose vivant voiturier demeurant en cette ville a déclaré et déclare qu'elle récréante par le décès dudit CHAMBREDIEU son mari promettant payer ses dettes, obsèques et funérailles et en décharger la cour, fait pardevant monsieur de Marsigny échevin sepmanier le 16/11/1682.

1801 - Médiathèque Arras FF126 Folio 374V :
Luc LEMERCIER écuyer sieur de Grancourt demeurant au bourg d'Houdain cousin issu de germain du côté maternel à Damoiselle Isabelle MORANT fille d'Adrien vivant avocat au conseil d'Artois et de Damoiselle Jeanne GAZET, Antoine et Jacques BLONDEL demeurant au village de Ransart frères, Philippe LECLERCQ mari et bail de Marie BLONDEL, lesdits du surnom BLONDEL frères et sœur enfants de Barbe VERMEL qui fut fille de Philippotte MORANT et icelle sœur audit Adrien MORANT avocat, ledit LECLERCQ demeurant au village de Roclencourt, iceux BLONDEL cousins issus germains à ladite Damoiselle Isabelle MORANT du côté paternel, s'étant lesdits sieur LEMERCIER, BLONDEL et LECLERCQ à cause de sa femme fondés héritiers immobiliaires patrimonial d'icelle damoiselle Isabelle MORANT à son trépas veuve du sieur PILLAURENS, fait pardevant monsieur de Marsigny échevin sepmanier le 17/11/1682.

1802 - Médiathèque Arras FF126 Folio 374V :
Marguerite DUFLOS veuve d'Antoine LOUIS vivant bourgeois cordier demeurant à Arras a récréanté par le trépas dudit LOUIS son mari décédé le jour d'hier promettant payer ses dettes, obsèques et funérailles et en décharger la cour, fait pardevant monsieur de Marsigny échevin sepmanier le 22/11/1682.

1803 - Médiathèque Arras FF126 Folio 376R :
Isabelle VASSEUR veuve de Jean BOYEL vivant bourgeois tripier demeurant en cette ville a déclaré et déclare qu'elle récréante ledit feu son mari promettant de payer ses dettes, obsèques et funérailles et en décharger la cour, fait pardevant monsieur Dambrines échevin sepmanier, du 23/11/1682.

1804 - Médiathèque Arras FF126 Folio 376R :
Marie Anne VARLET veuve de François LABBE vivant bourgeois garde porte de cette ville et cité a déclaré et déclare qu'elle récréante sondit feu mari promettant de payer ses dettes et en décharger la cour, fait pardevant monsieur Dambrines échevin sepmanier le 24/11/1682.

1805 - Médiathèque Arras FF126 Folio 376V :
Jeanne LEBLON veuve d'Antoine CAUCHET vivant bourgeois cordier demeurant en cette ville a déclaré et déclare qu'elle récréante ledit feu CAUCHET son mari promettant payer ses dettes, obsèques et funérailles et en décharger la cour, fait pardevant monsieur Maioul échevin sepmanier le 26/11/1682.

1806 - Médiathèque Arras FF126 Folio 379V :
Pierre François et François Joseph LENGLET frères bourgeois porte-sacqs demeurant en cette ville et Pierre LEJOSNE fauxboulier demeurant es faubourgs des alouettes de cette dite ville mari et bail de Marie Madeleine LENGLET, lesdits LENGLET frères et sœur enfants de feue Marie CARLIER veuve de Vincent LENGLET vivant aussi fauxboulier demeurant esdits faubourgs, ont déclaré et déclarent qu'ils récréantent par le trépas de ladite Marie CARLIER leur mère promettant payer ses dettes, obsèques et funérailles et d'en décharger la cour, fait pardevant monsieur Dambrines échevin sepmanier le 7/12/1682.

1807 - Médiathèque Arras FF126 Folio 381R :
Philippe PIGACHE garçon tailleur d'habits demeurant en cette ville a déclaré et déclare qu'il récréante feue Cécile MANESSON veuve en premières noces de Guillaume PIGACHE sa mère promettant payer ses dettes, obsèques et funérailles et d'en décharger la cour, fait pardevant monsieur Camp échevin sepmanier le 11/12/1682.

1808 - Médiathèque Arras FF126 Folio 381V :
Jean LECOMTE maître sellier demeurant en cette ville mari et bail de Marie Rose WALLEMBERT et Marie Florence WALLEMBERT, lesdits WALLEMBERT sœurs et filles de feu Pierre et de Cornille DORESMIEUX, ont déclaré et déclarent qu'ils récréantent par le décès de ladite DORESMIEUX leur mère promettant payer ses dettes, obsèques et funérailles et d'en décharger la cour, fait pardevant monsieur Boucquel échevin sepmanier le 16/12/1682.

1809 - Médiathèque Arras FF126 Folio 382R :
Jacqueline BOUIN veuve de Pierre CAVROIS vivant bourgeois marchand tanneur demeurant en cette ville a déclaré et déclare qu'elle récréante ledit feu CAVROIS son mari promettant payer ses dettes, obsèques et funérailles et en décharger la cour, fait pardevant monsieur Leroux échevin sepmanier le 16/12/1682.

1810 - Médiathèque Arras FF126 Folio 384V :
Damoiselle Catherine HAYETTE veuve de Pierre VANLIER vivant bourgeois marchand demeurant en cette ville a déclaré et déclare qu'elle récréante ledit feu VANLIER son mari promettant payer ses dettes, obsèques et funérailles et d'en décharger la cour, fait pardevant monsieur Camp échevin sepmanier le 23/12/1682.

1811 - Médiathèque Arras FF126 Folio 385R :
Marie Agnès DHAMELINCOURT veuve de Philippe MILLEVAULT vivant brouteur en cette ville a déclaré et déclare qu'elle renonce aux biens et dettes dudit feu MILLEVAULT son mari et qu'elle se tient à son droit de douaire stipulé par son contrat de mariage, fait pardevant monsieur Camp échevin sepmanier le 23/12/1682.

1812- Médiathèque Arras FF126 Folio 386R :
Barbe HOYEZ veuve de Jean Baptiste VASSEUR vivant maître charpentier demeurant en cette ville a déclaré et déclare qu'elle récréante sondit feu mari promettant de payer ses dettes, obsèques et funérailles et en décharger la cour, fait pardevant monsieur Prévost échevin semainier le 2/1/1683.

1813 - Médiathèque Arras FF126 Folio 387R :
Louis COUSIN bourgeois maître boulanger demeurant en cette ville tuteur établi par ordonnance de ce siège du jour d'hier aux enfants mineurs délaissés par le décès de Martin DESAINTES vivant marchand et à son tour l'un des quatre commis aux ouvrages de cette ville, a déclaré et déclare qu'en cette qualité et au nom de Lamoral DESAINTES l'un des enfants mineurs dudit DESAINTES, il se fonde héritier dudit défunt, promettant en ladite qualité de payer les dettes et en décharger la cour, fait pardevant monsieur Mayoul échevin semainier le 5/1/1683.

1814 - Médiathèque Arras FF126 Folio 387V :
Antoine MATHIS procureur au conseil d'Artois et Damoiselle Marie Françoise DELACOUR sa femme et Damoiselle Cécile DELACOUR fille à marier, lesdites DELACOUR sœurs enfants de feue Damoiselle Barbe DE BEAUVOIR à son décès veuve de maître Jean DELACOUR vivant docteur en médecine demeurant en cette ville, ont déclaré et déclarent qu'ils renoncent aux biens et dettes de ladite feue DE BEAUVOIR leur mère décédée le 2ème du présent mois, fait pardevant monsieur Géry échevin sepmanier le 9/1/1683.

1815 - Médiathèque Arras FF126 Folio 387V :
Philippe François MORANT écuyer sieur de Saint Firmin demeurant en la cité d'Arras cousin issu de germain du côté paternel à Demoiselle Isabelle MORANT à son trépas veuve du sieur de Pilaurens Albert François

DELEFORGE receveur des états au quartier d'Aire procureur spécial de Damoiselle Angélique Florence MORANT sa femme sœur dudit sieur de Saint Firmin et pareillement cousine issue de germain à ladite Damoiselle Isabelle MORANT fondé de procuration spéciale passée par ladite Damoiselle sa femme pardevant notaires audit Aire le 8ème de ce mois et rendu ont déclaré et déclarent qu'ils se fondent héritiers immobiliers patrimoniaux d'icelle Damoiselle Isabelle MORANT, fait pardevant monsieur Dupuis échevin sepmanier le 11/1/1683.

1816 - Médiathèque Arras FF126 Folio 388V :
Jacques ROUTART bourgeois maître tailleur d'habits demeurant en cette ville a déclaré et déclare qu'il récréante par le trépas de Marie DONZE veuve de Claude ROUTART vivant geôlier des prisons de la châtellenie de cette ville sa mère promettant payer ses dettes, obsèques et funérailles et d'en décharger la cour, fait pardevant monsieur Camp échevin sepmanier le 19/1/1683.

1817 - Médiathèque Arras FF126 Folio 389R :
Marie Jeanne BECART veuve de Pierre CUISINIER vivant bourgeois blanchisseur de toile demeurant en cette ville a déclaré et déclare qu'elle récréante par le décès dudit feu CUISINIER son mari promettant payer ses dettes, obsèques et funérailles et en décharger la cour, fait pardevant monsieur Dambrines échevin sepmanier le 22/1/1683.

1818 - Médiathèque Arras FF126 Folio 390V :
Augustin Olive BOURGEOIS maître taillandier de cette ville mari et bail de Marguerite PETAIN a déclaré et déclare qu'il récréante par le décès de Marguerite BREMENT veuve d'Antoine PETAIN sa belle-mère demeurant audit Arras promettant payer ses dettes, obsèques et funérailles et en décharger la cour, fait pardevant monsieur Leroux échevin semainier le 28/1/1683.

1819 - Médiathèque Arras FF126 Folio 392R :
Jean PIFERMANT bourgeois maître chapelier demeurant en cette ville a déclaré et déclare qu'il récréante par le décès de Marguerite HERENG veuve en dernières noces de Jacques GREBERT vivant aussi maître chapelier audit Arras et ce en qualité de mari et bail de Marguerite DEWETZ fille de ladite HERENG qu'elle a retenue de maître Guislain DEWETZ vivant huissier du conseil d'Artois son premier mari, promettant payer ses dettes, obsèques et funérailles et en décharger la cour, fait pardevant monsieur Caudron échevin sepmanier le 4/2/1683.

1820 - Médiathèque Arras FF126 Folio 392R :
Marie Madeleine FLIPPES demeurant en cette ville femme autorisée par justice de Dominique Patrice MARCHANT son mari présentement expatrié et ce par ordonnance du 3ème du présent mois couchée en marge de la requête présentée à ce siège par laquelle messieurs l'ont admis à récréanter Simone CASTELAIN sa mère pour l'absence de son mari pour l'acte qui en sera fait, servir et valoir ce que de raison et Nicolas VAILLANT chirurgien demeurant en la cité de cette ville mari et bail de Gabrielle FLIPPES, lesdites FLIPPES sœurs filles de feus Nicolas et de Simone CASTELAIN vivant demeurant audit Arras, ont déclaré et déclarent qu'ils récréantent par le décès de ladite feue Simone CASTELAIN leur mère promettant payer ses dettes, obsèques et funérailles et d'en décharger la cour renonçant par ladite Marie Madeleine FLIPPES en tant que besoin soit au droit du senatus consult velleien et à l'authentique si qua mullier dont l'effet lui a été expliqué et ledit VAILLANT promet de sortir juridiction à cet échevinage en ce regard, fait pardevant monsieur Camp échevin sepmanier le 5/2/1683.

1821 - Médiathèque Arras FF126 Folio 394V :
Madeleine GEAUFFELET veuve de François BRIGOIGNE en son vivant bourgeois de cette ville a déclaré et déclare qu'elle récréante ledit François BRIGOIGNE son mari promettant payer ses dettes, obsèques et funérailles et en décharger la cour, fait pardevant monsieur Géry échevin semainier le 18/2/1683.

1822 - Médiathèque Arras FF126 Folio 399R :
Charles LESCHEVIN boulanger demeurant en cette ville a déclaré et déclare qu'il récréante par le décès de Marie Marguerite MILLON veuve de feu Guislain LESCHEVIN vivant bourgeois maître boulanger demeurant audit Arras sa belle-mère promettant payer ses dettes, obsèques et funérailles et en décharger la cour, fait pardevant monsieur Leroux échevin sepmanier le 8/3/1683.

1823 - Médiathèque Arras FF126 Folio 400R :
Pierre François, Jean et Marguerite WILLART enfants de feus Philippe et Madeleine CAUROIS demeurant à Arras ont déclaré et déclarent qu'ils récréantent ladite Madeleine CAUROIS leur mère décédée le 19ème février

dernier promettant payer ses dettes, obsèques et funérailles et en décharger la cour, fait pardevant monsieur Boucquel échevin semainier le 11/3/1683.

1824 - Médiathèque Arras FF126 Folio 402V :
Jean et Robert DAMIENS frères bourgeois maîtres chaudronniers demeurant en cette ville ont déclaré et déclarent qu'ils récréantent par le décès de Bertrand DAMIENS leur père vivant aussi maître chaudronnier audit Arras promettant payer ses dettes, obsèques et funérailles et d'en décharger la cour, fait pardevant monsieur de Marsigny échevin sepmanier le 23/3/1683.

1825 - Médiathèque Arras FF126 Folio 407R :
Jean NOEL bourgeois marchand demeurant en cette ville a déclaré et déclare qu'il récréante par le décès de feu David NOEL son père vivant aussi marchand et échevin à son tour de cette ville promettant payer ses dettes, obsèques et funérailles et en décharger la cour, fait pardevant monsieur Dambrines échevin semainier le 13/4/1683.

1826 - Médiathèque Arras FF126 Folio 408R :
Marie Jacqueline PAMART veuve de Jean Nicolas GRUELLE vivant bourgeois porte sacq en cette ville a déclaré et déclare qu'elle récréante ledit GRUELLE son mari promettant payer ses dettes, obsèques et funérailles et en décharger la cour, fait pardevant monsieur Dambrines échevin sepmanier le 17/4/1683.

1827 - Médiathèque Arras FF126 Folio 409V :
Anne Françoise et Rose LEGRAND sœurs filles à marier suffisamment âgées de feu Henry et d'encore vivante Anne LEROY demeurant en cette ville nièces de feu Jean LEGRAND vivant bourgeois marchand cordier demeurant audit Arras ont déclaré et déclarent qu'elles récréantent par le trépas dudit feu Jean LEGRAND leur oncle paternel promettant payer ses dettes, obsèques et funérailles et d'en décharger la cour, fait pardevant monsieur Caudron échevin sepmanier le 27/4/1683.

1828 - Médiathèque Arras FF126 Folio 410R :
Louis CHENET jeune homme à marier de son style espinglier, Marie Brigitte CHENET fille à marier, Etienne PETIT fourrier de la compagnie du sieur de Contariny capitaine au régiment d'infanterie d'Alsace présentement en garnison en cette ville et Catherine CHENET sa femme demeurant tous audit Arras, lesdits du surnom CHENET frère et sœurs enfants de feue Antoinette QUIGNON vivant veuve de Claude CHENET dit Daronville demeurant aussi audit Arras, ont déclaré et déclarent ladite femme pour ce suffisamment autorisée de son mari et non contrainte comme elle a déclaré, qu'ils récréantent par le trépas de ladite feue QUIGNON leur mère promettant payer ses dettes, obsèques et funérailles et en décharger la cour, renonçant par ladite femme en tant que besoin soit au droit du senatus consult velleien et à l'authentique si qua mullier dont l'effet lui a été expliqué, fait pardevant monsieur Caudron échevin sepmanier le 28/4/1683.

1829 - Médiathèque Arras FF126 Folio 412V :
Pierre CAPELAIN boucher de cette ville y demeurant fils à marier suffisamment âgé de feus Sébastien vivant aussi boucher et Isabeau BOYEL a déclaré et déclare qu'il récréante tant en son propre et privé nom qu'en celui de Guislain CAPELAIN son frère en bas âge dont il se fait et porte fort par le trépas de ladite Isabeau BOYEL leur mère décédée au mois d'avril dernier promettant payer ses dettes, obsèques et funérailles et en décharger la cour, fait pardevant monsieur Maioul échevin semainier le 11/5/1683.

1830 - Médiathèque Arras FF126 Folio 412V :
Marie DELEVIGNE veuve de Jean DEBUIRES vivant portesacq de cette ville y demeurant a déclaré et déclare qu'elle récréante par le trépas dudit feu DEBUIRES son mari promettant payer ses dettes, obsèques et funérailles et en décharger la cour, fait pardevant monsieur Maioul échevin sepmanier le 13/5/1683.

1831 - Médiathèque Arras FF126 Folio 413R :
Maître François HONORE prêtre et Pierre HONORE bourgeois marchand demeurant en cette ville, lesdits HONORE frères enfants de feus Antoine et Damoiselle Madeleine Françoise CALVERT, ont déclaré et déclarent qu'ils récréantent par le décès de ladite feue CALVERT leur mère, promettant payer ses dettes, obsèques et funérailles et en décharger la cour, fait pardevant monsieur Géry échevin sepmanier le 15/5/1683.

1832 - Médiathèque Arras FF126 Folio 413R :
Marie Catherine CAUWET veuve de Jean Dominique LEROUX vivant bourgeois de cette ville y demeurant rue de la vaillert du grand jardin a déclaré et déclare qu'elle récréante par le décès dudit LEROUX promettant

payer ses dettes, obsèques et funérailles et en décharger la cour, fait pardevant monsieur Géry échevin semainier le 15/5/1683.

1833 - Médiathèque Arras FF126 Folio 414R :
Damoiselles Louise Catherine et Marie Madeleine HONORE sœurs filles à marier de feus Antoine et Damoiselle Madeleine Françoise CAILLEVERT demeurant en cette ville ont déclaré et déclarent qu'elles récréantent ladite feue CAILLEVERT leur mère promettant payer ses dettes, obsèques et funérailles et en décharger la cour, fait pardevant monsieur Dupuis échevin sepmanier le 18/5/1683.

1834 - Médiathèque Arras FF126 Folio 414R :
Marie PREEL veuve de Mathias GAVREAU vivant bourgeois serviteur de l'église paroissiale de Sainte Croix en cette ville a déclaré et déclare qu'elle récréante par le trépas dudit feu GAVREAU son mari promettant payer ses dettes, obsèques et funérailles et en décharger la cour, fait pardevant monsieur Postel échevin sepmanier le 20/5/1683.

1835 - Médiathèque Arras FF126 Folio 414R :
Françoise BLONDEL veuve de Nicolas HERTAULT demeurant en cette ville rue de Meaulens paroisse de Saint Maurice a déclaré et déclare qu'elle récréante par le trépas dudit feu HERTAULT son mari promettant payer ses dettes, obsèques et funérailles et d'en décharger la cour, fait pardevant monsieur Postel échevin sepmanier le 21/5/1683.

1836 - Médiathèque Arras FF126 Folio 414V :
Jean DOUCHET bourgeois de cette ville laboureur demeurant aux faubourgs de Sainte Catherine a déclaré et déclare qu'en qualité de mari et bail de Jeanne BUIRON nièce et héritière de Claude BUIRON veuve de Philippe DOUCHET qu'il récréante par le décès de ladite Claude BUIRON sa tante promettant payer ses dettes, obsèques et funérailles et en décharger la cour, fait pardevant monsieur Camp échevin semainier le 24/5/1683.

1837 - Médiathèque Arras FF126 Folio 418R :
Jacques GUERARD bourgeois maître taillandier demeurant en cette ville a déclaré et déclare qu'il récréante par le décès de Claire PYE veuve d'Antoine GUERARD sa mère promettant payer ses dettes, obsèques et funérailles et d'en décharger la cour, fait pardevant monsieur de Marsigny échevin sepmanier le 14/6/1683.

1838 - Médiathèque Arras FF126 Folio 419V :
Marie Madeleine LESOING veuve de Louis CARPENTIER vivant bourgeois maître cordonnier demeurant en cette ville a déclaré et déclare qu'elle récréante par le trépas dudit Louis CARPENTIER son mari promettant payer ses dettes, obsèques et funérailles et en décharger la cour, fait pardevant monsieur Mayoul échevin sepmanier le 21/6/1683.

1839 - Médiathèque Arras FF126 Folio 421R :
Marie VAREE veuve de François CONDETTE vivant sergent de l'église et abbaye de Saint Vaast d'Arras y demeurant a déclaré et déclare qu'elle récréante par le décès dudit CONDETTE son mari promettant payer ses dettes, obsèques et funérailles et en décharger la cour, fait pardevant monsieur Dupuis échevin sepmanier le 3/7/1683.

1840 - Médiathèque Arras FF126 Folio 421V :
Catherine LECLERCQ veuve de François MARESCHAL en son vivant bourgeois cuisinier demeurant en cette ville a déclaré et déclare qu'elle récréante par le trépas dudit MARESCHAL son mari promettant payer ses dettes, obsèques et funérailles et en décharger la cour fait pardevant monsieur Dambrines échevin semainier le 6/7/1683.

1841 - Médiathèque Arras FF126 Folio 425V :
Marie Anne CAILLEVERT veuve de François THUILLIER bourgeois de cette ville y demeurant a déclaré et déclare qu'elle récréante par le décès dudit feu THUILLIER son mari promettant payer ses dettes, obsèques et funérailles et en décharger la cour, fait pardevant monsieur Prévost échevin sepmanier le 29/7/1683.

1842 - Médiathèque Arras FF126 Folio 430R :
Damoiselle Marie Madeleine HATTÉ veuve d'Adrien François WILLART en son vivant bourgeois marchand demeurant en cette ville d'Arras a déclaré et déclare qu'elle renonce aux biens et dettes dudit feu WILLART son mari décédé le 25ème de juillet dernier et qu'elle se tient à son droit et douaire conventionnel stipulé par son contrat de mariage, fait pardevant monsieur Boucquel échevin semainier le 28/8/1683.

1843 - Médiathèque Arras FF126 Folio 430V :
Marie Catherine LEBEL veuve de Michel JOLY vivant notaire royal demeurant en cette ville a déclaré et déclare qu'elle renonce aux biens et dettes dudit feu JOLY son mari et qu'elle se tient à son droit et douaire stipulé par son contrat anténuptial de mariage, fait pardevant monsieur Camp échevin sepmanier le 30/8/1683.

1844 - Médiathèque Arras FF126 Folio 430V :
Philippe Ignace LE SERGENT écuyer sieur de Beaurains, Dame Anne Joseph THERY femme autorisée de messire Alexandre Augustin LE SERGENT chevalier sieur de Marsigny par procuration pour ce fait et passée pardevant notaires ce jourd'hui exhibée et retirée, Allard François DESMARETZ sieur de le Helle et Damoiselle Marie Joseph DESMARETZ sa sœur, lesdits sieur et damoiselle DESMARETZ tant en leur nom privé que se faisant et portant fort d'Antoine Hector DESMARETZ sieur de Blancquette leur frère, ont déclaré et déclarent qu'ils récréantent feue Damoiselle Marie Marguerite LE SERGENT leur tante décédée en cette ville, promettant payer ses dettes, obsèques et funérailles et en décharger la cour, renonçant par ladite dame de Marsigny en tant que besoin soit au droit du senatus consult velleien et à l'authentique si qua mullier dont l'effet lui a été expliqué, fait pardevant monsieur Camp échevin sepmanier le 30/8/1683.

1845 - Médiathèque Arras FF126 Folio 432V :
Gabrielle CAUDRON veuve de Philippe DESAILLY en son vivant courtier de chevaux demeurant en cette ville rue aux ours paroisse Saint Géry a déclaré et déclare qu'elle renonce aux biens et dettes dudit défunt son mari se tenant à son douaire conventionnel stipulé par son contrat de mariage, fait pardevant monsieur Maioul échevin semainier le 14/9/1683.

1846 - Médiathèque Arras FF126 Folio 433R :
Pierre DE GOUY bourgeois maître cordonnier demeurant en cette ville s'est constitué caution de maître Martin LESCARDÉ avocat au conseil d'Artois demeurant en cette ville pour par lui profiter de la sentence rendue à ce siège le 6ème de ce présent mois au différend réglé en avis sur le cahier de la distribution des deniers provenant de la vente faite par licitation en ce siège d'une maison, cour, cave et héritage sise en cette ville rue de l'abbaye vulgairement appelée la blanche cloche et d'une autre maison située en cette ville rue Saint Jean en Lestrée entre lui et Marie Guislaine LESCARDÉ veuve d'Adrien LEFEBVRE demeurant audit Arras sa sœur par laquelle ordonnance entre autres choses messieurs, ouy le procureur général de cette ville, ont à l'égard de la restitution de la somme de cent livres sur la part desdits deniers revenant à Jean Baptiste LESCARDÉ expatrié pour pareille somme prétendue payée à sa décharger par ladite LESCARDÉ sa sœur pour obtenir son congé du sieur de Famechon dans la compagnie duquel il était lors en qualité de soldat, dit et déclare icelle LESCARDÉ non recevable et quand au tiers desdits deniers revenant à ladite part dudit Jean Baptiste LESCARDÉ ont ordonné que la moitié sera délivrée à ladite LESCARDÉ du consentement dudit maître Martin LESCARDÉ son frère à la caution offert de Ponchart qui promettra solidairement avec elle de rapporter ladite somme et intérêts en cas de retour dudit expatrié, l'autre moitié demeurant consignée au greffe de cedit siège à la conservation de ses droits si mieux n'aime ledit maître LESCARDÉ de bailler bonne et sure caution personnelle pour le rapport d'icelle moitié et intérêts audit cas de retenue dudit Jean Baptiste LESCARDÉ moyennant quoi ladite moitié sera pareillement délivrée audit maître LESCARDÉ, ladite caution reçue par ordonnance d'audience du jourd'hui rendue entre lesdites parties promettant suivant ce ledit DE GOUY et avec lui ledit sieur LESCARDÉ en personnes solidairement rendre, payer et rapporter la somme de 846 livres 16 sols 8 deniers à quoi porte ladite moitié dudit tiers revenant à la part dudit Jean Baptiste LESCARDÉ expatrié et l'intérêt d'icelle somme au cas du retour d'iceluy, de quoi ledit sieur LESCARDÉ a promis décharger et indemniser iceluy DE GOUY et de tous dépens, dommages et intérêts le tous sous l'obligation solidaire de tous leurs biens, fait pardevant monsieur Géry échevin sepmanier le 17/9/1683.

1847 - Médiathèque Arras FF126 Folio 434R :
Jean HEBERT dit la Violette brasseur demeurant en cette ville et Marie Madeleine ACCART sa femme icelle petite nièce du côté paternel de feu Antoine ACCART vivant marchand de chevaux demeurant audit Arras, ont déclaré et déclarent qu'ils récréantent par le décès dudit feu Antoine arrivé passé dix ans ou environ, promettant payer ses dettes, obsèques et funérailles et en décharger la cour, fait pardevant monsieur Postel échevin semainier le 22/9/1683.

1848 - Médiathèque Arras FF126 Folio 435R :
Damoiselles Charlotte Marguerite, Marie Marguerite et Marie Madeleine JACQUEMONT filles de Jean vivant médecin pensionnaire de cette ville et de Damoiselle Françoise TRIGAULT ont déclaré et déclarent qu'elles récréantent ladite Damoiselle Françoise TRIGAULT leur mère décédée le 10ème de ce mois promettant payer

ses dettes, obsèques et funérailles et en décharger la cour, fait pardevant monsieur Dupuis échevin semainier le 25/9/1683.

1849 - Médiathèque Arras FF126 Folio 435V :
Jeanne GLASSAN veuve de Pierre LECLERC en son vivant bourgeois couvreur de tuiles demeurant en cette ville a déclaré et déclare qu'elle récréante par le décès dudit LECLERC son mari promettant payer ses dettes, obsèques et funérailles et en décharger la cour, fait pardevant monsieur Boucquel échevin semainier le 5/10/1683.

1850 - Médiathèque Arras FF126 Folio 436R :
Charles BLONDEL fils de Martin et de Marie TAILLANDIER paveur de grès et bourgeois de cette ville y demeurant a déclaré et déclare qu'il récréante par le trépas de ladite TAILLANDIER sa mère décédée il y a environ quinze jours promettant payer ses dettes, obsèques et funérailles et en décharger la cour, fait pardevant monsieur Boucquel échevin semainier le 9/10/1683.

1851 - Médiathèque Arras FF126 Folio 436R :
Jacobe DELAVERRIERE bourgeois canonnier de cette ville et Françoise ROLLINGHUEN sa femme icelle sœur de feue Marie DE ROLLINGHUEN vivant femme à Charles DELAIRE huissier du conseil d'Artois, ont déclaré et déclarent qu'ils se rendent héritiers mobiliaires et immobiliaires patrimoniaux des effets délaissés par Nicolas DELAIRE vivant aussi huissier dudit conseil fils et héritier dudit feu Charles et de ladite Marie DE ROLLINGHUEN promettant payer les dettes passives desdits défunts et d'en décharger la cour, fait pardevant monsieur Camp échevin sepmanier le 12/10/1683.

1852 - Médiathèque Arras FF126 Folio 436V :
Jean FOSSIER mandelier demeurant en cette ville a déclaré et déclare qu'il récréante par le décès de Marguerite LANSSART veuve de Pierre FOSSIER vivant aussi mandelier en cette ville sa mère, promettant payer ses dettes, obsèques et funérailles et en décharger la cour, fait pardevant monsieur Maioul échevin semainier le 25/10/1683.

1853 - Médiathèque Arras FF126 Folio 437R :
Jeanne FOSSIER fille à marier et Pierre FOVEL bourgeois mesureur de grains et Guislaine FOSSIER sa femme demeurant en cette ville lesdites Jeanne et Guislaine FOSSIER sœurs enfants de feus Pierre vivant aussi bourgeois mannelier et Marguerite LANSART demeurant audit Arras, ont déclaré et déclarent qu'ils récréantent par le décès de ladite feue LANSART leur mère promettant payer ses dettes, obsèques et funérailles et en décharger la cour, renonçant par ladite Guislaine FOSSIER en tant que besoin soit au droit du senatus consult velleien et à l'authentique si qua mullier dont l'effet lui a été expliqué, fait pardevant monsieur Maioul échevin sepmanier le 27/10/1683.

1854 - Médiathèque Arras FF126 Folio 438R :
Marie CASTELAIN veuve de Robert REGNAULT vivant armurier demeurant en cette ville a déclaré et déclare qu'elle récréante ledit feu REGNAULT son mari promettant payer ses dettes, obsèques et funérailles et en décharger la cour, fait pardevant monsieur Géry échevin sepmanier le 29/10/1683.

1855 - Médiathèque Arras FF126 Folio 438V :
Emmanuel Antoine DESSINGES bourgeois maître gorlier demeurant en cette ville neveu et héritier de feue Marguerite BRACQUET veuve de Nicolas SELLIER dit Bon cœur demeurant audit Arras a déclaré et déclare qu'il récréante par le décès de ladite BRACQUET sa tante maternelle promettant payer ses dettes, obsèques et funérailles et d'en décharger la cour, fait pardevant monsieur Ansart échevin sepmanier le 10/11/1683.

1856 - Médiathèque Arras FF126 Folio 439R :
Dumetz, Picart et Houvignoeul sergents ont à la requête de Michel LELEU mari et bail de Damoiselle Catherine CASTELAIN demeurant en la ville de Lille tant en leurs noms privés que comme procureur spécial d'André CASTELAIN aussi tant en son nom qu'en qualité de tuteur de Pierre CASTELAIN son frère en bas âge, arrêté et empêché es mains de sire POULLE écuyer sieur de Beaucquerie demeurant audit Lille le trouvant en cette ville d'Arras au cabaret où pend pour enseigne « le petit Saint Pol » et de Pierre André LEROY procureur au conseil d'Artois demeurant audit Arras tous et chacuns les deniers qu'ils ont en leur possession directement ou indirectement comme appartenant à Damoiselle Marie Philippe DE HAINAIN dame de Lesquin etc, provenant des deniers touchés de la distribution de la serre et seigneurie d'Amelincourt vendues audit conseil sur le sieur de Wambrecy ou autrement, pour avoir paiement de la somme de 14993 livres 4 sols parisis monnaie de Flandres pour les causes à déclarer au jour servant ayant été fait les défenses requises auxdits POULLE et

LEROY en parlant à chacun leurs personnes et jour assigné au 29ème de ce mois de novembre jour de plaids, fait le 15/11/1683 à sept heurs et demie du matin, ayant ledit LELEU en personne élu son domicile chez LEFEBVRE qu'il a établi pour son procureur.

1857 - Médiathèque Arras FF126 Folio 440R :
Isabelle PARNAULT veuve d'Henry PANTOUPHLE en son vivant bourgeois de cette ville y demeurant a déclaré et déclare qu'elle récréante par le décès dudit PANTOUPHLE son mari promettant payer ses dettes, obsèques et funérailles et d'en décharger la cour, fait pardevant monsieur de Feuchin échevin semainier le 17/11/1683.

1858 - Médiathèque Arras FF126 Folio 441V :
Pierre DUPUICH praticien demeurant en cette ville procureur spécial de Nicolas LIBERSART meunier, Antoine François FRION sergent de la cité d'Arras mari et bail de Marie Barbe DOCMAISNIL, Charles DOCMAISNIL son frère, tant en leurs noms que comme frère d'Antoine, Jean Baptiste LECLERCQ marchand libraire, Antoine DE BARLY sergent du châtelain mari et bail de Marie Madeleine LECLERCQ, Jacques GRIEL réparateur en vieil cuir mari et bail de Michelle DE BAILLOEUL et Jean BOUCHER maître charpentier tous demeurant en cette ville et cité d'Arras cousins issus de germain d'à présent défunt Charles DHENIN vivant bourgeois maître boulanger demeurant audit Arras et légataires d'iceluy, ledit DUPUICH suffisamment fondé de procuration spéciale faite et passée pardevant notaires par les susnommés le 28ème de septembre dernier exhibée et retirée, a déclaré et déclare en vertu de sadite procure qu'il se fonde au noms desdits susnommés héritier mobiliaire et immobiliaire dudit feu Charles DE HENIN et ce pour satisfaire à l'ordonnance d'audience rendue à ce siège à l'encontre de Jean DEBUIRE et Jean MACREL promettant audit nom procuratoire payer ses dettes, obsèques et funérailles et d'en décharger la cour, fait pardevant monsieur Dambrines échevin sepmanier le 29/11/1683.

1859 - Médiathèque Arras FF126 Folio 442R :
Madeleine MARCHANT veuve d'Antoine PLAISANT vivant bourgeois maître mannelier demeurant en cette ville a déclaré et déclare qu'elle récréante ledit feu PLAISANT son mari promettant payer ses dettes, obsèques et funérailles et d'en décharger la cour, fait pardevant monsieur Dambrines échevin sepmanier le 2/12/1683.

1860 - Médiathèque Arras FF126 Folio 444R :
Michelle Françoise DESSINGES veuve d'Etienne HUDELOT demeurant en cette ville et Philippe François TAFFIN maître brodeur demeurant à Arras mari et bail de Marie Madeleine DESSINGES, ont déclaré et déclarent qu'ils récréantent par le décès de feue Marguerite BRACQUET veuve de Nicolas SELLIER dit Bon cœur tante maternelle à ladite Michelle Françoise DESSINGES et grande tante paternelle à ladite Marie Madeleine DESSINGES, promettant payer ses dettes, obsèques et funérailles et en décharger la cour, fait pardevant monsieur Maioul échevin sepmanier le 11/12/1683.

1861 - Médiathèque Arras FF126 Folio 445R :
Luce SAISON veuve de Philippe VASSEUR en son vivant bourgeois marchand demeurant en cette ville a déclaré et déclare qu'elle récréante par le décès dudit VASSEUR son mari promettant payer ses dettes, obsèques et funérailles et en décharger la cour, fait pardevant monsieur Dupuis échevin semainier le 14/12/1683.

1862 - Médiathèque Arras FF126 Folio 445R :
Antoinette CLAIRET veuve de Jérosme MOINET vivant bourgeois maître de la maison où pend pour enseigne « les chaudrons » en cette ville, a déclaré et déclare qu'elle récréante ledit feu MOINET son mari promettant payer ses dettes, obsèques et funérailles et en décharger la cour, fait pardevant monsieur de Beaurains Lesergent échevin sepmanier le 15/12/1683.

1863 - Médiathèque Arras FF126 Folio 447R :
Marie LESOING veuve d'André DANIEL vivant bourgeois brouteur en cette ville a déclaré et déclare qu'elle récréante ledit feu DANIEL son mari promettant payer ses dettes, obsèques et funérailles et en décharger la cour, fait pardevant monsieur de Normont échevin semainier le 22/12/1683.

1864 - Médiathèque Arras FF126 Folio 447R :
Madeleine ALLEAUME veuve de Jean Chrisostome BONAVENTURE bourgeois boucher demeurant en cette ville a déclaré et déclare qu'elle récréante par le décès dudit feu son mari promettant payer ses dettes, obsèques et funérailles et en décharger la cour, fait pardevant monsieur Ansart échevin sepmanier le 22/12/1683.

1865 - Médiathèque Arras FF126 Folio 447V :
Florice DUFRESNE veuve de Jean HAY demeurant en cette ville héritière de Charles DUFRESNE vivant bourgeois de cette dite ville son frère a déclaré et déclare qu'elle récréante ledit DUFRESNE son frère promettant payer ses dettes, obsèques et funérailles et en décharger la cour, fait pardevant monsieur Ansart échevin semainier le 22/12/1683.

1866 - Médiathèque Arras FF126 Folio 448V :
Antoinette DUCHOCQUET veuve de Philippe DELACROIX vivant bourgeois cabaretier demeurant en cette ville a déclaré et déclare qu'elle récréante par le décès dudit feu DELACROIX son mari promettant payer ses dettes, obsèques et funérailles et d'en décharger la cour, fait pardevant monsieur de Feuchin échevin sepmanier le 29/12/1683.

1867 - Médiathèque Arras FF126 Folio 448V :
Marie Madeleine BAUDINOT veuve de Mathieu HURTEAU en son vivant bourgeois cabaretier en cette ville a déclaré et déclare qu'elle récréante par le décès dudit feu HURTEAU son mari promettant payer ses dettes, obsèques et funérailles et en décharger la cour, fait pardevant monsieur Pranger échevin semainier le 29/12/1683.

1868 - Médiathèque Arras FF126 Folio 449V :
Marguerite FARBU veuve de Jean LHERBIER vivant bourgeois manouvrier demeurant en cette ville a déclaré et déclare qu'elle récréante par le décès dudit LHERBIER son mari promettant payer ses dettes, obsèques et funérailles et en décharger la cour, fait pardevant monsieur Prévost échevin semainier le 3/1/1684.

1869 - Médiathèque Arras FF126 Folio 453V :
Catherine DELACOURT veuve de Pierre PRICOURT dit la Plante vivant bourgeois maître cuisinier demeurant en cette ville a déclaré et déclare qu'elle récréante par le trépas dudit PRICOURT son mari promettant payer ses dettes, obsèques et funérailles et en décharger la cour, fait pardevant monsieur Maioul échevin semainier le 17/1/1684.

1870 - Médiathèque Arras FF126 Folio 454V :
Antoine Hector DESMARETZ sieur de Blancquette demeurant à Arras neveu et héritier de Damoiselle Marguerite LE SERGENT décédée en cette ville a récréanté par le trépas d'icelle promettant payer ses dettes, obsèques et funérailles et en décharger la cour et en tant que besoin ratifie et approuve l'acte de récréantage fiat le 30ème août dernier et par ses frère et sœur, fait pardevant monsieur Dumet échevin sepmanier le 21/1/1684.

1871 - Médiathèque Arras FF126 Folio 454V :
Jean CAUROIS bourgeois marchand tanneur demeurant en cette ville mari et bail de Marie Claire HUCQUET a déclaré et déclare qu'il récréante par le décès de Madeleine HANNART veuve d'Etienne HUCQUET vivant aussi marchand tanneur demeurant en cette dite ville mère de ladite Marie Claire, promettant payer ses dettes, obsèques et funérailles et en décharger la cour, fait pardevant monsieur de Beaurains Lesergent échevin sepmanier le 24/1/1684.

1872 - Médiathèque Arras FF126 Folio 454V :
Marie Marguerite BAYART veuve de Thomas LESOING vivant bourgeois marchand demeurant en cette ville a déclaré et déclare qu'elle récréante ledit LESOING son mari, promettant payer ses dettes, obsèques et funérailles et d'en décharger la cour, fait pardevant monsieur Dupuis échevin sepmanier le 26/1/1684.

1873 - Médiathèque Arras FF126 Folio 456V :
Guislain DHAURE bourgeois demeurant en cette ville petit-fils de Barbe NOIRET à son trépas veuve de Oudain DHAURE demeurant en cette ville décédée le 6ème de ce mois a récréanté par le trépas de ladite NOIRET sa mère grande promettant payer ses dettes, obsèques et funérailles et en décharger la cour, fait pardevant monsieur de Feuchin échevin sepmanier le 9/2/1684.

1874 - Médiathèque Arras FF126 Folio 456V :
Anne BLANCHET veuve de Pierre MARCHAND vivant bourgeois boucher demeurant en cette ville a déclaré et déclare qu'elle récréante par le décès dudit MARCHAND son mari promettant payer ses dettes, obsèques et funérailles et en décharger la cour, fait pardevant monsieur Pranger échevin semainier le 11/2/1684.

1875 - Médiathèque Arras FF126 Folio 457V :
Charles et Maurice LOURDEL frères enfants de Gilles LOURDEL et Marguerite LABOURE bourgeois demeurant en cette ville ont déclaré et déclarent qu'ils récréantent par les décès desdits Gilles LOURDEL et Marguerite LABOURE leurs père et mère, promettant payer leurs dettes, obsèques et funérailles et en décharger la cour, fait pardevant monsieur Prévost échevin semainier le 14/2/1684.

1876 - Médiathèque Arras FF126 Folio 458R :
Damoiselle Françoise DORESMIEUX veuve de Pierre LAGACHE vivant bourgeois marchand drapier demeurant en cette ville a déclaré et déclare qu'elle récréante par le décès dudit LAGACHE son mari promettant payer ses dettes, obsèques et funérailles et en décharger la cour, fait pardevant monsieur Dambrines échevin semainier le 22/2/1684.

1877 - Médiathèque Arras FF126 Folio 458V :
Barbe DE CAUCHY veuve de Jean DAUBREL vivant bourgeois marchand demeurant en cette ville a déclaré et déclare qu'elle récréante par le décès de Jeanne DIEVAL en son vivant veuve de Michel CAUCHY sa mère promettant payer ses dettes, obsèques et funérailles et en décharger la cour, fait pardevant monsieur Maioul échevin semainier le 28/2/1684.

1878 - Médiathèque Arras FF126 Folio 458V :
Pierre ACCART bourgeois cordonnier demeurant en cette ville d'Arras mari et bail de Michelle Anne HALLOT et Marie Madeleine HALLOT fille à marier y demeurant ont déclaré et déclarent qu'ils récréantent par le trépas de Françoise VASSEUR en son vivant veuve de Philippe HALLOT mère desdites HALLOT, promettant payer ses dettes, obsèques et funérailles et en décharger la cour, fait pardevant monsieur Maioul échevin semainier le 1/3/1684.

1879 - Médiathèque Arras FF126 Folio 459R :
Jeanne DILBECQUE veuve de Michel CAIGNEREL vivant bourgeois cordonnier demeurant en cette ville a déclaré et déclare qu'elle récréante par le décès dudit CAIGNEREL son mari promettant payer ses dettes, obsèques et funérailles et en décharger la cour, fait pardevant monsieur Maioul échevin semainier le 1/3/1684.

1880 - Médiathèque Arras FF126 Folio 459V :
Damoiselle Marie Madeleine LERICHE veuve de Gilles HANOTEL vivant bourgeois marchand drapier demeurant en cette ville a déclaré et déclare qu'elle récréante par le décès dudit feu HANOTEL son mari, promettant payer ses dettes, obsèques et funérailles et d'en décharger la cour, fait pardevant monsieur Maioul échevin sepmanier le 2/3/1684.

1881 - Médiathèque Arras FF126 Folio 460V :
Marie SESGARD veuve de Pierre PARADIS vivant bourgeois arquebusier demeurant en cette ville a déclaré et déclare qu'elle récréante par le décès dudit PARADIS son mari promettant payer ses dettes, obsèques et funérailles et en décharger la cour, fait pardevant monsieur Prévost échevin semainier le 6/3/1684.

1882 - Médiathèque Arras FF126 Folio 462R :
Susanne DEVAUX veuve de Guislain COUSTELET bourgeois fauxboulier demeurant en cette ville a déclaré et déclare qu'elle récréante par le décès dudit COUSTELET son mari promettant payer ses dettes, obsèques et funérailles et en décharger la cour, fait pardevant monsieur Dupuis échevin semainier le 9/3/1684.

1883 - Médiathèque Arras FF126 Folio 463R :
Marie GONFROY veuve de Jacques LEBON vivant bourgeois armurier demeurant en cette ville a déclaré et déclare qu'elle récréante ladite feu LEBON son mari promettant payer ses dettes, obsèques et funérailles et en décharger la cour, fait pardevant monsieur Desnormont échevin sepmanier le 13/3/1684.

1884 - Médiathèque Arras FF126 Folio 463V :
Catherine DE RUMAULT veuve d'Antoine POLLET vivant amidonnier demeurant en cette ville a déclaré et déclare qu'elle récréante ledit feu POLLET son mari promettant payer ses dettes, obsèques et funérailles et en décharger la cour, fait pardevant monsieur Desnormont échevin sepmanier le 18/3/1684.

1885 - Médiathèque Arras FF126 Folio 464R :
Marguerite DELAPIERRE veuve d'Adrien DUPIRE vivant valet de cette ville a déclaré et déclare qu'elle récréante par le trépas de Martin DELAPIERRE son père vivant bourgeois charbonnier demeurant en cette

ville, promettant payer ses dettes, obsèques et funérailles et en décharger la cour, fait pardevant monsieur de Feuchin échevin sepmanier le 20/3/1684.

1886 - Médiathèque Arras FF126 Folio 464R :
Marguerite LIBERSAR veuve de Jean LEBOURSE dit Beaurains en son vivant bourgeois maître charpentier demeurant en cette ville, a déclaré et déclare par le trépas dudit LEBOURSE son mari promettant payer ses dettes, obsèques et funérailles et en décharger la cour, fait pardevant monsieur de Feuchin échevin semainier le 21/3/1684.

1887 - Médiathèque Arras FF126 Folio 465R :
Maître Louis FRANCOIS prêtre chappier de l'église paroissiale de Sainte Croix en cette ville et Antoine MACHELOT bourgeois maître d'école y demeurant exécuteurs testamentaires de feu maître Michel GUERARD vivant aussi prêtre et curé de l'église paroissiale de la Chapelette aux jardins en cette ville, ont en leurdite qualité déclaré et déclarent qu'ils récréantent par le décès dudit maître Michel GUERARD promettant payer ses dettes, obsèques et funérailles et en décharger la cour, fait pardevant monsieur de Feuchin échevin semainier le 24/3/1684.

1888 - Médiathèque Arras FF126 Folio 466V :
Marie CAUWET veuve de Nicolas DE BAILLOEUL demeurant en cette ville icelle cousine germaine de Charles DHENIN du chef de Marie RICHART sa mère, laquelle RICHART était sœur de Jeanne RICHART mère dudit Charles DHENIN a déclaré et déclare qu'elle récréante par le trépas dudit Charles DHENIN décédé il y a quatre ans ou environ sans enfant, promettant payer ses dettes, obsèques et funérailles et en décharger la cour, fait pardevant monsieur Prévost échevin semainier le 29/3/1684.

1889 - Médiathèque Arras FF126 Folio 467V :
Isabelle CHRESTIEN veuve d'André DEFONTAINES bourgeois plombier demeurant en cette ville proche l'hôpital Saint Jean en Lestrée, a déclaré et déclare qu'elle récréante par le décès dudit feu DEFONTAINES son mari promettant payer ses dettes, obsèques et funérailles et en décharger la cour, fait pardevant monsieur Routart échevin sepmanier le 1/4/1684.

1890 - Médiathèque Arras FF126 Folio 467V :
Philippe GODART bourgeois marchand et maréchal ferrant demeurant en cette ville mari et bail de Marie Françoise LEROY icelle fille de Jean LEROY et de Rose DUFLOS, a déclaré et déclare qu'il récréante par le décès de ladite Rose DUFLOS sa belle-mère, promettant payer ses dettes, obsèques et funérailles et en décharger la cour, fait pardevant monsieur Maioul échevin semainier le 12/4/1684.

1891 - Médiathèque Arras FF126 Folio 467V :
Antoinette Barbe DILBEC veuve de Florent DEBUIRE vivant bourgeois maçon demeurant en cette ville a déclaré et déclare qu'elle récréante par le décès dudit DEBUIRE son mari promettant payer ses dettes, obsèques et funérailles et en décharger la cour, fait pardevant monsieur Mayoul échevin semainier le 12/4/1684.

1892 - Médiathèque Arras FF126 Folio 468R :
Jean François DARRAS procureur de Damoiselle Louise DENIS veuve de maître Antoine DESLIONS vivant écuyer conseiller au conseil provincial d'Artois icelle se faisant et portant fort du sieur Jean François DAMIENS écuyer sieur de Waringhem lieutenant général de la gouvernance de Béthune, de Damoiselle Gertrude FOUCQUIER veuve de Philippe DENIS vivant écuyer sieur de Revillon et de Damoiselle Marie DAIX présentement femme au sieur de Belquin, a déclaré et déclare qu'il se porte pour appelant (audit nom et en vertu de la procuration à lui donnée par ladite Damoiselle Louise DENIS en date du jourd'hui exhibée et rendue) de la sentence rendue à ce siège le 27ème de mars dernier à leur préjudice et au profit de maître Jean DELAIRE échevin à son tour de cette ville, Louis COUSIN et autres créanciers de feu Martin DE SAINTES vivant marchand et à son tour l'un des quatre commis aux ouvrages de cette ville, à quoi il a été reçu sans préjudice aux privilèges de ce siège protestant ledit appel, fait pardevant monsieur Maioul échevin sepmanier le 14/4/1684.

1893 - Médiathèque Arras FF126 Folio 468R :
Marie Jenne CRESPIEUL veuve de Thomas LESCAILLON vivant bourgeois brouteur demeurant en cette ville a déclaré et déclare qu'elle récréante par le décès dudit LESCAILLON son mari, promettant payer ses dettes, obsèques et funérailles et en décharger la cour, fait pardevant monsieur Mayoul échevin semainier le 13/4/1684.

1894 - Médiathèque Arras FF126 Folio 468V :
Damoiselle Françoise Bernardine DE CROMBECQUE veuve de Robert DE BEAUSSART vivant procureur au conseil d'Artois demeurant en cette ville, a déclaré et déclare qu'elle récréante par le décès dudit feu DE BEAUSSART son mari promettant payer ses dettes, obsèques et funérailles et en décharger la cour, fait pardevant monsieur le Carlier échevin sepmanier le 15/4/1684.

1895 - Médiathèque Arras FF126 Folio 468V :
François DUFOUR tailleur de pierres blanches demeurant en cette ville a déclaré et déclare qu'il récréante par le décès de Marie THILLOEUL veuve de Guislain DUFOUR vivant jardinier audit Arras sa mère promettant payer ses dettes, obsèques et funérailles et en décharger la cour, fait pardevant monsieur Dupuis échevin sepmanier le 18/4/1684.

1896 - Médiathèque Arras FF126 Folio 469V :
Marie GAVREAU veuve de Jean MACREL vivant bourgeois poissonnier demeurant en cette ville a déclaré et déclare qu'elle récréante par le décès dudit MACREL son mari promettant payer ses dettes, obsèques et funérailles et en décharger la cour, fait pardevant monsieur Ansart échevin semainier le 26/4/1684.

1897 - Médiathèque Arras FF126 Folio 473R :
Marguerite BETREMIEUX veuve de Joosse CONVERSE vivant bourgeois maître chapelier demeurant en cette ville a déclare et déclare qu'elle récréante par le décès d'iceluy CONVERSE son mari, promettant payer ses dettes, obsèques et funérailles et d'en décharger la cour, fait pardevant monsieur de Feuchin échevin sepmanier le 4/5/1684.

1898 - Médiathèque Arras FF126 Folio 473V :
Jean et Etienne LEVRAY bourgeois demeurant en cette ville et Pierre DELATTRE aussi bourgeois portesacq y demeurant mari et bail de Marie LEVRAY, iceux de LEVRAY enfants de feu Jacques LEVRAY et Jacqueline VAILLANT, ont déclaré et déclarent qu'ils récréantent par le trépas de ladite VAILLANT leur mère, promettant payer ses dettes, obsèques et funérailles et en décharger la cour, fait pardevant monsieur de Feuchin échevin semainier le 6/5/1684.

1899 - Médiathèque Arras FF126 Folio 474V :
Curatelle : maître Luc DORESMIEUX prêtre chapelain de la cathédrale d'Arras fils de Géry (reçu et admis par ordonnance de ce siège couchée sur la requête y présentée de ce jourd'hui après avoir ouy le procureur général de cette ville à la curatelle des biens et effets dudit Géry son père, absent, à la caution d'Antoine Abel BRUCHET procureur au conseil d'Artois demeurant en cette ville et à charge d'élire domicile sous les mectes de ce siège et y subir juridiction en faisant les devoirs), est comparu lequel a empris et accepté ladite curatelle et promis par serment s'y bien et fidèlement comporter et d'en rendre bon et fidèle compte quand sommé et requis en sera, s'étant ledit BRUCHET pour ce aussi présent et comparant constitué caution dudit DORESMIEUX de quoi iceluy l'a promis décharger et de tous dépens, dommages et intérêts sous l'obligation solidaire de tous leurs biens, ayant au surplus ledit maître DORESMIEUX élu domicile chez ledit BRUCHET et subir juridiction à ce siège, fait pardevant monsieur Routart échevin semainier le 12/5/1684.

1900 - Médiathèque Arras FF126 Folio 476V :
Marie Madeleine BLANCHET veuve d'Antoine BLANCHET vivant bourgeois boucher demeurant en cette ville a déclaré et déclare qu'elle récréante par le trépas de Françoise CHOPPAIN veuve de Robert BLANCHET sa mère promettant payer ses dettes, obsèques et funérailles et en décharger la cour, fait pardevant monsieur Dambrines échevin semainier le 17/5/1684.

1901 - Médiathèque Arras FF126 Folio 476V :
Jeanne Thérèse NEPVEU veuve de Charles DE FLERS vivant bourgeois de cette ville d'Arras y demeurant a déclaré et déclare qu'elle renonce aux biens et dettes de la communauté d'entre elle et ledit feu DE FLERS son mari, soy tenant à son douaire stipulé par son contrat anténuptial, fait pardevant monsieur Dambrines échevin semainier le 19/5/1684.

1902 - Médiathèque Arras FF126 Folio 477R :
Marie Anne AUGUET veuve de Pierre DESAILLY vivant bourgeois portesacq demeurant en cette ville a déclaré et déclare qu'elle récréante par le décès dudit DESAILLY son mari promettant payer ses dettes, obsèques et funérailles et en décharger la cour, fait pardevant monsieur le Carlier échevin semainier le 24/5/1684.

1903 - Médiathèque Arras FF126 Folio 477V :
Tutelle : Marie Madeleine LEFEBVRE fille franche demeurant en cette ville (reçue et admise par ordonnance de ce siège du jourd'hui tutrice de Jean LEROY son neveu mineur d'ans fils de feus Antoine vivant sergent à verge de cette ville et de Marie Agnès LEFEBVRE vivante sœur de ladite Marie Madeleine et à gérer les biens maternels et autres effets qui peuvent appartenir audit mineur, non délaissés par ledit feu LEROY son père et ce suivant le consentement donné par les proches parents maternels d'iceluy mineur et ouy le procureur général de cette ville en faisant les devoirs), est comparue en personne, laquelle a empris et accepté ladite tutelle et gestion des biens et promis par serment de s'y bien et fidèlement conduire et comporter et d'en rendre bon et fidèle compte quand sommée et requise en sera, fait pardevant monsieur le Carlier échevin semainier le 26/5/1684.

1904 - Médiathèque Arras FF126 Folio 479R :
Antoinette CUVELLIER veuve de Henry GAILLART vivant bourgeois boulanger demeurant en cette ville a déclaré et déclare qu'elle récréante par le trépas dudit GAILLART son mari promettant payer ses dettes, obsèques et funérailles et en décharger la cour, fait pardevant monsieur Desnormont échevin semainier le 5/6/1684.

1905 - Médiathèque Arras FF126 Folio 482R :
Est comparue Damoiselle Agnès BOUCHER femme autorisée de maître Maximilien GERY avocat au conseil d'Artois et échevin à son tour de cette ville son mari icelle fille et héritière de feu Florent et fidéicommissaire de feue Françoise BOUCHER sa sœur, laquelle a déclaré et déclare d'être héritière fidicommissaire de ladite feue Françoise sa sœur tant seulement, fait pardevant monsieur Ansart échevin le 12/6/1684.

1906 - Médiathèque Arras FF126 Folio 482V :
Tutelle : maître Guillaume LIBERSART prêtre coustre de l'église paroissiale de Saint Géry en cette ville reçu et admis par ordonnance du jourd'hui à la tutelle des personnes et biens de Marie Françoise et Marie Anne BOUCHE enfants mineurs de feus Jean et Marguerite LIBERSART suivant le consentement des proches parents desdits mineurs et ouy le sieur procureur général de cette ville, est comparu en personne lequel a empris et accepté in verbo sacerdotis manu pectori apposita de s'y bien et fidèlement conduire et comporter et d'en rendre compte quand sommé et requis en sera, fait pardevant monsieur de Feuchin échevin sepmanier le 14/6/1684.

1907 - Médiathèque Arras FF126 Folio 483V :
Pierre MOREL bourgeois maître brodeur demeurant en cette ville a déclaré et déclare qu'il récréante par le décès de Marie PARIS veuve de Jean MOREL vivant aussi bourgeois maître vitrier demeurant en cette ville sa mère promettant payer ses dettes, obsèques et funérailles et en décharger la cour, fait pardevant monsieur Routart échevin sepmanier le 19/6/1684.

1908 - Médiathèque Arras FF126 Folio 484V :
Est comparue Damoiselle Agnès BOUCHER femme autorisée de maître Maximilien GERY avocat au conseil d'Artois et échevin à son tour de cette ville son mari ici présent en personne, laquelle a déclaré et déclare par cettes qu'elle renonce aux biens délaissés par le trépas de Damoiselle Françoise BOUCHER sa sœur et à sa succession, sauf et excepté à ceux fidéicommissés, fait pardevant monsieur Prévost échevin sepmanier le 22/6/1684.

1909 - Médiathèque Arras FF126 Folio 486R :
Marguerite PREVOST veuve de Jacques DE BEAUCOURT vivant bourgeois maître maréchal ferrant demeurant en cette ville a déclaré et déclare qu'elle récréante par le décès dudit DE BEAUCOURT son mari promettant payer ses dettes, obsèques et funérailles et en décharger la cour, fait pardevant monsieur Dupuis échevin le 26/6/1684.

1910 - Médiathèque Arras FF126 Folio 488R :
Marie Barbe DAMBRINES veuve de Jacques LEVEL vivant bourgeois de cette ville a déclaré et déclare qu'elle récréante par le décès dudit LEVEL son mari promettant payer ses dettes, obsèques et funérailles et en décharger la cour, fait pardevant monsieur Dambrines échevin semainier le 30/6/1684.

1911 - Médiathèque Arras FF126 Folio 489V :
Marie Marguerite DELABBY veuve de Jean VASSEUR vivant bourgeois et premier commis du Mont de piété a déclaré et déclare qu'elle récréante par le trépas dudit VASSEUR son mari arrivé le 26 mai dernier, promettant

payer ses dettes, obsèques et funérailles et en décharger la cour, fait pardevant monsieur le Carlier échevin semainier le 3/7/1684.

1912 - Médiathèque Arras FF126 Folio 491R :
Vincent RENVERSÉ bourgeois portesacq en cette ville demeurant au village de Beaurains mari et bail de Guislaine DEHEES a déclaré et déclare qu'il se fonde héritier de Pierre Vincent DEHEES son beau-père vivant bourgeois demeurant audit Beaurains promettant payer ses dettes, obsèques et funérailles et en décharger la cour, fait pardevant monsieur Dupuis échevin semainier le 10/7/1684.

1913 - Médiathèque Arras FF126 Folio 491V :
Curatelle : Christophe et Maximilienne Dominique LABBÉ frère et sœur enfants et héritiers de feus François vivant procureur au conseil d'Artois et de Damoiselle Anne Marie RICOURT demeurant en cette ville ont (sur la requête par eux présentée) été reçu et admis à la tutelle et curatelle des personne et biens de Noël François LABBÉ leur frère germain mineur d'ans au lieu et place de maître Jean François ALEXANDRE prêtre curé de l'église paroissiale de Saint Maurice en cette dite ville, par ordonnance du jourd'hui couchée en marge de ladite requête et du consentement dudit sieur ALEXANDRE et de Pierre BURE proches parents dudit mineur, après avoir ouy le procureur général d'icelle ville à la caution offerte l'un de l'autre en faisant les devoirs, lesquels Christophe et Maximilienne Dominique LABBÉ sont comparus en personnes qui ont en la présence desdits sieurs ALEXANDRE et BURRE empris et accepté ladite tutelle et curatelle et promis par serment de s'y bien et fidèlement conduire et comporter et d'en rendre bon et fidèle compte quand sommé et requis en seront, auquel effet ils se sont respectivement constitués caution l'un de l'autre sous l'obligation solidaire de tous leurs biens, fait pardevant monsieur Dupuis échevin sepmanier le 14/7/1684.

1914 - Médiathèque Arras FF126 Folio 493R :
Marie Catherine DEHEES veuve d'Antoine DELATTRE vivant fauxboulier en cette ville a déclaré et déclare qu'elle récréante ledit feu DELATTRE son mari promettant payer ses dettes, obsèques et funérailles et en décharger la cour, fait pardevant monsieur de Feuchin échevin sepmanier le 24/7/1684.

1915 - Médiathèque Arras FF126 Folio 493V :
Curatelle : Georges FRANCOIS sergent à verge de ce siège (reçu et admis par ordonnance d'audience y rendue le 19ème de ce mois entre Marie Guislaine GUISLUY veuve d'Hubert BRACQUET contre François, Claude et Marie Barbe BRACQUET, à la curatelle des biens délaissés vacants par ledit feu Hubert BRACQUET en faisant les devoirs et à la caution offert d'Adam RAVIGNAU esperronnier demeurant en cette ville, à charge qu'il ne paiera aucune somme sans la participation ou convocation desdits François, Claude et Marie Barbe BRACQUET ou ordonnance de justice), est comparu en personne lequel a empris et accepté ladite curatelle et promis par serment de s'y bien et fidèlement conduire et comporter et d'en rendre bon et fidèle compte quand sommé et requis en sera, s'étant ledit RAVIGNAU pour ce aussi présent et comparant constitué caution dudit Georges FRANCOIS, de quoi iceluy l'a promis décharger et de tous dépens, dommages et intérêts sous l'obligation de tous leurs biens, fait pardevant monsieur de Feuchin échevin sepmanier le 24/7/1684.

1916 - Médiathèque Arras FF126 Folio 497R :
Marie Anne BLONDEL veuve de Jacques ACCART vivant marchand de chevaux demeurant en cette ville a déclaré et déclare qu'elle récréante ledit ACCART son mari, promettant payer ses dettes, obsèques et funérailles et en décharger la cour, fait pardevant monsieur Prévost échevin semainier le 3/8/1684.

1917 - Médiathèque Arras FF126 Folio 497R :
Jeanne DORESMIEUX femme séparée d'Adrien DUCORNET a déclaré et déclare qu'elle se porte pour appelante de l'ordonnance rendue en ce siège le 4ème juillet dernier à son préjudice et au profit d'Isabelle CARON fille à marier demeurant en cette ville protestant ledit appel relevé en temps et lieu et où il appartiendra, fait pardevant monsieur de Feuchin échevin le 5/8/1684.

1918 - Médiathèque Arras FF126 Folio 498V :
Barbe HUCQUET veuve de Guillaume CAMBRAY vivant bourgeois demeurant en cette ville a déclaré et déclare qu'elle récréante par le trépas dudit Guillaume CAMBRAY son mari promettant payer ses dettes, obsèques et funérailles et en décharger la cour, fait pardevant monsieur Mayoul échevin semainier le 17/8/1684.

1919 - Médiathèque Arras FF126 Folio 498V :
Pierre François, Louis, Nicolas et Thérèse Guislaine GELLEE tous frères et sœur demeurant en cette ville ont déclare et déclarent qu'ils récréantent par le trépas de Pierre GELLEE leur père vivant bourgeois demeurant

en cette ville promettant payer ses dettes, obsèques et funérailles et en décharger la cour, fait pardevant monsieur Desnormont échevin semainier le 18/8/1684.

1920 - Médiathèque Arras FF126 Folio 499R :
Antoine et Marie Madeleine CAUWET enfants de Géry et de Madeleine FOURMAULT vivants demeurant en cette ville, ont déclaré et déclarent qu'ils récréantent par les trépas desdits Géry CAUWET et Madeleine FOURMAULT leurs père et mère, promettant payer leurs dettes, obsèques et funérailles et en décharger la cour, fait pardevant monsieur Desnormont échevin semainier le 18/8/1684.

1921 - Médiathèque Arras FF126 Folio 499R :
Marguerite WAULDE veuve de Jean MARESCHAL vivant bourgeois marchand demeurant en cette ville a déclaré et déclare qu'elle récréante par le trépas dudit MARESCHAL promettant payer ses dettes, obsèques et funérailles et en décharger la cour, fait pardevant monsieur Dupuis échevin semainier le 22/8/1684.

1922 - Médiathèque Arras FF126 Folio 499V :
Anne Claire MAILLE veuve de Philippe LENAIN vivant bourgeois et procureur au conseil d'Artois a déclaré et déclare qu'elle récréante par le trépas d'Anne COMAND en son décès veuve de Pierre MAILLE sa mère, promettant payer ses dettes, obsèques et funérailles et en décharger la cour, fait pardevant monsieur Ansart échevin semainier le 30/8/1684.

1923 - Médiathèque Arras FF126 Folio 506R :
Marguerite CLICQUENOIS veuve d'Yves CHENY dit Lauvergna vivant demeurant en cette ville paroisse de Sainte Croix, a déclaré et déclare qu'elle récréante par le trépas dudit feu CHENY son mari promettant payer ses dettes, obsèques et funérailles et en décharger la cour, fait pardevant monsieur Camp échevin sepmanier le 23/9/1684.

1924 - Médiathèque Arras FF126 Folio 506V :
Jeanne Gislaine TEMPLIER veuve de Jean Baptiste MAGNIER vivant bourgeois cantinier demeurant en cette ville a déclaré et déclare qu'elle récréante ledit MAGNIER son mari promettant payer ses dettes, obsèques et funérailles et en décharger la cour, fait pardevant monsieur Maioul échevin semainier le 26/9/1684.

1925 - Médiathèque Arras FF126 Folio 507R :
Nicolas BELAMBERT bourgeois maître boulanger, maître Théodoricque DE WARLINCOURT procureur au conseil d'Artois ayant la garde et administration des personnes et biens des enfants qu'il a eus avec Damoiselle Marie BELAMBERT, Jean François LANSSEAL aussi bourgeois maître boulanger demeurant en cette ville, lesdits du surnom BELAMBERT frère et sœur enfants et héritiers des défunts Louis et d'Isabeau CAUROIS, lesquels ont déclaré et déclarent qu'ils récréantent par les décès desdits Louis et Isabelle CAUROIS, promettant payer les dettes, obsèques et funérailles et en décharger la cour, fait pardevant monsieur Maioul échevin semainier le 26/9/1684.

1926 - Médiathèque Arras FF126 Folio 507V :
Nicolas BELAMBERT mari et bail de Marie Marguerite COUSIN et Michel THERY ayant la garde et administration des enfants qu'il a eus avec Marie Jeanne COUSIN, icelles du surnom COUSIN enfants de David COUSIN bourgeois blanchisseur demeurant en cette ville, ont déclaré et déclarent qu'ils récréantent par le décès dudit David COUSIN leur beau-père promettant payer ses dettes, obsèques et funérailles et en décharger la cour, fait pardevant monsieur Maioul échevin semainier le 26/9/1684.

1927 - Médiathèque Arras FF126 Folio 509R :
Marguerite PARADIS veuve d'Antoine PONS vivant bourgeois demeurant en cette ville a déclaré et déclare qu'elle récréante par le décès dudit PONS son mari, promettant payer ses dettes, obsèques et funérailles et en décharger la cour, fait pardevant monsieur Dupuis échevin semainier le 7/10/1684.

1928 - Médiathèque Arras FF126 Folio 509R :
Jean FALEMPIN brasseur demeurant en cette ville mari et bail de Barbe HAUWEL icelle fille de feue Marie LECOINCTE veuve en premières noces d'Adrien HAUWEL vivant portesacq demeurant en cette dite ville, a déclaré et déclare qu'il récréante par le décès de ladite feue LECOINCTE mère de ladite Barbe promettant payer ses dettes, obsèques et funérailles et en décharger la cour, fait pardevant monsieur Desnormont échevin sepmanier le 14/10/1684.

1929 - Médiathèque Arras FF126 Folio 509R :
Marie DERUELLE veuve de Jean DELECROIX vivant bourgeois sergent des élus demeurant en cette ville a déclaré et déclare qu'elle récréante par le décès dudit DELECROIX son mari, promettant payer ses dettes, obsèques et funérailles et en décharger la cour, fait pardevant monsieur de Feuchin échevin semainier le 16/10/1684.

1930 - Médiathèque Arras FF126 Folio 509R :
Emmanuel Antoine DESSINGES bourgeois maître gorlier en cette ville père et tuteur légitime de Marguerite Françoise DESSINGES sa fille mineure, a déclaré et déclare au nom de ladite DESSINGES sa fille qu'il appréhende pour elle la succession de Marie BRACQUET sa mère grande, promettant audit nom payer ses dettes, obsèques et funérailles et d'en décharger la cour, fait pardevant monsieur Prangere échevin sepmanier le 17/10/1684.

1931 - Médiathèque Arras FF126 Folio 509V :
Jacques DELESTRÉ clerc de pratique demeurant en cette ville procureur spécial du sieur Adrien François GEETZ greffier civil de la ville de Douai, exécuteur testamentaire et héritier de feu Damoiselle Jeanne COMELIN vivant fille franche demeurant en cette ville d'Arras, fondé de procuration passée pardevant notaires audit Arras ce jourd'hui par lui exhibée et retirée, a déclaré et déclare (audit nom et en vertu de sadite procure) qu'il récréante par le décès de ladite Damoiselle Jeanne COMELIN promettant payer ses dettes, obsèques et funérailles et en décharger la cour, fait pardevant monsieur de Feuchin échevin semainier le 19/10/1684.

1932 - Médiathèque Arras FF126 Folio 511R :
Charles François FLIPOT fils majeur de feus Antoine et Marie MATIN vivants hostelains demeurant en la maison où pend pour enseigne « le fer à cheval » en cette ville, a déclaré et déclare qu'il récréante par le décès de ladite Marie MATIN sa mère arrivé au mois de juillet 1681 promettant payer ses dettes, obsèques et funérailles et en décharger la cour et tous autres qu'il appartiendra, fait pardevant monsieur Camp échevin sepmanier le 30/10/1684.

1933 - Médiathèque Arras FF126 Folio 513R :
Damoiselle Marguerite LIMELET veuve de Louis DE FREMICOURT vivant bourgeois marchand demeurant en cette ville a déclaré et déclare qu'elle renonce aux biens dudit feu DE FREMICOURT son mari décédé le 7 de ce mois, fait pardevant monsieur Dupuis échevin sepmanier le 13/11/1684.

1934 - Médiathèque Arras FF126 Folio 516R :
Charles Guislain BRUIANT bourgeois marchand linger demeurant en cette ville a déclaré et déclare qu'il récréante par le décès de Pierre BRUIANT son père vivant aussi bourgeois marchand drapier demeurant audit Arras promettant payer ses dettes, obsèques et funérailles et d'en décharger la cour, fait pardevant monsieur de Grandmaretz échevin sepmanier le 18/11/1684.

1935 - Médiathèque Arras FF126 Folio 516V :
Guillaume LEMAIRE bourgeois hostelain de la maison où pend pour enseigne « la Clef d'Or » en cette ville mari et bail de Marie Marguerite CAUWET et Venant THOREL aussi bourgeois l'un des commis du Mont de Piété en cette ville mari et bail de Marie Guislaine CAUWET lesdites CAUWET sœurs enfants de feue Marie DECAIX veuve de Léon CAUWET vivant aussi bourgeois dudit Arras, ont déclaré et déclarent qu'ils récréantent par le décès de ladite feue Marie DECAIX mère desdites Marie Marguerite et Marie Guislaine CAUWET promettant payer ses dettes, obsèques et funérailles et en décharger la cour, fait pardevant monsieur Desnormont échevin sepmanier le 22/11/1684.

1936 - Médiathèque Arras FF126 Folio 518R :
Curatelle : maître Charles François Dominique LEROUX avocat au conseil d'Artois et bourgeois de cette ville y demeurant (reçu et admis par ordonnance de ce siège du 18ème du présent mois à la tutelle et curatelle des personnes et biens des enfants mineurs délaissés par feus Jean Philippe LAMBERT vivant aussi bourgeois marchand drapier et [ ] DOSINEL sa femme, iceux mineurs neveux et nièces et héritiers de feu Jean François LAMBERT vivant pareillement bourgeois marchand drapier demeurant en cette ville), est comparu en personne lequel a empris et accepté ladite tutelle et curatelle et promis par serment de s'y bien et fidèlement conduire et comporter et d'en rendre bon et fidèle compte quand sommé et requis en sera, s'étant Nicolas FRANCOIS semblablement bourgeois marchand drapier demeurant audit Arras aussi présent et comparant en personne constitué plege et caution dudit sieur LEROUX à quoi il a été admis par autre ordonnance du jourd'hui, sauf renforcer ladite caution s'il y eschet, de quoi ledit sieur LEROUX l'a promis décharger de tous

dépens, dommages et intérêts sous l'obligation de tous leurs biens, fait pardevant monsieur Routart échevin sepmanier le 24/11/1684.

1937 - Médiathèque Arras FF126 Folio 519V :
Marie Barbe et Marie Anne BRACQUET sœurs filles à marier de feu Hubert vivant bourgeois meunier demeurant en cette ville ont déclaré et déclarent qu'elles récréantent par le décès dudit feu BRACQUET leur père, promettant payer ses dettes, obsèques et funérailles et en décharger la cour, fait pardevant monsieur Fromentin échevin sepmanier le 4/12/1684.

1938 - Médiathèque Arras FF126 Folio 520V :
Pierre et Antoine FERMENTELLE bourgeois demeurant en cette ville ont déclaré et déclarent qu'ils récréantent par le décès de Marie FERMENTELLE vivante fille franche demeurant audit Arras leur tante paternelle promettant payer ses dettes, obsèques et funérailles et en décharger la cour, fait pardevant monsieur le Carlier échevin semainier le 12/12/1684.

1939 - Médiathèque Arras FF126 Folio 522R :
Floris DE NEUVILLE bourgeois marchand demeurant en cette ville mari et bail de Marie Barbe GUILLEBERT fille de feus Pierre et Rose GRENIER a déclaré et déclare qu'il récréante ladite GRENIER sa belle-mère promettant payer ses dettes, obsèques et funérailles et d'en décharger la cour, fait pardevant monsieur de Grandmaretz échevin sepmanier le 29/12/1684.

1940 - Médiathèque Arras FF126 Folio 522R :
Charles Dominique CHERAINE bourgeois saieteur demeurant à Lille et Nicolas BREHON aussi bourgeois maître tonnelier demeurant à Arras mari et bail de Marie Marguerite CHERAINE, ont déclaré et déclarent qu'ils récréantent par le décès de Marie BOCQUET leur tante maternelle vivante fille dévotaire demeurant audit Arras promettant payer ses dettes, obsèques et funérailles et en décharger la cour, fait pardevant monsieur de Grandmaretz échevin sepmanier le 29/1/1684.

1941 - Médiathèque Arras FF126 Folio 523R :
Isabelle PICCART fille à marier de feue Hélène CAILLERET vivante veuve de Jean Antoine PICCART a déclaré et déclare qu'elle récréante ladite CAILLERET sa mère promettant payer ses dettes, obsèques et funérailles et en décharger la cour, fait pardevant monsieur Desnormont échevin semainier le 2/1/1685.

1942 - Médiathèque Arras FF126 Folio 524V :
Adrien DUFRESNE bourgeois marchand demeurant en cette ville et Marie Dominique MAGNIER sa femme icelle fille de Susanne WIDEBIEN vivante veuve de Jean MAGNIER, ont déclaré et déclarent qu'ils récréantent par le décès de ladite Susanne WIDEBIEN leur respective belle-mère et mère promettant payer ses dettes, obsèques et funérailles et en décharger la cour, fait pardevant monsieur de Douay échevin semainier le 15/1/1685.

1943 - Médiathèque Arras FF126 Folio 526V :
Jean et Marguerite WILLART frère et sœur enfants de feus Philippe et de Madeleine CAUROIS demeurant en cette ville ont déclaré et déclarent qu'ils récréantent par le trépas de Pierre François WILLART leur frère germain promettant payer ses dettes, obsèques et funérailles et en décharger la cour, fait pardevant monsieur de Marsigny échevin semainier le 26/1/1685.

1944 - Médiathèque Arras FF126 Folio 527R :
Damoiselle Marie Jeanne, Isabelle Florence et Anne Françoise WASTEAU sœurs filles à marier de feus Barthélémy WASTEAU et Damoiselle Jeanne DIENNART vivants bourgeois marchands demeurant en cette ville, ont déclaré et déclarent qu'elles récréantent par le décès de ladite DIENNART leur mère promettant payer ses dettes, obsèques et funérailles et en décharger la cour, fait pardevant monsieur le Carlier échevin sepmanier le 26/1/1685.

1945 - Médiathèque Arras FF126 Folio 527R :
Marie DEFONTAINES veuve d'Etienne JACQUART demeurant présentement en cette ville tante du côté paternel à feu maître François DEFONTAINES à son trépas conseiller de cette ville, a déclaré et déclare qu'elle se fonde héritière universelle des biens délaissés par ledit feu sieur DEFONTAINES promettant suivant ce payer ses dettes, obsèques et funérailles et en décharger la cour, fait pardevant monsieur de Marsigny échevin semainier le 27/1/1685.

1946 - Médiathèque Arras FF126 Folio 527V :
Damoiselle Jeanne CAILLEVERT veuve de Michel JOLY le vieil vivant procureur au conseil d'Artois et notaire royal demeurant en cette ville a déclaré et déclare qu'elle se fonde héritière immobilaire de feue Catherine CAILLEVERT sa sœur vivante ancienne fille à marier demeurant audit Arras et qu'elle renonce à l'hérédité mobiliaire d'icelle, fait pardevant monsieur Ansart échevin sepmanier le 29/1/1685.

1947 - Médiathèque Arras FF126 Folio 529V :
Marguerite FLEUR veuve d'Antoine POITEVIN vivant sergent de la gouvernance d'Arras a déclaré et déclare qu'elle renonce aux biens et dettes de la communauté entre ledit défunt son mari et elle soy tenant à son droit et douaire stipulé par son contrat de mariage, fait pardevant monsieur de Grandmarest échevin semainier le 7/2/1685.

1948 - Médiathèque Arras FF126 Folio 530R :
Jean DESPLANCQUES bourgeois charpentier demeurant en cette ville mari et bail d'Adrienne LOUEN fille de Jean vivant bourgeois mercier en cette ville et de Marie BISE a déclaré et déclare qu'il récréante par le trépas de ladite Marie BISE sa belle-mère promettant payer ses dettes, obsèques et funérailles et en décharger la cour, fait pardevant monsieur Groullon échevin semainier le 8/2/1685.

1949 - Médiathèque Arras FF126 Folio 531R :
François CARPENTIER bourgeois marchand demeurant en cette ville s'est constitué caution de Bernard LANTOINE laboureur demeurant à Bavincourt pour les dépens de la cause qu'il a en demandant à ce siège contre Jacqueline NOYELLE veuve de Josse LESUR demeurant en cette ville promettant payer iceux au cas que ledit LANTOINE y soit condamné ci après, de quoi Guislain LANTOINE fils dudit Bernard ici en personne a promis de décharger et indemner ledit CARPENTIER de tous dépens, dommages et intérêts sous l'obligation de tous leurs biens, fait pardevant monsieur Routart échevin semainier le 13/2/1685.

1950 - Médiathèque Arras FF126 Folio 531V :
Pierre CAPRON de son style sellier demeurant en cette ville a déclaré et déclare qu'il récréante par le décès de feu Adrien CAPRON son père vivant bourgeois maître sellier en cette dite ville promettant payer ses dettes, obsèques et funérailles et d'en décharger la cour, fait pardevant monsieur Desnormont échevin sepmanier le 17/2/1685.

1951 - Médiathèque Arras FF126 Folio 533R :
Curatelle : Noël TAINTURIER dit Lafontaine bourgeois demeurant à Arras reçu et admis par ordonnance du 26ème janvier dernier à la curatelle des personne et biens d'Ogier DELAMOTTE demeurant présentement en la ville de Paris à la caution de Nicolas et Isabelle DELAMOTTE frère et sœur demeurant à Arras en faisant les devoirs et ce pour conserver les droits dudit Ogier DELAMOTTE en ce qui touche la vente par licitation de la maison sise en cette ville en laquelle iceluy DELAMOTTE a part sauf à renforcer ladite caution s'il y eschet, est comparu ledit TAINTURIER lequel a empris et accepté de s'y bien et fidèlement conduire et comporter et d'en rendre bon et fidèle compte quand sommé et requis en sera, s'étant lesdits Nicolas et Isabelle DELAMOTTE pour ce aussi comparant en personne constitués solidairement cautions dudit TAINTURIER sauf à renforcer s'il y eschet suivant ladite ordonnance de quoi iceluy TAINTURIER les a promis décharger ensemble de tous dépens, dommages et intérêts sous l'obligation respective de tous leurs biens, fait pardevant messieurs Pallette et Pottier échevins sepmanier le 22/2/1685.

1952 - Médiathèque Arras FF126 Folio 533V :
Maître Philippe THERY bourgeois marchand demeurant en cette ville d'Arras mari et bail de Damoiselle Isabelle DORESMIEUX a déclaré et déclare qu'il récréante par le décès de feu Bonaventure DORESMIEUX frère de ladite Isabelle vivant ancien homme à marier demeurant audit Arras, promettant payer ses dettes, obsèques et funérailles et en décharger la cour, fait pardevant monsieur de Fromentin échevin sepmanier le 26/2/1685.

1953 - Médiathèque Arras FF126 Folio 536R :
Antoinette CAUDRON veuve de Michel SEGARD vivant bourgeois mercier demeurant en cette ville a déclaré et déclare qu'elle récréante par le trépas dudit feu SEGARD son mari promettant payer ses dettes, obsèques et funérailles et d'en décharger la cour, fait pardevant monsieur le Carlier échevin sepmanier le 10/3/1685.

1954 - Médiathèque Arras FF126 Folio 536V :
Marie DE GIVENCY veuve de Jacques CAMUS vivant bourgeois hostelain demeurant es faubourgs des Alouettes de cette ville a déclaré et déclare qu'elle récréante par le trépas dudit feu CAMUS son mari promettant payer

ses dettes, obsèques et funérailles et en décharger la cour, fait pardevant monsieur Ansart échevin sepmanier le 13/3/1685.

1955 - Médiathèque Arras FF126 Folio 537R :
Isabelle Anne NOEL de Rochefort fille de défunt Nicaise Louis en son vivant bourgeois demeurant en cette ville a déclaré et déclare qu'elle récréante par le décès dudit Nicolas Louis NOEL son père promettant payer ses dettes, obsèques et funérailles et en décharger la cour, fait pardevant monsieur Pranger échevin semainier le 13/3/1685.

1956 - Médiathèque Arras FF126 Folio 537R :
Baltasar BARBIER dit Jolycoeur aide brasseur demeurant en cette ville mari et bail de Marguerite FATOU a déclaré et déclare qu'il récréante par le trépas de Jeanne BLANCHART veuve de Jean FATOU mère de ladite Marguerite promettant payer ses dettes, obsèques et funérailles et d'en décharger la cour, fait pardevant monsieur Pranger échevin sepmanier le 13/3/1685.

1957 - Médiathèque Arras FF126 Folio 537V :
Curatelle : Jacques PETIT sergent à verge de ce siège reçu et admis par ordonnance du jourd'hui à la curatelle des biens délaissés vacants par les trépas de feus Antoine LEROY vivant aussi sergent à verge de ce siège et Marie Agnès LEFEBVRE sa femme à la caution de Guillaume ALLART bourgeois demeurant à Arras en faisant les devoirs après avoir vu les consentements de Marie Madeleine LEFEBVRE fille franche tante à Jean LEROY fils mineur dudit Antoine et de Robert MOREL bourgeois marchand parent et créditeur desdits LEROY et sa femme et ouy le procureur général de cette ville, est comparu ledit PETIT lequel a empris et accepté ladite curatelle et promis par serment de soy bien et fidèlement conduire et comporter et d'en rendre bon et fidèle compte quand sommé et requis sera, s'étant ledit ALLART pour ce aussi comparant constitué sa caution et fait pareille promesse de quoi ledit PETIT l'a promis décharger ensemble de tous dépens, dommages et intérêts sous l'obligation de leurs biens, fait pardevant monsieur Pranger échevin semainier le 14/3/1685.

1958 - Médiathèque Arras FF126 Folio 540V :
François BOUCHER bourgeois maître menuisier en cette ville a déclaré et déclare qu'il récréante par le décès de Jean BOUCHER son père vivant aussi bourgeois maître menuisier de cette ville promettant payer ses dettes, obsèques et funérailles et en décharger la cour, fait pardevant monsieur Groullon échevin sepmanier le 22/3/1685.

1959 - Médiathèque Arras FF126 Folio 540V :
Damoiselle Marie Françoise SENTIER fille à marier de feus Robert vivant bourgeois marchand et Damoiselle Elisabeth DE FREMICOURT demeurant en cette ville d'Arras ses père et mère, a déclaré et déclare qu'elle récréante par les trépas desdits défunts promettant payer leurs dettes, obsèques et funérailles et d'en décharger la cour, ratifiant au surplus semblable acte de récréantage ci devant fait en son nom et en celui de Damoiselle Marie Thérèse SENTIER sa sœur présentement religieuse non professe au couvent des Dames de la Thieuloye de cette ville à raison de leur minorité par Damoiselle Marguerite DE FREMICOURT leur tante maternelle le 14/1/1682, fait pardevant monsieur de Grandmaretz échevins sepmanier le 24/3/1685.

1960 - Médiathèque Arras FF126 Folio 544V :
Marie Jeanne DUHAUPAS veuve de Mathias DERUIT vivant bourgeois brasseur en gros demeurant en la maison où pend pour enseigne « les trois Roys » en cette ville a déclaré et déclare qu'elle récréante par le décès dudit feu DERUIT son mari promettant payer ses dettes, obsèques et funérailles et en décharger la cour, fait pardevant monsieur le Carlier échevin sepmanier le 16/4/1685.

1961 - Médiathèque Arras FF126 Folio 545V :
Jaspar LEMAIRE mesureur de grains, Philippe LEMAIRE jeune homme à marier, Charles LEMAIRE aussi mesureur de grains et Charles NAS bourgeois maître de la maison où pend pour enseigne « l'Ecu de France » en cette ville mari et bail de Marie Anne LEMAIRE, lesdits du surnom LEMAIRE frères et sœur enfants de feus Jaspart vivant aussi bourgeois maître boulanger et de Marguerite NOEL demeurant tous audit Arras, ont déclaré et déclarent qu'ils récréantent par le décès de ladite feu Marguerite NOEL leur mère promettant payer ses dettes, obsèques et funérailles et d'en décharger la cour, fait pardevant monsieur de Marsigny échevin sepmanier le 20/4/1685.

1962 - Médiathèque Arras FF126 Folio 546R :
Barbe HOURIER veuve d'Antoine DUFAUX vivant brasseur de bière demeurant en cette ville a déclaré et déclare qu'elle récréante par le décès dudit DUFAUX son mari promettant payer ses dettes, obsèques et funérailles et en décharger la cour, fait pardevant monsieur Prangere échevin sepmanier le 28/4/1685.

1963 - Médiathèque Arras FF126 Folio 548R :
Floris BOURGEOIS jeune homme à marier demeurant en cette ville a déclaré et déclare qu'il récréante par le décès de feu Charles PETIT son oncle maternel vivant bourgeois rentier demeurant audit Arras promettant payer ses dettes, obsèques et funérailles et d'en décharger la cour, fait pardevant monsieur de Douay échevin sepmanier le 21/5/1685.

1964 - Médiathèque Arras FF126 Folio 549V :
Maître Jean Baptiste GROUET prêtre bachelier du diocèse de Paris, curé de la ville de Ferier diocèse de Sens présentement en cette ville d'Arras est comparu en personne lequel a déclaré et déclare qu'il renonce aux biens et dettes de feu Pierre GROUET dit Duval son père vivant bourgeois de cette ville et maître chapelier y demeurant décédé le 13ème de février 1682, fait pardevant monsieur le Carlier échevin sepmanier le 28/5/1685.

1965 - Médiathèque Arras FF126 Folio 549V :
Jeanne TESTELIN veuve d'Hubert WALLET vivant bourgeois maréchal ferrant demeurant en cette ville a déclaré et déclare qu'elle récréante par le décès dudit feu WALLET son mari promettant payer ses dettes, obsèques et funérailles et d'en décharger la cour, fait pardevant monsieur Dumetz échevin sepmanier le 30/5/1685.

1966 - Médiathèque Arras FF126 Folio 553R :
Tutelle : François BRUNEL bourgeois maître boulanger demeurant en cette ville reçu et admis (par ordonnance du jour d'hier couchée en marge de la requête présentée en ce siège par Jean BLONDEL bourgeois portier de l'église et abbaye de Saint Vaast dudit Arras grand oncle et plus proche parent de Jean et Nicolas SERRURIER enfants mineurs de feue Jacqueline MILLON à son trépas femme à Etienne ROUSSEL vivant aussi bourgeois maître boulanger et auparavant veuve demeurée es biens de feu Louis SERRURIER vivant pareillement bourgeois maître boulanger audit Arras) à la tutelle desdits enfants mineurs suivant les consentements de Michel TERNAULT et Etienne ROUSSEL leurs proches parents et ouy le procureur général de cette ville à la caution offerte dudit Jean BLONDEL en faisant les devoirs requis, est comparu en personne lequel a empris et accepté ladite tutelle et promis par son serment de s'y bien et fidèlement conduire et comporter et d'en rendre bon et fidèle compte quand sommé et requis en sera, s'étant ledit Jean BLONDEL pour ce aussi présent et comparant constitué pleige et caution dudit BRUNEL et promis aussi de rendre compte avec lui solidairement de l'administration de ladite tutelle même de subir juridiction en ce siège sous l'obligation solidaire de tous leurs biens, fait pardevant monsieur Desnormont échevin sepmanier le 23/6/1685.

1967 - Médiathèque Arras FF126 Folio 554R :
Anne WILLART veuve de Benoist BRETEL vivant bourgeois maître tailleur d'habits demeurant en cette ville a déclaré et déclare qu'elle récréante par le trépas dudit BRETEL son mari promettant payer ses dettes, obsèques et funérailles et en décharger la cour, fait pardevant monsieur Pallette échevin semainier le 27/6/1685.

1968 - Médiathèque Arras FF126 Folio 554V :
Anne FLIPPES veuve de Pierre PEUVION vivant bourgeois marchand demeurant en cette ville a déclaré et déclare qu'elle récréante par le décès dudit feu PEUVION son mari promettant payer ses dettes, obsèques et funérailles et en décharger la cour, fait pardevant monsieur Pallette échevin sepmanier le 28/6/1685.

1969 - Médiathèque Arras FF126 Folio 554V :
Joseph LENGLET bourgeois portesacq demeurant en cette ville relict de Marie Marguerite LESCARDÉ vivante fille de feus Géry et d'Anne FRESSIN père et tuteur légitime de Jeanne Marguerite et Marguerite LENGLET ses deux filles en bas âge qu'il a eues de sa conjonction avec ladite Marie Marguerite LESCARDÉ, a déclaré et déclare qu'il récréante au nom de sesdits enfants par le décès de Marie FRESSIN vivante ancienne fille à marier demeurant audit Arras leur grande tante maternelle, promettant audit nom payer ses dettes, obsèques et funérailles et d'en décharger la cour, fait pardevant monsieur de Fromentin échevin sepmanier le 2/7/1685.

1970 - Médiathèque Arras FF126 Folio 557V :
Marie DUWETZ veuve de Jacques FOVEL vivant bourgeois maître tailleur d'habits demeurant en cette ville a déclaré et déclare qu'elle renonce aux biens et dettes délaissés par ledit feu FOVEL son mari et qu'elle se tient à son droit de douaire conventionnel porté par son contrat anténuptial, fait pardevant monsieur de Fromentin échevin sepmanier le 7/7/1685.

1971 - Médiathèque Arras FF126 Folio 557V :
Marie DUWETZ veuve de Jacques FOVEL vivant bourgeois maître tailleur d'habits demeurant en cette ville a déclaré et déclare (comme mère et tutrice légitime de Marie Anne FOVEL sa fille mineure) qu'elle récréante au nom de sadite fille par le décès dudit FOVEL promettant audit nom et en cette qualité de payer ses dettes, obsèques et funérailles et en décharger la cour, fait pardevant monsieur de Fromentin échevin sepmanier le 7/7/1685.

1972 - Médiathèque Arras FF126 Folio 559V :
Jeanne CALLEVERT veuve en dernières noces de Michel JOLY vivant notaire royal et procureur au conseil d'Artois a déclaré et déclare qu'en conséquence de la sentence rendue à ce siège le 9ème juin dernier au procès y mu d'entre elle demandeur contre maître François, Pierre, Louise et Madeleine HONORE défendeurs, qu'elle se fonde héritière mobiliaire de défunte Louise CALLEVERT sa sœur et en cette qualité promet payer ses dettes, obsèques et funérailles et en décharger la cour, fait pardevant monsieur le Carlier échevin semainier le 14/7/1685.

1973 - Médiathèque Arras FF126 Folio 560R :
Michel François PENANT sieur de Maresqué étudiant en droit à Douai a déclaré et déclare qu'il récréante Damoiselle Marie Madeleine BULART veuve de maître Adrien Guillaume PENANT vivant avocat au conseil d'Artois sa mère promettant payer ses dettes, obsèques et funérailles et en décharger la cour, fait pardevant monsieur Prangere échevin sepmanier le 17/7/1685.

1974 - Médiathèque Arras FF126 Folio 561V :
François DAMOUR labourier demeurant au village de Tincques est comparu en personne lequel a déclaré et déclare qu'il récréante par le trépas de feu maître Jean DAMOUR vivant prêtre demeurant en cette ville son frère promettant payer ses dettes, obsèques et funérailles et en décharger la cour, même de subir juridiction à ce siège en ce regard auquel effet il a élu son domicile chez Pierre André LEROY procureur au conseil d'Artois demeurant en cette ville, fait le 27/7/1685 pardevant monsieur de Grandmaretz échevin sepmanier.

1975 - Médiathèque Arras FF126 Folio 561V :
Jeanne CHRESTIEN veuve de Jacques ATTAIGNANT vivant bourgeois marchand demeurant en cette ville a déclaré et déclare qu'elle récréante par le décès dudit feu ATTAIGNANT son mari promettant payer ses dettes, obsèques et funérailles et en décharger la cour, fait pardevant monsieur de Grandmaretz échevin sepmanier le 27/7/1685.

1976 - Médiathèque Arras FF126 Folio 562R :
Marie Susanne DE WARLINCOURT veuve de Nazare PONTHUS vivant bourgeois marchand plombier demeurant en cette ville a déclaré et déclare qu'elle récréante par le décès dudit PONTHUS son mari promettant payer ses dettes, obsèques et funérailles et en décharger la cour, fait pardevant monsieur de Grandmaretz échevin semainier le 28/7/1685.

1977 - Médiathèque Arras FF126 Folio 564R :
Marie Barbe et Adrienne FOURDIN filles à marier et Jacques DE BEAUVOIS bourgeois maître menuisier demeurant en cette ville mari et bail de Marguerite Scholastique FOURDIN, lesdites FOURDIN sœurs filles de feue Marie LANSEAL à son décès veuve de Jacques FOURDIN vivant maître gantier et peaussier demeurant en cette ville ont déclaré et déclarent qu'ils récréantent ladite feue LANSEAL leur mère promettant payer ses dettes, obsèques et funérailles et en décharger la cour, fait pardevant monsieur de Douay échevin sepmanier le 13/8/1685.

1978 - Médiathèque Arras FF126 Folio 566V :
Gérard, Etienne et Isabelle PETIT frères et sœur enfants à marier de feus Etienne et Marie MAYEUR demeurant tous en cette ville ont déclaré et déclarent qu'ils récréantent ladite Marie MAYEUR leur mère promettant payer ses dettes, obsèques et funérailles et d'en décharger la cour, fait pardevant monsieur Ansart échevin sepmanier le 27/8/1685.

1979 - Médiathèque Arras FF126 Folio 568V :
Susanne GAMBIER veuve de Mathias LEGRAND vivant bourgeois marchand linger en cette ville a déclaré et déclare qu'elle récréante par le décès dudit LEGRAND son mari promettant payer ses dettes, obsèques et funérailles et en décharger la cour, fait pardevant monsieur Routart échevin semainier le 12/9/1685.

1980 - Médiathèque Arras FF126 Folio 569V :
Antoine François BLONDEL bourgeois doreur demeurant à Arras a déclaré et déclare qu'il se fonde héritier de Pierre LESOING vivant bourgeois viesier demeurant audit Arras promettant payer ses dettes, obsèques et funérailles et ce pour satisfaire à l'ordonnance rendu à ce siège le 4ème d'août dernier entre lui en qualité de mari et bail de Marie Claire MICHEL fille de Jean et Marie Isabelle GONSSE icelle fille de Marie LESOING et ladite Marie sœur audit Pierre demandeur d'une part contre Charles PIERREPONT labourier demeurant à Roclencourt, fait pardevant monsieur Fromentin échevin sepmanier le 14/9/1685.

1981 - Médiathèque Arras FF126 Folio 569V :
Jean Philippe DEBRETZ procureur au conseil d'Artois et spécial de Damoiselle Marie Scolasticque LE CARON veuve de Jean Patrice DE VALICOURT vivant écuyer seigneur de Ricametz capitaine des sauvegardes du roi tenant garnison au jour de son décès en la ville de Maubeuge, demeurant en cette ville d'Arras suffisamment fondé de procuration spéciale faite et passée pardevant notaires en cette ville le cinq du présent mois de septembre dont la grosse signée sur le repli A. Binet et scellée a été par lui exhibée et retirée, a déclaré et déclare qu'il renonce par cet au nom de ladite Damoiselle ainsi qu'elle a fait par ladite procure aux biens meubles de leur communauté avec ledit feu sieur de Ricametz son mari et qu'elle se tient au douaire conventionnel et autres retours plus amplement stipulés en sa faveur par son contrat de mariage avec ledit feu sieur de Ricametz fait et passé pardevant notaires le 7/4/1679 au cas arrivé du prédécès dudit feu sieur son mari ensuite de la faculté qui lui a été accordée par sondit contrat de mariage, fait pardevant monsieur Pallette échevin sepmanier le 17/9/1685.

1982 - Médiathèque Arras FF126 Folio 570V :
Gabriel et Florent DESOIGNIES frères à marier enfants de feu Louis vivant bourgeois marchand quincaillier demeurant en cette ville ont déclaré et déclarent qu'ils récréantent par le décès de Péronne DESOIGNIES veuve de Henry DUBOIS leur tante paternelle promettant payer ses dettes, obsèques et funérailles et d'en décharger la cour, fait pardevant monsieur Potier échevin sepmanier le 18/9/1685.

1983 - Médiathèque Arras FF126 Folio 570V :
Noble homme Philippe DE WIDEBIEN chanoine de l'église cathédrale de Notre Dame d'Arras, sieur de Treize de la Dorée etc, demeurant en la cité dudit Arras, a déclaré et déclare qu'il récréante par le décès de feu messire Philippe DE WIDEBIEN son père vivant chevalier du conseil d'Artois, seigneur d'Ignaucourt etc, demeurant en cette ville, promettant payer ses dettes, obsèques et funérailles et d'en décharger la cour, même de sortir juridiction à ce siège en ce regard, fait pardevant monsieur de Douay échevin sepmanier le 24/9/1685.

1984 - Médiathèque Arras FF126 Folio 571R :
Pierre et Jean ANSMAN fils de Lambert et de Jacqueline VAHEE vivant bourgeois marchand de porcs demeurant en cette ville, iceluy Pierre en celle de Douai et ledit Jean soldat au régiment d'Aunis tenant garnison à Flippeville, présentement en cette dite ville, ont déclaré et déclarent qu'ils récréantent par le décès de ladite Jacqueline VAHEE leur mère promettant payer ses dettes, obsèques et funérailles et en décharger la cour, fait pardevant monsieur de Fromentin échevin semainier le 26/9/1685.

1985 - Médiathèque Arras FF126 Folio 571R :
Marguerite DELEAU veuve de Michel DELABRE vivant bourgeois valet de tanneur demeurant en cette ville a déclaré et déclare qu'elle récréante par le décès dudit DELABRE son mari promettant payer ses dettes, obsèques et funérailles et en décharger la cour, fait pardevant monsieur de Fromentin échevin semainier le 26/9/1685.

1986 - Médiathèque Arras FF126 Folio 571V :
Jean Etienne DE VALICOURT écuyer sieur de la Chauvivière mayeur de la ville de Valenciennes y demeurant de présent en cette ville d'Arras père et tuteur légitime de Louis DE VALICOURT son fils en bas âge a en ladite qualité et au nom de sondit fils déclaré et déclare qu'il se fait et porte héritier mobiliaire de défunt Jean Patrice DE VALICOURT aussi écuyer sieur de Ricametz, capitaine de la compagnie des sauvegardes du roi décédé dernièrement en la ville de Maubeuge promettant suivant ce (au nom de sondit fils) payer ses dettes, obsèques et funérailles et en décharger la cour, fait pardevant monsieur de Fromentin échevin semainier le 28/9/1685.

1987 - Médiathèque Arras FF126 Folio 572V :
Jean Baptiste DECAIX bourgeois maître menuisier demeurant en cette ville a déclaré et déclare qu'il récréante par le décès de Marie LANSEL veuve de Jean DECAIX vivant aussi bourgeois maître menuisier demeurant en

cette ville sa mère, promettant payer ses dettes, obsèques et funérailles et en décharger la cour, fait pardevant monsieur Routart échevin sepmanier le 3/10/1685.

1988 - Médiathèque Arras FF126 Folio 573V :
Marie DELIGNY veuve de Nicolas RICQUIER vivant bourgeois boulanger demeurant en cette ville a déclaré et déclare qu'elle récéante par le décès dudit RICQUIER son mari promettant payer ses dettes, obsèques et funérailles et en décharger la cour, fait pardevant monsieur [ ] échevin semainier le 25/10/1685.

1989 - Médiathèque Arras FF126 Folio 574R :
Curatelle : Guillaume DEBUIRE maître tonnelier et Philippe GODART maître maréchal ferrant iceluy DEBUIRE mari et bail de Marie Anne BOUIN (élus et dénommés par ordonnance de ce siège du 15ème septembre dernier pour tuteurs et curateurs aux personnes et biens de Scolastique, Christophe et Marie Marguerite BOUIN enfants non suffisamment âgés de feu Etienne), sont comparus en personnes lesquels ont empris et accepté ladite tutelle et promis par serment de s'y bien et fidèlement conduire et comporter et d'en rendre bon et fidèle compte quand sommé et requis en seront et au surplus lesdits comparants se sont constitués cautions l'un de l'autre conformément à la susdite ordonnance sous l'obligation respective de tous leurs biens, fait pardevant monsieur Desnormont échevin semainier le 26/10/1685.

1990 - Médiathèque Arras FF126 Folio 574V :
Marie DELIGNY veuve de Nicolas RICQUIER vivant bourgeois boulanger demeurant en cette ville a déclaré et déclare qu'elle récéante par le décès dudit RICQUIER son mari promettant payer ses dettes, obsèques et funérailles et en décharger la cour, fait pardevant monsieur Pallette échevin semainier le 30/10/1685.

1991 - Médiathèque Arras FF126 Folio 575V :
Lamberte SALON veuve de Martin BEAUCOURT mère et tutrice légitime des enfants qu'elle a retenus d'iceluy, lequel fut frère germain de Marguerite de BEAUCOURT veuve d'Antoine HOSTELET décédée ce jourd'hui et Antoine NIERE mari et bail de Marie Madeleine FOIRE icelle fille de François et d'Adrienne de BEAUCOURT qui fut sœur de ladite Marguerite de BEAUCOURT promettant payer ses dettes, obsèques et funérailles et en décharger la cour, fait pardevant messieurs Pallette et Potier échevins semainiers le 31/10/1685.

1992 - Médiathèque Arras FF126 Folio 575V :
Marie Jeanne PEUVION veuve de Nicolas DE BRENNE vivant sergent à cheval de la gouvernance de cette ville a déclaré et déclare qu'elle récéante ledit feu Nicolas DE BRENNE son mari promettant payer ses dettes, obsèques et funérailles et en décharger la cour, fait pardevant monsieur Pallette échevin sepmanier le 3/11/1685.

1993 - Médiathèque Arras FF126 Folio 578V :
Adrienne LEBLAN veuve de François DUMONT vivant bourgeois maître boulanger demeurant en cette ville a déclaré et déclare qu'elle récéante par le décès dudit DUMONT son mari promettant payer ses dettes, obsèques et funérailles et en décharger la cour, fait pardevant monsieur Prangere échevin semainier le 19/11/1685.

1994 - Médiathèque Arras FF126 Folio 579R :
Damoiselle Marguerite Joseph PRUVOST veuve de Pierre DUPUICH vivant bourgeois maître peintre demeurant en cette ville a déclaré et déclare qu'elle récéante ledit feu DUPUICH son mari promettant payer ses dettes, obsèques et funérailles et en décharger la cour, fait pardevant monsieur Pranger échevin sepmanier le 20/11/1685.

1995 - Médiathèque Arras FF126 Folio 581R :
Marie MOREL veuve de Guislain VICOIGNE bourgeois maître charpentier demeurant en cette ville a déclaré et déclare qu'elle récéante par le trépas dudit feu VICOIGNE son mari promettant payer ses dettes, obsèques et funérailles et en décharger la cour, fait pardevant monsieur Desnormont échevin pour l'absence de messieurs Groullon et de Grandmaretz échevins sepmaniers le 29/11/1685.

1996 - Médiathèque Arras FF126 Folio 584V :
Marie Catherine VILLETTE veuve de Barthélémy MARTIN vivant bourgeois valet de l'église paroisse de Saint Etienne en cette ville a déclaré et déclare qu'elle récéante par le décès dudit feu MARTIN son mari promettant payer ses dettes, obsèques et funérailles et d'en décharger la cour, fait pardevant monsieur le Sellier échevin sepmanier le 14/12/1685.

1997 - Médiathèque Arras FF126 Folio 585V :
Jeanne LEGRAND veuve de Nicolas CENSIER vivant bourgeois buffetier demeurant en cette ville a déclaré et déclare qu'elle récréante par le décès dudit CENSIER son mari, promettant payer ses dettes, obsèques et funérailles et en décharger la cour, fait pardevant monsieur de Vienne échevin semainier le 19/12/1685.

1998 - Médiathèque Arras FF126 Folio 587R :
Marie Catherine CHARLES veuve de Nicolas PANNELIER vivant tisserand de toile demeurant en cette ville paroisse de Notre Dame au jardin a déclaré et déclare qu'elle récréante par le décès dudit PANNELIER son mari promettant payer ses dettes, obsèques et funérailles et en décharger la cour, fait pardevant monsieur Pallette échevin semainier le 31/12/1685.

1999 - Médiathèque Arras FF126 Folio 587V :
Regnault et Léonore JOFFROY frère et sœur enfants de feus Antoine et d'Agnès GAILLART ont déclaré et déclarent qu'ils récréantent par le décès de ladite GAILLART leur mère promettant payer ses dettes, obsèques et funérailles et en décharger la cour, fait pardevant monsieur Potier échevin semainier le 3/1/1686.

2000 - Médiathèque Arras FF126 Folio 587V :
Catherine Thérèse CRESTON veuve de Pierre CARPENTIER vivant mesureur de grains et brasseur demeurant en cette ville a déclaré et déclare qu'elle récréante par le décès dudit CARPENTIER son mari promettant payer ses dettes, obsèques et funérailles et en décharger la cour, fait pardevant monsieur Pallette échevin semainier le 5/1/1686.

2001 - Médiathèque Arras FF126 Folio 588R :
Marie ROGER veuve d'Adrien CAUWET vivant bourgeois hostelain de la maison où pend pour enseigne « le fer à cheval » en cette ville a déclaré et déclare qu'elle récréante par le décès dudit CAUWET promettant payer ses dettes, obsèques et funérailles et en décharger la cour, fait pardevant monsieur Grandmaretz échevin semainier le 7/1/1686.

2002 - Médiathèque Arras FF126 Folio 589R :
Antoine François BLONDEL maître brodeur demeurant en cette ville d'Arras et Marie Claire MICHEL sa femme fille de Jean et de Marie Isabelle GONSSE icelle aussi fille de Marie LESOIN, ont déclaré et déclarent qu'ils se fondent héritiers de Pierre LESOIN vivant bourgeois viesier demeurant audit Arras promettant payer ses dettes, obsèques et funérailles et en décharger la cour, fait pardevant monsieur Groullon échevin semainier le 10/1/1686.

2003 - Médiathèque Arras FF126 Folio 589V :
Jean LOHEN bourgeois marchand libraire demeurant en cette ville et Ursule MARSY sa femme, Marie Madeleine, Anne Jeanne et Barbe Antoinette MARSY lesdites MARSY sœurs enfants de Louis et de feue Anne DOUEZ, ont déclaré et déclarent savoir ledit LOHEN tant en son nom que comme tuteur des personne et biens de Marie Marguerite MARSY leur sœur germaine en bas âge, qu'ils récréantent par le trépas de feue Madeleine GRENIER veuve d'Adrien DOUEZ vivant bourgeois marchand en cette dite ville leur mère grande maternelle promettant payer ses dettes, obsèques et funérailles et en décharger la cour, fait pardevant monsieur Groullon échevin semainier le 11/1/1686.

2004 - Médiathèque Arras FF126 Folio 590V :
Anne LANGUEBIEN veuve de Charles CRESPIN vivant bourgeois arquebusier demeurant en cette ville a déclaré et déclare qu'elle récréante par le décès dudit CRESPIN son mari promettant payer ses dettes, obsèques et funérailles et en décharger la cour, fait pardevant monsieur Doré échevin semainier le 26/1/1686.

2005 - Médiathèque Arras FF126 Folio 592R :
Dame Michelle JOHANEAU femme à messire Christophe Noël DE FLORAINVILLE chevalier seigneur de la Giraudière etc, commissaire ordinaire d'artillerie de la citadelle de cette ville a déclaré et déclare qu'elle a renoncé et renonce aux biens et à la succession de feu Jean JOHANEAU son père vivant écuyer sieur de Lauveau capitaine d'une compagnie d'infanterie au régiment d'Espagny pour ce autorisée par ledit sieur de Florainville son mari en personne déclarant ladite dame qu'elle se fonde seulement héritière de Damoiselle Michelle CHABOUILLET sa mère dont elle est fille unique laquelle Damoiselle CHABOUILLET était créancière dudit feu sieur son mari, fait pardevant monsieur de Vienne échevin sepmanier le 1/2/1686.

2006 - Médiathèque Arras FF126 Folio 593R :
Maître Charles LESCUIER sieur de Bely demeurant au village de Beaulancourt a déclaré et déclare qu'il récréante par le décès de feu Antoine son père vivant rentier demeurant audit Beaulancourt promettant payer ses dettes, obsèques et funérailles et en décharger la cour, même de subir juridiction à ce siège en ce regard, fait pardevant monsieur de Fromentin échevin sepmanier le 9/2/1686.

2007 - Médiathèque Arras FF126 Folio 594R :
Tutelle : maître Nicolas PALLETTE avocat en parlement et échevin de cette ville a par ordonnance rendue le 15ème de ce mois au procès verbal tenu à ce siège et suivant les consentements donnés par les sieurs Géry DUPUICH, Jean BRIOIS régnant (BRIOIS et DUPUICH tous proches parents à Nicolas François, Isabelle Brigitte et Marie Susanne DEVRAUX enfants mineurs de feu Nicolas DEVRAUX vivant avocat et procureur du roi au baillage de Bapaume et de Damoiselle Marie Madeleine DESLAVIERS sa femme) après avoir ouy le procureur général de cette ville été reçu et admis à tutelle des personnes et biens desdits Nicolas François, Isabelle Brigitte et Marie Susanne DEVRAUX pour régir et administrer les biens desdits mineurs l'espace de deux ans seulement et sans caution suivant les consentements desdits parents couchés sur ledit procès verbal et ceux faits au dehors par un écrit servi le 14ème dudit mois et d'eux signé, est comparu ledit sieur PALLETTE lequel a empris et accepté ladite tutelle desdits mineurs pour régir et administrer leurs biens l'espace de deux ans seulement et sans caution de quoi il a promis par serment par lui prêté de s'en bien et fidèlement acquitter et d'en rendre bon compte après lesdits deux ans expirés quand sommé et requis sera, fait pardevant monsieur de Grandmaretz échevin sepmanier le 18/2/1686.

2008 - Médiathèque Arras FF126 Folio 594V :
Messire Jérosme Philippe DUCHASTEL comte de Blangerval et de Vacquerie demeurant au village d'Annequin entre La Bassée et Béthune a déclaré et déclare qu'il se fonde héritier mobiliaire et immobiliaire des biens délaissés par le trépas de Dame Claire Eléonore DUCHASTEL veuve de messire Jacques DOSTREL baron de Flers promettant payer ses dettes, obsèques et funérailles et en décharger la cour, fait pardevant monsieur de Grandmaretz échevin sepmanier le 21/2/1686.

2009 - Médiathèque Arras FF126 Folio 596R :
Catherine DELATTRE veuve de Maximilien DURIETZ vivant bourgeois marchand demeurant en cette ville a déclaré et déclare qu'elle récréante par le décès dudit DURIETZ son mari promettant payer ses dettes, obsèques et funérailles et en décharger la cour, fait pardevant monsieur Desmazières échevin semainier le 27/2/1686.

2010 - Médiathèque Arras FF126 Folio 596R :
Rose DE CAMBRAY veuve de Jean LEGRAND vivant bourgeois marchand demeurant en cette ville a déclaré et déclare qu'elle récréante par le décès dudit LEGRAND son mari promettant payer ses dettes, obsèques et funérailles et en décharger la cour, fait pardevant monsieur Dorville échevin semainier le 28/2/1686.

2011 - Médiathèque Arras FF126 Folio 597R :
Robert François DE ROCOURT procureur de la cour ecclésiastique de la ville de Cambrai et Pierre MAZILLE marchand demeurant à Lille neveux de feu maître Jérosme DE ROCOURT vivant bourgeois maître apothicaire demeurant en cette ville d'Arras, ont déclaré et déclarent qu'ils récréantent tant en leurs propres et privés noms qu'en ceux de leurs cohéritiers par le trépas dudit feu DE ROCOURT leur oncle, promettant payer ses dettes, obsèques et funérailles et en décharger la cour, même de subir juridiction à ce siège en ce regard, fait pardevant monsieur le Sellier échevin sepmanier le 5/3/1686.

2012 - Médiathèque Arras FF126 Folio 600V :
Maître Jean HEROGUELLE prêtre clerc de l'église paroissiale de Sainte Marie Madeleine en cette ville et Jean Barthélémy HEROGUELLE bourgeois maître maçon demeurant en cette ville, ont déclaré et déclarent qu'ils récréantent par le décès de feu Jean HEROGUELLE leur père vivant aussi bourgeois maître maçon audit Arras promettant payer ses dettes, obsèques et funérailles et d'en décharger la cour, fait pardevant monsieur Desmazures échevin sepmanier le 16/3/1686.

2013 - Médiathèque Arras FF126 Folio 602R :
Jean Philippe CARLIER bourgeois laboureur demeurant en cette ville mari et bail de Marie LERAT icelle fille de feu Blaise vivant aussi bourgeois houllier demeurant en cette ville a déclaré et déclare qu'il récréante par le décès dudit Blaise LERAT son beau-père promettant payer ses dettes, obsèques et funérailles et en décharger la cour, fait pardevant monsieur Galbart échevin semainier le 22/3/1686.

2014 - Médiathèque Arras FF126 Folio 602R :
Marie LIENART veuve de Jacques SILMAN vivant bourgeois demeurant en cette ville a déclaré et déclare qu'elle récréante par le décès dudit SILMAN son mari promettant payer ses dettes, obsèques et funérailles et en décharger la cour, fait pardevant monsieur Galbart échevin semainier le 22/3/1686.

2015 - Médiathèque Arras FF126 Folio 603V :
Thérèse BAILLON fille à marier de Liévin vivant bourgeois conroieur demeurant en cette ville et de Françoise BARBIER a déclaré et déclare qu'elle récréante par le décès de ladite BARBIER sa mère promettant payer ses dettes, obsèques et funérailles et d'en décharger la cour, fait pardevant monsieur Potier échevin sepmanier le 30/3/1686.

2016 - Médiathèque Arras FF126 Folio 607R :
Damoiselle Rose DESCAMPS veuve d'Antoine MANESSIER vivant procureur au conseil d'Artois et notaire royal demeurant en cette ville a déclaré et déclare qu'elle récréante par le décès dudit feu MANESSIER son mari promettant payer ses dettes, obsèques et funérailles et d'en décharger la cour, fait pardevant monsieur le Sellier échevin sepmanier le 18/4/1686.

2017 - Médiathèque Arras FF126 Folio 609R :
Damoiselle Catherine FAUCON veuve de Gabriel DE LA CHARITÉ demeurant en cette ville est comparue, laquelle (en conséquence de l'apostille répondue sur la requête du 22 de ce mois signée Humet par ordonnance qui la reçoit à s'inscrire en faux contre la minute de certain testament de feu Pierre HAY son fils du premier lit, depuis peu mise au gros par Philippe Françoise DE LA CHARITÉ son fils du second lit, avec date du 7/10/1680) a déclaré et déclare qu'elle s'inscrit en faux contre la date de ladite minute pour les raisons et moyens qu'elle baillera par écrit au premier jour pour ensuite être informée en faux, fait pardevant monsieur Desmazures échevin pour l'absence de monsieur de Vienne échevin sepmanier le 24/4/1686.

2018 - Médiathèque Arras FF126 Folio 611R :
Jean René et Léonore DUMONT frère et sœur enfants de François DUMONT et d'Adrienne LEBLAN vivant bourgeois boulanger demeurant en cette ville ont déclaré et déclarent qu'ils récréantent par le décès de ladite LEBLAN leur mère à son trépas veuve et demeurée es biens dudit François DUMONT promettant payer ses dettes, obsèques et funérailles et en décharger la cour, fait pardevant monsieur Fromentin échevin semainier le 29/4/1686.

2019 - Médiathèque Arras FF126 Folio 613V :
Noëlle JACQUART veuve de Philippe NOEL vivant bourgeois tailleur d'habits demeurant en cette ville a déclaré et déclare qu'elle récréante par le trépas dudit Philippe NOEL son mari promettant payer ses dettes, obsèques et funérailles et en décharger la cour, fait pardevant monsieur Pallette échevin semainier le 10/5/1686.

2020 - Médiathèque Arras FF126 Folio 617R :
Barbe VOYEZ veuve de Gilles HAY vivant bourgeois demeurant en cette ville a déclaré et déclare qu'elle récréante par le décès dudit HAY son mari promettant payer ses dettes, obsèques et funérailles et en décharger la cour, fait pardevant monsieur Delarue échevin semainier le 24/5/1686.

2021 - Médiathèque Arras FF126 Folio 619V :
Damoiselle Barbe DE BEAUVIN veuve de Charles BONIFACE vivant bourgeois maître chirurgien demeurant en cette ville a déclaré et déclare qu'elle récréante par le trépas dudit BONIFACE son mari promettant payer ses obsèques et funérailles et en décharger la cour, fait pardevant monsieur Galbart échevin semainier le 10/6/1686.

2022 - Médiathèque Arras FF126 Folio 620R :
Robert et Laurent DE BEAUSSART jeunes hommes à marier enfants et héritiers de feus Robert vivant procureur au conseil d'Artois et de Damoiselle Françoise Bernardine CROMBECQUE demeurant en cette ville se faisant et portant fort de Marie DE BEAUSSART leur sœur, ont déclaré et déclarent qu'ils récréantent par le décès de ladite CROMBECQUE leur mère promettant payer ses dettes, obsèques et funérailles et en décharger la cour, fait pardevant monsieur Galbart échevin semainier le 15/6/1686.

2023 - Médiathèque Arras FF126 Folio 624R :
Catherine DELEBARRE veuve d'Adrien CORROIER vivant bourgeois maître peigneur de laine demeurant en cette ville a déclaré et déclare qu'elle récréante par le décès dudit feu CORROIER son mari promettant payer ses dettes, obsèques et funérailles et en décharger la cour, fait pardevant monsieur Chivot échevin semainier le 2/7/1686.

2024 - Médiathèque Arras FF126 Folio 624V :
Barbe GOSSART veuve de Michel DESHAYES vivant bourgeois maître maçon demeurant en cette ville a déclaré et déclare qu'elle récréante par le trépas dudit feu DESHAYES son mari promettant payer ses dettes, obsèques et funérailles et d'en décharger la cour, fait pardevant monsieur Desmazures échevin sepmanier le 3/7/1686.

2025 - Médiathèque Arras FF126 Folio 625R :
Est comparu Pierre Morand NICOLLE étant de présent en cette ville d'Arras procureur spécial de Nicolas IVAIN lieutenant pour le seigneur baron de Ravesberghe au village de Bours Maretz et Barbe PONSSE sa femme, iceluy NICOLLE suffisamment fondé de procuration insérée es lettres en forme d'accord et transaction passées pardevant notaires en cette ville le 27 avril dernier exhibé et retiré en grosse signé Binet et scellé lequel audit nom procuratoire et si avant que faire peut en vertu dudit pouvoir, donné par lesdits IVAIN et sa femme en qualité de père et tuteur légitime de François Bernard IVAIN son fils en bas âge, Françoise Marie Alexandrine et Marie Anne IVAIN ses filles suffisamment âgées et dont ils se sont fait fort par le même contrat, a déclaré et déclare qu'il se déporte de la cause et action par eux intentée sur retrait lignager à ce siège contre Jean DE RAMBURES bourgeois marchand de cette dite ville et Jeanne DELEVAL sa femme au sujet des immeubles dont ils se sont rendus adjudicataires aux sièges des franches vasseries de Bours et de Gricourt portés es deux lettres de décret données desdites seigneuries en date du 24/10/1684 ayant icelle cause servie à sa venu en cour le 12/11/1685 en vertu de commission du 22ème octobre au précédent, consentant suivant ce ledit NICOLLE en vertu de sondit pouvoir que ladite cause prend fin avec compensation des dépens conformément au terme desdits contrat et procuration sous les clauses et conditions y portées que ledit procureur audit nom promet avoir pour agréable, fait pardevant monsieur Desmazures échevin semainier le 5/7/1686.

2026 - Médiathèque Arras FF126 Folio 628R :
Susanne CAUROIS veuve d'Alphonse DUHAUPAS vivant bourgeois demeurant en cette ville a déclaré et déclare qu'elle renonce aux biens et dettes dudit défunt son mari et qu'elle se tient à son douaire porté par son contrat de mariage, fait pardevant monsieur le Sellier échevin semainier le 14/7/1686.

2027 - Médiathèque Arras FF126 Folio 628R :
Marie Marguerite CORNU veuve d'Amé LAUMOSNIER vivant bourgeois maître cordonnier demeurant en cette ville a déclaré et déclare qu'elle récréante ledit feu LAUMOSNIER son mari promettant payer ses dettes, obsèques et funérailles et d'en décharger la cour, fait pardevant monsieur de Vienne échevin sepmanier le 15/7/1686.

2028 - Médiathèque Arras FF126 Folio 629R :
Jean MANESSIER bourgeois maître menuisier demeurant en cette ville procureur spécial de Marie HAYETTE fille à marier de feue Marguerite MANESSIER à son trépas veuve demeurée es biens de Jean HAYETTE vivant bourgeois marchand demeurant audit Arras suffisamment fondé de procuration spéciale par lui exhibée et retirée, a déclaré et déclare en vertu dudit pouvoir qu'il récréante au nom de ladite Marie HAYETTE par le décès de ladite feue Marguerite MANESSIER mère d'icelle Marie promettant audit nom payer ses dettes, obsèques et funérailles et en décharger la cour, fait pardevant monsieur de Vienne échevin sepmanier le 19/7/1686.

2029 - Médiathèque Arras FF126 Folio 630R :
Marie LEFEBVRE veuve de Martin DELATTRE vivant bourgeois charpentier demeurant en cette ville a déclaré et déclare qu'elle récréante par le décès dudit DELATTRE son mari promettant payer ses dettes, obsèques et funérailles et en décharger la cour, fait pardevant monsieur Galbart échevin semainier le 24/7/1686.

2030 - Médiathèque Arras FF126 Folio 631V :
Damoiselle Jeanne DE CHELERS veuve du sieur DE BEAUFORT petite-fille et héritière de Damoiselle Catherine DELEVAL qui était aussi fille de maître Philippe DELEVAL et Barbe PRONIER, a déclaré et déclare que de la sentence rendue en ce siège le 8 avril dernier à son préjudice et au profit de Jean DAIX écuyer sieur d'Estrée Cauchy en partie en la qualité par lui prise, elle s'en est porté et porte pour appelante protestante ledit appel relevé en temps et lieu et où il appartiendra, fait pardevant monsieur Pallette échevin semainier le 30/7/1686.

2031 - Médiathèque Arras FF126 Folio 632R :
Marguerite WILLEMAIRE veuve d'Antoine COCHET vivant notaire royal, Nicolas DAILLICOURT maître boulanger et Marie Jeanne WILLEMAIRE sa femme demeurant tous en cette ville, lesdites WILLEMAIRE sœurs filles de feue Madeleine BOUIN à son décès veuve de Jean WILLEMAIRE vivant sergent du châtelain de cette ville, ont déclaré et déclarent qu'ils récréantent par le décès de ladite feue BOUIN leur mère promettant

payer ses dettes, obsèques et funérailles et en décharger la cour, renonçant par ladite Marie Jeanne WILLEMAIRE en tant que besoin soit au droit du senatus consult velleien et à l'authentique si qua mullier dont l'effet lui a été expliqué, fait pardevant monsieur Pallette échevin sepmanier le 30/7/1686.

2032 - Médiathèque Arras FF126 Folio 634R :
Damoiselle Marie Anne DELATTRE veuve d'Antoine DAIX vivant bourgeois marchand demeurant en cette ville a déclaré et déclare qu'elle récréante par le décès dudit DAIX son mari promettant payer ses dettes, obsèques et funérailles et en décharger la cour déclarant de plus qu'elle emprend le bail et administration des personne et biens de Marie Anne DAIX sa fille mineure qu'elle a retenue d'iceluy DAIX, fait pardevant monsieur de Vienne échevin semainier le 17/8/1686.

2033 - Médiathèque Arras FF126 Folio 634V :
Anne DECAIX veuve d'Antoine PRONIER vivant bourgeois maître boulanger en cette ville a déclaré et déclare qu'elle récréante par le trépas dudit PRONIER son mari promettant payer ses dettes, obsèques et funérailles et en décharger la cour, fait pardevant monsieur Chivot échevin semainier le 17/8/1686.

2034 - Médiathèque Arras FF126 Folio 635V :
Anne DE FREMICOURT veuve de Jean GONNET vivant bourgeois marchand en cette ville a déclaré et déclare qu'elle récréante feus Pierre DE FREMICOURT bourgeois de cette ville son père grand et Damoiselle Isabeau DUVAL sa grand-mère, promettant payer leurs dettes, obsèques et funérailles et en décharger la cour, fait pardevant messieurs de Fromentin et Galbart échevins semainiers le 5/9/1686.

2035 - Médiathèque Arras FF126 Folio 637V :
Marie GAUREAU veuve de Vaast DEMAILLY vivant bourgeois de cette ville a déclaré et déclare qu'elle récréante par le décès dudit Vaast DEMAILLY son mari promettant payer ses dettes, obsèques et funérailles et en décharger la cour, fait pardevant monsieur Pallette échevin semainier le 9/9/1686.

2036 - Médiathèque Arras FF126 Folio 637V :
Pierre VOITURIER fils d'Augustin vivant marchand de cochons demeurant en cette ville a déclaré et déclare qu'il récréante par le décès dudit Augustin VOITURIER son père promettant payer ses dettes, obsèques et funérailles et en décharger la cour, fait pardevant monsieur Pallette échevin semainier le 9/9/1686.

2037 - Médiathèque Arras FF126 Folio 638R :
Marie François FALEMPIN veuve de Guislain CARRÉ vivant bourgeois maître charpentier demeurant en cette ville a déclaré et déclare qu'elle récréante par le décès dudit feu CARRÉ son mari promettant payer ses dettes, obsèques et funérailles et d'en décharger la cour, fait pardevant monsieur Pallette échevin sepmanier le 11/9/1686.

2038 - Médiathèque Arras FF126 Folio 639V :
Marguerite FOURDAIN veuve de Jacques DE BEAUVOIS vivant menuisier demeurant en cette ville a déclaré et déclare qu'elle récréante par le décès dudit DE BEAUVOIS son mari promettant payer ses dettes, obsèques et funérailles et en décharger la cour, fait pardevant monsieur Grandmaretz échevin semainier le 18/9/1686.

2039 - Médiathèque Arras FF126 Folio 640R :
Michel ELOY jauger de bois et bourgeois de cette ville y demeurant a déclaré et déclare qu'il récréante par le décès de Michel ELOY le vieux son père vivant aussi bourgeois de cette ville promettant payer ses dettes, obsèques et funérailles et en décharger la cour, fait pardevant monsieur Grandmaretz échevin semainier le 18/9/1686.

2040 - Médiathèque Arras FF126 Folio 640R :
Damoiselle Anne DAMIENS veuve de Louis DE LERABLE vivant écuyer sieur de Faucerville échevin à son tour de cette ville a déclaré et déclare qu'elle récréante par le décès dudit feu sieur de Faucerville son mari promettant payer ses dettes, obsèques et funérailles et d'en décharger la cour, fait pardevant monsieur de Grandmaretz échevin sepmanier le 18/9/1686.

2041 - Médiathèque Arras FF126 Folio 641R :
François et Bernardin NEPVEU fils de Pierre vivant bourgeois maître apothicaire demeurant en cette ville et Charles PRECOURT mari et bail de Jeanne Thérèse NEPVEU fille dudit Pierre NEPVEU ont déclaré et déclarent qu'ils récréantent par le trépas dudit NEPVEU leur père promettant payer ses dettes, obsèques et funérailles et en décharger la cour, fait pardevant monsieur Chivot échevin sepmanier le 23/9/1686.

2042 - Médiathèque Arras FF126 Folio 642R :

Legrand et Lenoir sergents ont à la requête de Jean PIERON bourgeois maréchal ferrant demeurant en cette ville arrêté et empêché es mains de Barthélémy DHENIN laboureur demeurant en cette dite ville tous et chacuns les grains et fourrages qu'il a en sa possession appartenant à Andreu DHENIN meunier du moulin du chapitre aux faubourgs de cette ville pour avoir paiement de la somme de 84 livres pour les causes à déclarer au jour servant ayant été faites les défenses requis audit Barthélémy DHENIN en parlant à sa femme et signifié à iceluy Andreu DHENIN en parlant à sa personne et jour assigné aux premiers plaids après les vacances prochaines, fait le 24/9/1686.

2043 - Médiathèque Arras FF126 Folio 642R :

Jeanne GILLET veuve de Florent François VARLET vivant bourgeois débiteur de poisson demeurant en cette ville a déclaré et déclare qu'elle récréante par le décès dudit feu VARLET son mari promettant payer ses dettes, obsèques et funérailles et d'en décharger la cour, fait pardevant monsieur Chivot échevin sepmanier le 25/9/1686.

2044 - Médiathèque Arras FF126 Folio 642R :

Pierre DESCAMPS bourgeois maître menuisier et marchand de bois demeurant en cette ville mari et bail de Marie Jeanne DUBOIS et Nicolas NOIRET aussi bourgeois maître armurier demeurant audit Arras mari et bail d'Anne Thérèse DUBOIS, lesdites DUBOIS sœurs enfants de feus maître Pierre DUBOIS et de Marguerite DE ROEUX ont déclaré et déclarent qu'ils récréantent par le décès de ladite feue Marguerite DE ROEUX leur belle-mère promettant payer ses dettes, obsèques et funérailles et d'en décharger la cour, fait pardevant monsieur Chivot échevin sepmanier le 26/9/1686.

2045 - Médiathèque Arras FF126 Folio 643V :

Jeanne Thérèse DANISON veuve d'Adrien CAUDRON vivant bourgeois mesureur de grains demeurant en cette ville a déclaré et déclare qu'elle récréante par le décès dudit CAUDRON son mari promettant payer ses dettes, obsèques et funérailles et en décharger la cour, fait pardevant monsieur Chivot échevin semainier le 27/9/1686.

2046 - Médiathèque Arras FF126 Folio 644V :

Anne DE CAIX veuve et demeurée es biens d'Antoine PRONNIER vivant bourgeois maître boulanger en cette ville a déclaré et déclare par cette qu'elle consente que soit délivré à Anne, Marie François et Marie Anne PRONNIER ses trois filles la somme de 483 livres 6 sols 8 deniers faisant le tiers du prix d'une maison séante rue des Capucins en cette ville adjugée par licitation à ce siège à Thomas MERCHIER bourgeois maître menuisier en cette dite ville renonçant à toute telle part qu'elle y peut prétendre, fait pardevant monsieur le Sellier échevin semainier le 2/10/1686.

2047 - Médiathèque Arras FF126 Folio 645V :

Marie Jeanne PONSSE veuve d'Hugues CAIGNART vivant bourgeois saietteur demeurant en cette ville a déclaré et déclare qu'elle récréante par le décès dudit CAIGNART son mari promettant payer ses dettes, obsèques et funérailles et en décharger la cour, fait pardevant monsieur Doré échevin semainier le 4/10/1686.

2048 - Médiathèque Arras FF126 Folio 645V :

Marguerite WASSON veuve de Lambert DE COMBLE vivant bourgeois boulanger demeurant en cette ville a déclaré et déclare qu'elle récréante par le trépas dudit DE COMBLE son mari promettant payer ses dettes, obsèques et funérailles et en décharger la cour, fait pardevant monsieur de Vienne échevin semainier le 9/10/1686.

2049 - Médiathèque Arras FF126 Folio 646V :

Marie Madeleine VARLET veuve de Marcq DEHAURE vivant bourgeois maître vitrier demeurant en cette ville a déclaré et déclare qu'elle récréante par le décès dudit DEHAURE son mari promettant payer ses dettes, obsèques et funérailles et en décharger la cour, fait pardevant monsieur de Fromentin échevin semainier le 14/10/1686.

2050 - Médiathèque Arras FF126 Folio 647R :

Isabelle DOUCHET veuve de Philippe BELLIART vivant bourgeois savetier demeurant en cette ville a déclaré et déclare qu'elle récréante par le décès dudit BELLIART son mari promettant payer ses dettes, obsèques et funérailles et en décharger la cour, fait pardevant monsieur Fromentin échevin semainier le 17/10/1686.

2051 - Médiathèque Arras FF126 Folio 647R :
Marie Marguerite REVERT veuve de Noël TAINTURIER dit la Fontaine vivant bourgeois garde porte de cette ville a déclaré et déclare qu'elle récréante par le trépas dudit feu TAINTURIER son mari promettant payer ses dettes, obsèques et funérailles et d'en décharger la cour fait pardevant monsieur Pallette échevin sepmanier le 21/10/1686.

2052 - Médiathèque Arras FF126 Folio 652V :
Marie Catherine WACQUET veuve de Claude DEMPTO vivant bourgeois hostelain demeurant en cette ville a déclaré et déclare qu'elle récréante par le décès dudit DEMPTO son mari promettant payer ses dettes, obsèques et funérailles et en décharger la cour, fait pardevant monsieur Chivot échevin semainier le 4/11/1686.

2053 - Médiathèque Arras FF126 Folio 654R :
Damoiselle Marie Marguerite Joseph LE SERGENT fille de Philippe Ignace LE SERGENT vivant écuyer sieur de Beaurains, d'Hendecourt etc, âgée de seize ans passés ainsi qu'elle a déclaré, a déclaré et déclare qu'elle récréante par le trépas dudit feu sieur de Beaurains son père décédé ce jourd'hui promettant payer ses dettes, obsèques et funérailles et en décharger la cour, fait pardevant monsieur Chivot échevin semainier le 7/11/1686.

2054 - Médiathèque Arras FF126 Folio 654V :
Etienne GELLÉ bourgeois marchand de lin, Charles GELLÉ brasseur, Jacques MENON maître chapelier mari et bail de Marie Thérèse GELLÉ et Guillaume COSME tonnelier mari et bail de Marie Brigitte GELLÉ demeurant tous en cette ville sauf ledit COSME en la cité d'icelle, lesdits du surnom GELLÉ frères et sœurs enfants de feue Jacqueline HALLOY veuve d'Antoine GELLÉ vivant bourgeois mercier en cette dite ville, ont déclaré et déclarent qu'ils récréantent par le trépas de ladite feue HALLOY leur mère promettant payer ses dettes, obsèques et funérailles et d'en décharger la cour même ledit COSME de subir juridiction à ce siège en ce regard, fait pardevant monsieur Doré échevin sepmanier le 12/11/1686.

2055 - Médiathèque Arras FF126 Folio 655V :
Maître Joseph BEDU diacre habitué dans l'église paroissiale de Saint Géry en cette ville a déclaré et déclare qu'il récréante par le trépas de feu Sébastien BEDU dit La Neufville vivant bourgeois de cette ville y demeurant son père promettant payer ses dettes, obsèques et funérailles et en décharger la cour, fait pardevant monsieur Sellier échevin semainier le 14/11/1686.

2056 - Médiathèque Arras FF126 Folio 657R :
Tutelle : François DESGRUSELIERS écuyer premier conseiller pensionnaire de la ville de Cambrai et messire Alexandre Augustin LE SERGENT chevalier seigneur de Marsigny (reçus et admis par ordonnance ordinaire du jourd'hui dont la teneur est ci après incorporée couchée au pied du procès verbal tenu en ce siège en conséquence d'autre ordonnance du jour d'hier couchée en marge de la requête par eux présentée, à la tutelle honoraire de Damoiselle Marie Marguerite, Dominique François, Louis Joseph, Françoise, Ursule et Barbe LE SERGENT enfants mineurs de feus Philippe Ignace LE SERGENT et Damoiselle Marie Françoise DESGRUSELIERS, en faisant les devoirs et soumissions en tel cas requis et à la charge de par ledit sieur DESGRUSELIERS sortir juridiction à ce siège et d'élire domicile en cette ville et ce suivant les consentements et avis des sieurs d'Augery, de la Motte et Robert DESGRUSELIERS proches parents desdits mineurs et ouy le procureur général de cette ville), sont comparus en personnes, lesquels ont empris et accepté ladite tutelle honoraire et promis par serment de se bien et fidèlement conduire et comporter dans l'administration d'icelle et fait les soumissions en tel cas requises, même ledit sieur DESGRUSELIERS promis sortir juridiction en ce siège et élu son domicile chez Guillaume MARSELLE bourgeois l'un des quatre commis aux ouvrages de cette ville y demeurant, s'ensuit la teneur de ladite ordonnance, vu le présent procès verbal et pièces y attachées et ouy le procureur général de cette ville, messieurs en décrétant les avis et consentements contenus audit procès verbal, ont reçu et reçoivent lesdits sieurs DESGRUSELIERS et de Marsigny pour tuteurs honoraires des enfants de feus Philippe Ignace LE SERGENT et Damoiselle Marie Françoise DESGRUSELIERS et ledit Guillaume MARSELLE pour tuteur honoraire desdits enfants en baillant par iceluy MARSELLE bonne et suffisante caution et en faisant respectivement les devoirs et soumissions en tel cas requis, leur accordant ensuite la main levée du scellé apposé en la maison mortuaire pour être l'inventaire et description continuelle et parachevée en la manière qu'elle a été commencée pardevant ledit procureur général ou son substitut en la présence desdits tuteurs honoraires ou de l'un d'eux et dudit tuteur honoraire et à la charge de par ledit sieur DESGRUSELIERS sortir juridiction à ce siège et d'élire domicile en cette ville. Ainsi fait pardevant messieurs de Beaurepaire et Dambrines échevins sepmanier le 23/11/1686.

2057 - Médiathèque Arras FF126 Folio 661V :
Nicolas LIBERSART bourgeois meunier demeurant en cette ville a déclaré et déclare qu'il récréante par le décès de maître Guillaume LIBERSART son oncle vivant prêtre et ancien coustre de l'église paroissiale de Saint Géry en cette ville promettant payer ses dettes, obsèques et funérailles et d'en décharger la cour, fait pardevant monsieur Boucquel échevin sepmanier le 2/12/1686.

2058 - Médiathèque Arras FF126 Folio 665R :
Marie Madeleine LECLERCQ veuve d'Antoine BARLY vivant bourgeois sergent du châtelain en cette ville a déclaré et déclare qu'elle récréante par le décès dudit BARLY son mari promettant payer ses dettes, obsèques et funérailles et en décharger la cour, fait pardevant monsieur Chivot échevin semainier le 17/12/1686.

2059 - Médiathèque Arras FF126 Folio 665V :
Antoinette GUERIO veuve de Jacques MILLON vivant procureur et notaire royal demeurant en cette ville a déclaré et déclare qu'elle récréante par le décès dudit MILLON son mari promettant payer ses dettes, obsèques et funérailles et en décharger la cour, fait pardevant monsieur Chivot échevin semainier le 18/12/1686.

2060 - Médiathèque Arras FF126 Folio 666V :
Curatelle : Pierre DE ROLLENCOURT demeurant en la cité d'Arras (reçu et admis par ordonnance de ce siège du 9ème du présent mois de décembre rendue au différend de requête d'entre Philippe HANOTEL sieur de Tachencourt demeurant en la ville de Saint Pol fils et héritier immobilier patrimonial de feu maître Jacques Adrien vivant avocat au conseil d'Artois demandeur d'une part, Antoine François et Marie Dominique HANOTEL aussi enfants dudit feu maître Jacques Adrien et le sieur POITART créancier, défendeurs d'autre part à la curatelle de la succession mobiliaire vacante dudit feu maître Jacques Adrien HANOTEL à la caution dudit demandeur en faisant les devoirs et à charge de subir juridiction à ce siège et élire domicile en cette ville), est comparu en personne iceluy DE ROLLENCOURT lequel a empris et accepté ladite curatelle et promis par serment de s'y bien et fidèlement conduire et comporter et d'en rendre bon et fidèle compte quand sommé et requis en sera, déclarant de plus qu'il a élu son domicile chez Théodoricque DE WARLINCOURT procureur au conseil d'Artois demeurant en cette ville et promet subir juridiction à ce siège en ce regard, ce fait est aussi comparu ledit DE WARLINCOURT procureur spécial dudit Philippe HANOTEL fondé de procuration spéciale passée pardevant notaires en la ville de Saint Pol le 10ème de ce mois par lui exhibée et retirée en grosse signée Binet et scellée, lequel en vertu de ladite procure s'est constitué caution dudit Pierre DE ROLLENCOURT promettant suivant ce audit nom et en vertu de sondit pouvoir de rendre, payer et rapporter ce qui sera dit et ordonné ci après en définitif, sous l'obligation de tous leurs biens, fait pardevant monsieur Guffroy échevin semainier le 24/12/1686.

2061 - Médiathèque Arras FF126 Folio 667R :
Marie BOUGARD fille dévotaire demeurant en cette ville a déclaré et déclare qu'elle récréante par le décès de feue Marie Marguerite BOUGARD sa sœur germaine vivante aussi fille dévotaire audit Arras promettant payer ses dettes, obsèques et funérailles et en décharger la cour, fait pardevant monsieur Dambrines échevin sepmanier le 30/12/1686.

2062 - Médiathèque Arras FF126 Folio 667R :
Julienne MAUCOMBLE veuve d'Antoine CUVELLIER vivant bourgeois menuisier demeurant en cette ville a déclaré et déclare qu'elle récréante par le décès dudit CUVELLIER son mari promettant payer ses dettes, obsèques et funérailles et en décharger la cour, fait pardevant monsieur Dambrines échevin semainier le 31/12/1686.

2063 - Médiathèque Arras FF126 Folio 668R :
Guislain François LEFORT praticien et Robert DUHAMEL maître de la maison où pend pour enseigne « la Teste de loup » en cette ville mari et bail de Marie LEFORT, lesdits du surnom LEFORT frère et sœur enfants de feus Philippe LEFORT vivant bourgeois maître brodeur audit Arras et Marie DESAILLY, ont déclaré et déclarent qu'ils récréantent par le décès de ladite DESAILLY leur mère promettant payer ses dettes, obsèques et funérailles et en décharger la cour, fait pardevant monsieur Flippes échevin sepmanier le 8/1/1687.

2064 - Médiathèque Arras FF126 Folio 668V :
Antoine CHEVALIER bourgeois teinturier demeurant en cette ville a déclaré et déclare qu'il récréante par le décès de Françoise THOMAS veuve de François CHEVALIER vivant aussi teinturier audit Arras sa mère promettant payer ses dettes, obsèques et funérailles et d'en décharger la cour, fait pardevant monsieur Flippes échevin sepmanier le 9/1/1687.

2065 - Médiathèque Arras FF126 Folio 669V :
Albert DUPUICH bourgeois marchand teinturier mari et bail de Marie Agnès LEGRAND et Noël GOUDEMAN marchand cordier mari et bail de Anne François LEGRAND lesdites LEGRAND sœurs filles de feus Henry et d'Anne LEROY demeurant en cette ville, ont déclaré et déclarent qu'ils récréantent par le trépas de ladite feue Anne LEROY leur mère promettant payer ses dettes, obsèques et funérailles et d'en décharger la cour, fait pardevant monsieur Flippes échevin sepmanier le 11/1/1687.

2066 - Médiathèque Arras FF126 Folio 669V :
Catherine BETREMIEUX veuve d'Albin PLATEAU vivant bourgeois sergent de l'abbaye de Saint Vaast en cette ville a déclaré et déclare qu'elle renonce aux biens et dettes dudit feu PLATEAU son mari et qu'elle se tient à son douaire stipulé par son contrat de mariage, fait pardevant monsieur Prangère échevin sepmanier le 13/1/1687.

2067 - Médiathèque Arras FF126 Folio 671R :
Catherine CHOCQUET veuve de Louis MAUCOMBLE vivant bourgeois cabaretier demeurant en cette ville a déclaré et déclare qu'elle récréante par le décès dudit MAUCOMBLE son mari promettant payer ses dettes, obsèques et funérailles et en décharger la cour, fait pardevant monsieur Boucquel échevin semainier le 15/1/1687.

2068 - Médiathèque Arras FF126 Folio 671R :
Marie Jeanne GUERARD femme et procuratrice spéciale de Claude ROHART bourgeois brasseur demeurant en cette ville icelle fille d'Antoine et iceluy fils de Robert et Antoinette VASSEUR suffisamment autorisée de sondit mari selon qu'il est porté par la procuration spéciale passée pardevant notaires en cette dite ville le 16 du présent mois par elle exhibée et retirée en grosse, a déclaré et déclare tant en son nom qu'en vertu de sondit pouvoir et autorisation qu'ils se fondent héritiers immobiliers patrimoniaux fidécommisés délaissés par le trépas de maître Claude VASSEUR vivant maître d'hôtel demeurant en cette dite ville oncle maternel de ladite Marie Jeanne GUERARD, fait pardevant monsieur Pranger échevin sepmanier le 17/1/1687.

2069 - Médiathèque Arras FF126 Folio 673R :
Catherine Thérèse et Anne BOSQUET sœurs filles franches et héritières de Jeanne CORROIER leur mère vivante veuve de Noël BOSQUET en son vivant bourgeois marchand demeurant en cette ville, ont déclaré et déclarent qu'elles récréantent par le décès de ladite Jeanne CORROIER leur mère promettant payer ses dettes, obsèques et funérailles et en décharger la cour, fait pardevant monsieur de Vienne échevin semainier le 22/1/1687.

2070 - Médiathèque Arras FF126 Folio 673R :
Sont comparus Michel François PENANT sieur du Marequez demeurant en cette ville tant en son nom privé que comme procureur spécial de Damoiselle Marie Chrestienne HAUWEL demeurant aussi en cette ville et de Philippe HAPIOT sieur de Caucourt en partie père et tuteur légitime des enfants que lui a laissés Damoiselle Jolente PENANT iceluy sieur du Marequez fondé de deux procurations spéciales passées pardevant notaires, l'une en cette ville le 20ème décembre dernier et l'autre à Houdain le 9 du présent mois de janvier exhibées et retirées en grosse signées sur repli Binet et scellées et Damoiselle Jeanne Susanne DU MONT SAINT ELOY aussi demeurant en cette ville iceux du surnom HAPIOT, DU MONT SAINT ELOY, HAUWEL et PENANT héritiers mobiliaires et immobiliaires de feuc Damoiselle Marguerite Françoise LEMAIRE leur grande tante respective, lesquels sieur du Marequez (tant en son nom privé qu'au nom desdits sieur HAPIOT et Damoiselle HAUWEL qu'en vertu de sondit pouvoir) et Damoiselle DU MONT SAINT ELOY ont déclaré et déclarent qu'ils se sont fondés et fondent par ces présentes héritiers mobiliaires et immobiliaires de ladite défunte Damoiselle Marguerite Françoise LEMAIRE, fait pardevant monsieur Dumetz échevin semainier le 22/1/1687.

2071 - Médiathèque Arras FF126 Folio 673V :
Damoiselles Marie Jeanne et Marie Restitude HALLOT sœurs filles à marier de feu Charles Philippe HALLOT vivant bourgeois marchand drapier demeurant en cette ville, ont déclaré et déclarent qu'elles récréantent par le décès dudit feu HALLOT leur père, promettant payer ses dettes, obsèques et funérailles et d'en décharger la cour, fait pardevant monsieur de Vienne échevin sepmanier le 23/1/1687.

2072 - Médiathèque Arras FF126 Folio 678V :
Marie Jeanne BEDOIX fille à marier demeurant en cette ville exécutrice testamentaire de feue Catherine DESAILLY vivant fille en célibat aussi demeurant en cette ville a déclaré et déclare qu'elle récréante en ladite qualité par le trépas de ladite DESAILLY sa tante promettant en la même qualité de payer ses dettes, obsèques et funérailles et en décharger la cour, fait pardevant monsieur Dambrines échevin semainier le 10/2/1687.

2073 - Médiathèque Arras FF126 Folio 682R :
Charles FOVEL menuisier demeurant au bourg d'Auxy le Château fils de feue Catherine MARCHANT à son décès sœur à maître Pasquier LE MARCHANT vivant procureur au conseil d'Artois a déclaré et déclare qu'il récréante ledit feu LE MARCHANT son oncle promettant payer ses dettes, obsèques et funérailles et en décharger la cour et même de subir juridiction à ce siège en ce regard, auquel effet il a élu son domicile chez le sieur de Natoy prêtre demeurant en cette ville d'Arras paroisse de Sainte Croix, fait pardevant monsieur Flippes échevin semainier le 19/2/1687.

2074 - Médiathèque Arras FF126 Folio 684R :
Jean Baptiste BOSQUET bourgeois de cette ville et ci devant huissier du parlement a déclaré et déclare qu'il se fonde héritier de feu Pierre DE FREMICOURT vivant marchand de vin demeurant audit Arras son père grand maternel promettant payer ses dettes, obsèques et funérailles et en décharger la cour, fait pardevant monsieur le Carlier échevin sepmanier le 22/2/1687.

2075 - Médiathèque Arras FF126 Folio 685R :
Damoiselles Marie PREVOST veuve de maître Jean GAILLART vivant écuyer conseiller du conseil d'Artois et Anne PREVOST fille franche suffisamment âgée, ont déclaré et déclarent qu'elles récréantent par le décès de feu Louis PREVOST vivant échevin à son tour de cette ville y demeurant promettant payer ses dettes, obsèques et funérailles, fait pardevant monsieur Boucquel échevin sepmanier le 27/2/1687.

2076 - Médiathèque Arras FF126 Folio 685V :
Marie Hélaine BUCQUET veuve de Jean Jacques FARDEAU vivant bourgeois cabaretier demeurant en cette ville a déclaré et déclare qu'elle récréante par le décès dudit FARDEAU son mari promettant payer ses dettes, obsèques et funérailles et d'en décharger la cour, fait pardevant monsieur Boucquel échevin sepmanier le 28/2/1687.

2077 - Médiathèque Arras FF126 Folio 688V :
Arnould GADOLET dit DESMOULINS maître chirurgien en cette ville mari et bail de Marie Françoise VANLIERD fille de Nicolas et Pierre François COLLIN bourgeois marchand audit Arras mari et bail de Barbe Antoinette BLONDEL fille de Claude et de Marie Françoise VANLIERD, ladite Marie Françoise fille de feue Marie DANUS vivant veuve dudit feu Nicolas VANLIERD vivant bourgeois demeurant en cette dite ville et ladite Barbe Antoinette petite-fille d'icelle feue Marie DANUS, ont déclaré et déclarent qu'ils récréantent par le décès de ladite feue Marie DANUS promettant payer ses dettes, obsèques et funérailles et d'en décharger la cour, fait pardevant monsieur le Carlier échevin sepmanier le 7/3/1687.

2078 - Médiathèque Arras FF126 Folio 688V :
Robert CARRÉ chirurgien demeurant au bourg d'Avesnes le Comte et bourgeois de cette ville mari et bail de Anne Marie BLONDEL fille de Claude et de Marie Françoise VANLIERD, a déclaré et déclare qu'il récréante par le décès de feue Marie DANUS veuve de Nicolas VANLIERD vivant bourgeois demeurant audit Arras mère grande du côté maternel à ladite Anne Marie BLONDEL promettant payer ses dettes, obsèques et funérailles et d'en décharger la cour, même de subir juridiction à ce siège en ce regard, fait pardevant monsieur le Carlier échevin sepmanier le 8/3/1687.

2079 - Médiathèque Arras FF126 Folio 689R :
Marie Anne HANICQUE fille à marier de feus Daniel HANICQUE vivant guetteur de cette ville y demeurant et de Pasquette RANSON a déclaré et déclare qu'elle récréante par le décès de ladite Pasquette RANSON sa mère promettant payer ses dettes, obsèques et funérailles et d'en décharger la cour, fait pardevant monsieur Chivot échevin sepmanier le 10/3/1687.

2080 - Médiathèque Arras FF126 Folio 693R :
Damoiselle Philippine Barbe FLESCHELLE fille majeure et usant de ses droits est comparue laquelle tant en son nom privé que de tutrice légitime de Walter et Anne Françoise FLESCHELLE ses frère et sœurs a déclaré et déclare qu'elle récréanté défunte Damoiselle Marie Barbe HANNART sa mère veuve de Philippe FLESCHELLE vivant receveur dans cette ville promettant en l'une et l'autre desdites qualités de payer ses dettes, obsèques et funérailles et d'en décharger la cour, fait pardevant monsieur de Beaurepaire échevin sepmanier le 27/3/1687.

2081 - Médiathèque Arras FF126 Folio 693V :
Maître Charles CUVELIER avocat au conseil d'Artois mari et bail de Damoiselle Marie Marguerite JACQUEMONT et Damoiselle Marie Madeleine JACQUEMONT fille à marier, lesdites du surnom

JACQUEMONT sœurs filles de feus maître Jean vivant licencié en médecine demeurant audit Arras et de Damoiselle Françoise TRIGAULT ont déclaré et déclarent qu'ils récréantent par le décès de Damoiselle Charlotte Marguerite JACQUEMONT sœur desdites Marie Marguerite et Madeleine, promettant payer ses dettes, obsèques et funérailles et d'en décharger la cour, fait pardevant monsieur Flippes échevin sepmanier le 2/4/1687.

2082 - Médiathèque Arras FF126 Folio 695V :
[ ] POGNYET bourgeois cordonnier demeurant en cette ville a déclaré et déclare qu'il récréante par le trépas de Jean POGNYET vivant fauboulier demeurant en cette ville son père promettant payer ses dettes, obsèques et funérailles et en décharger la cour, fait pardevant monsieur Boucquel échevin sepmanier le 10/4/1687.

2083 - Médiathèque Arras FF126 Folio 698V :
Isabelle CAUWET veuve d'Adrien MACHON vivant bourgeois maître maçon demeurant en cette ville a déclaré et déclare qu'elle renonce aux biens et dettes dudit Adrien MACHON son mari et qu'elle se tient à son douaire simple stipulé par son contrat de mariage fait pardevant monsieur de Vienne échevin semainier le 19/4/1687.

2084 - Médiathèque Arras FF126 Folio 699V :
Damoiselle Isabelle Marie Joseph DE THIEULAINE fille à marier de feu Jean Louis sieur de Miraumont, Gambart demeurant en cette ville a déclaré et déclare qu'elle récréante par le décès dudit feu sieur DE THIEULAINE son père promettant payer ses dettes, obsèques et funérailles et d'en décharger la cour, fait pardevant monsieur Routart échevin sepmanier le 29/4/1687.

2085 - Médiathèque Arras FF126 Folio 700R :
Marguerite DELATTRE veuve de Guillain TABARY bourgeois demeurant en cette ville a déclaré et déclare qu'elle récréante par le décès dudit feu Guillain TABARY promettant payer ses dettes, obsèques et funérailles et d'en décharger la cour, fait pardevant monsieur Guffroy échevin semainier le 2/4/1687.

2086 - Médiathèque Arras FF126 Folio 700V :
Anne Claire THERY veuve de Joseph LEROUX sergent du châtelain de cette ville mère et tutrice légitime de Martin LEROUX son fils mineur qu'elle a dudit feu son mari a déclaré et déclare qu'elle récréante par le décès dudit LEROUX son mari promettant en ladite qualité de tutrice légitime dudit mineur de payer les dettes, obsèques et funérailles dudit défunt LEROUX son mari et d'en décharger la cour, fait pardevant monsieur de Beaurains Beaurepaire échevin semainier le 10/5/1687.

2087 - Médiathèque Arras FF126 Folio 700V :
Marie Catherine DUFOUR veuve de maître Jean THIEBAULT vivant procureur au conseil d'Artois a déclaré qu'elle récréante par le décès dudit feu THIEBAULT son mari promettant de payer ses dettes, obsèques et funérailles et d'en décharger la cour, fait pardevant monsieur de Beaurepaire échevin semainier le 10/5/1687.

2088 - Médiathèque Arras FF126 Folio 701R :
Augustin Henry DE FROMONT maître vitrier, Philippe Augustin DE FROMONT de son style chalier et Jean LUCAS bourgeois poissonnier mari et bail de Marie Anne DE FROMONT, lesdits DE FROMONT frères et sœur enfants de feus Augustin vivant marchand quincaillier et de Marie SOHIER demeurant tous en cette ville d'Arras, ont déclaré et déclarent qu'ils récréantent par le décès de ladite feue SOHIER leur mère promettant payer ses dettes, obsèques et funérailles et en décharger la cour, fait pardevant monsieur de Beaurepaire échevin sepmanier le 10/5/1687.

2089 - Médiathèque Arras FF126 Folio 703V :
Anne Françoise LEMAIRE veuve de Clément DELAFONTAINE vivant demeurant en cette ville rue de l'abbaye paroisse de Saint Géry a déclaré et déclare qu'elle récréante par le décès dudit Fontaine son mari promettant payer ses dettes, obsèques et funérailles et d'en décharger la cour, fait pardevant monsieur Flippes échevin sepmanier le 14/5/1687.

2090 - Médiathèque Arras FF126 Folio 704V :
Pierre et Jean CAUROIS père et fils marchands tanneurs demeurant en cette ville ont déclaré et déclarent qu'ils emprennent la tutelle des enfants de défunts Pierre CAUROIS et Jacqueline BOUIN sa femme conformément au testament de la dite BOUIN du 19 de ce mois reconnu le même jour pardevant notaires et témoins en cette ville et en conséquence ont récréanté et récréantent en ladite qualité ladite BOUIN promettant audit nom paye ses dettes, obsèques et funérailles, ledit testament exhibé en minute par ledit Pierre CAUROIS et à lui pendu, fait pardevant monsieur Boucquel échevin semainier le 21/5/1687.

2091 - Médiathèque Arras FF126 Folio 705V :
Jeanne LANSEAR veuve de Jean DESBUISSONS fourboulier demeurant en cette ville en la rue des Agaches paroisse de la Madeleine a déclaré et déclare qu'elle récréante par le décès dudit Jean DESBUISSONS son mari promettant payer ses dettes, obsèques et funérailles et d'en décharger la cour, fait pardevant monsieur de Vienne échevin semainier le 26/5/1687.

2092 - Médiathèque Arras FF126 Folio 705V :
Robert DAMIENS et Pierre LEROY bourgeois demeurant en cette ville ont déclaré et déclarent qu'ils récréantent par le décès de Pierre LECOMTE maître ferronnier en cette ville leur beau-frère promettant payer ses dettes, obsèques et funérailles et d'en décharger la cour, fait pardevant monsieur de Vienne échevin semainier le 26/5/1687.

2093 - Médiathèque Arras FF126 Folio 706R :
Legrand et Houvignoeul sergents ont à la requête d'André RICHEBÉ marchand de vaches demeurant au village de Rivière mari et bail de Marie CARON fille et héritière de Guillain vivant marchand audit lieu arrêté et empêché es mains de Noël LIEPPE labourier demeurant au faubourg des Alouettes tous les porcs qu'il a en sa possession appartenant à Dominique VASSEUR boucher demeurant en la cité de cette ville pour avoir paiement de la somme de 180 livres 15 sols restante de plus grande somme pour les causes à déclarer au jour servant, ayant fait les défenses requises audit LIEPPE en parlant à sa personne et assignation aux prochains plaids, fait le 28/5/1687 ayant ledit RICHEBÉ en personne élu son domicile chez François MINART gorlier demeurant en cette ville.

2094 - Médiathèque Arras FF126 Folio 706R :
Damoiselle Cécile Adrienne DUFOUR veuve de feu Jean Louis DE THIEULAINE sieur de Miraumont Gambart a déclaré et déclare qu'elle renonce à l'hérédité mobiliaire et dettes délaissées par ledit feu sieur DE THIEULAINE son mari et qu'elle se tient à son droit de douaire conventionnel porté par son contrat de mariage et autres conditions y stipulées, fait pardevant monsieur de Vienne échevin semainier le 28/5/1687.

2095 - Médiathèque Arras FF126 Folio 706V :
Sont comparus Jean DELHOMEL bourgeois de cette ville et de son autorité Catherine FOUCQUIER sa femme fille de Guillaume vivant huissier du conseil d'Artois, lesquels ont récréanté et se portent héritiers purs et simples de Damoiselle Marie Florence FOUCQUIER décédée depuis huit jours, icelle fille de Jean et icelui de Jean qui était frère audit Guillaume promettant payer ses dettes, obsèques et funérailles et d'en décharger la cour, fait pardevant messieurs Chivot et Doré pour et autoriser par le corps pour les causes de rémissions des sieurs le Carlier et de Vienne échevins semainiers le 30/5/1687.

2096 - Médiathèque Arras FF126 Folio 706V :
Madeleine DUPUICH veuve de Jean DELEPORTE bourgeois maître maréchal en cette ville a déclaré et déclare qu'il récréante par le décès dudit Jean DELEPORTE promettant payer ses dettes, obsèques et funérailles et d'en décharger la cour, fait pardevant monsieur Doré échevin semainier le 2/6/1687.

2097 - Médiathèque Arras FF126 Folio 707V :
Antoinette MINART veuve de Jean PETIT vivant crieur demeurant en cette ville a déclaré et déclare qu'elle récréante par le décès dudit PETIT promettant payer ses dettes, obsèques et funérailles et d'en décharger la cour, fait pardevant monsieur Doré échevin semainier le 4/6/1687.

2098 - Médiathèque Arras FF126 Folio 708V :
Bonne BULLOT veuve de Jean DELEBARRE dit Labarre vivant bourgeois de cette ville y demeurant rue du Puich Saint Georges a déclaré et déclare qu'elle récréante par le trépas dudit feu DELEBARRE son mari promettant payer ses dettes, obsèques et funérailles et d'en décharger la cour, fait pardevant monsieur Chivot échevin semainier le 5/6/1687.

2099 - Médiathèque Arras FF126 Folio 708V :
Antoinette BACQUEVILLE veuve d'Antoine COCHET vivant bourgeois tonnelier demeurant en cette ville a récréanté par la mort dudit COCHET son mari et promis payer ses dettes, obsèques et funérailles et d'en décharger la cour, fait pardevant monsieur Routart échevin semainier le 10/6/1687.

2100 - Médiathèque Arras FF126 Folio 708V :
Marie Jeanne LECLERCQ veuve et demeurée es biens de Jean Baptiste VAGNIER vivant bourgeois marchand panespissier demeurant en cette ville a déclaré et déclare qu'elle récréante par le trépas dudit feu VAGNIER son mari promettant payer ses dettes, obsèques et funérailles et d'en décharger la cour, fait pardevant monsieur Routart échevin sepmanier le 12/6/1687.

2101 - Médiathèque Arras FF126 Folio 709R :
Marie Jeanne LECLERCQ veuve et demeurée es biens de Jean Baptiste VAGNIER vivant bourgeois marchand panespissier demeurant en cette ville mère et tutrice légitime de Robert VAGNIER son fils en bas âge qu'elle a retenu dudit feu Jean Baptiste son mari et Marie Jeanne VAGNIER sa fille à marier suffisamment âgée ainsi qu'elle a déclaré, lesdits Robert et Marie Jeanne VAGNIER frère et sœur, neveu et nièce et héritiers de feu Robert VAGNIER leur père grand vivant aussi bourgeois marchand demeurant audit Arras ont déclaré et déclarent qu'elles récréantent esdites qualités par le trépas dudit feu Robert VAGNIER promettant payer ses dettes, obsèques et funérailles et d'en décharger la cour, fait pardevant monsieur Routart échevin sepmanier le 12/6/1687.

2102 - Médiathèque Arras FF126 Folio 709R :
Damoiselle Marie Madeleine GAZET veuve de maître Jean DE BEAURAINS vivant écuyer avocat au conseil d'Artois à son tour échevin de cette ville fille et héritière de Damoiselle Isabeau HANON à son trépas veuve de Guillaume GAZET vivant greffier de la gouvernance d'Arras a déclaré et déclare en sadite qualité de fille et héritière de ladite feue Damoiselle HANON qu'elle récréante et promet payer ses dettes, obsèques et funérailles et d'en décharger la cour, fait pardevant monsieur Guffroy échevin semainier le 13/6/1687.

2103 - Médiathèque Arras FF126 Folio 709V :
Géry DE RAISMES bourgeois maître chapelier et Marie Anne DE RAISMES fille franche demeurant en cette ville lesdits DE RAISMES frère et sœur, ont déclaré et déclarent qu'ils récréantent par le décès de feu Maximilien DE RAISMES leur frère vivant aussi bourgeois et maître imprimeur audit Arras promettant payer ses dettes, obsèques et funérailles et d'en décharger la cour, fait pardevant monsieur Routart échevin sepmanier le 13/6/1687.

2104 - Médiathèque Arras FF126 Folio 710R :
Noël PERIN veuve de Michel SILMAN vivant valet de sayeteur demeurant en cette ville a déclaré qu'elle récréante par le trépas dudit Michel SILMAN promettant payer ses dettes, obsèques et funérailles et d'en décharger la cour, fait pardevant monsieur de Beaurains échevin semainier le 17/6/1687.

2105 - Médiathèque Arras FF126 Folio 710V :
Claude BEAUVOIS bourgeois demeurant en cette ville fils de feu Maximilien a déclaré qu'il récréante par le trépas dudit feu Maximilien promettant de payer ses dettes, obsèques et funérailles et d'en décharger la cour, fait pardevant monsieur Beaurains échevin semainier le 17/6/1687.

2106 - Médiathèque Arras FF126 Folio 711V :
Jacques Chrestien LEJOSNE fils à marier et procureur spécial de Damoiselle Marie Marguerite BOCQUET veuve de Chrestien LEJOSNE vivant procureur et notaire demeurant à Béthune ledit Jacques Chrestien demeurant présentement en cette ville d'Arras suffisamment fondé de procuration spéciale passée pardevant notaires audit Béthune par lui exhibée en grosse signée sur le repli Binet et à lui rendue en date du 28 de mai dernier, est comparu lequel en vertu dudit pouvoir a déclaré et déclare qu'au nom de ladite Damoiselle Marie Marguerite BOCQUET sa mère comme petite fille de Pierre DE FREMICOURT vivant marchand et échevin de la ville de Béthune, il se fonde héritier mobiliaire et immobiliaire dudit feu Pierre DE FREMICOURT promettant payer ses dettes, obsèques et funérailles et d'en décharger la cour, fait pardevant monsieur Flippes échevin semainier le 23/6/1687.

2107 - Médiathèque Arras FF126 Folio 712R :
Marie Anne CALVAIRE veuve de Jean TEMPLIER dit DUBOIS vivant bourgeois marchand demeurant en cette ville a déclaré et déclare qu'elle récréante par le décès dudit TEMPLIER promettant payer ses dettes, obsèques et funérailles et d'en décharger la cour, fait pardevant monsieur Flippes échevin semainier le 25/6/1687.

2108 - Médiathèque Arras FF126 Folio 712R :
Curatelle : suivant l'ordonnance rendue sur le procès verbal tenu à ce siège les 14 et 17ème de ce mois d'entre Nicolas NOIRET bourgeois marchand demeurant en cette ville mari et bail d'Anne Thérèse DUBOIS icelle tante à Antoine François DE BEAUVOIS fils mineur de défunts François et Marie Jeanne DUBOIS d'une part,

Claude DE BEAUVOIS, Jeanne DE BEAUVOIS veuve d'André CAPEAU tante paternelle audit Antoine François DE BEAUVOIS, Guislain LEGRAND et Marie Anne CAPEAU sa femme icelle cousine germaine audit mineur, lesquels ont consenti en leur égard que ledit NOIRET soit établi pour tuteur aux personne et biens dudit mineur et qu'iceluy soit mis à pension chez un maître d'école ou autre personne capable pour y être enseigné à une table ou pension proportionnée aux revenus desdits biens, sous effet qu'a fait ledit NOIRET de bailler caution pour ladite tutelle et curatelle des personnes et biens dudit Antoine François DE BEAUVOIS ledit NOIRET a été reçu et admis par ordonnance du jourd'hui à la caution offerte en faisant les devoirs ordinaires après avoir ouy le procureur général de cette ville et paravant faire droit sur la pension dudit mineur l'on ordonne audit NOIRET en qualité de tuteur de bailler une déclaration et état des biens et revenus d'iceluy mineur pour iceluy état communiqué aux plus proches parents et audit sieur procureur général pour être ordonné ce que de raison, est comparu ledit NOIRET lequel a empris et accepté ladite tutelle et curatelle et promis par serment de s'en bien et fidèlement acquitter et d'en rendre bon et fidèle copte quand sommé et requis sera, s'étant ladite DUBOIS sa femme pour ce aussi comparante constituée sa caution et fait pareilles promesses sous l'obligation de leurs biens renonçant ladite femme au droit du senatus consult velleem et à l'authentique si qua mulier à elle donné à entendre, fait pardevant monsieur Flippes échevin sepmanier le 25/6/1687.

2109 - Médiathèque Arras FF126 Folio 714R :
Laurent DE RAISMES bourgeois de cette ville d'Arras et passementier demeurant à Liège a déclaré et déclare en personne qu'il récréante par le décès de feu Maximilien DE RAISMES son frère vivant aussi bourgeois maître imprimeur demeurant audit Arras promettant payer ses dettes, obsèques et funérailles et d'en décharger la cour même de subir juridiction à ce siège en ce regard auquel effet il a élu son domicile chez Marie Anne DE RAISMES sa sœur à marier en cette dite ville, fait pardevant monsieur Prangere échevin sepmanier le 5/7/1687.

2110 - Médiathèque Arras FF126 Folio 716R :
Curatelle : Quentin MILHOMME bourgeois de cette ville y demeurant reçu et admis par ordonnance de ce siège couchée au pied de la requête y présentée par Pierre RIMBOUR fils et héritier de feue Louise POUTRAIN à la curatelle des biens délaissés vacants par feu Alphonse RIMBOUR père dudit Pierre vivant bourgeois demeurant audit Arras à la caution d'iceluy Pierre en faisant les devoirs et ce suivant les consentements des créanciers dudit feu RIMBOUR, l'exploit de signification de la requête faite par affiche à l'hôtel de cette ville et la contumace de François LEJOSNE de répondre en qualité de parent à ladite requête et après avoir ouy le procureur général de cette ville, est comparu, lequel a empris et accepté ladite curatelle et promis par serment de s'y bien et fidèlement conduire et comporter dans l'administration d'icelle et d'en rendre bon et fidèle compte quand sommé et requis en sera, auquel effet est aussi comparu ledit Pierre RIMBOUR lequel s'est constitué pleige et caution dudit MILHOMME de quoi iceluy l'a promis décharger et de tous dépens, dommages et intérêts, sous l'obligation etc, fait pardevant monsieur de Vienne échevin sepmanier le 12/7/1687.

2111 - Médiathèque Arras FF126 Folio 717V :
Catherine PRECOURT veuve de feu Jacques Etienne PERIN vivant marchand en cette ville a déclaré et déclare qu'elle récréante par le trépas dudit PERIN promettant payer ses dettes, obsèques et funérailles et d'en décharger la cour, fait pardevant monsieur Chivot échevin semainier le 17/7/1687.

2112 - Médiathèque Arras FF126 Folio 717V :
Albert HEROGUEL laboureur demeurant à Willerval frère de Philippe vivant maître cordonnier demeurant en cette ville décédé depuis deux ans a déclaré et déclare qu'il se fonde héritier dudit Philippe HEROGUEL et fait appréhension de la succession promettant payer ses dettes, obsèques et funérailles et d'en décharger la cour sous l'obligation de ses biens, fait pardevant monsieur Chivot échevin semainier le 19/7/1687.

2113 - Médiathèque Arras FF126 Folio 718V :
Damoiselle Robertine DE MONCHY veuve de feu maître Henry BOIDIN vivant procureur au conseil d'Artois mère et tutrice légitime d'Anne Catherine BOIDIN sa fille mineure qu'elle a retenue d'iceluy, a déclaré et déclare qu'elle récréante au nom de ladite Anne Catherine BOIDIN sa fille par le décès dudit feu BOIDIN son mari promettant audit nom payer ses dettes, obsèques et funérailles et en décharger la cour, fait pardevant monsieur Routart échevin sepmanier le 21/7/1687.

2114 - Médiathèque Arras FF126 Folio 720V :
Françoise LEROY veuve de Nicolas GOSSART vivant bourgeois maître maçon demeurant en cette ville mère et tutrice légitime de Susanne GOSSART sa fille mineure qu'elle a retenue d'iceluy, a déclaré et déclare qu'elle récréante au nom de ladite Susanne sa fille par le décès dudit feu GOSSART son mari, promettant audit nom

payer ses dettes, obsèques et funérailles et d'en décharger la cour, fait pardevant monsieur Routart échevin sepmanier le 24/7/1687.

2115 - Médiathèque Arras FF126 Folio 722R :
Damoiselle Marie Catherine FOUCQUIER femme de maître Baltasar Adrien DE VIENNE avocat au conseil d'Artois et échevin de cette ville est comparue laquelle a déclaré et déclare qu'en sa qualité de femme autorisée par justice et par ordonnance de ce siège rendue sur sa requête le 24ème juillet dernier sur le refus de sondit mari, elle récréante défunte Damoiselle Marie Florence FOUCQUIER sa tante et appréhende la succession mobiliaire d'icelle et en cette qualité promet de payer ses dettes, obsèques et funérailles sauf son recours contre ses cohéritiers s'il s'en présente, fait pardevant monsieur Dambrines échevin sepmanier le 1/8/1687.

2116 - Médiathèque Arras FF126 Folio 723R :
Est comparu maître Gabriel ROZE procureur au conseil d'Artois administrateur établi par les sieurs GALBART et ROUTART exécuteurs testamentaires de Damoiselle Marie Florence FOUCQUIER aux biens par elle délaissés à Jean FOUCQUIER son neveu suivant l'acte du jour d'hier, lequel en sadite qualité et au nom dudit Jean FOUCQUIER a appréhendé la succession mobiliaire d'icelle Damoiselle FOUCQUIER et promis de payer ses dettes, obsèques et funérailles et d'en décharger la cour sauf son recours contre les cohéritiers dudit Jean FOUCQUIER, fait pardevant monsieur Beaurepaire échevin semainier le 2/8/1687.

2117 - Médiathèque Arras FF126 Folio 724V :
Marie Madeleine SAUVAGE veuve de Clément DELAGUIPIERRE vivant marchand linger en cette ville a déclaré et déclare qu'elle récréante par le trépas d'iceluy feu promettant payer ses dettes, obsèques et funérailles et d'en décharger la cour, fait pardevant monsieur Pranger échevin semainier le 13/8/1687.

2118 - Médiathèque Arras FF126 Folio 724V :
Est comparu Jean FOUCQUIER fils d'Albert et Damoiselle Marie Catherine FOUCQUIER ses père et mère lequel a déclaré qu'il n'appréhende et ne veut appréhender la succession mobiliaire de Damoiselle Marie Florence FOUCQUIER sa tante non plus que les legs qu'elle a fait en sa faveur par son testament et ordonnance de dernière volonté, à laquelle succession il renonce en tout cas pour se tenir comme il fait à la succession immobiliaire patrimoniale d'icelle ce qu'il promet tenir et avoir pour agréable sous l'obligation de ses biens, fait pardevant monsieur le Carlier échevin semainier le 19/8/1687.

2119 - Médiathèque Arras FF126 Folio 725V :
Damoiselle Marie Marguerite DE BOULONGNE veuve de Pierre BLONDEL vivant bourgeois marchand et à son tour l'un des quatre commis aux ouvrages de cette ville a déclaré et déclare qu'elle récréante par le décès dudit feu BLONDEL son mari promettant payer ses dettes, obsèques et funérailles et d'en décharger la cour, fait pardevant monsieur Boucquel échevin sepmanier le 23/8/1687.

2120 - Médiathèque Arras FF126 Folio 725V :
Dominique Léonard et Adrien DESHEE frères bourgeois demeurant en cette ville ont récréanté par le trépas de Jacqueline LELOIR veuve en secondes noces de Jean PRONIER leur mère promettant payer ses dettes, obsèques et funérailles et d'en décharger la cour, fait pardevant monsieur Chivot échevin semainier le 28/8/1687.

2121 - Médiathèque Arras FF126 Folio 726R :
Jenne LEMPEREUR veuve de Jacques DANOIS cabaretier demeurant es faubourgs du Rietz de cette ville a déclaré et déclare qu'elle récréante par le trépas dudit DANOIS promettant payer ses dettes, obsèques et funérailles et d'en décharger la cour, fait pardevant monsieur de Beaurepaire échevin semainier le 30/8/1687.

2122 - Médiathèque Arras FF126 Folio 727R :
Marie Madeleine ROBILLART veuve de Simon VORANGER vivant chapelier demeurant en cette ville paroisse de Saint Nicolas sur les Fossés a déclaré et déclare qu'elle récréante par le décès dudit feu VORANGER son mari promettant payer ses dettes, obsèques et funérailles et en décharger la cour, fait pardevant monsieur de Beaurepaire échevin sepmanier le 11/9/1687.

2123 - Médiathèque Arras FF126 Folio 728R :
Louise GEORGE veuve d'Antoine MOUCQUET vivant bourgeois maître cuisinier demeurant en cette ville a déclaré et déclare qu'elle récréante par le décès dudit feu MOUCQUET son mari promettant payer ses dettes, obsèques et funérailles et en décharger la cour, fait pardevant monsieur Flippes échevin sepmanier le 17/9/1687.

2124 - Médiathèque Arras FF126 Folio 728V :
Antoinette MULOT veuve de Jean DELAIRE vivant bourgeois mercier demeurant en cette ville paroisse de Saint Aubert a récréanté par le trépas dudit DELAIRE promettant payer ses dettes, obsèques et funérailles et d'en décharger la cour, fait pardevant monsieur Flippes échevin semainier le 19/9/1687.

2125 - Médiathèque Arras FF126 Folio 729R :
Suivant l'ordonnance rendue à l'audience de ce siège le 4ème d'août dernier entre Charles COTTEL menuisier demeurant au bourg d'Auxy le Château fils de feu Louis et Catherine LE MARCHANT icelle sœur à Pasquier LE MARCHANT vivant procureur au conseil d'Artois demandeur aux fins de sa requête du 25ème février dernier et de son écrit du 1er dudit mois d'août d'une part, Damoiselle Isabelle Anne Noëlle DE ROCHEFORT défendeur d'autre part, laquelle ouy le procureur général de cette ville en décrétant les offres et acceptations des parties est ordonné que le scel apposé aux effets de la maison mortuaire dudit feu procureur Marchant sera levé et en conséquence que les meubles par lui délaissés dont sera fait inventaire partiel présenté ou dûment appelé seront rendus vendus au plus offrant et dernier enchérisseur en la manière accoutumée pour les deniers en provenant être consignés au greffe de ce siège et distribués à qui il appartiendra et à l'égard des papiers et titres de ladite maison mortuaire l'on ordonne aussi du consentement desdites parties qu'ils seront déposés chez Jacques Louis MACREL procureur au conseil d'Artois en faisant par lui au préalable acte contenant promesse de les représenter par expurgation de serment toutes les fois et quand il en sera requis à la charge de ne s'en dégarnir ni en rendre aucun sans la participation dudit sieur procureur général, à la suite de quoi est comparu ledit MACREL lequel s'est rendu dépositaire desdits titres et papiers de la maison mortuaire dudit feu procureur Marchant et de les représenter par expurgation de serment ainsi qu'il a promis toutes les fois et quand il en sera requis sans s'en dégarnir ni en rendre aucun sans la participation dudit sieur procureur général ou de son substitut sous l'obligation de ses biens, fait pardevant monsieur Flippes échevin sepmanier le 19/9/1687.

2126 - Médiathèque Arras FF126 Folio 733V :
Est comparu Jacques MARY bourgeois marchand fourbisseur demeurant en cette ville relict en premières noces de Marie Catherine CAVILLON fille de Bonaventure, iceluy père et tuteur de Bonaventure, Jacques Louis, Marie Jeanne, Ambroise et Marie Françoise MARY ses enfants mineurs qu'il a de sadite première conjonction lequel a déclaré et déclare au nom de ses enfants qu'il renonce à l'hérédité mobiliaire et immobiliaire des effets délaissés par ledit Bonaventure CAVILLON père grand desdits mineurs, fait pardevant monsieur Dufetel échevin semainier le 5/11/1687.

2127 - Médiathèque Arras FF126 Folio 734R :
Damoiselle Marie Jeanne FLIPPES veuve de Bernard François DE CROMBECQUE vivant procureur au conseil d'Artois a déclaré et déclare qu'elle récréante par le décès de Damoiselle Jeanne DUPOND veuve et demeurée es biens de Jean FLIPPES vivant bourgeois marchand brasseur de bière en gros demeurant en cette ville sa mère promettant payer ses dettes, obsèques et funérailles et d'en décharger la cour, fait pardevant monsieur le François échevin sepmanier le 7/11/1687.

2128 - Médiathèque Arras FF126 Folio 734V :
Marie Madeleine BOIEL veuve de Charles PETIT demeurant en cette ville mère et tutrice légitime d'Adrien PETIT mineur qu'elle a héritier dudit Charles, laquelle en ladite qualité de tutrice légitime dudit mineur a récréanté pour le trépas dudit Charles son mari promettant payer ses dettes, obsèques et funérailles et d'en décharger la cour, fait pardevant monsieur de Fromentin échevin semainier le 8/11/1687.

2129 - Médiathèque Arras FF126 Folio 735V :
Anne LELEU veuve de Nicolas LABOURÉ vivant bourgeois marchand peigneur de laines demeurant en cette ville a déclaré et déclare qu'elle récréante par le trépas dudit LABOURÉ son mari promettant payer ses dettes, obsèques et funérailles et d'en décharger la cour, fait pardevant monsieur Flippes échevin semainier le 14/11/1687.

2130 - Médiathèque Arras FF126 Folio 735V :
Marguerite RIGAULT veuve de Martin NEPVEU vivant fendeur de bois demeurant en cette ville paroisse de Sainte Croix a déclaré et déclare qu'elle renonce aux biens et dettes dudit feu NEPVEU son mari et qu'elle se tient à son douaire stipulé par son contrat de mariage, fait le 14/11/1687 pardevant monsieur Flippes échevin sepmanier.

2131 - Médiathèque Arras FF126 Folio 735V :
Maître Nicolas François DE LAYENS avocat au conseil d'Artois père ayant le bail et administration des biens de Marie Marguerite DE LAYENS sa fille mineure et Pierre DUBOIS bourgeois marchand grossier demeurant en cette ville aussi père ayant le bail et administration de Jeanne Marguerite DUBOIS sa fille mineure, lesdites Marie Marguerite DE LAYENS et Jeanne Marguerite DUBOIS petites-filles et héritières de feu Pierre DE FREMICOURT vivant bourgeois marchand demeurant en cette ville d'Arras leur trisaïeul ont déclaré et déclarent qu'ils récréantent en leurdite qualité au nom desdits enfants mineurs susnommés par le décès dudit feu DE FREMICOURT leur trisaïeul, promettant audit nom payer les dettes, obsèques et funérailles et d'en décharger la cour, fait pardevant monsieur Flippes échevin sepmanier le 13/11/1687.

2132 - Médiathèque Arras FF126 Folio 736V :
Curatelle : Quentin MILHOMME bourgeois de cette ville y demeurant rue des Loué-Dieu paroisse Saint Aubert (reçu et admis par ordonnance du 14ème de ce mois à la curatelle des biens délaissés vacants par feu Bonaventure CAVILLON vivant aussi bourgeois maître fourbisseur demeurant audit Arras rue Saint Géry paroisse Saint Jean, rendue sur la requête présentée par Jacques MARYE aussi bourgeois marchand fourbisseur demeurant en cette ville rue et paroisse de Saint Aubert relict en premières noces de Marie Catherine CAVILLON fille dudit Bonaventure et père et tuteur de Bonaventure, Jacques Louis, Marie Jeanne, Ambroise et Marie Françoise MARYE ses enfants mineurs qu'il olt de sadite première conjonction et ce suivant le consentement donné tant par les parents et créanciers dudit feu Bonaventure CAVILLON que par le substitut du procureur général de cette ville à la caution offerte dudit Jacques MARYE en faisant les devoirs, avec Gilles DOBY procureur au conseil d'Artois demeurant audit Arras rue et paroisse de Saint Géry et Jacques LASSEUR sergent à verge de cette ville y demeurant rue des Trois Visages de ladite paroisse de Saint Géry qui ont justifié sa solvence pour la somme de 2000 livres et plus par leur certificat du 10ème de ce mois, lequel ils rafraichiront de nouveau pardevant nous), est comparu lequel a empris et accepté ladite curatelle et promis par serment de se bien et fidèlement conduire et comporter dans l'administration d'icelle et d'en rendre bon et fidèle compte quand sommé et requis en sera, s'étant ledit Jacques MARYE pour ce aussi présent et comparant constitué caution dudit MILHOMME de quoi iceluy l'a promis décharger de tous dépens, dommages et intérêts sous l'obligation de tous leurs biens, après que lesdits DOBY et LASSEUR aussi en personnes ont rafraichi et rafraichissent de nouveau leurdit certificat de solvence dudit jour 10ème de ce mois, fait pardevant monsieur Prévost échevin sepmanier le 17/11/1687.

2133 - Médiathèque Arras FF126 Folio 737R :
Est comparue Marguerite PETIT veuve de Nicolas HORIN vivant bourgeois demeurant en cette ville laquelle a déclaré et déclare qu'elle renonce à sa communauté d'entre elle et ledit HORIN et se tient à son douaire et conventions matrimoniales et en qualité de mère et tutrice légitime de Jacques Philippe HORIN son fils mineur elle déclare qu'elle récréante par le trépas dudit HORIN promettant en ladite qualité de mère et tutrice légitime de payer les dettes, obsèques et funérailles et d'en décharger la cour sous l'obligation etc, fait pardevant monsieur Prévost échevin semainier le 17/11/1687.

2134 - Médiathèque Arras FF126 Folio 737V :
Jean Albert SOLOME fils de maître Philippe vivant procureur au conseil d'Artois a déclaré et déclare qu'il récréante par le décès dudit feu Philippe son père promettant payer ses dettes, obsèques et funérailles et d'en décharger la cour sous l'obligation de ses biens, fait pardevant monsieur Flippes échevin semainier le 22/11/1687.

2135 - Médiathèque Arras FF126 Folio 738R :
Damoiselle Marie Françoise DE FLERS veuve de Florent LEFEBVRE vivant bourgeois marchand demeurant en cette ville a déclaré et déclare qu'elle renonce aux biens et dettes dudit feu LEFEBVRE son mari et qu'elle se tient à son douaire stipulé par son contrat anténuptial, qui est le conventionnel seulement, s'abstenant de celui coutumier, fait pardevant monsieur Prévost échevin sepmanier le 22/11/1687.

2136 - Médiathèque Arras FF126 Folio 738R :
Marie Madeleine VASSEUR veuve et demeurée es biens de Dominique VASSEUR décédé ce jourd'hui matin a fait acte de récréantage dudit feu son mari et promis payer ses dettes, obsèques et funérailles et d'en décharger la cour, fait pardevant monsieur Guffroy échevin semainier le 24/11/1687.

2137 - Médiathèque Arras FF126 Folio 738V :
Damoiselle Guislaine DE FREMICOURT veuve de maître Claude LESTOCQUART vivant bourgeois clerc des quatre commis aux ouvrages de cette ville a déclaré et déclare qu'elle récréante par le décès dudit feu

LESTOCQUART son mari promettant payer ses dettes, obsèques et funérailles et d'en décharger la cour, fait pardevant monsieur Routart échevin sepmanier le 24/11/1687.

2138 - Médiathèque Arras FF126 Folio 739R :
Marie Madeleine CASTELAIN veuve de maître Nicolas DUBUISSON vivant chirurgien demeurant en cette ville paroisse de Saint Jean a déclaré et déclare qu'elle récréante par le décès dudit DUBUISSON son mari promettant payer ses dettes, obsèques et funérailles et d'en décharger la cour, fait pardevant monsieur Routart échevin semainier le 29/11/1687.

2139 - Médiathèque Arras FF126 Folio 739R :
Marie Madeleine DUBOIS veuve de Nicolas DECAY vivant maître menuisier demeurant en cette ville a déclaré et déclare qu'elle récréante par le décès dudit feu DECAY son mari promettant payer ses dettes, obsèques et funérailles et d'en décharger la cour, fait pardevant monsieur Morguet échevin semainier le 2/12/1687.

2140 - Médiathèque Arras FF126 Folio 741R :
Antoine Guillain WILLART fils de Philippe et de Marie Françoise DANISON demeurant en cette ville lequel a déclaré et déclare qu'il récréante par le décès de ladite feue DANISON sa mère décédée depuis quelque temp promettant payer ses dettes, obsèques et funérailles et d'en décharger la cour, fait pardevant monsieur du Fétel échevin semainier le 15/12/1687.

2141 - Médiathèque Arras FF126 Folio 741R :
Bonne COCHET fille à marier de Marguerite WILMAR à son trépas veuve de Antoine COCHET demeurant en cette ville a déclaré et déclare qu'elle récréante tant en son nom qu'au nom de ses autres frères et sœurs desquels elle se porte fort à cet effet par le décès arrivé de ladite WILMAR sa mère promettant comme dit est payer ses dettes, obsèques et funérailles et d'en décharger la cour, fait pardevant monsieur du Fétel échevin semainier le 15/12/1687.

2142 - Médiathèque Arras FF126 Folio 741V :
Marguerite DELESAULX, Marie Barbe et Anne DELESAULX sœurs filles et héritières d'Adrienne DELEPORTE à son trépas veuve de Robert DELESAULX ont déclaré et déclarent qu'elles récréantent par le décès de ladite Adrienne DELEPORTE leur mère promettant payer ses dettes, obsèques et funérailles et d'en décharger la cour, fait pardevant monsieur du Fétel échevin semainier le 16/12/1687.

2143 - Médiathèque Arras FF126 Folio 742R :
Marie Madeleine SALMON veuve de Gilles DUPREEL vivant bourgeois cordier demeurant en cette ville a déclaré et déclare qu'elle récréante par le décès dudit feu DUPREEL son mari promettant payer ses dettes, obsèques et funérailles et d'en décharger la cour, fait pardevant monsieur Prévost échevin sepmanier le 29/12/1687.

2144 - Médiathèque Arras FF126 Folio 742R :
Marguerite DELESAULX veuve de Jean François VICOIGNE bourgeois maître tonnelier demeurant en cette ville a déclaré et déclare qu'elle récréante par le décès dudit VICOIGNE son mari promettant payer ses dettes, obsèques et funérailles et en décharger la cour, fait pardevant monsieur Flippes échevin sepmanier le 29/12/1687.

2145 - Médiathèque Arras FF126 Folio 743V :
Sont comparus Jean DELHOMEL bourgeois demeurant en cette ville et Catherine FOUCQUIER sa femme icelle nièce à feue Adrienne FOUCQUIER à son trépas veuve de Louis ROCHE demeurant en cette ville, lesquels ont déclaré et déclarent ladite femme dûment autorisée dudit DELHOMEL son mari qu'ils se fondent héritiers mobiliaires et immobiliaires de tous les biens de la succession de ladite feue Adrienne FOUCQUIER promettant lesdits DELHOMEL et sa femme payer ses dettes, obsèques et funérailles et d'en décharger la cour, fait pardevant messieurs du Boisrond et de Belquin échevins semainiers le 16/1/1688.

2146 - Médiathèque Arras FF126 Folio 744R :
Louis BAUDUIN archer de la maréchaussée d'Artois et bourgeois de cette ville y demeurant a déclaré et déclare qu'il récréante par le décès de François BAUDUIN son père vivant aussi archer de ladite maréchaussée et bourgeois de cette ville promettant payer ses dettes, obsèques et funérailles et d'en décharger la cour, fait pardevant monsieur Potier échevin sepmanier le 20/1/1688.

2147 - Médiathèque Arras FF126 Folio 744V :
Est comparu André François DE LAZARO écuyer sieur de Beaumont fils de Jérosme vivant aussi écuyer et Damoiselle Marie Françoise DE CARDEVACQUE lequel a déclaré et déclare qu'il ne veut appréhender la succession mobilier et immobilier délaissée par le dit feu sieur DE LAZARO comme pareillement les biens disponibles et d'acquêts que pourrait avoir délaissé ladite feue Damoiselle sa mère, se tenant aux biens délaissés par feu Ferdinand DE CARDEVACQUE écuyer son aïeul qui les a substitués en la faveur de ses descendants, fait pardevant monsieur Pottier échevin semainier le 19/1/1688.

2148 - Médiathèque Arras FF126 Folio 745V :
Quentin MILHOMME demeurant en cette ville d'Arras reçu et admis par ordonnance de ce siège du 21ème de ce mois couchée sur la requête y présentée par Nicolas et Isabelle DELEMOTTE frère et sœur demeurant aussi en cette ville à la curatelle d'Henry DELEMOTTE leur frère mineur suivant les consentements tant des parents et amis dudit Henry DELEMOTTE que du procureur général de cette ville à la caution offerte desdits Nicolas et Isabelle DELEMOTTE en faisant les devoirs, est comparu lequel a empris et accepté ladite curatelle et promis par serment de s'y bien et fidèlement conduire et comporter et d'en rendre bon et fidèle compte quand sommé et requis en sera, s'étant lesdits Nicolas et Isabelle DELEMOTTE pour ce aussi présents et comparants constitués solidairement caution dudit Quentin MILHOMME, de quoi iceluy les a promis décharger et de tous dépens, dommages et intérêts, sous l'obligation respective de tous leurs biens, fait pardevant monsieur Potier échevin sepmanier le 24/1/1688.

2149 - Médiathèque Arras FF126 Folio 746R :
Jeanne CHRESTIEN veuve de Jacques ATTAIGNANT vivant bourgeois marchand demeurant en cette ville a déclaré et déclare qu'elle récréante par le décès de feu Jacques CHRESTIEN son père aussi bourgeois marchand audit Arras promettant payer ses dettes, obsèques et funérailles et d'en décharger la cour, fait pardevant monsieur de Fromentin échevin sepmanier le 29/1/1688.

2150 - Médiathèque Arras FF126 Folio 748V :
Marie Catherine DULOR veuve de Adrien BIENFAIT a déclaré qu'elle récréante par le trépas dudit BIENFAIT son mari promettant de payer ses dettes, obsèques et funérailles et d'en décharger la cour, fait pardevant monsieur du Boisrond échevin semainier le 24/2/1688.

2151 - Médiathèque Arras FF126 Folio 748V :
Jacqueline ZACHARY veuve de Charles CHEMET a déclaré et déclare qu'elle récréante par le trépas dudit Charles CHEMET son mari promettant payer ses dettes, obsèques et funérailles et d'en décharger la cour, fait pardevant monsieur du Boisrond échevin semainier le 24/2/1688.

2152 - Médiathèque Arras FF126 Folio 749V :
Delphine CUVELIER veuve de Mathias CAGNEREL vivant bourgeois maître de la maison où pend pour enseigne « le Dragon » en cette ville a déclaré et déclare qu'elle récréante par le décès dudit feu CAGNEREL son mari promettant payer ses dettes, obsèques et funérailles et d'en décharger la cour, fait pardevant monsieur Dupuis échevin sepmanier le 3/3/1688.

2153 - Médiathèque Arras FF126 Folio 751V :
Est comparu maître Maximilien GERY avocat au conseil d'Artois oncle paternel et tuteur de Jean Elzéar GERY iceluy fils d'Alexandre vivant aussi avocat audit conseil et de Damoiselle Marie Madeleine DESLAVIERE lequel a déclaré et déclare qu'en sadite qualité de tuteur d'iceluy Jean il se rend héritier immobilier patrimonial et autres biens indisponibles de ladite Damoiselle DESLAVIERE sa mère, fait le 10/3/1688 pardevant monsieur Fromentin échevin semainier.

2154 - Médiathèque Arras FF126 Folio 752V :
Martin OUTREBON menuisier demeurant en la cité de cette ville mari et bail de Marie WALLET et Alexis SOUILLART fauxboulier demeurant en cette ville mari et bail de Marguerite WALLET lesdites du surnom WALLET sœurs enfants de Philippe WALLET vivant aussi fauxboulier et de Catherine DEHEES, ont déclaré et déclarent qu'ils récréantent par le décès de ladite Catherine DEHEES leur belle-mère promettant payer ses dettes, obsèques et funérailles et d'en décharger la cour, même par ledit OUTREBON de subir juridiction en ce siège en ce regard, fait pardevant monsieur Flippes échevin sepmanier le 20/3/1688.

2155 - Médiathèque Arras FF126 Folio 753V :
Est comparue Marie Yolente BRIDE veuve de Jacques LEMPEREUR vivant marchand fripier en cette ville laquelle a déclaré et déclare qu'elle récréante par le trépas dudit LEMPEREUR son mari promettant payer ses

dettes, obsèques et funérailles et d'en décharger la cour, fait pardevant monsieur Flippes échevin semainier le 23/3/1688.

2156 - Médiathèque Arras FF126 Folio 757R :
Est comparue Marie Marguerite POSTEL veuve de Louis MARSILLE vivant cuisinier en cette ville laquelle a déclaré et déclare qu'elle renonce aux biens meubles délaissés par ledit MARSILLE comme aussi à ses dettes, actions qu'elle abandonne au profit de qui appartiendra, fait pardevant monsieur Fromentin échevin semainier le 1/4/1688.

2157 - Médiathèque Arras FF126 Folio 758R :
Curatelle : est comparu en personne Ignace DUBOIS bourgeois marchand demeurant en cette ville reçu et admis par ordonnance de ce siège du 26 mars dernier couchée sur la requête par lui présentée à cet effet à la tutelle et curatelle des personnes et biens de Nicolas François DELATTRE fils mineur de Nicolas et de Gabrielle JOUY à la caution offerte de Nicolas MAZINGUE bourgeois marchand de toile demeurant en cette ville en faisant les devoirs et en ratifiant par Mathias et Louis MAZINGUE le certificat de la solvabilité dudit Nicolas MAZINGUE et à la charge aussi qu'il n'entreprendra et ne fera aucune affaire de conséquence touchant ladite tutelle et curatelle sans l'intervention du sieur procureur général de cette ville, lequel DUBOIS a empris icelle tutelle et curatelle et promis par serment de se bien et fidèlement comporter en l'administration d'icelle et d'en rendre bon et fidèle compte quand sommé et requis en sera, même de rien entreprendre et ne fera aucune affaire de conséquence touchant ladite tutelle et curatelle sans l'intervention du sieur procureur général, s'étant pour ce ledit Nicolas MAZINGUE aussi en personne constitué sa caution et de quoi ledit DUBOIS l'a promis décharger et de tous dépens, dommages et intérêts sous l'obligation respective de tous leurs biens après que lesdits Mathias et Louis MAZINGUE aussi présents et comparants ont ratifié et ratifient pour ce la solvabilité dudit Nicolas MAZINGUE, fait pardevant monsieur du Boisrond échevin semainier le 6/4/1688.

2158 - Médiathèque Arras FF126 Folio 760R :
Est comparu Damoiselle Marie Théodore DE BLOCART veuve de François Ferdinand Joseph DE BASSECOURT écuyer sieur de Neuve Eglise en partie décédé en cette ville en la maison et hostellerie de « l'Ecu de France » mère et tutrice légitime de Marie Antoinette DE BASSECOURT sa fille mineure qu'elle a de sondit feu mari, laquelle a déclaré et déclare qu'elle récréante au nom de sadite fille mineure par le trépas dudit feu sieur DE BASSECOURT promettant en la susdite qualité de tutrice légitime payer ses dettes, obsèques et funérailles et d'en décharger la cour, fait pardevant monsieur Flippes échevin semainier le 5/5/1688.

2159 - Médiathèque Arras FF126 Folio 761R :
Catherine LIEVRE veuve d'Antoine BRAS vivant bourgeois marchand brasseur en gros demeurant en cette ville a déclaré et déclare qu'elle récréante par le décès dudit feu BRAS son mari promettant payer ses dettes, obsèques et funérailles et d'en décharger la cour, fait pardevant monsieur de Fromentin échevin sepmanier le 11/5/1688.

2160 - Médiathèque Arras FF126 Folio 761R :
Jean Baptiste THERIER portesacq demeurant en cette ville, Marie Claire et Marie Catherine THERIER frère et sœurs ont déclaré qu'ils récréantent par le trépas de Marie Madeleine DEHAYE leur mère promettant payer ses dettes, obsèques et funérailles et d'en décharger la cour, fait pardevant monsieur du Boisrond échevin semainier le 17/5/1688.

2161 - Médiathèque Arras FF126 Folio 761V :
Sont comparus Melchior, Baltazar et Marie Françoise LAGACHE et François WILLART mari et bail d'Anne Thérèse LAGACHE lesquels ont déclaré qu'ils récréantent par le trépas de Françoise DORESMIEUX veuve de Pierre LAGACHE promettant payer ses dettes, obsèques et funérailles et d'en décharger la cour, fait pardevant monsieur Fromentin échevin semainier le 14/5/1688.

2162 - Médiathèque Arras FF126 Folio 763R :
Curatelle : Quentin MILHOMME bourgeois demeurant en cette ville a été reçu et admis par ordonnance du jourd'hui à la tutelle et curatelle des personnes et biens de Marie Françoise, Elizabeth Claire et Marie MIGNON enfants mineurs de feus Jacques et de Catherine DUBOIS à la caution de Pierre DUBOIS bourgeois marchand demeurant en cette dite ville en faisant les devoirs et soumissions ordinaires à charge de rendre compte à ce siège quand besoin et requis sera sans pouvoir rien régir et administrer sans la participation du procureur général de cette ville et ce après avoir vu les consentements des plus proches parents desdits mineurs passé pardevant notaires à Arras le 24 mai dernier et ouy le substitut dudit procureur général pour son absence, en sa

conclusion est comparu ledit MILHOMME lequel a empris et accepté ladite tutelle et curatelle et promis par serment par lui prêté de soy y bien et fidèlement conduire et comporter et d'en rendre bon et fidèle compte à cedit siège toutes les fois que besoin et requis sera s'étant ledit DUBOIS pour ce aussi comparant constitué sa caution et fait pareille promesse, à charge de ne rien régir et administrer touchant ladite tutelle et curatelle dans la participation dudit procureur général, de laquelle caution prêtée par ledit DUBOIS ledit MILHOMME l'a promis décharger ensemble de tous dépens, dommages et intérêts, fait pardevant monsieur du Fétel échevin sepmanier le 4/6/1688.

2163 - Médiathèque Arras FF126 Folio 763V :
Catherine DIEVAL ancienne fille dévote demeurant en cette ville a récréanté par le trépas de Louis DIEVAL marchand de laine en cette ville son frère promettant payer ses dettes, obsèques et funérailles et d'en décharger la cour, fait pardevant monsieur Flippes échevin semainier le 12/6/1688.

2164 - Médiathèque Arras FF126 Folio 764V :
Péronne BACON veuve d'Antoine TESTART vivant maître serrurier demeurant en cette ville a déclaré et déclare qu'elle récréante par le trépas dudit feu TESTART son mari promettant payer ses dettes, obsèques et funérailles et en décharger la cour, fait pardevant monsieur Flippes échevin sepmanier le 15/6/1688.

2165 - Médiathèque Arras FF126 Folio 764V :
Sont comparus Pierre et Jacques LAGACHE, Louis PETIT mari et bail de Marie Madeleine LAGACHE tous demeurant en cette ville lesquels ont déclaré et déclarent qu'ils se rendent héritiers immobiliaire patrimoniaux de feue Françoise DORESMIEUX mère desdits du surnom LAGACHE et héritiers immobiliaires purs et simples de défunt Pierre LAGACHE leur père commun sous préjudice à autre droit qui leur pourrait compéter et appartenir par quelque autre titre s'ils trouvent bon de réclamer sous les promesses, réserves et protestations ordinaires, fait le 19/6/1688 pardevant monsieur Prévost échevin semainier.

2166 - Médiathèque Arras FF126 Folio 765V :
Sont comparus Pierre et Jacques LAGACHE, Louis PETIT et Marie LAGACHE sa femme tous demeurant en cette ville lesquels en expliquant et interceptant en tant que besoin certain acte par eux fait le 19 de juin dernier par lequel ils se sont portés héritiers immobiliaires, pur et simple de défunt Pierre LAGACHE leur père sans préjudice à autres droits qui leur pourraient compéter et appartenir par quelque autre titre s'ils se trouvent bon de le réclamer, ont déclaré et déclarent ladite femme autorisée de son mari qu'ils prétendent de profiter en la susdite qualité d'héritiers de leur père de toute la moitié des acquêts et conquêtes de la communauté qui fut entre lui et aussi défunte Françoise DORESMIEUX sa femme mère des susdits du surnom LAGACHE se consistant tant en terres et héritages champêtres que maison en échevinage et lettres de rentes le tout conformément au contrat anténuptial de leurs dis feus père et mère passé pardevant notaires en cette ville le 13/7/1635, fait pardevant monsieur Dupuis échevin semainier le 5/7/1688.

2167 - Médiathèque Arras FF126 Folio 767R :
Est comparue Damoiselle Isabelle Claire Eugénie GERY veuve d'Antoine Hector DESMARET sieur de Plancquette demeurant à Arras laquelle a déclaré et déclare qu'elle renonce à la communauté de biens et dettes dudit sieur DESMARET son mari et se tient à son douaire prefix et conventionnel et autres retours et avantages stipulés par son contrat de mariage, appréhendant néanmoins lesdits biens et la succession dudit sieur son mari au nom et comme tutrice naturelle et légitime des enfants mineurs qu'elle a retenus héritiers d'iceluy promettant en sadite qualité de tutrice de payer ses dettes, obsèques et funérailles, fait pardevant messieurs Ansart et Flippes échevins sepmaniers le 20/7/1688.

2168 - Médiathèque Arras FF126 Folio 769V :
Antoinette TAFFIN veuve de Philippe DE RANSART vivant bourgeois maître chaudronnier demeurant en cette ville a déclaré et déclare qu'elle récréante par le décès dudit feu DE RANSART son mari promettant payer ses dettes, obsèques et funérailles et d'en décharger la cour, fait pardevant monsieur du Boisrond échevin sepmanier le 13/8/1688.

2169 - Médiathèque Arras FF126 Folio 769V :
Marie Brigitte TACQUET veuve de Nicolas LEROUX vivant bourgeois marchand peaussier demeurant en cette ville a déclaré et déclare qu'elle récréante par le décès dudit LEROUX son mari promettant payer ses dettes, obsèques et funérailles et d'en décharger la cour, fait pardevant monsieur du Boisrond échevin sepmanier le 14/8/1688.

2170 - Médiathèque Arras FF126 Folio 770R :
Marie Madeleine ALEAUME veuve de Michel BOURDON vivant bourgeois maître cordonnier en cette ville a déclaré qu'elle récréante par le décès dudit BOURDON promettant payer ses dettes, obsèques et funérailles et d'en décharger la cour, fait pardevant monsieur Flippes échevin semainier le 3/9/1688.

2171 - Médiathèque Arras FF126 Folio 770R :
Sont comparus Lambert CENSIER et Jacques BLANCHET mari et bail de Jeanne CENSIER lesquels ont déclaré et déclarent qu'ils récréantent par le trépas de Jenne LEGRAND veuve de Nicolas CENSIER leur mère promettant payer ses dettes, obsèques et funérailles et d'en décharger la cour, fait le 7/9/1688 pardevant monsieur Flippes échevin semainier.

2172 - Médiathèque Arras FF126 Folio 770V :
Sont comparus Pierre DUPREEL bourgeois peaussier en cette ville et Josse TERLANDE mari et bail de Françoise HURTAUX aussi bourgeois demeurant en cette ville lesquels ont déclaré qu'ils récréantent par le trépas d'Isabeau GARGANT leur mère commune promettant payer ses dettes, obsèques et funérailles et d'en décharger la cour, fait pardevant monsieur Flippes échevin semainier le 10/9/1688.

2173 - Médiathèque Arras FF126 Folio 771R :
Est comparu Guillaume LEDUCQ bourgeois maître menuisier en cette ville lequel a déclaré et déclare qu'il récréante par le décès de Marie Barbe GENOTE fille de Nicolas et de Marguerite LERICHE sa cousine germaine promettant payer ses dettes, obsèques et funérailles et d'en décharger la cour, fait pardevant monsieur Flippes échevin semainier le 11/9/1688.

2174 - Médiathèque Arras FF126 Folio 771R :
Est comparue Marie Susanne DE WARLINCOURT veuve de Charles MINART plombier en cette ville laquelle a déclaré et déclare qu'elle récréante par le décès dudit MINART son mari promettant payer ses dettes, obsèques et funérailles et d'en décharger la cour, fait pardevant monsieur Flippes échevin semainier le 11/9/1688.

2175 - Médiathèque Arras FF126 Folio 771V :
Sont comparues Antoinette GUERIO veuve de Jacques MILON vivant procureur à ce siège, Jenne Roze GUERIO et Marie Anne GUERIO lesquelles ont déclaré et déclarent qu'elles récréantent par le trépas d'Etienne GUERIO dit Lagarde leur père promettant payer ses dettes, obsèques et funérailles et d'en décharger la cour, fait pardevant monsieur du Boisrond échevin semainier le 25/9/1688.

2176 - Médiathèque Arras FF126 Folio 772R :
Sont comparus Philippe, Marie Barbe et Isabelle MONVOISIN enfants et héritiers de Venant, lesquels ont déclaré et déclarent tant en leurs noms privés qu'en ceux de leurs autres frères et sœurs qu'ils récréantent par le trépas dudit Venant MONVOISIN leur père promettant payer ses dettes, obsèques et funérailles et d'en décharger la cour, fait pardevant monsieur Pallette échevin semainier le 5/10/1688.

2177 - Médiathèque Arras FF126 Folio 772R :
Est comparue Anne BLONDEL veuve de Nicolas BARBIER vivant savetier demeurant en cette ville laquelle a déclaré et déclare qu'elle récréante par le trépas dudit BARBIER promettant payer ses dettes, obsèques et funérailles et d'en décharger la cour, fait pardevant monsieur du Fétel échevin semainier le 12/10/1688.

2178 - Médiathèque Arras FF126 Folio 772V :
Est comparue Marie Jeanne BECAN… veuve de Georges LEFORT vivant bourgeois blanchisseur demeurant en cette ville laquelle a déclaré et déclare qu'elle récréante par le trépas dudit LEFORT son feu mari promettant payer ses dettes, obsèques et funérailles et d'en décharger la cour, fait pardevant monsieur Poitart échevin semainier le 19/10/1688.

2179 - Médiathèque Arras FF126 Folio 773R :
Marie Catherine TERMONDE veuve de Pierre DESMOLINS vivant marchand faïencier en cette ville a déclaré et déclare qu'elle récréante par le trépas dudit DESMOLINS son mari promettant payer ses dettes, obsèques et funérailles et d'en décharger la cour, fait pardevant monsieur Noel échevin semainier le 26/10/1688.

2180 - Médiathèque Arras FF126 Folio 773V :
Isabelle FATOU veuve de Charles VASSEUR vivant bourgeois marchand demeurant en cette ville a déclaré et déclare qu'elle récréante (en qualité de mère et tutrice légitime d'André VASSEUR son fils en bas âge) ledit feu Charles VASSEUR son mari promettant audit nom en cette qualité payer ses dettes, obsèques et funérailles

et d'en depuis… Isabelle FATOU veuve de Charles VASSEUR vivant bourgeois marchand demeurant en cette ville mère et tutrice et légitime de Jean Charles et André VASSEUR ses enfants en bas âge a déclaré et déclare qu'elle récréante en cette qualité au nom de ses dits enfants par le trépas dudit feu VASSEUR son mari, promettant audit nom payer ses dettes, obsèques et funérailles et d'en décharger la cour et à son égard a aussi déclaré et déclare qu'elle renonce aux biens et dettes d'iceluy VASSEUR son mari et qu'elle se tient à son droit et douaire conventionnel stipulé par son contrat de mariage, fait pardevant monsieur Noel échevin sepmanier le 30/10/1688.

2181 - Médiathèque Arras FF126 Folio 774R :
Sont comparus Antoine TESTART fils à marier d'Antoine vivant maître serrurier en cette ville et Louis HEAUVIN maître boulanger en cette ville mari et bail de Marie Madeleine TESTART lesdits TESTART frère et sœur enfants dudit feu Antoine, lesquels ont déclaré et déclarent qu'ils récréantent par le trépas de Péronne BACON à son décès veuve dudit feu Antoine TESTART leur belle-mère, promettant payer ses dettes, obsèques et funérailles et d'en décharger la cour, fait pardevant monsieur Noel échevin semanier le 30/10/1688.

2182 - Médiathèque Arras FF126 Folio 774R :
Sont comparus Herman WACQUET bourgeois hostelain à l'enseigne « des trois rois » en cette ville, Marie Catherine WACQUET veuve de Claude DEMPLO demeurant en cette ville, Charles LEMAIRE mari et bail de Marie Françoise WACQUET et Georges LEMAIRE mari et bail de Marie Angélique WACQUET, iceux WACQUET enfant et neveux de Susanne BACON vivant veuve de Jacques WACQUET, lesquels ont déclaré et déclarent qu'ils récréantent par le trépas d'icelle Susanne BACON promettant payer ses dettes, obsèques et funérailles et d'en décharger la cour, fait pardevant monsieur Doresmieux échevin semanier le 3/11/1688.

2183 - Médiathèque Arras FF126 Folio 775R :
Marie FLAMEN bourgeois marchand demeurant en cette ville mari et bail de Marie Anne LEFEBVRE sœur consanguine à Madeleine LEFEBVRE ancienne fille demeurant en cette dite ville a déclaré et déclare qu'il récréante par le décès de ladite Madeleine LEFEBVRE promettant payer ses dettes, obsèques et funérailles et d'en décharger la cour, fait pardevant monsieur de Vienne échevin sepmanier le 15/11/1688.

2184 - Médiathèque Arras FF126 Folio 775V :
Est comparue Damoiselle Jenne Gérard Dominique MONVOISIN femme et procuratrice spéciale à l'effet ci après de Jacques BEAUMONT fondée de procuration passée pardevant notaires d'Artois en la ville de Cambrai le 19 décembre dernier par elle exhibée en grosse et à elle rendue laquelle audit nom procuratoire a déclaré et déclare qu'elle récréante par le trépas de Claude VASSEUR vivant bourgeois maître d'hôtel en cette ville d'Arras grand oncle dudit BEAUMONT promettant audit nom procuratoire payer ses dettes, obsèques et funérailles et d'en décharger la cour, fait pardevant monsieur de Vienne échevin semanier le 16/11/1688.

2185 - Médiathèque Arras FF126 Folio 776V :
Eustache DUBUISSON chirurgien en cette ville, Melchior MARCHANT chaufourier en cette ville et Pierre GOSSART maçon aussi en cette ville ont déclaré et déclarent qu'ils récréantent par le trépas de Marie Madeleine CASTELAIN veuve de Nicolas DUBUISSON mère dudit Eustache DUBUISSON et belle-mère desdits MARCHANT et GOSSART promettant payer ses dettes, obsèques et funérailles et d'en décharger la cour, fait pardevant monsieur Belquin échevin semanier le 3/12/1688.

2186 - Médiathèque Arras FF126 Folio 777R :
Marguerite LENECARD veuve de Paul BASSOIS vivant sergent du Rietz es faubourgs de Saint Sauveur lez cette ville a déclaré et déclare qu'elle récréante par le trépas dudit feu BASSOIS son mari promettant payer ses dettes, obsèques et funérailles et d'en décharger la cour, fait pardevant monsieur Noel échevin sepmanier le 9/12/1688.

2187 - Médiathèque Arras FF126 Folio 779R :
Lenoir, Picart et Houvigneul sergents ont à la requête de Martin Baltasar LEMAIRE écuyer sieur de Belquin échevin de cette ville procureur spécial de Pierre CARPENTIER laboureur demeurant au village de Herlin le Vert paroisse de Chelers et Marguerite LECOMTE sa femme icelle paravant veuve et demeurée es biens de Jacques GODART et mère et tutrice légitime de Jean GODART son fils mineur qu'elle a retenu dudit Jacques son premier mari, arrêté au corps Etienne BLANCHET boucher demeurant audit Arras pour avoir paiement de la somme de 200 livres pour les causes à déclarer au jour servant, auquel arrêt ledit BLANCHET s'est opposé et faute de caution pour avoir main levée de sa personne, lui a été ordonné de tenir prison, ayant pour ce été conduit et mené es prisons de la châtellenie de cette ville et jour assigné aux prochains plaids, fait pardevant monsieur de Grandmaretz échevin sepmanier le 20/12/1688.

2188 - Médiathèque Arras FF126 Folio 779R :
Damoiselle Marie Madeleine LERICHE veuve de Gilles HANOTEL vivant bourgeois marchand drapier demeurant en cette ville mère et tutrice légitime des enfants mineurs qu'elle a retenus d'iceluy a déclaré et déclare qu'elle récréante en cette qualité par le décès de Damoiselle Agnès LABBÉ veuve de Jacques HANOTEL vivant procureur au conseil d'Artois mère grande desdits mineurs promettant audit nom payer ses dettes, obsèques et funérailles et d'en décharger la cour, fait pardevant monsieur de Douay échevin sepmanier le 22/12/1688.

2189 - Médiathèque Arras FF126 Folio 780R :
Marie Isabelle BURBURE veuve et demeurée es biens de Pierre HORIN vivant bourgeois procureur pour office de l'abbaye d'Arrouaise demeurant en cette ville a déclaré et déclare qu'elle récréante par le trépas dudit HORIN son mari promettant payer ses dettes, obsèques et funérailles et d'en décharger la cour, fait pardevant monsieur de Belquin échevin sepmanier le 11/1/1689.

2190 - Médiathèque Arras FF126 Folio 782R :
Antoine FOURMAULT bourgeois maître mulquinier mari et bail de Rose BOCQUET, Nicolas TESTART aussi bourgeois cabaretier mari et bail de Marie Catherine BOCQUET et Louis DUFRESNE pareillement bourgeois maître tailleur d'habits mari et bail de Thérèse BOCQUET demeurant tous audit Arras, lesdites BOCQUET sœurs, nièces et héritières du côté maternel de feue Adrienne BOUIN à son décès veuve de Mathias DELAYENS vivant aussi bourgeois demeurant en la cité de cette ville, ont déclaré et déclarent qu'ils récréantent en cette qualité par le trépas d'icelle BOUIN leur tante, promettant payer ses dettes, obsèques et funérailles et d'en décharger la cour, fait pardevant monsieur Doresmieux échevin sepmanier le 24/1/1689.

2191 - Médiathèque Arras FF126 Folio 783R :
Est comparu Ignace SENECHAL maître chirurgien en cette ville relict de Susanne MONNEL père et tuteur légitime de Marie Marguerite SENECHAL que lui a laissé ladite MONNEL en bas âge, lequel a déclaré et déclare audit nom de tuteur de sa fille mineure qu'il récréante Marguerite LEDRU en son vivant veuve de Charles MONNEL mère grande d'icelle Marie Marguerite SENECHAL promettant en sadite qualité payer ses dettes, obsèques et funérailles et en décharger la cour, fait pardevant monsieur Douay échevin semainier le 31/1/1689.

2192 - Médiathèque Arras FF126 Folio 783V :
Marguerite FATOU veuve de Baltazar BARBIER vivant brasseur en cette ville a déclaré qu'elle récréante par le trépas d'iceluy promettant payer ses dettes, obsèques et funérailles et d'en décharger la cour, fait pardevant monsieur Douay échevin semainier le 5/2/1689.

2193 - Médiathèque Arras FF126 Folio 783V :
Marie Isabelle POLEVESCHE veuve de Hugues DELATTRE vivant marchand mercier demeurant en cette ville a déclaré et déclare qu'elle renonce aux biens et dettes dudit feu DELATTRE son mari décédé ce jourd'hui et qu'elle se tient à son douaire stipulé par son contrat de mariage, fait pardevant monsieur de Douay échevin sepmanier le 5/2/1689.

2194 - Médiathèque Arras FF126 Folio 784V :
Isabelle MAGNIEN veuve d'Antoine GOSSELIN de son style cordonnier en cette ville rue du presbytère de Sainte Croix a déclaré et déclare qu'elle récréante par le décès dudit feu GOSSELIN son mari promettant payer ses dettes, obsèques et funérailles et en décharger la cour, fait pardevant monsieur Pallette échevin sepmanier le 7/2/1689.

2195 - Médiathèque Arras FF126 Folio 785R :
Sont comparus Pierre et Jacques LAGACHE et Louis PETIT mari et bail de Marie Madeleine LAGACHE se portant fort d'icelle, iceux du surnom LAGACHE enfants de feu Pierre LAGACHE vivant bourgeois marchand demeurant en cette ville d'Arras et Damoiselle Françoise DORESMIEUX lesquels pour satisfaire à la sentence rendue au siège de cet échevinage le 28 de janvier dernier au procès qu'ils ont eu contre François WILLART et Anne Thérèse LAGACHE sa femme, ont déclaré et déclarent qu'ils se portent et fondent héritiers des acquêts et conquêtes faits par ledit feu Pierre LAGACHE leur père pendant la conjonction avec ladite DORESMIEUX leur mère promettant etc, fait pardevant monsieur de Vienne échevin semainier le 7/2/1689.

2196 - Médiathèque Arras FF126 Folio 785V :
Marie Françoise CLEUGNET veuve de Charles DE LOHINEL demeurant en cette ville a déclaré qu'elle récréante par le trépas de Martin CLEUGNET vivant maître boulanger en cette ville promettant payer ses dettes, obsèques et funérailles et d'en décharger la cour, fait pardevant monsieur du Fétel échevin semainier le 15/2/1689.

2197 - Médiathèque Arras FF126 Folio 785V :
Marie BECOURT veuve de Pierre BEUGNET vivant bourgeois maître gorlier en cette ville laquelle a déclaré et déclare qu'elle récréante par le trépas dudit BEUGNET promettant payer ses dettes, obsèques et funérailles et d'en décharger la cour, fait pardevant monsieur du Fétel échevin semainier le 17/2/1689.

2198 - Médiathèque Arras FF126 Folio 787V :
Marie Françoise LEFRANCQ veuve de Jean CHOISY marchand de toile en cette ville a déclaré et déclare qu'elle récréante par le décès dudit feu CHOISY son mari promettant payer ses dettes, obsèques et funérailles et d'en décharger la cour, fait pardevant monsieur Noel échevin semainier le 4/3/1689.

2199 - Médiathèque Arras FF126 Folio 789R :
Sont comparus les sieurs Nicolas Ignace LE FRANCOIS écuyer sieur du Fétel échevin de cette ville procureur spécial de Damoiselle Marie AUCOUSTEL veuve de Nicolas LE FRANCOIS écuyer sieur dudit Fétel et Nicolas PALLETTE avocat au conseil d'Artois et aussi échevin de cette dite ville fils et héritier de maître Engelbert PALLETTE licencié en médecine, lesquels ont déclaré et déclarent qu'ils se rendent héritiers immobiliaires patrimoniaux indisponibles de Damoiselle Marie PALLETTE veuve de Louis PATINIER vivant procureur audit conseil leur cousine isssue de germain, fait pardevant monsieur Potier échevin sepmanier le 11/3/1689.

2200 - Médiathèque Arras FF126 Folio 789V :
Est comparue Damoiselle Isabelle DIDIER veuve de feu maître Hubert DELESTRE vivant procureur au conseil d'Artois laquelle a déclaré et déclare qu'elle renonce à la communauté des biens qui a été entre ledit défunt et qu'elle se tient à ses dot, douaire et conventions matrimoniales portés par son contrat de mariage, fait pardevant monsieur Doresmieux échevin sepmanier le 12/3/1689.

2201 - Médiathèque Arras FF126 Folio 790R :
Marie Marguerite DUCHESNE veuve de Léonard GONGOU dit la Forest vivant piqueur de grès demeurant en cette ville a déclaré et déclare qu'elle récréante par le trépas dudit GONGOU son mari promettant payer ses dettes, obsèques et funérailles et d'en décharger la cour, fait pardevant monsieur de Douay échevin sepmanier le 17/3/1689.

2202 - Médiathèque Arras FF126 Folio 790R :
Marie BONAVENTURE veuve de Pierre MINART vivant boucher en cette ville et Catherine BONAVENTURE veuve de Robert MARCHANT vivant aussi boucher audit Arras, ont déclaré et déclarent qu'elles récréantent par le décès de Marguerite BOYEL veuve de Michel BONAVENTURE vivant pareillement boucher audit Arras leur mère, promettant payer ses dettes, obsèques et funérailles et d'en décharger la cour, fait pardevant monsieur de Douay échevin sepmanier le 17/3/1689.

2203 - Médiathèque Arras FF126 Folio 790V :
Adrienne HUGEU veuve d'Antoine DE NEUFCHASTEL dit Desrosiers vivant bourgeois l'un des gardes de monseigneur le comte de Nancré gouverneur de cette ville, est comparue laquelle a déclaré et déclare qu'elle récréante par le décès dudit feu DE NEUFCHASTEL son mari promettant payer ses dettes, obsèques et funérailles et d'en décharger la cour, fait pardevant monsieur Noel échevin sepmanier le 23/3/1689.

2204 - Médiathèque Arras FF126 Folio 791V :
Marie Jeanne ALLERAND fille franche demeurant en cette ville a déclaré et déclare qu'elle récréante par le décès de Jeanne ALLERAND sa tante paternelle vivante ancienne fille dévote demeurant audit Arras en la place dite de Sainte Géry paroisse de Saint Jean en Ronville promettant payer ses dettes, obsèques et funérailles et d'en décharger la cour, fait pardevant monsieur de Belquin échevin sepmanier le 6/4/1689.

2205 - Médiathèque Arras FF126 Folio 792V :
Est comparu Bernard FOLIN boulanger demeurant en la cité d'Arras et Marie Catherine BETREMIEUX veuve d'Albin PLATEAU demeurant en cette ville lesquels ont déclaré et déclarent qu'ils récréantent par le trépas de Marguerite LEMAIRE veuve de Nicolas BETREMIEUX mère de ladite Marie Catherine BETREMIEUX et

belle-mère dudit FOLIN à cause de sa femme promettant payer ses dettes, obsèques et funérailles et en décharger la cour, fait pardevant monsieur Noel échevin semainier le 16/4/1689 [nota que les susnommés ont une maison vis-à-vis l'église Sainte Croix en leur ... et ledit FOLIN non bourgeois].

2206 - Médiathèque Arras FF126 Folio 793V :
Marie Marguerite PRUVOST fille dévotaire demeurant à Arras fille de feu Adrien vivant bourgeois mulquinier y demeurant a récréanté par le trépas dudit PRUVOST son père décédé mercredi dernier promettant payer ses dettes, obsèques et funérailles et en décharger la cour, fait pardevant monsieur Pottier échevin sepmanier le 23/4/1689.

2207 - Médiathèque Arras FF126 Folio 794R :
Curatelle : suivant la requête présentée par maître Pierre DE BEAUSSART procureur au conseil d'Artois demeurant en cette ville relict et usufruitier de Damoiselle Marie Madeleine DESMARETZ nièce et héritière avec autres de Mathias DESMARETZ vivant échevin de la ville de Cambrai sieur de Saucourt etc, asservi de quatre enfants mineurs que lui a laissés ladite Damoiselle Marie Madeleine DESMARETZ sa femme savoir Jacques François, Marie Madeleine Françoise, Marie Madeleine Antoinette et Cornille Thérèse DE BEAUSSART, maître Joseph Bernard DE DOUAY avocat audit conseil d'Artois a été reçu et admis pour tuteur aux personnes et biens desdits enfants mineurs à la caution dudit DE BEAUSSART en faisant les devoirs après avoir vu les consentements des plus proches parents d'iceux mineurs et du procureur général de cette ville, à effet de comparoir aux devoirs à faire au nom desdits mineurs pour la déshéritance de la maison vendue par ledit DE BEAUSSART et sa femme avec leurs autres cohéritiers au profit de feu Nicolas DE HERLY et sa femme procédant de la succession dudit feu sieur DESMARETZ et les deniers ont été employés pour subvenir au rachat de la fondation de l'église Saint Georges audit Cambrai et faire tous les autres devoirs requis suivant la coutume du lieu, à la suite de quoi est comparu ledit sieur DE DOUAY lequel a empris et accepté ladite tutelle s'étant à ces fins ledit DE BEAUSSART pour ce comparant constitué sa caution le tout sous l'obligation respective de leurs biens, fait pardevant messieurs Grandmaretz et Douay échevins semainiers le 30/4/1689.

2208 - Médiathèque Arras FF126 Folio 794V :
Est comparue Marie Madeleine GAVREAU veuve de feu Charles BELLEVRE mesurer de blé et d'avoine demeurant en cette ville laquelle a déclaré et déclare qu'elle récréante par le décès dudit feu BELLEVRE son mari promettant payer ses dettes, obsèques et funérailles et d'en décharger la cour, fait pardevant monsieur de Vienne échevin semainier le 4/5/1689.

2209 - Médiathèque Arras FF126 Folio 794V :
Est comparue Antoinette MONVOISIN veuve d'Antoine DAMBRINES vivant bourgeois de cette ville laquelle a déclaré et déclare qu'elle récréante par le décès dudit DAMBRINES son mari promettant payer ses dettes, obsèques et funérailles et d'en décharger la cour, fait pardevant monsieur de Vienne échevin semainier le 7/5/1689.

2210 - Médiathèque Arras FF126 Folio 794V :
Est comparue Damoiselle Philippine Barbe FLESCHEL fille de Philippe et Marie Barbe HANART demeurant en cette ville d'Arras laquelle a déclaré et déclare qu'elle se fonde héritière immobiliaire patrimoniale d'Artois de feu maître Jean François HANART vivant prêtre sieur de Mercatel son oncle maternel et qu'elle appréhende sa succession immobiliaire patrimoniale d'Artois tant en son nom que de celui du sieur Walter FLESCHEL son frère en bas âge présentement religieux novice en l'abbaye de Saint Vaast de cette ville d'Arras, comme aussi au nom d'Anne Françoise FLESCHEL sa sœur religieuse novice au couvent de la paix en la cité de cette ville promettant de payer les dettes dudit feu sieur HANART son oncle sauf son recours contre qui il appartiendra, fait pardevant monsieur du Fétel échevin semainier le 10/5/1689.

2211 - Médiathèque Arras FF126 Folio 795R :
Sont comparus François et Marie Gabrielle PESÉ enfants et héritiers de feu Charles, lesquels ont déclaré et déclarent qu'ils récréantent par le trépas d'iceluy promettant payer ses dettes, obsèques et funérailles et d'en décharger la cour, fait pardevant monsieur du Fétel échevin semainier le 10/5/1689.

2212 - Médiathèque Arras FF126 Folio 795V :
Est comparu Christine ROTY veuve de Jean DATOUR vivant maître maçon en cette ville mère et tutrice légitime de Antoine DATOUR son fils mineur qu'elle a dudit Jean, laquelle a déclaré et déclare qu'elle récréante en ladite qualité de tutrice par le trépas dudit Jean DATOUR son défunt mari promettant en ladite qualité payer

ses dettes, obsèques et funérailles et d'en décharger la cour, fait pardevant monsieur du Fétel échevin semainier le 13/5/1689.

2213 - Médiathèque Arras FF126 Folio 797R :
Est comparue Marguerite BURBURE veuve de feu Jean François TERRIER vivant portesacq en cette ville laquelle a déclaré et déclare qu'elle récréante par le trépas dudit TERRIER promettant payer ses dettes, obsèques et funérailles et d'en décharger la cour, fait pardevant monsieur Noel échevin semainier le 27/5/1689.

2214 - Médiathèque Arras FF126 Folio 798R :
Est comparue Marie Isabelle BURBURE veuve de Pierre HORIN demeurant en cette ville laquelle a déclaré et déclare qu'elle récréante par le trépas de Sébastien BURBURE vivant maître serrurier en cette ville son père, promettant payer ses dettes, obsèques et funérailles et en décharger la cour, fait pardevant monsieur Doresmieux échevin semainier le 1/6/1689.

2215 - Médiathèque Arras FF126 Folio 800V :
Ursulle MARSY veuve de Jean LOHEN vivant bourgeois marchand libraire demeurant en cette ville a déclaré et déclare qu'elle récréante par le décès dudit LOHEN son mari promettant payer ses dettes, obsèques et funérailles et d'en décharger la cour, fait pardevant monsieur Pallette échevin sepmanier le 17/6/1689.

2216 - Médiathèque Arras FF126 Folio 801V :
Anne Isabelle LAZURE veuve de Jean François LEQUIEN vivant bourgeois marchand tanneur demeurant en cette ville paroisse de Saint Maurice a déclaré et déclare qu'elle récréante par le décès dudit feu LEQUIEN son mari promettant payer ses dettes, obsèques et funérailles et d'en décharger la cour, fait pardevant monsieur de Belquin échevin sepmanier le 2/7/1689.

2217 - Médiathèque Arras FF126 Folio 802R :
Laurent HUCQUET bourgeois maître cordonnier, Antoine HUCQUET maître tailleur d'habits et Michel HUCQUET charpentier demeurant tous en cette ville ont déclaré et déclarent qu'ils récréantent par le décès de feue Anne HANNART veuve de Jacques HUCQUET vivant bourgeois marchand tanneur audit Arras leur mère promettant payer ses dettes, obsèques et funérailles et d'en décharger la cour, fait pardevant monsieur de Belquin échevin sepmanier le 2/7/1689.

2218 - Médiathèque Arras FF126 Folio 802R :
Anne MILON fille à marier demeurant en cette ville a déclaré qu'elle récréante par le trépas de feu Georges MILON son père décédé le jour d'hier, promettant payer ses dettes, obsèques et funérailles et d'en décharger la cour, fait pardevant monsieur Ansart échevin semainier le 4/7/1689.

2219 - Médiathèque Arras FF126 Folio 802R :
Est comparu Mathieu BUCQUET peautier demeurant en cette ville mari et bail d'Anne LEGRAND icelle fille d'Anne COTART décédée le 25 de mai dernier lequel a déclaré et déclare qu'il récréante par le trépas de ladite Anne COTART sa belle-mère promettant payer ses dettes, obsèques et funérailles et d'en décharger la cour, fait pardevant monsieur Noel échevin semainier le 5/7/1689.

2220 - Médiathèque Arras FF126 Folio 802V :
Est comparu Martin CONCHE bourgeois marchand en cette ville mari et bail de Marie Roze PONTHUS icelle fille de Marie DUBOIS à son trépas veuve et demeurée es biens de Philippe PONTHUS, lequel a déclaré et déclare qu'il récréante par le trépas de ladite Marie DUBOIS sa belle-mère promettant payer ses dettes, obsèques et funérailles et d'en décharger la cour, fait pardevant monsieur Noel échevin semainier le 6/7/1689.

2221 - Médiathèque Arras FF126 Folio 803R :
Antoine PAGE bourgeois marchand drapier demeurant en cette ville est comparu lequel s'est constitué caution de Nicolas RENARD écuyer sieur de Tot bourgeois de cette ville y demeurant, des sieurs Godefroy DE LA CAMPAGNE, Philippe et Jean GENEBAUD et François TOUPLIER demeurant tous quatre au ville de Flamet duché d'Aumale pays de Normandie neveux et héritiers de feu Hercules Joseph DE TRONSURES vivant écuyer sieur du Ronsoy demeurant en cette ville d'Arras pour par eux profiter de l'ordonnance d'audience rendue en ce siège le 4 de ce mois par laquelle, après avoir ouy le procureur général de cette ville, messieurs ont ordonné que le scellé apposé à la maison et effets dudit sieur du Ronsoy sera levé toutes les parties présentes ou dûment appelée pour être ensuite procédé par ledit sieur procureur à la description et inventaire d'iceux en la forme et manière accoutumée et de celle du jour d'hier rendue entre lesdits sieurs de Tot et consorts à l'encontre du sieur PREVOST lieutenant particulier de la gouvernance d'Arras exécuteur testamentaire dudit

feu sieur du Ronsoy par laquelle a été ordonné que sera passé outre à l'exécution de ladite ordonnance nonobstant opposition aux appellations quelconques et sans y préjudicier en baillant caution par lesdits sieur de Tot et consorts, à laquelle caution ledit Antoine PAGE a été reçu par autre ordonnance datée de ce jourd'hui rendue entre les parties à la certification solidaire dudit sieur de Tot et de ses cohéritiers étant en cette ville en faisant par eux l'acte en forme sur le registre de ce siège et en fournissant par eux suivant leurs offres avant la levée dudit scellé la somme de 1702 livres 16 sols 6 deniers sauf à augmenter s'il y échet, promettant suivant ce ledit PAGE de rendre payer et rapporter tout ce qu'il pourrait être dit et ordonné ci après en définitif laquelle caution a été certifiée solvable par lesdits Nicolas RENARD écuyer sieur de Tot, les sieurs Godefroy DE LA CAMPAGNE, Jean GUENEBAUD et François TOUPLIER ici pour ce présents et comparants et se portant fort aussi solidairement comme dessus dudit Philippe GENEBAUD présentement absent de cette ville, lesquels ont aussi fait solidairement les mêmes promesses que ledit PAGE et avec lui de rendre payer et rapporter ce qui sera dit et ordonné ci après en définitif et même promis encore solidairement de décharger et indemniser ledit PAGE de ladite caution et fidéjussion ensemble de tous dépens, dommage et intérêts sous l'obligation solidaire de tous leurs biens présents et à venir et promis aussi de sortir juridiction à ce siège en ce regard et fait élection de domicile chez maître Jacques Louis MACREL qu'ils ont élu et établi pour leur procureur, fait pardevant monsieur Ansart échevin sepmanier le 6/7/1689.

2222 - Médiathèque Arras FF126 Folio 805R :
Curatelle : Jean François LEQUIEN bourgeois marchand demeurant en cette ville mari et bail de Marie DELEPORTE sœur de Marie Marguerite DELEPORTE icelle à son décès femme à Charles PESÉ vivant bourgeois brasseur demeurant audit Arras reçu et admis (par ordonnance du 18ème de ce mois couchée au bas de la requête présentée en ce siège par Maurice, Jean Baptiste et Gabrielle PESÉ tant en leurs noms qu'en ceux de leurs frères et sœurs enfants et héritiers dudit feu Charles, suivant les consentements donnés par François PESÉ, Maurice LOURDEL et Jeanne DELEPORTE, couchés sur le procès verbal tenu en cedit siège le 26ème de mai dernier, plus proches parents des enfants mineurs dudit feu Charles PESÉ et de celui du procureur général de cette ville couché à la fin de ladite requête) pour tuteur et curateur (comme étant connu solvable) aux personnes et biens de François, Gabriel, Maurice, Jean Baptiste, Noël et Angélique PESÉ enfants mineurs dudit feu Charles en faisant les devoirs ordinaires à charge d'en rendre compte à ce siège toutes les fois que sommé et requis en sera, est comparu en personne, lequel a empris et accepté ladite tutelle et curatelle et promis par serment par lui prêté en nos mains de s'y bien et fidèlement conduire et comporter et d'en rendre bon et fidèle compte à ce siège toutes les fois que sommé et requis sera sous l'obligation de tous ses biens, fait pardevant monsieur de Douay échevin sepmanier le 19/7/1689.

2223 - Médiathèque Arras FF126 Folio 806R :
Sont comparus Jean PERIN fils de défunt Philippe bourgeois de cette ville, Damoiselle Marie Françoise PERIN femme procuratrice spéciale du sieur Jacques POULAIN contrôleurs des fermes du roi établis à Watten y demeurant fondée de procuration en date du 11/7/1689 exhibée et rendue, maître Augustin DENAIN procureur au conseil d'Artois mari et bail de Damoiselle Jenne PERIN, Marie Marguerite PERIN femme procuratrice spéciale de Jean Philippe COUPPE fondée de procuration en date du 15 de ce mois, avons apparu et rendu et Catherine PRECOURT veuve de feu Jacques PERIN mère et tutrice légitime des enfants qu'elle a retenus d'iceluy, lesquels ont récréanté et récréantent par cette ledit feu Philippe PERIN promettant payer ses dettes, obsèques et funérailles et en décharger la cour, fait pardevant monsieur Grandmaret échevin semainier le 23/7/1689.

2224 - Médiathèque Arras FF126 Folio 806V :
Marie Jeanne BONAVENTURE veuve de Claude VASSEUR vivant bourgeois boucher en cette ville a déclaré et déclare qu'elle récréante par le décès dudit feu Claude VASSEUR son mari promettant payer ses dettes, obsèques et funérailles et d'en décharger la cour, fait pardevant monsieur de Grandmaretz échevin sepmanier le 23/7/1689.

2225 - Médiathèque Arras FF126 Folio 808R :
Est comparu Jean François DARRAS procureur au conseil d'Artois demeurant en cette ville lequel a (en vertu de la procuration spéciale passée sous son nom pardevant notaires audit Arras le 26ème du présent mois par Damoiselle Marie Jeanne DUFRESNE veuve de Philippe PERIN demeurant en cette ville exhibée et retirée en grosse signée A. Binet, par ledit DARRAS) déclaré et déclare par cette qu'il renonce en cette qualité au nom de ladite DUFRESNE aux effets mobiliaires délaissés par ledit feu Philippe PERIN son mari sauf ceux qui lui appartiennent conformément à son contrat de mariage passé pardevant notaires le 24/4/1674 auquel elle entend se conformer et veut qu'il porte son plein et entier effet pour les stipulations qui la regardent, fait pardevant monsieur Pallette échevin sepmanier le 29/7/1689.

2226 - Médiathèque Arras FF126 Folio 808V :
Est comparu Emery SOHIER bourgeois maître orfèvre demeurant en cette ville père et tuteur légitime d'Anne Scholastique en bas âge lequel a déclaré et déclare qu'en sadite qualité de père et tuteur légitime de sa fille, il appréhende au nom d'icelle la succession mobiliaire patrimoniale de feu Louis DE FREMICOURT son aïeul vivant demeurant en cette ville d'Arras promettant suivant ce en décharger la cour, fait pardevant monsieur le François échevin sepmanier le 2/8/1689.

2227 - Médiathèque Arras FF126 Folio 808V :
Est comparue Noëlle CLOCQUETEUR veuve d'Antoine BOURDON vivant boulanger en cette ville laquelle a déclaré qu'elle récréante par le trépas dudit BOURDON son mari promettant payer ses dettes, obsèques et funérailles et en décharger la cour, fait pardevant monsieur du Fétel échevin semainier le 3/8/1689.

2228 - Médiathèque Arras FF126 Folio 808V :
Sont comparus maître Michel DELAIRE prêtre chapelain de l'église cathédrale de Notre Dame d'Arras, Philippe Joseph DELAIRE avocat au conseil d'Artois, René Bernard DUVERNAY bourgeois de cette ville mari et bail de Damoiselle Françoise DELAIRE, maître Antoine PRANGER avocat audit conseil mari et bail de Damoiselle Agnès Thérèse DELAIRE et maître Jean DANERY avocat audit conseil mari et bail de Damoiselle Jeanne DELAIRE, lesdits du surnom DELAIRE frères et sœurs enfants et héritiers de feu maître Jean DELAIRE ancien échevin commis aux chartes de cette ville et contrôleur des bois … du roi en Artois décédé ce jourd'hui lesquels susnommés comparants es qualités ci-dessus ont récréanté par le trépas dudit sieur DELAIRE promettant payer ses dettes, obsèques et funérailles et en décharger la cour, fait pardevant monsieur du Fétel échevin sepmanier le 6/8/1689.

2229 - Médiathèque Arras FF126 Folio 809R :
Rémy Picart et Louis Lenoir sergents du châtelain ont à la requête de Jean François LANSEART bourgeois maître boulanger mari et bail d'Antoinette BELEMBERT et Nicolas BELEMBERT aussi bourgeois maître boulanger demeurant en cette ville d'Arras, lesdits BELEMBERT frère et sœur enfants et héritiers de feue Isabeau CAVEROIS veuve de Louis BELEMBERT, arrêté au corps, en vertu de l'ordonnance du 5ème de juillet dernier couchée sur la requête par eux présentée en ce siège, Théodoricque DE WARLINCOURT notaire royal demeurant audit Arras et ci devant receveur de l'église paroissiale de Saint Jean en Ronville le trouvant en la maison occupée par Pierre BROUTIN cabaretier proche de celle où pend pour enseigne « le chevalier rouge », monsieur Poitart échevin sepmanier présent, en boucle et ce pour avoir paiement de la somme de 6490 livres 7 deniers obol par une partie et par autre tant et jusqu'à ce qu'il ait rapporté es mains des susnommés comme cassé et annulé l'acte de fidejussion passée par ladite feue CAVEROIS conjointement avec lui et Damoiselle Marie BELEMBERT sa première femme au profit des curé, marguilliers et paroissiens de ladite église le 18/12/1672 par lequel acte icelle CAVEROIS s'est obligée solidairement avec ledit DE WARLINCOURT et sa femme de prêter à ladite église toutes les sommes qu'iceluy DE WARLINCOURT demeurerait redevable par les clôtures de ses comptes, en tout quoi ledit DE WARLINCOURT s'est obligé solidairement avec Damoiselle Marie Anne DE BRIMES sa second femme par autres lettres pour ce faites et passées pardevant notaires audit Arras le 26/11/1687, le tout pour les causes à déclarer plus amplement au jour servant, auquel arrêt ledit DE WARLINCOURT s'est opposé et faute de caution pour avoir main levée de sa personne, lui a été ordonner de tenir prison ayant pour ce été conduit et mené es prisons de la châtellenie de cette ville et jour assigné aux premiers plaids après les présentes vacances, fait pardevant ledit sieur Poitart échevin sepmanier le 9/8/1689.

2230 - Médiathèque Arras FF126 Folio 808V :
Philippe OBRY bourgeois porte sacq demeurant en cette ville a déclaré et déclare qu'il récréante par le trépas de feu Jean OBRY son père vivant aussi porte sacq de cette ville promettant payer ses dettes, obsèques et funérailles et en décharger la cour, fait pardevant monsieur de Belquin échevin sepmanier le 12/8/1689.

2231 - Médiathèque Arras FF126 Folio 811R :
Marie Madeleine VOLANT veuve d'Antoine PROCED vivant bourgeois maître chaudronnier demeurant en cette ville a déclaré et déclare qu'elle récréante par le décès dudit PROCED son mari promettant payer ses dettes, obsèques et funérailles et en décharger la cour, fait pardevant monsieur Doresmieux échevin sepmanier le 23/8/1689.

2232 - Médiathèque Arras FF126 Folio 811R :
Marie Marguerite VERET veuve de Georges REGNAULT dit Champagne vivant bourgeois maître de la maison où est pour enseigne « la Toison » en cette ville a déclaré et déclare qu'elle récréante par le décès dudit feu

REGNAULT son mari promettant payer ses dettes, obsèques et funérailles et en décharger la cour, fait le 23/8/1689 pardevant monsieur Doresmieux échevin sepmanier.

2233 - Médiathèque Arras FF126 Folio 811R :
Antoinette HEREN veuve de Georges COCQUEL dit Desroziers vivant geôlier des prisons de la Cour le Comte en cette ville a récréanté par le trépas dudit COCQUEL son feu mari et promis payer ses dettes, obsèques et funérailles et d'en décharger la cour, fait pardevant monsieur Douay échevin semainier le 31/8/1689.

2234 - Médiathèque Arras FF126 Folio 812R :
Philippe FATOU bourgeois de cette ville demeurant à Bienvillers au Bois a déclaré et déclare qu'il récréante par le trépas de feu Jean FATOU son père vivant bourgeois marchand débiteur de fagots en cette ville promettant payer ses dettes, obsèques et funérailles et d'en décharger la cour, fait pardevant monsieur de Vienne échevin semainier le 5/9/1689.

2235 - Médiathèque Arras FF126 Folio 812V :
Est comparue Marie Catherine GLACON veuve de Charles BOITEL laquelle a déclaré qu'elle récréante par le trépas d'iceluy arrivé le jour d'hier promettant payer ses dettes, obsèques et funérailles et d'en décharger la cour, fait pardevant monsieur du Fétel échevin semainier le 14/9/1689.

2236 - Médiathèque Arras FF126 Folio 813R :
Est comparue Jeanne Thérèse BEAUMONT veuve de feu Philippe HAUWEL vivant maître charron en cette ville laquelle a déclaré et déclare qu'elle récréante par le trépas d'iceluy promettant payer ses dettes, obsèques et funérailles et d'en décharger la cour, fait pardevant monsieur du Fétel échevin semainier le 16/9/1689.

2237 - Médiathèque Arras FF126 Folio 813R :
Est comparue Marie Anne LEFEBVRE veuve de Jean DELACOCHE dit Larivière laquelle a déclaré et déclare qu'elle récréante par le trépas dudit DELACOCHE son mari promettant payer ses dettes, obsèques et funérailles et d'en décharger la cour, fait pardevant monsieur Chivot échevin semainier le 16/9/1689.

2238 - Médiathèque Arras FF126 Folio 813R :
Est comparue Charles PIERMONT marchand gantier en cette ville et Nicolas DE CANLERS maître tailleur d'habits demeurant en cette ville mari et bail de Françoise PIERMONT lesquels ont déclaré et déclarent qu'ils récréantent par le trépas de Martine DAUCHET leur mère à son trépas veuve d'Isaacq PIERMONT promettant payer ses dettes, obsèques et funérailles et d'en décharger la cour, fait pardevant monsieur du Fétel échevin semainier le 17/9/1689.

2239 - Médiathèque Arras FF126 Folio 813V :
Est comparue Françoise LAGNEU veuve de Florent BAYART commis des fermiers demeurant en cette ville laquelle a déclaré et déclare qu'elle récréante par le trépas dudit BAYART son mari promettant payer ses dettes, obsèques et funérailles et d'en décharger la cour, fait pardevant monsieur Belquin échevin semainier le 22/9/1689.

2240 - Médiathèque Arras FF126 Folio 813V :
Est comparue Agnès LABOURÉ veuve de Louis BERON vivant charpentier en cette ville laquelle a déclaré et déclare qu'elle récréante par le trépas d'iceluy promettant payer ses dettes, obsèques et funérailles et d'en décharger la cour, fait pardevant monsieur Noel échevin semainier le 26/9/1689.

2241 - Médiathèque Arras FF126 Folio 814R :
Est comparue Marie Jacqueline DEGAND fille à marier demeurant en cette ville fille de Géry DEGAND et de défunte Isabelle LEGRAND, petite-fille d'Anne COTTART veuve de Laurent LEGRAND, laquelle a déclaré et déclare qu'elle récréante ladite Anne COTTART décédée le 25 de mai dernier promettant payer ses dettes légitimes et non prescrites à l'encontre de Mathieu BUCQUET et Anne LEGRAND ses oncle et tante à concurrence de sa quote-part, fait pardevant monsieur Doresmieux échevin semainier le 8/10/1689.

2242 - Médiathèque Arras FF126 Folio 815R :
Est comparue Jenne COUDET veuve de Gilles VASSEUR vivant faiseur de fil à pêcher poisson demeurant en cette ville laquelle a déclaré et déclare qu'elle récréante par le trépas dudit feu VASSEUR promettant payer ses dettes, obsèques et funérailles et d'en décharger la cour, fait pardevant monsieur Pallette échevin semainier le 30/10/1689.

2243 - Médiathèque Arras FF126 Folio 815R :
Est comparue Damoiselle Marie Barbe GUFFROY fille d'Antoine vivant écuyer conseiller au conseil d'Artois laquelle pour satisfaire aux écrits de maître Antoine GUFFROY avocat audit conseil, Philippe et Marc Antoine GUFFROY ses frères signifiés les 19 et 24 de ce présent mois d'octobre, a déclaré et déclare qu'elle prétend faire exécuteur le testament dudit feu sieur Antoine GUFFROY son père du 9/3/1672 et qu'elle ratifie le contenu en ses requêtes apostillées du 7 de ce mois et écrit signifié le 22 du même mois par lesquels elle demande contre sesdits frères l'exécution dudit testament, fait pardevant monsieur du Fétel échevin semainier le 25/10/1689.

2244 - Médiathèque Arras FF126 Folio 815V :
Louise PLAISANT veuve de Thomas ROUSSEL a récréanté par le trépas dudit ROUSSEL vivant maître serrurier en cette ville promettant payer ses dettes, obsèques et funérailles et d'en décharger la cour, fait pardevant monsieur de Belquin échevin semainier le 31/10/1689.

2245 - Médiathèque Arras FF126 Folio 815V :
Geneviève MOLINS veuve de Guillaume BULTEL vivant bourgeois mesureur d'avoine demeurant en cette ville a déclaré et déclare qu'elle récréante par le trépas dudit BULTEL son mari promettant payer ses dettes, obsèques et funérailles et d'en décharger la cour, fait pardevant monsieur de Belquin échevin sepmanier le 31/10/1689.

2246 - Médiathèque Arras FF126 Folio 816R :
Jean DESPLANCQUE bourgeois maître charpentier demeurant en cette ville d'Arras et Adrienne LOHEN sa femme icelle sœur et plus habile héritière apparente d'à présent défunt Jean LOHEN vivant bourgeois marchand libraire demeurant audit Arras, déclarent par cette qu'ils ne veulent appréhender en leur nom et en cette qualité la succession dudit feu LOHEN leur frère mais bien qu'ils entendent comme père et tuteur légitime de Jean François DESPLANCQUE leur fils mineur et en bas âge, neveu dudit feu LOHEN d'appréhender au nom dudit mineur héritier de sondit oncle ladite succession promettant audit nom et en ladite qualité de tuteur de leur fils et iceluy héritier de sondit oncle de payer à l'encontre de Ursule MARSY veuve et demeurée es biens dudit feu LOHEN la moitié des dettes dues et contractées par ledit feu LOHEN et ladite MARSY sa veuve et par ledit mineur seul les obsèques et funérailles, fait pardevant monsieur Routard échevin sepmanier le 10/11/1689.

2247 - Médiathèque Arras FF126 Folio 817R :
Simon et Guillain DEBUIRE enfants et héritiers de Jean vivant boulanger en cette ville ont déclaré tant en leurs noms qu'en celui de Jean et Marie Anne DEBUIRE leurs frère et sœur qu'ils récréantent par le trépas dudit feu Jean DEBUIRE leur père décédé depuis peu promettant payer ses dettes, obsèques et funérailles et en décharger la cour, fait pardevant monsieur de Beaurains Beaurepaire le 14/11/1689.

2248 - Médiathèque Arras FF126 Folio 817V :
Sont comparus Jean Pierre VASSEUR, Marie Madeleine, Marie Françoise, Marie Marguerite et Scolastique VASSEUR enfants de Vindicien VASSEUR vivant maître tourneur en cette ville lesquels ont déclaré et déclarent qu'ils récréantent par le trépas dudit Vindicien VASSEUR promettant payer ses dettes, obsèques et funérailles et d'en décharger la cour, fait pardevant monsieur Mayeur échevin semainier le 17/11/1689.

2249 - Médiathèque Arras FF126 Folio 818V :
Est comparue Françoise GRENIER veuve de Jean FRANCOIS vivant maître taillandier en cette ville laquelle a déclaré et déclare qu'elle récréante par le trépas dudit FRANCOIS son mari promettant payer ses dettes, obsèques et funérailles et d'en décharger la cour, fait pardevant monsieur Lesecq échevin semainier le 3/12/1689.

2250 - Médiathèque Arras FF126 Folio 819R :
Marie Madeleine VALLOIS veuve de Martin PAYEN vivant mercier en cette ville rue Saint Etienne ? a déclaré et déclare qu'elle récréante par le décès dudit feu Martin PAYEN son mari promettant payer ses dettes, obsèques et funérailles et en décharger la cour, fait pardevant monsieur Lesecq échevin sepmanier le 3/12/1689.

2251 - Médiathèque Arras FF126 Folio 819R :
Jenne SAUDEMONT veuve de Simon CHEMBAULT vivant maître saieteur en cette ville laquelle a déclaré qu'elle récréante par le trépas dudit CHEMBAULT son mari promettant payer ses dettes, obsèques et funérailles et en décharger la cour, fait pardevant monsieur Noel échevin semainier le 5/12/1689.

2252 - Médiathèque Arras FF126 Folio 819V :
Est comparue Antoinette BUCQUET veuve de Louis BLANDECQ vivant porte sacq en cette ville laquelle a déclaré et déclare qu'elle récréante par le trépas de son mari promettant payer ses dettes, obsèques et funérailles et d'en décharger la cour, fait pardevant monsieur Noel échevin semainier le 5/12/1689.

2253 - Médiathèque Arras FF126 Folio 819V :
Est comparue Robert DUCROCQ maître maçon en cette ville lequel a déclaré et déclare qu'il récréante par le trépas de Oudart DUCROCQ son père promettant payer ses dettes, obsèques et funérailles et d'en décharger la cour, fait pardevant monsieur Noel échevin semainier le 7/12/1689.

2254 - Médiathèque Arras FF126 Folio 820R :
Pierre PETIT espinglier demeurant en la ville de Lille fils de Laurent, est comparu lequel a déclaré et déclare qu'il récréante par le décès de Marie DIDIER veuve dudit Laurent PETIT sa mère demeurant audit Arras en la maison où pend pour enseigne « le Lion Rouge » promettant payer ses dettes, obsèques et funérailles et d'en décharger la cour, fait pardevant monsieur Lallart échevin sepmanier le 7/12/1689 ayant en outre ledit Pierre PETIT promis sortir juridiction à cet échevinage en ce regard.

2255 - Médiathèque Arras FF126 Folio 820V :
Louis GELÉ maître fourrier en cette ville a déclaré et déclare qu'il récréante par le trépas de Catherine PONS sa mère décédée ce jourd'hui promettant payer ses dettes, obsèques et funérailles et en décharger la cour, fait pardevant monsieur Lallart échevin semainier le 9/12/1689.

2256 - Médiathèque Arras FF126 Folio 822V :
Est comparue Anne Elizabeth GUILLEBERT fille à marier demeurant en cette ville laquelle a déclaré et déclare qu'elle récréante par le trépas d'Anne FROMON sa mère décédée depuis peu de jours promettant payer ses dettes, obsèques et funérailles et en décharger la cour, fait pardevant monsieur Routart échevin semainier le 20/12/1689.

2257 - Médiathèque Arras FF126 Folio 823V :
Est comparue Marie Jenne GRENIER veuve de Jacques CORDIER fille d'Isabeau VASSEUR laquelle a déclaré qu'elle récréante par le trépas d'icelle VASSEUR sa mère à son décès veuve de Louis GRENIER promettant payer ses dettes, obsèques et funérailles et d'en décharger la cour, fait pardevant monsieur Flippes échevin semainier le 3/1/1690.

2258 - Médiathèque Arras FF126 Folio 824R :
Est comparue Marie DELAHAYE veuve de Jean MACREL vivant gaugeur de bois décédé ce jourd'hui, mère et tutrice légitime de Jean Philippe MACREL mineur qu'elle a de sondit feu mari, laquelle a déclaré et déclare qu'elle récréante au nom et comme mère et tutrice de sondit fils mineur ledit feu Jean MACREL son mari promettant en ladite qualité payer ses dettes, obsèques et funérailles et en décharger la cour, fait pardevant monsieur Noel échevin semainier le 17/1/1690.

2259 - Médiathèque Arras FF126 Folio 824V :
Marie Françoise DECAYE veuve de Nicolas DUPARCQ vivant mercier en cette ville laquelle a déclaré et déclare qu'elle récréante par le trépas d'iceluy promettant payer ses dettes, obsèques et funérailles et d'en décharger la cour, fait pardevant monsieur Noel échevin semainier le 17/1/1690.

2260 - Médiathèque Arras FF126 Folio 824V :
Sont comparus Guillaume BERNARD maître tailleur en cette ville et Etienne LEFEBVRE maître tourneur en cette ville lesquels ont déclaré qu'ils récréantent par le trépas de Julienne MOCOMBLE veuve d'Antoine CUVELLIER vivant maître menuisier en cette ville leur belle-mère promettant payer ses dettes, obsèques et funérailles, fait pardevant monsieur Noel échevin semainier le 19/1/1690.

2261 - Médiathèque Arras FF126 Folio 825R :
Damoiselle Marie Isabelle CAUROIS fille à marier de feu Pierre vivant bourgeois tanneur demeurant en cette ville décédé dimanche dernier a récréanté par le trépas dudit Pierre CAUROIS son père promettant payer ses dettes, obsèques et funérailles et en décharger la cour, fait pardevant messieurs Noel et Lallart échevins sepmaniers le 20/1/1690.

2262 - Médiathèque Arras FF126 Folio 825R :
Maître Jean CUVELIER procureur au conseil d'Artois demeurant en la cité d'Arras et Jean François HATTE bourgeois marchand demeurant audit Arras ont récréanté par le trépas de Damoiselle Madeleine BRIOIS leur mère grande décédée ce jour'hui promettant payer ses dettes, obsèques et funérailles et en décharger la cour, fait pardevant monsieur Doresmieux échevin sepmanier le 24/1/1690.

2263 - Médiathèque Arras FF126 Folio 825V :
Damoiselle Marie Madeleine HATTÉ veuve d'Adrien François WILLART vivant bourgeois marchand demeurant en cette ville a déclaré et déclare qu'elle récréante par le décès de feue Damoiselle Madeleine BRIOIS veuve en premières noces de Jean HATTÉ et en dernières de Maximilien LEFRANCQ vivant bourgeois marchand demeurant audit Arras sa mère, promettant payer ses dettes, obsèques et funérailles et d'en décharger la cour, fait pardevant monsieur Doresmieux échevin sepmanier le 26/1/1690.

2264 - Médiathèque Arras FF126 Folio 826R :
Est comparue Marie Françoise DUBOIS veuve de Nicolas MAZINGUE laquelle a déclaré et déclare qu'elle récréante par le trépas dudit MAZINGUE son mari vivant linger en cette ville promettant payer ses dettes, obsèques et funérailles et en décharger la cour, fait pardevant monsieur de Beaurepaire échevin semainier le 10/2/1690.

2265 - Médiathèque Arras FF126 Folio 827R :
Marie Marguerite ROBICQUET fille à marier de feue Marguerite CARON vivant veuve d'Allart ROBICQUET laquelle a déclaré et déclare qu'elle récréante par le trépas d'icelle CARON sa mère promettant payer ses dettes, obsèques et funérailles et d'en décharger la cour, fait pardevant monsieur Flippes échevin semainier le 13/2/1690.

2266 - Médiathèque Arras FF126 Folio 829V :
Nicolas TESTART bourgeois maître tonnelier demeurant en cette ville petit-fils de Marie BAUDRY veuve d'Antoine TESTART, père et tuteur légitime d'Etienne TESTART, a déclaré et déclare qu'il récréante au nom dudit Etienne ladite Marie BAUDRY et promet de payer ses dettes, obsèques et funérailles et d'en décharger la cour, fait pardevant monsieur Noel échevin sepmanier le 25/2/1690.

2267 - Médiathèque Arras FF126 Folio 830R :
Est comparue Barbe VASSEUR veuve de Bon PAYEN vivant boutonnier en cette ville laquelle a déclaré et déclare qu'elle récréante par le trépas dudit PAYEN son feu mari promettant payer ses dettes, obsèques et funérailles et en décharger la cour, fait pardevant monsieur Noel échevin semainier le 28/2/1690.

2268 - Médiathèque Arras FF126 Folio 830V :
Sont comparus Claude LERICHE procureur à ce siège et Antoinette TEMPLIER sa femme demeurant en cette ville lesquels ont déclaré et déclarent qu'ils se fondent héritiers mobiliaires de feu Jean TEMPLIER vivant bourgeois marchand fermier d'impositions demeurant en cette ville père d'icelle Antoinette promettant suivant ce entretenir, exécuter et accomplir tous les actes faits et passés par iceluy défunt TEMPLIER et notamment son testament en tous ses points fermes et teneur comme aussi de payer ses dettes, obsèques et funérailles à concurrence et à proportion de la part qu'ils pourront avoir dans sa succession et en décharger la cour, fait pardevant monsieur Doresmieux échevin semainier le 9/3/1690.

2269 - Médiathèque Arras FF126 Folio 832R :
Est comparue Marie CUVELLIER veuve de Jean DENIS vivant porte sacq en cette ville laquelle a déclaré et déclare qu'elle récréante par le trépas dudit DENIS promettant payer ses dettes, obsèques et funérailles et d'en décharger la cour, fait pardevant monsieur Routart échevin semainier le 17/3/1690.

2270 - Médiathèque Arras FF126 Folio 832V :
Est comparue Françoise SANTEL veuve de Florent LANGE demeurant en cette ville laquelle a déclaré et déclare qu'elle récréante par le trépas de Catherine LIBESSART sa mère vivant veuve de François SANTEL promettant payer ses dettes, obsèques et funérailles et en décharger la cour, fait pardevant monsieur Routart échevin semainier le 21/3/1690.

2271 - Médiathèque Arras FF126 Folio 833R :
Marie PREUDHOME veuve de Claude POTEZ bourgeois blanchisseur de toiles demeurant à Arras a récréanté par le trépas dudit POTEZ son mari décédé le jour d'hier promettant payer ses dettes, obsèques et funérailles et en décharger la cour, fait pardevant monsieur Noel échevin le 25/3/1690.

2272 - Médiathèque Arras FF126 Folio 834R :
Est comparu maître Pierre LEGAY avocat au conseil d'Artois lequel a déclaré et déclare qu'il est seul héritier universel de feu Jacques Adrien LEGAY son frère sieur de Ramecourt lequel récréante promettant payer ses dettes, obsèques et funérailles et en décharger la cour, fait pardevant monsieur Noel échevin semainier le 4/4/1690.

2273 - Médiathèque Arras FF126 Folio 834R :
Robert DAMIENS bourgeois maître chaudronnier mari et bail de Marie Marguerite LECOMTE et Pierre LEROY aussi bourgeois maître tonnelier mari et bail de Marie Barbe LECOMTE demeurant en cette ville, ont déclaré et déclarent qu'ils récréantent par le décès de Françoise DE NEUVILLE veuve de Pierre LECOMTE vivant aussi bourgeois dudit Arras mère desdites Marie Marguerite et Marie Barbe LECOMTE, promettant payer ses dettes, obsèques et funérailles et d'en décharger la cour, fait pardevant monsieur Noel échevin sepmanier le 6/4/1690.

2274 - Médiathèque Arras FF126 Folio 835R :
Est comparu Marie NOEL voiturier veuve de Bon François STEVENART vivant maître cordonnier en cette ville laquelle a déclaré et déclare qu'elle récréante par le trépas dudit STEVENART son mari promettant payer ses dettes, obsèques et funérailles et en décharger la cour, fait pardevant monsieur Douay échevin semainier le 24/4/1690.

2275 - Médiathèque Arras FF126 Folio 835R :
Sont comparus Marie Jeanne PEUVION veuve DEBRAINE vivant sergent à cheval de la gouvernance d'Arras demeurant en cette [ ] et Jean LEROUX mari et bail de Marie DEBRAINE demeurant en cette ville lesquels ont déclaré et déclarent qu'ils récréantent par le trépas de Guillain DEBRAINE leur beau-père décédé depuis peu promettant payer ses dettes, obsèques et funérailles et en décharger la cour, fait pardevant monsieur Routart échevin semainier le 29/4/1690.

2276 - Médiathèque Arras FF126 Folio 835V :
Jean DUPUICH bourgeois de cette ville et monnoyeur demeurant en la ville de Lille a déclaré et déclare qu'il récréante par le décès de feu Nicolas DUPUICH son père vivant aussi bourgeois de cette ville y demeurant promettant payer ses dettes, obsèques et funérailles et en décharger la cour, fait pardevant monsieur de Beaurepaire échevin sepmanier le 6/5/1690.

2277 - Médiathèque Arras FF126 Folio 835V :
Est comparu Adrien SENECHAL piqueur de laine demeurant en cette ville lequel a déclaré et déclare qu'il récréante par le trépas de Claire DE BEAUVOIS vivant veuve de Mathias SENECHAL sa mère promettant payer ses dettes, obsèques et funérailles et en décharger la cour, fait pardevant monsieur Flippes échevin semainier le 8/5/1690.

2278 - Médiathèque Arras FF126 Folio 836R :
Est comparue Damoiselle Marie Jenne LEGUET veuve de Philippe de HERLIN vivant bourgeois rentier et mayeur héréditaire du village de Roeux décédé en cette ville le 6ème de ce mois de mai laquelle a déclaré et déclare par cette qu'elle renonce à la communauté de biens d'entre iceluy feu HERLIN et qu'elle se tient à son droit de douaire conventionnel avec les retours stipulés par son contrat de mariage dont elle prétend de demeurer entier de se faire payer ainsi et comme elle trouvera à convenir sur les effets délaissés par ledit feu HERLIN tant mobiliaires qu'immobiliaires, fait pardevant monsieur Chimencourt échevin semainier le 10/5/1690.

2279 - Médiathèque Arras FF126 Folio 836R :
Est comparu maître Dominique Joseph HERLIN procureur au conseil d'Artois lequel a déclaré et déclare qu'il récréante Philippe HERLIN son frère décédé le 6 de ce mois au nom de Catherine Joseph HERLIN sa fille mineure promettant audit nom payer ses dettes, obsèques et funérailles et en décharger la cour, fait pardevant monsieur Chimencourt échevin semainier le 10/5/1690.

2280 - Médiathèque Arras FF126 Folio 837R :
Robert CARON bourgeois marchand orfèvre demeurant en cette ville mari et bail de Marie Anne NOIRET fille de feus Simon et Antoinette VAILLANT a déclaré et déclare qu'il récréante par le décès de ladite Antoinette VAILLANT vivant veuve dudit feu Simon NOIRET, mère de ladite Marie Anne NOIRET, promettant payer ses dettes, obsèques et funérailles et d'en décharger la cour, fait pardevant monsieur Lesecq échevin sepmanier le 20/5/1690.

2281 - Médiathèque Arras FF126 Folio 837V :
Pierre DE FROMENTEL bourgeois hostelain et Antoine DE FROMENTEL aussi bourgeois et porte sacq demeurant en cette ville, ont déclaré et déclarent qu'ils récréantent par le décès de feu Firmin DE FROMENTEL leur père vivant demeurant audit Arras paroisse de Saint Nicolas sur les Fossés, promettant payer ses dettes, obsèques et funérailles et d'en décharger la cour, fait pardevant monsieur Doresmieulx échevin sepmanier le 30/5/1690.

2282 - Médiathèque Arras FF126 Folio 837V :
Adrienne Thérèse GERARD veuve de Robert FAUVEL vivant bourgeois tailleur d'habits demeurant en cette ville a déclaré et déclare qu'elle récréante par le décès de feue Adrienne LEMAIRE veuve de Gérard LECLERCQ sa tante demeurant audit Arras, promettant payer ses dettes, obsèques et funérailles et d'en décharger la cour, fait pardevant monsieur Doresmieux échevin sepmanier le 31/5/1690.

2283 - Médiathèque Arras FF126 Folio 838R :
Gillette LEGRAND veuve de Louis BROQUET dit Lespérance bourgeois demeurant à Arras récréante par le trépas dudit BROQUET son mari promettant payer ses dettes, obsèques et funérailles et en décharger la cour, fait pardevant monsieur Noel échevin sepmanier le 5/6/1690.

2284 - Médiathèque Arras FF126 Folio 838V :
Herman, Jehan François, Isabelle DELIGNY frères et sœur enfants et héritiers de Damoiselle Cornille DORESMIEUX veuve de Jacques DELIGNY vivant marchand tanneur demeurant à Arras et avec eux Damoiselle Barbe DELIGNY fille à marier de feu Venant et de Marie Anne LEGRAND ses père et mère et aussi petite-fille et héritière avec lesdits DELIGNY de la dite Cornille DORESMIEUX, ont récréanté par le trépas d'icelle promettant payer ses dettes, obsèques et funérailles et en décharger la cour, fait pardevant monsieur Noel échevin sepmanier le 5/6/1690.

2285 - Médiathèque Arras FF126 Folio 838V :
Est comparu Joachim DE BASSEUX, Marie Madeleine et Marie Agnès DE BASSEUX frère et sœurs demeurant en cette ville lesquels ont déclaré qu'ils récréantent par le trépas de Claire DE GOUY vivant fille à marier demeurant en cette ville leur tante promettant payer ses dettes, obsèques et funérailles et en décharger la cour, fait pardevant monsieur Routart échevin semainier le 7/6/1690.

2286 - Médiathèque Arras FF126 Folio 839V :
Marie Madeleine TESTART veuve de Louis DE BEAUVIN vivant bourgeois maître boulanger demeurant en cette ville a déclaré et déclare qu'elle récréante par le trépas dudit feu DE BEAUVIN son mari promettant payer ses dettes, obsèques et funérailles et en décharger la cour, fait pardevant monsieur Le Maieur échevin sepmanier le 15/6/1690.

2287 - Médiathèque Arras FF126 Folio 839V :
Tutelle : Charles LESTOQUART bourgeois de cette ville a été reçu et admis par ordonnance rendue ce jourd'hui sur la requête présentée par lui en qualité de mari et bail de Marie Léonore DUBOIS, Jean DELAHAIE notaire royal mari et bail de Jeanne DUBOIS, Jean et Marguerite DUBOIS à marier, lesdits DUBOIS frère et sœurs enfants de feu Philippe, à la tutelle des personne et biens de Robert DUBOIS leur frère en bas âge aussi fils dudit Philippe et ce en suite des consentements tant des susnommés et autres parents dudit mineur que du procureur général de cette ville à la caution offerte desdits DELAHAIE, Jean et Marguerite DUBOIS en faisant les devoirs à la suite de quoi est comparu ledit Charles LESTOCQUART lequel a empris et accepté ladite tutelle dudit Robert DUBOIS et promis par serment par lui prêté de soy y bien et fidèlement conduire et comporter et d'en rendre bon et fidèle compte quand sommé et requis en sera s'étant lesdits DELAHAIE, Jean et Marguerite DUBOIS pour ce aussi comparants constitués cautions dudit LESTOCQUART au fait de ladite tutelle à charge néanmoins que ledit LESTOCQUART ne pourra faire aucun acte de conséquence sans leur participation et intervention de laquelle caution ledit LESTOCQUART les a promis décharger ensemble de tous dépens, dommages et intérêts sous l'obligation de ses biens, fait pardevant monsieur de Chimencourt échevin sepmanier le 19/6/1690.

2288 - Médiathèque Arras FF126 Folio 840R :
Marie Joseph GAUDEFROY veuve de Louis REGNAULT vivant bourgeois maître armurier demeurant en cette ville a déclaré et déclare qu'elle renonce aux biens de la succession délaissés par ledit feu REGNAULT son mari sauf aux droit et douaire conventionnel stipulé par son contrat de mariage auxquels elle déclare qu'elle s'y tient, fait pardevant monsieur de Chimencourt échevin sepmanier le 19/6/1690.

2289 - Médiathèque Arras FF126 Folio 843V :

Sont comparus Jean Dominique FATOU, Baltazart LAGACHE mari et bail de Marie Anne FATOU, Charles DENEUVILLE aussi mari et bail de Marie Gabrielle FATOU, Jean François HANSE huissier du conseil d'Artois mari et bail de Marie Angélique FATOU, Mathieu DELACOURT mari et bail de Marie Roze FATOU et Louis François LEJOSNE aussi mari et bail de Marie Françoise FATOU iceux du surnom FATOU frère et sœurs enfants de feu Jean vivant bourgeois marchand demeurant en cette ville, lesquels ont déclaré et déclarent qu'ils récréantent ledit feu Jean FATOU en ladite qualité promettant payer ses dettes, obsèques et funérailles et en décharger la cour, fait pardevant monsieur Doresmieux échevin semainier le 15/7/1690.

2290 - Médiathèque Arras FF126 Folio 844R :

Est comparu Jacques BERTHE bourgeois maître peintre demeurant à Arras lequel s'est constitué caution de Jacques BERTHE son fils y demeurant et Marie Guislaine LABBÉ sa femme, pour par eux profiter de la sentence rendue à ce siège le 27/1/1689 rendue au procès qu'ils avaient à l'encontre de Pierre BURRE praticien mari et bail de Jeanne Alexandrine LABBÉ, Jacques BELLENGER aussi praticien mari et bail de Maximilienne Dominique LABBÉ et Christophe LABBÉ frère et sœurs consanguins à ladite Marie Guislaine LABBÉ femme audit BERTHE comme aussi à l'encontre de Jean TAILLANDIER bourgeois marchand et l'un des quatre commis aux ouvrages de cette ville mari et bail de Damoiselle Catherine LECOUSTRE et Damoiselle Marie Françoise LECOUSTRE sa sœur, filles et héritières de feu Jacques vivant aussi marchand audit Arras, par laquelle sentence entre autres choses il a été adjugé auxdits BERTHE et sa femme la somme de 410 livres 5 sols 3 deniers restée es mains dudit feu Jacques LECOUSTRE à la clôture du compte par lui rendu de l'exécution testamentaire de feu François LABBÉ père auxdits LABBÉ, icelle somme revenant à la part de Nicolas LABBÉ expatrié frère germain à ladite Marie Guislaine LABBÉ et ce par provision et à caution de rapporter ladite somme en cas de retour dudit Nicolas LABBÉ à laquelle caution ledit Jacques BERTHE père a été reçu par ordonnance rendue à l'audience le jour d'hier à effet de par lesdits Jacques BERTHE fils et ladite Marie Guislaine LABBÉ sa femme avoir main levée de la somme de 200 livres qui reste seule à recevoir de ladite somme, promettant suivant ce ledit Jacques BERTHE père de rendre, payer et rapporter ladite somme de 200 livres si ainsi est ordonné ci après en cas de retour dudit Nicolas LABBÉ expatrié sous l'obligation desdits biens, fait pardevant monsieur de Baisnes échevin semainier le 20/7/1690.

2291 - Médiathèque Arras FF126 Folio 845R :

Jeanne DUFAY veuve de Venant DARRAS bourgeois savetier demeurant en cette ville rue de la Vignette paroisse Saint Géry a déclaré et déclare qu'elle renonce aux biens et dettes dudit feu DARRAS son mari décédé ce jourd'hui et qu'elle se tient à son droit de douaire stipulé par son contrat de mariage, fait pardevant monsieur Lesecq échevin sepmanier le 7/8/1690.

2292 - Médiathèque Arras FF126 Folio 845V :

Est comparue Damoiselle Marie Thérèse DEMAIRE fille à marier de maître Jacques vivant apothicaire en cette ville laquelle a déclaré et déclare qu'elle récréante par le trépas dudit feu maître Jacques DEMAIRE son père décédé le jour d'hier promettant payer ses dettes, obsèques et funérailles et en décharger qui il appartiendra, fait pardevant monsieur Lesecq échevin semainier le 8/8/1690.

2293 - Médiathèque Arras FF126 Folio 846R :

Françoise BRAINE veuve de Toussaint SOIHIER vivant bourgeois tanneur demeurant à Arras a déclaré et déclare qu'elle renonce aux biens et dettes de leur communauté et qu'elle se tient en son droit de douaire comme alloué et porté par son contrat de mariage, fait pardevant monsieur Doresmieux échevin sepmanier le 22/8/1690.

2294 - Médiathèque Arras FF126 Folio 846R :

Est comparue Damoiselle Catherine DE CARDEVACQUE veuve demeurée es biens de Léopold SADOSKY vivant capitaine au régiment d'Alsace laquelle a déclaré et déclare qu'elle récréante par le trépas dudit sieur SADOSKY son mari promettant payer ses dettes, obsèques et funérailles et en décharger la cour, fait pardevant monsieur Doresmieux échevin semainier le 23/8/1690.

2295 - Médiathèque Arras FF126 Folio 846V :

Marie CAUWET veuve de Jean Baptiste GUILLEBERT vivant bourgeois brouteur en cette ville a déclaré et déclare qu'elle récréante ledit feu GUILLEBERT son mari promettant payer ses dettes, obsèques et funérailles et d'en décharger la cour, fait pardevant monsieur Routart échevin sepmanier le 28/8/1690.

2296 - Médiathèque Arras FF126 Folio 846V :
Antoine LEBLANCQ couvreur de tuiles et Luc LEBLANCQ savetier demeurant en cette ville frères enfants de feu Georges vivant bourgeois de cette ville ont déclaré et déclarent qu'ils récréantent ledit feu Georges leur père, promettant payer ses dettes, obsèques et funérailles et en décharger la cour, fait pardevant monsieur de Baisnes échevin sepmanier le 1/9/1690.

2297 - Médiathèque Arras FF126 Folio 847V :
Sont comparus Charles BLANCHET boucher demeurant en cette ville et Firmin MINART aussi boucher mari et bail de Marie Claire BLANCHET lesquels ont déclaré et déclarent qu'ils récréantent par le trépas de Marie Madeleine BLANCHET leur mère décédée depuis trois semaines ou environ promettant payer ses dettes, obsèques et funérailles et en décharger qui il appartiendra, fait pardevant monsieur Beaurepaire échevin semainier le 6/9/1690.

2298 - Médiathèque Arras FF126 Folio 848R :
Sont comparus Augustin NOIRET fouboulier demeurant en cette ville, Nicolas ROBUTEL mari et bail de Marie Jeanne NOIRET, Marguerite NOIRET et Firmin LESOIN tous enfants et héritiers de Jenne NOIRET lesquels ont déclaré et déclarent qu'ils récréantent par le trépas de ladite NOIRET leur mère promettant payer ses dettes, obsèques et funérailles et en décharger qui il appartiendra, fait pardevant monsieur Noel échevin semainier le 12/9/1690.

2299 - Médiathèque Arras FF126 Folio 848V :
Est comparue Jeanne MOCOMBLE veuve de Philippe RENAUD laquelle a déclaré et déclare qu'elle récréante par le trépas dudit RENAUD son mari décédé promettant payer ses dettes, obsèques et funérailles et d'en décharger la cour, fait pardevant monsieur Lesecq échevin semainier le 18/9/1690.

2300 - Médiathèque Arras FF126 Folio 849R :
Est comparue Damoiselle Marie Madeleine LEGRAND veuve du sieur Daniel FERIER vivant capitaine au régiment d'infanterie de Brest laquelle a déclaré et déclare qu'elle renonce aux biens et dettes de la communauté de son mari, fait pardevant monsieur Lesecq échevin sepmanier le 19/9/1690.

2301 - Médiathèque Arras FF126 Folio 850R :
Curatelle : maître Jean DELAHAYE notaire royal et bourgeois de cette ville a par ordonnance du jour d'hier été reçu et admis pour curateur aux biens de Philippe DUBOIS fils de feu Philippe absent de cette ville étant au service de sa majesté du consentement de Charles LESTOCQUART mari et bail de Marie Léonore DUBOIS, Jean et Marguerite DUBOIS enfants d'iceluy feu Philippe comme aussi du procureur général de cette ville à la caution desdits LESTOCQUART et DUBOIS suivant quoi est comparu ledit DELAHAYE qui a empris et accepté ladite curatelle et promis par serment pour ce prêté de s'en bien et fidèlement acquitter et comporter et d'en rendre compte quand sommé et requis en sera, s'étant à ces fins lesdits LESTOCQUART, Jean et Marguerite DUBOIS pour ce aussi comparants constitués cautions dudit DELAHAYE qui a promis les en décharger et indemner ensemble de tous dépens, dommages et intérêts sous l'obligation solidaire de leurs biens renonçant à toutes choses contraires, fait pardevant monsieur Poitart échevin sepmanier le 23/9/1690.

2302 - Médiathèque Arras FF126 Folio 850R :
Sont comparus Philippe et Jean CONVERSE frères, Noël MASSON mari et bail de Jenne CONVERSE, Pierre HENRY sergent à cheval de la gouvernance d'Arras mari et bail de Marguerite CONVERSE, Gabrielle CONVERSE, Marie Barbe et Marie Roze CONVERSE, lesquels ont déclaré et déclarent qu'ils récréantent par le trépas de Marguerite BETREMIEUX leur mère vivant veuve demeurée es biens de Josse CONVERSE vivant maître chapelier en cette ville promettant payer ses dettes, obsèques et funérailles et en décharger qui il appartiendra, fait pardevant monsieur Noel échevin semainier le 25/9/1690.

2303 - Médiathèque Arras FF126 Folio 850V :
Est comparu Charles Philippe LENFLE mari et bail de Marie Claire CONVERSE lequel a déclaré et déclare qu'il récréante par le trépas de Marguerite BETREMIEUX sa belle-mère promettant payer ses dettes, obsèques et funérailles et en décharger qui il appartiendra, fait pardevant monsieur Noel échevin semainier le 25/9/1696.

2304 - Médiathèque Arras FF126 Folio 850V :
Est comparue Jenne Marguerite MAZINGUE veuve de Charles CAILLERET savetier demeurant en cette ville laquelle a déclaré qu'elle récréante par le trépas dudit CAILLERET promettant payer ses dettes, obsèques et funérailles et en décharger qui il appartiendra, fait pardevant monsieur Noel échevin semainier le 28/9/1690.

2305 - Médiathèque Arras FF126 Folio 851R :
Sont comparus Georges DELEBARRE et Guillain CARON mari et bail de Marie Jenne DELEBARRE lesquels ont déclaré et déclarent qu'ils récréantent par le trépas de Jenne LOBEJOIS leur mère vivant veuve de Pasquier DELEBARRE promettant payer ses dettes, obsèques et funérailles et en décharger qui il appartiendra, fait pardevant monsieur Noel échevin semainier le 30/9/1690.

2306 - Médiathèque Arras FF126 Folio 851V :
Est comparue Françoise MARISCOU veuve d'Antoine OUVRY dit Deschamps commis aux magasins d'artillerie laquelle a déclaré et déclare qu'elle récréante par le trépas dudit OUVRY promettant payer ses dettes, obsèques et funérailles et en décharger la cour, fait pardevant monsieur Poitart échevin semainier le 3/10/1690.

2307 - Médiathèque Arras FF126 Folio 851V :
Est comparu Antoine ROLAND officier monnoyeur demeurant à Lille mari et bail de Damoiselle Marie Jenne DUPUICH, lequel a déclaré et déclare qu'il récréante par le trépas de Nicolas DUPUICH son beau-père vivant bourgeois rentier en cette ville promettant payer ses dettes, obsèques et funérailles et en décharger qui il appartiendra, fait pardevant monsieur Noel échevin semainier le 6/10/1690.

2308 - Médiathèque Arras FF126 Folio 851V :
Sont comparus Antoine et Alexandre DELAYENS frères bourgeois demeurant en cette ville lesquels ont déclaré et déclarent qu'ils récréantent par le trépas de Marguerite CUVILLIER leur mère décédée le jour d'hier vivant veuve de Robert DELAYENS, promettant payer ses dettes, obsèques et funérailles et en décharger qui il appartiendra, fait pardevant monsieur de la Caulerie échevin semainier le 7/10/1690.

2309 - Médiathèque Arras FF126 Folio 851V :
Antoinette VASSEUR veuve d'Hugues FOLYE bourgeois savetier demeurant en cette ville est comparue pardevant monsieur Routart échevin sepmanier transporté exprès chez ladite VASSEUR pour son infirmité, laquelle a déclaré et déclare qu'elle récréante par le décès dudit Hugues FOLYE son mari promettant payer ses dettes, obsèques et funérailles et d'en décharger qui il appartiendra, fait le 9/10/1690.

2310 - Médiathèque Arras FF126 Folio 852R :
Est comparue Marie Madeleine LEQUIEN jeune fille à marier laquelle a déclaré et déclare qu'elle renonce aux meubles et dettes délaissés par Marie Madeleine DE BOULONGNE sa mère décédée depuis trois semaines et qu'elle se tient aux biens immeubles à elle appartenant suivant la coutume, fait pardevant monsieur de Beaurepaire échevin semainier le 17/10/1690.

2311 - Médiathèque Arras FF126 Folio 852R :
Est comparu Nicolas DEHEE fils de feu Jean et Antoine CAUWET mari et bail d'Antoinette DEHEE lesquels ont déclaré et déclarent qu'ils récréantent par le trépas dudit feu Jean DEHEE décédé ce jourd'hui promettant payer ses dettes, obsèques et funérailles et en décharger qui il appartiendra, fait pardevant monsieur le Mayeur échevin semainier le 17/10/1690.

2312 - Médiathèque Arras FF126 Folio 852R :
Est comparu Jean CUVILLIER mari et bail de Marie Jenne DE WERQUIGNOEUL icelle fille d'Anne LOUDIER à son trépas veuve en dernières noces de Charles VINCENT lequel a déclaré et déclare qu'il n'a rien appréhendé et ne veut rien appréhender de la succession de ladite LOUDIER soit des effets mobiliaires ou immobiliaires si tant est qu'il s'en trouve aucun auxquels en tant que besoin il a renoncé et renonce faire serment entier pour son dû et prétentions sur lesdits effets contre qui et ainsi qu'il appartiendra, fait pardevant monsieur de Beaurepaire échevin semainier le 19/10/1690.

2313 - Médiathèque Arras FF126 Folio 852V :
Est comparu Marie Jenne THILLOY veuve de Jean DEHEE vivant laboureur demeurant au faubourg des Alouettes laquelle a déclaré et déclare qu'elle renonce à la communauté de biens qui était entre elle et sondit feu mari et qu'elle se tient à son douaire stipulé par son contrat de mariage, fait pardevant monsieur de Beaurepaire échevin semainier le 20/10/1690.

2314 - Médiathèque Arras FF126 Folio 852V :
Est comparue Anne ROUSSEAU veuve de Jean BERTHELOT décédé le jour d'hier laquelle a déclaré et déclare qu'elle récréante par le trépas dudit BERTHELOT son mari promettant payer ses dettes, obsèques et funérailles et en décharger qui il appartiendra, fait pardevant monsieur Noel échevin le 23/10/1690.

2315 - Médiathèque Arras FF126 Folio 853R :
Est comparue Anne FOURMAULT veuve d'Antoine OLIVIER vivant saieteur en cette ville laquelle a déclaré et déclare qu'elle récéante par le trépas d'iceluy promettant payer ses dettes, obsèques et funérailles et en décharger qui il appartiendra, fait pardevant monsieur de Chimencourt échevin semainier le 24/10/1690.

2316 - Médiathèque Arras FF126 Folio 853R :
Est comparue Léonor PRUVOST veuve de Jacques GUERARD vivant taillandier en cette ville laquelle a déclaré et déclare qu'elle récéante par le trépas dudit feu GUERARD son mari promettant payer ses dettes, obsèques et funérailles et en décharger qui il appartiendra, fait pardevant monsieur Flippes échevin semainier le 28/10/1690.

2317 - Médiathèque Arras FF126 Folio 853R :
Sont comparus Baltazart DECROIX bourgeois demeurant en cette ville et Jacques ROGER aussi bourgeois marchand en cette ville lesquels ont déclaré et déclarent qu'ils récéantent avec le sieur Jean MOREL échevin de la cité par le trépas d'Anne PEUVION vivant veuve de Jean BEAUVOIS marchande en cette ville leur belle-mère promettant payer ses dettes, obsèques et funérailles et en décharger qu'il appartiendra, fait pardevant monsieur Pallette échevin le 3/11/1690.

2318 - Médiathèque Arras FF126 Folio 853V :
Est comparue Claire SEVIN veuve d'Ambroise François DUPUICH laquelle a déclaré et déclare qu'elle récéante par le trépas d'Antoine SEVIN son père décédé depuis peu de jours promettant payer ses dettes, obsèques et funérailles et en décharger qui il appartiendra, fait pardevant monsieur Pallette échevin semainier le 4/11/1690.

2319 - Médiathèque Arras FF126 Folio 853V :
Robert et Marie Jeanne VANIER frère et sœur enfants à marier de feue Marie Jeanne LECLERCQ veuve de Jean Baptiste VANIER vivant bourgeois maître cuisinier et panepissier demeurant en cette ville, ont déclaré et déclarent qu'ils récéantent par le décès de ladite feue Marie Jeanne LECLERCQ leur mère, promettant payer ses dettes, obsèques et funérailles et en décharger qui il appartiendra, fait pardevant monsieur de la Caulerie échevin sepmanier le 8/11/1690.

2320 - Médiathèque Arras FF126 Folio 854V :
Est comparu Marie Jeanne CAIGNART veuve de Philippe CONVERSE vivant bourgeois maître chapelier demeurant en cette ville laquelle a déclaré et déclare qu'elle récéante par le décès dudit feu CONVERSE son mari promettant payer ses dettes, obsèques et funérailles et en décharger qui il appartiendra, fait pardevant monsieur de Belquin échevin sepmanier le 16/11/1690.

2321 - Médiathèque Arras FF126 Folio 855R :
Est comparu Sulpice CUVILLIER demeurant au village de Cavrois lequel a déclaré et déclare qu'il récéante par le trépas de Marguerite CUVILLIER sa sœur vivante servante au sieur Pruvost de Monchy promettant payer ses dettes, obsèques et funérailles et en décharger qui il appartiendra, fait pardevant monsieur de Belquin échevin semainier le 17/11/1690.

2322 - Médiathèque Arras FF126 Folio 855V :
Anne MAILLART veuve d'Etienne PEZE bourgeois demeurant à Arras a récéante par le trépas dudit PEZE promettant payer ses dettes, obsèques et funérailles et en décharger la cour, fait pardevant monsieur Desnormont échevin sepmanier le 21/11/1690.

2323 - Médiathèque Arras FF126 Folio 855V :
Est comparue Marie Jenne ELOY veuve de Pierre DUFOUR vivant boulanger en cette ville laquelle a déclaré qu'elle récéante par le trépas dudit DUFOUR son mari promettant payer ses dettes et funérailles et en décharger qui il appartiendra fait pardevant monsieur Callaut échevin semainier le 21/11/1690.

2324 - Médiathèque Arras FF126 Folio 856R :
Est comparue Marie CAILLERET veuve de Jean MINART vivant fauboulier et concierge en la maison de monsieur de Valicourt laquelle a déclaré et déclare qu'elle récéante par le trépas dudit MINART son mari promettant payer ses dettes, obsèques et funérailles et en décharger qui il appartiendra, fait pardevant monsieur le Mayeur échevin le 29/11/1690.

2325 - Médiathèque Arras FF126 Folio 857R :
Est comparue Marie GAFFET veuve de Jean DELAFORGE vivant maître maçon en cette ville laquelle a déclaré et déclare qu'elle récréante par le trépas dudit feu Jean DELAFORGE son mari promettant payer ses dettes, obsèques et funérailles et en décharger qui il appartiendra, fait pardevant monsieur Pallette échevin semainier le 12/12/1690.

2326 - Médiathèque Arras FF126 Folio 857R :
Est comparue Chrestienne CARRÉ veuve de Thomas GAFFET vivant maçon en cette ville laquelle a déclaré et déclare qu'elle récréante par le trépas dudit feu GAFFET son mari promettant payer ses dettes, obsèques et funérailles et en décharger qui il appartiendra, fait pardevant monsieur Pallette échevin semainier le 12/12/1690.

2327 - Médiathèque Arras FF126 Folio 858V :
Est comparue Marie Catherine COCLET veuve de Jacques BERTHE vivant maître peintre en cette ville laquelle a déclaré et déclare qu'elle récréante par le trépas dudit Jacques BERTHE son mari promettant payer ses dettes, obsèques et funérailles et en décharger qui il appartiendra, fait pardevant monsieur Doullens échevin semainier le 15/12/1690.

2328 - Médiathèque Arras FF126 Folio 859R :
Est comparue Marie BRAINE veuve de feu Jean NEPVEU vivant hostelain en cette ville laquelle a déclaré et déclare qu'elle récréante par le trépas dudit NEPVEU son mari promettant payer ses dettes, obsèques et funérailles et en décharger qui il appartiendra, fait pardevant monsieur le Mayeur échevin semainier le 22/12/1690.

2329 - Médiathèque Arras FF126 Folio 859V :
Sont comparus Bon PESÉ, Jacques PETIT mari et bail d'Isabelle PESÉ, Roze, Marie Joseph PESÉ et Anne MAILLART veuve d'Etienne PESÉ, lesquels ont déclaré et déclarent qu'ils récréantent par le trépas de François PESÉ et Anne Thérèse ALOY sa femme père et mère d'iceux PESÉ décédés depuis peu promettant payer leurs dettes, obsèques et funérailles et en décharger qui il appartiendra, fait pardevant monsieur de Belquin échevin semainier le 30/12/1690.

2330 - Médiathèque Arras FF126 Folio 860R :
Est comparu Antoine LEPAGE bourgeois marchand drapier demeurant en cette ville d'Arras mari et bail de Damoiselle Jeanne Thérèse DEMERS icelle fille de maître Jacques vivant aussi bourgeois maître apothicaire demeurant en ladite ville, lequel a déclaré et déclare qu'il renonce à la succession des meubles et effets mobiliaires délaissés par ledit feu maître Jacques DEMERS, appréhendant seulement les maisons et autres immeubles situées en cet échevinage, ensemble les deniers procédant d'aucuns desdits immeubles qui se trouvent vendus comme tenant et étant réputés même nature qu'iceux immeubles, sans comprendre néanmoins en ladite appréhension du moins quand à présent les autres immeubles ayant appartenu à Damoiselle Thérèse CAISOEN que ensuite de la disposition contenue en son testament, on prétend être dévolus pour la moitié à ladite Damoiselle Jeanne Thérèse DEMERS, fait pardevant monsieur Desnormont échevin sepmanier le 5/1/1691 (aussi folio 863 Recto, même texte).

2331 - Médiathèque Arras FF126 Folio 860V :
Est comparu Toussaint CHRISTAL brasseur demeurant en cette ville lequel a déclaré et déclare qu'il récréante Nicolas CHRISTAL son père décédé depuis peu promettant payer ses dettes, obsèques et funérailles et en décharger qui il appartiendra, fait pardevant monsieur Lesecq échevin semainier le 9/1/1691.

2332 - Médiathèque Arras FF126 Folio 861R :
Marie Madeleine DEHAURE veuve de Louis HUGOT vivant bourgeois maître arpenteur demeurant en cette ville a déclaré et déclare qu'elle récréante par le décès dudit feu HUGOT son mari promettant payer ses dettes, obsèques et funérailles et en décharger qui il appartiendra, fait pardevant monsieur de Chimencourt échevin sepmanier le 11/1/1691.

2333 - Médiathèque Arras FF126 Folio 863R :
Marie GOSSART veuve de Louis Jacques DEVILERS vivant bourgeois saieteur demeurant à Arras a récréanté par le trépas dudit DEVILERS son mari promettant payer ses dettes, obsèques et funérailles et en décharger la cour, fait pardevant monsieur du Fétel échevin sepmanier le 18/1/1691.

2334 - Médiathèque Arras FF126 Folio 863V :
Sont comparus François DAMANT praticien demeurant en cette ville, Jean DAMANT et Marianne DAMANT enfants et héritiers de Jean DAMANT dit Lapensée vivant cabaretier au faubourg de Sainte Catherine lesquels ont déclaré et déclarent qu'ils récréantent par le trépas dudit feu DAMANT leur père promettant payer ses dettes, obsèques et funérailles et en décharger la cour, fait pardevant monsieur Doullens échevin semainier le 23/1/1691.

2335 - Médiathèque Arras FF126 Folio 863V :
Est comparue Marie Jenne RAQUELLE veuve de Mathias MAZINGUE vivant mercier en cette ville laquelle a déclaré et déclare qu'elle récréante par le trépas dudit MAZINGUE promettant payer ses dettes, obsèques et funérailles et en décharger qui il appartiendra, fait pardevant monsieur Pallette échevin semainier le 26/1/1691.

2336 - Médiathèque Arras FF126 Folio 863V :
Est comparue Damoiselle Marie DENOIELLE femme autorisée de Sébastien DEVILLAL sieur de Bagny ici présent demeurant en cette ville laquelle a déclaré et déclare de l'autorité de sondit mari étant contrainte qu'elle se porte héritière de défunte Damoiselle Isabelle DE BROGNART sa cousine à effet de jouir et profiter de la succession d'icelle promettant en conséquence de payer les dettes de ladite Damoiselle si aucunes …, fait pardevant monsieur le Mayeur échevin semainier le 29/1/1691.

2337 - Médiathèque Arras FF126 Folio 864V :
Est comparue Marie Thérèse LABBE veuve de Philippe BOURGEOIS vivant commis aux vendues laquelle a déclaré et déclare qu'elle récréante par le trépas dudit BOURGEOIS promettant payer ses dettes, obsèques et funérailles et en décharger qui il appartiendra, fait pardevant monsieur le Mayeur échevin semainier le 1/2/1691.

2338 - Médiathèque Arras FF126 Folio 865V :
Est comparue Suzanne WALLET veuve de Pierre DELEAUE laquelle a déclaré et déclare qu'elle récréante par le trépas dudit Pierre DELEAUE promettant payer ses dettes, obsèques et funérailles et en décharger qui il appartiendra, fait pardevant monsieur Lallart échevin semainier le 17/2/1691.

2339 - Médiathèque Arras FF126 Folio 866R :
Est comparue Marie Madeleine COCHET veuve de Jean LIEBERT vivant tonnelier laquelle a déclaré et déclare qu'elle récréante par le trépas d'iceluy LIEBERT promettant payer ses dettes, obsèques et funérailles et en décharger qui il appartiendra, fait pardevant monsieur Desnormont échevin semainier le 17/2/1691.

2340 - Médiathèque Arras FF126 Folio 866V :
Damoiselle Claire GARSON veuve de Nicolas CAUDRON vivant bourgeois marchand à son tour échevin de cette ville a récréanté par le trépas dudit feu CAUDRON son mari promettant payer ses dettes, obsèques et funérailles et en décharger la cour, fait pardevant monsieur Lesecq échevin sepmanier le 19/2/1691.

2341 - Médiathèque Arras FF126 Folio 867R :
Sont comparus Jacques HUCQUET et Jenne HAYETTE sa femme lesquels ont déclaré et déclarent qu'ils récréantent par le trépas de Marie HAYETTE jeune fille à marier sœur à ladite Jenne promettant payer ses dettes, obsèques et funérailles et en décharger qui il appartiendra, fait pardevant monsieur Chimencourt échevin semainier le 22/2/1691.

2342 - Médiathèque Arras FF126 Folio 867R :
Est comparue Anne Guillaine HATA veuve d'Eustache DUBUISSON vivant maître chirurgien en cette ville laquelle a déclaré et déclare qu'elle récréante par le trépas dudit DUBUISSON son mari promettant payer ses dettes, obsèques et funérailles et en décharger qui il appartiendra, fait pardevant monsieur du Fetel échevin semainier le 2/3/1691.

2343 - Médiathèque Arras FF126 Folio 867R :
Est comparue Marie Madeleine PITEUX veuve de Martin FOURMAULT vivant maître de l'école de la pauvreté d'Arras laquelle a déclaré et déclare qu'elle récréante par le trépas dudit FOURMAULT promettant payer ses dettes, obsèques et funérailles et en décharger qui il appartiendra, fait pardevant monsieur du Fétel échevin semainier le 2/3/1691.

2344 - Médiathèque Arras FF126 Folio 868V :
Est comparue Damoiselle Marie DEFONTAINE veuve d'Etienne JACQUIANT demeurant en la ville d'Arras, laquelle a déclaré et déclare par cette qu'elle se fonde héritière pure et simple de maître Pierre DEFONTAINE vivant écuyer sieur de Saint Martin et conseiller au conseil d'Artois décédé le 19/8/1657 promettant en conséquence payer ses dettes qui se trouveront légitimement dues, fait pardevant monsieur Mayeur échevin semainier le 16/3/1691.

2345 - Médiathèque Arras FF126 Folio 869R :
Est comparue Marie Madeleine DELATTRE veuve de Jean BONNEL vivant jardinier demeurant es faubourgs dits de la Neuve Rue de cette ville laquelle a déclaré et déclare qu'elle renonce aux biens et dettes dudit feu BONNEL son mari décédé le jour d'hier et qu'elle se tient à son douaire stipulé par son contrat de mariage, fait pardevant monsieur Caudron échevin sepmanier le 21/3/1691.

2346 - Médiathèque Arras FF126 Folio 869V :
Tutelle : Pierre BONNEL jardinier demeurant en cette ville est comparu lequel en conséquence de notre ordonnance du jour d'hier par laquelle il a été reçu pour tuteur des personnes et biens de Guislain, Jean Baptiste et Jean François BONNEL enfants mineurs de feus Jean et Marie Marguerite LANSEART, il a déclaré d'emprendre ladite tutelle ayant à ces fins prêté le serment en tel cas requis et présenté pour caution la personne de Jean LEGRAND demeurant à Achicourt qui a accepté icelle, à quoi il a été reçu et admis du consentement du procureur général de cette ville en personne, promettant suivant ce ledit Pierre BONNEL de se bien et fidèlement conduire et comporter en l'administration de ladite tutelle et d'en rendre bon et fidèle compte quand sommé et requis en sera, s'étant ledit Jean LEGRAND pour ce aussi présent et comparant constitué caution d'iceluy Pierre BONNEL, lequel l'a promis décharger et de tous dépens, dommages et intérêts sous l'obligation de tous leurs biens, fait pardevant monsieur Desnormont échevin sepmanier le 29/3/1691.

2347 - Médiathèque Arras FF126 Folio 870R :
Damoiselle Anne Claire HERIGUIER veuve du sieur Albert FOUCQUIER vivant bourgeois sieur d'Hauteville et échevin à son tour de cette ville d'Arras, est comparue laquelle a déclaré et déclare qu'elle récréante par le décès dudit feu sieur FOUCQUIER son mari promettant payer ses dettes, obsèques et funérailles et en décharger qui il appartiendra, fait pardevant monsieur Lesecq échevin sepmanier le 4/4/1691.

2348 - Médiathèque Arras FF126 Folio 871R :
Martine NICAISE veuve de Nicolas ELOY vivant bourgeois l'un des valets de cette ville y demeurant, est comparue laquelle a déclaré et déclare qu'elle récréante ledit feu Nicolas ELOY son mari, promettant payer ses dettes, obsèques et funérailles et d'en décharger la cour, fait pardevant monsieur Lesecq échevin sepmanier le 5/4/1691.

2349 - Médiathèque Arras FF126 Folio 871R :
Marie Susanne DECLEFVE veuve de Marc WEDEUX vivant bourgeois marchand demeurant en cette ville a déclaré et déclare par cet qu'elle renonce aux biens dudit feu WEDEUX son mari et qu'elle se tient à ses droits et conventions matrimoniales portés par son contrat de mariage, fait pardevant monsieur du Fetel échevin sepmanier le 11/4/1691.

2350 - Médiathèque Arras FF126 Folio 871V :
Est comparue Marie DUCRÉ veuve de François LESOIN laquelle a déclaré et déclare qu'elle récréante par le décès dudit LESOIN son mari promettant payer ses dettes, obsèques et funérailles et en décharger qui il appartiendra, fait pardevant monsieur le Maieur échevin semainier le 24/4/1691.

2351 - Médiathèque Arras FF126 Folio 872R :
Anne ELOY veuve de Philippe PRUVOST vivant bourgeois tourneur demeurant à Arras a récréanté par le trépas dudit PRUVOST son mari promettant payer ses dettes, obsèques et funérailles et en décharger la cour, fait pardevant monsieur de Belquin échevin sepmanier le 4/5/1691.

2352 - Médiathèque Arras FF126 Folio 872V :
Est comparue Marie Louise DEVILLERS veuve d'Antoine TESTART vivant débiteur de bière en cette ville laquelle a déclaré et déclare qu'elle récréante par le trépas dudit TESTART son mari promettant payer ses dettes, obsèques et funérailles et en décharger qui il appartiendra, fait pardevant monsieur Desnormont échevin semainier le 11/5/1691.

2353 - Médiathèque Arras FF126 Folio 872V :
Est comparue Jacqueline TAILLIANDIER fille en célibat demeurant en cette ville laquelle a déclaré et déclare qu'elle récréante par le trépas de Marie Marguerite TAILLIANDIER vivant veuve de Jean GELÉ sa sœur promettant payer ses dettes, obsèques et funérailles et en décharger qui il appartiendra, fait pardevant monsieur Lesecq échevin semainier le 14/5/1691.

2354 - Médiathèque Arras FF126 Folio 873R :
Marie LESAGE veuve et demeurée es biens de maître Jean GUERARDEL vivant bourgeois chirurgien demeurant à Arras a déclaré et déclare qu'elle renonce aux biens et effets mobiliaires délaissés par feu Jean François GUERARDEL son fils vivant aussi bourgeois maître chirurgien décédé en cette ville le 16ème d'avril dernier, fait pardevant monsieur Lesecq échevin sepmanier le 19/5/1691.

2355 - Médiathèque Arras FF126 Folio 873R :
Louise GUERARDEL fille à marier suffisamment âgée de feu maître Jean GUERARDEL et d'encore vivante Marie LESAGE a déclaré et déclare qu'elle renonce aux biens immobiliers et patrimoniaux délaissés par Jean François GUERARDEL son frère vivant bourgeois maître chirurgien décédé en cette ville le 16ème d'avril dernier, fait pardevant monsieur Lesecq échevin sepmanier le 19/5/1691.

2356 - Médiathèque Arras FF126 Folio 873V :
Anne TOPART veuve de Nicolas BONIFACE vivant bourgeois maître chirurgien demeurant en cette ville est comparue laquelle a déclaré et déclare qu'elle récréante par le décès dudit feu BONIFACE son mari, promettant payer ses dettes, obsèques et funérailles et d'en décharger la cour, fait pardevant monsieur de Grandmaretz échevin sepmanier le 22/5/1691.

2357 - Médiathèque Arras FF126 Folio 874R :
Est comparu Jean FOUCQUIER sieur de Clamas fils à marier suffisamment âgé de feus Albert vivant sieur d'Hauteville échevin à son tour de cette ville et de Damoiselle Marie Catherine FOUCQUIER lequel a déclaré et déclare qu'il approuve, agrée et ratifie par ce présent acte la renonciation qu'a fait ci devant ledit feu sieur Albert FOUCQUIER son père en son nom et en qualité de son tuteur, à la succession mobiliaire et biens libres de feue Damoiselle Marie Florence FOUCQUIER sa tante, laquelle renonciation il rafraichit d'en tant que de besoin comme étant présentement majeur et usant de ses droits, déclarant qu'il n'entend profiter aucunement de ladite succession mobiliaire et biens libres tant à raison que ladite Damoiselle Florence FOUCQUIER sa tante a grévé d'une substitution ses biens patrimoniaux immobiliers d'Artois et qu'elle a prétendu par son testament qu'ils fussent administrés pour la part et séant audit sieur comparant depuis sa mort jusqu'à ce qu'il aurait atteint l'âge de 22 ans et quoi ne voulant souscrire mais jouir desdits biens patrimoniaux du jour du décès de sadite tante sans aucune substitution ni charger et pour d'autres raisons à lui connues, il persiste dans ladite renonciation après qu'il a été déchargé et apaisé de l'importance, profits et charges de ladite succession mobiliaire et biens libres de sadite tante par maître Baltazart Adrien DE VIENNE avocat au conseil d'Artois son beau-frère, fait pardevant monsieur du Fétel échevin sepmanier le 26/5/1691.

2358 - Médiathèque Arras FF126 Folio 874V :
Marie Michelle DUCASTEL veuve de Jean Baptiste LOGER vivant filetier demeurant en cette ville rue de Meaulens paroisse Saint Maurice, est comparue laquelle a déclaré et déclare qu'elle récréante par le décès dudit feu LOGER son mari promettant payer ses dettes, obsèques et funérailles et en décharger qui il appartiendra, fait pardevant monsieur Pallette échevin sepmanier le 28/5/1691.

2359 - Médiathèque Arras FF126 Folio 875R :
Rose LENGLET veuve de François DESHAYE vivant bourgeois maître sellier demeurant en cette ville est comparue laquelle a déclaré et déclare qu'elle récréante par le décès dudit feu DESHAYE son mari promettant payer ses dettes, obsèques et funérailles et d'en décharger la cour, fait pardevant monsieur Pallette échevin sepmanier le 30/5/1691.

2360 - Médiathèque Arras FF126 Folio 875R :
Marie LABOURÉ veuve de Jean Jacques HANESCAMP vivant savetier demeurant en cette ville a déclaré et déclare qu'elle renonce à la communauté des biens dudit feu HANESCAMP son mari et qu'elle se tient à son douaire stipulé par son contrat de mariage, fait pardevant monsieur le Maieur échevin sepmanier le 6/6/1691.

2361 - Médiathèque Arras FF126 Folio 875V :
Hugues DESFOSSEZ bourgeois conroieur demeurant en cette ville nommé tuteur à Pierre HANESCAMPS fils mineur de feus Jean Jacques et de Marie Marguerite MACQUET par le testament dudit feu Jean Jacques père

dudit Pierre, a déclaré et déclare qu'il récréante en cette qualité au nom dudit mineur par le décès dudit feu Jean Jacques HANESCAMPS, promettant audit nom payer les dettes, obsèques et funérailles d'iceluy défunt et en décharger qui il appartiendra, fait pardevant monsieur le Maieur échevin sepmanier le 6/6/1691.

2362 - Médiathèque Arras FF126 Folio 875V :
Marie Agnès MASINGUE veuve de Nicolas HOGUET vivant passementier demeurant en cette ville, est comparue, laquelle a déclaré et déclare qu'elle récréante par le décès dudit feu HOGUET son mari, promettant payer ses dettes, obsèques et funérailles et d'en décharger tous qu'il appartiendra, fait pardevant monsieur le Maieur échevin sepmanier le 8/6/1691.

2363 - Médiathèque Arras FF126 Folio 876R :
Damoiselle Anne Jeanne LENFLE veuve de Noël DE BRAINE vivant bourgeois marchand demeurant en cette ville, est comparue laquelle a déclaré et déclare qu'elle récréante par le décès de feu maître Pierre DE BRAINE vivant prêtre ancien chapelaine de l'église paroissiale de Saint Nicolas sur les Fossés en cette ville frère dudit feu Noël DE BRAINE, promettant payer ses dettes, obsèques et funérailles et d'en décharger ceux qu'il appartiendra, fait pardevant monsieur le Maieur échevin sepmanier le 8/6/1691.

2364 - Médiathèque Arras FF126 Folio 876R :
Isabelle DELEBARRE jeune fille à marier demeurant en cette ville, est comparue laquelle a déclaré et déclare qu'elle récréante par le décès de Bonne BULLOT veuve de Jean DELEBARRE vivant garde à monseigneur le gouverneur de cette dite ville sa mère, promettant payer ses dettes, obsèques et funérailles et d'en décharger tous qu'il appartiendra, fait pardevant monsieur Desnormont échevin sepmanier le 22/6/1691.

2365 - Médiathèque Arras FF126 Folio 876R :
Marguerite ALEXANDRE veuve d'Adrien NOIRET serviteur de cordonnier et bourgeois de cette ville a renoncé aux biens, dettes et actions délaissés par ledit NOIRET son mari soy tenant à son droit de douaire conditionnel stipulé par son contrat de mariage fait pardevant monsieur du Fetel échevin sepmanier le 2/7/1691.

2366 - Médiathèque Arras FF126 Folio 876V :
Sont comparus François MARY fourbisseur demeurant en cette ville mari et bail d'Anne CAMBRAY et Jacques REGNAULT maître cordonnier mari et bail de Gabrielle CAMBRAY lesquels ont déclaré et déclarent qu'ils récréantent par le trépas de Barbe HUCQUET leur belle-mère vivante veuve de Guillaume de CAMBRAY promettant payer ses dettes, obsèques et funérailles et en décharger qui il appartiendra fait pardevant monsieur du Fetel échevin semainier le 5/7/1691.

2367 - Médiathèque Arras FF126 Folio 876V :
Est comparue Marie Thérèse DANISON veuve de Henri DHINAULT vivant bourgeois demeurant en cette ville laquelle elle a déclaré qu'en qualité de mère et tutrice légitime de Pierre François DHINAULT son fils en bas âge qu'elle a retenu d'iceluy, elle a récréanté et appréhendé la succession mobiliaire de sondit mari et promis en cette même qualité de payer ses dettes, obsèques et funérailles, fait pardevant monsieur Pallette échevin sepmanier le 9/7/1691.

2368 - Médiathèque Arras FF126 Folio 876V :
Damoiselle Jeanne PERIN veuve d'Augustin DENAIN vivant procureur au conseil d'Artois et bourgeois demeurant en cette ville laquelle a déclaré qu'elle renonce aux biens et effets de la communauté d'entre elle et son mari soy tenant à son droit de douaire conventionnel et autres portés par son contrat de mariage déclarant au surplus qu'en qualité de mère et tutrice légitime de Robert François DENAIN son fils mineur qu'elle a retenu de sondit mari elle récréante et appréhende en cette qualité la succession dudit maître Augustin DENAIN son mari promettant en cette même qualité de payer les dettes, obsèques et funérailles de sondit mari, fait pardevant messieurs Pallette et Dourlens échevins sepmanier le 10/7/1691.

2369 - Médiathèque Arras FF126 Folio 879R :
Est comparue Damoiselle Marie LEPLAT veuve de Michel THERY vivant marchand maître étainier en cette ville laquelle a déclaré et déclare qu'elle renonce à la communauté de biens meubles d'entre elle et ledit THERY et qu'elle appréhende icelle communauté de biens au nom et comme tutrice de Marie Thérèse THERY sa fille en bas âge promettant en ladite qualité de mère et tutrice payer les dettes dudit feu THERY et en décharger qui il appartiendra, fait pardevant monsieur Lallart échevin semainier le 3/8/1691.

2370 - Médiathèque Arras FF126 Folio 880R :
Est comparue Marie Françoise DENEUVILLE veuve de Jean HOBRE vivant meunier au moulin de la Brèche en cette ville laquelle a déclaré et déclare qu'elle récréante pour la mort de sondit feu mari promettant payer ses dettes, obsèques et funérailles et en décharger qui il appartiendra, fait pardevant monsieur de Grandmaret échevin semainier le 8/8/1691.

2371 - Médiathèque Arras FF126 Folio 880R :
Jeanne DEVIGNY veuve d'Augustin LIEPPE labourier demeurant es faubourgs des alouettes de cette ville est comparu laquelle a déclaré et déclare qu'elle récréante par le décès dudit feu LIEPPE son mari promettant payer ses dettes, obsèques et funérailles et en décharger qui il appartiendra, fait pardevant monsieur de Grandmaretz échevin sepmanier le 9/8/1691.

2372 - Médiathèque Arras FF126 Folio 881R :
Sont comparus Blaise COUSTELET mari et bail de Catherine CAILLERET, Maximilien GOTTRAND mari et bail de Marie Jeanne CAILLERET et Jenne Marguerite MAZINGUE veuve et demeurée es biens de Charles CAILLERET lesquels ont déclaré et déclarent qu'ils récréantent tant en leurs noms qu'autres leurs cohéritiers par le trépas de Jenne GULLEBECQ vivant veuve de Michel CAILLERET vivant savetier en cette ville promettant tant en leurs noms qu'au nom de leurs dits cohéritiers payer ses dettes, obsèques et funérailles et en décharger qui il appartiendra, fait pardevant monsieur du Fétel échevin semainier le 13/8/1691.

2373 - Médiathèque Arras FF126 Folio 881R :
Est comparu Melchior MARCHAND bourgeois chaufourier demeurant en cette ville lequel a déclaré et déclare qu'il récréante par le trépas de Jeanne FALEMPIN sa belle-mère promettant payer ses dettes, obsèques et funérailles et en décharger qui il appartiendra, fait pardevant monsieur du Fétel échevin semainier le 13/8/1691.

2374 - Médiathèque Arras FF126 Folio 881R :
Est comparue Marie Adrienne COURTOISE veuve de Paul LETOICT vivant maître arpenteur demeurant en cette ville laquelle a déclaré et déclare au nom et comme tutrice légitime de Pierre Paul LECTOICT son fils en bas âge qu'elle a d'iceluy elle récréante par le trépas dudit feu Paul LETOICT promettant en ladite qualité de payer ses dettes, obsèques et funérailles et en décharger qui il appartiendra, fait pardevant monsieur du Fétel échevin semainier le 13/8/1691.

2375 - Médiathèque Arras FF126 Folio 882R :
Robert LEFORT bourgeois espinglier demeurant en cette ville relict de Marie Anne BARBAULT petite fille de Jean et de Marie DE FIEF vivant demeurant en cette dite ville, a déclaré et déclare qu'il récréante par le décès de ladite Marie DE FIEF mère grande d'icelle Marie Anne BARBAULT promettant payer ses dettes, obsèques et funérailles et d'en décharger qui il appartiendra, fait pardevant monsieur de Grandmaretz échevin sepmanier le 18/8/1691.

2376 - Médiathèque Arras FF126 Folio 882V :
Est comparu Jacques MANTEL archer de la maréchaussée d'Artois demeurant en cette ville mari et bail de Marie Anne DUMETZ lequel a déclaré et déclare qu'il récréante par le trépas de Jean DUMETZ père de ladite Marie Anne promettant payer ses dettes, obsèques et funérailles et en décharger qui il appartiendra fait pardevant monsieur Dourlens échevin semainier le 29/8/1691.

2377 - Médiathèque Arras FF126 Folio 883R :
Est comparue Marie Madeleine DUBUISSON veuve de Pierre GOSSART vivant maître maçon en cette ville laquelle a déclaré et déclare qu'elle récréante par le trépas dudit GOSSART promettant payer ses dettes, obsèques et funérailles et en décharger qui il appartiendra, fait pardevant monsieur Desnormont échevin semainier le 5/9/1691.

2378 - Médiathèque Arras FF126 Folio 883R :
Est comparue Damoiselle Marie Marguerite BOSQUET fille à marier de défunt Adrien BOSQUET vivant notaire royal et huissier des cours souveraines de France et d'encore vivante Damoiselle Marguerite CAUPAIN laquelle a déclaré qu'elle se porte héritière mobiliaire et immobiliaire de feu Pierre DE FREMICOURT son bisaïeul dont la succession a été atteinte par ledit feu Adrien BOSQUET son père promettant en ladite qualité payer ses dettes et en décharger qui il appartiendra, fait pardevant monsieur Desnormont échevin semainier le 7/9/1691.

2379 - Médiathèque Arras FF126 Folio 883V :
Est comparu Guillain CAILLERET fauboulier demeurant en cette ville lequel a déclaré et déclare qu'il récréante par le trépas d'Antoine CAILLERET son père promettant payer ses dettes, obsèques et funérailles et en décharger qui il appartiendra, fait pardevant monsieur Desnormont échevin semainier le 7/9/1691.

2380 - Médiathèque Arras FF126 Folio 883V :
Sont comparus Vincent LEROUX maître de la maison dite du « Vert Hostel » en cette ville mari et bail de Marie Marguerite DENIS et Marie Thérèse DENIS sa belle-sœur lesquels ont déclaré et déclarent qu'ils récréantent par le trépas de Jenne CAZIER mère desdites DENIS promettant payer ses dettes, obsèques et funérailles et en décharger qui il appartiendra, fait pardevant monsieur Lallart échevin semainier le 12/9/1691.

2381 - Médiathèque Arras FF126 Folio 884R :
Est comparu Noël DERUIT fils de Nicolas tonnelier de son stil et bourgeois de cette ville lequel a déclaré et déclare qu'il récréante par le trépas de Marie Marguerite DUPREEL sa mère promettant payer ses dettes, obsèques et funérailles et en décharger qui il appartiendra, fait pardevant monsieur de Chimencourt échevin semainier le 18/9/1691.

2382 - Médiathèque Arras FF126 Folio 884R :
Est comparu Damoiselle Marie Catherine ROZE veuve de Charles François DE WIDEBIEN vivant écuyer seigneur d'Ignaucourt, laquelle a déclaré et déclare qu'elle accepte la communauté d'entre elle et ledit feu sieur d'Ignaucourt son mari promettant de payer ses dettes conformément à la coutume générale de cette province, fait pardevant monsieur de Chimencourt échevin sepmanier le 18/9/1691.

2383 - Médiathèque Arras FF126 Folio 884V :
Est comparue Marie DELEMOTTE veuve d'Antoine Guillain NOIRET vivant mesureur de blé en cette ville laquelle a déclaré et déclare qu'elle récréante par le trépas dudit NOIRET promettant payer ses dettes, obsèques et funérailles et en décharger qui il appartiendra, fait pardevant monsieur Lesecq échevin semainier le 19/9/1691.

2384 - Médiathèque Arras FF126 Folio 885R :
Est comparue Catherine CAUDRON veuve de Mathieu FRUICT vivant garçon parcheminier en cette ville laquelle a déclaré et déclare qu'elle récréante par le trépas d'iceluy FRUICT promettant payer ses dettes, obsèques et funérailles et en décharger qui il appartiendra, fait pardevant monsieur du Fétel échevin semainier le 24/9/1691.

2385 - Médiathèque Arras FF126 Folio 885V :
Est comparu Jean François THERY jeune homme à marier lequel a déclaré et déclare qu'il récréante par le trépas de François vivant maître menuisier en cette ville promettant payer ses dettes, obsèques et funérailles et en décharger qui il appartiendra fait pardevant monsieur Dourlens échevin semainier le 5/10/1691.

2386 - Médiathèque Arras FF126 Folio 885V :
Est comparue Damoiselle Anne DURIEUX veuve de Léonard FRANCOIS vivant étainier sieur de Rigauville laquelle a déclaré et déclare qu'elle renonce à la communauté de biens d'entre elle et ledit feu sieur de Rigauville son mari et qu'elle se tient à son douaire conventionnel porté par son contrat de mariage, fait pardevant monsieur de la Caulerie échevin semainier le 8/10/1691.

2387 - Médiathèque Arras FF126 Folio 886R :
Est comparue Marie Anne FLIPPE veuve de feu Vaast BREHON laquelle a déclaré et déclare qu'elle récréante par le trépas dudit feu Vaast BREHON promettant payer ses dettes, obsèques et funérailles et en décharger qui il appartiendra, fait pardevant monsieur de la Caulerie échevin semainier le 9/10/1691.

2388 - Médiathèque Arras FF126 Folio 886R :
Est comparu Pierre DERANSART bourgeois marchand en cette ville lequel a déclaré et déclare qu'il récréante par le trépas de Marie Madeleine CAZIER veuve de Nicolas DERANSART promettant payer ses dettes, obsèques et funérailles et en décharger qui il appartiendra, fait pardevant monsieur Caudron échevin semainier le 19/10/1691.

2389 - Médiathèque Arras FF126 Folio 886V :
Est comparue Marie Madeleine DE BEAUVOIS jeune fille à marier demeurant en cette ville laquelle a déclaré et déclare qu'elle récréante par le trépas de Catherine DE VICHERY veuve de Jérosme DE BEAUVOIS sa mère

demeurant audit Arras promettant payer ses dettes, obsèques et funérailles et en décharger qui il appartiendra, fait pardevant monsieur Lallart échevin sepmanier le 22/10/1691.

2390 - Médiathèque Arras FF126 Folio 887R :
Est comparue Marie Luce DE BUIRE veuve de Hermand WACQUET vivant maître de la maison où pend pour enseigne « les Trois Rois » en cette ville laquelle a déclaré et déclare qu'elle récréante par le trépas dudit feu WACQUET son mari promettant payer ses dettes, obsèques et funérailles et en décharger qui il appartiendra, fait pardevant monsieur Lallart échevin semainier le 22/10/1691.

2391 - Médiathèque Arras FF126 Folio 887R :
Sont comparus Ignace DE CAUCHY, Jacques DE CAUCHY, Pierre DE CAUCHY et Jean François DE CAUCHY lesquels ont déclaré et déclarent qu'ils récréantent par le trépas de Pierre DE CAUCHY leur père promettant payer les dettes, obsèques et funérailles et en décharger qui il appartiendra, fait pardevant monsieur Desnormont échevin semainier le 22/10/1691.

2392 - Médiathèque Arras FF126 Folio 887R :
Est comparu Roze CAMP veuve de défunt Antoine MASSELOT vivant maître d'école en cette ville laquelle a déclaré qu'elle récréante par le trépas d'iceluy promettant payer ses dettes, obsèques et funérailles et en décharger qui il appartiendra, fait pardevant monsieur du Fetel échevin pendant le … de messieurs les semainiers le 25/10/1691.

2393 - Médiathèque Arras FF126 Folio 887V :
Sont comparus Albert DUBOIS maître maçon demeurant à Arras et de son autorité et sans contrainte Marie Anne LERICHE sa femme icelle LERICHE sœur consanguine à feu François LERICHE décédé il y a cinq ans soldat au régiment de Famechon lesquels ont déclaré et déclarent qu'ils se font héritiers dudit feu François LERICHE promettant payer ses dettes, obsèques et funérailles et en décharger qui il appartiendra, fait pardevant monsieur Routart échevin semainier le 9/11/1691.

2394 - Médiathèque Arras FF126 Folio 888R :
Françoise DE PIERREMONT veuve de Nicolas CANLERS vivant bourgeois maître tailleur d'habits demeurant en cette ville est comparue laquelle a déclaré et déclare qu'elle récréante par le décès dudit feu CANLERS son mari promettant payer ses dettes, obsèques et funérailles et en décharger qui il appartiendra, fait pardevant monsieur Routart échevin sepmanier le 10/11/1691.

2395 - Médiathèque Arras FF126 Folio 888V :
Curatelle : en suite de la requête présentée par Antoine CUVELIER bourgeois demeurant en cette ville, Catherine CUVELIER veuve de Pierre DELEPORTE, Christophe CONOSTET et autres et aussi du consentement donné par le substitut du procureur général de cette ville pour son absence et des consentements donnés par messieurs, ont reçu et admis maître Pierre Bruno DUCHASTEAU prêtre curé de l'église de Saint Nicaise en la cité d'Arras à la caution de Baltazart DELACROIX bourgeois marchand demeurant en cette ville à la curatelle de Jacques Guislain, Antoine Guislain et Marie Anne Françoise CUVELIER enfants mineurs de feus Charles et Marie Anne DE BEAUVOIS pour procéder au partage dont s'agit lequel sieur DUCHASTEAU en personne après serment par lui prêté in verbo sacerdatus manu pretori apposita a accepté ladite tutelle et promis de soy bien et fidèlement conduire et comporter s'étant à ces fins ledit DELACROIX constitué sa caution sous l'obligation de ses biens, fait pardevant monsieur de Werbier échevin sepmanier le 16/11/1691.

2396 - Médiathèque Arras FF126 Folio 888V :
Est comparue Marie Marguerite FREVIER veuve de Charles BLONDEL vivant paveur de grès demeurant en cette ville laquelle a déclaré et déclare qu'elle récréante par le trépas d'iceluy promettant payer ses dettes, obsèques et funérailles et en décharger qui il appartiendra fait pardevant monsieur Roze échevin semainier le 22/11/1691.

2397 - Médiathèque Arras FF126 Folio 888V :
Martin COUCHE bourgeois marchand demeurant en cette ville a déclaré et déclare qu'il récréante par le trépas d'Antoinette BOURGEOIS sa mère veuve de feu Guillaume COUCHE demeurant aussi audit Arras, promettant payer ses dettes, obsèques et funérailles et d'en décharger tous qu'il appartiendra, fait pardevant monsieur Noel échevin sepmanier le 22/11/1691.

2398 - Médiathèque Arras FF126 Folio 889R :
Est comparue Marguerite ROGER veuve d'Antoine MAYOUL décédé ce jourd'hui, laquelle a déclaré et déclare qu'elle récréante par le trépas d'iceluy promettant payer ses dettes, obsèques et funérailles et en décharger qui il appartiendra, fait pardevant monsieur Roze échevin semainier le 23/11/1691.

2399 - Médiathèque Arras FF126 Folio 889R :
Est comparu Vindicien PRUVOST caillier en cette ville lequel a déclaré et déclare qu'il récréante par le trépas d'Anne ALOY sa mère promettant payer ses dettes, obsèques et funérailles et en décharger qui il appartiendra, fait pardevant monsieur Noel échevin semainier le 23/11/1691.

2400 - Médiathèque Arras FF126 Folio 889R :
Est comparu maître Dominique Joseph HERLIN procureur au conseil d'Artois lequel a déclaré et déclare qu'il se fonde héritier et appréhende la succession de défunte Catherine Joseph HERLIN sa fille à son trépas nièce et héritière de Philippe HERLIN son oncle et ce au nom et comme père ayant l'administration des personne et biens de Maximilien Joseph HERLIN son fils mineur promettant en cette qualité payer ses dettes et en décharger qui il appartiendra, fait pardevant monsieur Mayoul échevin semainier le 26/11/1691.

2401 - Médiathèque Arras FF126 Folio 889V :
Est comparue Marie Jenne BRIOIS veuve de Robert HOCHEDEZ vivant jardinier demeurant en cette ville d'Arras paroisse de la Chapelle au Jardin laquelle a déclaré et déclare qu'elle renonce aux biens meubles et autres effets communs d'entre elle et ledit défunt son mari se tenant à son douaire et conventions portées par son contrat de mariage, fait pardevant monsieur Ansart échevin semainier le 27/11/1691.

2402 - Médiathèque Arras FF126 Folio 889V :
Est comparue Dame Marguerite BAUCHART veuve de messire Jean Paul DE BOURNEL vivant marquis devant baron de Monchy etc à laquelle a déclaré et déclare avoir renoncé par ces présentes à la succession de messire Jean BAUCHART vivant seigneur de Champigny son père et qu'elle se tient au douaire de la dame sa mère, fait pardevant monsieur Ansart échevin semainier le 27/11/1691.

2403 - Médiathèque Arras FF126 Folio 890R :
Est comparue Marie Madeleine PERIN veuve de Jean DEFONTAINE vivant boulanger en cette ville laquelle a déclaré et déclare qu'elle récréante par le trépas dudit DEFONTAINE son mari promettant payer ses dettes, obsèques et funérailles et en décharger qui il appartiendra, fait pardevant monsieur Ansart échevin semainier le 28/11/1691.

2404 - Médiathèque Arras FF126 Folio 890V :
Sont comparus Marie Madeleine DUPUICH veuve de Jean DELEPORTE vivant maréchal en cette ville, Gabriel DUPUICH sculpteur et Jean Emmanuel DUPUICH lesquels ont déclaré et déclarent qu'ils récréantent par le trépas de Jean DUPUICH leur père promettant payer ses dettes, obsèques et funérailles et en décharger qui il appartiendra, fait pardevant monsieur Ansart échevin semainier le 29/11/1691.

2405 - Médiathèque Arras FF126 Folio 890V :
Sont comparus Jean Nicolas LABOURÉ, Marie Anne et Marie Françoise LABOURÉ enfants de feu Nicolas vivant fripier en cette ville lesquels ont déclaré et déclarent qu'ils récréantent par le trépas dudit feu Nicolas promettant tant en leurs noms que celui d'Agnès leur sœur demeurant en la ville d'Amiens, payer ses dettes, obsèques et funérailles et en décharger qui il appartiendra, fait pardevant monsieur Pallette échevin semainier le 3/12/1691.

2406 - Médiathèque Arras FF126 Folio 891R :
Est comparue Damoiselle Elizabeth ROUVROY veuve de feu Sieur Jean COURCOL vivant écuyer conseiller du roi sieur de Libessart, Bernicourt etc et premier élu d'Artois laquelle a déclaré et déclare qu'elle récréante par le trépas d'iceluy promettant payer ses dettes, obsèques et funérailles et en décharger qui il appartiendra, fait pardevant monsieur Pallette échevin semainier le 5/12/1691.

2407 - Médiathèque Arras FF126 Folio 891V :
Est comparu Antoine CAILLET coutellier demeurant en cette ville lequel a déclaré et déclare qu'il récréante par le trépas de Jean DUPUICH son beau-père promettant payer ses dettes, obsèques et funérailles à l'avenant de sa part avec ses autres cohéritiers et en décharger qui il appartiendra, fait pardevant monsieur Desnormont échevin semainier le 5/12/1691.

2408 - Médiathèque Arras FF126 Folio 891V :
Est comparu Michel BLAIRE marchand demeurant en cette ville lequel a déclaré et déclare qu'il récréante par le trépas de Marguerite GONFROY sa belle-mère promettant payer ses dettes, obsèques et funérailles et en décharger qui il appartiendra, fait pardevant monsieur de Vienne échevin semainier le 10/12/1691.

2409 - Médiathèque Arras FF126 Folio 891V :
Est comparu Louis FOURRÉ tanneur demeurant en cette ville mari et bail de Marie LAISNÉ lequel a déclaré et déclare qu'il récréante par le trépas de Marie LIBESSART sa belle-mère promettant payer ses dettes, obsèques et funérailles et en décharger qui il appartiendra, fait pardevant monsieur de Vienne échevin semainier le 12/12/1691.

2410 - Médiathèque Arras FF126 Folio 892V :
Guislain CARON bourgeois maître saietteur demeurant en cette ville a déclaré et déclare qu'il récréante par le décès de Guislaine VERMELLE veuve de Jacques CARON sa mère promettant payer ses dettes, obsèques et funérailles et en décharger qui il appartiendra, fait pardevant monsieur Dambrines échevin sepmanier le 15/12/1691.

2411 - Médiathèque Arras FF126 Folio 892V :
Est comparue Marie Marguerite HORIN veuve d'Augustin LEMAIRE vivant vitrier demeurant en cette ville laquelle a déclaré et déclare qu'elle récréante par le trépas d'iceluy promettant payer ses dettes, obsèques et funérailles et en décharger qui il appartiendra, fait pardevant monsieur Potier échevin semainier le 17/12/1691.

2412 - Médiathèque Arras FF126 Folio 893R :
Est comparu maître Louis BOISSEL avocat au conseil d'Artois procureur spécial de Damoiselle Iolente FLECHEL veuve de Charles Ignace DESAULTY vivant sieur de la Barre fondé de procuration par lui exhibée à l'effet des présentes en date du 28 novembre dernier en grosse signée Binet et Felle et à lui rendu, lequel a déclaré et déclare audit nom qu'il renonce à la communauté et dettes dudit feu sieur de la Barre mari de ladite Damoiselle se tenant au nom d'icelle à son douaire conventionnel stipulé par son contrat de mariage, fait pardevant monsieur Potier échevin semainier le 19/12/1691.

2413 - Médiathèque Arras FF126 Folio 893R :
Est comparue Marie Anne LEVRAY jeune fille à marier demeurant en cette ville, laquelle a déclaré et déclare qu'elle récréante par le décès d'Anne MALIN veuve de Eloy LEVRAY vivant bourgeois maître saietteur audit Arras sa mère, promettant payer ses dettes, obsèques et funérailles et d'en décharger qui il appartiendra, fait pardevant monsieur Caudron échevin sepmanier le 24/12/1691.

2414 - Médiathèque Arras FF126 Folio 893R :
Est comparu Léonore JESON veuve de Jacques NIEPPE bourgeois brasseur demeurant en cette ville rue et paroisse de Saint Maurice laquelle a déclaré et déclare qu'elle récréante par le décès dudit feu NIEPPE son mari promettant payer ses dettes, obsèques et funérailles et en décharger qui il appartiendra, fait pardevant monsieur Caudron échevin sepmanier le 24/12/1691.

2415 - Médiathèque Arras FF126 Folio 893V :
Est comparue Damoiselle Antoinette TABARY veuve de maître Nicolas TOULET vivant procureur au conseil d'Artois laquelle a déclaré qu'elle renonce aux biens de la communauté d'entre elle et son mari et qu'elle se tient à son droit de douaire prefix et conventionnel déclarant qu'en qualité de mère et tutrice légitime de Noël Georges TOULET son fils qu'elle a retenu de sondit mari elle appréhende la succession d'iceluy et promet en ladite qualité de payer ses dettes, obsèques et funérailles et en décharger la cour, fait pardevant monsieur Caudron échevin sepmanier le 24/12/1691.

2416 - Médiathèque Arras FF126 Folio 893V :
Est comparue Anne GRUEL veuve de Jean DUIRY vivant menuisier et concierge de l'hôtel de Bucquoy en cette ville d'Arras laquelle a déclaré et déclare qu'elle récréante par le décès dudit feu DUIRY son mari promettant payer ses dettes, obsèques et funérailles et d'en décharger qui il appartiendra, fait pardevant monsieur Ansart échevin sepmanier le 8/1/1692.

2417 - Médiathèque Arras FF126 Folio 895R :
Jean et Louis BAILLET frères enfants et héritiers de feue Jeanne DORESMIEUX bourgeois demeurant à Arras se sont solidairement constitués cautions de l'un l'autre pour passer outre à l'exécution de la sentence rendue à leur profit le 24 décembre dernier à l'encontre de Charles BARBIER demeurant au village de Basseux par

laquelle est accordé main levée auxdits BAILLET de la somme de 156 livres namptie par ledit BARBIER et ce nonobstant et sans préjudice à l'appel interjeté par iceluy BARBIER attendu que la somme n'excède les privilèges de ce siège, lesdites cautions reçues par ordonnance rendue le 11ème de ce mois promettant suivant ce lesdits BAILLET solidairement rendre et payer ce qui sera dit ci après en définitif sous l'obligation aussi solidaire de leurs biens, fait pardevant monsieur Pallette échevin sepmanier le 15/1/1692.

2418 - Médiathèque Arras FF126 Folio 895R :
Marie Barbe LECOMTE veuve de Pierre LEROY vivant bourgeois maître tonnelier demeurant en cette ville est comparue, laquelle a déclaré et déclare qu'elle récréante par le décès dudit feu LEROY son mari promettant payer ses dettes, obsèques et funérailles et en décharger qui il appartiendra, fait pardevant monsieur Desnormont échevin sepmanier le 16/1/1692.

2419 - Médiathèque Arras FF126 Folio 896R :
Jean Baptiste ROBEQUIN bourgeois maître boulanger demeurant en cette ville mari et bail de Thérèse LEFEBVRE est comparu par le décès de Jean LEFEBVRE vivant bourgeois marchand saietteur demeurant audit Arras père de ladite Thérèse LEFEBVRE promettant payer se dettes, obsèques et funérailles et en décharger tous qu'il appartiendra, fait pardevant monsieur de Vienne échevin sepmanier le 23/1/1692.

2420 - Médiathèque Arras FF126 Folio 896V :
Est comparu Louis François DEVILLERS savetier demeurant en cette ville lequel a déclaré et déclare qu'il récréante par le trépas de Marie GOSSART sa mère vivante veuve de Louis Jacques DEVILLERS promettant payer ses dettes, obsèques et funérailles et en décharger qui il appartiendra, fait pardevant monsieur Werbier échevin semainier le 4/2/1692.

2421 - Médiathèque Arras FF126 Folio 897R :
Est comparue Marie DAMBRINES veuve de Jérosme PETIT vivant portesacq en cette ville laquelle a déclaré et déclare qu'elle récréante par le trépas d'iceluy promettant payer ses dettes, obsèques et funérailles et en décharger qui il appartiendra, fait pardevant monsieur Roze échevin semainier le 13/2/1692.

2422 - Médiathèque Arras FF126 Folio 897V :
Est comparue Marie Agnès LABOURÉ jeune fille à marier laquelle a déclaré et déclare qu'elle récréante par le trépas d'Anne LELEU sa mère promettant payer ses dettes, obsèques et funérailles et en décharger qui il appartiendra, fait pardevant monsieur Pallette échevin semainier le 27/2/1692.

2423 - Médiathèque Arras FF126 Folio 898R :
Est comparu Pierre LEGRAND mesureur de blé en cette ville lequel a déclaré et déclare qu'il récréante par le trépas de Marie LEGRAND sa sœur vivante veuve de Jean CHOPIN promettant payer ses dettes, obsèques et funérailles et en décharger qui il appartiendra, fait pardevant monsieur Pallette échevin semainier le 27/2/1692.

2424 - Médiathèque Arras FF126 Folio 898V :
Est comparu François PALMA chirurgien ? de son stil lequel a déclaré et déclare qu'il récréante par le trépas de Claire ALBON sa mère vivante veuve d'André PALMA promettant payer ses dettes, obsèques et funérailles et en décharger qui il appartiendra, fait pardevant monsieur Routart échevin semainier le 14/3/1692.

2425 - Médiathèque Arras FF126 Folio 899V :
Isabelle WIMILLE veuve de Georges SILMAN bourgeois poissonnier demeurant en cette ville est comparue, laquelle a déclaré et déclare qu'elle récréante ledit feu SILMAN son mari promettant payer ses dettes, obsèques et funérailles et d'en décharger la cour, fait pardevant monsieur Roze échevin sepmanier le 27/3/1692.

2426 - Médiathèque Arras FF126 Folio 900V :
Est comparu Philippe PITON marchand grand brasseur en cette ville mari et bail de Marie Jeanne DUHAUTPAS lequel a déclaré et déclare qu'il renonce à la succession de Suzanne CAUROIS veuve d'Alphonse DUHAUTPAS sa belle-mère décédée le 28 de février dernier, fait pardevant monsieur Dourlens échevin semainier le 1/4/1692.

2427 - Médiathèque Arras FF126 Folio 901R :
Est comparue Damoiselle Marie Catherine ROZE veuve de feu Uriel DE GIRARD vivant écuyer seigneur de la Vigerie et de la Chaume du pays de Saintonge, lieutenant colonel du régiment de cavalerie de Fienne laquelle a déclaré et déclare qu'elle renonce aux meubles et effets de la communauté d'entre elle et ledit feu sieur de la

Vigerie se tenant suivant ce à son douaire et autres conventions matrimoniales portés par son contrat de mariage, fait pardevant monsieur Dourlens échevin semainier le 2/4/1692.

2428 - Médiathèque Arras FF126 Folio 901R :
Est comparue Damoiselle Jacqueline Françoise DELAPORT veuve de feu Floris DORESMIEUX vivant marchand en cette ville laquelle a déclaré et déclare qu'elle récréante par le trépas dudit feu DORESMIEUX promettant payer ses dettes, obsèques et funérailles et en décharger qui il appartiendra, fait pardevant monsieur Dourlens échevin semainier le 2/4/1692.

2429 - Médiathèque Arras FF126 Folio 901V :
Marie Jeanne LAGACHE veuve de Maurice MOURE vivant fendeur de gros bois demeurant en cette ville rue et paroisse de Saint Maurice, est comparue laquelle a déclaré et déclare qu'elle récréante par le décès dudit feu MOURE son mari promettant payer ses dettes, obsèques et funérailles et en décharger qui il appartiendra, fait pardevant monsieur Ansart échevin sepmanier le 4/4/1692.

2430 - Médiathèque Arras FF126 Folio 901V :
Robert BLANDECQUE bourgeois savetier fils de Martin et de Catherine MAHU et Pierre LEFEBVRE aussi bourgeois savetier mari et bail d'Antoinette Pasques MAGNIER fille d'Antoine et de Marie MAHU, lesdits Robert BLANDECQUE et ladite MAGNIER neveu et nièce de feue Michelle MAHU fille franche demeurant en cette ville, sont comparus lesquels ont déclaré et déclarent qu'ils récréantent par le décès de ladite feue Michelle MAHU leur tante, promettant payer ses dettes, obsèques et funérailles et d'en décharger qui il appartiendra, fait pardevant monsieur Pallette échevin sepmanier le 10/4/1692.

2431 - Médiathèque Arras FF126 Folio 901V :
Est comparue Anne Françoise DESHAYES jeune fille à marier de Michel et de Barbe GOSSART, laquelle a déclaré et déclare qu'elle récréante par le trépas de ladite Barbe GOSSART sa mère promettant payer ses dettes, obsèques et funérailles et en décharger qui il appartiendra, fait pardevant monsieur Desnormont échevin semainier le 12/4/1692.

2432 - Médiathèque Arras FF126 Folio 902R :
Est comparue Catherine FLAMEN veuve de feu Jean LIBAULT vivant marchand en cette ville laquelle a déclaré et déclare qu'elle récréante par le trépas dudit feu LIBAULT promettant payer ses dettes, obsèques et funérailles et en décharger qui il appartiendra, fait pardevant monsieur Dambrines le 16/4/1692.

2433 - Médiathèque Arras FF126 Folio 902R :
Françoise BOULET veuve de Jean HANICQUE bourgeois demeurant en cette ville décédé le 4 de ce mois rue de Meaulens paroisse de Saint Maurice, est comparue laquelle a déclaré et déclare qu'elle récréante ledit feu HANICQUE son mari promettant payer ses dettes, obsèques et funérailles et d'en décharger tous qu'il appartiendra, fait pardevant monsieur Dambrines échevin sepmanier le 17/4/1692.

2434 - Médiathèque Arras FF126 Folio 902R :
Est comparu Michel DUPREEL maître boulanger en cette ville lequel a déclaré et déclare qu'il récréante par le trépas de Marie Jeanne DUPREEL sa sœur vivante fille en célibat demeurant en cette ville promettant payer ses dettes, obsèques et funérailles et en décharger qui il appartiendra, fait pardevant monsieur Dambrines échevin semainier le 17/4/1692.

2435 - Médiathèque Arras FF126 Folio 902V :
Est comparue Marguerite TRUCHET veuve d'Antoine LIRONCOURT vivant maître tailleur en cette ville laquelle a déclaré et déclare qu'elle renonce à la communauté de biens d'entre elle et ledit feu LIRONCOURT et qu'en qualité de mère et tutrice légitime d'Antoine LIRONCOURT son fils mineur qu'elle a dudit défunt elle récréante et appréhende la succession d'iceluy promettant en ladite qualité de mère et tutrice légitime payer les dettes, obsèques et funérailles d'iceluy et en décharger qui il appartiendra, fait pardevant monsieur Potier échevin sepmanier le 21/4/1692.

2436 - Médiathèque Arras FF126 Folio 903R :
Est comparu Jean LERICHE bourgeois maître menuisier demeurant en cette ville lequel a déclaré et déclare qu'il récréante par le décès de Marguerite TAILLANDIER veuve d'Adrien LERICHE aussi maître menuisier audit Arras sa mère, promettant payer ses dettes, obsèques et funérailles et en décharger qui il appartiendra, fait pardevant monsieur Potier échevin sepmanier le 24/4/1692.

2437 - Médiathèque Arras FF126 Folio 904R :
Est comparu Nicolas HUBERT maître cordonnier en cette ville lequel a déclaré et déclare qu'il récréante par le trépas de Marguerite HUBERT sa sœur décédée depuis peu de jours, promettant payer ses dettes, obsèques et funérailles et en décharger qui il appartiendra, fait pardevant monsieur Routart échevin semainier le 26/4/1692.

2438 - Médiathèque Arras FF126 Folio 904R :
Est comparue Catherine LOIRE veuve de Vaast FAUCQUETTE vivant bourgeois maître cuisinier en cette ville laquelle a déclaré et déclare qu'elle récréante par le trépas dudit feu son mari promettant payer ses dettes, obsèques et funérailles et en décharger qui il appartiendra, fait pardevant monsieur Potier échevin semainier le 26/4/1692.

2439 - Médiathèque Arras FF126 Folio 904V :
Sont comparus Nicolas, Noël et Marie Anne SALMON frères et sœur enfants de défunt Jean SALMON vivant cordier en cette ville lesquels ont déclaré et déclarent qu'ils renoncent aux biens meubles délaissés par ledit feu Jean SALMON leur père comme aussi à tout ce qui leur peut revenir en vertu du contrat de mariage d'iceluy avec Madeleine DELANNOY, fait pardevant monsieur Caudron échevin semainier le 30/4/1692.

2440 - Médiathèque Arras FF126 Folio 904V :
Est comparue Madeleine DELANNOY veuve de Jean SALMON vivant cordier en cette ville laquelle a déclaré et déclare qu'elle récréante par le trépas d'iceluy promettant payer ses dettes, obsèques et funérailles et en décharger qui il appartiendra, fait pardevant monsieur Caudron échevin semainier le 30/4/1692.

2441 - Médiathèque Arras FF126 Folio 904V :
Est comparue Jenne HOGUET veuve d'Etienne PATENEL vivant hostelain en cette ville laquelle a déclaré et déclare qu'elle récréante par le trépas dudit PATENEL promettant payer ses dettes, obsèques et funérailles et en décharger qui il appartiendra, fait pardevant monsieur Roze échevin semainier le 5/5/1692.

2442 - Médiathèque Arras FF126 Folio 905R :
Est comparue Damoiselle Marie DE NOIELLE veuve de Sébastien DE BILVAL vivant écuyer sieur de Behagnye laquelle a déclaré et déclare qu'elle renonce à la communauté de biens d'entre elle et ledit feu sieur son mari et qu'elle se tient à son droit de douaire tel que lui peut appartenir suivant la coutume, fait pardevant monsieur Roze échevin semainier le 6/5/1692.

2443 - Médiathèque Arras FF126 Folio 905V :
Sont comparus François BAUDRELICQUE et Antoine LENGLET bourgeois de cette ville lesquels ont déclaré et déclarent qu'ils récréantent par le trépas de Jean BAUDRELICQUE père dudit François et beau-père dudit LENGLET promettant payer ses dettes, obsèques et funérailles et en décharger qui il appartiendra, fait pardevant monsieur Pallette échevin semainier le 19/5/1692.

2444 - Médiathèque Arras FF126 Folio 906R :
Est comparue Damoiselle Marie DE NOIELLE veuve du sieur DE BILVAL laquelle a déclaré et déclare que par acte fait à ce siège le 29/1/1691 elle a entendu se porter héritière de Damoiselle Agnès BROGNART au lieu d'Isabeau attendu que ladite Agnès a survécu à icelle Isabeau et pourquoi en tant que besoin elle déclare de nouveau qu'elle se porte héritière de ladite Damoiselle Agnès BROGNART sa cousine à effet de jouir et profiter de la succession d'icelle promettant en conséquence payer les dettes d'icelle Damoiselle si aucune y a et en décharger qui il appartiendra, fait pardevant monsieur Desnormont échevin semainier le 23/5/1692.

2445 - Médiathèque Arras FF126 Folio 906V :
Marguerite RIGAULT veuve de François DESFOSSEZ ci devant porte sacq en cette ville, est comparue, laquelle a déclaré et déclare qu'elle récréante par le décès dudit feu François DESFOSSEZ son mari promettant payer ses dettes, obsèques et funérailles et en décharger qui il appartiendra, fait pardevant monsieur Desnormont échevin sepmanier le 23/5/1692.

2446 - Médiathèque Arras FF126 Folio 906V :
Est comparu Laurent François DE SOIGNY fils de feu Laurent vivant maître saieteur demeurant en cette ville lequel a déclaré et déclare qu'il récréante par le trépas dudit feu Laurent son père promettant payer ses dettes, obsèques et funérailles et en décharger qui il appartiendra, fait pardevant monsieur Dambrines échevin semainier le 30/5/1692.

2447 - Médiathèque Arras FF126 Folio 907R :
Est comparu Michel LENGLET marchand demeurant au poids de la cité d'Arras mari et bail de Marie Jeanne MARSEL lequel a déclaré et déclare qu'il récréante par le trépas d'Antoine MARSEL vivant cuisinier en cette ville frère de sadite femme promettant payer ses dettes, obsèques et funérailles et en décharger qui il appartiendra, fait pardevant monsieur Potier échevin semainier le 2/6/1692.

2448 - Médiathèque Arras FF126 Folio 907V :
Est comparue Anne Thérèse BAUDET jeune fille à marier laquelle a déclaré et déclare qu'elle récréante par le trépas de Jean Baptiste BAUDET son père vivant potier de terre demeurant en cette ville promettant payer ses dettes, obsèques et funérailles et en décharger qui il appartiendra, fait pardevant monsieur Routart échevin semainier le 3/6/1692.

2449 - Médiathèque Arras FF126 Folio 907V :
Marie Barbe et Adrienne FOURDIN sœurs filles à marier demeurant en cette ville exécutrices testamentaires de Marguerite Scolastique FOURDIN veuve de Jacques DE BEAUVOIS vivant maître menuisier demeurant audit Arras, ont déclaré et déclarent qu'elles récréantent au nom de Jean Baptiste, Marie Scolastique, Marie Angélique et Marie Marguerite DE BEAUVOIS enfants mineurs desdits feus Jacques DE BEAUVOIS et Marguerite Scolastique FOURDIN dont elles ont été dénommées tutrices par le testament de ladite feue Marguerite Scolastique FOURDIN leur sœur, promettant audit nom payer ses dettes, obsèques et funérailles et en décharger qui il appartiendra, fait pardevant monsieur Potier échevin semainier le 4/5/1692.

2450 - Médiathèque Arras FF126 Folio 908R :
Est comparu Marie Isabelle DANNEL veuve de François GOUDEMAN vivant bourgeois maître franger demeurant en cette ville, laquelle a déclaré et déclare qu'elle récréante par le décès dudit feu GOUDEMAN son mari promettant payer ses dettes, obsèques et funérailles et d'en décharger qui il appartiendra, fait pardevant monsieur Potier échevin sepmanier le 4/6/1692.

2451 - Médiathèque Arras FF126 Folio 908R :
Est comparue Suzanne LEFEBVRE veuve de François MINART vivant gorlier en cette ville laquelle a déclaré et déclare qu'elle récréante par le trépas dudit MINART son mari promettant payer ses dettes, obsèques et funérailles et en décharger qui il appartiendra, fait pardevant monsieur Potier échevin semainier le 6/6/1692.

2452 - Médiathèque Arras FF126 Folio 908R :
Curatelle : est comparu Vaast CAMIEZ bourgeois boucher de cette ville reçu et admis par ordonnance du 14ème mai dernier couchée sur la requête par lui présentée, à la curatelle des personne et biens de Pierre CAMIEZ son frère imbécile d'esprit à la caution offerte de maître Jean Baptiste LESENNE docteur en médecine suivant le rapport fait par les sieurs Cambier et Cornaille médecins en cette dite ville et le consentement des parents dudit Pierre CAMIEZ et ouy le procureur général de cette ville en faisant les devoirs, lequel a empris et accepté ladite curatelle et promis par serment de s'y bien et fidèlement conduire et comporter et d'en rendre bon et fidèle compte quand il en sera requis à charge qu'il ne pourra entreprendre aucune affaire de conséquence sans l'intervention dudit procureur général de cette ville et au surplus que les deniers procédant de la vente des meubles et effets mobiliaires dudit Pierre CAMIEZ seront déposés es mains dudit LESENNE jusqu'à ce qu'en soit autrement constitué caution dudit Vaast CAMIEZ, de quoi iceluy l'a promis décharger et de tous dépens, dommages et intérêts sous l'obligation, fait pardevant monsieur Potier échevin sepmanier le 6/6/1692.

2453 - Médiathèque Arras FF126 Folio 908V :
Est comparue Anne Catherine HUCLIER veuve de Jean PETIT laquelle a déclaré et déclare qu'elle renonce à la communauté de biens d'entre elle et ledit feu PETIT se tenant aux clauses de son contrat de mariage et déclare qu'elle récréante et appréhende la succession dudit feu PETIT en la qualité de tutrice légitime de Louis François et Léonore PETIT ses enfants en bas âge promettant en ladite qualité de tutrice légitime de payer les dettes dudit feu son mari et en décharger qui il appartiendra, fait pardevant monsieur Werbier échevin semainier le 9/6/1692.

2454 - Médiathèque Arras FF126 Folio 910R :
Est comparue Marie Jenne PICQUET veuve de Jean ODOIER dit Lafleur laquelle a déclaré et déclare qu'elle récréante par le trépas d'iceluy promettant payer ses dettes, obsèques et funérailles et en décharger qui il appartiendra, fait pardevant monsieur Desnormont échevin semainier le 1/7/1692.

2455 - Médiathèque Arras FF126 Folio 910V :
Sainte DUBOIS veuve d'Adrien NOEL vivant bourgeois tisserand de toile demeurant en cette ville d'Arras, est comparue laquelle a déclaré et déclare qu'elle récréante par le décès dudit feu Adrien NOEL son mari, promettant payer ses dettes, obsèques et funérailles et en décharger tous qu'il appartiendra, fait pardevant monsieur Pallette échevin sepmanier le 2/7/1692.

2456 - Médiathèque Arras FF126 Folio 910V :
Sont comparus Bastien DEMARET maître menuisier en cette ville et Marie Jenne FRAMBRY sa femme lesquels ont déclaré et déclarent qu'ils récréantent par le trépas de Vincent FRAMBRY père de ladite Marie Jenne FRAMBRY promettant payer ses dettes, obsèques et funérailles et en décharger qui il appartiendra, fait pardevant monsieur de Vienne échevin semainier le 10/7/1692.

2457 - Médiathèque Arras FF126 Folio 911R :
Est comparue Damoiselle Léonore DUBOIS veuve de Charles LETOCART vivant marchand en cette ville laquelle a déclaré et déclare qu'en qualité de mère et tutrice légitime de Philippe Joseph LETOCART son fils mineur et héritier dudit Charles qu'elle appréhende la succession d'iceluy promettant payer ses dettes, obsèques et funérailles et en décharger qui il appartiendra, fait pardevant monsieur Dambrines échevin semainier le 11/7/1692.

2458 - Médiathèque Arras FF126 Folio 911V :
Est comparue Marie Françoise DELATTRE veuve de Simon DRANSSART vivant maître chirurgien en cette ville laquelle a déclaré et déclare qu'elle récréante par le trépas d'iceluy promettant payer ses dettes, obsèques et funérailles et en décharger qui il appartiendra, fait pardevant monsieur Routart échevin semainier le 14/7/1692.

2459 - Médiathèque Arras FF126 Folio 911V :
Est comparue Damoiselle Catherine LECOUSTRE veuve de Jean TAILLIANDIER depuis peu décédé vivant marchand et l'un des quatre commis aux ouvrages de cette ville laquelle a déclaré et déclare qu'elle renonce à la communauté des biens d'entre elle et ledit feu TAILLIANDIER, qu'elle se tient à son douaire conventionnel, droit de retour et autres avantages stipulés par son contrat de mariage, fait pardevant monsieur Potier échevin semainier le 15/7/1692.

2460 - Médiathèque Arras FF126 Folio 912R :
Est comparue Damoiselle Julienne Angélique TAILLIANDIER fille à marier de feu Jean vivant l'un des quatre commis aux ouvrages de cette ville laquelle a déclaré et déclare qu'elle récréante par le trépas d'iceluy promettant payer ses dettes, obsèques et funérailles et en décharger qui il appartiendra, fait pardevant monsieur Potier échevin semainier le 15/7/1692.

2461 - Médiathèque Arras FF126 Folio 912R :
Est comparu le sieur Philippe Louis DE THIEULAINE cadet au régiment de Champagne lequel a déclaré et déclare qu'il se rend héritier pur et simple de feu le sieur Jean Louis DE THIEULAINE vivant sieur de Miraumont et de feue Florence WARESMEL ses père et mère promettant en conséquence payer leurs dettes et en décharger qui il appartiendra à l'avenant de sa part à l'encontre de ses autres cohéritiers, fait pardevant monsieur Potier échevin semainier le 17/7/1692.

2462 - Médiathèque Arras FF126 Folio 912R :
Curatelle : suivant la requête présentée par Louis LEGRAND bourgeois demeurant en cette ville fils de feus Jean et de Marguerite ANSART icelle à son trépas veuve et demeurée es biens de Claude LEQUEU bourgeois de cette dite ville tendant à ce que fut reçu et admis pour curateur aux biens délaissés vacants par ladite ANSART Jean DUMET bourgeois demeurant en cette ville, laquelle requête ayant suivant notre apostille couchée sur icelle en date du 30 mai dernier été insinuée par copie à Pierre REDEL et Marie Françoise DAULTRICOURT sa femme hostes de la maison « des Chaudrons » comme aussi au sieur DE LA MARTIGNY et Damoiselle BOURGEOIS sa femme iceux créanciers de ladite ANSART et icelle DAULTRICOURT petite-fille d'icelle ANSART et en outre d'avoir affiché ladite requête aux lieux publics d'icelle ville et de plus vu la conclusion du procureur général avec le rescript de Luc LEGRAND sergent à verge de ce siège con… d'avoir fait les devoirs ci-dessus messieurs ont en suite d'iceux et pour le profit des défauts des parents et créanciers d'icelle ANSART de répondre à ladite requête reçu et admis Jean DUMET pour curateur à la succession vacante de ladite ANSART à la caution offerte dudit Louis LEGRAND en faisant les devoirs et soumissions en tel cas requis à charge que ledit DUMET ne pourra rien régir de conséquence en ladite succession sans l'intervention et participation dudit sieur procureur général, à la suite de quoi est comparu ledit DUMET lequel a empris et accepté ladite curatelle et promis par serment par lui prêté de s'en bien et fidèlement acquitter et d'en rendre

compte si besoin est et pour cet effet ledit Louis LEGRAND aussi pour ce comparant s'est constitué caution dudit DUMET sous pareille promesse de quoi iceluy DUMET l'a promis décharger ensemble de tous dépens, dommages et intérêts, fait pardevant monsieur Werbier échevin sepmanier le 23/7/1692.

2463 - Médiathèque Arras FF126 Folio 912V :
Est comparu Charles François TAILLANDIER fils à marier demeurant en cette ville d'Arras lequel a déclaré et déclare qu'il se fonde héritier mobiliaire et immobiliaire de feu Jean TAILLANDIER son père vivant bourgeois et l'un des quatre commis aux ouvrages de cette ville promettant payer ses dettes, obsèques et funérailles et en décharger tous qu'il appartiendra, fait pardevant monsieur Werbier échevin sepmanier le 24/7/1692.

2464 - Médiathèque Arras FF126 Folio 913V :
Est comparu Nicolas Ignace LE FRANCOIS écuyer sieur du Fétel échevin issant de cette ville lequel a déclaré et déclare qu'il récréante par le trépas de Damoiselle Marie AUCOUSTEL vivante veuve du sieur Nicolas LE FRANCOIS aussi écuyer sieur du Fétel avocat au conseil d'Artois promettant payer ses dettes, obsèques et funérailles et en décharger qui il appartiendra, fait pardevant monsieur Noel échevin semainier le 1/8/1692.

2465 - Médiathèque Arras FF126 Folio 914V :
Est comparue Marguerite BAILLET veuve de Nicolas DESCAMPS vivant maître charron en cette ville laquelle a déclaré et déclare qu'elle récréante par le trépas d'iceluy promettant payer ses dettes, obsèques et funérailles et en décharger qui il appartiendra, fait pardevant monsieur Pallette échevin semainier le 14/7/1692.

2466 - Médiathèque Arras FF126 Folio 914V :
Est comparue Damoiselle Marie Jenne PETIT veuve de Robert BAUDRELIQUE vivant procureur à la gouvernance d'Arras laquelle a déclaré et déclare qu'elle renonce aux biens et dettes délaissés par ledit feu BAUDRELIQUE son mari décédé le trois de juillet dernier et qu'elle se tient à son douaire et retours stipulés par son contrat de mariage, fait pardevant monsieur de Vienne échevin semainier le 20/8/1692.

2467 - Médiathèque Arras FF126 Folio 914V :
Marie Marguerite MOINARD veuve de Jean DESSINGES vivant bourgeois maître sellier demeurant en cette ville est comparue laquelle a déclaré et déclare qu'elle récréante par le décès dudit feu DESSINGES son mari promettant payer ses dettes, obsèques et funérailles et en décharger qui il appartiendra, fait pardevant messieurs Dambrines et Noel échevin sepmaniers le 21/8/1692.

2468 - Médiathèque Arras FF126 Folio 916V :
Est comparu Antoine DELAFORGE écuyer sieur de Willeman, neveu de feue Dame Philippe Claude DELAFORGE veuve du sieur de Javelle, lequel a déclaré et déclare que ladite Dame de Javelle par son testament et ordonnance de dernière volonté des dernier décembre 1689 et dix sept août dernier l'a institué son légataire et héritier universel de tout ce qui pouvait lui être de libre disposition, qu'il a accepté et accepte lesdits legs et succession de ladite feue Dame de Javelle, promettant payer ses dettes, obsèques et funérailles et satisfaire à ses ordonnances de dernière volonté, fait pardevant monsieur Dourlens échevin sepmanier le 17/9/1692.

2469 - Médiathèque Arras FF126 Folio 918R :
Tutelle : est comparue Damoiselle Barbe DAMBRINES veuve de François LEROUX vivant bourgeois marchand demeurant en cette ville, laquelle s'est constituée pleige et caution du sieur Antoine POTIER échevin de cette dite ville au sujet de la tutelle onéraire des personnes et biens de Jean François, Louis Dominique, Damoiselles Marie Yolente, Marie Agnès et Louise Antoinette LE CARON tous enfants mineurs de feus Jean François Dominique LE CARON écuyer sieur de Canettemont et Damoiselle Marie Yolente DAMIENS sa femme, à laquelle tutelle il a été reçu et admis par ordonnance du jourd'hui couchée au procès verbal tenu en ce siège contenant les consentements des plus proches parents desdits enfants mineurs, avec la conclusion du procureur général de cette ville et ce pour la régie et administration que ledit sieur POTIER pourra faire des biens desdits mineurs, promettant suivant ce ladite Damoiselle Barbe DAMBRINES de rendre, payer et rapporter ce qui pourra être dit et ordonné ci après, de quoi iceluy sieur POTIER l'a promis décharger et de tous dépens, dommages et intérêts, sous l'obligation de tous leurs biens, fait pardevant monsieur Desnormont échevin sepmanier le 27/9/1692.

2470 - Médiathèque Arras FF126 Folio 918V :
Est comparue Marie Madeleine TROUILLET veuve de Toussaint PECHENA vivant sergent à verge de cette ville laquelle a déclaré et déclare qu'elle récréante par le trépas d'iceluy promettant payer ses dettes, obsèques et funérailles et en décharger qui il appartiendra, fait pardevant monsieur Davery échevin semainier le 8/10/1692.

2471 - Médiathèque Arras FF126 Folio 919R :
Est comparue Damoiselle Jenne PENIN veuve de maître Augustin DENAIN vivant procureur au conseil d'Artois mère et tutrice légitime de Jean Baptiste DENAIN son fils mineur qu'elle a retenu d'iceluy feu DENAIN laquelle a déclaré et déclare qu'en ladite qualité elle appréhende la succession de Robert François DENAIN aussi son fils mineur depuis peu décédé iceluy héritier dudit maître Augustin DENAIN promettant en ladite qualité de mère et tutrice payer les dettes dudit Robert DENAIN et en décharger qui il appartiendra, fait pardevant monsieur Boissel échevin semainier le 25/10/1692.

2472 - Médiathèque Arras FF126 Folio 919V :
Est comparu Damoiselle Agnès BIGOT veuve de feu Pierre LAGACHE vivant marchand grossier en cette ville laquelle a déclaré et déclare qu'elle récréante par le trépas dudit feu LAGACHE son mari promettant payer ses dettes, obsèques et funérailles et en décharger qui il appartiendra, fait pardevant monsieur Bosquet échevin semainier le 27/10/1692.

2473 - Médiathèque Arras FF126 Folio 920V :
Jean MOREL et Sébastien SOULLIART bourgeois laboureur demeurant au village de Wailly neveux et héritiers de Jean THERY vivant aussi bourgeois demeurant en cette ville ont récréanté par le trépas dudit Jean THERY leur oncle décédé le jour d'hier promettant payer ses dettes, obsèques et funérailles et en décharger la cour, fait pardevant monsieur Pottier échevin sepmanier le 18/11/1692.

2474 - Médiathèque Arras FF126 Folio 920V :
Est comparue Marie Jenne PETIT veuve d'Antoine MORGUET vivant maître boulanger demeurant en cette ville laquelle a déclaré et déclare qu'elle récréante par le trépas dudit feu MORGUET promettant payer ses dettes, obsèques et funérailles et en décharger qui il appartiendra, fait pardevant monsieur Pottier échevin semainier le 20/11/1692.

2475 - Médiathèque Arras FF126 Folio 920V :
Est comparue Léonord Isabelle DUFOUR veuve de Ignace SENECHAL vivant maître chirurgien en cette ville laquelle a déclaré et déclare qu'elle récréante par le trépas d'iceluy promettant payer ses dettes, obsèques et funérailles et en décharger qui il appartiendra, fait pardevant monsieur Davery échevin semainier le 21/11/1692.

2476 - Médiathèque Arras FF126 Folio 921R :
Est comparu Antoine Guillain WILLART bourgeois mesureur de grains demeurant en cette ville d'Arras lequel a dit et déclaré qu'il a renoncé et renonce par ces présentes à la succession de défunte Marie Françoise DANISON sa mère qu'il avait appréhendé par inadvertance et dans le temps qu'il était mineur, affirmant n'avoir pris ni reçu aucune chose d'icelle dont il a requis acte à lui octroyé pour lui servir ainsi que de raison, fait pardevant monsieur Boissel échevin semainier le 3/11/1692.

2477 - Médiathèque Arras FF126 Folio 922R :
Est comparue Marie DAVID veuve de Charles MAURICE laquelle a … appris depuis quelques jours que son mari est décédé passé un an, a déclaré et déclare autant que besoin est ou serait qu'elle a renoncé et renonce aux biens meubles et immeubles de la communauté d'entre lui et elle se tenant à son douaire prefix, droits et conventions matrimoniales, ce qu'elle fait à plus grande précaution parce que la beauté est que tous les meubles, effets mobiliaires trouvés dans la maison au jour que ledit MAURICE a été depuis au corps pour le crime dont il a été accusé ont été annotés, saisis et vendus à la requête de messieurs les gens du roi, du conseil d'Artois pour les frais et mises de justice, fait le 13/12/1692 pardevant monsieur Bosquet échevin semainier.

2478 - Médiathèque Arras FF126 Folio 922R :
Tutelle : est comparu Robert CARRÉ chirurgien demeurant en la cité d'Arras, lequel pour satisfaire à la sentence rendue à l'audience extraordinaire de ce siège le 10ème de ce mois entre lui défendeur d'une part et Guillain CAILLERET bourgeois brasseur demeurant en cette ville et Marie Jenne LESOIN sa femme demandeurs d'autre part, par laquelle il lui est ordonné d'emprendre la tutelle des enfants mineurs ci après déclarés et d'en faire les devoirs ordinaires, a déclaré et déclare qu'il emprend l a tutelle des personnes et biens de Guillain, Simon et Anne PODEVIN enfants mineurs d'Antoine PODEVIN et Adrienne CARRÉ promettant de s'en bien et fidèlement acquitter et d'en rendre compte quand sommé et requis en sera sous l'obligation de ses biens à subir juridiction en ce siège, fait pardevant monsieur du Repaire échevin semainier le 15/12/1692.

2479 - Médiathèque Arras FF126 Folio 922V :
Sont comparus Jean GODEFROY et Jean Philippe DEMAILLY bourgeois de cette ville lesquels ont déclaré et déclarent qu'ils récréantent par le trépas de Madeleine LECOMTE vivante veuve d'Aniez PARIS mère dudit GODEFROY et belle-mère dudit DEMAILLY promettant payer ses dettes, obsèques et funérailles et en décharger qui il appartiendra, fait pardevant monsieur Ansart échevin semainier le 15/12/1692.

2480 - Médiathèque Arras FF126 Folio 922V :
Est comparue Marie Jenne DELEBECQUE veuve de Charles LANCRY vivant savetier en cette ville laquelle a déclaré et déclare qu'elle récréante par le trépas d'iceluy promettant payer ses dettes, obsèques et funérailles et en décharger qui il appartiendra, fait pardevant monsieur Ansart échevin semainier le 20/12/1692.

2481 - Médiathèque Arras FF126 Folio 923R :
Est comparue Marie CLOCQUETEUR veuve de Jacques DRANSSART laboureur demeurant sur le pouvoir de Hée paroisse d'Achicourt laquelle a déclaré et déclare qu'elle récréante par le trépas d'iceluy promettant payer ses dettes, obsèques et funérailles et en décharger qui il appartiendra, fait pardevant monsieur Ansart échevin le 22/12/1692.

2482 - Médiathèque Arras FF126 Folio 923R :
Est comparue Madeleine PETIT veuve de Jacques MARY vivant maître fourbisseur demeurant en cette ville laquelle a déclaré et déclare qu'elle récréante par le trépas dudit feu MARY promettant payer ses dettes, obsèques et funérailles et en décharger qui il appartiendra, fait pardevant monsieur Potier échevin semainier le 29/12/1692.

2483 - Médiathèque Arras FF126 Folio 923V :
Est comparu Pierre DAMBRINES porte sacq en cette ville mari et bail de Guillaine DEBUIRE lequel a déclaré et déclare qu'il récréante par le trépas de Jean DEBUIRE vivant aussi porte sacq en cette ville neveu de ladite Guillaine promettant payer ses dettes, obsèques et funérailles et en décharger qui il appartiendra, fait pardevant monsieur Potier échevin semainier le 31/12/1692.

2484 - Médiathèque Arras FF126 Folio 923V :
Est comparue Marie Barbe DUMAINE veuve de Guillain HOCCEDÉ vivant manouvrier demeurant en cette ville laquelle a déclaré et déclare qu'elle récréante par le trépas d'iceluy, promettant payer ses dettes, obsèques et funérailles et en décharger qui il appartiendra, fait pardevant monsieur Bosquet échevin semainier pour l'absence de monsieur Davery le 3/1/1693.

2485 - Médiathèque Arras FF126 Folio 924R :
Est comparue Anne DELABRE veuve de Laurent CEUGNET dit la Jeunesse vivant archer de la maréchaussée d'Artois demeurant en cette ville mère et tutrice légitime de François Joseph CEUGNET son fils mineur, laquelle a déclaré et déclare qu'elle renonce à la succession dudit feu Laurent CEUGNET se tenant à son douaire et convention matrimoniale et qu'au nom dudit François Joseph CEUGNET son fils mineur qu'elle a dudit feu elle appréhende la succession d'iceluy promettant en ladite qualité de tutrice et non autrement payer ses dettes, obsèques et funérailles et en décharger qui il appartiendra, fait pardevant monsieur Bosquet échevin semainier le 20/1/1693.

2486 - Médiathèque Arras FF126 Folio 924V :
Marguerite BAUDUIN veuve de Simon VOGLET a déclaré qu'elle renonce à la succession d'iceluy, laquelle néanmoins elle appréhende au nom et comme mère et tutrice légitime de Simon VOGLET son fils mineur qu'elle a dudit feu son mari promettant en ladite qualité payer ses dettes, obsèques et funérailles et en décharger qui il appartiendra, fait pardevant monsieur du Repaire échevin semainier le 26/1/1693.

2487 - Médiathèque Arras FF126 Folio 925R :
Marie Barbe GADOLET jeune fille à marier demeurant en cette ville a déclaré et déclare qu'elle récréante par le trépas de feu Arnould GADOLET dit Desmoulins son père vivant maître chirurgien en cette dite ville, promettant payer ses dettes, obsèques et funérailles et d'en décharger qui il appartiendra, fait pardevant monsieur Ansart échevin sepmanier le 30/1/1693.

2488 - Médiathèque Arras FF126 Folio 925R :
Jean Baptiste DESHAYES maître charpentier et Marguerite FOURCAULT sa femme, Guislain DE VILLERS maître serrurier et Marie Madeleine FOURCAULT sa femme demeurant en cette ville, lesdites FOURCAULT sœurs enfants de feu Georges vivant bourgeois marchand de vaches demeurant audit Arras, ont déclaré et

déclarent qu'ils récréantent par le décès dudit feu Georges FOURCAULT leur père, promettant payer ses dettes, obsèques et funérailles et d'en décharger la cour, fait pardevant monsieur Davery échevin sepmanier le 5/2/1693.

2489 - Médiathèque Arras FF126 Folio 926V :
Est comparu Eloy FRANCOIS marchand en cette ville lequel a déclaré et déclare qu'il récréante par le trépas d'Anne DOCQUEMENIL vivant veuve de Jacques GELÉ sa belle-mère promettant payer ses dettes, obsèques et funérailles et en décharger qui il appartiendra, fait pardevant monsieur Boisselle échevin semainier le 10/2/1693.

2490 - Médiathèque Arras FF126 Folio 927R :
Est comparue Damoiselle Isabelle DERUICT veuve de Robert MOREL vivant marchand brasseur demeurant en cette ville laquelle a déclaré et déclare qu'elle récréante par le trépas d'iceluy promettant payer ses dettes, obsèques et funérailles et en décharger qui il appartiendra, fait pardevant monsieur Boissel échevin semainier le 17/2/1693.

2491 - Médiathèque Arras FF126 Folio 927V :
Est comparue Damoiselle Jeanne LE CAMBIER ancienne fille de Pierre et de Damoiselle Marguerite BARBET demeurant en cette ville d'Arras laquelle a déclaré et déclare qu'elle se fonde héritière de feue Damoiselle Marie Barbe BARBET sa cousine germaine icelle fille de feus Augustin BARBET sieur de Watimetz et Damoiselle Marie GARSON demeurant audit Arras promettant payer ses dettes, obsèques et funérailles et en décharger qui il appartiendra, fait pardevant monsieur Boisselle échevin sepmanier le 28/2/1693.

2492 - Médiathèque Arras FF126 Folio 928R :
Isabelle DUBOIS veuve de Guislain LESTOCQUART dit Wallon cabaretière demeurant es faubourg de Ronville laquelle a déclaré et déclare qu'elle récréante par le trépas d'iceluy promettant payer ses dettes, obsèques et funérailles et d'en décharger qui il appartiendra, fait pardevant monsieur Bosquet échevin sepmanier le 6/3/1693.

2493 - Médiathèque Arras FF126 Folio 928V :
Est comparue Damoiselle Marie Alexandrine DE PRESSY veuve de Louis BAILLET laquelle a déclaré et déclare qu'elle renonce aux biens délaissés par ledit BAILLET et qu'elle se tient à son douaire conventionnel et autres stipulations portées par son contrat de mariage, déclarant néanmoins qu'elle appréhende lesdits biens comme mère ayant la garde et administration de Jacques Floris BAILLET son fils mineur qu'elle a retenu de sondit feu mari iceluy héritier dudit Louis BAILLET son père, promettant en cette qualité payer ses dettes, obsèques et funérailles et en décharger qui il appartiendra, fait pardevant monsieur du Sart échevin semainier le 10/3/1693.

2494 - Médiathèque Arras FF126 Folio 929R :
Est comparue Marie Jacqueline PAMART veuve de Philippe DELEMOTTE décédé depuis quinze jours laquelle a déclaré et déclare qu'elle renonce à la communauté d'entre elle et sondit feu mari et qu'elle se tient à son douaire conventionnel et autres portés par son contrat de mariage, fait pardevant monsieur de Vienne échevin semainier le 16/3/1693.

2495 - Médiathèque Arras FF126 Folio 929V :
Sont comparus Marc Antoine BIENFAIT jardinier valet des augustines en cette ville, Joseph HOULIER porte sacq en cette ville et Marie Jenne HOULIER jeune fille suffisamment âgée frères et sœur utérins enfants de Marguerite BONNEL vivante veuve en dernières noces de Guillaume HOULIER, lesquels ont déclaré et déclarent qu'ils renoncent à la succession mobiliaire et immobiliaire de ladite Marguerite BONNEL leur mère décédée ce jourd'hui.

2496 - Médiathèque Arras FF126 Folio 929V :
Sont comparus François, Pierre et Isabelle PONS enfants de Pierre et de Catherine DELEBARRE lesquels ont déclaré et déclarent qu'ils récréantent ladite feue Catherine DELEBARRE leur mère promettant payer ses dettes, obsèques et funérailles et en décharger qui il appartiendra, fait pardevant monsieur de Vienne échevin semainier le 17/3/1693.

2497 - Médiathèque Arras FF126 Folio 930R :
Sont comparus François VAAST cordonnier demeurant en cette ville et Barbe VAAST sa sœur demeurant aussi en cette dite ville lesquels ont déclaré et déclarent qu'ils récréantent par le trépas de Simon MARTIN vivant

maître cordonnier en cette dite ville qui par son testament leur a laissé sa succession promettant payer ses dettes, obsèques et funérailles et en décharger qui il appartiendra, fait pardevant monsieur Potier échevin semainier le 27/3/1693.

2498 - Médiathèque Arras FF126 Folio 930R :
Est comparue Isabelle NAVEL veuve de Gabriel MOIETTE vivant marchand tapissier en cette ville laquelle a déclaré et déclare qu'elle récréante par le trépas dudit feu MOIETTE promettant payer ses dettes, obsèques et funérailles et en décharger qui il appartiendra, fait pardevant monsieur Potier échevin semainier le 27/3/1693.

2499 - Médiathèque Arras FF126 Folio 931R :
Est comparue Marie Catherine MINART veuve d'Etienne BLANCHET vivant boucher en cette ville laquelle a déclaré et déclare qu'elle récréante par le trépas d'Isabeau CAMIER vivante veuve de Firmin MINART sa mère promettant payer ses dettes, obsèques et funérailles et en décharger qui il appartiendra, fait pardevant monsieur le Mayeur échevin semainier le 2/4/1693.

2500 - Médiathèque Arras FF126 Folio 931R :
Sont comparus Vincent VASSEUR bourgeois boutonnier, Pierre BAILLET aussi bourgeois et savetier mari et bail de Louise VASSEUR et Nicolas DELATTRE pareillement bourgeois savetier mari et bail de Marie Anne VASSEUR, lesdits VASSEUR frère et sœurs enfants de Jacques VASSEUR vivant aussi bourgeois boutonnier demeurant tous à Arras, lesquels ont déclaré et déclarent qu'ils récréantent par le décès dudit feu Jacques VASSEUR leur père promettant payer ses dettes, obsèques et funérailles et d'en décharger tous qu'il appartiendra, fait pardevant monsieur Roze échevin sepmanier le 7/4/1693.

2501 - Médiathèque Arras FF126 Folio 932V :
Sont comparus Jean LEFRANCQ bourgeois de cette ville fils de Mathias et de Barbe GELÉ icelle fille de Pierre et de Marguerite COURCOL, ladite COURCOL sœur de Jean vivant aussi bourgeois marchand demeurant en cette ville, Pierre et Barbe GELÉ frère et sœur aussi bourgeois de cette ville enfants de Charles et de Susanne BOUBERT, ledit Charles fils de Pierre GELÉ et de Marguerite COURCOL et en ces qualités petits neveux et héritiers fidéicommissaires dudit Jean COURCOL marchand qui fut père grand de Jean COURCOL à son trépas écuyer élu d'Artois, lesquels ont déclaré ainsi qu'ils font par ces présentes qu'ils se constituent et déclarent héritiers fideicommissaires d'iceluy Jean COURCOL marchand pour par eux profiter de l'effet de ses testaments et codicilles des 22 mars et dernier avril 1638 pour ce qui peut les regarder seulement promettant en conséquence satisfaire à tout ce qui sera à leur charge à cette proportion, fait pardevant monsieur de Vienne échevin semainier le 27/4/1693.

2502 - Médiathèque Arras FF126 Folio 933R :
Est comparue Damoiselle Marie Françoise DE GOUY veuve de maître Martin LECARDÉ vivant avocat au conseil d'Artois laquelle a déclaré et déclare qu'elle récréante par le trépas dudit feu son mari promettant payer ses dettes, obsèques et funérailles et en décharger qui il appartiendra, fait pardevant monsieur le Mayeur échevin semainier le 14/5/1693.

2503 - Médiathèque Arras FF126 Folio 933V :
Est comparue Ursulle MORY veuve de Jean BRIOIS demeurant en cette ville laquelle a déclaré et déclare qu'elle récréante par le trépas de sondit feu mari promettant payer ses dettes, obsèques et funérailles et d'en décharger qui il appartiendra, fait pardevant monsieur le Mayeur échevin sepmanier le 14/5/1693.

2504 - Médiathèque Arras FF126 Folio 933V :
Est comparue Marie Madeleine CANCAMP laquelle a déclaré et déclare qu'elle récréante par le trépas d'Etienne CORDONNIER son mari promettant payer ses dettes, obsèques et funérailles et en décharger qui il appartiendra, fait pardevant monsieur Roze échevin semainier le 20/5/1693.

2505 - Médiathèque Arras FF126 Folio 934R :
Est comparue Damoiselle Evrade CLIQUET veuve de René FERAGUT dit la Roze vivant marchand en cette ville, laquelle a déclaré et déclare qu'elle récréante par le trépas d'iceluy promettant payer ses dettes, obsèques et funérailles et en décharger qui il appartiendra, fait pardevant monsieur Bosquet échevin semainier le 25/5/1693.

2506 - Médiathèque Arras FF126 Folio 934R :
Est comparue Marie Isabelle PAULVECHE et Marie Susanne PAULVECHE demeurant à Arras, lesquelles ont déclaré et déclarent qu'elles récréantent par le trépas de Barbe GELLE veuve de Philippe PAULVECHE

promettant payer ses dettes, obsèques et funérailles et d'en décharger tous qu'il appartiendra, fait pardevant monsieur Bosquet échevin sepmanier le 25/5/1693.

2507 - Médiathèque Arras FF126 Folio 935R :
Le 3/6/1693 pardevant messieurs du Repaire et Ansart échevins sepmaniers est comparue Damoiselle Isabelle Claire DE WIDEBIEN veuve de Philippe LEBLANC écuyer sieur de Meurchin laquelle a déclaré avoir renoncé comme de fait elle renonce par ces présentes aux biens meubles et immeubles, acquêts et conquêts délaissés par ledit feu sieur de Meurchin son mari et tenant à son droit de douaire coutumier.

2508 - Médiathèque Arras FF126 Folio 936R :
Est comparue Catherine LEBEE veuve de Louis MOREL vivant maître vitrier en cette ville laquelle a déclaré et déclare qu'elle récréante par le trépas d'iceluy promettant payer ses dettes, obsèques et funérailles et en décharger qui il appartiendra, fait pardevant monsieur Davery échevin le 8/6/1693.

2509 - Médiathèque Arras FF126 Folio 938V :
Est comparu Mathias BATTON maître maçon demeurant en cette ville lequel a déclaré et déclare qu'il se rend héritier de Marie GAVREAU veuve de Jean MACREL vivant poissonnier en cette ville promettant payer ses dettes, obsèques et funérailles et en décharger qui il appartiendra, fait pardevant monsieur Boisselle échevin semainier le 3/7/1693.

2510 - Médiathèque Arras FF126 Folio 938V :
Est comparue Jenne Thérèse DUCROCQ veuve de Robert DEHEE vivant maître maçon demeurant en cette ville laquelle a déclaré et déclare qu'elle récréante par le trépas d'iceluy promettant payer ses dettes, obsèques et funérailles et en décharger qui il appartiendra, fait pardevant monsieur le Mayeur échevin le 7/7/1693.

2511 - Médiathèque Arras FF126 Folio 940V :
Est comparue Marie Madeleine BLANCHET veuve de Charles BONAVENTURE décédé le jour d'hier vivant boucher en cette ville, laquelle a déclaré qu'elle récréante par le trépas d'iceluy promettant payer ses dettes, obsèques et funérailles et en décharger qui il appartiendra, fait pardevant monsieur le Mayeur échevin semainier le 8/8/1693.

2512 - Médiathèque Arras FF126 Folio 941R :
Sont comparus Albert, Jean Herman et Ignace DAMPTO demeurant en cette ville lesquels ont déclaré et déclarent qu'ils récréantent par le trépas de Marie Catherine WACQUET leur mère décédée depuis peu étant alliée en secondes noces à François BALANT, promettant payer ses dettes, obsèques et funérailles et en décharger qui il appartiendra, fait pardevant monsieur Bosquet échevin semainier le 17/8/1693.

2513 - Médiathèque Arras FF126 Folio 941R :
Sont comparus André François et Guillain LEGRAND bouchers en cette ville lesquels ont déclaré et déclarent qu'ils récréantent par le trépas de Jenne BAL vivante veuve de Guillaume LEGRAND vivant portesacq en cette ville promettant payer ses dettes, obsèques et funérailles et en décharger qui il appartiendra, fait pardevant monsieur Bosquet échevin semainier le 17/8/1693.

2514 - Médiathèque Arras FF126 Folio 941V :
Est comparue Marie Françoise LEROY veuve de Philippe GODART vivant maître maréchal en cette ville laquelle a déclaré et déclare qu'elle récréante par le trépas d'iceluy promettant payer ses dettes, obsèques et funérailles et en décharger qui il appartiendra, fait pardevant monsieur le Maieur échevin le 18/8/1693.

2515 - Médiathèque Arras FF126 Folio 942V :
Est comparu Claude DERUY tailleur d'habit et vivanier demeurant à Lille neveu et héritier de maître Louis DERUY vivant prêtre coutre de l'église paroissiale de Sainte Marie Madeleine en cette ville, lequel a déclaré et déclare qu'il appréhende la succession dudit feu sieur DERUY son oncle tant en son propre et privé nom que celui d'Adrien DERUY son frère présentement au service du roi duquel il se fait et porte fort et garant, promettant payer ses dettes, obsèques et funérailles et en décharger qui il appartiendra, fait pardevant monsieur Ansart échevin semainier le 29/8/1693.

2516 - Médiathèque Arras FF126 Folio 942V :
Est comparu maître Louis BOISSELLE échevin de cette ville père et tuteur légitime de Philippine Joseph sa fille mineure, lequel déclare qu'en cette qualité il appréhende la succession de Damoiselle Marie Marguerite

GOUBET veuve du sieur de Bosmaret promettant en ladite qualité payer ses dettes, obsèques et funérailles et en décharger qui il appartiendra, fait pardevant monsieur de Vienne échevin semainier le 31/8/1693.

2517 - Médiathèque Arras FF126 Folio 943R :
Est comparue Damoiselle Marie Claire DELAPORTE veuve de Christophe LECOIFFET vivant marchand grossier en cette ville laquelle a déclaré récréanter par le trépas d'iceluy promettant payer ses dettes, obsèques et funérailles et en décharger qui il appartiendra, fait pardevant monsieur de Vienne échevin semainier le 3/9/1693.

2518 - Médiathèque Arras FF126 Folio 943R :
Est comparue Marie Marguerite DEMAILLY veuve de Josse CULLIER vivant maître cordonnier en cette ville laquelle a déclaré et déclare qu'elle récréante par le trépas d'iceluy promettant payer ses dettes, obsèques et funérailles et en décharger qui il appartiendra, fait pardevant monsieur Camp échevin semainier le 4/9/1693.

2519 - Médiathèque Arras FF126 Folio 943V :
Est comparu Maurice DAUBRET demeurant en cette ville lequel a déclaré et déclare qu'il récréante par le trépas de Barbe DE CAUCHIE vivante veuve de Jean DAUBRET marchande en cette ville sa mère promettant payer ses dettes, obsèques et funérailles et en décharger qui il appartiendra, fait pardevant monsieur le Mayeur échevin semainier le 18/9/1693.

2520 - Médiathèque Arras FF126 Folio 944V :
Est comparue Marie Brigitte TERRIER veuve de Mathieu CUVILLIER laquelle a récréanté par la mort du susdit Mathieu CUVILLIER promettant de payer ses dettes, obsèques et funérailles et en décharger qui il appartiendra, fait pardevant monsieur Roger échevin sepmanier le 23/9/1693.

2521 - Médiathèque Arras FF126 Folio 944V :
Sont comparus Cornil François DELEPORTE, Damoiselle Jacqueline Françoise DELEPORTE veuve de Floris DORESMIEUX et Damoiselle Marie Claire DELEPORTE veuve de Christophe LECOIFFET lesquels ont déclaré et déclarent [récréanter] par le trépas de Damoiselle Catherine CUVILLIER vivante veuve de Pierre DELEPORTE leur mère promettant payer ses dettes, obsèques et funérailles et en décharger qui il appartiendra, fait pardevant monsieur Bosquet échevin semainier le 1/10/1693.

2522 - Médiathèque Arras FF126 Folio 944V :
Est comparue Marie Jenne FOURNIER veuve de Nicolas DESAILLY laquelle a déclaré qu'elle récréante par le trépas d'iceluy promettant payer ses dettes, obsèques et funérailles et en décharger qui il appartiendra, fait pardevant monsieur Ansart le 8/10/1693.

2523 - Médiathèque Arras FF126 Folio 945R :
Est comparu Pierre André DILLY fils de Jacques François dit Latour vivant marchand de vin en cette ville lequel a déclaré et déclare qu'il récréante par le trépas d'iceluy promettant payer ses dettes, obsèques et funérailles et en décharger qui il appartiendra, fait pardevant monsieur Ansart échevin semainier le 9/10/1693.

2524 - Médiathèque Arras FF126 Folio 945R :
Est comparu Jenne DE VELLE jeune fille à marier tant en son nom qu'en celui de Claude DE VELLE son frère laquelle a déclaré et déclare qu'elle récréante par le trépas de Jenne BAUDERLICQ sa mère grande vivante veuve de Guillaume PETIT promettant payer ses dettes, obsèques et funérailles comme donataire universelle de ladite BAUDERLICQ, fait pardevant monsieur Ansart échevin sepmanier le 9/10/1693.

2525 - Médiathèque Arras FF126 Folio 945V :
Est comparue Marie FOURMAULT veuve de Jacques DEHEE vivant maître maçon en cette ville laquelle a déclaré et déclare qu'elle récréante par le trépas dudit feu Jacques DEHEE son mari promettant payer ses dettes, obsèques et funérailles et en décharger qui il appartiendra, fait pardevant monsieur de Vienne échevin semainier le 13/10/1693.

2526 - Médiathèque Arras FF126 Folio 945V :
Est comparue Damoiselle Marie Jenne RUMAULT veuve de feu Pierre BILLOT vivant notaire royal en cette ville laquelle a déclaré qu'elle appréhende la succession d'iceluy promettant payer ses dettes, obsèques et funérailles et en décharger qui il appartiendra, fait pardevant monsieur Poitart échevin semainier le 26/10/1693.

2527 - Médiathèque Arras FF126 Folio 945V :
Est comparue Damoiselle Marie Françoise Antoinette Léocalde FRENEAU jeune fille demeurant en cette ville d'Arras nièce et héritière de feu le sieur Adrien François DE SEMERPONT vivant écuyer sieur de Blangermont laquelle a déclaré et déclare qu'elle récréante par le trépas d'iceluy promettant payer ses dettes, obsèques et funérailles et en décharger qui il appartiendra, déclarant qu'elle accepte les donations à elle faites par ledit sieur DE SEMERPONT par son testament et ordonnance de dernière volonté du 1er de ce mois, fait pardevant monsieur Poitart échevin semainier le 27/10/1693.

2528 - Médiathèque Arras FF126 Folio 946V :
Est comparue Marie Catherine DURIET veuve d'Antoine SALMON laquelle a déclaré et déclare qu'elle récréante par le trépas dudit feu SALMON promettant payer ses dettes, obsèques et funérailles et en décharger qui il appartiendra, fait pardevant monsieur Dambrines échevin le 5/11/193.

2529 - Médiathèque Arras FF126 Folio 946V :
Est comparue Marie Anne GAMAND veuve de Nicolas Mathieu CARPENTIER vivant bourgeois marchand demeurant en cette ville d'Arras laquelle a déclaré et déclare d'avoir renoncé comme elle renonce par cette aux biens et effets de la communauté délaissés par sondit feu mari lesquels meubles et effets elle appréhende néanmoins au nom et en qualité de mère et tutrice légitime de Marie Isabelle CARPENTIER sa fille mineure promettant en ladite qualité de mère et tutrice payer les dettes, obsèques et funérailles de sondit feu mari et en décharger qui il appartiendra, fait pardevant monsieur Mabille échevin semainier le 6/11/1693.

2530 - Médiathèque Arras FF126 Folio 946V :
Est comparue Marie Jenne DUPAS veuve de Maurice LOURDEL vivant marchand pelletier en cette ville laquelle a déclaré et déclare qu'elle récréante par le trépas d'iceluy promettant payer ses dettes, obsèques et funérailles et en décharger qui il appartiendra, fait pardevant monsieur Thiebault échevin semainier le 12/11/1693.

2531 - Médiathèque Arras FF126 Folio 946V :
Est comparu Michel NOEL demeurant à Saint Eloy lequel a déclaré et déclare qu'il récréante par le trépas de Michel son père vivant charpentier en cette ville promettant payer ses dettes, obsèques et funérailles et en décharger qui il appartiendra, fait pardevant monsieur Bosquet échevin semainier le 12/11/1693.

2532 - Médiathèque Arras FF126 Folio 947V :
Sont comparus François Ignace HAUTTE lieutenant de la compagnie colonelle de Hessy Suisse étant en garnison à Cazal et Damoiselle Marie Marguerite BOUCHER sa femme demeurant en cette ville, ladite BOUCHER petite-fille et héritière de feu maître Jean ELION vivant notaire en cette ville d'Arras lesquels ont déclaré et déclarent qu'ils se portent héritiers dudit feu maître Jean ELION promettant de payer ses dettes et funérailles et d'en décharger tous qu'il appartiendra, fait pardevant monsieur Mayoul échevin le 18/11/1693.

2533 - Médiathèque Arras FF126 Folio 948V :
Est comparu Melchior DUMET laboureur demeurant au faubourg de Saint Sauveur lequel a déclaré et déclare qu'il récréante par le trépas de Barbe VOIEZ sa belle-mère promettant payer ses dettes, obsèques et funérailles et en décharger qui il appartiendra, fait pardevant monsieur Bosquet échevin semainier le 21/11/1693.

2534 - Médiathèque Arras FF126 Folio 949R :
Sont comparus Thomas ROGER mari et bail de Jacqueline RICQUIER et Charles BEAUVOIS mari et bail de Marie RICQUIER bourgeois de cette ville demeurant au faubourg de Sainte Catherine lesquels ont déclaré et déclarent qu'ils récréantent Anne RICQUIER leur tante à son décès veuve de Denis LANGUEBIEN décédée le 22 de ce mois promettant payer ses dettes, obsèques et funérailles et en décharger qui il appartiendra, fait pardevant monsieur Boisselle échevin semainier le 26/11/1693.

2535 - Médiathèque Arras FF126 Folio 949V :
Est comparue Marie Barbe DAVID demeurant en cette ville laquelle a déclaré et déclare qu'elle récréante Allart LEFEBVRE son feu mari promettant payer ses dettes, obsèques et funérailles et en décharger qui appartiendra, fait le 3/12/1693 pardevant monsieur Routart échevin semainier.

2536 - Médiathèque Arras FF126 Folio 949V :
Est comparue Damoiselle Françoise BLANCHART femme autorisée du sieur Nicolas EVRARD demeurant à Beauvais de présent en cette ville d'Arras, laquelle audit nom a déclaré et déclare par ces présentes qu'elle s'est faite et constituée héritière pure et simple de feue Damoiselle Marie Catherine CAZIER fille en célibat

demeurant à Arras et qu'elle promet d'entretenir ses … et promesse de payer ses dettes, fait le 4/12/1693 pardevant le sieur Dambrine échevin semainier.

2537 - Médiathèque Arras FF126 Folio 949V :
Est comparue Marie Anne LEROUX veuve de Pierre DESMARETS bourgeois marchand demeurant en cette ville laquelle a déclaré et déclare qu'elle récrante maître Valérien FRANCQUEVILLE prêtre et ancien curé de Saint Laurent promettant payer ses dettes, obsèques et funérailles et en décharger qui il appartiendra, fait le 5/12/1693.

2538 - Médiathèque Arras FF126 Folio 950R :
Du 9/12/1693 pardevant monsieur Mayoul, est comparu Marie Antoinette GOUDAILLY demeurant en cette ville laquelle a déclaré qu'elle renonce à la communauté d'entre elle et Nicolas DUHAUPAS son défunt mari laquelle se tient aux conventions cités par son contrat de mariage.

2539 - Médiathèque Arras FF126 Folio 951V :
Du 16/12/1693 pardevant monsieur Mabille, est comparue Marguerite DELATTRE veuve de Pierre DENIS vivant portesacq demeurant en cette ville laquelle a déclaré et déclare qu'elle récrante par le trépas dudit feu DENIS promettant payer ses dettes, obsèques et funérailles et d'en décharger qui il appartiendra.

2540 - Médiathèque Arras FF126 Folio 952R :
Est comparue Michelle Anne LECLERCQ veuve de Guislain PIGNON vivant sergent de Saint Vaast, laquelle a déclaré et déclare d'avoir renoncé comme elle renonce par cettes aux biens et effets de la communauté délaissés par sondit feu mari, lesquels meubles et effets elle appréhende néanmoins au nom et en qualité de mère et tutrice légitime de Joos François PIGNON son fils, promettant en ladite qualité de mère et tutrice payer les dettes, obsèques et funérailles de sondit feu mari et en décharger qui il appartiendra, fait pardevant monsieur Mabille échevin sepmanier le 18/12/1693.

2541 - Médiathèque Arras FF126 Folio 953R :
Du 19/12/1693 pardevant monsieur Mabille, est comparu maître Guillaume CONDÉ prêtre dans l'église de Saint Aubert lequel a déclaré et déclare qu'il récrante le feu sieur Jean CONDÉ son père promettant de payer ses dettes, obsèques et funérailles et décharger qui appartiendra.

2542 - Médiathèque Arras FF126 Folio 953V :
Du 29/12/1693 pardevant monsieur Boisselle, est comparue Marianne GAMAND veuve de Jean ACQUART laquelle a déclaré d'avoir renoncé comme elle renonce par cettes aux biens et effets délaissés par sondit feu mari lesquels meubles et effets elle appréhende néanmoins au nom et en qualité de mère et tutrice légitime de Marie Joseph ACQUART sa fille promettant en ladite qualité de mère et tutrice payer les dettes, obsèques et funérailles de sondit feu mari et en décharger qui il appartiendra.

2543 - Médiathèque Arras FF126 Folio 953V :
Du 2/1/1694 pardevant monsieur Bosquet échevin semainier, sont comparus Barthélémy JULIEN bourgeois d'Arras et Marianne LEFEBVRE et les enfants de Jacques LEMPEREUR lesquels ont déclaré de récrantéer la défunte Marie Marguerite DE GOUY veuve de Balthazar LEFEBVRE tant en leur nom que des enfants mineurs délaissés par ledit Jacques LEMPEREUR promettant de payer ses dettes, obsèques et funérailles et en décharger qui il appartiendra.

2544 - Médiathèque Arras FF126 Folio 954R :
Du 4/1/1694 pardevant le sieur Thiebaut, est comparue Marie Dominique SAUVAGE veuve et demeurée es biens de Pierre GUISLEBERT demeurant en cette ville laquelle a déclaré et déclare qu'elle récrante ledit GUISLEBERT et promis de payer ses dettes, obsèques et funérailles et décharger qui il appartiendra.

2545 - Médiathèque Arras FF126 Folio 954R :
Du 5/1/1694 pardevant le sieur Bosquet, sont comparus Pierre François DE FLERS bourgeois marchand et Pierre FOUCQUIER aussi bourgeois maître orfèvre demeurant en cette ville d'Arras, lesquels ont déclaré et déclarent qu'ils appréhendent la succession immobiliaire patrimoniale de défunt Paul DE FLERS vivant pareillement bourgeois de cette dite ville [leur grand oncle] et ce au nom et comme pères et tuteurs de Pierre Antoine DE FLERS et Nicolas François FOUCQUIER leurs enfants mineurs et ont lesdits comparants promis de rendre compte des biens de ladite succession toutes fois et quantes ils seront requis.

2546 - Médiathèque Arras FF126 Folio 955V :
Du 13/1/1694 pardevant monsieur Routart, sont comparus Pierre BUSQUET demeurant es faubourgs de Sainte Catherine de Meolans et Jeanne Thérèse NEPVEU sa femme paravant veuve de Charles DE FLERS mère et tutrice de Hermant, Françoise et Catherine DE FLERS enfants mineurs qu'elle a retenus dudit feu DE FLERS, ont déclaré et déclarent qu'ils appréhendent la succession mobiliaire et immobiliaire de feu Paul DE FLERS vivant grand oncle audit sieur Charles pour et au nom desdits enfants mineurs promettant lesdits comparants de rendre compte au profit de qui il appartiendra des biens échus et succédés d'iceux mineurs en vertu du testament d'iceluy Paul DE FLERS par lequel ils ont été institués ses héritiers mobiliaires et immobiliaires.

2547 - Médiathèque Arras FF126 Folio 956V :
Du 16/1/1694 pardevant monsieur Routart échevin semainier, est comparue Marie BRAIE veuve de sieur Paul DE FLERS décédé depuis peu laquelle a déclaré et déclare qu'elle renonce à la communauté de tous les effets délaissés par ledit feu Paul DE FLERS vivant son mari déclarant qu'elle se tient à son douaire conventionnel stipulé par leur contrat de mariage et autres retours y déclarés … au testament dudit feu Paul DE FLERS abdiquant tout le reste de sa succession à ceux au profit de qui il appartiendra.

2548 - Médiathèque Arras FF126 Folio 956V :
Sont comparus Pierre François DE FLERS bourgeois marchand et Pierre JONCQUET aussi bourgeois maître orfèvre et Damoiselle Marguerite Guislaine DE FLERS sa femme demeurant en cette ville iceux DE FLERS petits neveu et nièce et plus proches parents et héritiers de feu Paul DE FLERS lesquels ont déclaré et déclarent qu'ils appréhendent la succession mobiliaire et immobiliaire dudit feu Paul DE FLERS promettant de payer ses dettes, obsèques et funérailles et déclarant au nom et comme pères naturels de Pierre Antoine DE FLERS et de Nicolas François JONCQUET leurs enfants mineurs en tant que besoin soit de faire paiement qu'ils ne veulent anciennement profiter des actes du 5 dudit mois par lesquels ils avaient appréhendé la même succession aux noms desdits mineurs.

2549 - Médiathèque Arras FF126 Folio 958R :
Du 25/1/1694 pardevant monsieur Mabille échevin de cette ville d'Arras, est comparu Louis Jean François DAVELINE écuyer sieur de Saint Vaal, capitaine au régiment de Robecque lequel a déclaré et déclare qu'il récréante et appréhende la succession de François DAVELINE vivant aussi écuyer sieur de Saint Val son père et promis suivant ce de payer et acquitter les dettes d'iceluy, obsèques et funérailles et en décharger qui il appartiendra.

2550 - Médiathèque Arras FF126 Folio 960V :
Du 8/2/1694 pardevant monsieur Bosquet, est comparue Marie DISSERIN veuve de Michel François HUDDEBAUT ci devant demeurant au bourg d'Avesnes le Comte étant présentement en cette ville laquelle a déclaré que le premier de ce présent mois de février elle a appris que ledit HUDDEBAUT est décédé en la ville de Louvain au mois de décembre dernier et qu'en conséquence elle renonce à la communauté qu'ils avaient par ensemble n'ayant aucun effet appartenant à icelle communauté dont elle a requis acte qui lui a été accordé.

2551 - Médiathèque Arras FF126 Folio 961R :
Marguerite PETIT veuve de Pierre GAUEN demeurant à Arras laquelle a déclaré qu'elle récréante par le trépas de sondit feu mari et promis payer ses dettes, obsèques et funérailles et d'en décharger qui il appartiendra, fait pardevant monsieur du Repaire échevin sepmanier le 9/2/1694.

2552 - Médiathèque Arras FF126 Folio 964V :
Du 2/3/1694 pardevant monsieur Poitart, est comparue Marguerite ORAIN demeurant en cette ville laquelle a déclaré et déclare qu'elle récréante Adrien ORAIN son feu mari promettant payer ses dettes, obsèques et funérailles et décharger qui il appartiendra.

2553 - Médiathèque Arras FF126 Folio 966V :
Du 13/3/1694 est comparu Jean HERRE bourgeois de cette ville lequel a déclaré et déclare qu'il récréante Jaspard HERRE son frère aussi bourgeois de cette ville promettant payer ses dettes, obsèques et funérailles et décharger qui il appartiendra.

2554 - Médiathèque Arras FF126 Folio 967V :
Du 19/3/1694 pardevant monsieur Thiebault échevin sepmanier, sont comparus Antoine PAGE bourgeois marchand en cette ville d'Arras, Guillain FEVRIER ? aussi bourgeois en ladite ville, Damoiselle Marie Gabrielle LELEU sa femme, Pierre MILON et Jeanne MARIE sa femme demeurant en cette ville tous cousins germains de Marie Jeanne BEDOUART vivant marchande en cette ville icelle fille de Sébastien et de Marie

LELEU ses père et mère, lesquels en cette qualité ont déclaré et déclarent récréanter par le trépas de ladite BEDOUART et se rendent héritiers tant mobiliaires qu'immobiliaires d'icelle promettant de payer ses dettes, obsèques et funérailles.

2555 - Médiathèque Arras FF126 Folio 968V :
Est comparue Marie TEUFFE veuve de Laurent SENOT dit Laboute laquelle a par le trépas de sondit feu mari récréanté et promis de payer ses dettes, obsèques et funérailles et de décharger la cour, fait le 23/3/1694 pardevant monsieur Bosquet.

© 2025 Didier BOUQUET
Édition : BoD · Books on Demand, 31 avenue Saint-Rémy,
57600 Forbach, bod@bod.fr
Impression : Libri Plureos GmbH, Friedensallee 273,
22763 Hamburg (Allemagne)
ISBN : 978-2-3226-1403-5
Dépôt légal : Avril 2025